目次

人間の条件

プロローグ　15

第Ⅰ章　人間の条件……24

1　「活動的生活」と人間の条件　24

2　「活動的生活」という用語について　30

3　永遠と不死　37

第Ⅱ章　公的領域と私的領域……52

4　人　間——社会的動物か、政治的動物か　52

5　ポリスと家政　58

6　社会的なものの興隆　68

7　公的領域——共通のもの　82

8　私的領域——財　産　93

9　社会的なものと私的なもの　101

10　人間の諸活動の位置　107

人間の条件

ハンナ・アレント
牧野雅彦 訳

講談社学術文庫

第Ⅲ章　労　働……149
11　「わが肉体の労働とわが手の仕事」　150
12　世界の物的性格　162
13　労働と生　166
14　労働と生命の繁殖力　172
15　財産による私生活の保護と富　181
16　仕事の道具と労働の分業　190
17　消費者の社会　201
第Ⅳ章　仕　事……252
18　世界の耐久性　252
19　物　化　256
20　道具の使用と「労働する動物」　261
21　道具の使用と「工作人」　271
22　交換市場　279
23　世界の永続性と芸術作品　288

第V章　行　為……320
24　言論と行為による行為者の開示　321
25　関係の網の目と演じられる物語　329
26　人間事象の脆さ　339
27　ギリシア人の解決　345
28　権力と現れの空間　354
29　「工作人」と現れの空間　366
30　労働運動　372
31　行為の伝統的な代替としての制作　380
32　行為の過程としての性格　393
33　不可逆性と許しの力　400
34　不可予言性と約束の力　410
第VI章　活動的生活と近代……454
35　世界からの疎外　454
36　アルキメデスの点の発見　465

37 宇宙科学対自然科学 478
38 デカルト的懐疑の興隆 485
39 内省と共通感覚の喪失 493
40 思考と近代的世界観 499
41 観照と活動の関係の逆転 504
42 「活動的生活」内部での転倒と「工作人」の勝利 512
43 「工作人」の敗北と幸福の原理 525
44 最高善としての生命 534
45 「労働する動物」の勝利 543

謝辞 584
訳者解題……585
訳者あとがき……595
事項索引……612
人名・作品名索引……625

凡例

・本書は、Hannah Arendt, *The Human Condition*, Chicago: The University of Chicago Press, 1958の全訳である。訳出にあたっては、原書第二版（Chicago: The University of Chicago Press, 1998）を参照した。
・翻訳に際して、ドイツ語版（Hannah Arendt, *Vita activa oder, Vom tätigen Leben*, Stuttgart: W. Kohlhammer, 1960）を適宜参照した。必要に応じて、訳注でドイツ語版の原文およびその邦訳（ハンナ・アーレント『活動的生』森一郎訳、みすず書房、二〇一五年）、および英語版の旧訳（ハンナ・アレント『人間の条件』志水速雄訳、筑摩書房（ちくま学芸文庫）、一九九四年）に触れる。
・参照の便宜のため、原書の頁数の区切りを［|］の形で訳文中に表示した。
・原注は（1）、（2）の形で、訳注は＊1、＊2の形で示し、注本文は各章の末尾に配置した。
・原文においてイタリックで表記されている箇所には傍点を付した。
・［ ］は著者による補足・注記、〔 〕は訳者による補足・注記である。
・原語の表記について
原文ではギリシア語やラテン語が多用されている。原語を示すことが重要と判断されるものは、

〔　〕の形で併記した（当該の訳語を地の文から区別したほうが分かりやすい場合には、さらに「　」で括ったものがある）。著者自身が（　）を付して原語や英語訳を記している場合は、同様に（　）の形で示した。

・原文ではギリシア語、ラテン語、ドイツ語など、英語以外の言語で表記されている語句がイタリックで表記されているが、これについては傍点を付すことはしなかった。

・人名表記ならびに著作の邦題は、一般に用いられているものに従う。

参照・引用されている文献について

・著者が掲げている文献の書誌情報には不正確なものが散見される。その場合には修正を施したほか、参照の便宜のため、補足を行って正確な情報を示すようにした。

・原文で参照・引用されている文献に邦訳がある場合、その書誌情報を示すとともに、該当する箇所の頁数を併記した。

・聖書の邦題は新共同訳に拠る。

・原注で箇所の指示のみがなされている文献については、読解の一助となるよう、該当箇所の引用を〔　〕の形で併記した。その際、訳文は字遣いや訳語の統一のため適宜変更した。

マルクスの引用について

・マルクスの文献については、ウラディーミル・アドラツキーの編集による「旧ＭＥＧＡ」（*Karl Marx Friedrich Engels, historisch-kritische Gesamtausgabe*, im Auftrage des Marx-Engels-

Lenin-Instituts, Moskau, herausgegeben von V. Adoratskij, Moskau: Verlagsgenossenschaft Ausländischer Arbeiter in der UdSSR, 1927-35）が用いられている。ただし、『資本論』については、引用・参照指示されている版が統一されておらず、第一巻についてはモダン・ライブラリー版の英語訳（Karl Marx, *Capital: A Critique of Political Economy*, revised and amplified according to the fourth German edition by Ernest Untermann, New York: The Modern Library, 1906）を使っている。また、第三巻については、本書第Ⅲ章の原注（17）などに「*Marx-Engels Gesamtausgabe*, Part II [Zürich, 1933]」という指示が見られるが、実際にはマルクス＝エンゲルス＝レーニン研究所の編集による普及版（Volksausgabe）（*Das Kapital*, besorgt vom Marx-Engels-Lenin-Instituts, Moskau, Bd. 3, Moskau: Verlagsgenossenschaft Ausländischer Arbeiter in der UdSSR, 1932）を参照しているものと思われる。

・以上の点を踏まえ、アレントによるマルクス解釈の典拠を示すという観点から、著者が記している文献および参照箇所はそのまま残し、邦訳および他の版の該当箇所を併記することとした。

人間の条件

プロローグ[*1]

［一］

一九五七年、人間の手になる地球生まれの物体が宇宙に向けて発射された。この物体は、太陽や月や星など天体の運行を支配している重力の法則に従って、数週間、地球のまわりを まわり続けたのである。なるほど、この人工の衛星は、月や星とは違って、地上の時間に拘束されていつかは死んでいく人間からすれば無限とも思える周回軌道をたどる天体ではなかった。それでも、しばらくの間、この物体は、あたかも星々の崇高な仲間としてそこに住まうことを許されたかのように、天空にとどまり続けたのである。

その重要性において並ぶもののないこの出来事、核分裂にまさるとも劣らないこの出来事は、もしそれを取り巻く不快な軍事的・政治的状況がなかったら、諸手を挙げて歓迎されたことだろう。だが、奇妙なことに、湧き起こってきたのは勝利に満ちた喜びではなかった。地上から空を見上げて自分の作った物体を眺める人間の心を満たしていたのは、人間のもつ恐るべき力や支配力に対する誇りでも畏敬の念でもなかった。即座の反応としてとっさに出てきた言葉は、これでようやく「地上という牢獄から人間が解放される第一歩」が踏み出されたという安堵の念を示すものだった。この奇妙な声明は、たまたまアメリカの新聞記者が思いついた見出しではない。それより二〇年以上も前に、ロシアの偉大な科学者[*2]の墓碑銘に刻まれた言葉とぴったり符合しているのである。その尋常ならざる文言はこうである。「人類は永遠に大地に縛られたままではいないだろう」。

こうした感情は、しばらくの間どこでも見られるありふれたものだった。科学的な発見や技術の発展に人が追いつくのは遅いどころか、むしろ数十年先んじている場合があるが、今回もまた〔2〕科学は人間が夢の中で予見していたことを実現して、それが荒唐無稽でも無益でもないことを確認したのである。新しいことといえば、この国〔アメリカ〕の最も定評ある大新聞がそれまで眼中にもなかったSFの世界の出来事を一面に掲げるようになったことくらいである（残念なことに、SFが大衆の感情や欲望の受け皿であることにこれまで誰も注目してこなかった）。だが、そうした言明は低俗だからという理由で、事態の尋常でないところを見逃してはならない。確かにキリスト教徒はこの地上の世界を涙の谷と見てきたし、哲学者たちも彼らの身体を精神や魂の牢獄とみなしてきたけれども、この地球を人間の身体にとって牢獄だと考えたり、本気で地球から月に行くことを切望したりしたことなど、[*3]人類の歴史上いまだかつてなかったからである。近代の解放や世俗化は必ずしも神そのものからの離反ではないが、天上の父なる神からの離反とともに始まった。それは天の下で生きるものすべての母なる大地の決定的な否定に終わることになるのだろうか。

地球はまさしく人間が生きていくための条件の核心部分であり、地球上の自然は、人間が格別の努力や工夫をせずとも動きまわり呼吸することができる住み家を提供してくれる、われわれの知るかぎり宇宙で唯一の星である。人間が作った世界の工作物は単なる動物の生活環境から人間を切り離しているが、人間の生命そのものは人工的世界の外側にあって、生命を通じて人間は他のすべての生命有機体とつながっているのである。今やこの生命そのものも「人工的」に作り出そうと、しばらく前から多くの科学者たちが試みている。人間もまた自然の産んだ子供の一員なのだが、その自然の仲間と結ぶ最後の紐帯を断ち切ろうとしているのだ。試験管の中で生命を作り出そうとしたり、「能力は折り紙つきの人間から採取して冷凍保存した生殖細胞を顕微鏡を見ながら」混ぜ合わせて「優秀な人間を作り出そう」としたり、「［人間の］大きさや形状、機能を変えよう」としたりする、これらの試みもまた、地球という牢獄から逃れようとする欲望の表現である。人間の寿命を一〇〇年以上に延ばそうとする希望の背後にあるのも人間の条件から脱出したいという願望ではないかと私は考えている。

科学者たちは一〇〇年以内にそうした未来人を作り出してみせると豪語しているが、この未来人は人間に与えられた存在条件に対する反逆に取り憑かれているように見える。［3］もちろん、これは世俗的な意味で述べているのだが、無償でどこからともなく手に入れた地球という贈り物を、自分で作り出した別の何かに取り替えようとしているのだ。すでに地上の有機的生命を破壊する力をもっていることからすれば、われわれがそれを実現する能力を有していることに疑問の余地はない。問題はただ、新しい科学的・技術的知識をそうした方向に用いるかどうかである。これは第一級の政治的問題であり、職業的な科学者や職業政治家の決定に委ねることはとうていできない問題なのである。

そうした可能性が現実になるのはまだ遠い将来のことだが、科学の偉大な勝利のブーメラン効果は自然科学それ自体の危機のうちに現れている。厄介なのは、近代の科学的世界観における「真理」は数学的な定式で示されて技術的に証明されるが、われわれが通常用いる言葉や思考でそれを表現することはできない、ということである。そうした「真理」を概念的に首尾一貫して語ろうとするや否や、それは「「三角形の円」というほどではないにしても、「翼の生えたライオン」より無意味」な言明（エルヴィン・シュレーディンガー）になってしまう。[*4]こうした状況が最終的なものかどうかはまだ分からないが、地球に拘束された生き物でありながら宇宙の住人のようにふるまい始めているわれわれ人間が、自分たちのすることを未来永劫理解できなくなるかもしれない。自分たちがしていることを考えたり言葉にしたりすることはできないけれども、それでもわれわれは実行することができる。その時には、われわれの思考の肉体的・物理的条件である脳はわれわれがしていることを理解できないので、今後はわれわれに代わって考えたり語ったりしてくれる人工的な機械が必要になるだろう。もし知識（今日言うところのノウハウ）と思考が永遠に分かれたままになるとすれば、われわれは機械というよりは技術的知識の前にひれ伏す奴隷となるだろう。それがどんなに恐ろしいことでも、技術的に可能であれば何も考えずに機械に従う生き物になってしまうだろう。

しかしながら、必ずしも定かではない発展の行く末は別にしても、科学がもたらした状況は重大な政治的意味をもっている。言葉との関連が失われるとき、事柄そのものが政治的な問題となる。言論〔speech〕こそが人間を政治的存在たらしめるものだからである。〔4〕科学の達成した現段階に適合するようにわれわれの文化的態度を改めるべきだ、という忠告がしばしばなされるが、それに従うなら、われわれは言葉がもはや意味をもたない生活様式を大まじめで採用することになるだろう。今日の科学は数学的シンボルという「言語」を用いなければならないが、もともとは語られた言葉の省略記号にすぎなかった数学言語が、今ではまったく言葉に翻訳できない内容を含むようになっているからである。科学者が科学者として行う政治的な判断を信用しないほうが賢明である理由は、例えば原子爆弾の開発を拒否しなかったように科学者には「節操」がないからでも、いったん原爆が開発されてしまえば彼らの意図を離れて使用されることが分からないほど単純素朴だったからでもなく、科学者がまさに言葉が無力となった世界の住人だからである。およそ人が行い、知り、経験したことは言葉で語られて初めて、言葉で表現された範囲においてのみ意味をもつことができる。言葉にならない真理、言葉のはるか彼方にある真理が意味をもつのは、他者との関わりをもたない単数形の人間〔man in the singular〕、およそ政治的な存在でない人間にとってだけである。複数形の人間、この世界に生きて活動している人間にとって経験が意味あるものとなるのは、彼らがそれを互いに話し合い、相手と、そして自分自身に理解できるものにしているからなのだ。

　そうした脅威に劣らないもう一つの出来事、おそらく同じくらい決定的となる出来事が間近に迫っている。それはオートメーションの到来である。数十年のうちに工場からは人間がいなくなり、人間は労働の労苦と必要性の束縛という最も古くかつ最も自然な重荷から解放されるかもしれない。ここでもまた、根本的な人間の条件が揺らいできているのである。ただし、そうした人間の条件に対する反抗、労働のもたらす「苦労や困難」から解放されたいという願望は近代に特有のものではなく、有史以来の人間の願望である。労働からの解放それ自体は新しいものではない。かつてそれは少数の者にのみ許された特権だった。そうした点から見れば、科学の進歩と技術の発展は以前の時代の人々すべてが夢見て果たせなかったことを実現したように見える。

だが、それは外見だけのことにすぎない。近代とともに現れたのは労働の理論的賛美であり、事実として社会そのものが労働する社会になった。それゆえ、労働からの解放というこの願望は、おとぎ話の願いのように、〔5〕実現した途端に裏切られてしまうのである。労働という束縛から逃れようとしているのはほかならぬ労働者の社会であって、勝ち取った自由にふさわしい、より高い次元の意味ある活動を見出しているわけではない。なるほど、この社会は平等だが、それは労働が人々を平等に結びつけるからである。そこには階級はないし、労働以外の能力を再建する手がかりとなる政治的な貴族制も精神的な貴族制も存在しない。大統領や国王でさえ、彼らの公務を社会が存続していくために必要な職業と考えている。知識人でも、自分がしているのは作品の制作〔work〕であって、生活の糧《かて》を稼ぐためではないと思っているのは、本当に孤立した個人だけである。われわれが直面しているのは、労働なき労働者の社会、つまり、労働から解放されたにもかかわらず、残された唯一の活動がほかならぬ労働であるような社会の到来である。これ以上に深刻な事態があるだろうか。

今日われわれの心を捉えて離さないこのような難問に、この本は答えを与えるものではない。答えを与えるのは日々の実践である。それは政治が解決すべき問題であって、多数の同意を必要とする。それは理論的な考察の対象でも、個人の意見の問題でもない。まるでただ一つの解決法しか存在しないようにそうした問題を扱うことはできないのである。ここで私がしようとしているのは、そうしたことではなく、われわれの最新の経験や今まさに感じている不安に照らして、人間の条件を再検討することだ。これは、もちろん思考のなすべきことである。むやみに勇ましい意見を述べたり、ただただ混乱して絶望したり、あるいは陳腐で空疎になってしまった「真理」を繰り返して満足したりすることこそ思考の欠落の印だが、それこそがわれわれの時代の際だった特徴のように私には思われる。したがって、この本で私が提示するのは、非常に簡単なこと、すなわち、われわれが行っているのはいったい何なのかを考えること、それ以上でも以下でもない。

「われわれが行っているのは、いったい何なのか」。これが、この本の中心テーマである。ここで試みるのは人間の最も基本的な条件を明らかにすることであり、伝統においても今日の見方においてもすべての人間が行っている活動が扱われる。そうした理由および、のちに述べる理由から、人間のなしうる最高の活動、おそらく最も純粋な活動である思考は、ここでの考察の対象から外される。したがって、本書では、労働、仕事、行為という三つの活動にそれぞれ一つの章をあてて系統的に検討し、最後の章では〔6〕歴史的な観点から近代という時代について検討が行われる。本書全体を通して明らかにされるのは、西洋の歴史において人間諸活動の序列がどのように変遷してきたかである。

ただし、付け加えておけば、近代は現代世界と同じではない。*5 近代という時代は、科学の発達という観点で区切れば、一七世紀に始まって二〇世紀の開幕とともに終わりを告げるが、われわれが今生きている現代世界は、政治的な観点からは、最初の核爆発とともに始まった。現代世界そのものはここでは扱わないが、本書が書かれた背景には現代世界の問題がある。私はここでの課題を二つの点に限定している。第一に、人間の条件がもたらした諸活動全般を分析すること。それらの諸活動は、人間の条件そのものが変化してしまわないかぎり、回復不能な形で失われることはない。第二の課題は、歴史的な分析を通じて、世界からの疎外〔world alienation〕をその起源まで遡って追求することである。近代に始まるこの世界からの疎外は、地球から宇宙への飛翔〔flight〕と、この世界から自己への逃避〔flight〕という二重の側面をもっている。その起源を探ることによって、「社会」の本質を理解することができるだろう。「社会」が発展してその全容が明らかになるのは、決定的に新しいがその実相はまだ定かでない時代が到来しようとする、まさにその時点だからである。

訳注

＊1　ドイツ語版では冒頭にエピグラムとして、ベルトルト・ブレヒト（一八九八―一九五六年）の戯曲『バール』（一九一八年）の頌歌が掲げられている。「エピローグ」に合わせて訳すと、以下のようになる。

母の白い胎内でバールが育っていたとき
空はすでにあまりに大きく、静かで青白く
若く、むきだしで、恐ろしいほど不思議だった
バールが生まれてそれを愛した時と同じように
〔…〕
地球の暗い胎内でバールが朽ちたとき
空はまだあまりに大きく、静かで青白く
若く、むきだしで、恐ろしいほど不思議だった
バールが生きてそれを愛した時と同じように

＊2　ロシアの科学者コンスタンティン・ツィオルコフスキー（Konstantin Tsiolkovsky）（一八五七―一九三五年）のこと。

＊3　大文字の God は通常はキリスト教の神だが、そのように理解すると「天の父なる神」との違いが分からなくなる。ドイツ語版は Gott überhaupt としている。

＊4　Erwin Schrödinger, *Science and Humanism*, Cambridge: Cambridge University Press, 1951, p. 25（『科学とヒューマニズム』伏見康治・三田博雄・友松芳郎訳、みすず書房、一九五六年、二九頁）。第VI章第40節、原注（51）参照。

＊5　「近代」は the modern age、「現代世界」は the modern world である。ドイツ語版では、「近代」は die Neuzeit、「現代世界」は die moderne Welt となっている。

［7］

第Ⅰ章　人間の条件

1　「活動的生活」と人間の条件

私は、「活動的生活〔vita activa〕」という言葉で、労働、仕事、行為という三つの基本的活動を示すことにしたい。これらの活動が基本的なのは、地球上の生命が人間に与えた基礎的な諸条件にそれぞれ対応しているからである。

労働〔labor〕は、人間の肉体の生物学的過程に対応する活動である。人間の肉体が自然のままに成長し、外界から物質を取り入れて代謝を行い、やがて衰退して死に至る過程は、生命維持のための生活必需品によって拘束されている。これらの生活必需品は、労働によって生産され、生命過程に取り込まれなければならない。それゆえ、労働という活動が行われるための人間の条件は、生命それ自体である。

仕事〔work〕は、人間の存在の非自然的な側面に対応する活動である。種としての人間は生と死の循環を永遠に繰り返すだろうが、人間という存在はそれに完全に埋没するものではないし、個体としての人間は死ななければならないという事実は、そうした循環によって埋め合わせがつくわけではない。仕事は、人間を取り巻く自然の環境すべてから明確に区別された「人工的」な物の世界を作り出す。この世界の内に居場所を与えられて人間は一人一人の生活を営むが、世界そのものは個々の人間が死んでも存続し、その意味において、すべての個人を超越した存在でなければならない。仕事という活動のための人間の条件は、自然とは区別された世界の存在である。

行為〔action〕は、人間と人間の間で事物を通さずに直接に行われる、ただ一つの活動である。したがって、これは人間の複数性に対応する。この地球の上に生き、世界に住んでいるのは複数の人間であって、単一の人間という抽象的な存在ではないという事実が、行為という活動の条件である。ここに挙げた三つの条件はいずれも政治と何らかの形で関わっているが、複数性はおよそすべての政治生活の条件そのもの——政治にとって「不可欠の条件〔conditio sine qua non〕」であるばかりか、それだけで政治を成り立たしめる「十分条件〔conditio per quam〕」——である。だから、おそらくわれわれの知っている最も政治的な民族であるローマ人の言語では「生きる」ことは「人々の間にいる」(inter homines esse) ことであり、[8]「死ぬ」ということは「人々の間にいるのをやめる」(inter homines esse desinere) ことと同義だった。だが、複数性という行為の条件を最も根源的なものとして明示しているのは、旧約聖書の『創世記』である(「神は人間を造った際」「彼らを男と女として造った」(『創世記』一・二七))。ただし、この説話を、神が最初に造ったのは一人の人間（アダム）である、という(『創世記』第二章の)もう一つの説話とは原理的に異なるものだと理解するなら、の話だが。[*1] 後者によれば、神が最初に造りたもうたのは「彼」であって「彼ら」ではない。人間が複数になったのは、神がアダムの肋骨からイブを造って以降の増殖の結果ということになる。(1) もし人間というものが同じモデルを繰り返し再生産するだけの存在で、その本質や実質はどれも同じであり、他の事物と同じように予測可能だとするなら、行為などというものは余計な贅沢品で、一般的な行動〔behavior〕法則を妨げる気まぐれということになるだろう。人間の行為にとって複数性が条件であるというのは、これまで生きてきた者も、今生きている者も、これから生きるであろう者も、誰一人として同じではありえないという意味において、われわれは等しく人間だからである。

この三つの活動とそれに対応する条件はみな、人間の最も一般的な存在条件である出生と死、人間が生まれて死んでいく存在であることと不可分に結びついている。労働は個人の生存を保障するだけでなく、種としての存続を保障する。仕事とその産物である工作物は、束の間の時間この世界にとどまり、いずれは死んでいく人間の虚しい生を永続的で耐久力あるものにする手段を与える。行為は、政治体を設立し、維持すること〔9〕によって、人々の生を想起すること、すなわち歴史の条件を作り出す。労働も仕事も行為も、ともに人間に世界を与え、それを維持するという課題を担っており、そのために絶えず余所《よそ》者として新たに生まれた人間が新参者としてこの世界に参入してくることを、つまり出生という人間の条件を想定しているが、三つの中でも、とりわけ行為は出生という人間の条件と密接なつながりをもっている。出生という事実のうちに含まれている新たな始まりが世界にとって明らかになるのは、その新参者が何か新しいことを始める力、つまり行為の能力をもっているからである。今までになかった新たなことを企てる〔initiative〕という意味において、行為の要素、したがって出生の要素は、すべての人間活動に含まれているのである。さらに言えば、行為というのは何よりもまず政治的な活動であるから、政治にとって中心的な範疇となるのは出生であって死ではない、ということになる。これは、形而上学的な思考にとって死が中心になるのとは対照的である。

人間の条件というのは、単に人間が生きていける条件という以上のものを含んでいる。人間は自分が触れたものをただちに自分の存在条件にしてしまう、そのような意味において、人間は条件づけられた存在なのである。人間が「活動的生活」を営む世界は、人間が自分の活動で作り出した事物でできている。これらの事物があるのは人間がそれを作り出したからだが、これらは作り手である人間を絶えず条件づけてもいるのである。人間が地球の上で生命を与えられている条件に加えて、そして一部はそうした条件の外で、人間は恒常的に自分自身の条件を作り出している。人間の手になるこれらの条件は、変化しやすいものではあるけれども、自然の事物と同じく人間を条件づける力をもっている。人間が生きていく上で触れたり、人間の生活に深く関わったりした事物はただちに人間の存在の条件となる。人間が何をなそうと常に条件づけられた存在であるのは、ここに理由がある。人間の生きる世界に入り込んできたもの、あるいは人間の力で取り込んだものは、人間の条件の一部となる。自分の存在を条件づける力として、人間は世界のリアリティの重みを感じ取り、受けとめるのである。世界の客観性——世界の客観的性質ないし事物としての性質——と人間の条件は、互いに補完し合っている。人間は条件づけられた存在であるがゆえに、事物なくして人間の存在は不可能であるし、他方で、人間の存在を条件づけない事物は、互いに無関係な物の集積であって、世界を構成するものではない。

誤解を避けるために述べておこう。人間の条件というのは、[10] 人間の本質のことではない。人間の条件にそれぞれ対応する活動や能力を全部集めても、人間の本質には決してならない。本書で論じる活動であれ、議論の対象から外した思考や理性であれ、これらを事細かに列挙しても、それがなければ人間が人間でなくなるという意味で人間の本質的特徴をなすものではないからである。仮に人間が地球から他の惑星に移住して、人間の条件が根底から変化したとしよう。これはすでに不可能な夢物語ではなくなりつつあるが、その場合、人間は自分自身が作り上げた条件のもとで、つまり地球が与えてくれるのとは根本的に違った条件のもとで生きていくことになる。労働も仕事も行為も、さらには今日われわれが行っているような思考さえも、もはやそこでは意味をもたなくなるだろう。未来の人間が地球から離れて宇宙に移住するようになったとしても、それでも彼らは人間であり続けるだろう。彼らの「本質」について言えることは、彼らもまた条件づけられた存在である、ということだけだ。その条件の相当部分は自分で作り出した条件だが、条件づけられていることに変わりはない。

人間の本質が何であるかという問い、アウグスティヌスが quaestio mihi factus sum

（「私は私自身にとって謎となった」）と述べたような問題については、個人の心理的な意味でも、一般的な哲学的意味でも、答えの出せない問題であるように思われる。われわれは自分を取り巻くあらゆる物が何であるかを知っている。それらの性質を調べて、その本質について定義することができる。だが、自分以外の物に適用できるその方法を自分自身に適用することは、自分の影を飛び越えるようなもので、とうていできることではない。そもそも人間が他の事物と同じような意味で本質や実質をもっていると決めつける資格はわれわれにはない。言い換えれば、仮にわれわれがそうした本質や実質をもっているとしても、それを認識して定義することができるのは神のような存在だけである。もちろん、そのためには、神は人間が「何者〔who〕」であるかについて、事物が「何〔what〕」であるかと同じように語ることができると前提しなければならないが(2)。問題は、〔三〕人間の認識能力は「自然」の事物にしか適用できない、ということにある。もちろん、高度に発達したとはいえ、われわれ人間も有機生命体の一種であるかぎりにおいて、認識の対象にすることができる。だが、われわれはいったい何者〔*who*〕なのか、という問いに、われわれの認識能力は答えることができないのである。人間の本質を規定しようとする試みがほとんど不可避的に何らかの神の想定に行き着くのは、ここに理由がある。プラトン以来、哲学者たちは神の存在を想定してきたが、詳しく検討すれば、それが人間についてのプラトン的な理想《イデア》であることは明らかだ。もっとも、哲学者の神は人間の能力や資質を概念化したものにすぎないと暴露したところで、それで神が存在しないことの証明にはならないし、神の存在に対する論駁にさえならないのだが。いずれにせよ、人間の本質を規定しようとする試みが「人間を超えた」存在、神とされるような観念にただちに通じているという事実が、「人間の本質」という観念そのものに疑念を投げかけるものであることは確かである。

他方で、人間の条件――生命そのもの、われわれが生まれ、いずれは死んでいく存在であるということ、世界と人間の複数性、地球――は、われわれが何であるか〔what〕を「説明し」ないし、われわれが何者であるか〔who〕という問いにも答えてくれない。理由は単純で、これらの条件はわれわれを絶対的に制約するものではないからである。哲学はいつもこうした見解をとってきたし、それが同じく人間を対象とする人類学、心理学、生物学などの科学との違いだった。しかしながら、科学の観点から見れば、次のことはほとんど証明されたと言ってもいいだろう。すなわち、われわれは今なお地球の条件の上で生きているし、今後も生きていくだろうが、もはや地球に拘束された存在ではない。自然科学のこの大いなる勝利の理由は、地球に拘束されたこの自然を文字どおり普遍的な宇宙の観点から見たこと、すなわち地球の外にアルキメデスの点を設定して、その高みから明白かつ意識的に地球の自然を観察し、操作することに成功したことにある。

[12]

2 「活動的生活」という用語について

「活動的生活〔vita activa〕」という用語には、多くの伝統が詰め込まれている。あまりに多くの伝統が詰め込まれているので、ここで整理しておくことが必要だろう。この言葉は西洋の政治思想の伝統と同じくらい古いものだが、それ以上過去に遡るものではない。そもそも政治思想の伝統自体、西洋の人間の政治的経験のすべてを包括しているわけではなかった。それを生み出したのは、ソクラテスの裁判とそれがもたらした哲学者とポリスの対立という具体的な歴史のめぐり合わせである。こうして成立した伝統からは、ポリスとの対立という政治的な目的と直接に関わらないそれ以前の経験の多くが排除された。そうした選択と排除の終着点に位置するのが、カール・マルクスの著作である。「活動的生活」という言葉それ自体はアリストテレスの bios politikos〔政治的生活〕の標準的なラテン語訳として中世哲学で用いられるが、そこではもともとの意味から離れた内容が盛り込まれている。真理の観照に捧げる閑暇な生活と人間的な事柄に関わる活動的な生活との対比はすでにアウグスティヌスに見られるが、彼の場合には vita negotiosa〔多忙な生活〕あるいは vita actuosa〔活発な生活〕という形で、公的・政治的な事柄に捧げる生活というもともとの意味の名残りがまだ残されていた。(3)

アリストテレスは人間が自由に選ぶことのできる生き方（bios）、つまり生活の必要性やそれにともなう関係から完全に独立した生き方を三つに区別している。そうした自由のための前提条件を満たさない生き方、もっぱら生活の必要性と主人の支配に強制された奴隷の労働だけでなく、自由な職人の仕事や、ひたすら利益を求める商人の生活も、そこから排除される。要するに、その状態が強制によるか自発的なものか、一生続くのか一時的なものかに関わりなく、自由に動いたり活動したりすることのできない者は、自由な人間ではないのである。(4) 残された三つの自由な生き方に共通するのは、〔13〕「美しいもの」、つまり必要なものでもなく、単に有益なだけのものでもない事柄に関係している、ということである。第一は、肉体的快楽の享楽を求める生活で、そこでは美しいものが与えられたまま貪《むさぼ》り尽くされる。第二は、ポリスに捧げる生活で、そこでは優れた行為が美を生み出す。第三は、永遠なるものの探求と観照に捧げた哲学者の生活で、その永遠に変わることのない美は人間がその手で作り出すことができないものであり、人間がそれを享受しても決して消耗してなくなることはない。(5)

アリストテレスとのちの中世の用語法との主な相違は、アリストテレスの「政治的生活〔bios politikos〕」が明確に人間的な事象の領域のみを示しており、これを確立し維持するための行為、praxis*2 を強調していることである。労働も仕事も bios、すなわち自律的に行われる本当の「生」にふさわしい尊厳を与えるものではない。それらは必要なものを提供したり有用なものを生産したりするけれども、人間の必要や欲求から独立した自由なものではないからである。(6) 労働や仕事に対する否定的な評価を政治的な生活様式が免れていたのは、ギリシア人にとってポリスが単に人々を整然とまとめておくための形式などではなく、自由に選び取った特別な政治的組織の形態だったからである。ギリシア人もアリストテレスも、人間が生きていく上で何らかの政治的組織が必要であり、臣民に対する支配もまた固有の生活様式になることを知らなかったわけではない。だが、そうした専制支配者の生活様式は

「単に」必要に迫られたものにすぎず、したがってそれは自由なものではなく、「政治的生活」とは何の関わりもないと考えられていたのである。(7)

［14］古代の都市国家の消滅とともに「活動的生活」という言葉は、その固有の政治的な意味を失った――おそらくアウグスティヌスは、かつて市民であることが何を意味していたかを少なくとも理解していた最後の人だった。「活動的生活」はこの世界の事物に積極的に関与するあらゆる営みを指すようになったが、それで仕事や労働の順位が上がって政治に捧げる生活と同等の尊厳を獲得したわけではない。(8) 事情はむしろ反対で、行為もまた必然性に縛られた地上の生活の一つとみなされ、観照（bios theōrētikos、ラテン語で vita contemplativa）だけが真に自由な生活様式として残されたのである。(9)

しかしながら、行為も含めた活動に対する観照の圧倒的優位の起源は、キリスト教ではない。すでにプラトンの政治哲学に観照の優位を見ることができる。プラトンはポリスのすべての生活を再組織するユートピアの構想を描いているが、哲学者の優れた洞察がそれを指導するだけでなく、そもそも哲学者の観照的な生き方を可能にすることが理想国家の目的なのである。アリストテレスにおける生活様式の分類においても、観照（theōria）が理想とされ、快楽を追い求める生活は低い地位に置かれている。古代人は生活の必要性や他人の強制からの解放を自由と考えたが、哲学者たちはこれに政治活動からの自由や政治活動の休止（skholē）を付け加えたのである。(10) のちにキリスト教徒がこの世の事柄に煩わされない自由、あらゆる俗事からの解放を要求したが、［15］それは古代末期の哲学者たちの apolitia

〔政治的無関心〕に由来する。古代の哲学者にとって少数者の特権だった要求が、今やすべての者の権利になったのである。

したがって、中世において用いられるラテン語の「活動的生活」という用語は、観照の絶対的静寂の立場から、あらゆる人間活動を包含するものとして定義されており、ギリシア人の言う「政治的生活〔bios politikos〕」よりは、アリストテレスがすべての活動を指して用いた「多忙な生活〔askholia〕」（静寂の欠如〔un-quiet〕）のほうに近い。すでにアリストテレスにおいて静と動の区別、外的な肉体の運動を抑制して呼吸もほとんどしない状態とあらゆる種類の活動の区別は、政治的生活と観照的生活の区別よりも重要だった。というのも、この区別は先に挙げた三つの自由な生活様式である肉体的快楽の美、ポリスの生活、観照的生活のいずれにおいても現れるものだからである。それは戦争と平和の関係に似ている。平和を目指して戦争が行われるように、あらゆる種類の活動は、単なる思考過程であっても、観照の絶対的な静寂の高みに到達しなければならない[11]。肉体の運動も、魂の運動も、言論や推論の運動も、あらゆる運動は真理の前で停止しなければならない。真理は、古代哲学の言う存在の真理であれ、キリスト教の生ける神[*3]の真理であれ、人間が完全な静止状態に達したとき、初めて啓示されるのである[12]。

西洋の伝統において、「活動的生活」という用語には〔ラテン語の〕nec-otium や〔ギリシア語の〕a-skholia のいう「静寂の欠如〔un-quiet〕」という否定的な意味合いが失われることは近代のはじめに至るまでなかった。したがって、この用語はギリシア語で言う

physei と nomō、それ自体として存在する自然な事物と、その存在を人間に負う人為的な事物という、より根本的な区別と密接に関連していた。活動に対する観照の優位は、人間が作ったどんな事物も自然のままの宇宙〔kosmos〕の美や真実にはとうてい及ばない、という信念に基づいていたのである。宇宙は人間や神の外部からの介入や助力がなくても永遠にめぐり続ける。その永遠の存在が死すべき人間の目の前に開示されるのは、人間がその動きを止めて、いっさいの活動を完全に停止する時だけだ。永遠の存在を観照する時のこの静寂と比べるなら、[16]「活動的生活」の内部のあらゆる区別や関連は消滅する。観照にとって、観照に必要な静寂を妨げる活動の種類はどうでもいいことだからである。

したがって、西洋の思想的伝統において「活動的生活」という言葉の意味は、「観照的生活〔vita contemplativa〕」によって規定されている。「活動的生活」にそれなりの尊厳が与えられるのは、観照する人間の生身の肉体の必要や欲求に応えるかぎりにおいてである。[13]確かに、キリスト教にとって観照がもたらす歓喜は来世の喜びを告げるものだったから、[14]「活動的生活」は派生的で第二義的な地位に貶《おとし》められていた。しかしながら、「活動的生活」のこうした地位を決定的なものにしたのは、ソクラテス学派による観照（theōria）の発見だった。思考や推論とは明確に異なる人間の能力としての観照の発見は、それ以降のわれわれの思想的伝統において、形而上学と政治的思考を一貫して支配してきたのである。[15]こうした伝統が生じた理由をここで追求する必要はないだろう。ソクラテスの裁判という歴史的な事件がポリスと哲学者の対立をもたらし、それが観照という哲学者の生活様式の発見に導いた、という偶然の事情にとどまらない。その原因は、もっと深いところ、人間の条件のまったく別の側面に求めなければならない。人間とその生を根本的に制約している条件は多様であって、仮に思考や推論の運動を活動のうちに含めたとしても、「活動的生活」のあれこれの分類で尽くされるものではないのである。

それゆえ、私がここで提案している「活動的生活」の用語法が〔17〕伝統とは明らかに矛盾しているとしても、そうした区別の背後にある経験の妥当性を否定しているわけではない。そうした区別に当初から含まれていた上下関係に、私は疑問を抱いているのである。真理は啓示されるものであって、本質的に外から人間に与えられるものだ、という伝統的な観念に反対して議論を挑むつもりはないし、人間は自分が作った物しか理解できない、という近代のプラグマティックな主張を支持しているわけでもない。私が問題にしているのはただ、伝統的な序列における観照の圧倒的優位のために「活動的生活」内部の区別が曖昧にされてきた、ということだけである。近代になって伝統からの断絶が進み、マルクスとニーチェによって最終的にこの序列が転倒されたように見えるにもかかわらず、事情はまったく変わっていない。彼らによる哲学体系あるいは既存の諸価値の「転倒」はよく知られているが、概念の枠組みはほとんどそのまま残されているのである。

近代になって行われた転倒は、人間のすべての活動を支配する中心的な関心があるはずで、そうした包括的な原理なくしては秩序など成り立たない、という想定を伝統的な序列と共有している。だが、こうした想定は自明のものではない。私が「活動的生活」という用語を用いる時には、それぞれの活動の背後にある関心がすべて同じだとは考えていない。それらの関心は、「観照的生活」の向かう関心と比べて、劣っているわけでも優れているわけでもないのである。

3　永遠と不死

一方ではこの世界の事物に関与するさまざまな活動の様式への関心、他方では観照にまで昇りつめる純粋な思考への関心、人間にはこのようにまったく異なる二つの関心がある、という考えは、「思考する人[*4]と活動する人が別の道をたどり始め」て以来[16]、つまり［18］ソクラテス学派による政治哲学の登場以来、いずれにせよ自明のこととされてきた。政治的な領域でなされる活動が人間にとって高次の活動のすべてではない、と哲学者たちが気づいたとき——証拠はないが、このことを最初に発見したのは、おそらくソクラテス本人である——、彼らはすでに知られていた知識に何かを付け加えたのではなく、それまでポリスを支配していた原理に取って代わる、より高次の原理を発見したと考えた。哲学者の発見した原理とポリスの原理、ある意味ではまったく対立する二つの原理の違いを理解するには、いささか表面的だが、不死と永遠の区別を考えるのが、いちばんの近道である。

不死とは時の流れに抗して持続することであり、ギリシア人の理解によれば、地上のこの世界でそうした不死の生を与えられているのは自然とオリンポスに住む神々だった。絶えず循環する生命をもつ自然と、死ぬことも老いることもない神々に対して、死すべき存在であるのが人間である。不死ではあるが永遠ではないこの宇宙で唯一死を免れない人間が対峙しているのは、不死の生命をもつ神々であって、永遠の神の支配に服しているわけではない。ヘロドトスの記述を信用するなら、不死と永遠の違いは、哲学者たちが永遠という概念を作り出す以前から、つまり概念の背後にある永遠なものを経験する以前から、ギリシア人にとって印象的なものだった。アジアでは人々は見えない神を崇拝し、信仰しているが、（今日のわれわれなら言うように）時間や生命や宇宙を超越したそうした神と比べると、ギリシアの神々は「神人同形同性〔anthrōpophyeis〕」、人間と姿が同じであるばかりか性質も同じだとヘロドトスははっきり述べているのである[17]。ギリシア人の不死への関心は、不死の自然と不死の神々に囲まれた死すべき個人の生という経験から生まれてきた。すべてが不死の宇宙の中で、人間を特徴づけるものは死である[18]。人間だけが「死すべきもの」、唯一の死すべき存在である。[19] 動物が生殖によって不死の生命を保証されているのに対して、人間は他の動物のように種の一員としてのみ存在するのではない。人間が死すべきものであるのは、人間はその生物学的な生命から抜け出して、誕生から死に至るまで、明確にその個人のものと分かる物語を生きるからである。個人の生きる人生は、生物学的な循環運動をいわば直線で横断するという点で、他のすべてのものと異なっている。いっさいのものが円環をなしてめぐる宇宙の中で一直線をなして動くこと、これが人間の可死性〔mortality〕である。死すべき人間のなすべき課題とそれがなしうる偉大さは――作品や功績や言葉といった[19]

——事物を生み出して、この無限に続く宇宙の中に、少なくともある程度までは持続して住むにふさわしい住み家を作り出すことにある。それによって、この死すべき存在は自分以外のすべてが不死の宇宙の中に居場所を見出すことができる。人間は不滅の業績を成し遂げることによって、消えることのない跡を残すことができる。それによって、個人は死んでも、ある種の不死性を獲得して、みずからの「神聖」な性質を証明するのである。人間と動物を分ける線は、人類という種そのものを横切っている。人間のうちで最良の者（aristoi）だけが、自分が最良であることを絶えず証明する者だけが（aristeuein、この動詞は他の言語には見られない）、「死すべきものよりも不滅の名声のほうを望む」者だけが本当の人間であって、何であれ自然が与える快楽に満足する他の者たちは動物と同じように生き、そして死んでいく。ヘラクレイトスはまだそう考えていたが(20)、ソクラテス以降の哲学者たちにはそのような見解はほとんど見出すことができない。

[20] 当面の文脈では、最初に永遠なるものを発見して厳密に形而上学的な思考の中心に据えたのがソクラテスかプラトンか、という問題はあまり重要ではない。ソクラテスその人だったという推測に信憑性をもたせているのは、偉大な思想家の中で彼だけが自分の思想を書き記そうとしなかった、という——他の多くの点と同じくソクラテスに特有の——事情である。思想家がどんなに永遠に関心を抱いていたとしても、机に向かって自分の思考を書き記すことに集中した瞬間、彼の関心は永遠から離れて、思考の痕跡を残すことに移っている。その時点で、思想家は「活動的生活〔vita activa〕」に入って、これを持続させること、つ

まり潜在的な不死のほうを選んでいるのである。いずれにせよ、一つだけ確かなのは、永遠への関心とそれを追求する哲学者の生活は、不死を追求する市民の生活様式、すなわち「政治的生活〔bios politikos〕」とは本質的に矛盾し、対立すると最初に考えたのがプラトンだった、という事実である。

永遠なるものについての哲学者の経験を、プラトンはarrhēton（「語りえぬもの」）、アリストテレスはaneu logou（「言葉なきもの」）、のちにはnunc stans（「とどまる今」）という逆説的な形で概念化したが、これは人間的な事象の外部、複数の人間がいる領域の外でしか起こらない。プラトンの『国家』にある洞窟の寓話が語るように、哲学者は同胞市民の束縛から解放されて、洞窟を去って完全な「単独者〔singularity〕」となる。そこには一人の同伴者も追随者もいない。「人々の間にいるのをやめる」ことが政治的な死を意味するとすれば、永遠の経験は一種の死である。現実の死と違うのは、それが最終的なものではないという一点だけだ。最終的なものではないというのは、どんな生き物もそのような永遠に長く耐えることはできないからである。中世の思想において「観照的生活」を「活動的生活」から区別しているのは、まさにこの点である(21)。決定的なのは、永遠の経験は不死の経験とは異なり、それに対応するようないかなる活動もなく、したがってそうした経験を活動に転換することはできない、ということだ。自己の内部で言葉によって行う活動としての思考でさえ、永遠という経験を表現するには不適切であるばかりか、むしろそうした経験を妨げ、破壊してしまうだろう。

「テオーリア〔Theōria〕」あるいは「観照」というのは永遠なるものの経験を指す言葉であって、これは〔21〕せいぜい不死にふさわしい他のどのような態度ともはっきり区別される。哲学者たちが永遠なるものを発見することになったのは、ポリスを不滅のものにするどころか、長く持続させることさえできないのではないかという、それ自体はもっともな疑念であっただろう。この発見の圧倒的な衝撃のために、彼らはあらゆる不死への努力を虚栄や自惚《うぬぼ》れだと見下して、古代の都市国家とその背後にある宗教に公然と敵対することになったのである。しかしながら、永遠への関心が不死へのあらゆる願望を退けて勝利を収めることになったのは、哲学思想だけの力によるものではない。ローマ帝国の崩壊は、死すべき人間の手で作られたものは不死ではありえないことを誰の目にも明らかにした。その結果、個人の生命の永遠を説くキリスト教の福音が、西洋の人間の宗教の地位を独占することになった。ローマ帝国の崩壊とキリスト教の興隆によって、地上における不死への努力は不毛かつ不必要なものになった。かくして「活動的生活」と「政治的生活」は観照に従属する侍女となり、近代になって世俗的領域が興隆し、活動と観照の伝統的序列が逆転した時にも、「活動的生活」の源泉であり中心であったはずの不死への努力が忘却から救い出されることはなかったのである。

原注

（1）古典古代の時期以降の政治思想を検討する場合、その思想家が旧約聖書の『創世記』の二つの説明のどちらを引用しているかを調べることは、しばしば大いに参考になる。例えば、ナザレのイエスとパウロの説教の違いは両者の特徴をよく示している。イエスは夫と妻の関係を論じるにあたって『創世記』一・二七を引き合いに出して、「あなたがたは読んだことがないのか、神ははじめから人間を男と女に創りたもうた、と」(『マタイによる福音書』一九・四)と述べるのに対して、パウロはこの点に関して、女は「男から造られた」のだから「男のため」にある、と述べている。もっとも、すぐに「男は女なしではいられないし、女も男なしではいられない」と付け加えて、女性の男性への依存の度合いを緩めているが(『コリントの信徒への手紙一』一一・八—一二)。両者の相違は、単に女性の役割の見方が違うという以上のものである。イエスにとって信仰はただちに行為につながるものだった(本書、第33節参照)のに対して、パウロにとって信仰とは何よりも救済に関わるものだった。この点で特に興味深いのは、アウグスティヌスである(『神の国』一二・二一〔実際は「一二・二二」〕。服部英次郎訳、岩波文庫、一九八二—九一年、(3)一六一—一六二頁〕)。ここで彼は『創世記』一・二七を完全に無視しているばかりか、人間と動物の違いは人間がはじめから「唯一の存在〔unum ac singulum〕」として造られたのに対して、動物はすべて「存在するや、ただちに多数となる」(plura simul iussit exsistere)よう命じられたところにある、と述べている。アウグスティヌスにとって『創世記』は種として生活する動物とは異なる人間の単独者としての性格を強調する格好の機会を提供したのである。

(2)　アウグスティヌスはいわゆる人間学的な問題を哲学に持ち込んだ最初の人だと言われているが、彼はそのことをよく承知していた。アウグスティヌスは「私は誰か〔Who am I?〕」と「私は何か〔What am I?〕」を区別している。第一の問いは、人間が自分自身に向けた問いである(「そこで私は、自分自身に向かってこう問うた。汝よ、おまえは誰〔who〕か? そして私は答えた。人間である、と」—— tu quis es?〔『告白』一〇・六〔山田晶訳、山田晶責任編集『アウグスティヌス』中央公論社(「世界の名著」14)、一九六八年、三三五頁〕〕)。第二の問いは、神に向けられている(「我が神よ、私は何〔what〕でしょうか、私の本質は何なのでしょうか?」―― Quid ergo sum, Deus meus? Quae natura sum?〔一〇・一七〔同書、三五三頁〕〕。人間という「大いなる神秘」grande profundum〔四・一四〔同書、一五〇頁〕〕の中には「人間が自らのうちに有する精神には知ることができない人間としての何か〔aliquid hominis〕があります。だが神よ、それをお造りになった〔fecisti eum〕貴方は人間のすべてをご存じです〔eius omnia〕」〔一〇・五〔同書、三三二頁〕〕。本文に挙げた quaestio mihi factus sum というよく知られている言葉は、神の前で語られている。「神よ、御目の前で、私はわたし自身にとっての謎となりました」〔一〇・三三〔同書、三七七頁〕〕。要するに、「私は誰か」という問いに対して与えられる答えは「おまえは人間だ――人間というものが何であるにせよ」というものであり、「私は何か」に答えられるのは、私を造った神だけである。人間の本質をめぐる問題は、神の本質を問うのと同じく神学的な問題であって、いずれの問いも、神からの啓示という枠の中で初めて成立する問いなのである。

（3）アウグスティヌス『神の国』一九・二、一九〔「そこで三種類の生が存在することになる。すなわち、その一つは、怠惰に過ごすのではなくして真理の観想やその探究に過ごされる閑暇の生である。第二は、人間的な事柄に忙しく従事する生である〔altero in gerendis rebus humanis negotioso〕。そして第三は、その両方を適度な仕方で組み合わせた生である」、「だれも閑暇において隣人の益を考えないほど暇であるべきではない。また、神の観想を求めないほど活動的であってもならない〔nec sic actuosus, ut contemplationem non requirat Dei〕」（前掲訳書、(5)一九、八二頁）。ここでの論述の要点は、(1)「活動的生活（vita activa）」という用語自体はアウグスティヌスのものではないが、「観照的生活」との対比はすでに明確であること、(2)ただし、アウグスティヌスの場合には「公的・政治的生活」という意味がまだ残っており、その意味においてアウグスティヌスは古典古代からキリスト教的な中世への過渡期に位置していることである〕。

（4）ウィリアム・L・ウェスターマン〔William L. Westermann〕（「奴隷と自由の間〔Between Slavery and Freedom〕」（*American Historical Review*, Vol. 50, 1945）は、こう述べている。「アリストテレスが職人は限定的だが、奴隷状態で生きていると述べているのは、職人が仕事の契約を結ぶとき、彼は自由人としての地位を構成する四つの要素のうちの二つ〔経済活動の自由と無制限の移動の権利〕を譲り渡すが、それは自分の意志で、しかも一時的なものだからである」。ウェスターマンが挙げている資料によれば、当時の人々にとって、自由とは「身分、人格の不可侵、経済活動の自由、無制限の移動の権利」から成るものであり、したがって奴隷は「この四つの条件すべてを欠いていた」。アリストテレスが『ニコマコス倫理学』（第一巻第五章〔高田三郎訳、岩波文庫（改版）、二〇〇九年、(上)二二頁以下〕）や『エウデモス倫理学』（一二一五a三五以下〔茂手木元蔵訳、『アリストテレス全集』第一四巻、岩波書店、一九六八年、一九六頁〕）で「生き方」を論ずる際に、職人のそれにまったく触れていないのも、彼にとって「職人〔banausos〕」は自由ではなかったからである（『政治学』一三三七b五〔山本光雄訳、岩波文庫、一九六一年、三六二頁〕）。他方でアリストテレスは「金を儲ける生活」については言及していて、それが「強制による」ものだからという理由で拒否している（『ニコマコス倫理学』一〇九六a五〔前掲訳書、(上)二八頁〕）。区別の基準が自由にあることは『エウデモス倫理学』も同様で、彼はそこでep' exousian〔自分の意志で〕選ばれたものだけが自由な生活である、と強調している〔一二一五a三五以下（前掲訳書、一九六頁）〕。

（5）必要なもの、有用なものと美しいものとの対立については、『政治学』一三三三a三〇以下〔前掲訳書、三四五―三四六頁〕、一三三二b三二〔ドイツ語版も、この箇所を指示しているが、おそらく、教育を論じた第八巻第三章（一三三八a三〇からb一の前後）が該当すると思われる。「だから息子たちに有用なものとしてでなく、また必要なものとしてでもなく、むしろ自由人的なもの、立派なものとして教えなければならない教育のあることは、明らかである。〔…〕というのは音楽がその事実を明らかにしているからである。さらに挙げえた成果は、有用なものでもそのうちの或るものは、読み書きの学習のように、有用さの為ばかりでなく、またそれを通じて他の多くの学習がなされうるが故に、これを子供たちに教えなければならないということである。また同様に図画も、自分の買物のさいに失敗しないで、家具の売買を欺かれずになし得るためではなくて、むしろそれが身体の美を観想し得るものとなすが故に、教えなければならないのである。そして凡ゆるところに有用さを求めるのは大度量の人や自由な人には最も似合わしからぬことである」（同書、三六五—三六六頁）。

（6）必要なもの、有用なものと自由との対立については、『政治学』一三三二b二〔これも前注で注記した一三三八b一前後（引用した箇所の末尾）が該当すると思われる〕。

（7）専制支配と政治との相違については、『政治学』一二七七b八〔前掲訳書、一三一—一三二頁〕を参照。専制支配者の生活が自由人の生活と違うのは「必要な事柄」と結びついているからだという点については、同書、一三二五a二四〔同書、三一五頁〕。

（8）近代になって労働を高く評価する意見が広まるようになったのは、キリスト教に由来する。第44節を参照。

（9）トマス・アクィナス『神学大全』第Ⅱ-二部、第一七九問題、特に第二項を参照。そこでは「活動的生活〔vita activa〕」は「現世の生活の必要〔necessitas vitae praesentis〕」から生じるものとされている。また、『詩編注解〔*Expositio in Psalmos*〕』四五・三では、生活のために必要なものを調達するのが政治体の任務である（in civitate oportet invenire omnia necessaria ad vitam）とされている〔「人間的活動へのあらゆる従事は、もしそれが現世の生活の必要性へと正しい理性によって秩序づけられているとするると、それは、秩序づけられた活動を通じて現世の生活の必要を配慮するところの活動的な生活に属している。しかし、もしそれが何らかの欲情 concupiscentia に奉仕するものであるなら、それは快楽的な生活に属しており、これは活動的生活には含まれない。他方、真理の考察へと秩序づけられた人間的営為は、観想的生活に属している」（『神学大全23』稲垣良典・片山寛訳、創文社、二〇〇一年、一五九頁〕」。

(10) ギリシア語の skholē は、ラテン語の otium と同様に、まず第一に政治活動からの解放を意味していたのであり、単なる余暇の時間〔leisure time〕ではなかった〔ギリシア語とラテン語のニュアンスの相違については、ハンナ・アレント『革命について』志水速雄訳、ちくま学芸文庫、一九九五年、一八八―一八九頁〕。いずれにせよ、二つの言葉はともに悩みや気遣いの必要〔worries and cares〕から解放された状態を示している。労働や仕事から完全に自由な生活を享受していたふつうのアテナイ市民の日常生活についての卓抜した叙述は、フュステル・ド・クーランジュ〔Numa Denis Fustel de Coulanges〕『古代都市〔*The Ancient City*〕』(Anchor ed.〔Garden City, N. Y.: Doubleday (Anchor Books)〕, 1956)、三三四―三三六頁に見ることができる。都市国家における政治的活動がどんなに時間を必要とするものであるかが分かるだろう。このふつうの政治生活が市民にとって悩みの種だったことは、アテナイの法律では政治的に中立の立場をとることが禁じられていて、党派の争いの際にいずれかに加担しなければ、処罰され、市民権を喪失したことからもうかがい知ることができる〔参照指示しているクーランジュ『古代都市』第四編第一一章の最終段には、こう書かれている。「この民主政治がきわめて多くの労力を人々に要求したことは驚くべきものである。それは非常にせわしい政治であった。アテナイ人の生活がどんなふうに営まれていたかを見たまえ。今日は行政区の集会に呼ばれて、その小さな団体の宗教上と経済上の利益について論議しなければならないかと思うと、明日は部族の集会に召集される。そして宗教上の祭儀を規定し、支出を検査し、法令を作り、あるいは首長や法官を任命しなければならない。それればかりか、月に三回は人民集会へ規則的に列席する必要があり、これに欠席することは断じて許されない。しかも、その会議ははなはだ長い時間にわたるもので、単に投票するために行くのではなく、早朝から夜遅くまで演説家の弁論を聴いていなければならない。人民は会議が始まる時からそこに列席して、すべての弁論を聴かなければ、投票の権利を与えられない。その投票は彼にとってはきわめて重大な仕事のひとつであった。

ある場合には、その投票によって、政治上および軍事上の首長を選ばなければならない。換言すれば、利益と生命とを一年のあいだ委ねるべき者を選ぶのである。またある場合には税金を課し、法律を改正しなければならず、さらにまた自分や息子の血を提供する必要があることを十分に承知しながら、戦争について投票を行わなければならない。個人的な利益は国家の利益と密接に結びついていた。だれも冷淡や無分別ではありえなかった。ひとたび判断を誤れば、その応報はすぐにくること、それから一票を投ずるごとに自分の財産と生命とを賭けていることを、彼はよく知っていた。あの不幸なシチリア遠征が議決されたとき、市民のうちの一人として自分の家族のうちの誰かがこれに参加しなければならないことを知らないものはなく、またすべてのものがこの戦争がもたらす利益と危険のどちらが大きいかを、胸の内で全心の注意をかたむけて苦慮しなければならなかった。とくと考えて、ことのいきさつを明らかにすることはきわめて重大であった。祖国の一度の失敗は、各市民にとっては、自分の威信と安全と富との減少にほかならなかったからである。／市民の義務は投票だけに限られてはいなかった。順番がくれば、めいめいの行政区や部族の行政官とならなければならなかった。平均隔年には「ヘリアスト」すなわち裁判官となり、その一年間は、訴訟人の陳述を聴き、法律を適用して裁判所に過ごす。一生のうち二度は元老院五百の議員中に名を連ねるように要求されない市民はほとんどなかった。そして、いったん元老院議員となれば、毎日朝から晩まで議席について、行政官の意見を聴き、彼らに政治上の報告をさせ、外国使臣に会い、外交使節にやる訓令をつくり、人民に公開するあらゆる案件を調べ、すべての法令の準備をしなければならない。最後にまた、抽選や投票によって指名されれば、執政官、軍議官、警務官など、都市の行政官となるかも知れなかった。これをみても、民主主義国家の国民となることがどんなに重い負担を与えるか明らかであろう。ほとんど一生涯をそのために捧げるほどの用事があり、個人的な仕事や家庭生活をかえりみる余裕もなかったと想像される。アリストテレスが、生きるために働く必要のあるものは市民となることができなかったと言ったのは、まことに当を得た言葉だと言わなければならない」（『古代都市』田辺貞之

助訳、白水社、一九六一年、四六〇―四六二頁）」。

(11) アリストテレス『政治学』一三三三a三〇―三三参照（前掲訳書、三四五―三四六頁）。アクィナスは観照を「外的運動の停止〔quies ab exterioribus motibus〕」と定義している（『神学大全』第II-二部、第一七九問題、第一項〔「観想は確かに外的な運動からの静止を有する。にもかかわらず、観想することそれ自体は、あらゆる働きが運動と呼ばれるという限りでは、知性の或る運動なのである。この意味でアリストテレスは、『霊魂論』第三巻（第七章431a4）で、感覚することや知性認識することは、運動が「完全なものの活動」であると言われる限りで、ある種の運動であると述べているのである」（『神学大全23』前掲訳書、一五六頁）〕）。

(12) 魂の静寂を強調するアクィナスが「活動的生活」を推奨するのは、消耗することで「内的な情熱が静まり」、観照への心構えができるからにほかならない（『神学大全』第II-二部、第一八二問題、第三項〔「それゆえ、活動的生活の訓練は、内的情念――それらから、観想を妨げるところの様々な幻影phantasmata が生まれてくる――を静めることによって、観想的生活に寄与するのである」（『神学大全23』前掲訳書、二二〇頁）〕）。

(13) アクィナスは、「活動的生活」が人間の肉体の必要や欲求――これは動物と共通する――と結びついていることを、はっきりと表明している（『神学大全』第II-二部、第一八二問題、第一項〔「観想的生活は、人間にとってより固有のもの、すなわち知性にもとづいているが、活動的生活の働きにおいては、われわれと動物に共通なより下位の諸力も関与しているからである」（『神学大全23』前掲訳書、二一一頁）〕）。

(14) アウグスティヌスにとって「隣人愛〔charity〕」の義務によって課された活動的生活の「重荷」(sarcina) は、観照が与える「甘美」(suavitas) と「真理の喜び」がなければ耐え難いものだった（『神の国』一九・一九〔「それゆえ、真理への愛《カリタス》が聖なる閑暇を求めるのである。愛がわたしたちを強いて正しい業務を引き受けさせるのである。もしも誰もこの荷を課さないときは、わたしたちは真理の把握とその考察とのために閑暇であるべきである」（前掲訳書、(5)八四頁)〕。

（15）　昔から哲学者は人間が肉体をもっているという制約条件にルサンチマンを抱いてきたが、これは古代における生活の必要性に対する軽蔑とは区別しなければならない。必要性への従属は肉体的存在の一局面にとどまり、そうした必要性から解放されれば、肉体はギリシア人が美と呼ぶものの純粋な現れになりうるからである。プラトン以降の哲学者たちは、この肉体の必要の拘束に対するルサンチマンに加えて、あらゆる運動にルサンチマンを抱いた。プラトンによれば、都市の中に住んでいるのは身体だけで、哲学者は完全な静寂の中で生きるからである。政治的な生活を送る人間に投げかけられる「せわしない」（polypragmosynē）という古くからの非難の源泉も、ここにある。

（16）　F・M・コーンフォード〔Francis Macdonald Cornford〕「プラトンの国家〔Plato's Commonwealth〕」（*Unwritten Philosophy*, Cambridge: Cambridge University Press, 1950, p. 54）を参照。「ペリクレスの死とペロポンネソス戦争を画期として、思考の人と活動の人とは異なる道を歩み始め、両者の溝は最後にはストア派の賢人が自国の市民であることをやめて世界市民〔citizen of the universe〕になるほどまでに開いてしまった」。

（17）　ヘロドトスは『歴史』一・一三一で、ペルシア人たちは「神の像も、寺院も祭壇ももたず、それらを作ることは馬鹿げたふるまいだと考えている」としたあと、これは彼らが「ギリシア人のように、神々を〔anthrōpophyeis〕、人間的性質をもつものと考えていなかったこと」を示していると述べている〔松平千秋訳、岩波文庫、二〇〇七年、(上)一一二頁〕。ギリシア人にとって神々は人間と同じ性質をもつ、と付け加えてもいいだろう。ピンダロス『ネメア祝勝歌集』第六歌も参照〔「人の族は一つをなし、神の族も一つをなす。だがどちらも同じ母から命の息吹きをもらっている。あらゆる点で分かたれた力の差が両者を隔て、一方は無に等しいが、他方には青銅の座たる天空がとわに不動に存している」（『ネメア祝勝歌

集』、『祝勝歌集／断片選』内田次信訳、京都大学学術出版会（西洋古典叢書）、二〇〇一年、二六五—二六六頁〕。

（18）アリストテレスの偽書『家政論』一三四三b二四〔『経済学』村川堅太郎訳、『アリストテレス全集』第一五巻、岩波書店、一九六九年、四二九頁〕を参照。自然は再帰（periodos）によって種に永遠の存在を保証するが、個体に対してはそのような永続を保証することはできない。同様の考えは、『魂について』四一五b一三の「生きているものにとって、生とは存在である」〔『心とは何か』桑子敏雄訳、講談社学術文庫、一九九九年、八九頁〕という議論にも示されている。

（19）ギリシア語は「作品〔works〕」と「功績〔deeds〕」を区別せず、それが十分に持続して記憶されるに足る偉大さをそなえているものなら、erga と呼んだ。哲学者たち、というよりはむしろソフィストたちが「際限のない区別」を始め、制作と行為（poiein と prattein）を区別するようになって初めて、poiēmata と pragmata という、これに対応する名詞が広く用いられるようになったのである（プラトン『カルミデス』一六三参照〔山野耕治訳、『プラトン全集』第七巻、岩波書店、一九七五年、六五—六六頁〕）。ホメロスはまだ pragmata という言葉を知らなかったが、プラトン（ta tōn anthrōpōn pragmata）は「人間的な事象」を表現するものとして、しかも労苦や不毛という意味を込めて用いている。ただし、そうした用法はプラトンからというわけではなく、ヘロドトスにおいても pragmata には同様の意味が含まれている（例えば『歴史』一・一五五〔該当箇所はキュロス王の科白。「どうもリュディア人という国民は、ほかの者にも自分自身にも面倒を起こしずくめで、きりがないようじゃ」（前掲訳書、(上)一三七頁）〕）。

（20）「ヘラクレイトス」B二九（ディールス〔Hermann Diels〕『ソクラテス以前哲学者断片集〔*Die Fragmente der Vorsokratiker*〕』（4. Aufl., Berlin: Weidmann, 1922）〔内山勝利編、岩波書店、一九九六—九八年、(1)三一七頁〕）。

(21)「活動的生活に長く留まることはできるが、精神を集中して観照のうちにとどまることには耐えられない〔In vita activa fixi permanere possumus; in contemplativa autem intenta mente manere nullo modo valemus〕」(トマス・アクィナス『神学大全』第Ⅱ-二部、第一八一問題、第四項〔『神学大全23』前掲訳書、二〇四頁〕)。

訳注

＊1　『創世記』第一章がアレントの言うように神が人間をはじめから男と女として創造したと読めるのに対して、第二章では神は人間を造り、エデンの園に連れていき(七―八)、楽園の管理を任せたあと(一五)、人間の肋骨から女を造った(二二)。さらに第三章では、女がヘビに誘惑されて神から禁じられた木の実を食べ、人間は楽園から追放される。原罪を強調するオーソドックスなキリスト教理解は、この第二章から第三章の記述に依拠している。

＊2　ドイツ語版では praxis ではなく、prattein のギリシア語表記が使われている。

＊3　『マタイによる福音書』一六・一六「あなたこそ、生ける神の子キリストです」。

＊4　political thought だが、文脈から「政治哲学」とした。ドイツ語版も「政治哲学」となっている。

[22]

第II章　公的領域と私的領域

4　人　間——社会的動物か、政治的動物か

「活動的生活〔vita activa〕」、すなわち何かをすることに積極的に関わる生活は常に人間と人間が作った事物の世界に根ざしており、この世界から離れることも超越することもできない。事物と人は活動のための環境を形成しており、そこに具体的な場所を与えられなければ、すべての活動は無意味なものとなる。だが、この環境そのもの、われわれが生まれてくるこの世界も、人間の活動がなければ成立しない。制作物を生み出し、耕作された土地の手入れをして、人々を組織して政治体を設立するといった人間のさまざまな活動なくして、世界は存在しないのである。およそいかなる人間の生活も、たとえそれが荒野に一人隠遁する者の生活であっても、直接にか間接にか他の人間の存在を証明してくれる世界がなければ不可能である。

人間のあらゆる活動は人がともに生きているという事実に条件づけられているが、複数の人間で構成された社会の外では考えられない活動は行為だけである。労働は他者の存在を必

要としない。ただし、完全に孤立した状態〔solitude〕で労働するのは、文字どおり「労働する動物〔animal laborans〕」であって、人間ではない。他の誰も住まない世界の制作や建設のための仕事をする人間は、制作者ではあるけれども、「工作する人間〔homo faber〕」ではない。それはキリスト教の神のように無からすべてを創造する「創造者」ではないが、むしろ神のような存在となる――なるほど、それはキリスト教の神としての特質を失って、むしろ神のような存在となる――なるほど、それはキリスト教の神としての特質を失って、プラトンが『ティマイオス』の神話で描いた造物主デミウルゴスのようになるだろう。行為だけが人間の特権であり、野獣も神も〔23〕行為する能力をもたない。(1) そして、行為だけが、他の人間が常に存在していることに依存しているのである。

人間がともに存在することと行為との間の特別な関係は、アリストテレスの言う zōon politikon〔政治的動物〕が〔ラテン語の〕animal socialis〔社会的動物〕に翻訳されたことを完全に正当化するように見える。こうした翻訳は、すでにセネカに見られるように早い時期から行われていたが、トマス・アクィナスが homo est naturaliter politicus, id est, socialis（「人間はその本質において政治的、すなわち社会的である」(2)）と述べたことで、標準的な訳語として定着した。無意識のうちに行われた政治的なものから社会的なものへの転換が、ギリシア人たちが理解していた政治の本来の意味がいかに見失われたかを、どんな精妙な理論よりも雄弁に物語っている。「社会的〔social〕」という言葉はローマに由来するものので、ギリシア語やギリシアの思想には対応するものがないということは、重要ではあるけれども、決定的な事情ではない。さらに言えば、〔「社会」の語源となったラテン語の〕

societasも、本来は限定的だが、明確に政治的な意味をもつ言葉だった。それは他者の支配や犯罪といった特定の目的のために人々の間に結ばれる同盟のことを指していたのである[3]。それが［24］人間の基本的条件としての一般的な意味をもつようになったのは、のちにsocietas generis humani「人類の社会」という概念ができてからのことにすぎない[4]。人間が仲間から離れては生きていけないことを、プラトンやアリストテレスが無視していたわけでも無関心だったわけでもない。彼らにとって、それは人間に固有の条件に入らなかっただけである。同じ仲間とともに生きるというのは動物の生活に共通する特質であって、それだけでは人間の基本的な条件を満たすものではない。自然な形で生じる仲間関係は、他の動物の生活形態と同じく、動物としての人間に対して生物学的な生命の必要が課した制約なのである。

ギリシア人の理解によれば、政治的な組織を設立する人間の能力は、家（oikia）と家族を中心とする自然的な結合の能力とは異なるどころか、その対極に位置している。都市国家[*1]の興隆は、人間が「私的な生活と並んで、いわば第二の生活である「政治的生活〔bios politikos〕」を始めたこと」を意味した。「今やすべての市民は二つの存在の秩序に属していて、その生活は自分自身の領域（idion）と共同の領域（koinon）とに厳格に区別されることになったのである[5]」。ポリスの創設に先立って、部族〔phratria〕や胞族〔phylē〕のような血縁に基づいて組織された単位がすべて解体されたというのは、アリストテレスの意見や理論の上のことではなく、歴史的な事実そのものだった[6]。［25］人間の共同体に必要で、実際に行われているすべての活動のうちでただ二つのもの、すなわち行為（praxis）と言論（lexis）のみが政治的なものとみなされ、アリストテレスの言う「政治的生活〔bios politikos〕」を構成するものとなった。人間的な事象（ta tōn anthrōpōn pragmata とプラトンが呼んだ）の領域のすべてはここから生まれ、必要に迫られて行う活動、有用なだけの活動は排除されたのである。

しかしながら、人がすべての生活を政治的な領域における行為と言論に捧げるようになるのは都市国家の確立からだとしても、行為と言論という二つの活動が人間のもつ最高の能力であるという信念は、ポリスが成立する以前、ソクラテス以前の思想のうちにすでに存在していた。ホメロスの描く英雄アキレウスの偉大さは、彼が「大いなる行為を成し遂げ、大いなる言葉を語った」人物であった、という観点から初めて理解できるものとなる(7)。アキレウスの言葉が偉大なのは、近代になってそう理解されているように偉大な思想を表現しているからではない。まったく反対で、『アンティゴネ』の末尾に述べられているように、それが「大いなる言葉」（megaloi logoi）である所以は、受けた打撃に応えられるような思慮を老年になってから教えることにある(8)。つまり、思考はあとからやって来るのに対して、[26]言論と行為は同時に行われ、同等、同格で同じ種類のものと考えられていたのである。その理由は、政治的な行為のほとんどが暴力の圏外にあるかぎり言葉を通じて行われるということだけではない。より根本的には、適切な瞬間に適切な言葉を見つけること自体が、その言葉が伝える情報や通信の内容以前に、すでに一つの行為だからである。むきだしの暴力だけが無言で行われる。暴力が決して偉大になりえないのは、そのためである。古代も末期になって、戦争が弁論（rhetoric）と並んで政治教育の二つの主要課題となった時でも、その発展を推進し、また支配していたのは、ポリス以前に遡る古い経験と伝統だった。

あらゆる政治体の中でポリスが「最もおしゃべり」[*2]だと言われるのにはそれなりの根拠があったが、現実のポリスにおいては、行為と言論は次第に分離して別々の活動になっていった。この傾向は、ポリスの経験から生まれた政治哲学において、さらに顕著になった。行為よりも言論が重視され、言論それ自体も、起こったことやなされたことに応答し、対抗して、これを耐えうるものにする、という人間特有の方法ではなく、単なる説得の手段になった[(9)]。政治的であること、ポリスの中で生きることは、あらゆることが強制と暴力によってではなく、言葉と説得を通じて決定されることを意味した。ギリシア人自身の理解によれば、暴力によって人々を強制すること、［27］説得するのではなく命令することは、人間を扱う政治以前の方法であり、ポリスの外での生活の特徴だった。すなわち、ポリスの外の家と家族においては家長がいっさいの異議申し立てを許さない専制的な権力を行使したし、アジアの異民族の帝国では家長の家支配としばしば類似した専制支配が行われたのである。

アリストテレスは人間を「政治的動物〔zōon politikon〕」と定義したが、これは家の中で経験するさまざまな人間的な結合関係とは無関係なだけでなく、むしろ対立するものだった。このことは、アリストテレスのもう一つの有名な定義、人間は zōon logon ekhon（「言葉を用いることのできる生き物」）であるという定義と合わせることで、初めて明確に理解できるようになる。この言葉のラテン語の翻訳animal rationale〔理性的動物〕は、「社会的動物」という言葉とまったく同様に、根本的な誤解に基づいている。アリストテレスが意図していたのは、人間一般を定義することでも、人間の最高の能力を示すことでもなかった。というのも、アリストテレスにとって、人間の最高の能力はロゴス〔logos〕、つまり言論や理性ではなく、ヌース〔nous〕、観照の能力だったからである。観照の中心的な特徴は、その内容が言葉で表せないところにある。[10] アリストテレスの定義の中で最も有名なこの二つは、その当時ポリスにおいて一般的だった人間と政治的生活様式についての見解を定式化したものにすぎない。この見解によれば、ポリスの外にいる人間はすべて——奴隷であれ、異民族であれ——ロゴスなき〔aneu logos〕存在だった。彼らも言葉の能力をもたないわけではないが、言論が意味をもつような生活様式、言論のみが意味をもち、互いに語り合うことにすべての市民の関心が向かう生活様式を奪われていたのである。

「政治的〔political〕」という言葉を「社会的〔social〕」という言葉に置き換えたラテン語訳に表れていた深刻な誤解が最も明白になるのは、おそらくトマス・アクィナスが家政支配と政治的支配を比較して述べた次のような議論においてだろう。いわく、一家の家長は王国の長たる国王と似ている。ただし、家長の権力は国王のそれほど「完全」[*3]ではない、と。[11] ギリシアのポリスにおいてだけでなく、古代の西洋世界を通して、僭主〔tyrant〕の権力は家父長〔pater familias〕や主人〔dominus〕が彼の奴隷や家族を支配する権力ほど偉大でも「完全」でもないのは自明のことだった。僭主の権力が家長の権力より劣っている理由は、都市の〔28〕支配者たる僭主の権力に対して一家の長たる市民が団結して対抗してこれを抑制したからではなく、絶対的で誰も対抗しえない支配はそもそも政治的な領域とは相容れないからである。(12)

5 ポリスと家政

政治的な領域と社会的な領域は同じものだという誤解は、〔政治という〕ギリシア語の概念が〔社会という〕ラテン語に翻訳され、それがローマ＝キリスト教の思想に採用された時から始まっていたが、近代になって社会という言葉が新たな意味内容をもって使用されるようになると、さらに事情は複雑になる。少なくとも古代都市国家が興隆して以降は、私的な生活空間と公的生活の空間はそれぞれ家と政治の領域として、明確な実体として分離されていた。厳密な意味において私的でも公的でもない領域としての社会は、近代という時代の開幕とともに出現する。この相対的に新しい現象としての社会がみずからの政治形態として見出したのが、国民国家だった。

この文脈で重要なのは、社会という領域の登場がもたらした発展のために、公的領域と私的領域の決定的な相違を理解することがわれわれにとって非常に困難になった、ということである。古代においては、ポリスの領域と家と家族の領域とは明確に区別され、共通世界に関わる活動と生命の維持に関わる活動は明確に区別されていた。古代の政治思想にとって自明の公理だったこの区別は、われわれにとって自明のものではなくなり、その境界線は霞《かす》んでしまっている。というのも、われわれは人民の集合体や政治的共同体をあたかも家族のようなものとして、国民国家を日々の生活に関する事柄の面倒を見てくれる巨大な家政管理の機構として考えるようになっているからである。こうした発展に対応する科学的思考は、もはや政治学〔political science〕ではなく「国民経済学〔national economy〕」、「社会経済学〔social economy〕」、〔ドイツ語では〕Volkswirtschaft と呼ばれる一種の「集合的な〔29〕家政管理」の学問である。(13) 複数の家族の集合体をあたかも一つの巨大な家族であるかのように経済的に組織したものが今日われわれが言うところの「社会〔society〕」であり、この組織の政治的形態が「国民〔nation〕」なのである。(14) それゆえ、これらの問題を古代の思想に従って理解するのは困難である。そもそも政治的な家政という「政治経済学〔political economy〕」の表現それ自体が矛盾している。*4 個人の生活であれ、種の生存であれ、「経済的なもの」は非政治的であって、定義からして家政の領分だからである。(15)

歴史的には、都市国家と公的領域の興隆は家族と家の私的領域を犠牲にして行われた、というのは確かにもっともらしく思われる。(16) それでも古くからの竈《かまど》の神聖は、古典期ギリシアではローマほど重視されていなかったとはいえ、ギリシアにおいてもまだ完全には失われていなかった。財産を取り囲む境界は神聖であり、市民の私的生活に対するポリスの介入を阻止するものだったが、それは今日われわれが考えるような意味での私有財産の尊重ゆえではない。そうではなく、家を所有していない人は、〔30〕世界の中に自分自身の居場所をもたず、したがって世界の事柄に参加することができないからである(17)。プラトンはその政治構想〔対話篇『国家』〕で、公的領域を拡張するために私有財産を廃止して私的生活を完全に消滅させようとしたが、そのプラトンでさえ、境界の守り神ゼウス〔Zeus Herkeios〕に敬意を捧げて、私有地を相互に隔てる境界〔horoi〕を神聖なものと呼ぶことに矛盾を感じることはなかったのである(18)。

家という領域の決定的な特徴は、欲求や必要に迫られた共同生活の場だということにある。人々はそこで生命そのものに駆り立てられて共同生活を行う――プルタルコスは、古代ローマの家の守護神ペナーテースを「われわれに生命を与え、肉体を養う神(19)」だと述べている。個体の生命を維持し、種として存続していくためには、他者と共同しなければならない。個体の維持が男の任務であり、種の生存が女の任務であることは明白だった*5。自然が与えたそれぞれの役割、食料を獲得して個体を維持する男の労働と、出産という女の労働は、どちらも生命維持という必要性に服していた。家で営まれる自然な共同関係は必要性から生まれ、そこでは必要性がすべての活動を支配したのである。

それに対して、ポリスは自由〔freedom〕の領域だった。ポリスと家という二つの領域の間に関係があるとすれば、当然それは家において生命の必然性を統御することが〔31〕ポリスの自由の条件だということである。政治が単に社会を保護するための手段にすぎないなどということは、いかなる事情の下でも決してありえない。中世の信者の社会であれ、ロックの言う財産所有者の社会であれ、ホッブズのように容赦ない獲得競争の過程に巻き込まれた者たちの社会であれ、マルクスの言う生産者の社会であれ、あるいはわれわれのような職業人〔jobholders〕の社会であれ、社会主義や共産主義の国が称する労働者の社会であれ、同じことである。いずれの場合も、これらの社会が政治的な当局による介入の抑制を求める根拠は、社会の自由（あるいは自由と言われているもの）のためだった。そこでは、自由は社会の領域に位置づけられ、強制や暴力は政府の独占となる。[*6]

ギリシアのすべての哲学者たちは、どんなに彼らがポリスの生活に反対していたとしても、自由がもっぱら政治の領域に属するものであるのを当然と考えていた。彼らにとって、必然性は政治以前の現象、私的な家の組織に特徴的なものであり、この領域でのみ強制と暴力は正当化されるものだった。強制と暴力は――例えば奴隷を支配することによって――必然性を克服して自由になるための唯一の手段だからである。すべての人間は必然性の支配下にあるのだから、他者に対して暴力を行使する権利がある。暴力というのは、生命の必然性から解放されて自由な世界に入るための前政治的な手段である。この自由は、ギリシア人が幸福、エウダイモニア〔eudaimonia〕と呼んだものの前提であり、何よりも富と健康に基づく客観的な状態だった。貧しいことや健康でないことは肉体的な必然性に従属することを意味し、奴隷であることはさらに加えて人間の暴力に服することを意味していた。二つが重なることによって倍加された奴隷の「不幸」は、奴隷である本人が実際に健康で幸福だと感じているかどうかとは関わりがない。だから、貧しい自由人は保証された定職よりも日々変動する労働市場の不安定な職のほうを好んだ。決まった定職は毎日自分のしたいようにする自由を制約するというだけですでに奴隷的（douleia）であり、苛酷で苦痛に満ちた労働でさえ、家内奴隷の安楽な生活よりましだ、と考えたのである。[20]

［32］家族の長が家族と奴隷を支配する強制という政治以前の力は、人間が「政治的動物」である以前に、「社会的」な存在として必要なものとされたが、これは混沌とした「自然状態」とは何の関係もない。一七世紀の政治思想は、人は政府を設立することによって初めて「自然状態」の暴力から逃れることができる、政府が権力と暴力を独占して「すべての人間を畏怖させる」ことによって「万人の万人に対する戦争状態」を廃止することができる、と考えた。[21] 古代においては、反対に、あらゆる支配と被支配の観念、今日われわれが考えるような政府とその権力の観念やそれを規制する秩序のいっさいは政治以前のもの、公的領域ではなく私的領域に属するものと考えられていたのである。

ポリスを家から区別していたのは、家が厳格な不平等の中心地であるのに対して、ポリスには「平等な者」しかいない、という点である。自由とは、生活の必要にも他人の命令にも服さないと同時に、自分も命令する立場に立たないということである。支配もしなければ支配されもしない、これが自由の意味だったのである。[22] それゆえ、家の領域の内部に自由は存在しなかった。家の支配者たる家長が自由であるのは、彼が家から出て、すべての者が平等な政治の領域に入ることができるからである。念のために述べておけば、政治領域における平等は、われわれの考える平等の概念とはほとんど共通するところがない。それは同等の者と生活し、同等の者としか関わりをもたないことを意味していた。「同等ではない者たち」

が存在することは当然の前提であって、政治的な平等から排除された人々は事実として都市国家の人口の大多数を占めていたのである。[23] したがって、ここでの平等は［33］近代において問題になるような正義とはまったく関係がない。むしろ、政治的に平等であることこそが自由の核心だった。自由であるということは、家を中心とする支配・被支配関係から解放されて、支配する者も支配される者もいない領域に入ることを意味していたのである。

しかしながら、政治についての近代的な理解と古代的な理解との深刻な相違を明確な対立として描けるのは、ここまでである。近代世界では、社会の領域と政治の領域の区別はさらに不明瞭なものになっている。政治は社会の機能の一部にすぎないとか、行為、言論、思考はまず第一に社会的利益の上部構造であるということを発見したのはマルクスではない。もともとは、近代の経済学の自明の公理をマルクスが無批判に受け継いだものの一つなのである。政治が社会の一機能に還元されたことで、政治と社会という二つの領域の間の深淵を理解することは不可能になった。これは理論やイデオロギーの上のことではない。社会の興隆以来、つまり「家政」（oikia）あるいは経済活動が公的領域にまで上昇して以来、それまでは、家族の私的領域で行われてきたあらゆる事柄が「集合的」な関心事になった。[24] 近代世界では、この二つの領域は、とどまることを知らない生命過程そのもののように、絶えず相互に浸透し合っているのである。

公的領域と私的領域の間に存在していた溝が消滅するのは、近代に特有の現象である。かつて古代人は家という狭い領域から政治の領域へと「上昇する」ために、この深淵を日々飛び越えなければならなかった。中世においても私的領域と公的領域の間にはまだ溝が存在していたが、古代のような意味は失われ、[34] 溝の場所そのものも変わってしまっている。ローマ帝国の崩壊以降、それまで地方の自治都市の特権だった市民権に代わるものを与えたのがカトリック教会だった、という指摘は確かに正しい(25)。中世における日常生活の暗黒と聖なるものすべてがもつ壮麗な輝きとの間の深淵、それにともなう世俗的なものから宗教的なものへの上昇は、多くの点で古代における私的なものから公的なものへの上昇と対応している。もちろん相違も明白であって、中世において教会がいかに「世俗化」したとしても、信者たちの共同体を結びつけているのは、この世を超えた救済への関心なのである。それゆえ、公的なものと宗教的なものを等置するのはいささか困難であるのに対して、封建制の支配する世俗的な領域は古代の私的領域とまったく同じだった。そこでは、あらゆる活動が家の領域に吸収されて、私的な意義しかもたないものとなり、その結果、公的領域はまったく欠落することになったのである(26)。

古代の家長は、その支配が温和であるか苛酷であるかに関わりなく、政治的領域の外部ではいっさいの法や裁判を知らなかったのに対して、中世の封建領主はみずからの所領の内部では裁判を行うことができた(27)。これが中世における私的領域の拡大の特徴だったし、古代の家長と封建領主の相違でもあった。公私の領域が厳格に区分されていた古代に対して、私的領域にあらゆる人間活動を [35] 持ち込んで、家をモデルにして人間関係を形成するという傾向は、公的な組織の最たるものだったはずの都市の内部にまで及んでいる。中世特有の職業組織であるギルド、コンフレリ〔confréries〕やコンパニョン〔compagnons〕、そして初期の商業会社である「「カンパニー」（companis）……つまり「同じ一つのパンを食べる者たち」、「同じパンとワインを分かち合う者たち」といった言葉は、これらがもともとは拡大された家族〔joint household〕から生まれてきたことを示しているように見える」[28]。中世の「共通善」という概念は、政治的な領域の存在を示すものではまったくない。私的な個人には共通の物質的・精神的な利益が存在していて、誰か一人が共通の利益に配慮して各人の私的領域を保護する任務を引き受けなければ、各人は自分の職務に集中できない、ということが認められていたにすぎない。政治に対するこうした態度は本質的にはキリスト教に由来するが、それが近代のリアリティと違っていたのは、「共通善」の存在を認めていたことよりも、私的領域が排他的なものであり、今日われわれが「社会」と呼ぶ、私的利益が公的な意味をもって両者が混合する奇妙な領域を知らなかったことである。

それゆえ、中世の政治思想がもっぱら世俗的な領域のみに関心を集中して、家の内部の保護された生活と容赦なくすべてを光にさらすポリスとの間の深淵を知らず、政治にとって最も初歩的な徳の一つが勇気であることを理解できなかったとしても、驚くにはあたらない。むしろ、驚くべきは、古典古代以降に政治のかつての尊厳を取り戻そうとして尋常ならざる努力をした唯一の政治理論家だったマキアヴェッリがこの深淵に気づいていたことである。「卑しい身分から出世を遂げた傭兵隊長」についてマキアヴェッリが語るとき、一介の私人から君主の身分に、すべての者に共通の境遇から偉大な行為の栄光の輝きに昇りつめるには、ある種の勇気が必要であることを彼は理解していたのだ(29)。

［36］家を出ることは、もともとは冒険や輝かしい企てに乗り出すことを意味しており、のちにはポリスの公的事柄に身を捧げることを意味するようになったが、いずれも自分の生活や生存にしか関心がない家の中では求められない勇気を必要とした。政治的な領域に入り込んだ者は、誰でもまず第一に自分の生命を危険にさらす覚悟がなければならない(30)。生命に対する過剰な執着は自由の妨げであり、奴隷であることの確かな印だとみなされた。それゆえ、勇気は他の何にもまさる政治的な徳になった。勇気ある者だけが、政治的な内容と目的をもつ仲間に迎え入れられた。政治的な仲間というのは、奴隷も異民族もギリシア人も等しく服するような差し迫った生命の必要性によって強いられた共同関係を超えるものだからである(31)。したがって、アリストテレスが市民の生活について述べた「よき生」とは、単によりよく、伸びやかで高貴に生きることではなく、ふつうの生活とはまったく［37］質を異にする生き方を意味していた。それが「よきもの」であるのは、生活のための必要を完全に統御し、労働や仕事から解放され、すべての生き物がもつ生存への衝動を克服して、もはや生物学的な生命過程に拘束されていないからだった。

ギリシア人の政治意識の根底には、この区別がある。彼らほど「よき生」と生命の必然性に拘束されたふつうの生活とを明確に区別した者はいない。ただひたすら生活のため、生命過程の維持のためになされるいっさいの活動は政治的な領域に入ることを許されなかったし、そのために商業や製造業を勤勉な奴隷と外国人に委ねるという危険を冒したほどだった。マックス・ウェーバーが鮮やかに描いているように、アテナイは「消費者プロレタリアート」の住む「年金生活者都市」となったのである。[32] ポリスのこの本質は、プラトンとアリストテレスの政治哲学においては、まだ明確に意識されていた。もっとも、そこでは家政とポリスの区別はしばしば曖昧にされている。とりわけプラトンは、おそらくソクラテスの議論に従って、ポリスを論じる際の事例を日常的な私的生活の経験から取り出してきている。アリストテレスもまた、プラトンの見解に従って、少なくとも歴史的な起源においてはポリスは生活の必要に基づく共同体であって、ただその活動内容あるいは目指す目的（telos）が単なる生活を超えた「よき生」を目指すものだと想定しているのである。

家の私的生活と政治とを連続させるソクラテス学派の教説のこの側面はすぐに自明のものとして広まっていったので、今日のわれわれにはありふれた主張にしか見えないが、当時としては最新かつ最も革命的な学説だった。それは政治生活の実際的な経験からというよりは、政治生活の重荷から解放されたいという願望から生まれてきたのである。政治という最も自由な生き方でさえ生命の必要性に従属しているのだから、そこから解放されたいという要求は当然だ、と哲学者たちは言うのである。ただし、少なくともプラトンやアリストテレスの場合には、実際の政治的経験の背景がまだ根強く残っていて、家の領域とポリスの政治的生活との区別が疑われたことはなかった。家における生活の必要性を統御することなくして生も「よき生」もありえないが、政治は決して生活のために行われるものではない。ポリスの市民に関するかぎり、家の生活はポリスにおける「よき生」のためのものだったのだ。

[38]

6 社会的なものの興隆

社会的なものの出現、すなわち家政とそれに関する活動や問題、組織的な仕組みが家という隠れた領域から光のあたる公的な場に登場したことは、私的なものと公的なものの古い境界を曖昧にしただけでなく、公的・私的という言葉そのものを元の意味をとどめないほど変化させてしまったし、それによって個人と市民の生活にとっての意味も大きく変わることになった。共通世界の外の「自分自身の」(idion) 私的領域で過ごす生活はその定義からして「愚かしい〔idiotic〕」というギリシア人の意見にわれわれは同意しないし、私生活というのは「公的なもの〔res publica〕」の業務から一時的に逃れるための避難所だというローマ人の見方にも同意しないだろう。今日のわれわれにとって、私生活は個人の内面に深く関わる、いわゆる親密圏〔sphere of intimacy〕を意味している。古代ギリシアにはなかったこの領域の起源はローマ後期の時代まで遡るとしても、それが独特かつ多様な形で全面的に開花するのは近代という時代になってからである。[*7] [*8]

これは単に強調点が移ったということではない。古代人の感覚からすれば、私生活を意味する英語の「プライバシー〔privacy〕」という言葉そのものが示しているように、何かを奪われている〔privative〕という私生活の特質こそが重要だった。彼らにとって、それは人間の最高の能力、最も人間的な能力が奪われていることを意味していた。私的な生活のみに生きる人は、公的領域に入ることを許されない奴隷のように、あるいは公的領域を設立しなかった異民族のように、人間としての要件に欠ける不完全な存在なのである。われわれが「プライバシー」という言葉を用いる時には、剝奪された〔deprived〕領域だとは、まず考えない。近代の個人主義によって私的領域の内容が非常に豊かになったことも理由の一つだが、より重要なのは、近代的な意味における私生活が正確には政治的領域だけでなく社会的な領域とも鋭く対立するようになったことである――こうした対立は、今日の社会的領域に属する内容を私的な事柄と考えていた古代人にとっては未知の事柄だった。決定的な歴史的事実は、近代的な私生活の最重要な機能である親密なものの保護は、政治的な領域との対抗ではなく社会的な領域との対抗の中で見出されたこと、したがって社会的領域と密接に関連しているということである。

親密なものを初めて意識的に探求して、ある意味でその理論家にまでなったのは、[39] ジャン＝ジャック・ルソーである。彼がジャン＝ジャックと苗字抜きの名前で呼ばれる唯一の大思想家だったことは特徴的だ。親密なものの発見にルソーを導いたのは、国家の抑圧に対する反逆ではなく、人の心をねじ曲げる社会に対する反抗だった。それまで特別の保護を必要としなかった人間の心の奥底に、社会は侵入してきたのである。心の内面は、家の私的な領域とは異なり、世界の中に客観的に手を触れることのできる場所をもたないし、それが対峙して自己主張する相手である社会そのものも、公的空間と同じような確実性をもって実体的な場所を占めることはできない。[*9] ルソーにとっては親密なものも社会も人間が主観的に存在する様式であり、彼自身に則して言えば、ジャン＝ジャックという私的な存在が社会的にはルソーと呼ばれる男に反逆しているのである。近代的個人の終わりなき戦いは、心の中の反逆から生まれている。彼は社会の中に居心地のよい場所を見出すことができないし、さりとて社会の外で生きることもできない。その気分は絶えず変化してとどまるところを知らず、感情生活は度を越して主観的なものになる。ルソーその人が信頼できる人間だったかどうかはともあれ、ルソーが発見したものが本物だったことは間違いない。一八世紀の半ばから一九世紀のほとんど三分の二に至るまでの間に詩と音楽が驚くほど開花したが、それは社会に適合した唯一の芸術形式である小説の勃興と、他方では建築に代表される、より公共的な芸術の顕著な衰退をともなっていた。このことは、社会的なものと親密なものの密接な関係を十分に証明している。

ルソーやロマン主義者たちは社会に対する反抗の中で心の奥の親密なものを見出したが、彼らが何よりも反抗したのは、あらゆるものを均一化する社会の圧力に対してだった。今日われわれが言うところの画一主義〔conformism〕は、あらゆる社会に存在している。この反抗が起こったのは、平等の原則、トクヴィルが画一主義と非難して以来、その原因とされてきた平等の原則が社会の領域や政治の領域で自己主張するようになるよりも前であることに注意する必要がある。そうした観点からすれば、国民の間に不平等が存在するか否かは、あまり問題ではない。いずれにせよ、社会はその構成員が一つの巨大な家族、同じ一つの意見と一つの利益を共有する家族のようにふるまうことを要求する。近代になって家族が解体されるより前には、この共通する利害と単一の意見は家長が代表して、家長はそれに基づいて家を支配し、〔40〕家族の間に不一致が生じるのを防いでいた。(33) 社会が興隆した時期と家族が衰退した時期がぴったり一致するという注目すべき事実は、家族という単位のもつ機能がさまざまな社会集団に吸収されていったことを示している。これら社会集団の中で構成員が平等だったとしても、それは同等の者の間の平等ではなく、家長の専制的な権力を前にした家族の平等に近い。違っているのは、社会においては構成員の数の多さから利益や意見の一致が自然に強化され、もはや共通の利益や正しい意見を代表する一人の人間が実際に支配することが不要になるという点だけだ。画一主義という現象は、近代の発展の最終段階の特徴である。

古代人が家政に適した組織形態と考えていた一人支配〔one-man rule〕としての王制は、社会における一種の無人支配〔no-man rule〕に転化した。確かに、今日の社会秩序の頂点は、絶対君主による家支配のような形態をとってはいない。だが、この無人支配は、ちょうど上流社会のサロンではただ一つの意見が支配するのと同じように、社会全体を一つとする経済的な利益の存在が想定されている点において、代表する人物がいなくても支配であることに変わりはない。あらゆる統治形態の中で社会に最もふさわしいのは官僚制であるが（絶対君主の啓蒙的専制が国民国家における一人の支配の最初の形態だとすれば、これは最後の統治形態である）、この誰にもよらない無人の支配が必ずしも支配の否定ではないこと、事情によっては最も冷酷で最も専制的な支配になることはご存じのとおりである。*10

決定的なのは、それまで家の中では行為が排除されていたのと同様に、社会があらゆるレベルで行為の可能性を排除していることである。社会がその代わりに構成員に期待しているのは、ある種の行動〔behavior〕なのだ。社会はその構成員に数えきれないほど多種多様な規則を押しつけているが、それらはみな構成員を「標準化して」、自発的な行為や突出した業績を排除しているのである。〔41〕ルソーが上流社会のサロンに見たのは、まさにそうした傾向だった。上流社会の因習は、個人を社会的身分秩序の位階によって評価し、それにふさわしいふるまいを要求する。ここで問題なのは社会的な地位と個人の同一視であって、その社会的な枠組みが一八世紀のまだ半ば封建的な上流社会の本物の位階なのか、一九世紀の階級社会の中での肩書きなのか、あるいは今日の大衆社会の単なる職務なのかは大して重要ではない。大衆社会の興隆がもたらした唯一の変化は、さまざまな社会集団がかつての家族と同じように一つの社会の中に吸収されてしまったことである。大衆社会の段階に至って、社会は数世紀にわたる発展のあと、ついに共同体の構成員すべてを等しく包括して、同じ強さで統制するようになった。社会の平等化は、いかなる状況の下でも進行する。それゆえ、近代世界における平等の勝利とは、社会が公的領域を征服してしまって、卓越や差異は個人の私的な事柄にすぎなくなったという事実の政治的・法的な承認にすぎない。

近代における平等は、社会に内在する画一主義に基づいており、人間関係の主要な様式として行動〔behavior〕が行為〔action〕に取って代わったことで初めて可能になった。したがって、それは古代における平等、とりわけギリシアの都市国家における平等とは、あらゆる面で異質である。ギリシアにおいて、少数の「平等な者」(homoioi) に属することは、自分と同等の者たちの間で生きることを意味していた。だが、彼らに開かれた公的領域としてのポリスには、互いに相手を打ち負かそうとする激しい競技精神〔agonal spirit〕が渦巻いていて、自分が他の誰とも違っていること、他の誰よりも優れていること(34)(aien aristeuein) を、誰にもできない偉業や際立った成果をあげることで絶えず証明しなければならない。言い換えれば、公的領域は個性発揮のための場だった。そこで初めて、人は自分が他の誰とも取り替えのきかない自分の正体〔who〕を示すことができる。ギリシアの市民が裁判や防衛や行政の負担を多少の差はあれ進んで担おうとしたのは、本当の自分をそこで示すためであり、市民のすべてにその機会を与えてくれるポリスという政治体制に対する愛からだった。

それに対して、〔42〕そもそも人間は互いを尊重しながら行為するのではなく、画一的に同じような行動をするにすぎない、というのが社会の想定だった。同じ画一主義は、近代の経済学の根底にも潜んでいる。経済学は社会の興隆と同時に誕生し、その主要な分析用具である統計学とともに、すぐれて社会についての科学となった。近代以前の経済学は倫理学や政治学のあまり重要でない一部門であり、人は経済活動の領域でも他と同じように行為するものとされていたのである(35)。経済学が科学としての性格を主張するようになったのは、人間が社会的存在として一定の行動パターンに一律に従うようになり、規則から外れた行動は非社会的なもの、あるいは異常なものとして度外視できるようになってからである。

統計学の法則が有効なのは対象が多数である場合か、長期にわたる場合だけであり、そこでは行為や出来事は単なる統計学的な偏差や揺らぎとして処理される。個人の偉業や出来事といったものは日常生活や歴史においては稀にしか起こらない例外的な事例だ、というのが統計学の言い分である。だが、日々繰り返される日常生活ではなく一度きりの例外的な行為こそが、日常的な関係の本当の意味を開示する。歴史の中で一つの時代がもっていた意味を照らし出すのも、数少ない出来事によってである。したがって、多数の対象、長い時期にあてはまる法則を政治や歴史に適用することは、政治や歴史からその中心主題を抹消しようとすることにほかならない。日常的な行動〔behavior〕や自動的な傾向から外れるものは取るに足らないと排除しておきながら、政治に意味あるもの、〔43〕歴史に重要なものを探し求めても、得られるはずがないのである。

とはいえ、多数の対象を扱う場合には統計学の法則は完全に妥当するのだから、人口が増えればそれだけ法則の有効性は増し、法則からの「偏差」は著しく減少することは明らかである。政治的に見れば、政治体の人口が増大すれば政治的なものではなく社会的なものが公的なものを占めるようになる、ということだ。ギリシアの都市国家はわれわれの知る最も個人主義的で、最も画一主義的でない政治体だったが、行為と言論を重視するポリスが生き残っていくためには市民の数を制限しなければならないことをギリシア人はよく承知していた。多数の人々が集まれば、専制への傾向が不可避的に生まれてくる。それが個人の専制であれ、多数者の専制であれ、事情は同じである。近代以前にはリアリティを数学的に処理する統計という方法は知られていなかったけれども、そうした処理を可能にするような社会現象——多数の人間の存在が人間事象に画一主義、行動主義、機械的自動性〔automatism〕を持ち込む原因になること——をギリシア人はすでに知っていた。彼らの理解では、まさにそうした現象こそ、ペルシアの文明とギリシアのそれとを区別する特徴だったのである。

行動主義とその「法則」の有効性が示す不幸な真実は、人々が多くなればなるほど一律に行動して〔behave〕、逸脱〔non-behavior〕を容認しなくなることにある。統計学的には、これは偏差を排除して平準化するということである。実際、行動の大きな潮流を押しとどめる可能性は行為にはほとんど残されていないし、出来事はますます意義をもたなくなるだろう。つまり、歴史的な時の意味を照らし出すことができなくなる。統計学的な画一性は決して無害な科学的理想などではなく、それが社会の政治的理想であることは公然の秘密になっている。社会は、日常生活の規則的な繰り返しの中に埋没しながら、その存在にふさわしい科学的な外見を安んじてまとっているのである。

画一的行動は、統計学的決定に適合し、それゆえ科学的に正確に予測できる。だが、それは「古典」経済学の基礎である自然な「利益の調和」という自由主義的な仮説によっては十分に説明できない。〔44〕社会全体には一つの利害が存在し、それが「見えざる手」によって人間の行動を導いて対立する利害の調和を生み出すという「共産主義的な仮構」を導入したのは、カール・マルクスではなく、自由主義的な経済学者たち自身だった(36)。マルクスと先行者たちの違いは、マルクスが当時の社会に現れていた利害対立の現実を、最終的な利害の調和という仮構と同じくらい真剣に受け取ったことにある。「社会化された人間」は自動的にあらゆる利害の調和を生み出すだろう、という彼の結論は正しかった。ただ、すべての経済理論が暗黙のうちに想定している「共産主義的仮構」を実現することを率直に提案した点で、自由主義的な教師たちよりも大胆だったにすぎない。マルクスも理解しなかったし、彼の時代にはまだ理解できなかったことは、共産主義の萌芽はすでに国民経済という国家規模の家政〔national household〕の現実の中に含まれているということである。その完全な実現を妨げていたのは、階級利益ではなく、すでに時代遅れとなった国民国家の君主制的構造だった。社会の円滑な機能を明らかに妨げていたのは伝統の遺物であって、それが介入して「遅れた」階級の行動に今なお影響を与えているのである。社会の観点から見れば、これは「社会的な諸力」の全面的な発展にとっての攪乱要因にすぎない。階級利益という観念は、もはや現実に対応しておらず、ある意味では、単一の利益という科学的な仮構よりもはるかに「虚構」に近かったのである。

社会が完全な勝利を収めた時には、常にある種の「共産主義の仮構」が生み出される。その際立った政治的特徴は、まさしくそれが「見えざる手」による支配、〔45〕つまり無人の支配である点にある。われわれが伝統的に国家や政府と呼んでいたものに取って代わるのは、純粋な行政である。マルクスは、それを「国家の死滅」[*11]と呼んで、その到来を予測した。この予測は正しかったが、革命だけがそれを実現できると主張した点で間違っていた。さらに間違っていたのは、社会の完全な勝利は最後には「自由の王国」の出現をもたらすと考えたことである(37)。

近代において社会がどこまで勝利を収めているか、行為を行動で置き換えて、ついには人間による支配を官僚制という無人支配で置き換えるという傾向がどこまで進んでいるかは、次のような事態を考えれば推し測ることができるだろう。すなわち、近代初期の科学としての経済学は経済という限定された領域における人間の活動を行動に置き換えたにすぎなかったが、続いて登場した「行動科学」は人間の活動すべてを包括して、人間全体をあたかも条件反射によって行動する動物のレベルに還元している。経済学が社会科学の初期段階であり、人口の一部とその活動の一部に規則を押しつけたにすぎないとすれば、「行動科学」の登場は明らかにその発展の最終段階を示すものである。そこでは、国民のあらゆる階層が大衆社会に呑み込まれて、「社会的行動」があらゆる生活領域の標準となる。

社会が興隆し、家とそこで行われていた家政をめぐる活動が公的領域に入り込んで以来、社会はその成長とともに、政治的な領域と私的な領域という古い領域だけでなく、親密圏という最近確立された領域をも浸食していった。この抵抗し難い傾向こそ、社会というこの新たな領域の際立った特徴である。社会は少なくともこの三世紀の間に絶え間なく成長し、しかも絶えず加速しているのをわれわれは目の当たりにしているが、その強さの秘密は、社会のさまざまな回路を通じて公的領域に入り込んできているのが生命過程そのものだという点にある。家という私的領域は生命の必然性、個人の生存と種の存続を配慮し、保証する領域である。[46] 親密なものが見出される前の私生活の特徴の一つは、そこで人間は本当の人間ではなく人類という動物の一種としてのみ存在しているということである。これこそが、まさに古代人が私的領域を軽蔑した理由だった。社会の登場は、この領域全体の評価を転換したが、その性質そのものを変えることはなかった。どのような種類の社会であれ、一枚岩的な性格を有していて、その画一主義は単一の利益と単一の意見しか認めないが、そのことは種としての人類の単一性に根ざしている。人類の単一性が幻想ではなく、古典経済学の「共産主義の仮構」のような単なる科学的仮説でもないからこそ、社会的動物がわがもの顔で支配する大衆社会では、人類という種の生存は世界的規模で保証されるけれども、人間性そのものが根絶の危険にさらされているのである。

社会が生命過程そのものを公的に組織したものであることの最も明白な証拠は、この社会という新しい領域がそれほど時間の経たないうちに近代のあらゆる共同体を労働者と職業人の社会に転化してしまったという事実に示されているだろう。言い換えれば、それらの社会はみな生命維持に必要な一つの活動である労働を中心に組織されることになったのである(もちろん、労働者の社会が成り立つためには、社会の構成員のすべてが実際に労働者や勤労者になる必要はない。労働者階級が解放されて、労働者が多数者支配によって巨大な潜在的権力を得ることも決定的ではない。すべての構成員が自分たちの行っていることをまず自分とその家族の生活のためだと考えるだけでよい)。社会というのは、ただ生きていくために相互に依存し合っているという事実だけが公的に重要となり、ひたすら生存のための活動が公的な場を与えられる、そのような組織の形態なのである。

ある活動が私的に行われるか公的に行われるかは、決してどうでもよい事柄ではない。どのような活動が参入を認められるかによって、公的領域の性格が変化することは明らかだ。同時にまた、活動そのものの性質も大きく変化する。労働という活動は、その環境がいかに変化しようとも、最も基本的な生物学的な意味における生命過程と結びついていて、数千年の間、変わることなく生命過程の永遠回帰の中に閉じ込められたままだった。〔47〕労働が公的な地位を与えられたからといって、その絶えざる過程としての性格が変わることはない。政治体というものは常に永続を目的に設計されており、運動に制約を課すために法は制定されるのだから、それによって労働の性格が変化すると人は期待するかもしれないが、実際に起こったのは正反対の事態だった。労働は、同じことを反復する循環から解放され、急速に前進する発展過程に転化して、その結果、わずか数世紀の間にわれわれの住む世界全体を全面的に変えてしまったのである。

私的領域に追いやられていた労働がその制約から解放されたことは、労働者階級の解放の結果ではなく、むしろそれに先行するものだった。あたかも、それはすべての有機的生命体に内在している成長の要素が、抑制と均衡によって自然界全体の秩序を保ってきた衰退過程を完全に克服し、圧伏してしまったかのようだった。生命過程がみずからの公的領域として打ち立てた社会という領域は、いわば自然なものの不自然な成長を解放したのである。この異例の成長に対しては、つまり単なる社会ではなく、ますます拡大し続ける社会的領域に対しては、私的で親密な領域も、（言葉の狭い意味での）政治的な領域も、みずからを守ることができないことは明白だった。

ここでわれわれが自然なものの不自然な成長と述べたものは、ふつう労働生産力のますます加速する増大として考えられている。その持続的な拡大が始まって以来、その最大の要因は労働の組織化であり、これは産業革命に先行した、いわゆる分業*12〔division of labor〕に見ることができる。労働の生産性増大の第二の要因である機械化も、この分業を基礎としている。分業という組織原理そのものは私的領域ではなく公的領域からもたらされたものである。それは労働という活動が公的領域の条件のもとに置かれた時に起こる事態、家の私的領域では決して起こらなかった事態である。(38) 他の領域で〔48〕労働がそのような革命的な転換を達成することはなかっただろう。労働といえば、常に耐え難い「労苦と困難」、疲労や苦痛をともない、最後には肉体そのものの奇形をもたらすものだった。だから、極端な不幸や貧困がなければ、労働に勤《いそ》しむ者などいなかったのである。今日のわれわれにとって、そうした労働という言葉のもともとの意味は失われ始めている。(39) そうした転換がなければ、差し迫った必要性に駆られて生活の維持のために労働することはあっても、そこで他よりも抜きん出た卓越性を示すことなど予想できなかっただろう。

ギリシア人が aretē と呼び、ローマ人が virtus と呼んだ卓越は、それ自体、〔49〕常に公的領域に属するものとされていた。公共の場において、人は優れたところを示すことで、他のすべての者から自分を際立たせることができる。公的な場でなされるあらゆる活動には、私的な場では得られない卓越が与えられる。卓越というものの本質からして、他者の存在、それも同じ資格をもつ者たちで構成された公式の場が必要である。自分と同等またはそれ以下の親しい相手がたまたまそこに居合わせるだけでは、卓越を示すことはできないからである。(40) 社会という領域は卓越を匿名化して、個人の業績ではなく人類の進歩を強調するので、公的領域のもともとの意味内容はほとんど失われているが、それでもなお公的な業績と卓越とのつながりを完全に断ち切ることはできなかった。今日われわれは社会という公的な場で行う労働で卓越を示すようになったが、他方で行為や言論を行うわれわれの能力は以前のような質をほとんど失っている。それは、社会的な領域がこれらの活動を親密なものと私的領域に追いやってしまったからである。われわれの活動能力の間に見られるこの奇妙な食い違いはもちろん注目を引かずにはおかなかったが、それは技術的な能力の発展に広い意味での人間的な発展が追いつかないからだとか、自然を変化させ統制するようになっている自然科学と違って、いまだ社会をどう変革し統制するかを知らない社会科学が追いついていないからだとされてきた。すでにしばしば指摘されているので繰り返す必要のない誤った見解は措くとして、今挙げた議論は人間の心理的な面での変化――いわゆる行動パターン――にのみ着目して、人間がそこで動く世界の変化に目を向けていない。心理学的解釈にとって、公的領域の存在は、見たり触れたりできる世界のリアリティと同様に、さして重要性をもたないが、世界がふさわしい存在の場を提供しなければ、どんなに卓越した活動もありえないという事実を考えると、そのような心理学的解釈は疑わしい。公的領域だけが人間の卓越性を示すべき場所を提供してくれるのであって、どんな教育も、創意工夫も、才能も、公的領域がもつこの本質的な要素に取って代わることはできないのである。

[50]

7 公的領域——共通のもの

「公的〔public〕」という言葉は、互いに関連するがまったく同一ではない二つの現象を表している。

第一に、「公的〔public〕」であることとは、誰もが公共の場で見たり聞いたりできて、その存在が可能なかぎり公開されていることを意味する。われわれが見たり聞いたりしているものが、他人によっても同じように見られたり聞かれたりしている。そのような形でわれわれの前に現れるものこそが、われわれにとってのリアリティなのである。見られたり聞かれたりすることによって生じるリアリティと比べれば、親密な生活がもたらす最大の力、心震わせる情熱や、精神の思考、感覚の喜びでさえ、私的で個人的な性格を剥奪されて公的な場に現れるのにふさわしいものに変換されなければ、不確かで影のような存在にすぎない(41)。そうした変換の最も一般的なやり方は、自分の経験を物語ることであり、より広い意味での芸術への転換という形で行われている。だが、ことさらに芸術を持ち出さなくても、そうした変換はわれわれが日常的に目のあたりにしている。われわれが私生活や親密な空間で起きたことを語るとき、それは私的な場を抜け出して、ある種のリアリティを獲得する。どんなに濃密な経験だったとしても、語られることで公的な場に持ち出されなければ、そのようなリアリティを得ることはない。自分が見ているものを同時に見ている他者がいること、自分が聞いているものを同時に聞いている他者がいること、それが世界とわれわれ自身のリアリティを保証する。完全に発達した私生活の親密さは、近代が興隆して、それとともに公的領域が衰退する以前には見られなかったものだが、それは主観的情動と私的な感情を全面的に強化し、豊富にする一方で、常に世界と人間のリアリティの保証を犠牲にすることになったのである。

事実、われわれが知っている最も強烈な感情、他のあらゆる経験を覆い隠してしまうほど強烈な肉体的苦痛は、最も私的で、［51］他者に伝えるのが最も困難なものである。それは公的な場で表現できるような形に転換することが不可能な、おそらく唯一の経験であるばかりか、リアリティに対する感覚をわれわれから奪ってしまう。肉体的苦痛は、他の何にもまして素早くリアリティを忘れさせることができる。自分自身さえ「見分けがつかない」主観の奥底から外部の生活の世界に架橋するものは何もないように見える。(42) 言い換えれば、苦痛は「人々の間にいること」(inter homines esse) としての生から死への境にある本当に際どい経験であり、あまりにも主観的で、世界の事物や人々から切り離されているので、どのような形であっても外に表すことはできない。(43)

われわれのリアリティに対する感覚は、現象、すなわち闇に隠れた事物の存在が姿を現す公的領域の存在に完全に依存している。われわれの私的で親密な生活を照らしてくれる薄明も、究極的には公的領域のさらに強烈な光から来ているのである。だが、絶えず誰かが見ている公共の場で容赦なく注がれるまぶしい光に耐えられないものは無数に存在する。重要とみなされるもの、見るに値するもの、聞くに値するものだけが公的な場にいることを許されて、重要でないものは自動的に私的な事柄となる。もちろん、私的な関心が重要でないということではない。反対に、われわれは認めている。私的領域でしか生き残ることのできない重要なものが存在することを、われわれは認めている。例えば、愛は、友情とは違って、公にさらされたその瞬間に死ぬ、というよりも消滅する（「愛を語るなかれ／〔52〕愛は語りえぬものなれば*13」）。愛は本来的に無世界的なものなので、この世界の変革や救済のような政治的な目的に利用されるなら、それは愛の誤用であり、愛は偽物になるほかない。

公的領域にとっては重要でないものが異様な魅力をもち、それに感染した一国民全体が自分たちの生活様式として採り入れることがある。それで私的な性格が変わることはないけれども。二〇世紀初期のヨーロッパの詩文では「小さき事物」の魅力がほとんどすべての言語で謳《うた》われていたが、その典型的な表現はフランス人の「ささやかな幸せ〔petit bonheur〕」に見ることができる。かつての偉大で光輝に満ちあふれていた公的領域が衰退してからというもの、フランス人は家の四つの壁に囲まれた空間で、衣装箪笥やベッド、テーブルと椅子、犬や猫や花瓶といった身のまわりの「こまごまとした事物」に取り巻かれ、それらを気遣い、慈《いつく》しむことで幸せになることのできる達人となった。急速な工業化が明日の生産の対象のために古くなった昨日の物を日々一掃している世界にあって、それらの事物は世界の中の純粋に人間的な最後の片隅のように見える。しかしながら、私的なものを拡大し、その魅惑に国民全体が取り憑かれたとしても、それが公的なものになるわけではないし、公的領域を支える要素になるわけでもない。むしろ、それは公的領域がほとんど消滅してしまったこと、偉大なるものが失われて、身のまわりの小さなものの魅力がそれに取って代わったことを意味している。公的領域は、偉大であることはできるが、魅力的なものにはなりえない。魅力というような本質的に無縁なものを受け入れることは、公的領域にはできないからである。

第二に、「公的」という言葉は、世界そのものを意味している。私的に所有された場所とは区別された、われわれすべてに共通する場としての世界である。こうした意味における世界は、地球や自然のような、人間が動く空間や有機的生命の一般的条件とまったく同じではない。むしろ、それは人間が人為的に作り出したもの、人間の手になる制作物や、人間が作り出した世界にともに住む人々の間で生じる事象と関連している。この世界でともに生きることは、ちょうどテーブルがそのまわりに座を占める人々の間にあるように、事物の世界が彼らの間にあることを意味している。人々の間に介在するあらゆるものと同様に、世界は人々を結びつけると同時に隔てているのである。

共通世界としての公的領域は、われわれを集めて一つにまとめつつ、折り重なって倒れるのを防いでいる。大衆社会を耐え難いものにしているのは、人数の多さではない。[53] 少なくとも、それが主な原因ではない。人々の間に存在するはずの世界が彼らを集め、互いに関係させるとともに離しておく力を失ったことによるのである。この状況の異様さは、降霊術に喩えることができるだろう。テーブルのまわりに集められた人々の前で、突然、ある種*14

の奇術によってテーブルが消えてしまう。向かい合って座っていた人々は、もはや何か実体的な事物によって隔てられてはいないが、同時に、そうした事物を通じて結びつけられず、無関係なままなのである。

歴史的には、共通世界に対する関心を失い、もはや共通世界によって互いに結びつけられてもいなければ分離されてもいないと感じている人々を一つの共同体に結集させるために考案された原理は、ただ一つしかない。そうした人々にこの世界に代わる絆を見出すことが、初期キリスト教の哲学の主要な政治的課題だった。そして、キリスト教徒の間の「兄弟愛〔brotherhood〕」だけでなく、すべての人間関係を隣人愛〔charity〕の上に築くことを提案したのが、アウグスティヌスだった。隣人愛は、その無世界的性格という点で一般的な愛の人間的経験に対応しているが、それでもなお人々の間に世界のようなものが介在しているという点で違っている。だから、アウグスティヌスはこう述べている。「盗人たちでさえ、彼らの間［inter se］には隣人愛と言われるものがある」(44)。盗人の喩えは意外に思われるかもしれないが、実はよく考えられた選択である。人々の間を結ぶ隣人愛という絆は、公的領域をみずから設立することはできないので、〔「わたしの国はこの世のものにあらず」という〕キリスト教の無世界性の主要原則にうまく適合すると同時に、世界から完全に切り離された人々の集団が、なおかつこの世界で生きていくにはどうしたらいいか、というキリスト教の政治原理を説明することに驚くほど適合するからである。聖人や犯罪者のような集団がこの世界に耐えていけるのは、世界がいずれは破滅する運命にあって、そこで行われる活動はみなquamdiu mundus durat（「この世の続くかぎり」）という条件つきだ、という了解があったからである。(45) キリスト教の共同体の非政治的で非公共的な性格は、初期のキリスト教共同体が一つのcorpus「身体」を形成し、構成員は同じ家族の兄弟のようなものでなければならないと言われていたことに示されている。(46) 彼らの共同生活が家族関係を〔54〕モデルにしていたのは、家族というものが非政治的〔non-political〕であり、反政治的〔antipolitical〕でさえあることがよく知られていたからである。家族の間に公的領域が形成されることは決してなかったし、キリスト者の共同生活が隣人愛の原則にのみ従っているなら、そこから公的領域が発展してくることは考えられなかった。だが、その場合でさえ、隣人愛の原則が政治的な仕組みとして試みられた唯一の場である修道院の歴史と規則からわれわれがよく知っているように、「現在の生活の必要性(47)」（necessitas vitae praesentis）に迫られて行われる活動がおのずから一種の対抗世界〔counterworld〕を生み出してしまうということはありえた。修道院それ自体の内部でも、他人の目の前でなされる活動からある種の公的領域が生まれる危険はあまりにも大きかったので、修道院における活動にさらに規則や規定が追加されねばならなかった。その場合に最も重要なのは、優劣を競うことや、それによって生まれる自負心を禁じる規則である。(48)

世界喪失が政治現象として起こるのは、この世界はもはや長く続かないと考えられるようになってからである。いったんそうした想定が受け入れられれば、世界喪失があれこれ形を変えて政治の場面に登場してくるのは不可避的となる。ローマ帝国の崩壊後に起こったのは、まさにそうした事態だった。同様のことは、まったく異なる形だが、今日われわれが生きている時代にも起こっている。しかも、はるかに絶望的な形で。人間が作ったもの、死すべき存在としての人間がその手で作ったものは、作り手と同じく死を免れない、という確信から生まれてくるのは、キリスト教的なこの世の事物の節制だけではない。そうした想定から、むしろ反対に、この世の事物をひたすら消費して楽しもうという態度が出てくることがある。[55] そのような人々にとって、世界はギリシア語で言う koinon〔共同体〕ではない。世界とは本来すべての人に共有のものだと彼らは考えていないのである。公的領域が存在し、人々が集まって互いに関係を結ぶことのできる事物の共同体へと世界を絶えず転化させることができるのは、ひとえにそれが存続するからなのだ。世界が公的な空間を含んでいるとしても、それは一世代のために設立されるわけではないし、今生きている者だけのために計画されたものでもない。

この地上の世界で不死になるという意味での超越がなければ、いかなる政治も、共通世界も、公的領域も、実際には不可能である。キリスト教にとっては一人の魂の救済があらゆる者に共通の関心事だが、そのような意味での共通善は、われわれが生まれた時に入り、死とともに去っていく共通世界とは異なる。世界は過去と未来において人の一生を超えている。われわれが来る前から世界はあったし、短い滞在のあとに去っても残り続けるだろう。世界を共有しているのは、今われわれとともに生きている人たちだけでなく、かつてここで生きていた人たち、われわれのあとに来るであろう人たちもそこに含まれているのである。そのような共通の世界が世代の入れ替わりを超えて生き残るかどうかは、ひとえにそれがどれだけ公的なものとして現れるかにかかっている。公的領域が十分に開かれているからこそ、自然な時の流れによる荒廃に抗して人が守りたいと望むものを取り込んで、数世紀にわたって輝かせることができる。今はもうそうではないが、われわれより前の人々は、何世代もの間、自分のものや他者と共有するものを自分の一生より永続させようとして公的領域に入った（したがって、奴隷の境遇が呪わしいのは、単に自由を奪われ、他人に見られることができないからではない。これらの暗闇の中に生きる者たちも「自分が生きていた証となる痕跡を何も残せない」ことを恐れたのである）。[(49)] 不死が真剣な関心の対象でなくなったことほど、近代という時代における公的領域の喪失を証明するものはない。この喪失は形而上学的な関心がほぼ同時に消滅したことで見逃されているところがあるが。形而上学的な関心は、哲学者のそれ、[56]「観照的生活〔vita contemplativa〕」のそれであって、ここでの考察からは外されなければならない。不死への関心が失われたことは、今日では不死の追求が虚栄という私的な悪徳の一種に分類されていることに示されている。実際の話、近代の条件のもとでは地上における不死を真剣に求める者などいそうにないから、[*15] それを虚栄と考えるのも無理からぬところだろう。

「人間について考える場合、人間だからといって、人間のことを死すべき事物の中で生きる死すべき者として考えるのではなく、不死の可能性をもつ存在として［のみ］考えなければならない」とアリストテレスは述べたが、この有名な発言が政治的著作の中でなされているのも、まったく当然のことだった。(50) ギリシア人にとってはポリス、ローマ人にとってはレス・プブリカ〔res publica〕は、何よりもまず個人の生命の虚しさに対する保証であり、死すべき存在としての人間に不死を与えるものではないとしても、個人の生がいつか死ぬという空虚さに抵抗する空間、相対的な持続のための空間だったからである。

近代になって社会が公的な舞台に登場して以降、公的領域がどのようなものと考えられていたかについては、アダム・スミスの発言がよく示している。スミスは無邪気なまでの率直さで、こう述べている。「文人とふつう呼ばれるあまり繁盛しない人種たち」にとっては「公的な賞賛がいつでも報酬の一部を占めている。……医者の場合にはかなりの部分がそれだし、法律家はさらに大きい。詩人や哲学者にとっては、ほとんど報酬の全体をなしている」。(51) ここでは、公的な賞賛と金銭的報酬は同じ性質のもので、互いに互換可能だとされる。公的な賞賛もまた使用され消費されるのであり、今日われわれが言うところの地位も食料と同じく欲求を満たすものとなる。食料を空腹が消費するとすれば、公的賞賛を消費するのは個人の虚栄心である。当然のことながら、こうした立場から見れば、リアリティの有無は公的な場に他人が居合わせるかどうかではなく、その欲求がどれだけ切実かによって決まる。だが、欲求の有無は欲求に駆られた本人にしか分からない。食料の欲求の現実性は生命過程そのものに証明可能な根拠をもっているので、まったく主観的ではあれ、激しい空腹のほうが、「虚栄〔vainglory〕」とホッブズが呼んだ〔57〕公的な賞賛を求める欲望よりも現実的であることは明らかだ。しかしながら、たとえそうした欲求を共感〔sympathy〕という奇蹟を通して他人と共有できたとしても、まさに欲求というものの空虚な性格が、共通世界のように堅固で耐久性のあるものを打ち立てるのを妨げる。公的な賞賛は日々ますます大量に消費されるようになっているが、その不毛性は、最も不毛なものであるはずの金銭的報酬のほうが「客観的」でリアルなものに見えるほどである。

金銭的報酬の「客観性」の唯一の基礎はあらゆる欲求充足のための共通分母としての貨幣であるが、それとは区別される公的領域のリアリティは、そこに無数のものの見方〔perspectives〕や側面が同時に存在することに依拠している。そうした無数の視角や側面そのもののうちに共通世界は現れるのであって、共通の基準で計ったり、共通分母で比較したりすることはできないのである。共通世界はすべての人が共通に集まる場であるが、人々がそこに占める位置はそれぞれ異なっている。二つの物体が同一の場所を占めることができないように、彼らの立場が同じになることはない。誰もが違った場所から見聞きしているという事実があって初めて、他者から見られたり聞かれたりすることは意味をもつ。これが公的生活の意味するところであり、それと比べれば、最も豊かで満足すべき家庭生活も、その当人の立場から見た側面や見方を拡大したり複製〔multiplication〕したりするだけである。私生活の主観性は家の内部では拡大し、倍加することができるし、公的領域でその重みが感じられるようになることもある。だが、この家族の「世界」は、多数の目撃者が一つの対象をさまざまな角度から見た総計によって生じてくるリアリティに取って代わることはできない。同一の事物が多数の異なる角度から見られていて、それを取り巻く人々が自分たちは見方は千差万別だけれども同じ対象を見ていることが分かっている時に初めて、世界のリアリティは本当に信頼できるものとして現れることができるのである。

共通世界という条件のもとでリアリティをまず第一に保証するのは、世界を構成するすべての人間が「共通の本質」をもっていることではない。立場の違いとそこから生じる多様な見方にもかかわらず〔58〕誰もが常に同一の対象に関わっているという事実こそが、リアリティを保証するのである。対象の同一性がもはや確認できなくなれば、共通の本質を持ち出しても、共通世界の解体は阻止できない。ましてや、大衆社会の不自然な画一主義によって取り戻すことなどできない相談である。共通世界の解体に先立って起こるのは、通常、複数の人間に対して示す多様な側面の破壊である。暴政の場合に通例であるように、人々が徹底して孤立して自分以外の誰とも意思を疎通して意見を一致させることができないとき、そうした状況が生まれる。だが、同様のことは大衆社会や大衆ヒステリーのもとでも起こりうる。そこでは人々は突然あたかも一つの家族のように行動して、隣の人の見方を拡大し、複製する。専制も大衆社会も、どちらの場合でも、人は完全に私的な存在となり、他人を見たり聞いたりすることも、他人から見られたり聞かれたりすることもできなくなる。自分一人の主観的な経験のうちに閉じ込められるのである。どんなにそれが多数の者に広がり、数えきれないほど複製されたとしても、単一の経験であることに変わりはない。物事が一つの側面しか見られず、一定の視角でしか現れなくなったとき、共通世界は終わりを告げる。

8　私的領域――財　産

公的領域は、このように、すべての者に開かれていることと共通世界という複合的な意味をもっているが、もともと「私的〔private〕」という語は、この公的領域と対比される形で用いられていた。完全に私的な生活を送るということは、真に人間的な生活にとって不可欠なものを奪われている〔deprived〕ことを意味していた。すなわち、他人に見られたり聞かれたりすることによって得られるリアリティ、共通の世界の事物によって他者と結びつけられると同時に隔てられていることによって生まれる「客観的」関係を剥奪されて、自分の一生よりも長く続く何かを達成する可能性を奪われていたのである。私生活〔privacy〕が剥奪されている生活だというのは、そこに他者が存在しないからである。他者にとって、私的な人間は目に見える形では現れないので、ほとんど存在しないに等しい。彼のなすことは他人にとって意味をもたないし、何ら影響を与えない。彼にとって重要なことは他の人々の関心の対象にはならないのである。

[59] 他者との「客観的」関係を奪われ、それによって保証されるはずのリアリティが喪失するというこの状態は、近代においては孤独の大衆現象という最も極端で最も反人間的な形で現れる(52)。なぜ極端かといえば、大衆社会は公的領域だけでなく私的領域をも破壊するからである。大衆社会は、人間から世界の中の居場所を奪うだけでなく、世界から守られている

と感じる避難場所である私的な家庭、世界から排除された者たちにもその埋め合わせとして炉辺のぬくもりと家庭生活の限られたリアリティを与えていた場所を奪ってしまう。炉辺と家族の生活が内密な私的空間として完全に発達することができたのは、ローマ人が並外れた政治的感覚をそなえていたからだった。ローマ人は、ギリシア人と違って、私的なものを公的なもののために決して犠牲にしなかった。この二つの領域は共存という形でしか存在できないことを、彼らはよく理解していたのである。ローマの奴隷が置かれた状況はアテナイの奴隷より決してよくはなかったが、それでも、あるローマの著作家が奴隷にとっての主人の家は市民にとっての共和国のようなものだと書いていたのは特徴的である。(53)だが、その家族生活が仮に我慢できるようなものだったとしても、それは公的生活の代用物でしかなかった。なるほど、ローマでもアテナイでも、今日のわれわれなら政治活動よりはるかに上位に位置づけるような活動のための余地が十分に残されていた。例えば、ギリシアでは富の蓄積が、ローマでは芸術と科学への献身が行われていたけれども、こうした「リベラル」な態度が事情によっては非常に裕福な奴隷や高い教育のある奴隷を生み出したとしても、それは裕福になることがギリシアのポリスでは何のリアリティももたないし、哲学者であることはローマの共和政にとっては大した意味をもたなかったからにすぎない。(54)

［60］家という領域に限定された生は何か重要なものを奪われている、という私生活の特性についての古代人の意識がキリスト教の興隆とともに消失したのは当然の成り行きだった。その宗教的な根本教義とは別に、キリスト教の道徳が常に教えるのは誰もが自分の職務に専

心することであり、政治的な責任というのは、ただ他の人々の幸福と救済のために、彼らを公的な事柄の悩み事から解放するために引き受ける重荷にほかならなかった(55)。驚いたことに、こうした態度は世俗化された近代にも存続し、ついにはマルクスが公的領域そのものの「死滅」を予言して、その到来に期待を寄せるところまで行き着いたのである。他の問題と同様、この点においても、マルクスは近代の二〇〇年間その根底にあった想定を総括し、概念として定式化して、一つのプログラムとして提示したにすぎない。この問題に関するキリスト教徒と社会主義者の違いは人間の本性の評価の違いであって、キリスト教徒が人間は罪深い存在だから政府は必要だと考えるのに対して、社会主義者は〔人間には政府なしでやっていける能力があるから〕いずれは政府を廃止しなければならないと考えているというように、公的空間そのものに対する評価に違いはない。両者が理解していないのは、マルクスの言う「国家の死滅」の前に公的領域が死滅していたこと、正確に言えば、非常に限定された統治の領域に変形されてしまっていたことである。この統治の領域は、マルクスの時代にはすでに死滅し始め、国民的規模の「家政」に変貌しつつあった。今日では、統治はさらに限定された非人格的な管理の領域に解消され始めている。

公的領域と私的領域が密接に関連していることからすれば、公的領域が消滅していけば、最後には〔61〕私的領域もまた根絶の危機にさらされることになるのは理の当然だろう。それゆえ、近代になって財産の私的所有が望ましいか望ましくないかが最終的な議論の焦点になったのも偶然ではない。すでに古代の政治思想においても、「私的〔private〕」という言葉が財産に関して語られる場合には、剝奪された〔privative〕という性格、公的領域一般の反対物という性格は、ほとんど消失している。財産は、明らかに私的領域に属するものでありながら、政治体にとって最高度に重要な性質をもつものと考えられていたのである。

私的なものと公的なものの深い結びつきは、私的財産の問題という最も基本的なレベルですでに明らかなのだが、近代になって財産と富が混同され、無資産と貧困が同じものとみなされているため、今日では理解されにくくなっている。厄介なことに、公的領域にとって他のいかなる私的問題や関心事より財産と富は重要だったし、少なくとも形式的には公的領域への参入と完全な市民権の付与のための条件だった、という歴史的事情がそうした誤解に拍車をかけている。そのために、富と財産は同じものであるどころか、まったく性格の異なるものであるということが容易に忘れ去られている。しかしながら、富と財産がほとんど無関係であることは、今日至る所で現実に、あるいは潜在的に出現しつつある豊かな社会が財産なき社会であって、構成員の富は社会全体の所得のうちの割り当て分にすぎない、という事情が雄弁に物語っている。

近代は貧民の収奪から始まり、財産を奪われた新たな無産階級を解放することになるが、近代以前の時代には、すべての文明は私有財産の神聖さの上に打ち立てられていた。それとは反対に、富は、それが私的に所有される場合でも公的に分配される場合でも、神聖なものとは考えられていなかった。もともと財産は世界の特定の部分に自分の居場所をもっていることを意味し、それ以上でも以下でもなかった。財産によって世界に居場所をもつことは、政治体に所属すること、公的領域をともに構成している諸家族の一つの長であることを意味したのである。私的に所有された世界のこの一部は、所有する家族と完全に一体のものだったので、[56] 市民が追放される時には、資産が没収されただけでなく、建物そのものが解体された。[57] ［62］外国人や奴隷がどんなに富を所有していても財産の代わりにはならなかったし、[58] 家長が貧困に陥っても世界の中の居場所と、居場所と結びついた市民権を剝奪されることにはならなかった。たまたま市民がこの居場所を失った場合には、自動的に市民権と法の保護を喪失することが初期の時代にはあった。[59] 私生活の神聖さは、隠されたものの神聖さ、すなわち生と死の神聖さに似ている。死すべき存在としての人間の始まりと終わりは、すべての生きとし生けるものと同様である。[60] 人間は出生とともに地下の世界の暗闇の中から抜け出して、死とともに暗闇に帰っていく。家という領域が単に何かを奪われた存在ではない理由は、それが出生と死の領域だったところにある。人間の目から隠された事物、人間の知識の及ばない事物が宿っている場所だからこそ、それは公的領域からは隠しておかなければならなかった。[61] ［63］人間にとって、それらの事物が隠されているのは、人間は生まれてきた時に自分がどこから来たのかを知らないし、死ぬ時に自分がどこに行くのかも知らないからである。

都市にとって家の内部の領域は隠されたままで、いささかの公的意義ももたないが、外側に現れる部分は都市にとっても重要な意味をもつ。それは家と家を区別するための境界という形で公的領域の内部に現れるのである。法というのは、もともとはこの境界線のことだった。[62] 古代において、法は実際の空間、私的なものと公的なものの間にある一種の無人地帯であり、[63] これが公私双方の領域を保護すると同時に、互いに分け隔てていたのである。確かに、ポリスの法は、こうした古代の理解を超えているところがあるが、もともとの空間的な意味を維持していた。都市国家の法は、政治活動の内容でもなかったし（政治活動とはまず第一に立法だという考えは、ローマに起源を発し、本質的には近代に特有のものであって、カントの政治哲学はその偉大な表現である）、現代の法がいまだに依拠している「汝何々をするなかれ〔Thou Shalt Nots〕」という十戒のような禁止事項のカタログでもなかった。ポリスにおいて、法というのは文字どおり〔64〕壁であり、この障壁がなければ、単なる家屋の集積としての町（asty）はあっても、そこに政治的共同体としての都市は存在しえない。この壁としての法は神聖なものだったが、政治的であるのは囲い込みだけだった。[64] それなくして政治的領域は存在しない。囲い込む塀がなければ一片の財産もないのと同じである。前者は政治的な生を取り囲んで維持し、後者は家族の生物学的過程を保護する避難所だった。[65]

したがって、近代以前の時代には私有財産は公的領域に入るための自明の条件と考えられていたというだけでは、まだ不十分である。実際には、私有財産はそれ以上のものだった。私生活は、他と同様に、公的領域の暗く隠された側面だった。政治的であるということが人間存在の最高の可能性を獲得することを意味していたとすれば、（奴隷のように）自分自身の私的な場所をもたない者はもはや人間ではなかったのである。

人が生活の手段を引き出すための私的な富が政治的意義をもつようになるのは、歴史的にはもっとあとのことであり、その性格もまったく異なっている。すでに述べたように、古代においては、家の私的領域と生活の必要性が同一視されていて、人は生活の必要性を自分で克服しなければならなかった。財産をもち、自分の私生活を確保していて、主人の支配に服する必要のない自由人でも、貧困という「強制」には従わなければならなかった。貧困になれば、自由人も奴隷のようにふるまわなければならない(66)。私的な富が公的生活に入るための条件になったのは、富の所有者がその蓄積に従事するからではなく、むしろ反対に、自分自身の［65］使用と消費のための手段を調達する活動に携わる必要がなく、自由に公的活動を行うことがほぼ確実に保証されているからである(67)。生活のための必要は公的生活よりはるかに切実であり、それが満たされたあとに初めて公的生活が可能になることは明らかだった。生活の必要を満たす手段は労働であり、一人の人間のもつ富はしばしば労働者、つまり彼が所有する奴隷の数で計られた(68)。財産をもつということは、ここでは自分自身の生活の必要性を統御する主人になることを意味し、それによって潜在的に自由な人間になること、自分自身の生命を超越して、すべての者が共有する世界に入ることを意味していたのである。

都市国家の興隆によって、そのような共通世界が目に見える具体的な形で現れて初めて、この種の私的所有はすぐれて政治的な意義を獲得することができた。それゆえ、よく知られた「卑しい職業に対する軽蔑」がホメロス時代の世界にはまだ見られないのも、ほとんど当然のことだった。もし財産所有者が政治生活のために財産を使い果たす代わりに財産を拡大することを選ぶなら、それはみずから進んで自由を放棄し、奴隷が自分の意に反してならなければならなかった必然性の召使いになることを意味したのである。(69)

[66] 近代の初期に至るまで、富の蓄積のための財産が神聖視されたことは一度もなかった。ただ、収入の源泉としての富が家族の住んでいる土地だった農業社会では、二つのタイプの財産が合致していたので、すべての財産は神聖だと考えられていたが、これは例外である。いずれにせよ、近代に入ってから私有財産を擁護しようとした論者たちは、みな一致して財産というものを私的に所有された富と理解していたので、私生活を正しく確保して保護しなければ自由な公的領域もありえない、という伝統に依拠する必要など寸分も感じなかった。なぜなら、近代社会において今なお進行しつつある富の巨大な蓄積は財産収奪から始まったのであり、その初発に行われた農民階級の収奪それ自体も宗教改革のあとの教会と修道院の財産収用のほとんど偶然的な結果だったために、(70) [67] 私有財産を大いに尊重するどころか、富の蓄積にとって障害であれば、私有財産を犠牲にすることも辞さなかったからである。プルードンは財産とは盗みだと宣告したが、これは近代資本主義の起源のうちに確かな根拠を有している。そのプルードンでさえ、すべての財産の収用という、いささか疑わしい救済策を受け入れるのに躊躇した、ということには重要な意味がある。私有財産の廃止は貧困という悪に対する治療策になるかもしれないが、暴政というより大きな悪をもたらすだけだと彼は考えたのである。(71) プルードンは財産と富を区別しなかったので、この二つの洞察は彼の著作の中では矛盾しているように見えるが、実際にはそこに矛盾はない。富の個人的な

占有〔appropriation〕が長期的に見て配慮するのは私有財産であって、蓄積過程の社会化ではない。私生活をどのような意味に理解しようと、それは社会的「生産力」の発展を妨げるものであり、社会的な富がますます発展するためには私的所有に対する配慮など退けられねばならない、というのはカール・マルクスの思いつきなどではなく、社会そのものの本質の中に存在する傾向なのである(72)。

[68]　9　社会的なものと私的なもの

われわれが社会的なものの興隆と呼んだ事態は、歴史的には、私有財産に対する私的な配慮が公的な関心事になったのと時を同じくしている。最初に公的領域に参入した社会は、財産所有者の組織に変装して、自分たちの富に基づく公的領域への参加ではなく、公的な保護の下でのさらなる富の蓄積を求めたのである。ボーダンの言葉によれば、政府は国王のものであり、財産は臣下のものであるから、臣民の財産のために統治するのは王の当然の務めだった。最近の研究で指摘されているように「共和国〔common wealth〕は、ほとんど共通の富〔common *wealth*〕のために存在した(73)」のである。

私的領域に追いやられていた活動が生み出した共通の富が公的領域を乗っ取ることに成功した時から、私的所有は世界の耐久性を掘り崩し始めた。というのも、私的所有は死すべき存在としての所有者の寿命に影響されやすく、その点で過去から成長して将来の世代に受け継がれる共通世界よりも継続性に欠けるという性質をもっているからである。なるほど、個人が一生かけても使いきれないほど富は蓄積することができるので、個人ではなく家族がその所有者になる。だが、どれだけ多くの世代にわたって維持されたとしても、富が使用され、消費されるものであることに変わりはない。富が資本となり、より多くの資本を生み出すという資本の主要な機能を発揮して初めて、私的所有は人々がともに分かち合う世界に内在する永続性と等しいものになるか、少なくともそれに近づくことになる。[74] しかしながら、[69] 資本の永続性と世界の永続性では性質がまったく異なる。それは安定した構造がもつ永続性というより、過程の永続性なのである。蓄積過程が働かなければ、富はただちに使用と消費による解体という反対の過程をたどることになるだろう。

だから、共通の富は、われわれが共通世界について語るような意味で共通のものになることは決してない。それは厳密な意味で私的なままだったし、そうあろうとしたのである。共通だったのは、富を求めて互いに競争する私的所有者たちを保護するという任務を与えられた政府だけだった。近代的な政府において人々が共有しているのは彼らの私的な利益だけだ、というこの明白な矛盾はマルクスにとってはまだ頭痛の種だったが、われわれはもはや頭を悩ませる必要はない。というのも、われわれは、私的なものと公的なものの矛盾という近代の初期段階に典型的な現象が一時的なものだったこと、私的なものと公的なものの双方が社会という領域に埋没して、両者の区別そのものが消滅したことを知っているからである。今日、公的なものが公的なのはそれが私的なものの機能だからであって、私的なものが私的なのはそれが残された唯一の共通する関心事だからにすぎない。公的・私的な生活領域が消え去ったことが人間存在にどのような結果をもたらすかを理解する上でも、われわれはマルクスよりはるかに有利な地点に立っている。

こうした観点から見れば、近代における親密なものの発見は、それまで私的領域で保護されていた個人が外的な世界のすべてから逃避して内面的な主観に逃避した、ということになるだろう。個人を保護する私的領域が社会的なものへと解体していったことを示すいちばん都合のよい事例は、不動産が動産に転化して、ついには財産と富の区別、ローマ法で言うところの fungibiles〔代替可能なもの〕と consumptibiles〔消費可能なもの〕の区別が完全に消滅してしまったことだろう。手を触れることのできる実体をもった「代替可能な〔fungible〕」事物は、みな「消費〔consumption〕」の対象となる。置かれた場所によって定まるそれらの私的な使用価値は失われ、絶えず変動する交換可能性に左右されるもっぱら社会的な価値を獲得する。その変動は、貨幣という共通分母と関係することで、ほんの一時固定されるにすぎない(75)。実体的な事物が社会的に蒸発する、というこの現象と密接に関連していたのが〔70〕近代の財産概念である。これは近代の最も革命的な貢献と言うべきものだった。財産は、もはや所有者があれこれの仕方で獲得して占拠した世界の固定した一部ではない。その源泉は、人間が自分自身、つまり彼の所有する肉体と、その肉体の中に議論の余地なくもっている力能であり、それをマルクスは「労働力」と名づけたのである。

かくして、近代の財産は、世界としての性質を失い、人間の内部、個人の死によってしか失われない肉体の中に場所を移すことになった。人間がその肉体で行う労働こそが財産の起源だというロックの仮説は歴史的に見れば疑わしいどころではない代物だが、すでにわれわれは自分の技能や労働力の他には何ら頼るべき財産をもたない状況に生きているのだから、ロックの理論が実現するのは、ほとんど時間の問題だろう。富が公的な関心事となって以来、その増大はもはや私的な所有によっては管理できないほどになっている。それは、まるで公的領域が私的な利益のために自分を利用した者たちに復讐しているかのようである。しかしながら、最大の脅威は、富の私的所有〔private ownership of wealth〕の廃止ではなく、この世界の中で手で触れることができる自分の場所としての私有財産〔private property〕の廃止のほうにある。

私的領域の消滅が人間の存在にどんな危険をもたらすかを理解するには、私生活というものが単に何かが剝奪された状態にとどまらない意味をもっていることを想起するのがいちばんだろう。この点で、いわゆる親密なものは信頼できる代替物にならない。私生活のもつそうした特性は、親密なものが発見される以前から、それとは独立に存在していたためである。他人と共有しているものと私的に所有しているものの第一の相違は、われわれが日々使用し、消費する私的な所有物は共通世界のどの部分よりも切実に必要だ、という点にある。ロックの言うように、私有財産がなければ「共通なものなど何の役にも立たない」[76]。私的な財産に対してわれわれが抱く切実な関心は、公的領域から見れば自由の剝奪という否定的な側面しかもたないが、より高次の願望や野心などが及びもつかないような力で人間を駆り立てる。それは常に人間の欲求や心配の最大の関心事であるだけではない。共同体があまりに豊かになると、無気力が蔓延したり自発性が失われたりするものだが、私有財産への関心はそうした明白な危険を防いでくれるのである。(77)〔71〕必要性と生命は密接に結びついていて、必要性を完全に排除することは生命そのものを脅かすことになる。必然性の除去は、おのずから自由の実現をもたらすどころか、自由と必然性の区別を曖昧にするだけなのだ(ちなみに、近代の自由論では、自由は人間存在の客観的な状態としてではなく、意志は完全に決定されているのか無制約なのかという主観的で解決不可能な問題として、あるいは、自由は必然性の発展の中から生まれるなどという形で論じられている。これらの議論が示しているのは、必然への拘束と自由との間には客観的で実体的な相違があることがもはや理解されていないということである)。

単に公的な自由を奪われた状態にとどまらない私生活の第二の顕著な特徴は、私有財産が共通の公的世界から隠れる安全な場所を提供するということである。四方を家の壁に囲まれた空間だけが、公的世界で行われていることから離れるだけでなく、公的な光にさらされて見られたり聞かれたりする危険から逃れることのできる場を与えてくれる。すべてが公開の場で行われる生活は、今日われわれが言うところの浅薄〔shallow〕なものになる。いつでも他人に見られたままの生活は、どこか暗い地底から現れてくるものがもつ深みを失う。主観的な意味ではなく、本当に現実的な意味で深さを失いたくなかったら、隠された場所がなければならない。公的な光から隠しておくべき暗闇を守る唯一有効な方法こそ、私的に所有された隠れ家としての私有財産なのである(78)。

私生活のそうした特質が最も明白になるのは、もちろん私生活が奪われそうになった時だが、近代以前の政治体における私有財産の扱いを見れば、その存在と重要性が常に意識されていたことが分かる。ただし、私有財産が保護したのは、私的領域における活動そのものではなく、私的に所有されたものを世界の他の部分、とりわけ共通世界と分けていた境界線だった。近代の政治理論や経済理論がそれ以前のものから区別されるのは、[72] 私有財産が決定的な論点であることを認めておきながら、彼らが強調するのは財産所有者の私的な活動であり、実体的な財産そのものを犠牲にしても富を蓄積するその活動を政府が保護するように説いたところにある。だが、公的領域にとって本当に重要なのは、私的な実業家の多少とも進取に富んだ精神ではなく、市民の家と庭を囲む塀なのである。私的生活に社会が侵入すること、いわゆる「人間の社会化」(マルクス)を最も効果的に推進するのは公的な収用だが、それが唯一の方法ではない。社会主義あるいは共産主義の革命的な方法は、他の側面と同様、ここでもまた私的領域一般の、とりわけ私有財産の「死滅」という緩慢だが、それに劣らず確実な方法によって遂行できるのである。

政治体の側からでなく私生活のほうから見れば、私的領域と公的領域の区別は見せるべきものと隠しておくべきものの相違に帰着する。この隠された領域が親密圏という形で示す豊かさと多面性が発見されたのは、近代になって、社会に対する反抗が起こってからのことである。しかしながら、歴史のはじめから今日のわれわれの時代に至るまで、私生活のうちに隠されるべきものは常に人間の肉体に関わる部分、生命過程そのものの必要と結びついたすべての事柄だったことに注目すべきだろう。近代以前には、個体の維持と種の存続のためのすべての活動が含まれていた。隠されていたのは「自分の肉体をもって生活の「肉体的」必要に奉仕する」[79]労働者や、自分の肉体をもって種の肉体的生存を保証する女性だった。女性と奴隷が同じカテゴリーに入れられて人目にさらされないように隠されていたのは、彼らが誰かの所有物だったからだけでなく、彼らの生活そのものが肉体的な機能に仕えるという意味で「労苦の多い」ものだったからである[80]。近代が始まる時点では、「自由な」[73]労働は家の私生活という隠れ場所を失って、労働者たちはまるで犯罪者のように共同体から隔離され、高い壁の向こうに隠されて常に監視された[81]。その労働者階級と女性がほとんど同じ歴史的瞬間に解放されたという事実は、近代という時代の特徴の一つを示していると言えるだろう。もはや肉体的な機能と物質的な関心は隠すべきものとは考えられていない。それだけに、今日われわれの文明においてもなお厳密な意味でのプライバシーとして残されているのが、われわれが肉体をもつがゆえの必然という本来の意味における「必要性」に関連する部分であることは、こうした現象の特徴をよく示している。

10　人間の諸活動の位置

私的なものと公的なものの区別は、必然性と自由の対立、空虚と永続の対立、そして最後には恥と名誉の対立と一致するが、だからといって必然的なもの、虚しいもの、恥ずべきものだけが私的領域にふさわしいというわけではない。二つの領域の最も初歩的な区別は、そもそも存在するためには隠さなければならないものと、公に見せるべきものがある、ということである。そうした観点から見れば、どのような文明においても、あらゆる人間活動は世界の中でそれぞれ適当な場所を指定されていることが分かるだろう。このことは「活動的生活」の主要な活動である労働、仕事、行為にもあてはまるが、ここでは、極端ではあるが問題の所在をよく示す一つの活動を挙げることにしよう。それが事例として好都合なのは、政治理論でもかなり重要な役割を果たしていたからである。

絶対的な意味における善〔goodness〕は、古代ギリシアやローマにおける「役に立つ〔good for〕」や「卓越」とは違って、キリスト教の興隆とともに初めてわれわれの文明に知られるようになった。〔74〕それ以来、善行は人間が行うことが可能な活動の重要な一種とされることになったのである。nec ulla magis res aliena quam publica（「われわれにとって公的な事柄ほど疎遠なものはない」）(82)とテルトゥリアヌスが見事に要約している初期キリスト教と「公的なもの〔res publica〕」のよく知られた対立は、通常は初期キリスト教の終末論的な期待がもたらした結果だと理解されている。そうした終末論的な期待が直接的な影響力を失うのは、ローマ帝国の崩壊でさえ世界の終わりを意味しないことを経験が教えてからである。(83)しかしながら、キリスト教の非世界性には今一つの源泉がある。それは、おそらくナザレのイエスの本来の教えにより密接に関連しているのだが、世界が滅亡するという信仰とはまったく別のところから来ている。したがって、終末論的な期待が実現しないことが明らかになったあと、なおキリスト教徒たちが世界に対して疎遠な態度をとり続けた本当の理由はこちらだと考えたくもなるだろう。

イエスが言葉とその行いで教えたただ一つの行為は善行だった。善には、見られたり聞かれたりすることを避ける傾向が明らかに内在している。キリスト教が公的領域に対して抱く敵意、少なくとも初期のキリスト教徒たちが公的領域からできるかぎり離れた生活を送ろうとしたことは、彼らの信仰や終末論的な期待とはまったく別に、善行への献身がもたらした自明の結果として理解できる。というのも、善行はみなに知られて公のものになった瞬間、善行としての特質を失うからである。善き行いは、何かを目的とするのではなく、ひたすら善のためにのみなされなければならない。善行が公然と姿を現す時には、組織的な隣人愛や連帯のための行為としては有用かもしれないが、それはもはや善行ではない。「人前で施しをして、それを見られないように用心しなければならない」。善が存在しうるのは、誰にも知られないとき、本人でさえ気づかない場合だけである。自分から意識して善行をなす人はもはや善人ではなく、有用な社会の構成員か従順な教会の信徒であるにすぎない。だからこそ「汝の右手のなすことを左手をして知らしむるなかれ」[*16]とイエスは言うのである。

他人に対する行いであるにもかかわらず、不思議なことに善は決して表に現れない。善がこのように消極的な特性をもっているからこそ、ナザレのイエスが［75］歴史の舞台に登場したこと自体が逆説的な出来事なのである。何人《なんぴと》も善ではありえないとイエスが考え、そう説いた理由も、ここにあった。「なぜ私をよきものと呼ぶのか。ただ一人の神を除いては、何人も善ではありえない」[84]。同じ信念は、ユダヤ教の『タルムード』にも見ることができる。神は三六人の正しき者のためにこの世界を救われたが、正しき者が誰かを知るものはいない、本人自身がそのことを知らない。これは、ソクラテスの、誰も本当に賢い者ではありえない、という言葉を思い起こさせる。この偉大な洞察から、知への愛、哲学〔philosophy〕が生まれたのだが、イエスの全生涯は、まさに何人も善ではありえないという洞察から善への愛がどのようにして生まれてくるかを証明しているように思われる。

知への愛と善への愛が、つまるところ哲学する活動と善をなす行為に帰着するとすれば、それらは人が賢くありうるとか、善でありうると想定された途端に終わるという、みずからを打ち消してしまう性格をもつという点で共通している。行われている間しか存在しないもの、過ぎ去りゆくものを存続させようとする試みには事欠かないが、そうした試みはいつでも不条理な結果に終わる。例えば、古代後期の哲学者たちは、自分たちが賢明な存在であろうとしたが、〔紀元前六世紀のシケリアの僭主〕ファラリスの、青銅の牛の中で焼かれても自分は幸福だと言い張るという、よく知られた不条理に陥った。「右の頬を打たれたら左の頬も差し出しなさい」というキリスト教の善人であれという教えも、これを文字どおり実生活で行おうとすれば不条理になる点では変わるところがない。

しかしながら、善への愛と知への愛から発する活動が似ているのは、ここまでである。どちらの活動も公的領域と対立しているのは確かだが、善との対立のほうがはるかに深刻で、それゆえこの問題を扱うのに適している。完全に隠れて誰にも見られないようにしなければ台なしになってしまうのは、善行だけである。哲学者の場合、プラトンのように人間的な事象の「洞窟」を去ることを決意したとしても、自分自身から隠れる必要はない。反対に、イデアの大空の下ですべての存在の真の本質を見出すばかりか、〔76〕「私と私自身」（eme emautō）の間の対話で自分自身を見出すことができる。この自分自身との対話にプラトンが思考の本質を見たのは明らかである。(85) 哲学者が一人でいる〔solitude〕ということは、自分自身とともにいるということを意味している。したがって、思考は最も孤立した〔solitary〕活動ではあるけれども、同伴する相手や仲間がまったくいないわけではない。

善を愛する人間は、決して哲学者のように一人きりの独居生活〔solitary life〕を送ることはできない。だが、他者とともにいて他者のために送られるその生活には、一人の証人もおらず、同伴者としての自分自身もいない。彼は一人で孤立しているわけではないが、孤独〔lonely〕である。他人と生きている時でも隠れていなければならないし、自分自身でさえ自分がしていることの証人として頼ることができない。哲学者はいつでも自分の思考が自分のそばにいることを頼りにできるが、善き行いに同伴者はいないのである。善行は、行われた途端に忘れられなければならない。記憶ですら、善行の「善」たる性質を破壊してしまうからである。思考なら、記憶されて思想へと結晶することができる。それゆえ、思考は、記憶によって存続しうる他のすべてのものと同様に、書かれた頁や印刷された書物のように手にとることのできる具体的な対象に形を変えて、人間が作り出した事物の一部となる。それに対して、善行はただちに忘れ去られなければならないので、世界の一部になることはできない。それは行われては消え、何の痕跡も残さない。善行は、まさしくこの世のものではないのである。

善行のもつこの無世界的な性格のゆえに、善を愛する者は本質的に宗教的人間となり、善は古代における知恵と同様、本質的に超人間的な性質を帯びることになる。しかも、善への愛は、知への愛とは違って、少数の人間に限られた経験ではない。それは、哲学者の独居とは違って、誰もが孤独を経験することがあるのと同じである。それゆえ、ある意味では、善行とそれにともなう孤独は、哲学者の知への愛や独居と比べて、はるかに政治に関連しているると言える。しかしながら、独居が哲学者という限られた人間の本物の生活様式になりうるのに対して、より一般的な経験であるはずの孤独は複数性という人間の条件とあまりに矛盾しているので、人がそうした孤独に長期にわたって耐えることなど、とうていできることではない。だからこそ、善行にともなう孤独が人を破滅させてしまわないように、善行を見ていてくれる唯一の証人として神を想定しなければならないのである。この世界を超越するという宗教的な経験は、〔77〕しばしば見られるような、単に啓示された真理を受動的に受けとめるだけのものではなく、活動という意味での愛の本物の経験であるなら、まさに世界のただなかで与えられる。それは世界を離れるのではなく、他の活動と同じように、この世界の中で行われなければならない。善行は他の活動が行われ、他の活動が依拠している同じ世界という空間に姿を現すが、その活動は基本的に否定的な性質を帯びている。善行は、世界から逃れて、世界の住民から見られないように隠れて、世界が人々に与えてくれる場所、とりわけすべての事物や人物が他人から見られたり聞かれたりする公的な場を拒否するのである。

したがって、公的領域の内部で善を一貫した生活様式として実行することは、不可能であるだけでなく、むしろ公的領域を破壊することになる。善行の破壊的な性質を誰よりも鋭く察知していたのが、マキアヴェッリだった。彼は〔『君主論』の〕有名な文章で、あえて「善人にならない方法」を説いたのである。(86) もちろん、彼は悪人になる方法を学ばなければならないなどとは言わなかったし、彼が言おうとしたのはそういうことではない。犯罪行為は、善行とは理由は違うが、やはり他人に見られたり聞かれたりしてはならない。マキアヴェッリにとって、政治的行為の試金石は古典古代と同じく栄光であって、善も悪も栄光に輝くことはない。したがって「権力を得るかもしれないが、栄光は得ることができない」方法は、すべて悪となる。(87) 公然たる悪は恥知らずで直接に公的世界を破壊するが、善も同じように表舞台に登場して公的役割を担うなら、もはや善とは言えない腐敗した存在であり、行く先々で腐敗をまきちらすことになるだろう。だから、マキアヴェッリにとって、教会がイタリア政治を腐敗させる勢力になったのは、世俗の事柄に関与したからであって、司教や高位聖職者の個人的な堕落のせいではなかった。宗教が世俗の領域を支配することになれば、そこに不可避的にもたらされる結果は、公的領域と宗教団体の両方が腐敗するか、あるいは腐敗しない宗教団体が公的領域を完全に破壊するかのいずれかしかない。だから、改革された教会はいっそう危険だ、というのがマキアヴェッリの見解だった。彼は当時の宗教再生運動である「新しい修道会」に敬意を払っていたが、それ以上に懸念のほうが大きかった。真の信仰の再興を目指すこの運動は〔78〕「高位聖職者や教会指導者たちの放蕩三昧によって破壊された信仰を救い出し」、人々に「悪に抵抗するなかれ」と説いたが、それは結果として「邪悪な支配者に思うように悪をなさしめる」ことになるからである。(88)

人間の諸活動の位置を考えるためにここでわれわれが選んだ善行は、確かに極端な事例だった。善行という活動は、公的領域はおろか、私的領域にも安んじて収まりきらないものだからである。善行をあえて選んだのは、「活動的生活〔vita activa〕」のうち、どの活動が公的な場に提示され、どの活動が私的生活のうちに隠されるべきかについて、これまでの政治共同体が歴史的に行ってきた判断がそれらの活動そのものの性質に対応していたことを示すためだった。活動の位置をめぐるこうした問題を提起したからといって、「活動的生活」の諸活動をめぐる問題をここで論じ尽くそうなどと考えているわけではない。これまでの伝統がもっぱら「観照的生活〔vita contemplativa〕」の観点から問題を考察してきたために、「活動的生活」を構成する活動の明確な区別は不思議なくらい無視されてきたが、これらの活動の意義を政治的な観点からある程度まで明確にすることが、ここでの考察の目的である。

（1）　ホメロスの神々が人間にのみ関わり、遠くから支配したり、介入したりしているのは、非常に特徴的なことである。神々の間の紛争や諍《いさか》いも、主として彼らが人間的な事象に関与したこと、死すべき者としての人間たちのうちの一方を贔屓して相対立したことに起因している。こうして神々と人間が演じる物語が始まるが、最終的な決定はオリンポスの神々の会議でなされるとしても、舞台そのものを準備して進めていくのは人間のほうなのである。そうした人間と神々の「協力」は、ホメロスの ergʼ andrōn te theōn te〔神々と人間の功業〕（『オデュッセイア』一・三三八行〔松平千秋訳、岩波文庫、一九九四年、㊤二七頁〕）によく表れている。詩人が歌っているのは神々と人間たちの偉業であり、神々の物語でも人々の物語でもない。同様に、ヘシオドスの『神統記』も扱っているのは神々の偉業ではなく、世界の起源であり（一一六行〔廣川洋一訳『神統記』岩波文庫、一九八四年、二一―二二頁〕）、どのようにして世界の事物が（絶えず再帰する）生殖と出産によって生まれたのかが語られている。ミューズの僕《しもべ》である詩人は「昔の人たちと祝福された神々の栄えある偉業」を歌っているが（九七行以下〔同書、一九―二〇頁〕）、神々の栄光ある偉業については一言も語っていないのである。

（2）　引用は、タウリン版（一九二二年）の事項索引からのものである。politicus という言葉は本文テキストにはないが、『神学大全』第Ⅰ部、第九六問題、第四項、第Ⅱ‐二部、第一〇九問題、第三項から見て、トマスの主張を正しく要約している〔前者は「支配 dominium ということは二様の意味に解される。一つは、奴僕的従属 servitus に対立するものとしてであり、こうした意味においては、「支配者・主」dominus とは、何者かがこれに「奴僕」servus として服するところのものにほかならない。いま一つには、支配は、およそ如何なるふうにでもあれ、一般に「そのもとに立つところの者」subiectus への関係において語られるのであって、こうした意味においては、自由人を統べ導く任務を有するごときそうした者もまた「支配者・主」と呼ばれることができる。もし、だから、支配ということを第一の仕方に解するならば、無垢の状態にあっては人間は人間を支配しなかったのであるし、支配を然し第二の仕方に解するならば、無垢の状態においても人間が人間を支配するということはありえたであろう。／〔…〕／これに対して、ひとが、彼によって導かれる相手の者自身の善に向って、乃至は相互に共通的な善に向って相手を導く場合、こうした場合にあっては彼は相手を自由人として、支配しているのである。人間の人間に対するこのような支配は、次のごとき二つの理由によって、無垢の状態においても存在しえたであろう。第一には——人間は本性的に社会的動物 animal sociale なのであり、だから無垢の状態におけるひとびともまた社会的な仕方で生きたであろう。然るに、多数者の社会生活は、共通の善 bonum commune を意図する何者かがこれを統轄するのでないかぎり存在しえないであろう。多者はそれ自体としては多を意図するのであるし、一者は、これに対して、一を意図するものなのだからである。アリストテレスが『政治学』の初めにおいて、多が一にまで秩序づけられている場合には、そこに必ず首領的で指導的な或る一者が見出される、と語る所以もここに存している。第二に——いまもし、一人の人間が他を卓絶的に凌ぐごとき知や正しさを有しているとしたならば、これを彼が他のひとびとの効益のために行使するのでないかぎり、不都合なことになるに相違ないのであって、『ペテロ第一書翰』第四章に、「各自はその受けた賜物を、お互いのために役立てて」云々とある所以である。されば、アウグスティヌスも『神国論』第一九巻の中で次のように説くのである。「正しきひとびとが命令するのは支配欲によってではなく、助言の任務によってである。これこそはまさに自然の秩序の規定するところ、これこそまさに神の人間を造り給うた仕方なのである」と」（『神学大全7』高田三郎・山田晶訳、創文社、一九六五年、一三五—一三六頁）。後者は「正義は真理の部分であるか」という問いに対する考察の部分である。「人間は社会的動物 animal sociale であるから、一人の人間は自然本性的に他者にたいして、それなしには人間的交わり・社会 societas humana が保持されえないであろうところのものを負うている。しかるに、人々は互いに真理を明示しあう者として、互いに信頼しあうのでなければ相互に共同生活を営むことはできないであろう。したがって、真実という徳は何らかの仕方で負債・義務という側面に関わるのである」（『神学

大全20』稲垣良典訳、創文社、一九九四年、一三九－一四〇頁）〕。

（3）リウィウスでは「統治のソキエタス〔societas regni〕」、コルネリウス・ネポスでは「犯罪のソキエタス〔societas sceleris〕」という用例が見られる。そのような同盟は、商業取引のために結ばれることもある。アクィナスは「本当のソキエタス」が商売人の間に存在するのは「投資家自身がリスクを負う」場合、すなわち協力関係〔partnership〕が真の同盟である場合に限る、と考えていた（W・J・アシュレー〔W. J. Ashley〕『イギリス経済史・経済学説入門〔*An Introduction to English Economic History and Theory*〕』（London / New York: Longmans, Green, 1931）四一九頁を参照）。

（4）以下、「人類〔man-kind〕」という言葉は、人間という種を指す。これは、総体としての人間を指す「人類〔mankind〕」とは別ものである。

（5）ヴェルナー・イェーガー〔Werner Jaeger〕『パイデイア〔*Paideia*〕』第三巻〔*The Conflict of Cultural Ideals in the Age of Plato*, translated from the German manuscript by Gilbert Highet〕(Oxford: Blackwell, 1945)、一一一頁。

（6）『古代都市』序論の主要テーゼに示されているように、フュステル・ド・クーランジュは「同一の宗教」が古代の家族組織と古代の都市国家を形成していたことを立証しようとしているが、彼は家族の宗教に基づく氏族〔gens〕の制度と都市の制度が「実際には対立する統治形態であって、……都市が存続しないか、いずれは家族を解体するかのいずれかであった」（二五二頁〔『古代都市』田辺貞之助訳、白水社、一九六一年、三六六－三六七頁〕）という事実について多数の指摘を残している。この偉大な著作の矛盾はクーランジュがギリシアとローマの都市国家を同列に扱おうとしているところにあるように思われる。というのも、彼が挙げる証拠とカテゴリーは主としてローマの制度と政治的感情に基づいているからである。もっとも、彼はウェスタ崇拝が「ギリシアでは非常に早くから衰退していたが……ローマでは弱まることは決してなかった」（一四六頁〔同書、二一五頁〕）ことを認めてはいるが。家政と都市の間の溝はギリシアではローマよりも深かっただけでなく、オリンポスの神々の宗教、ホメロスと都市国家の宗教は家族と家政のより古くからの宗教とは断絶していて、その上に立っていたのである。ローマの統一と第二の創設のあとには、竈《かまど》の女神であるウェスタが「都市の炉端〔city hearth〕」の守り神となり、公式の政治的祭儀の一部となったのに対して、ギリシアにおいて同じく竈の女神だったヘスティアの名を初めて挙げたのは、あえてホメロスに異を唱えて竈と家の生活を称えたヘシオドスだった。ギリシアのポリスにおける公式の宗教では、ヘスティアはオリンポス一二神の座をディオニュソスに譲らなければならなかったのである（モムゼン〔Theodor Mommsen〕『ローマ史〔*Römische Geschichte*〕』（5. Aufl., Berlin: Weidmann, 1868-1904）、第一巻、第一二章〔モムゼン『ローマの歴史I　ローマの成立』長谷川博隆訳、名古屋大学出版会、二〇〇五年、一四八―一六九頁〕、および、ロバート・グレイヴズ〔Robert Graves〕『ギリシア神話〔*The Greek Myths*〕』（Harmondsworth: Penguin Books, 1955）、二七、k〔『ギリシア神話』（新版）、高杉一郎訳、紀伊國屋書店、一九九八年、六〇頁〕）。

（7）　これは『イリアス』九・四四三行のポイニクスの言葉である。そこでは、明らかに戦争とアゴラでの公的集会で自分を際立たせるための教育について語られている。文字どおり翻訳すると「〔あなたの父上は〕あなたが言論をなし、偉業を行う者となるよう教えることを、私に求められた」（mythōn te rhētēr' emenai prēktēra te ergōn）〔松平千秋訳では「立派な論客となり、武功を立てる戦士となられるよう」（岩波文庫、一九九二年、上二八六頁）〕。

（8）　〔ソポクレス〕『アンティゴネ』最終行（一三五〇―一三五四行）を文字どおり翻訳すると、以下のようになる。「だが、大いなる言葉は、驕り高ぶるものに加えられた大いなる打撃に抗しながら〔あるいは弁済しながら〕、老年に思慮を教える〔But great words, counteracting [or paying back] the great blows of the overproud, teach understanding in old age〕」。この行は近代的な理解にとってあまりに難解なので、そのもともとの意味を率直に表す訳を与えるものはほとんどない。例外は、ヘルダーリンによるドイツ語訳である。“Grosse Blicke aber, / Grosse Streiche der hohen Schultern / Vergeltend, / Sie haben im Alter gelehrt, zu denken”〔だが、大いなるきらめきは／驕り高ぶる肩の大いなる打撃に／報復して／年老いてから思慮を教える（参考までに、呉茂一訳は「傲りたかぶる人々の大言壮語は、やがてはひどい打撃を身に受け、その罪を償いおえて、年老いてから慮りを学ぶが習いと」（『ギリシア悲劇Ⅱ　ソポクレス』ちくま文庫、一九八六年、二一八頁））〕。これよりはるかに低次元だが、プルタルコスの伝える逸話は、行為と言論の結びつきを例示している。ある男がデモステネスのところにやって来て、自分がどんなにひどく殴られたかを話した時のこと。デモステネスいわく、「でも、あなたは今言われたような被害は何も受けなかったのでしょう」。声を荒らげて相手は叫んだ。「何も受けなかっただって？」「あ、やっと今」とデモステネスは答える。「殴られて怪我をした人の声が聞こえてきました」（プルタルコス『英雄伝』「デモステネス」〔『プルタルコス英雄伝』村川堅太郎編、ちくま学芸文庫、一九九六年、(上)四〇七頁〕）。このような言論と思考の密接な結びつきは、〔書かれた〕言葉によって思考を表現するというわれわれの発想とは疎遠なものであるが、今もしばしば用いられているキケロの「理性と言論〔ratio et oratio〕」に、その最後の名残りを見ることができる。

(9)　こうした発展の特徴をよく示しているのが、すべての政治家が「弁論家」と呼ばれるようになり、政治的言論の技としての弁論術〔rhetoric〕が、哲学的な言論の技としての弁証法〔dialectic〕とは区別されて、説得の術としてアリストテレスによって定義されるようになったことである（『弁論術』一三五四a一二以下、一三五五b二六以下〔戸塚七郎訳、岩波文庫、一九九二年、二三頁以下、三一頁以下〕）（弁証法と弁論術の区別それ自体は、プラトン『ゴルギアス』四四八に由来する）。テーバイが衰退したのは彼らが軍事訓練を重んじて弁論術を怠ったからだ、というギリシア人の意見も、そうした文脈で理解できる（ヤーコプ・ブルクハルト〔Jacob Burckhardt〕『ギリシア文化史〔*Griechische Kulturgeschichte*〕』(ed. Kröner〔Stuttgart: Alfred Kröner, 1929〕)、第三巻、一九〇頁〔『ギリシア文化史7』新井靖一訳、ちくま学芸文庫、一九九八年、三九四頁〕）〔『ゴルギアス』の冒頭は「弁論術」をめぐる対話にあてられている。弁論術と弁証法＝問答法の区別は、次の指摘のことと思われる。「ソクラテス〔…〕というのもポロスは、いまの話しぶりから察しても、一問一答で話し合うことよりは、いわゆる弁論術のほうの練習をつんできたのだということが、私にははっきりとわかりましたからね」（『ゴルギアス』加来彰俊訳、岩波文庫、一九六七年、一四頁）〕。

（10）『ニコマコス倫理学』一一四二a二五、一一七八a六以下〔高田三郎訳、岩波文庫（改版）、二〇〇九年、(上)三〇四頁、(下)二二六頁〕。

（11）アクィナス『神学大全』第II-二部、第五〇問題、第三項〔「家における家長 pater は君主たる支配者と或る種の類似性を有することは、〔アリストテレス〕『倫理学』第八巻にいわれているごとくである。然しながら、家長は、君主のごとくには、完全なる規整の権力 potestas regiminis を有してはいない。だからして、家長的なる思慮の種が、統治 regnativa のごとく独立に措定されてはいないのである」（『神学大全17』大鹿一正・大森正樹・小沢孝訳、創文社、一九九七年、二七三頁）。『ニコマコス倫理学』第八巻第一〇章、前掲訳書、(下)九三―九四頁参照〕。

（12）したがって、dominus と paterfamilias という言葉は、servus〔奴隷〕と familiaris〔家族〕と同様に、同義語である。「主人は家長と呼ばれ、奴隷は……家族と呼ばれる〔Dominum patrem familiae appellaverunt; servos ... familiares〕」（セネカ『倫理書簡集』四七・一二〔実際は「四七・一四」〕。高橋宏幸訳、『セネカ哲学全集』第五巻、岩波書店、二〇〇五年、一七三頁〕）。ローマ市民の自由〔liberty〕は、ローマ皇帝が dominus〔主人〕という称号を採用した時に消滅した。「この名称をアウグストゥスやティベリウスは呪詛や蔑称として拒絶した」（H・ワロン〔Henri Wallon〕『古代における奴隷制の歴史〔*Histoire de l'esclavage dans l'antiquité*〕』[Paris: L'imprimerie royale, 1847]、第三巻、二一頁）。

（13）グンナー・ミュルダール〔Gunnar Myrdal〕『経済理論の発展における政治的要素〔*The Political*

Element in the Development of Economic Theory)』〔translated from the German by Paul Streeten〕(London: Routledge & K. Paul, 1953)、xi頁〔G・ミュルダール『経済学説と政治的要素』山田雄三・佐藤隆三訳、春秋社、一九八三年、一一頁〕によれば、「社会経済学あるいは集合的家計(Volkswirtschaft)という観念」は「経済学の成立当初から浸透していた政治的思考が集中する」「三つの主たる焦点」の一つだった。

(14)　こう述べたからといって、国民国家と社会という組織が中世の王国と封建制の中から成長してきたことを否定するものではない。中世の枠組みの中では家族と家という単位は古典古代とは比較にならないほど重要な役割を果たしていたが、近代との相違は明らかである。封建制の枠の中では、それぞれの家族と家はほとんど独立していた。国王の家政は一定の領域を代表して、「同輩者中の第一人者〔primus inter pares〕」として封建領主たちを支配したが、絶対君主のように一家の長であるなどと主張することはなかった。中世の「国民」は、さまざまな家族の複合体であって、自分たちが国民全体を包括する一つの家族の構成員であるとは考えていなかった。

(15)　家政と政治の区別は、アリストテレスの偽書『家政論』の最初の文章からして明白である〔アリストテレス『経済学』一三四三a。村川堅太郎訳、『アリストテレス全集』第一五巻、岩波書店、一九六九年、四二七頁〕。そこでは、専制的な一人の支配(mon-archia)による家政の組織とまったく異なるポリスの組織が対置されている。

(16)　アテナイでは、ソロンの立法がその転換点だと見ることができる。親を扶養する子供の義務を定めたアテナイの法に父権の喪失が示されている、とクーランジュが言うのは正しい(前掲書、三一五—三一六頁〔クーランジュ『古代都市』田辺貞之助訳、白水社、一九六一年、四三八頁〕)。ただし、父権が制限されたのは、それが都市の利益と対立した場合だけであって、家族の成員個人のためではなかった。したがって、子供の売買や捨て子は古代を通じて行われていたのである〔R・H・バロウ〔R. H. Barrow〕『ローマ帝国の奴隷制〔*Slavery in the Roman Empire*〕』(London: Methuen, 1928)、八頁：「父権〔patria potestas〕に含まれていた他の権利が廃れたあとも、子供を棄てる権利は紀元後三七四年まで禁止されないままだった」)。

(17) 今日われわれが言うところの私有財産と世界における場所としての財産との意味の違いに関連して興味深いのは、ギリシアの都市では市民が自分たちの収穫物を共有して共同で消費することを法で定めている一方で、自分の土地に対する絶対的な所有権をもっていたことである。クーランジュ（前掲書、六一頁〔前掲訳書、一〇二頁以下〕）はこの法を「奇妙な矛盾」だと指摘しているが、古代人の理解では、土地と収穫に対する二つの所有権は異なる種類のものであって、何ら矛盾するものではなかった。

(18) 〔プラトン〕『法律』八四二〔「そこでまず、農業関係法とよばれるものがなければなりません。最初の法律は、「境界を守るゼウス」のそれで、それは次のようなものです。／隣人が同国人であるにせよ、あるいは彼が外国人に隣接しながら、国境に土地を所有しているにせよ、何ぴともその他人の土地との境界石を動かしてはならない、その行為は、文字どおり、「動かしてはならぬものを動かす」ことになるとみなして。すべての人は、友人の土地や敵の土地との境界を示すところの、神々にかけて誓われた、小さな石を動かそうとするくらいなら、境界を示すものではない、最大の岩を動かそうとすることの方を欲するべきである。なぜなら、友人の土地との場合には、「同族を保護するゼウス」が、敵の土地との場合には、「外国人を保護するゼウス」が証人であり、これらの神々の怒りを招くと、もっとも恐ろしい戦いが結果するからである」（森進一・池田美恵・加来彰俊訳、岩波文庫、一九九三年、(下)一四〇―一四一頁)〕。

(19) プルタルコス『ローマ習俗問答』五一〔「プラエスティテースとは「前に立っているものたち」という意味で、家の前に立っているものたちこそ家の番人たるにお誂え向きだろうし、見知らぬ人には恐ろしく、家の者には優しくておとなしいのは、まさしく犬の如しというわけであろうか」(『モラリア4』伊藤照夫訳、京都大学学術出版会（西洋古典叢書）、二〇一八年、六三頁)〕。クーランジュ、前掲書、九六頁

〔前掲訳書、一四七頁〕から引用〔「ローマ人は「家の守護神は人を罰する任務をおび、家のうちに起こるすべてのことを見はりたもう恐るべき神にましますl」といったが、さらにまた、「家の神はわれらを生かしめたもう神である。この神はわれわれの肉体を養い、精神を支配したもう」とも記している」〕。奇妙なことにクーランジュは、ギリシアやローマの宗教における冥府の神々を一面的に強調して、これらの神々が単なる死者の神ではなく、その祭儀が「死の祭儀」にとどまるものではなかったことを見逃している。この宗教は、地上に拘束された生命過程、生と死を二つの局面とする循環過程そのものに仕えるものだった。生は大地から生まれ、大地に還る。生と死は生物学的な生命過程の二つの段階であって、これを地下の神々が支配しているのである。

(20)　クセノポン『ソクラテスの思い出』二・八におけるソクラテスとエウテロスの対話は非常に興味深い。エウテロスは必要に迫られて肉体労働を強いられているが、こうした生活に自分の肉体は長くはもちこたえられないし、いずれ老年になれば貧窮するだろう。それでも物乞いをするよりは労働するほうがましだと言う。そこでソクラテスは、誰か「裕福でお手伝いを必要としている人」を探してはどうか、と提案する。エウテロスは答える。奴隷（douleia）の境遇は耐えられない、と〔『ソークラテースの思い出』佐々木理訳、岩波文庫、一九七四年、一〇九―一一〇頁〕。

(21)　ホッブズ『リヴァイアサン』第一部第一三章〔「これによって明らかなのは、人々が、彼らすべてを威圧しておく共通の権力なしに生活しているときには、彼らは戦争と呼ばれる状態にあり、そういう戦争は、各人の各人に対する戦争である、ということである」（水田洋訳、岩波文庫、一九九二年、(1)二一〇頁）、「人々を平和に向かわせる諸情念は、死への恐怖であり、快適な生活に必要なものごとに対する意欲であり、それらを彼らの勤労によって獲得する希望である」（同書、二一四頁）〕。

(22)　最も有名で最も美しい用例は、ヘロドトス（三・八〇―八三）の統治形態の比較における議論だろう。そこでは、オタネスがギリシアの平等（isonomiē）を擁護して、自分は「支配することも支配されることも望まない」と述べている（『歴史』松平千秋訳、岩波文庫、二〇〇七年、㊤三九二―三九七頁）。アリストテレスが自由人の生活は専制君主の生活より優れていると言うのも同じ精神から来ているのであって、専制君主が自由ではないということは自明のこととされる（『政治学』一三二五a二四〔山本光雄訳、岩波文庫、一九六一年、三二五頁〕）。クーランジュによれば、rex〔王〕、pater〔父〕、anax〔主〕、basileus〔王〕のように他者に対する支配を意味するギリシア語とラテン語は、すべてもともとは家政に関係していて、奴隷が自分たちの主人を呼ぶ名称だった（前掲書、八九頁以下、二二八頁〔前掲訳書、一三八、三六三頁〕）。

(23) 平等な自由人とそうでない者の比率は変動していて、クセノポンがスパルタの事例として伝えているものは明らかに誇張されている。スパルタを訪れた外国人が市場で出会った市民は、四〇〇〇人のうち、わずか六〇人だったという（クセノポン『ギリシア史』三・三・五〔『ギリシア史1』根本英世訳、京都大学学術出版会（西洋古典叢書）、一九九八年、一四四―一四六頁では、少数の完全市民に属さないキナドンが反乱を企て、仲間の一人にアゴラで市民の数を数えさせると、そこには「王、監督官、長老たち、その他およそ四〇人ほど」を数えるのみだった。そこでキナドンは言う、「この者たちを敵と考え、アゴラにいる四〇〇〇人以上の他の者はすべて味方だ」と〕）。

(24) ミュルダール、前掲書：「社会は家族の長と同じように構成員のために家を維持するものだ、という観念は経済学の用語に深く根ざしている。……ドイツ語のVolkswirtschaftslehre〔国民経済学〕という言葉は、……共通の目的と共通の価値をもった……一つの集合的な主体の存在を示している。英語の「富の理論」や「福祉の理論」も同様の観念を示している」（一四〇頁〔前掲『経済学説と政治的要素』二一七―二一八頁〕）。「社会的な家政を任務とする社会経済学が意味するものは何か？　まず第一に、彼と彼の家族の家政を運営する個人と社会とのアナロジーである。アダム・スミスとジェームズ・ミルは、この類似関係を緻密な理論に仕上げた。J・S・ミルの批判のあと、政治経済学の理論と実践の違いが広く認められるようになってからは、このアナロジーはあまり強調されなくなった」（一四三頁〔同書、二二二頁〕）。アナロジーがもはや用いられなくなったという事実は、社会の発展が家族という単位を食い尽くし、完全にそれに取って代わったことによるものだろう。

(25) R・H・バロウ〔R. H. Barrow〕『ローマ人〔*The Romans*〕』（Harmondsworth: Penguin Books, 1953)、一九四頁。

(26) E・ルヴァスール〔Emile Levasseur〕（『一七八九年以前のフランスにおける労働者階級と産業の歴史〔*Histoire des classes ouvrières et de l'industrie en France avant 1789*〕』[Paris: Arthur Rousseau, 1900]）が封建的な労働の組織について述べていることは、封建的な共同体全体にあてはまる。「各人は自分の家で、自分で暮らしを立てていた。貴族は領地で、農民は農地で、町民は町で」（二二九頁）。

(27) プラトンが『法律』（七七七）で奴隷に対する公正な取り扱いを勧めているが〔前掲訳書、㊤三七八—三七九頁〕、これは正義とは関係がないし、「〔奴隷自身の〕ためというよりは、われわれ自身の尊厳をたもつ〔respect to ourselves〕ため」だった。正義という政治的な法と家の支配のための法という二つの法が存在したことについては、ワロン、前掲書、第二巻、二〇〇頁：「それゆえ、法は長い間、家族には浸透しなかった。家は別の法の領分とされていたのである」。古代の、とりわけローマでは、家政に関する事項、奴隷の取り扱いや家族関係などに法が関与するのは、さもなければ無制約なものになりかねない家長の権力を抑制するためだった。〔したがって〕奴隷たちのまったく「私的な」社会の中での法の支配はありえないことだった——奴隷は、その本質からして、法の領域の外に置かれて主人の支配に服する者なのである。主人のみが、市民であるというかぎりにおいて、法の支配に服する。法は都市のために必要とあらば、家の中での家長の権力をも削減したのである。

(28) W・J・アシュレー、前掲書、四一五頁。

(29) 一つの領域または地位からより高いものへの「上昇」は、マキアヴェッリが繰り返し論じるテーマである（特に『君主論』第六章のシラクサのヒエロ、『ディスコルシ（ローマ史論）』第二巻第一三章）〔シラクサのヒエロについて、マキアヴェッリはこう述べている。「この人は一私人からシュラクサイの君主になった。そして、やはりこの人も運《フォルトゥナ》からは、よい機会のほかなにひとつ受けとらなかった。すなわち、この人は当時しいたげられていたシュラクサイの民衆から、彼らの隊長に選ばれたのであった。そして、それがもとになって、やがて実力で君主になった。彼は一私人であったころからすでに十二分の力量《ヴィルトゥ》をもった人であった」（『君主論』池田廉訳、会田雄次責任編集『マキアヴェリ』中央公論社〈「世界の名著」16〉、一九六六年、六六頁）。それに対して、『ディスコルシ』第二巻第一三章は「実力によらず欺瞞の策で大きな幸運をつかみ、下賤の身から最高の地位にのしあがる者」を扱っている（『政略論』永井三明訳、同書、三九九頁以下）。ただし、マキアヴェッリは傭兵隊長をそれほど高く評価していない。『君主論』でも、特に傭兵制と傭兵隊長の弊害を論じた第一二章ではなく、軍事力と「力量」で権力を獲得した新君主を論じた第六章を参照指示していることは、アレントのマキアヴェッリ理解の特徴を示している〕。

(30)「ソロンの時代には、奴隷になることは死よりも恐るべきものになっていた」（ロバート・シュライファー〔Robert Schlaifer〕「ホメロスからアリストテレスまでのギリシア奴隷制の理論〔Greek Theories of Slavery from Homer to Aristotle〕」（*Harvard Studies in Classical Philology*, XLVII, 1936））。それ以来、Philopsychia（「生命への愛着」）と臆病は奴隷のものとされるようになった。だから、プラトンも、奴隷になるよりは死を選ばなかったことをもって、奴隷が生来奴隷的性格をもっていることの証明だと考えたのである（『国家』三八六A〔藤沢令夫訳、岩波文庫（改版）、二〇〇八年、(上)一九四頁〕）。のちにセネカが奴隷の境遇に対する不満に答えて述べたことにも、その残響を見ることができる。セネカいわく、「自由が目の前にあるのに、それでも奴隷になるものがいるだろうか？」（『倫理書簡集』七七・一四〔実際は「七七・一五」。前掲訳書、三四一頁〕）。また、こうも述べている。vita si moriendi virtus abest, servitus est「いかに死ぬかを心得ていない者にとって、生きていることは奴隷であることに等しい」〔同書、七七・一六。前掲訳書、三四一頁〕と。奴隷に対する古代人の態度を理解する上で、大多数の奴隷が戦争に負けた敵であって、生まれながらの奴隷は少数だったことを想起するのは重要である。共和政ローマにおける奴隷は全体としてローマの支配領域の外から連れてこられたのに対して、ギリシアの奴隷は通常は主人と同じギリシア人だった。彼らが奴隷の本性をもっていることは、奴隷になるのを拒否して自殺しないことが証明している。勇気がすぐれて政治的な徳性であるからこそ、奴隷は市民となるにふさわしい「自然な」資質をもたない者とされたのである。ローマ帝国になると、奴隷に対する態度は変化したが、それはストア主義の影響によるだけでなく、奴隷人口の大部分が生まれながらの奴隷となったことによる。しかしながら、ウェルギリウス（『アエネーイス』六・二七七行）によれば、ローマにおいてさえ「労苦〔labos〕」は不名誉な死と密接に結びつくものと考えられていた（「ようやく彼らが至りつく、玄関の前、地下界の、／入口をなす顎《あぎと》には、〝嘆き〟と呵責の〝憂悶〟が、／すでに寝床を据えて占め、なおまたここに蒼白の、／〝病い〟と悲しい〝老年〟と、〝恐怖〟と醜い〝窮乏〟と、／なだめを聴かぬ〝飢餓〟などの、見るから怖い姿ども、／それぞれ住めばまたここに、〝死〟も住み〝苦難〟もともに住む」（泉井久之助訳、岩波文庫、一九七六年、(上)三七〇頁）。

(31)　自由人が奴隷と自分たちを区別したのが勇気だったこと、これがクレタの詩人ヒュブリアスの主題だったと思われる。「わが宝は槍と剣、そして見事な楯。……だが、あえて槍と剣をふるい、身体を守る楯をとろうとしない者は皆、畏れをなしてわが前に跪き、主よ、偉大な王よ、と呼びかける」（エドゥアルト・マイヤー〔Eduard Meyer〕『古代における奴隷制〔*Die Sklaverei im Altertum*〕』（Dresden: Zahn & Jaensch, 1898）、二二頁より引用）。

(32)　マックス・ウェーバー〔Max Weber〕「古代農業事情〔Agrarverhältnisse im Altertum〕」、『社会経済史論集〔*Gesammelte Aufsätze zur Sozial- und Wirtschaftsgeschichte*〕』（Tübingen: J. C. B. Mohr,

1924)、一四七頁〔『古代社会経済史』渡辺金一・弓削達訳、東洋経済新報社、一九五九年、二六五頁。ただし、ここで言う「年金生活者」は主に土地に投資して利子を獲得する「金利生活者（Rentner）」であって、退職後の恩給や年金によって生活する者のことではない。「古代ヘラスとくにアテナイは時代がさがるにつれて次第に一種の《年金生活者都市》（Pensionopolis）になっていく。〔…〕このような都市の変貌にともなって、外国で富裕となり《帰国》してきた名士たちは（時には市民権を獲得したのちに）、ますます土地への投資を望ましいと考えざるをえなかった。土地への投資が、すでに古典時代末期においていかに安全度を増したかは、比較的低率の賃貸借料（約八パーセント）の中に読みとることができる。アテナイはペイライエウスの自由港において集貨独占と仲介商業の独占を一時は政治的に強行し、続いてかなりあとまで事実上維持していたが、この独占権をロードスに奪われてのちは、海上商業や銀行への資本投下の機会、それについでその他の種類の真に《資本主義的》な営利への資本投下の機会は、アテナイにとっては減少してしまった。アテナイの全盛のきわめて大きな部分は在留外国人《メトイコイ》の財政力にも依存していたが、そのメトイコイもすでに制海権の最終的喪失（同盟市戦争）ののちには急速に減少した。商業はもはやなんらの好機をも供しなかった。そこで土地が投資対象として残ったのである」（前掲訳書、二六五頁）〕。

(33) このことはセネカの指摘がよく示している。彼は、教養ある奴隷（あらゆる古典を記憶している）がそれよりも無知だと思われる主人にとっては有用であるとして、次のように述べている。「一家の者の知るところすべては家長の知るところなり」と（『倫理書簡集』二七・六〔実際は「二七・五—八」〕。前掲訳書、一〇九—一一〇頁〕。バロウ、前掲書〔『ローマ帝国の奴隷制』〕、六一頁より引用）。

(34) Aien aristeuein kai hypeirochon emmenai allōn「常に最上の者であり、他に抜きん出ること」がホメロスの英雄たちの関心の焦点であり（『イリアス』六・二〇八行〔前掲訳書、(上)一九二頁〕）、ホメロスは「ギリシア全土の教育者」だった。

（35）「政治経済学はまず第一に「科学」であるという観念が成立したのは、アダム・スミスからのことにすぎない」。古代や中世にはそうした観念は知られていなかったし、「最初の完成した経済学の教義」だった教会法学にとっても未知だった。教会法学は「近代の経済学のような「科学」ではなく「技芸〔art〕」だった」（W・J・アシュレー、前掲書、三七九頁以下）。古典経済学は、人間を活動的存在であるかぎり、もっぱら自己利益に従って行為する、つまりただ一つの欲望である獲得への欲望によって駆り立てられる存在だと想定している。アダム・スミスが「〔誰も〕意図しなかった目的を促進する見えざる手」を導入したことは、自己利益という一律の動機づけに基づくこの最小限の行為でさえ、科学を打ち立てるには予測不能な自発性をあまりに多く含んでいることを示している。マルクスは、個人の個別的利益に代えて、集団的あるいは階級的利益を導入することで、古典経済学の想定を引き継いだ。そこでは、階級的利益は二つの主要階級である資本家と労働者のそれに還元され、古典経済学の想定した多様な利害対立は、ただ一つの階級対立に解消されることになった。マルクスの経済学が先行者たちのそれよりも首尾一貫して整合した体系になった理由は、この「社会化された人間」の構想にある。そこでは、自由主義的な経済学の「経済人」よりも自発的な行為の余地は狭められているのである。

（36）「社会の統一という支持し難い「共産主義的虚構」にはまり込んだ」のは社会主義ではなく自由主義的功利主義だったし、この「共産主義的虚構は経済に関するほとんどの著作に暗黙のうちに含まれている」というのが、ミュルダールの素晴らしい著作の主要テーゼである（前掲書、五四および一五〇頁〔前掲『経済学説と政治的要素』八四―八五頁および二三二頁〕）。経済学が科学たりうるのは、単一の利益が社会全体に浸透していると想定した時のみである、と結論的に述べている。「諸利益の調和」の背後には、常に単一の利益という「共産主義的仮構」がある。単一の利益を福祉と呼ぼうが、コモンウェルス〔共通の富〕と呼ぼうが、同じことである。したがって、自由主義的な経済学者たちは、常に「共産主義的」理想、つまり「全体としての社会の利益」という仮定に導かれているのである（一九四―一九五頁

〔同書、二九七頁〕）。要は、これらの議論が「社会は単一の主体であるという主張に帰着するということだ。だが、それこそまさに考えられないことである。そのような想定は、社会的な活動というものが多くの個人の意図の絡み合いの結果であるという決定的な事実を除去しようとしているのだ」（一五四頁〔同書、二三七頁〕）〔ただし、五四頁の原文は「功利主義者は国家の本質についてやたらに思弁をめぐらすような誘惑には駆られなかった。国家は彼らにとって単にその成員の総和であるにすぎず、したがって絶対理性でもなければ有機体でもなく、さらに「超有機体」でもないのである」と功利主義の意義を高く評価した上で、「もしわれわれが類似性を強調するなら、功利主義的学者も社会統一について納得し難い「共同体的擬制」に陥る傾向をもっているように思われる」と限定した批判をしていることには注意すべきだろう〕。

（37）現代社会についてのマルクスの議論のこの側面は通常無視されているが、その意義を鮮やかに示したものとして、ジークフリート・ランズフート〔Siegfried Landshut〕「マルクス理論から見た今日の状況〔Die Gegenwart im Lichte der Marxschen Lehre〕」（*Hamburger Jahrbuch für Wirtschafts- und Gesellschaftspolitik*, Vol. I, 1956）。

（38）これ以降の箇所で「分業」という用語は、近代的な労働条件において一つの活動が無数の細かい作業に分割され、原子化される場合を指し、職業的な専門化によるそれとは区別される。後者は、社会を単一の主体として、その要求の実現が「見えない手」によって構成員間に分配されている場合に、初めて「分業」と呼ぶことができる。同じことは、必要な条件を加えれば〔mutatis mutandis〕両性間の分業についても言える。これを分業の最も原初的な形態だと考える論者もいる。それは人類という人間種族を単一の主体として想定し、男性と女性の間で労働が分割されている、とするのである。同様の議論は古代にもあったが（例えば、クセノポン『家政術』七・二二〔「そこで、この二つのこと、つまり家の中のことも、家の外のことも、共に労働と配慮を必要としているのだが、思うに、神は、女性の天性を躊躇なく、家の中の仕事と配慮に適合させ、《男性の天性を家の外の仕事に適合させ》たのだ」（クセノフォン『オイコノミコス――家政について』越前谷悦子訳、リーベル出版、二〇一〇年、六三頁））、強調点は異なっていた。そこでの分割の中心は、家の中で過ごす生活と家の外の世界で過ごす生活との区別である。後者だけが本当に人間にふさわしい生活である。そして、分業の観念にとって必要な前提としての男女の平等は、もちろん存在しなかった〔注（81）〔実際は（80）と思われる〕参照〕。古代が知っていたのは職業的な専門化だけだったと思われる。これは自然の資質や天与の才能によって与えられるものとされていた。例えば、金鉱の仕事には数千人の労働者が従事していたが、体力と技術に従って配置されていた。J＝P・ヴェルナン〔J.-P. Vernant〕「古代ギリシアにおける労働と自然〔Travail et nature dans la Grèce ancienne〕」（*Journal de psychologie normale et pathologique*, Vol. LII, No. 1 (January-March 1955)〔*Mythe et pensée chez les Grecs: études de psychologie historique*, Paris: La Découverte, 1996, pp. 274-294（ジャン＝ピエール・ヴェルナン「古代ギリシアにおける仕事と自然」、『ギリシア人の神話と思想――歴史心理学研究』上村くにこ＋ディディエ・シッシュ＋饗庭千代子訳、国文社、二〇一二年、三八五―四〇四頁）。鉱山労働者の記述は、ヴェルナンにはない。本論文での自然との関係における「労働」と「技術」の対比は、アレントの区別と重なり合う〕）を参照。

（39）「労働」を示すすべてのヨーロッパ系の言語、ラテン語および英語のlabor、ギリシア語のponos、フランス語のtravail、ドイツ語のArbeitは、みな苦痛と努力を示しており、産みの苦しみを示す場合にも用いられた。laborはlabare（「重荷を負ってよろめく」）と語源を同じくし、ponosとArbeitも「貧困」（ギリシア語のpenia、ドイツ語のArmut）と同じ語源である。古代の思想家では数少ない労働の擁護者とされているヘシオドスでさえ、ponon alginoenta（「苦痛に満ちた労働」）を人間を悩ませる害悪の筆頭に挙げている（『神統記』二二六〔前掲訳書、三三頁〕）。ギリシア語の用法については、G・ヘルツォーク＝ハウザー〔Gertrud Herzog-Hauser〕「ポノス〔Ponos〕」（Pauly-Wissowa〔*Paulys Real-*

Encyclopädie der Classischen Altertumswissenschaft, herausgegeben von Georg Wissowa, Stuttgart: J. B. Metzler, Bd. XXI, Halbband 42, 1952〕）を参照。ドイツ語の Arbeit と arm はどちらもゲルマン語の arbma- から来ていて、孤独、無視され、棄てられることを意味していた。クルーゲとゲッツェ〔Friedrich Kluge und Alfred Götze〕『語源辞典〔*Etymologisches Wörterbuch*〕』(Berlin: Walter de Gruyter, 1951)。中世ドイツ語では、この語は labor, tribulatio, persecutio, adversitas, malum と翻訳されていた（クララ・フォントーベル〔Klara Vontobel〕『ドイツ・プロテスタンティズムの労働エートス〔*Das Arbeitsethos des deutschen Protestantismus*〕』(Dissertation, Bern: A. Francke, 1946) を参照）。

(40) ゼウスは奴隷として囚われた者から卓越（aretê）の半分を奪う（『オデュッセイア』一七・三二〇行以下〔前掲訳書、(下)一三四頁〕）という、しばしば引用されるホメロスの思想は、自身奴隷だったエウマイオスの口から語られるものだが、客観的な記述であって、批判や道徳的判断ではない。奴隷が卓越を失うのは、それを示すための公的領域への参加を認められなくなるからである。

(41) 「生きていた奴隷の性格を描く」のが不可能であることも、ここに理由がある。自由になって世間で評判を得るまでは、奴隷は人格というよりは影の薄い類型のような存在にとどまる」（バロウ『ローマ帝国の奴隷制』一五六頁）。

(42) あまり有名ではないが、死の床にあったリルケの詩を引いておこう。無題のその詩の第一行は、こう始まっている。「来たれ、汝、この最後の者よ、私はおまえを認める、／この身体の中の救いのない痛みよ〔Komm du, du letzter, den ich anerkenne, / heilloser Schmerz im leiblichen Gewerb〕」。そして、最後はこう結ばれている。「そこにいるのはまだ私なのか、焼かれるような痛みで、もはや自分自身が定かでなくなっているのは。／思い出をたぐり寄せることもできない。／おお、生よ。生とは、外に出ていること。／それなのに、私がいるのは炎の中。誰も私を見分けることはできない〔Bin ich es noch,

der da unkenntlich brennt? / Erinnerungen reiss ich nicht herein. / O Leben, Leben: Draussensein. / Und ich in Lohe. Niemand, der mich kennt}」(「草稿・断片詩篇（1906-1926年）」小林栄三郎訳、『リルケ全集』第三巻、河出書房新社、一九九〇年、五八八―五八九頁)。

(43)　苦痛の主観性と、あらゆる種類の快楽主義〔hedonism〕と感覚主義〔sensualism〕との関連については、後出の第15節と第43節を参照。生あるものにとって、死はまず第一にこの世界から消え去ることである。だが、苦痛とは異なり、死は生きている間に現れる側面がある、それが老いである。老いるということは「徐々に姿を見せなくなること」(stufenweises Zurücktreten aus der Erscheinung) だとゲーテはかつて述べたことがある。この言葉の正しさと、その消滅の過程が実際にはどのように現れるかについては、レンブラントやレオナルドといった巨匠の老年の自画像が具体的な形で示している。それらの自画像では、あたかも鋭い眼光が衰えつつある肉体を照らして、これを支配しているかのようである。

(44)　〔アウグスティヌス〕『マニ教徒ファウストゥス駁論』五・五。

(45)　これは、もちろんアクィナスにおいても政治哲学の前提だった(『神学大全』第Ⅱ‐二部、第一八一問題、第四項〔ただし、これは「現在の生のあと」の「将来の生」において人間は「天使たちと似たものになる」という前提で、「天使たちの生」について述べた箇所である。「しかし、神に仕える奉仕の配分dispensatio ministeriorum Deiに関わることがらについては、ひとりの天使が他の天使を、浄め、照明し、完成することによって、教える。そしてこのことに関しては、彼らは世界が続く限りは、活動的生活の何ほどかを有している」(『神学大全23』前掲訳書、二〇六頁)〕)。

(46)　corpus rei publicae〔公的なものの身体〕という用語はキリスト教受容以前のラテン語文献でよく使われているが、一定の政治的領域としてのres publica〔公的なもの、共和国〕の住民を意味していた。これに対応するギリシア語のsōmaは、キリスト教以前のギリシア語では政治的な意味で用いられたことはない。身体という比喩が最初に用いられたのは、パウロ(『コリントの信徒への手紙一』一二・一二―

二七）であるように思われるが、初期のキリスト教の著作家たちはみな用いるようになっていった（例えば、テルトゥリアヌス『護教論』三九〔「われわれは教義を一つにわかちあい、希望のきずなで結ばれた宗教的連帯感をもつ一つの「結社《コルプス》」である」（鈴木一郎訳、『キリスト教教父著作集』第一四巻、教文館、一九八七年、九〇頁）〕、アンブロシウス『聖職者の職務』三・三・一七）。だが、初期の著作家が構成員の平等を強調し、すべての者が全体としての身体の健康のために等しく必要だとしていたのに対して、のちになると支配する頭の部分と服従する身体である構成員との区別に重点は移動した（中世については、アントン＝ハーマン・クルースト〔Anton-Hermann Chroust〕「中世の団体思想〔The Corporate Idea in the Middle Ages〕」（*Review of Politics*, Vol. VIII, 1947））。

(47) アクィナス『神学大全』第II－二部、第一七九問題、第二項（『神学大全23』前掲訳書、一五九頁。第I章、原注（9）を参照）。

(48) ベネディクト修道会規則第五七条を見よ（ルヴァスール、前掲書、一八七頁で引用されている）。それによれば、修道士が自分の仕事を自慢するようになったら、その職務から外されねばならない。

(49) ローマの信徒団体に入った奴隷の構成員についてのバロウ（『ローマ帝国の奴隷制』一六八頁）の指摘は示唆するところが多い。そうした団体は信徒に「生涯の友誼と、そして立派な葬儀の保証」を与えてくれたが、「墓碑銘で功績を称えるというこの最後の点に、奴隷たちはせめてもの慰め〔a melancholy pleasure〕を見出した」。

(50) 『ニコマコス倫理学』一一七七b三一〔「ひとは、しかしながら「人なれば人のことを、死すべきものなれば死すべきもののことを知慮するがよい」という勧告に従うべきでなく、できるだけ不死にあやかり、「自己のうちなる最高の部分」に即して生きるべくあらゆる努力を怠ってはならない」（前掲訳書、(下)二二七頁）。なお、訳者による注によれば、引用の前半はエウリピデスの断片一〇四〇、後半はピンダロス『イストミア競技頌歌』五・一六、ソポクレスの断片五三一、アンティパネスの断片二八九など、古典作品の随所に見出されるものであり、諺のように人口に膾炙したものだという〕。

(51)『国富論〔*The Wealth of Nations*〕』第一巻第一〇章（Everyman's ed.〔London / New York: Dent, Dutton (Everyman's library), 1910〕、第一巻、一二〇および九五頁）〔大河内一男監訳、中公文庫、一九七八年、(1)二二〇、一七七頁〕。

(52) 大衆的現象としての現代的な孤独については、デイヴィッド・リースマン〔David Riesman〕『孤独な群衆〔*The Lonely Crowd*〕』（New Haven: Yale University Press, 1950）〔加藤秀俊訳、みすず書房（始まりの本）、二〇一三年〕を参照。

(53) W・L・ウェスターマン〔William L. Westermann〕「奴隷制〔Sklaverei〕」（Pauly-Wissowa〔*Paulys Real-Encyclopädie der Classischen Altertumswissenschaft*, herausgegeben von Georg Wissowa〕, Suppl. VI〔Stuttgart: J. B. Metzler, 1935〕）一〇四五頁に引用されている小プリニウスを参照。

(54) ローマとギリシアにおける富と文化についての評価の違いについては多数の証拠があるが、興味深いのは、この評価が奴隷の地位についてのそれと常に対応していることである。ローマの奴隷はギリシアと比べてはるかに重要な役割をローマ文化において果たしていたのに対して、ギリシアでは奴隷が経済生活に占める役割がより重要だった（ウェスターマン（Pauly-Wissowa）、九八四頁を参照）。

(55) アウグスティヌス（『神の国』一九・一九）は、もっぱら utilitas proximi（「その人の隣人の利益」）のためになされる caritas〔隣人愛〕の義務を、otium〔閑暇〕とそこで行われる観照を制約するものと考えた。彼は述べている、しかし「活動的生活においてわれわれが切望すべきは名誉や権力ではなく、……われわれの下にある者たちの安寧（salus subditorum）である」と〔服部英次郎訳、岩波文庫、一九八二—九一年、(5)八二—八三頁〕。正確に言えば、この種の責任が政治に携わるものの責任というよりは、一家の長の責任に近いことは明らかである。おのれの職務に専心せよ、というキリスト教の戒律は

『テサロニケの信徒への手紙一』四・一一「つとめて落ち着いた生活をし、自分の職務に身をいれなさい」から来ている（prattein ta idia、ここで ta idia は ta koina〔「共通の公的業務」〕の反対物として理解されている）。

(56) クーランジュ（前掲書）は、こう述べている。「familia という語の真の意味は、財産であり、土地、家屋、資産、そして奴隷を意味する」（一〇七頁〔前掲訳書、一六〇―一六一頁〕）。だが、この「財産」は家族に帰属するものというよりは、反対に「家族のほうが竈《かまど》に属し、竈は土地に属する」（六二頁〔同書、一〇四頁〕）。重要なのは「財産はそれが付属する竈や墓と同じく不動のものなのであり、過ぎ去っていくのは人間だ」ということである（七四頁〔同書、一一八頁〕）。

(57) ルヴァスール（前掲書）は、中世の共同体が設立されて、そこに加入を許される条件を、財産の所有に関連づけている。「加入を認められるためには、その村に住むだけでは十分ではなかった。家屋を所有することが必要だった」。さらに「コミューンを公然と侮辱した者に対しては、家屋の取り壊しと処罰が下された」（二四〇頁、注三を含む）。

(58) この区別が最も明白になるのは、奴隷の場合である。奴隷は古代の理解では財産をもたない（自分の居場所をもたない）が、現代的な意味では決して無資産だったわけではない。「奴隷の私有物」である peculium は相当の額にのぼり、自分自身の奴隷（vicarii）をもっている場合さえあった。バロウは「奴隷の階級の最も貧しい者のもつ財産」について述べている（『ローマ帝国の奴隷制』一二二頁。この著作は、peculium についての最も優れた報告である）。

(59) クーランジュは、古代には父親が生きている間は息子は市民になれず、父が死んだ場合にも長男だけが政治的権利を享受した、というアリストテレスの指摘を紹介している（前掲書、二二八頁〔前掲訳書、三三七頁〕）。ローマの「プレブス〔平民〕」は、もともとは家も竈ももたない人々であり、「ローマの人民〔populus Romanus〕」とは明確に区別されていた（二二九頁以下〔同書、三四二頁以下〕）。

(60)「この宗教の全体が家の壁に閉じ込められていた。……これらすべての神々、竈の神、Lares〔祖先の神〕、Manes〔死者の神、精霊〕は、隠れた神、家の中の神と呼ばれた。キケロが述べているように、これらの宗教のすべての儀式にとって必要なのは、秘密、sacrificia occulta であった（『占い師の返答について〔De haruspicum responsis〕』一七）」（クーランジュ、前掲書、三七頁〔前掲訳書、七一頁〕）。

(61) エレウシスの秘儀は、生と死の循環というこの領域全体についての共通の疑似公的な経験を与えているように見える。その本性から、またすべての者に共通するという性質から、この領域は隠され、公的領域には秘密にされなければならない。誰もがそれに参加することを認められているが、それについて語ることは許されない。秘儀は語ることができないものに関わり、したがって言葉を超えた経験は非政治的で、おそらくその本質からして反政治的である（カール・ケレーニイ〔Karl Kerenyi〕『ヘレネの誕生〔*Die Geburt der Helena*〕』〔Zürich: Rhein-Verlag, 1945〕四八頁以下）。これが出生と死の秘密に関するものであることは、ピンダロスの断片に示されているように見える。oide men biou teleutan, oiden de diosdoton archan（断片一三七a）、つまり、秘儀を授けられた者は「生の終わりと、ゼウスによって与えられた始まり」を知ると言うのである。

(62) ギリシア語で法を表すノモス〔nomos〕は、nemein という配分し、（配分されたものを）所有し、住むという意味の言葉から来ている。ノモスという言葉で法と垣根が結びついていることは、ヘラクレイトスの断片で明白に示されている。machesthai chrē ton dēmon hyper tou nomou hokōsper teicheos（「人は法のためにも壁のためにも戦わねばならない」）。ローマで法を示す言葉 lex は、これとはまったく違う意味をもっていた。それは人々を互いに隔てる壁ではなく、人々の間の公式の関係を示すものである。ただし、境界とその守り神であるテルミヌスは、agrum publicum a privato〔公的な領域を私的なそれから〕（リウィウス）分け隔てており、対応するギリシア語の theoi horoi よりもはるかに崇拝を受けていた。

(63) クーランジュは、古代ギリシアの法は二つの建物が接触してはならないと禁じていた、と述べている(前掲書、六三頁〔前掲訳書、一〇五頁〕)。

(64) ポリスという言葉は、もともと「輪状の壁」のようなものを意味していた。ラテン語の urbs もまた「円環」を意味しており、orbis〔円、地球〕と同じ語源から来ている。「町〔town〕」についても同様の関連があって、これはドイツ語の Zaun のように、もともとは周囲を取り囲む柵を意味していた(R・B・オニアンズ〔Richard Broxton Onians〕『ヨーロッパ思想の起源〔*The Origins of European Thought*〕』(Cambridge: Cambridge University Press, 1954)、四四四頁、注一を参照)。

(65) それゆえ、立法者は市民である必要はないし、しばしば外部から呼ばれた。彼の仕事は政治的なものではない。だが、彼が立法を終えなければ、政治生活は始まることができない。

(66) デモステネス『演説』五七・四五:「貧困は自由人に多くの奴隷的で低俗なことを余儀なくさせる」(polla doulika kai tapeina pragmata tous eleutherous hē penia biazetai poiein)〔「貧乏は自由人に余儀なく奴隷のすることをさせますが、アテナイのみなさん、それに対しては、なおも破滅に追いやられるよりは、同情されてしかるべきでしょう。私が耳にするかぎりでは、かの時期、ポリスの不幸ゆえに市民の女性が多数乳やり女や織子や葡萄摘みになりましたが、そのとき貧窮を舐めた女たちの多くは、いまは裕福になっています」(木曽明子訳「エウブリデスへの抗弁」、『弁論集6』京都大学学術出版会(西洋古典叢書)、二〇二〇年、四九五頁)〕。

(67) 公的領域へのこの参加条件は、中世初期にはまだ存在していた。イギリスの「慣習の書〔Books of Customs〕」では、なお「町の職人と自由人、franke homme との間を明確に区別していた。……もし職人が富を得て自由人たらんと欲するなら、まず宣誓してその職を捨て、すべての道具を家から取り除かなければならなかった」(W・J・アシュレー、前掲書、八三頁)。職人が豊かになって、「職人が市民になれないのではなく、反対に職人組合に入らなければ市民になれなくなる」のは、エドワード三世の統治になってからだった（八九頁）。

(68)　クーランジュは、他の著者と違って、古代の市民が「余暇」よりむしろ時間と精力を消耗させる活動を要求されていたことを強調しており、自分の生計のために働かなければならない者は市民にはなれないとアリストテレスが言ったのは偏見どころか単なる事実だったことを正しく理解している（前掲書、三三五頁以下〔前掲訳書、四六二頁以下〕）。持ち主の職業に関わりなく富の所有が市民であることの資格要件になったのは、近代の特徴である。ここで初めて、市民であることは特定の政治活動と関わりなく享受できる特権になったのである。

(69)　私には、これこそが「古代世界の経済史研究で周知の謎」を解く鍵のように思われる。すなわち、古代世界では「ある程度まで産業が発展したにもかかわらず、……公共サーヴィスや軍隊のような他の部門でローマ人が示した大規模な組織を作り上げる徹底した能力〔から見れば〕期待できたところまで到達できなかった」のはなぜか、という謎である（バロウ『ローマ帝国の奴隷制』一〇九―一一〇頁）。同じような組織能力が公共サーヴィスだけでなく私的領域にも見られるというのは、近代的な状況に規定された偏見のように思われる。すでにマックス・ウェーバーは、その注目すべき論文（前掲）で、古代都市は「生産というよりは消費の中心地」であり、古代の奴隷所有者は「金利生活者であって、資本家〔企業家〕[Unternehmer]ではなかった」と主張していた（一三頁、二二頁以下、および一四四頁）。古代の著述家たちが経済問題にまったく無関心で、これに関連する文書資料が欠如しているという事実が、ウェーバーの主張を裏づけている〔参照指示された三箇所は、以下のとおり（前注（32）も参照）。「一般的に言って、その開初期において、古代都市（この場合古代都市とはオリエントのポリスおよび初期の地中海のポリスの双方を含む）の経済生活の基礎はそのきわめて大きな部分が、都市在住の首長《フュルスト》たちおよび名門の門閥《ゲシュレヒター》が獲得したレンテン収入であるということである。彼らはこのレンテン収入を土地所有から、事情によってはこれに加えて臣民《ウンターターネン》の貢納から引き出した。これに匹敵する現象は今日ではもはや特殊な首都において見いだされるにすぎない。もし身近な例をあげるとすれば、ロシアが体僕制《ライブアイゲネ》だった時代のモスクワがそうであった。この収入源が非常な重要性をもつこと。したがってまた都市の《経済的繁栄》がすぐれて政治的な条件によって大きく左右されていること——それは都市の激しい興亡に端的に示される——。これらの点はたんに開初期のみならず、その後もひきつづいて古代全体を一貫して変わらなかった。中世都市と比べて、古代都市は常に、はるかに高い程度で消費の中心であり、反対に、はるかに低い程度で生産の中心であった」（前掲訳書、二二一—二二三頁）、「この種の奴隷利用法はすでにつぎのような奴隷利用法への過渡段階なのである。すなわち、（戦争または破産によって）奴隷となる前にすでに技術を授けられていたか、あるいはまた主人の費用で技術を習得した熟練奴隷を、もっぱらレンテンの源泉として利用するという方法への過渡段階なのである」（同書、三八頁）、「奴隷所有者はまさにレンテン寄生生活者であった。企業家ではなかったのである」（同書、二六二頁）」。

（70）　労働者階級に関する歴史書は総じて、いかなる資産ももたずに自分の手で仕事をして生活するしかない階級が常に存在してきたことを素朴にも想定している。しかしながら、すでに見たように、古代においては奴隷も無資産ではなかったし、いわゆる自由労働もその実態は「自由な商店主、商人や職人」だった（バロウ『ローマ帝国の奴隷制』一二六頁）。それゆえ、自由人は常に何らかの所有者だったので、自由な労働というものは存在しなかった、とM・E・パーク〔Marion Edwards Park〕（『キケロの時代の平民〔*The Plebs in Cicero's Day*〕』［Cambridge, Mass.: Cosmos Press, 1921］）は結論している。W・J・アシュレーは、一五世紀に至るまでの中世の状態を要約して述べる。「そこには賃金労働者の大規模な階級、近代的な言葉の意味における労働者階級は存在しなかった。「労働者」とわれわれが言う時には、そこから何人かの個人は親方になれるが、大半はそのような地位の向上を望めない人々のことを指している。だが、一四世紀には、徒弟修行を済ませた一人前の職人〔journeyman〕が給金をもらって数年間働くのは貧乏な人々が通過しなければならない通過点であって、大部分の者たちは徒弟期間が終わると、すぐ親方になっていったと思われる」（前掲書、九三―九四頁）。

したがって、古代の労働者階級は自由でもなければ無産でもなかった。奴隷が（ローマのように）解放されるか、（アテナイのように）自由を買い取った場合には、自由な労働者にはならず、ただちに独立の商人か職人になった（「ほとんどの奴隷は、自由になった時にはいくらかの資本をもっており」、それで商業や産業を始めたのである〔バロウ『ローマ帝国の奴隷制』一〇三頁〕）。中世には、近代的な意味での労働者になることは、親方になり、一人前の大人になるための準備という人生の一段階になった。ただし、中世の雇われ労働は例外で、ドイツの Tagelöhner（ルターの聖書翻訳が言うところの日雇い労働者）やフランスの manoeuvres は、共同体の構成員の居住地の外で生活し、イギリスで「労働貧民（labouring poor）」と呼ばれる貧民と同じ存在だった（ピエール・ブリゾン〔Pierre Brizon〕『労働と労働者の歴史〔*Histoire du travail et des travailleurs*〕』〔Bruxelles: Eglantine, 1926〕四〇頁〔『中世職人史』臼井勝喜代訳、西田書店、一九八六年、四〇頁以下〕。ただし、本書はフランスの事例が中心で、ドイツ、イギリスについての記述はない〕を参照）。さらに、ナポレオン法典より以前のどの法典にも自由な労働についての規定がないことが（W・エンデマン〔Wilhelm Endemann〕『私法における労働の扱い〔*Die Behandlung der Arbeit im Privatrecht*〕』〔Jena: G. Fischer, 1896〕四九、五三頁）、労働者階級の存在が新しいものであることを議論の余地なく明確に示している。
（71）プルードンの死後出版〔一八六六年〕された『財産の理論〔*Théorie de la propriété*〕』二〇九―二一〇頁の「財産とは盗みである」という卓抜した指摘を参照。そこでプルードンは、財産は「利己的で悪魔的な本質」をもちながら、「国家を転覆せずに専制に抵抗する最も有効な手段」だと述べている〔アレントは、プルードン晩年のこの著作に『財産とは何か』〔一八四〇年〕以来の「財産とは盗みである」という主張の修正ないし揺らぎを読み取っている。「この利己的で悪魔的で反抗的な性質のうちに、われわれが国家を転覆することなしに専制に抵抗する最も強力な手段を見出す――ちょうど、われわれがそこに搾取を組織することも自由に制約を課すこともなしに財産を平等化する手段を見出すのと同じように——というのは本当だろうか。〔…〕／それゆえ、所有が保障、自由、正義と秩序の一つの手段になりうるということは、自然が作り出したものを維持する条件、その全体、飼い馴らされていない自己、革命と放蕩の精神を維持する条件なのである。それは、変更する必要のある性向ではなく、その働きなのである。われわれが今考えるべきことは、もはや古代のモラリストのやり方で淫欲の原理と戦うことではない。必要なのは、人間の意識を浄化することだ。樹木がはじめは青く苦い実を結ぶが、それが日光を浴びて金色に輝いて、やがて蜜より甘くなるように。所有にふんだんに光、涼しい風と露を浴びせることによって、美徳の果実から罪の種を取り除くのだ」」。

(72) 自由主義的な経済学者たち（彼らは今、自分たちを保守主義者と称している）は、個人の自由〔liberties〕の保護のためには富の私的所有で十分だ——つまり、私有財産と同じ役割を果たすだろう、という楽観的な見解を述べているが、今日の社会でどうしてそれが正当化できるのか、理解不能だと私は告白せざるをえない。誰もが何かしらの職業をもつ今日の社会では、国家による保護がなければ自由を守ることはできないし、仮に国家が自由を侵害しなくても、今日では社会こそが職務を配分し、個人の所有の分け前を決めるのだから、個人の自由は社会によって絶えず脅かされることになる。

(73) R・W・K・ヒントン〔R. W. K. Hinton〕「チャールズ一世は暴君だったか〔Was Charles I a Tyrant?〕」(*Review of Politics*, Vol. XVIII, January 1956)。

(74) 「資本〔capital〕」という言葉はラテン語の caput〔頭〕から来ており、ローマ法では負債の元金を指すものとして用いられていた。これについては、W・J・アシュレー、前掲書、四二九頁、および四三三頁、注一八三を参照。一八世紀の著作家が、初めて「利潤をもたらすために投資された富」という近代的な意味で用い始めた。

(75) 中世の経済理論は、まだ貨幣の共通分母ならびに価値尺度としての性質を理解しておらず、貨幣を

「消費可能物〔consumptibiles〕」の一つとしていた。

(76)『統治二論』後篇、第二七節〔「役にも立たない」という引用部分は第二八節。「万人に共有物として属するものをこのように〔全人類の同意なしに〕自分のものと主張するのは、窃盗に当たるのであろうか。もし、そうした同意が必要であったとすれば、神が人間に与えた豊かな恵みにもかかわらず、人間は餓死していたことであろう。共有物のある部分を取り、それを自然が置いたままの状態から取り去ることによって所有権が生じるということは、契約によって共有のままになっているわれわれの入会地を見ればわかることであって、そうでなければ、入会地は何の役にも立たない」（加藤節訳、岩波文庫、二〇一〇年、三三七頁）〕。

(77) 数は多くないが、古代の著述家が労働と貧困を賛美したのは、こうした危険に対する懸念からだった（この点については、G・ヘルツォーク＝ハウザー、前掲書を参照）。

(78) 家の内部を表すギリシア語とラテン語 megaron と atrium は、闇や黒という強い含意を帯びている（モムゼン、前掲書、二二一、二三六頁）。

(79) アリストテレス『政治学』一二五四b二五〔前掲訳書、四二頁〕。

(80) 女性の生活を、アリストテレスは ponētikos〔労苦の多いもの〕だと述べていた。『動物の発生について』七七五a三三〔島崎三郎訳『動物発生論』、『アリストテレス全集』第九巻、岩波書店、一九六九年、二七五頁。人間の女にとっては妊娠＝出産の苦しみと労働の労苦は逆の相関にある、とアリストテレスは見ている。「他の動物はその期間の大部分は体の調子が快適であるが、多くの女にとっては妊娠は不快なのである。ところで、このことの原因は生活法にもよるものといえよう。というのは、女たちは坐りがちの生活をしているので、他の動物より多くの過剰物に満ちているからであって、現に女たちが労働のはげしい生活を送っている民族では妊娠してもそれほど目立たず、そこでもどこでも、労働になれている女たちは子を産むのもたやすいのである」〕。女性と奴隷が同類であり、一緒に生活していること、女は家長の妻であっても同等の仲間である自由人の女とは一緒に暮らしておらず、彼らの地位が生まれより「職業」ないし機能によって規定されていたことは、ワロン（前掲書、第一巻、七七頁以下）が的確に示している。彼は「女性と奴隷の地位の混同、家内での職務の共有」について、こう語っている。「家内の生活の日常的な世話をするという点で、女は……奴隷と同じものとみなされていた。いかなる地位にあったにせよ、女にふさわしいのは労働であり、男にふさわしいのは戦争だった」。

（81）一七世紀の工場労働の状態に関しては、ピエール・ブリゾン『労働と労働者の歴史』（4ᵉ éd., 1926）、一八四頁を参照（前掲訳書『中世職人史』第六章、二二一頁以下。「高大なる且つ監視付きの門戸を設けたる高い壁にとり込められて、労働者は兵営内に於けるが如く工場内に集団せしめられた」）。

（82）テルトゥリアヌス、前掲書、三八（前掲訳書、八九頁）。

（83）政治についての見解において、テルトゥリアヌスが恐ろしいほど具体的であるのに対して、アウグスティヌスが非常に穏健である理由も、終末論的な期待とその挫折という経験の相違から一部は説明できるかもしれない。両者ともローマ人で、ローマの政治生活に深く根ざしているのではあるが〔テルトゥリアヌス（一五五—二二〇年）とアウグスティヌス（三五四—四三〇年）の間には、ローマ帝国の崩壊がある。ローマ帝国の崩壊は形式的には四七六年とされるが、西ゴート族のアラリック一世によるローマ劫掠（四一〇年）から実質的な崩壊は始まっていた〕。

（84）『ルカによる福音書』一八・一九。同じ思想は『マタイによる福音書』六・一—一八にも見られる。神に対する敬虔さを大っぴらに示そうとする偽善に対して、イエスは警告する。敬虔は「人に対して現れる」べきものではなく、「隠れて見守られている」神に対してのみ現れる。確かに神は人に「報いる」だろう、だがそれは標準的な聖書翻訳が述べているように「公然と」ではない。この点で、ドイツ語で偽善を意味する Scheinheiligkeit は、この宗教的現象が意味するところを的確に表現している。表に現れるだけで、すでにそれは偽善になるのである〔「公然と（openly）」は、King James Bible およびこれを踏襲したNew King James Versionで用いられている。『マタイによる福音書』六・六：But you, when you pray, go into your room, and when you have shut your door, pray to your Father who is in the secret place; and your Father who sees in secret will reward you openly. なお、Scheinheiligkeit はドイツ語版聖書の訳語として用いられているわけではない」。

(85) この言葉は、プラトンの著作の随所に見られる（とりわけ『ゴルギアス』四八二）（「なぜなら、ねえ君、ここだけの話だけれども、君がいまぼくから聞いていることは、実は哲学が話しているのだからね。しかも、ぼくにとっては、この愛人は、もう一人の愛人よりも、はるかにずっと移り気なところが少ないのだ。というのは、そのいま話したクレイニアスの子のほうは、その時どきで言うことがちがうけれども、哲学のほうは、いつでも同じ話をしてくれるからだ。ところで、その哲学が話していることに、君はいま驚いているのであり、しかも、その話がなされていたあいだは、君自身もその場に居合わせていたのだ。だから、反駁するのなら、哲学を反駁して、さっきも言っていたことだが、不正を行うのが、そして不正を行いながら裁きを受けないのが、ありとあらゆる害悪の中でも一番のひどいものである、ということはないのだと証明してくれたまえ。そうでなくて、もし君がそのことを反駁されないままに残しておくようなことがあれば、エジプト人の神である犬を誓いに立ててもいいが、カリクレスは、ほかならぬ君に同意しないということになるだろうよ、カリクレス。いな、君は一生涯、自分自身と調子が合わずに暮らすことになるだろう。とはいえ、すぐれた人よ、ぼくとしてはこう考えているのだ。よし、ぼくのリュラ琴の調子が合わないで不協和な音をだすとか、ぼくが費用を負担することになる合唱隊がそのありさまであるとか、また、世の大多数の人たちがぼくに同意しないで反対するとしても、そのほうがまだしも、ぼくは一人であるのに、ぼくがぼく自身と不調和であったり、自分に矛盾したことを言うよりも、ましなのだとね」（前掲訳書、一一六—一一七頁））。

(86) 『君主論』第一五章（「しかし、人の実際の生き方と人間いかに生きるべきかということとは、はなはだかけ離れている。だから、人間いかに生きるべきかということのために、現に人の生きている実態を見落としてしまうような者は、自分を保持するどころか、あっというまに破滅を思い知らされるのが落ちである。なぜなら、なにごとにつけても善を行うと広言したがる人は、よからぬ多くの人のあいだにあって破滅せざるをえないものである。ゆえに、自分の身を保持しようとする君主は、よくない人間となりうることを習う必要があり、またこの態度を、時に応じて行使したり、行使しなかったりする必要がある」（前掲訳書、一〇五頁）」。

(87) 同書、第八章〔「それにしても、同郷の市民たちを虐殺したり、味方を裏切ったり、信義も慈悲心も宗教心もないことを力量《ヴィルトゥ》と呼ぶことはできない。こういう手段で支配権を手に入れることはできても、栄光を手に入れることはできない」（前掲訳書、七七頁）〕。

(88) 〔マキアヴェッリ〕『ディスコルシ（ローマ史論）』第三巻第一章〔「聖フランチェスコと聖ドメニコとの力で本来の姿にひきもどされていなかったとしたら、いまごろキリスト教は完全に消滅していたことであろう。この二人の聖人は清貧の力と、キリスト自身の生涯を鑑《かがみ》とすることにより、人々の心のなかでまさに消えかかっていた信仰の火をふたたび燃えあがらせたのであった。そのうえ彼らが設立した新しい教団は厳格で実行力をそなえていたので、聖職者や首長たちのでたらめな生活によってキリスト教が破滅してしまうのを救うことができたのである。というのはこの教団はみずから清貧の生活にあまんじ、さらには人民に対して信仰の告白を行い、説教を続けて大きな信用を博した。そこで一般民衆も、たとえ邪悪なものでも、これを悪いときめつけることは悪しき罪業であり、ひたすらな服従をむねとして生きることこそ正しく、世の悪業の懲罰は神の御手にまかすべきものであることを会得したのである。／こうなるとキリスト教界の指導者たちは、なしうるかぎりの悪業に身を堕《お》としてしまうこととなった。連中は目に見えず信ずることもできないような罰は、いっこうに恐れようとしなかったからである」（『政略論』前掲訳書、四九〇頁）〕。

訳注

＊1　アレントはギリシアのポリスに代表される古典古代の都市共同体をここでは city-state（都市＝国家）と表記しているが、「国家（state）」の概念をポリスにあてはめてよいかどうかは議論の余地がある。

＊2　ドイツ語版では、ヤーコプ・ブルクハルト（一八一八―九七年）の言葉とされている。

＊3　古代ギリシアの「僭主（tyrannis）」は、正統な支配権を簒奪する支配者を指していたが、「暴君」という形で一般化されるとともに、「専制（despot）」ともほぼ同義で用いられるようになる（牧野雅彦『アレント『革命について』を読む』法政大学出版局、二〇一八年、一五一―一五二頁参照）。

＊4　この文脈では、オイコノミアを「家政」と訳すこと自体が矛盾である。政治の領分と家の領分を厳密に区別するという古代ギリシア以来のこの発想が、非西洋、とりわけアジアのわれわれにはなかなか理解し難いことは、言語の用法それ自体のうちに表れている。ついでに言えば、プラトンの『ポリテイア』を『国家』と訳すことも、同様に矛盾である。ただし、アレントがのちに述べるように、プラトンの政治構想が「家政」をモデルにしているという理解に立てば適訳だということになる。

＊5　「プロローグ」でアレントも述べていたように、人間がもし生命を人為的に作り出して、出生＝出産そのものを統御できるようになれば、ここで述べられている男女の分業は人間の条件から外れるようになるだろう。ただし、個体の維持と出生による種の維持という条件は残り続ける（あるいは、この条件も変更されるようになるのだろうか）。

＊6　本書では、jobholder は、決まった職業（われわれの日常語で言う「仕事」）によって生計を立てている人間という意味で用いられている。

＊7　原語は political だが、private との対比なので「公的」とした。ドイツ語版は öffentlichen となっている。

＊8 「親密なもの（intimacy）」（ドイツ語は Intime）は、本文で紹介されるようにルソーのようなロマン主義者たちにとっては心の奥の「内密な」領域であるが、と同時に、ごく親密な少数の人間の間に成立する「親密圏（sphere of intimacy）」を指している。

＊9 原語は tangible. 公共空間に現れる事物は、人々が実際に手にとって見たり聞いたりできる「リアリティ」をもっている。アレントは公的世界のリアルな事物に関して tangible を多用しているが、「手を触れることのできる」、「実体的な」などと訳し分けた。

＊10 原文は tyrannical. ドイツ語版でも tyrannisch が使われている。「暴政」と「専制」がほぼ同義で用いられる点については、前注＊3を参照。

＊11 正確には、「国家の死滅（withering away of the state; Absterben des Staates）」という言葉を用いたのは、マルクスではなく、エンゲルスである。

＊12 ここで言う「分業（division of labor）」は、文字どおり「労働」過程の諸作業・動作の分割を意味している（原注（38）を参照）。したがって、直訳すれば「労働の分割」となるが、アレントの場合、「労働分割」とは別に「分業」が存在するわけではない。「労働の分割」に基づく「分業」に対置されるのは、専門に基づく結合としての「協業」であり、これはマルクスとは正反対の用語法である。

＊13 ウィリアム・ブレイクのロセッティ写本（the Rossetti Manuscript）から「愛を語るなかれ」。

＊14 原文は falling over each other（われ先に争う）だが、ドイツ語版を参考にして、fall over on each other の意味に訳した。

＊15 もちろん、ここで言う「地上における不死」とは、古代ギリシア人などが考える「不死」であって、例えば生命科学や医療技術の発展の先に展望される生命の永続化という意味での「不死」とは異なるばかりか、むしろ対立する。

＊16 『マタイによる福音書』六・三。

〔79〕 第Ⅲ章　労　働

以下の章では、カール・マルクスが批判の対象となる。かつて無数の著述家たちがマルクスの思想や洞察から公然あるいは隠然と拝借した多くの財宝を生活の糧《かて》にしておきながら、今度はちゃっかりと職業的な反マルクス主義者に鞍替えしているこの御時世に、マルクスを批判するというのは遺憾なことではある。その中の一人に至っては、数世代にわたる著述家たちがマルクスに生活を「支えて」もらっていたことなどすっかり忘れて、マルクスが自分の食い扶持《ぶち》さえ稼げなかったことを発見して得意になる、という具合である。そうした状況であえてマルクスを批判するという厄介な課題に直面して、かつてバンジャマン・コンスタンがルソーを攻撃せざるをえない仕儀に至った時に述べた言葉を、ここで想起しておきたい。"J'éviterai certes de me joindre aux détracteurs d'un grand homme. Quand le hasard fait qu'en apparence je me rencontre avec eux sur un seul point, je suis en défiance de moi-même; et pour me consoler de paraître un instant de leur avis ... j'ai besoin de désavouer et de flétrir, autant qu'il est en moi, ces prétendus auxiliaires" (「なるほど、私は偉大な人物を中傷するような輩《やから》の仲間にはなりたくない。たまたま、ある一点において彼らと意見が合う場合には自分が間違っているのではないかと疑うし、彼らと同じ意見を抱いてしまったことをみずから慰めるために……そのような偽りの友は否定し、できるだけ遠ざけねばならないと思う(1)」)。

11 「わが肉体の労働とわが手の仕事(2)」

本書で私が提起している労働と仕事の区別は、ふつうには認められていない。確かに、この区別の証拠となるような現象はあまりに顕著なので無視することはできないが、[80] 歴史的には前近代の政治思想の伝統においても、数多くの近代の労働理論においても、この区別を支持する議論はほとんど見られないのが実情だ。時折そうした区別について指摘がなされたとしても、理論として十分に展開されていないのである。このように歴史的な証拠には乏しいが、私の議論を支持してくれる明白な事実が一つ存在する。すなわち、すべてのヨーロッパの言語には、古代においても、近代においても、今日われわれが同じ活動と考えているものについて異なる語源をもつ二つの系列の言葉があり、同義語として用いられながらも、そのまま二つの言葉として残っている、という事実である(3)。

例えば、ロックが仕事をする手と労働する肉体を区別したのも、古代ギリシア以来の区別の名残りという側面がある。ギリシアでは cheirotechnēs、つまりドイツ語の Handwerker にあたる職人と、「奴隷や家畜のように肉体をもって生活の必要に仕える(4)」者たち、ギリシア語で言えば tō sōmati ergazesthai、自分の肉体をもって働く者とが区別されていた(もっとも、ponein〔労働〕ではなく ergazesthai〔仕事〕という言葉が用いられているように、ここではすでに労働と仕事は同一のものとして扱われている）。ただし、言語学的には、最も重要な一つの点において、近代における二つの同義語の用法は古代のそれと一致していない。すなわち、二つの活動を表す動詞に対応する名詞の形成においてである。この点でも近代語の用法はどこでもまったく同じで、「労働〔labor〕」という言葉は名詞としても使われるけれども、それは労働の結果としての最終生産物を示すものではなく、労働という過程を表す動詞的名詞〔verbal noun〕の段階にとどまっていて、分類としては動名詞〔gerund〕に属している。それに対して生産物を表す言葉はどの言語でも仕事に対応する動詞から来ていて、〔81〕近代における現実の発展につれて、むしろ「仕事〔work〕」の動詞形のほうが今日では用いられなくなっているのである(5)。

労働と仕事のこの区別が、なぜ古代には見逃され、その意義が十分に検討されないままになったのか、その理由は明白であるように思われる。労働に対する軽蔑は、もともとは必然性からの自由に対する情熱的な希求に基づいていた。あとに何の痕跡も残さないような営み、記念碑も、記憶されるべき偉大な作品も残らないような虚しい努力に対する嫌悪がそこにはあった。ポリスの政治生活がますます時間を必要とするようになり、政治以外の活動は控える（skholē）よう市民に要求するとともに、労働に対する軽蔑は、およそ労力を必要とするあらゆる活動に広がっていったのである。都市国家が完全に発展するまでの初期の政治的慣習においては、奴隷とデミウルゴイ〔dēmiourgoi〕は区別されていた。戦争で負けた敵で奴隷となった者（dmōes あるいは douloi）は、他の戦利品とともに勝者の家に運ばれて、家内居住者（oiketai あるいは familiares）として自分自身と主人の生命の必要のために奴隷として働くことになる。これに対してデミウルゴイは都市人民の職人一般を指していて、彼らは家の外にあって公的な領域の内部を自由に動きまわることのできる存在であった(6)。のちの時代になると、これらの職人の名前も変化した。ソロンはまだ彼らをアテナとヘパイストスの息子と呼んでいたが、やがて彼らはバナウゾイ〔banausoi〕、すなわち、広場*1で営まれる公共の事柄よりは自分たちの技巧のほうに関心を向ける者たちと呼ばれるようになる。ポリスが職業をそれが要求する労力の量に従って分類するようになったのは、ようやく紀元前五世紀後半になってからである。アリストテレスは〔82〕「肉体を壊してしまう」ような職業は最も卑しいものだと述べた。彼はバナウゾイを市民とは認めなかったが、羊飼いや画家は受け入れただろう（ただし、農夫と彫刻家は別である(7)）。

　のちに述べるように、ギリシア人は労働に対する軽蔑とは別に、職人、より正確に言えば「工作人〔homo faber〕」の気質に不信感を抱いていた。しかしながら、この不信が一時期のことにすぎなかったのに対して、総じて古代における人間の活動に対する評価は、〔83〕労働を賛美したとされるヘシオドス(8)も含めて、必要に迫られて行われるわが肉体の労働は奴隷的だ、という信念に基づいていたのである。それ以来、直接に労働に携わらない職業であっても、自分のためではなく生活の必要のためになされるものは労働に等しいものとみなされるようになった。職業の評価や分類の仕方が時代や場所によって異なるのは、そのためである。古代において労働や仕事が軽蔑されたのは奴隷だけが携わる営みだったからだ、というのは近代の歴史家の偏見である。古代人の考えは逆で、およそ生命の維持に仕えるあらゆる職業は奴隷的な性格のものだったからこそ、彼らは〔そうした営みを軽蔑して〕奴隷を所有したのである。(9) 奴隷という制度が擁護され、正当化されたのは、まさにそうした理由からだった。労働することは必要性の奴隷になることを意味し、〔84〕この隷属は人間の生の条件に固有のものなのである。人間は生命の必然性に支配されているからこそ、必然性に服従する者を強制力によって支配して、ようやく自由を勝ち取ることができる。奴隷に転落することは、運命の一撃であって、死よりも恐れるべき運命を意味した。それは人間を家畜のようなものに変身させてしまう。(10) それゆえ、主人が奴隷を解放したり、政治的状況が変わったために特定の職業が公的な意義を獲得したりすることで奴隷としての地位に変化が起これば、彼がもっていた奴隷的な「性質」も解消されるのである。(11)

のちの時代になると事情は変わるけれども、もともと古代の奴隷制は安価な労働力を調達するための仕組みでも搾取によって利潤を獲得する道具でもなく、人間生活の条件から労働を排除しようとする試みだった。人間が他の動物と共有しているような生活様式は、人間的なものとは言い難い（これが、奴隷は人間ではないとギリシア人が考えた理由であって、しばしば誤解されているように奴隷を人間以下の存在だと考えたからではない。アリストテレスは、奴隷に関するギリシア人の見方を明確に述べた人物だが、死の間際には自分の奴隷を解放した。近代人が考えるようにアリストテレスの立場が首尾一貫していなかったわけではない。アリストテレスは、奴隷が人間としての能力を有していることを否定しなかった。ただ、人類の種族の一員であっても、必然性に完全に支配されているようなものを「人間」と呼ぶことを拒否しただけである[12]。そしてまた「理性的動物〔animal rationale〕」という用語が「動物」という言葉の意味からして大いに疑問であるのに対して、「労働する動物〔animal laborans〕」という概念における「動物」という言葉の使用はまったく正当なものである。「労働する動物」というのは、この地上に住んでいる動物種族の一つ、たかだかその最高の種族にすぎないからである。

〔85〕古典古代において、労働と仕事の区別が無視されたことは驚くにあたらない。私的な家の領域と公的・政治的な領域との区別、奴隷である家族と市民である家長との区別、私生活のうちに隠しておくべき活動と公的な場で見られ、聞かれ、記憶されるべき活動との区別、こうした区別が他のすべての区別の上に影を落とし、あらかじめ方向づけてしまった結果、多くの時間と労力を費やすべきなのは私的領域か公的領域か、その職業を動機づけているのは「私的な事業への配慮〔cura privati negotii〕」か「公的な事業への配慮〔cura rei publicae〕」か、というただ一つの基準しか残らなかったからである[13]。もとよりこの区別は少なくとも活動相互の間の差異を認めていたが、政治理論の興隆とともに哲学が観照をあらゆる活動に対置することで、それらの区別はすべて排除されてしまった。それとともに、政治的な活動でさえ必然性に従う活動に格下げされ、それ以降は必然性が「活動的生活〔vita activa〕」の内部のあらゆる活動の共通分母となるのである。キリスト教の政治思想も、こ

の点に関してはまったく同様で、〔活動相互の区別に関しては〕何ら手がかりになるものを示していない。というのも、キリスト教は〔観照と活動の対置という〕哲学者の区別を受け入れ、さらに精緻な議論を展開したからである。哲学が少数の者のためにあるとすれば、多数の者の救済を求める宗教は、この区別を普遍的に妥当するもの、すべての者を拘束するものに仕立て上げたのだ。

しかしながら、一見して驚くのは、近代がこれらすべての伝統、観照と活動の伝統的地位だけでなく「活動的生活」の内部の序列を転倒して、労働をあらゆる価値の源泉として賛美し、「労働する動物」を伝統的に「理性的動物」が占めていた地位にまで引き上げたにもかかわらず、「労働する動物」と「工作人」、「わが肉体の労働とわが手の仕事」を明確に区別する理論を一つも生み出さなかったことである。その代わりにまず現れたのは生産的労働と非生産的労働の区別であり、しばらくあとには熟練作業と未熟練作業の区別が現れ、そして最後にはすべての活動が肉体労働と精神労働に二分されるようになった。この最後の区別は、より基本的なものに見えるため、それ以前の二つの区別を退けてしまったが、問題の核心に触れているのは生産的労働と非生産的労働の区別だけである。この問題における最大の理論家であるアダム・スミスとカール・マルクスの理論全体がこの区別に依拠しているのは偶然ではない。〔86〕近代になって労働が高く評価された理由は、まさにその「生産力」にあった。人間を作ったのは労働であって（神ではない）、人間を動物と区別するのは（理性ではなく）労働である、というマルクスの議論は、人間を造った神を冒瀆するものと思われるかもしれないが、これは近代という時代がすでに認めていたことを、より根本的かつ一貫して定式化しただけなのである。(14)

しかも、その上、スミスもマルクスも、非生産的労働を寄生的なものとして軽蔑する近代の世論に完全に同意していた。非生産的労働というのは実際には一種の倒錯であって、本来世界を豊穣にする労働という言葉に値しない、というのである。スミスは「召使い」を「怠惰な客人のように……飲み食いして、さんざん消費した挙げ句、あとには何も残さない」と軽蔑していたが(15)、マルクスももちろんそうした軽蔑を共有していた。だが、まさにこの召使い、家の内部で家政に携わる oiketai や familiares として、単なる生存のために労働し、生産というよりも何の苦労もない消費のみを求める者たちの労働こそ、[87] 近代以前のあらゆる時代に奴隷の労働と同一視されていたのである。彼らがその消費のあとに残したのは、彼らの主人の自由、近代的に言えば、主人の潜在的な生産力にほかならなかった。

言い換えれば、生産的労働と非生産的労働の区別には、偏見をともなう形ではあれ、仕事と労働という、より根本的な区別が含まれているのである(16)。事実、あとに何も残さないというのは、すべての労働の特徴である。労働過程において労働力が費やされるのとほとんど同じ速さで、労働の成果も消費されてしまう。だが、それ自体は何も生み出さないにもかかわらず、そうした労力は生命の必要性から生まれてくるのであり、何ものにもまして人を駆り立てる力をもっている。生命の存続はひとえにその努力にかかっているからである。総じて近代という時代、中でも特にマルクスは、西洋人の実現した予想以上の生産力にいわば圧倒されてしまったので、あらゆる労働を仕事の観点から見るという誘惑に抗することができなかった。マルクスが「労働する動物」について語る場合も、そこにはむしろ「工作人」にふさわしい内容が込められていた。そうすることで、マルクスは、あと一歩前進すれば人類は労働と必然性を完全に除去できる、と期待していたのである。(17)

現実の歴史的発展は労働を隠れた場所から公的領域に引き出したが、〔88〕そこで労働は組織され、「分割される」ことができる。(18)これが、マルクスをはじめとする近代の労働理論を支持する有力な根拠となった。だが、この点でさらに重要な事実、すでに古典経済学者たちが気づいていて、マルクスが明確な形で見出して提示した事実は、労働という活動が、歴史的環境の如何、私的領域か公的領域かという活動場所の如何を問わず、それ自体として「生産力〔productivity〕」をもっている、という事実だった。この生産力は、その生産物がどんなに不毛で耐久性のないものであっても、変わるところはない。生産力は、労働の生産物がもつ属性ではなく、人間がもっている「力〔power〕」なのである。人間には、自分の肉体の維持と生存のために必要な手段を生産しても消耗して尽きてしまわない力、自分自身の「再生産〔reproduction〕」に必要なもの以上の「剰余〔surplus〕」を生み出すことのできる力量〔strength〕がそなわっている。*2 労働それ自体ではなく、「労働力」(Arbeits*kraft*)の余剰から労働の生産力を説明する。この労働力という概念の導入こそ、エンゲルスがいみじくも述べたように、マルクスの思想体系の最も独創的で革命的な要素をなしているのである。(19)新たなものを人間の工作物に付け加える仕事の生産力と違って、労働力が物を生み出すのは副次的なことであり、その主要な関心は自分自身の再生産にある。労働力は、その再生産が保証されればそれで尽きてしまうのではなく、個体の生命過程以上のものを再生産できる。ただし、生命以外のものは「生産」できない。(20) したがって、奴隷制社会における暴力的な抑圧によってであれ、マルクスの時代の資本制における搾取を通じてであれ、すべての人間の生命を何人かの労働によって維持することは可能なのである。

純粋に社会という観点からするこうした見方は、およそ近代という時代に特徴的なものの見方だが、[89] それを首尾一貫して最大限に表現したのが、マルクスの著作である。そうした見方からすれば、あらゆる労働は「生産的〔productive〕」ということになり、それ以前になされていたような、何の痕跡も残さない「召使いの仕事」と蓄積できるような耐久性をそなえた事物の生産との区別は有効性を喪失する。すでに述べたように、社会の観点というのは、人類の生命過程以外のものはいっさい考慮せずに、すべてのものを消費の対象という基準に照らして説明するようなものの見方のことである。マルクスの言う完全に「社会化された人間」にとっての唯一の目的は、生命過程への配慮になるだろう。不幸なことに、これはマルクスの理論を導いた、まったく非ユートピア的な理想なのだ。(21)「社会化された人間」が実現すれば、労働と仕事の区別は完全に消滅するだろう。すべての仕事は労働となる。あらゆる事物は、その客観的な世界としての性質によってではなく、生きた労働力がもたらした結果として、つまり生命過程の機能として理解されるからである。(22)

熟練労働と未熟練労働、精神労働と肉体労働という区別が古典経済学においてもマルクスの著作においても何の役割も果たしていないことは興味深い。〔90〕事実、労働の生産性と比べれば、それらは二次的な意味しかもたない。およそあらゆる活動は一定の熟練を必要とするという点では、清掃や料理も、書物の執筆や家屋の建設と何ら変わるところはない。熟練と未熟練の区別は、異なる活動の間にではなく、それぞれの活動の段階や質の相違にしか適用できないのである。近代的な分業においては、かつては若くて経験のない者の担当だった作業が固定化されて一生の仕事になるので、そうした区別もある程度の意義をもつかもしれない。だが、分業は一つの活動を細分化し、最小限の熟練しか必要としない部分作業に特化するので、全体として見れば、熟練労働そのものを廃止する傾向がある。マルクスが正しく予測したように、である。その結果、労働市場で売買されるのは、個人の技能ではなく「労働力」、どんな人間でもおおよそ等しい量を有する力能ということになる。しかも、その上、熟練か未熟練かという区別は労働という活動についてのみ有効なもので、「未熟練な仕事〔unskilled work〕」というのは用語として矛盾している。熟練・未熟練という区別を主要な基準にすること自体が、すでに仕事と労働の区別そのものが廃止され、すべてが労働として一括されていることを示しているのである。

肉体労働と精神労働という[*3]、さらに広く用いられているカテゴリーの場合は事情が異なる。手を用いる作業と頭脳を用いる作業の共通点はここでも労働過程であり、一方は頭脳によって遂行され、他方は肉体の他の部分によって遂行される。思考は、おそらく頭脳の活動だが、生命そのものとともに終わる過程であるという点で労働に似ているし、労働よりさらにその「生産性」は低い。労働は永続する痕跡を残さないが、思考は手を触れることのできるようなものすら残さない。思考それ自体は、何かの対象に物質化されることはない。精神労働者が自分の考えていることを明らかにするには、他の仕事と同じように、まず手を用いて、技能に習熟しなければならない。言い換えれば、思考と仕事は別々の活動であって、同時並行的に行うことはできないのである。思考する人間が自分の思想の「内容」を世界に知らせるには、まず思考を停止して、自分の思考したことを思い出さなければならない。ここでは、想起という営みは、他の多くの場合と同じく、手を触れることのできないもの、不毛なものを最終的に物質化するための準備である。仕事の過程は、こうした段階から始まる。職人が自分の仕事の導きとなるモデルを思い浮かべる時のように、〔91〕それは最も非物質的な段階である。だが、仕事はいつでも対象となる材料を必要とする。この材料は、制作という「工作人」の活動を通じて、世界を構成する対象物となる。いわゆる精神労働が「仕事」としての特質をもっていることは、それが他のどんな仕事にも劣らず「わが手の仕事」であるところから来ているのである。

精神労働と肉体労働という近代の区別の根拠として「自由人の学芸〔liberal arts〕」と「奴隷の技芸〔servile arts〕」という古代の区別を持ち出すのは、一見もっともらしく見えるし、事実しばしばなされる議論だが、自由人の学芸と奴隷の技芸を区別する基準は「高度の知性」の有無とはまったく関係がないし、「自由な学芸」は頭脳を用いて「卑賤な職人」は手を使うということでもない。古代における区別の基準は、まず第一に政治的なところにあった。prudentia〔賢慮〕というのは政治家の徳である賢明な判断能力のことだが、そうした賢慮を必要とする職業、そして建築や医療、農業[23]のように公的な意義をもつ専門職(ad hominum utilitatem)[24]が自由人の職業なのである。およそ生計のために行われる生業《なりわい》〔trade〕は、それが書記であっても、大工と同じく「卑賤」であり、一人前の市民にはふさわしからぬものだった。中でも最悪のものとされていたのは「魚屋、肉屋、料理人、鳥屋、漁師[25]」といった、今日であれば最も役に立つと考えられている人々である。だが、これらの職種でさえ、まだ必ずしも純粋な労働とは言えない。ひたすら労苦と骨折りしかもたらさない第三の部類がある(opusと区別されるoperae、つまり作品を生み出す仕事とは区別される純然たる活動である)。[92]この場合には「賃金こそが奴隷の徴なのである[26]」。

肉体労働と精神労働の区別の起源は、中世にまで遡ることができるが[27]、本質的には近代に属している。そこには、二つの原因、互いにまったく異なるが、ともに近代という時代の一般的風潮の特性を示す原因があった。まず第一に、近代の条件のもとでは、あらゆる職業は社会全体にとって「有用」であることを証明しなければならないし、近代の労働賛美の風潮のために知的な職業の有用性はますます疑わしくなってきたので、知識人層もまた自分たちを労働者の仲間に入れてもらいたいと考えるようになるのは自然なことだった。しかしながら、それと同時に、この第一の発展とは一見矛盾するようだが、社会にとって一定の「知的」な業務の必要性と評価が、ローマ帝国の衰退以来、かつてないほど高まってきたのである。古代を通じて、書記という「知的」な役務は、奉仕するのが公的領域か私的領域かに関わりなく奴隷によって担われており、それに応じた評価をされてきたことを、ここで想起しておくべきだろう。ローマ帝国が官僚制化し、それと同時に皇帝の社会的・政治的地位が上昇して初めて、「知的」な役務の再評価がなされるようになったのである。(28)〔93〕確かに知識人の役割は「仕事人〔worker〕」ではない——仕事人というのは、取るに足らない職人から偉大な芸術家に至るまで、人間の作り出したものに、さらに何かの事物、できれば持続するような事物を付け加える仕事に携わる者のことである。その意味では、知識人はアダム・スミスの言う「召使い」にいちばん近いと言えるだろう。ただし、彼らの果たす役割は、召使いのように生命過程の維持や生命の再生産のために必要なものを供給することではなく、巨大な官僚機構の維持に気を配ることである。そして、この機構の作動過程は、あたかも有機的生命過程のように容赦なく彼らの知識人のサーヴィスを消費し、彼らの生産物を貪《むさぼ》り尽くしてしまうのである。(29)

12 世界の物的性格

古代の理論における労働の軽蔑と近代の理論における労働の賛美は、いずれも労働者の主観的態度や主体的な活動を基準にするという点で共通している。古代では、労働にともなう労苦に不信の目が向けられ、近代では労働の生産性が賛美されたのである。軽微な労働と重い労働を区別する場合を考えれば、こうした議論の主観的性格は、より明白になるだろう。

だが、少なくともマルクスの場合に、この区別は何の役割も果たしていない。マルクスは近代最大の労働理論家であり、この問題についての一種の試金石だが、マルクスにとって労働の生産性は自分自身の再生産という生命過程の要請に従って測定される。人間の労働力の特質は、自己の再生産に必要なものを越えた剰余を生み出す潜在的な力にあるのであって、それが生み出した事物の質や性質にはない。この点は古代ギリシア人にとっても同様で、画家が彫刻家より高い地位に置かれるのは、絵画が彫刻より高く評価されたからではない。(30) [94] 労働と仕事の区別は、今日の理論家たちが一貫して無視しているにもかかわらず、われわれの使用している言語に根強く残っているが、もし生産された事物の世界としての性質——つまり、その置かれた場所、機能、持続する程度——を考慮に入れなければ、この区別は程度の差にすぎないものとなるだろう。「平均寿命」がせいぜい一日止まりのパンと、数世代にわたって存続するであろうテーブルとの違いは、パン屋と大工の違いより、はるかに明白かつ決定的であることは確かである。

したがって、われわれが本章の最初に指摘した〔労働と仕事の区別をめぐる〕言語と理論の間の奇妙な食い違いは、世界に準拠する「客観的」な言語〔language〕と、人間に準拠する主観的理論との違いに帰着する。前者はわれわれが世界の中で実際に用いている言語であり、後者はわれわれがその世界を理解しようとする時に用いる理論である。「活動的生活〔vita activa〕」が営まれる世界の事物は〔労働とは〕まったく種類の異なる活動によって生み出された、およそ性質の異なるものだということを教えてくれるのは、理論ではなく言語のほうなのである。世界という観点から見れば、その継続性と耐久性を保証するのは、仕事の産物であって、労働の産物ではない。永続性と耐久性がなければ、世界はまったく存在できないだろう。耐久性がある事物の世界の中で、初めてわれわれは自分自身の生命を維持するための消費財を手に入れることができる。われわれが肉体的な欲求を充足するために労働によって生産する消費財そのものは、持続性をもたない。消費財が絶えず現れては消えていくのは、それ自体は消費されない事物に取り巻かれた環境世界においてであって、それらの事物を使用することで、われわれはこの世界に慣れ親しんでいくのである。使用される事物は、そのようにして人と人との間、人と事物との間の交わりの習慣を形成することで、世界をわれわれに親しいものにしていく。消費財が人間の生命に対応するとすれば、使用対象物は人間の世界に対応する。使用のための対象物とその世界から、消費財は事物としての性質を獲得するのである。すでに述べたように、西洋の言語では、労働は単なる動詞的名詞にとどまらない名詞としての堅固な形を与えられていない。このことが如実に示しているように、もし「わが手の仕事〔作品〕」がなければ、そもそもわれわれは物とは何であるかを理解できなかっただろう。

最後に、消費財でも使用対象でもないものとして、〔95〕行為と言論の「生産物」がある。人々が行う行為と言論が絡み合って人間関係や人間的な事象をあたかも織物のように織りなしていくが、この織物は他の事物のように手で触れることのできるような実体的な性質をもっていないばかりか、消費のために作られた物より持続性に欠けるという意味では空虚である。行為と言論が織りなす人間関係のリアリティは、人間の複数性、いつでもそれを見たり聞いたりする他人がそこにいて、その存在を証明してくれることに、まったく依存しているのである。ただし、行為と言論は、やはり人間の生を外に示す活動であるという点で、労働や仕事と共通点をもっている。人間の生が行う活動の中でただ一つ、さまざまな形で外部の世界と関係しているが、現実的〔real〕であるために、世界の中で自己を明らかにする必要も、見られたり聞かれたりする必要も、使用されたり消費されたりする必要もない活動がある。思考という活動が、それである。

しかしながら、世界という観点から見れば、行為や言論と思考とは、それぞれが仕事や労働と共有している以上に多くの共通点をもっている。行為と言論と思考は、それ自体としては何も「生産」せず、あとには何も残さない、生命そのものと同じように不毛な活動である。行為やそれがもたらした事実、出来事、そして思考や観念の様式が世界を構成する事物になるためには、それらがまず見られたり聞かれたりして記憶され、さらに変形されて、いわば物化されることで、詩の文言、書かれた頁や印刷された書物、絵画や彫刻、あらゆる種類の記録、文書、記念碑という物に転化しなければならない。人間的な事象の事実の世界は、そのリアリティと持続的な存在を、まず第一に見たり聞いたりしてそれを記憶する他人がいること、第二にはこれらの手を触れることのできないものを触知できる事物に変形することに依存しているのである。記憶されなければ、そして実際に記憶するために必要な物への転化がなければ、生きた活動としての行為、言論、そして思考は、その過程が終わるとリアリティを失い、はじめから存在しなかったかのように消滅してしまうだろう。だから、ギリシア人は記憶にとどめることを、あらゆる芸術の母だと考えたのである。この世界にとどまり続けるために、これらの生きた活動は物化の過程をくぐり抜けなければならない。そうすることで、ひとときの間だけ「生きた精神」として存在していた何ものかが、そこから生まれてきた「死んだ文字」に取って代わられるのである。〔一度死ぬという〕犠牲を払わなければならないのは、行為や言論や思考が世界の構成要素たる性質をそなえていないからだ。それゆえ、これらの活動は、まったく違った性質の活動の助力を必要とする。これらの活動にリアリティを与えて物化するには、他の人工の事物を建設するのと同じ仕事の技能が必要になるのである。

人間の世界のリアリティと信頼性は、[96] それを作り出した活動より長く持続する事物、潜在的には作り手の生命よりも永続しうるような事物にわれわれが取り囲まれているという事実に、まず第一に依存している。人間の生というものが世界を形成する営みであるかぎり、それは絶えざる物化の過程であり、そこで生み出された事物の総体としての工作物が世界の構成物としての性質をもつかどうかは、世界の中でどれだけ永続性をもつか、その程度にかかっているのである。

13　労働と生

世界の中でどれだけの永続性をもつかという点から見れば、実体をもった事物の中で最も耐久性が低いのが、生命過程に必要とされる消費財である。消費は、それを生産する活動ほど長続きしない。ロックの言葉で言えば、「生存の必要」という「本当に人間の生活にとって有用」な「よきもの〔good things〕」は「一般的に長持ちせず――使用されて消耗するのでなければ――ひとりでに朽ち果てたり消滅したりしてしまう」[31]。しばらくの間この世界にとどまったあと、それらは人間という動物種の生命過程に吸収されるか、腐敗することで、自然の循環過程に引き戻されるのである。人間によって具体的な形を与えられることで、それらは人間が作った事物の世界の片隅に束の間の居場所を見出すが、世界の他の部分よりも素早く消滅する。世界を構成する事物という観点から見れば、それらは最も世界としての性格が薄いが、あらゆる事物の中で最も自然なものである。消費財は、人間によって作られた事物ではあるが、絶えず繰り返される自然の循環運動に従って現れては消え、生産されては消費される。生命有機体の活動もまた一つの循環運動であって、人間の肉体も例外ではない。みずからのうちに浸透し、生かしてくれる自然の過程に抵抗できるかぎりにおいて、生命有機体はその循環運動を繰り返す。生命というのは、死してただの物質になるまでは、至る所で耐久性を使い果たし、消耗させて、消滅させる一つの過程である。[*4] 小さな生命の循環過程の結果としての死せる物体は、すべてを包括する巨大な自然の循環過程に帰っていく。そこには始まりも終わりもない。あらゆる自然の事物が、変わることも死ぬこともない反復の中で揺れ動いているのである。

自然にも、命あるすべてのものを巻き込む自然の循環運動の中にも、われわれが考えるような生や死は存在しない。人間の出生と死は、単なる自然の出来事ではなく、〔97〕唯一無二で取り替えのきかない、二度と繰り返すことのない個体としての個人が登場しては去っていく世界と関わっている。絶え間なく運動する世界ではなく、耐久性をもち、持続する世界があって初めて、人間はそこに現れては消えていくことができる。世界は、個人が現れる以前に存在し、彼がそこを去ったあとにも存続する。人間が生まれ、死んで去っていく世界がなければ、そこにはただ変わることのない永遠の循環しかない。人間は、他の動物と同じく、種としての生を永遠に生きることになるだろう。ニーチェは「永遠回帰」（*ewige Wiederkehr*）をあらゆる存在の最高の原理として肯定したが、そうした結論に到達しない生の哲学は、自分が何を言っているのか分かっていないのである。

しかしながら、もし「生」という言葉が世界との関係において、出生から死に至るまでの人生という期間を指して用いられる場合には、まったく異なる意味をもつようになる。その場合、生は始まりと終わり、この世界への登場と退場という二つの決定的な出来事に区切られて、完全に直線的な径路をたどる。もちろん、その運動の原動力は生物学的な生命であり、他の生物と同様に、自然の循環運動にどこまでも従いはするのだが。この人間に特有の生、その登場と退場が世界における出来事となる人間の生の主要な特徴は、物語としてしか語れない出来事に満ち満ちていて、一個の伝記を形作っている、ということである。アリストテレスが「ともあれ一種の実践〔praxis〕である」(32)と述べたのは、生物学的な単なる「生命〔zōē〕」とは区別された「生〔bios〕」だった。すでに述べたように、政治についてのギリシア人の理解において行為と言論は密接に結びついているが、実際この二つの活動の最終的な結果は、一つ一つの出来事とその因果関係がどんなに偶然的で脈絡がないように見えたとしても、首尾一貫した筋をもつ物語として語ることができるのである。

自然の循環過程が成長や衰退の過程のように見えるのは、人間の世界の中だけのことだ。出生や死と同様に、成長や衰退も、厳密に言えば自然の出来事ではない。総体としての自然が永久に繰り返す循環運動は止まることも消耗することもなく、したがってそこには成長も衰退もありえない。人間が作った世界に入り込んだ時にのみ、自然の過程が［98］成長や衰退という性質を帯びて現れるのである。われわれが自然の産物である特定の樹木や犬を、この木だとか、この犬という形で個体として考えるとき、それらはすでに「自然」の環境から切り離され、人間の世界に取り込まれて、成長や衰退を始めている。自然は、人間存在そのもののうちにも肉体的機能の運動を通してその存在を主張するし、人工の世界の中でも過剰な成長や衰退という形で絶えず脅威を与えている。人間の内部の生物学的過程と世界における成長と衰退の過程は、ともに自然の循環運動の一部をなして無限に繰り返すという点で共通している。この過程に対処するための活動は自然の循環に拘束されていて、そこには始まりも終わりもない。仕事〔*working*〕は目的となる対象が完成して、物の共通世界に加われば終わりとなる。それに対して、労働〔*laboring*〕は常に生命有機体の生物学的過程によって決められた円環の中を動いていて、有機体の死によって初めて、その「労苦と困難」は終わるのである(33)。

マルクスが労働を「人間と自然の物質代謝」と定義し、〔99〕そこでは「自然の素材は形態変化によって人間の欲求に適応し」、「労働はその主体〔subject〕と一体化する」*5と述べたとき、彼は明らかに「生理学的に語って」おり、労働と消費は生物学的生命の永遠に回帰する循環の二つの段階であることを示したのである(34)。この循環は消費によって維持されていて、消費のための手段を提供するのが労働である(35)。およそ労働が生産するものは、ほとんどそのまま人間の生命過程に組み入れられて消費され、この消費は生命過程を再生して、肉体を維持していくのに必要な新たな「労働力」を生産──というより再生産する(36)。〔100〕生命過程そのもののもつ緊急性、ロックの言う「生存の必要」という観点から見れば、労働と消費は密接に結びついていて、終わることなく繰り返される一つの運動をなしている。「生存の必要」は、労働と消費という二つの過程を支配している。労働が自然の提供する物を「集めて」肉体と「混ぜ合わせて」自然と合体するとき(37)、それは肉体が食料を消費する時に、より直接に行っているのと同じ活動をしているのだ。労働と消費は、ともに物質を捉えて解体し、これを貪《むさぼ》り尽くす過程である。労働が素材に対して行う「仕事」とは、物質を最終的に解体するための準備にすぎない。

もちろん、労働のこの破壊的側面、すべてを貪り尽くしてしまうという性質は、世界の側から見た場合のものである。その点で、仕事は、労働とは違って、物質を自分のうちに取り込んで合体するために準備するのではなく、最終生産物として使用するための材料に変換して加工する。だが、自然の立場からすれば、破壊的なのは労働より仕事のほうである。仕事の過程では、物質は自然の手から取り出されたまま、再び生きた身体の自然の物質代謝にすぐ戻されることはないからである。

労働には、同じく自然の循環運動に拘束されてはいるが、それほど切実に「人間生活の条件[38]」そのものによって要求されていない第二の課題がある。それは、自然の成長と衰退の過程に抗して人間の工作物を守るという、終わりなき戦いのことだ。自然は人間が作り上げた事物の世界に侵入して、その耐久性を脅かし、人間が使用できないようにしてしまう。自然の過程に抗して世界を保護し、維持するという営みは、毎日の雑事を単調に繰り返すという労苦をともなう作業の一つである。労働の行うこの戦いは、肉体の欲求にただちに応じて労働が遂行する本質的に平和的な営みとは区別されるし、自然と人間の直接的な物質代謝よりさらに「生産性」は低いかもしれないが、〔101〕自然に対抗して世界を守るという意味において、世界との関係はより密接である。昔話や神話では、しばしばこの戦いが圧倒的な困難に立ち向かう英雄の偉業として語られている。例えば、ギリシア神話のヘラクレスがアウゲイアスの家畜小屋を一日で清掃したことは、彼の一二の英雄的「労働」の一つとされる。*6 中世においても、労働という言葉―― labor, travail, arebeit《〔ママ〕》 ――には、大いなる力と勇気を必要とし、闘争精神をもって行われる英雄的功績という意味合いが含まれていた。しかしながら、世界を清潔に保って腐敗を防ぐために人間がその肉体をもって行う日々の戦いには、英雄の偉業と似たところはほとんどない。昨日傷んだところを補修して日々新しくするという作業に必要なのは、忍耐であって、勇気ではないのだ。それが苦痛なのは、危険だからではなく、情け容赦なく繰り返されるからである。ヘラクレスの「労働」は他のあらゆる偉業と同じく唯一無二のものだが、残念なことに、一度の努力で掃除がなされれば綺麗なままであり続けるのは、神話上のアウゲイアスの家畜小屋だけなのである。

14　労働と生命の繁殖力

労働が最も蔑《さげす》まれた最低の地位から突然上昇し、あらゆる人間活動の中で最高の地位へと目覚ましい出世を遂げたのは、労働こそすべての財産の源泉である、というジョン・ロックの発見に端を発している。続いてアダム・スミスが労働をすべての富の源泉だと主張し、マルクスが「労働の体系[39]」で労働をあらゆる生産力の源泉であり、人間の人間たる所以であると説くに至って、そうした傾向は頂点に達した。この三人のうち、労働そのものに関心を抱いていたのはマルクスだけだ。ロックの関心は社会の基礎としての私有財産制度にあったし、スミスが望んだのは富の無限の蓄積の原因を解き明かして、その順調な進行を保証することだった。いずれにせよ、世界を建設する人間の最高の能力こそ労働だと考える点では、三人とも共通していた。だが、実際には労働は最も自然に近く、世界とは最も疎遠な活動なので、彼ら三人の理論は正真正銘の矛盾を抱えることになったのである。労働の特質を最も首尾一貫して強力に主張したマルクスの場合、その矛盾はとりわけ顕著だった。問題は、仕事と労働の区別にある。仕事と労働を混同して、仕事だけが有しているある種の能力を労働のものとすることが、この矛盾を〔102〕解決する最も分かりやすい方法だったし、彼ら偉大な著作家たちが矛盾に気づかなかった理由もそこにあった。仕事と労働の混同は、明らかに不条理な結論をもたらすが、はっきりした形で表明されることはあまりない。そうした矛盾が顕著に表れた事例が、ヴェブレンの「生産的労働の持続的な証拠になるのは物質的な生産物であり、その多くは消費財である」[40]という発言である。ここでは、労働の生産力を示すものとして冒頭に掲げられた「持続的な証拠」が、生産物が「消費」されて消滅するという事実によって即座に否定されているのである。

ロックが、「寿命の短い事物」しか生産しないという、あからさまな不名誉から労働を救い出すために、「腐らせずにもっていることのできる事物」として貨幣を導入しなければならなかったのも、そのためだった。この種の「急場しのぎの神〔deus ex machina〕」がなければ、労働を行う肉体は生命過程にまったく従属して、財産のような永続するものを生み出すことはできない。労働という活動の過程そのものよりも「耐久性のある事物」は存在しないからである。「労働する動物〔animal laborans〕」を本当に擁護していたマルクスでさえ、労働の生産性というのは正確には「物化」(Vergegenständlichung)、「客観的な事物の世界の設立」(Erzeugung einer gegenständlichen Welt) とともに始まることを認めていた。[41]だが、どんなに労働の努力を積み重ねても、〔103〕すべてをはじめから繰り返すという反復過程から労働する動物を解放することはできず、「自然によって強制された永遠の必然性」は残り続ける[42]。労働「過程は生産物において終結する」とマルクスが述べたとき[43]、彼はその生産物がただちに肉体の生命過程に「合体され」、消費され、消滅してしまうこと、自分自身がこの過程を「人間と自然の物質代謝」と定義していたことを忘れているのである。

他方で、ロックもスミスも労働そのものには関心がなかったのだから、もし彼らが労働の本当の特徴を軽視していなかったら、労働と仕事の原理的な区別に行き着く一定の相違を認めることができたはずである。例えば、スミスは消費に関わるすべての活動を「非生産的労働」と呼んで、本来生産的であるはずの労働にとって取るに足らない偶然的な特徴とみなしていた。「召使いの仕事やサーヴィスは、一般にそれが行われた瞬間に消滅し、痕跡や価値を残すことはほとんどない[44]」というスミスの発言に示される軽蔑は、近代の労働賛美よりも、むしろ近代以前の意見に近い。スミスもロックも、すべての労働が「あらゆるものに価値の差異を与える[45]」ことができるわけではないこと、「加工する素材の価値に」何も付け加えない[46]ような活動があることに、まだ気づいていた。なるほど、労働によって人間は自然に対して何かを付け加えはするが、自然が与える「よきもの〔good things〕」と人間が付け加えた物との割合は、労働の生産物と仕事の生産物とでは正反対である。自然のままに消費される「ご馳走〔good things〕」が、その性質を失うことはない。パンになった穀物は、机に加工された木のように、その性質を完全に消滅させはしないのだ。かくして、ロックは「わが肉体の労働とわが手の仕事」という自分が行った区別にあまり注意を払わなかったが、
[104] それでもなお「長続きしない」事物と「損なうことなく保存できる」十分な「持続

力」をもつ事物を区別しなければならなかったのである[47]。

ロックやスミスの議論のうちに存在するこれらの問題は、マルクスの思想全体を赤い糸のように貫く根本的な矛盾と比べれば、大した問題ではない。この矛盾は、初期のマルクスの著作のみならず、晩年の『資本論』第三巻に至るまで、一貫して存在している。労働に対するマルクスの態度、自分の思想の中心を占める概念に対するマルクスの態度は、最後まで両義的であり続けた[48]。労働は、一方では「自然によって課された永遠の必然性」でありながら、最も人間的で生産的な活動だと言うのである。マルクスにとって、革命の課題は労働者階級を解放することではなく、人間を労働から解放することだった。労働が廃止されて初めて、「自由の領域」が「必然性の領域」に取って代わることができる。「自由の領域は、必要と外的な有用性に規定された労働がやむところで初めて始まる」、そこでは「直接的な肉体的欲求の支配」は終わる、と[49]。このように根本的に矛盾した主張をあからさまに表明することは、[105] 二流の著述家にはほとんど見られない。偉大な思想家こそが、こうした矛盾を正面から引き受けて、自分の著作の中心に据えるのである。マルクスの場合、自分が目の当たりにした現象を忠実かつ誠実に描き出したことは疑う余地がない。それだけに、マルクスの著作に見られる重要な食い違いは、どんなマルクス学者も指摘するような「歴史家の科学的な観点と予言者の道徳的観点」の齟齬[50]だとか、積極的なもの、よきものを生み出すには否定的なものや悪しきものが必要だという弁証法的運動などで説明することはできない。そのような弁護論をどんなに積み重ねたとしても、マルクスがその思想的発展のあらゆる段階の著作で人間を「労働する動物」と定義しておきながら、「労働する動物」の最大の人間的な力である労働がもはや必要とされないような社会を構想した、という事実は厳然として残る。生産的な奴隷となるか、それとも非生産的な自由を選ぶのか、という悩ましい選択を、われわれは突きつけられているのだ。

それでは、ロックとその後継者たちが、優れた洞察力を持ち合わせていたにもかかわらず、労働こそが財産の源泉、富の源泉、あらゆる価値の源泉、究極的には人間の人間たる所以であるとする見解にかくも執拗にこだわったのは、なぜだろうか。言い換えれば、近代にとって労働という活動をあのように重要視させることになった特有の経験とは、どのようなものだったのだろうか。

歴史的に見れば、一七世紀以降の政治理論家は、それまで見たことがなかったような富、財産、利得の成長過程に直面した。その絶えざる成長を説明しようとして、(51)彼らの注意は進行する過程そのものに向けられた。かくして、のちに説明するような理由から、過程という観念が、新しい時代とそこで発展した歴史科学と自然科学の鍵となる用語になった。過程というものが終わりをもたないことは明らかだったので、初発からそれは自然過程、とりわけ生命過程そのものをモデルにして理解されていた。「金が金を生む」という近代の最も粗雑な迷信が――「権力が権力を生む」という最も鋭い政治的洞察と同じく――もっともらしく思われるのは、生命が自然の繁殖力をそなえているという隠喩が背景にあるからにほかならない。人間の活動の中で、[106] 生命そのものが続くかぎり絶え間なく自動的に進行し、意識的な決定に服さず、人間的に意味のある目的の枠を越えてしまうのは、仕事や行為ではなく、労働だけなのである。

マルクスは労働と生殖をそれ自体、繁殖力をそなえた生命過程の二つの様式と見て、これを全理論の基礎に据えたが、おそらくこのような見方ほど、彼の思想の水準と、現象的なリアリティを忠実に描き出そうとする彼の姿勢を如実に示すものはないだろう。マルクスにとって、労働は「自分自身の生命の再生産」であり、それが個人の生存を保証するとすれば、生殖は「他者の生命」の生産であって、これが種の生存を保証する。(52)この洞察が、彼の理論の出発点となった。やがて「抽象的な労働」が生きた有機体の労働力という形で理論的に精緻化され、[*7]剰余労働とは労働者自身の再生産のための生活手段が生産されたあとにも延長されて使用された労働力の総量だと理解されるようになっていったが、最初の洞察が忘れられることはなかった。マルクスの決定的な着想のほとんどすべては先行者から受け継いだものだが、先行者の誰も到達したことがなく、また彼の後継者も到達できなかった経験の深みを探ることができたのは、この洞察のおかげだった。彼は自分の理論、近代についての理論を、人類最古から引き継がれてきた労働の本質についての洞察と適合させたのである。ヘブライの伝統においても、〔ギリシア・ローマの〕古典古代の伝統においても、労働は出産という生命の営みと密接に結びついていた。近代になって再発見されたこの労働の生産性の意味を、マルクスの著作は初めて明確に表明したのである。生産力とは繁殖力のことであるという立場から、「生産力」の発展が「よきもの」にあふれた社会を実現するだろう、とマルクスは主張したが、彼のこの有名な構想は、実際には「産めよ増やせよ」という古来の命令、自然の声がわれわれに語りかける法以外の何ものでもないし、それ以外のいかなる必然性に従うものでもない。

人間と自然の物質代謝が示すこの繁殖力は、その本性のままに剰余を生み出す労働力によってもたらされるものではあるが、それは自然の循環そのものが随所で見せる豊穣さの一部である。労働がもたらす「祝福や喜び」は、生命あるものすべてに与えられた生きる喜びを人間が経験する特有の様式なのである。それによって初めて人間は、自然が定めた循環の中にとどまって、労苦と休息、労働と消費の無限に続くかのような繰り返しを喜びをもって受け入れることができる。無意味にただ規則的に繰り返される昼と夜、生と死の入れ替わりに喜びを見出すのと同様に。〔107〕こうした労苦と困難への報酬が、自然のもたらす繁殖なのだ。「労苦と困難」を耐え忍んで自分の務めを果たした者には、将来その子孫たちに自然の分け前が保証されるだろう。そうした暗黙の信頼を示している点で、旧約聖書は古典古代の文献とは異なっている。そこでは、生命は神聖なものとされ、死も労働も悪しきものではなかった（ましてや、生に対する反抗などでは決してなかった）(53)。そのことは、旧約聖書の逸話の中で、族長たちが自分の生命に関心をもっていないことに示されている。彼らにとっては、地上における個人の不死も、魂の不滅の保証も必要ではなかった。死は、日々訪れる夜のように親しいものであって、「おだやかに老いて、歳月が満ちたとき*8」、静かに永遠の休息をもたらすのである。

生命に特有の祝福をもたらすのは総じて労働であり、仕事にはそのような祝福は決して見出すことができない。何か仕事を完成させたり業績をあげたりした時に訪れる束の間の休息や喜びと、生命の祝福とを混同してはならない。労働における労苦と喜びは、ひとつながりのものとして継起するのであって、それは生存のための手段の生産と消費が〔108〕連続して繰り返されるのと同じである。ちょうど健康な肉体が機能することそのものが喜びであるように、幸福はそうした過程そのもののうちにある。地上の生命が享受してきた至福を分かりやすく一般化したのが「最大多数の最大幸福」という標語だが、これは人間が労働する際に経験する根本的なリアリティを「理想」として概念化したものである。この幸福〔happiness〕を追求する権利は、生命への権利と同じく否定し難いし、それと同一のものでさえある。だが、この幸福は、幸運〔good fortune〕とはまったく別のものである。幸運は、偶然のめぐり合わせ、チャンスが与えたり奪ったりするものに左右されるので、稀で、長続きせず、追い求めることもできない。ほとんどの人々は「幸福」になろうとして幸運を追い求め、たまたま運をつかんだ時でも不幸になる。彼らは幸運をまるで尽きることのない「ご馳走〔good things〕」であるかのように手元に置いて楽しもうとするからである。苦痛に満ちた消耗と喜びにあふれる再生という定められた生の循環の外側に永続する幸福など、ありはしない。もしこの生の循環が消耗と再生のバランスを保った軌道を踏み外すなら、生きることに本来ともなっていた幸福は破壊される。例えば、過度の貧困や悲惨による不幸は消耗からの回復をもたらさないし、逆に巨万の富を得て生活の労苦から解放されれば、消耗に代わって倦怠が襲ってくる。ありあまる物を消費し、食い尽くさなければならない、という必然性の重みは、まるで挽《ひ》き臼《うす》のように無気力な人間の肉体を容赦なくすり潰し、虚しいまま死を迎えることになるだろう。

生命のもつ力とは、より多くのものを生み出す繁殖力である。生きている有機体の力は、自分を維持し、再生産することで尽きたりはしない。生命有機体が潜在的にもっている増殖力こそが、その「剰余」である。マルクスは、自然主義を一貫して追求した結果、「剰余」を生み出す自然自身の力の人間固有の様式として「労働力」を発見した。マルクスがもっぱら関心をもっていたのは、生命過程としての「社会の生産力」の過程だった。そこでは、他の動物と同じように、生産と消費は常にバランスを保っている。すべてを貪《むさぼ》り尽くそうとするこの生命過程に抗して存続する事物の世界が別個に存在することは、彼の視野にはまったく入らなかったのである。種の生命という観点から見れば、あらゆる活動の共通分母は労働であり、生命過程に取り込まれる財が豊富にあるか稀少であるかが唯一の判定基準となる。どんなに労働が余剰をもたらしても、その生産物が［109］「耐久性をもたない」ことに変わりはないという事情は、すべてのものが消費の対象になれば、どうでもよいことになる。だからこそ、マルクスは先行者たちがあれこれ論じてきた生産的労働と非生産的労働、熟練労働と未熟練労働の区別に対して侮蔑的な態度を示したのである。

マルクスの先行者たちが、本質的には仕事と労働の区別に等しいこれらの区別を無視できなかった理由は、彼らがマルクスより「科学的」でなかったからではなく、彼らがマルクスと違って依然として私有財産という前提、少なくとも財産というのは国民的な富の一部を個人が占有〔appropriation〕したものだ、という前提の上に立っていたからである。財産というものを確立するためには、単に剰余が生まれるだけでは十分ではない。ありあまるほどの労働の生産物も耐久性をもたないし、それを「蓄積して」財産の一部として維持することはできない。それらは、占有される過程で消費されて消滅していくか、「駄目になる前」に消費されなければ「役に立たずに腐敗」するだけである。

15　財産による私生活の保護と富

もともとロックにおいて私的財産を理論的に確立することから始まった理論が、最終的にあらゆる財産の廃止を主張するマルクスの理論で終わることになったのは、一見すると奇妙なことと思われるに違いない。しかしながら、そもそも近代における財産権の理論が非常に論争的なものであり、公的領域に正面から対抗し、国家に対抗して財産の権利を主張するものだったことを思い起こせば、そうした奇妙さはいくぶん解消されるだろう。社会主義や共産主義より前に完全に財産のない社会の設立を提唱した政治理論はなかったし、二〇世紀より前に市民の財産を本気で収奪しようとした政府はなかったので、政府の介入に対して財産権を擁護せよ、という要求が新たな理論の内容を発展させたということはありえない。注目すべきなのは、財産を擁護する理論が今日おしなべて防戦に立たされているのに対して、当時の経済学者たちは公然と政府のあらゆる領域を攻撃していた、ということである。〔110〕彼らにとって、政府とはよくて「必要悪」か「人間の本性そのものの反映(54)」、最悪の場合には社会という生命体の健康を損なう寄生虫だった(55)。近代がかくも熱心に擁護したのは、財産それ自体ではなく、何ものにも妨げられることなく、より多くの財産を追求すること、より正確に言えば、占有を追求することだった。彼らは「死んだ」まま永続する共通世界を守ろうとするあらゆる機関に対抗して、生命、社会の生命のために戦いを挑んだのである。

生命の自然的過程が進行するのは肉体の中であるのと同じように、労働ほど生命に直接に結びつけられた活動はないことは確かである。労働は貧困がもたらす自然で不可避的な結果であって、貧困を廃止する手段ではない、という伝統的な見解にロックは満足できなかったし、財産の起源は獲得、征服、あるいは原初における共通世界の分割にある、という伝統的な説明にも満足できなかった(56)。ロックが実際に関心を抱いていたのは占有であって、〔111〕彼が見つけ出さなければならなかったのは、世界の占有を推進すると同時に、その私的な性格に議論の余地がない、そのような活動だった。

確かに、生命の繁殖力を含めた生命過程の肉体的機能以上に私的なものはない。「社会化された人間〔socialized mankind〕」でさえ、生命過程そのものによって強制された「活動」については、厳格なプライバシーを認める数少ない領域として、これを尊重しているくらいである。労働というのは、単なる肉体的機能ではない本物の活動であるから、本来は私的なものではなく、これらの強制された「活動」の中でわれわれが隠す必要がないと考える唯一のものである。それにもかかわらず生命過程に密接に関連していることが、労働による占有の私的性質の根拠となる。これは財産の私的性質の擁護論とは、まったく別の議論だ(57)。かくして、ロックは私有財産の根拠をおよそ存在するもののうちで最も私的なもの、「自分自身のうちにある財産」である肉体に求めたのである(58)。「わが肉体の労働とわが手の仕事」は同じ一つのものとなる。というのも、両者はともに「神が……人間が共有するように与えた」ものを占有する「手段」だからだ。これらの手段、すなわち肉体とそれにそなわった手や口は、「人類が共有する」ものではなく、個人が私的に用いるために与えられているという意味において、自然が与えた占有のための手段なのである(59)。

マルクスが労働の生産性と富の漸進的な増大過程を説明するために肉体のもつ「労働力」という自然の力を導入しなければならなかったように、ロックもまた、それほど明示的にではないが、個人が「共通のもの」から私的に所有する部分を「囲い込んで」いる安定した世界の境界線を突破するために、財産の自然の起源をたどらなければならなかった(60)。富の増殖過程を自然の過程、それ自身の法則に従って意図的な決定や目的を超えて進行する過程として見るという点で、マルクスもロックと共通していた。この過程に完全に呑み込まれる人間の活動があるとすれば、おそらくそれは肉体の「活動」だけだろう。その自然の機能は、たとえ人間が望んでも阻止できないからである。実際、これらの「活動」を阻止しようとすることは、［112］自然を破壊することだ。私有財産制度を堅持する立場をとるにせよ、富の成長にとっての障害とみなすにせよ、およそ近代全体にとって、富の増殖のこの過程を阻止したり統制したりすることは、まさに社会の生命そのものを破壊することに等しかったのである。

近代の発展と社会の興隆によって、およそ人間活動の中で最も私的なものだった労働が公的なものとして認められ、独自の共通領域を確立するようになると、世界の中に私的な場所を確保してくれる財産の存在そのものが富の容赦ない増大に抵抗することができなくなる。それでもなお自分の所有物の私的な性質、「共通のものから」完全に独立した私的領域を維持するには、それを財産としてではなく占有されたものとみなし、肉体の活動の結果、生み出された「産物」として「共通領域から囲い込んだ」ものと解釈するしかない。そうした観点から見れば、肉体というのは、望んでも他人と共有できない唯一の物であるがゆえに、あらゆる財産の核心となるだろう。事実、快楽や苦痛、労働と消費といった身体の境界の内部で起きることほど、他人と共有できないもの、他人に伝達できないものは存在しない。それらは公的領域における他人の目や耳からしっかり守られている。それはまた、奴隷状態であれ、耐え難い苦痛であれ、身体の内部の生命活動のみに集中することほど、人間を世界から根底的に切り離すものは存在しない、ということでもある。いかなる理由からであれ、人間を世界から完全に独立した「私的」な存在、ただ自分自身が生きているということだけを意識している存在にしようとするなら、これらの経験に基づかなければならない。絶え間なく続く苛酷な奴隷労働は、「自然の」ものではなく、人為的に強制されたものであって、「労働する動物」の自然の繁殖力とは矛盾する。「労働する動物」の力は、自分自身の生命を再生産したところで尽きてしまうわけでも、与えられた時間を使い果たしてしまうわけでもない。したがって、この世界からの独立というストア派やエピクロス派の主張が依拠する「自然な」経験とは、労働でも奴隷状態でもなく、苦痛である。世界から隔離されることで獲得される幸福、私的な存在の内部でしか享受できない幸福というのは、首尾一貫した感覚主義者なら誰もが一致して幸福の定義であるとする、あの「苦痛の欠如」でしかない。〔113〕肉体的な感覚のみが現実的だとする快楽主義〔hedonism〕の教義は、非政治的で完全に私的な生活様式の最も徹底した形式にほかならない。これはエピクロスの言う「隠れて生きよ、世界のことを構うな〔lathe biōsas kai mē politeuesthai〕」の完全な実現である[*9]。

正常な場合には、苦痛の欠如は世界を経験するための肉体的条件にすぎない。肉体が苦痛を受けて、いわば自分自身に投げ返されているような場合には、私たちの身体感覚は正常に機能して外からの刺激を受け取ることができない。だが、苦痛の欠如をわれわれが「感じる」のは、ふつう苦痛とそれが消滅するまでのごく短い間だけだ。だから、感覚主義者が考える幸福に対応する経験は、本当は苦痛の欠如というよりも、苦痛からの解放である。苦痛から解放された時の感覚が強烈なことは、誰も否定しないだろう。事実、それに匹敵しうるのは、苦痛の感覚そのものだけである[61]。いろいろな哲学がさまざまな理由で人間をこの世界から「解放」しようとしてきたが、それらが試みてきたのは、心の中で苦痛のない状態を想像し、それを苦痛からの解放として実感するということだった[62]。

〔114〕いずれにせよ、ともあれ苦痛とそれに続いて起きる苦痛からの解放の経験は、世界

から完全に独立している、ただ一つの経験である。そこには世界の事物を対象とする、いかなる経験も含まれていない。剣で切られる痛みや羽根でくすぐられる感覚は、(63)剣や羽根の特質はもちろん、それらの事物が世界に存在しているかどうかさえ教えてくれない。人間の感覚は世界を経験するのにふさわしい能力をそなえていないのではないか、という疑念こそ、近代特有のあらゆる哲学の出発点であるが、〔115〕苦痛やくすぐりといった、明らかに通常の感覚機能を妨げるような現象をわざわざ選んですべての感覚経験を説明したり、そこから「第二次的」な主観性、さらには「第一次的」な主観性を引き出したりする、という奇妙で馬鹿げたやり方がとられるのも、そうした疑念から説明することができる。もしわれわれが肉体感覚そのもの以外の知覚作用をもたなかったとしたら、外的世界のリアリティが疑わしくなるばかりか、世界という観念すらわれわれはもてなくなるだろう。

この無世界性の経験、正確には苦痛による世界喪失の経験があてはまる唯一の活動、それが労働である。労働それ自体は能動的な活動であるにもかかわらず、その過程で人間の肉体は自分自身に投げ返される。関心はひたすら生きることのみに集中して、自然との物質代謝に閉じ込められて繰り返される肉体的機能の循環を超越することも、そこから解放されることもない。先にわれわれは生命過程にともなう二重の苦痛、自分自身の生命の再生産と種の再生産にともなう苦痛について述べたが、それは同じ一つの言葉でしか言い表すことができない。聖書によれば、それは人間が生きていく上で課された共通の定めなのである。もし生活の糧《かて》を得るための苦痛と出産にともなう苦痛が財産の本当の起源だとすれば、この財産の私的性格は肉体をもって痛みを経験するのと同じくらい内密なものになるだろう。

ここでいう財産の私的性質とは、つまるところ占有〔appropriation〕の私的性質なのだが、ロックの考えていた私有財産は、このような私的なものに還元されるようなものでは決してなかった。この点で、ロックの観念は、まだ近代以前の伝統の枠内にあった。彼にとって財産とは、その源泉が何であるにせよ、「共通のものから囲い込んだもの」、すなわち世界の中に占められた一定の場所、公的領域から私生活を隠し、保護すべき場所を意味していた。そのかぎりにおいて、ロックの私有財産は、富と占有の拡大が共通世界を消滅の危険にさらし始めた時でも、まだ共通世界とのつながりを残していたのである。財産は、世界とは無関係な労働過程の性質を強めるどころか、むしろ反対に緩和する。財産それ自体が、世界とのつながりを保証する性質をもっているからである。労働のもつ過程としての性質、生命過程が労働に押しつける無慈悲な性質も、財産を獲得することによって抑制される。〔116〕労働者や職業人の社会とは異なり、財産所有者から構成される社会で人々の関心や配慮の中心を占めるのは、依然として世界であって、自然の豊穣さでも単なる生活の必要性でもないのである。

だが、もし主要な関心が財産ではなく富の成長と蓄積過程そのものに置かれるなら、事情はまったく違ってくる。富の蓄積過程は種の生命過程と同じように無限でありうるが、私的な個人は永遠に生きるわけではない。個人に与えられた時間は無限ではないという不都合な事実が、蓄積過程を妨げ、中断する。限られた生命をもつ個人に代わって、社会全体が一つの生命をそなえた蓄積過程の巨大な主体であると考えて初めて、この過程は個人の寿命と個人の財産という制約から完全に解放され、全速力で進行することができる。人間がもはや自分自身の生存にのみ関心をもつ個人ではなく、「種の一員」として、つまりマルクスの言う「類的存在〔Gattungswesen〕」として活動するようになり、個人の生命の再生産が人類の生命過程に吸収されて初めて、「社会化された人間」の集合的な生命過程は、その「必然性」に従って、生命の増殖と、生命に必要な財の増大という二重の意味における自動的な繁殖過程を推進するようになるのである。

この関連で目を惹くのは、マルクスの労働理論が一九世紀の進化論や発展理論と同じ時期に生まれたということである。進化論は生命有機体の低次の形態から人類の出現までを単一の生命過程の発展として論じ、発展理論は人類全体を一つの生命過程としてその歴史的発展を論じた。すでにエンゲルスは、こうした相関関係に注目して、マルクスを「歴史学のダーウィン」と呼んでいる。経済学、歴史学、生物学、地質学など、さまざまな科学において出現したこれらの理論に共通していたのは、近代以前には知られていなかった過程という考え方だった。自然科学における過程の発見は哲学における内省の発見と時を同じくしていたので、われわれ自身の内部の生物学的過程が新たな概念のモデルとなるのは当然の成り行きだった。内省によって到達可能な経験の枠組みの中でわれわれが知ることができるのは、肉体内部の生命過程以外にない。そして、この肉体内部の生命過程に翻訳し直すことのできる唯一の活動、生命過程に対応する唯一の活動こそ、労働だったのである。〔117〕したがって、近代の労働哲学における生産力と生命のもつ繁殖力との同一視が生の哲学に引き継がれたのは、ほとんど不可避的なことだった。生の哲学にはさまざまなものがあるが、それらはみな、この同一視に基づいている。(64) ただ、一九世紀の初期に登場した労働理論と後期の生の哲学との主な違いは、後者においては生命過程を維持するために必要な唯一の活動である労働が見失われてしまったことである。だが、生の哲学において労働が消失したことも、労働がかつてなかったほど努力を必要としないものとなって、ますます生命過程の自動的な機能に似てくる、という現実の発展に照応しているように見える。世紀の転換点にニーチェとベルクソンが労働ではなく生こそが「あらゆる価値の創造者」だと宣言したとき、この純然たる生命過程のダイナミズムの賛美は、労働や生殖のような必然性によって課された活動の中にまだ残されていたわずかな自発性さえ排除してしまったのである。

しかしながら、どんなに繁殖力が増大し、過程の社会化によって社会や集合的な人類が個人に代わる主体になったとしても、生命そのものが発現する肉体内部の過程を経験するのはあくまでも個人であり、労働という活動もまた、そうした意味において私的な性格のものであり続けるという厳然たる事実、考えようによっては苛酷でさえある事実を取り除くことはできない。財が豊富になって、労働に費やされる時間が短縮されたとしても、それが共通世界の設立をもたらすことはありえない。私有財産を剝奪された「労働する動物」は、それでもなお私的な存在だろう。彼らは公的領域から隠れて自分を保護する場を「奪われた」存在だからである。マルクスは、「社会の生産力」が無制限に発展するようになれば公的領域は

「死滅する」だろう、と予言した。この指摘は正しいが、われわれはマルクスとともに喜ぶわけにはいかない。というのも、彼はまた、「社会化された人間」は〔118〕労働から解放された自由な時間を、今日のわれわれなら「趣味」と呼ぶような厳密な意味で私的な、世界との関わりをまったくもたない活動に費やすことになるだろう、と正当にも予想しているからだ[65]。これは「労働する動物」という彼の人間観から出てくる当然の帰結である。

16 仕事の道具と労働の分業

残念ながら、人間の労働がもつ繁殖力〔fertility〕は、本人とその家族が必要とする以上の生活必需品をもたらすことしかできない、というのが人間に与えられた生の本質的条件の一つであるように思われる。労働の生産物、人間が自然との物質代謝で作り出した産物は、世界の中に長くとどまって、その一部となることはない。もっぱら生命とその維持にのみ集中して世界に関心を払わないさまは、ほとんど無世界的と言えるほどである。「労働する動物」は、肉体の欲求に駆り立てられていて、「工作人」が原初的な道具である自分の手を自由に使うように自分の肉体を使うことはできない。プラトンが労働者や奴隷は必然性に支配されていて自由になれないだけでなく自分のうちの「動物的」部分も支配できないと述べたのは、そのためだった[66]。マルクスの「社会化された人間」が想定していた労働者の大衆社会も、世界との関係をもたない動物種としての人間種族で構成されている。他者の暴力によって零落した家内の奴隷の場合でも、みずから進んで労働する場合でも、そうした事情に変わりはない。

なるほど、「労働する動物」のこの無世界性は、「善行」を行う者が公共世界の視線から積極的に逃れようとするのとは違っている。「労働する動物」は、世界から逃避しているのではない。世界から排除されて、自分の肉体の私的で内密な空間の中に閉じ込められ、〔119〕誰とも共有できず、誰にも完全には伝達できない欲求の虜《とりこ》となっているのである。奴隷となって家の中に閉じ込められるのが総じて近代以前の労働者の社会的状態だったという事実は、何よりもまず人間という存在の条件そのものに根ざしている。他の動物すべてにとって生命は存在の本質そのものだが、人間にとって生命は「不毛な努力を嫌う(67)〔repugnance to futility〕」生来的な傾向ゆえに重荷となる。この重荷は、およそ「より高尚な欲求」と言われるものが同じような緊急性をもたないため、なおさら重く、生命の基本的な欲求として、切実なものとして人間の上にのしかかるのである。奴隷が労働する階級の社会的条件となったのは、それが生命の自然的な条件そのものだと考えられたからだ。セネカの言うように、「すべての生命は奴隷である(68)〔Omnis vita servitium est〕」。

生物学的な生命の重荷は、出生から死までの間の人間特有の生を食い尽くしてしまう。この重荷を取り除くことができるのは、奴隷の使用だけである。古代における奴隷の主たる役割は、社会全体のための生産というよりは、家の中での消費だった(69)。古代において奴隷があのように巨大な役割を果たした理由、その浪費と非生産性が表面化しなかった理由は、古代の都市国家が中世都市のような生産の中心地ではなく「消費の中心地」だったためである。[70]すべての市民の肩から生命の重荷を取り除いたことの代償は巨大で、問題は暴力によって人類の一部を奴隷にして苦痛と必然性の暗闇に閉じ込めたことが不正だったというだけにとどまらない。そもそも必然性のこの暗闇は、人間が存在するための条件と不可分の、いわば自然なものである。不自然で人為的なのは、われわれすべてが拘束されている必然性とそれがともなう苦痛から一部の人間が逃れようとして他の人間に対して行使する暴力だけだ。したがって、自然がわれわれに課す必然性から絶対的に解放されることで失われるのは、[120]ある意味では、生そのものである。そこで人が得るのは、本物の生ではなく、ただ代理を通じて生きるような紛いものの人生でしかない。実際、奴隷制の下では、この地上の世界の支配者たちは感覚さえ代理人を通じて行使した。ヘロドトスが述べているように、彼らは「自分たちの奴隷を通じて見たり聞いたり」することができたのである。[71]

最も基礎的な次元では、生命に必要なものを獲得する「労苦と困難」、そして自分の身体にそれを「合体」する快楽は、生物学的な生命の円環の中に閉じ込められている。この回帰する循環のリズムが、人間の生活の他に類を見ない直線的な運動を条件づけているのである。したがって、労働の苦痛と労苦を完全に取り除いてしまったら、生物学的生命にとって最も自然な快楽が失われるばかりか、人間特有の生活の生き生きとした活力を奪うことになるだろう。苦痛と労苦というのは、生命そのものを損なうことなく除去できる病気の症状のようなものではない。人間はそのような条件のもとに置かれているのであって、苦痛や労苦は生命が必然性に拘束された自分自身の存在を感じさせる様式なのである。死すべき存在としての人間にとって、「神々のような安楽な生活」は生気の失せた生活となるだろう。というのも、生命のリアリティに対するわれわれの信頼と世界のリアリティに対する信頼とは同じものではないからである。後者は、世界が死すべき生命よりはるかに優れた永続性と耐久性をそなえていることに基づいている。自分が死んだら世界は終わる、自分の死のすぐあとに世界の終わりが来る、と分かっているなら、世界はリアリティを喪失してしまうだろう。今すぐこの世の終わりが来ると信じていた初期のキリスト教徒にとっては、そうだった。それとは反対に、生命のリアリティはもっぱら自分のうちに生命の息吹きを感じる際の強烈さ、生命が自己の存在を主張する衝撃の強さに依存している。その衝撃はあまりに強烈で、その力はまったく根源的なものなので、歓喜に沸いたり悲嘆に暮れたりしている時には、それ以外の世界に対するリアリティを遮断してしまうのである。金持ちの生活は活力がなく、自然が与えてくれる「ご馳走」との親密な関係は失われる代わりに、世界の美しいものに対する洗練された感受性を得ることができるということが、しばしば指摘される。事実、この世界の生に対する人間の能力には、〔121〕生命過程そのものから離れて、これを超越しようとするところがあるが、他方で活力と生命力を維持するためには、進んで生命の労苦と困難を担わなければならないのである。

労働のための道具が巨大な進歩を遂げたことは確かである。かつて古代の家政では、奴隷は「ものを言う道具〔*instrumentum vocale*〕」と呼ばれていた。「労働する動物」を自然の拘束から解放するために、「行為」する人間は他人を「ものを言う道具」として支配し、抑圧しなければならなかったのである。それに対して、工作人は「労働する動物」を助けるために、無言で働くロボットを作り出した。こうした労働のための道具の進歩は、生命が遂行しなければならない二重の意味での労働、生命維持のための労苦と出産にともなう苦痛を、いまだかつてないほど安楽で苦痛の少ないものにした。もとより、労働という活動から強制的な性格が取り除かれて、必要と必然性に支配される人間の生の条件が廃止されたわけではない。だが、奴隷制の社会では、奴隷の存在自体が「人生とは隷従である」ことを日々証明していたので、人間にかけられた必然性の「呪い」は目の前にある現実であり続けたのに対して、今日そうした人間の条件が完全な姿を現すことはなく、それだけに、気づくのも思い出すのも難しくなっている。そこに潜む危険は明らかだ。自分が必然性に服従していることを知らずして、人間は自由になることはできない。自由〔freedom〕というのは、必然性の拘束からみずからを解き放つ試み、決して完全には成功しない試みの中で初めて獲得できるものだからである。この解放への強い衝動がヴェブレンの言う「不毛な努力を嫌う」人間の性向に基づいているとすれば、この「不毛な」努力が軽減され、さほどの労力を必要としなくなるにつれて、自由を求める衝動も弱まっていくことになるだろう。産業革命の巨大な変化を経験してきたわれわれの前には原子力革命というさらに大きな変化が待ち構えているが、それは世界の変動にとどまって、地球上での人間の生の根本的条件を変化させはしないのである。

道具や器具は労働の労苦を大幅に緩和しうるが、それらを作り出すのは労働ではなく、仕事である。その産物は、消費の過程に属するのではなく、使用対象物の世界の重要な一部となる。ある文明の労働において道具の果たす役割がどんなに大きくても、仕事における道具の根本的な重要性には及ぶべくもない。どんな仕事も道具なしでは物を作ることはできないし、「工作人」の登場と工作物の世界の出現は、道具や器具の発見と時を同じくしている。[122]労働の立場から見れば、道具は人間の力量〔strength〕を強化し、何倍にも増大させてくれる。単に材料だけでなく家畜や水力や電力などの自然力を支配下に置くようになったところでは、人間の力量そのものがほとんど道具や器具に取って代わられる。道具はまた「労働する動物」の自然の繁殖力を増大させて、ありあまるほどの消費財をもたらしてくれる。しかしながら、労働において道具の果たす役割がみな量的なものであるのに対して、仕事において制作された物の質は、最も単純な使用対象から芸術作品の傑作に至るまで、すべて適切な道具の存在に左右されるのである。

その上、道具による労働の軽減には根本的な限界がある。台所に一〇〇種類のさまざまな機械を備えつけ、貯蔵庫に半ダースのロボットを配置しても、一人の召使いに及ばない、という単純な事実がそれを証明している。非常に興味深く、また意外に思われるかもしれないが、近代になって道具や機械が信じられないような発展を遂げる数千年前に、そうしたことは予想できた。アリストテレスは、空想を交えながら、半ば皮肉を込めて、今日すでにしばらく前から現実になっている事態を予想していた。そこでは「すべての道具が、ダイダロスの作った立像や「自分から神々の集会に入っていった」と詩人が歌うヘパイストスの三脚台のように、命じられたとおりに動き出して」、「手で動かさずとも、杼《ひ》がひとりでに機《はた》を織り、竪琴を琴爪が奏でるだろう」。そこでアリストテレスはこう続ける。なるほど、そうなれば職人は人間の助手を必要としなくなるだろうが、奴隷なしで家政を営めることにはならない。奴隷というのは、物を作る道具や生産の手段ではなく、生活の道具であって、奴隷のサーヴィスは絶えず消費されてしまうからである、と。[72] 物を作る制作過程には限界があり、最終生産物〔finished product〕という目的の達成とともに、道具はその役割を終える。したがって、あらかじめ予見して統制することができる。だが、労働を必要とする生命過程は終わりのない活動であり、それにふさわしい唯一の「道具」は「永久運動装置〔*perpetuum mobile*〕」、つまりそれが仕える生命有機体と同様に、生きて「活動」する「ものを言う道具〔*instrumentum vocale*〕」でなければならない。「家政の道具はその使用以外の結果をもたらさない」からこそ、それを「道具の使用以上に何かを生み出す仕事の道具や器具」で置き換えることはできないのである。[73]

〔123〕道具や器具は、単にそれを使用することが目的ではなく、何かそれ以上のものを生み出すために作られている。したがって、道具は確かに労働を容易にしてくれるけれども、消費を目的とする労働にとっては副次的な意味しかもたない。それに対して、労働過程のもう一つの重要な原理である分業は事情が異なる。分業は労働過程そのものから生まれてくるもので、これは仕事の過程で広く行われている専門化と一見よく似ているため、しばしば同

じものと誤解されているが、両者を混同してはならない。仕事の専門化と労働の分業が共通しているのは、その一般的な組織原理のみであって、この原理そのものは仕事とも労働とも関係なく、むしろ生の厳密な意味での政治的領域、すなわち人間の行為する能力、互いに協力して行為する能力に由来している。人間は単に生命体として生きるだけでなく、一緒になって行為する。そうした政治的組織の枠の中で初めて仕事の専門化も労働の分業も可能になるのである。

さらに、仕事の専門化を実質的に導くのは最終生産物そのものであって、その生産のためにはさまざまな技能を集めて組織することが必要であるのに対して、労働の分業はすべての活動が同質のもので、特別な技能を必要としないことを前提としている。そこで行われる個々の活動には目的も終わりもなく、ただ純粋に量的に加算できる労働力の一定量を表すにすぎない。労働の分業は、二人の人間がその労働力を合体させて「まるで一人の人間であるかのように行動」できるという事実に基づいている。(74) 分業の際に生じるこの一体感は、種の観点から見れば、どの個体も同じで交換可能だ、という意味の統一性に基づいており、協業〔co-operation〕の対極に位置するものである（集団的な労働共同体は、共通であるがゆえに分割可能であるというこの原理に基づいて、労働者が社会的に組織されている。それと正反対なのが、かつてのギルドや同業組合から近代の労働組合のある種のタイプに至るさまざまな仕事人の組織で、構成員は互いに異なる技能や専門によって結びつけられている）。

［124］分割された労働過程のどの部分にも、それ自体に固有の目的〔end〕はない。その

「自然な」目的は「分割されない」個人の労働過程とまったく同じで、労働者の消費能力を自己維持の手段として再生産するか、あるいは労働力が消耗し尽くされればその労働過程が終わるか、そのいずれかである。だが、これは最終的なものではない。そこで消耗し尽くされるのは個人の生命過程であって集団のそれではないし、労働の分業の下での労働過程の主体になっているのは集団的労働力であって個人の労働力ではないからである。集団的な労働力は消耗して尽きることはない。このことは、種の不死性、種としての生命過程が個体の出生や死によって中断されることなく生き続けることとまさに対応している。

さらに深刻な問題は、個人の労働力が集団的な労働力に取って代わったとしても、消費は個人の能力に制約されたままだということである。「社会化された人間」における富の蓄積には制約がない。「社会化された人間」は、あらゆる安定した富、「山と積み上げられ」て「死蔵された」所有物を貨幣に換えて支出し、消費することで、個人の財産のもっていた制約を廃棄し、個人的占有の限界を克服する。われわれの生きている社会はすでに、富とはお金を稼いだり使ったりする力だと見ているが、それは人間が肉体で行っている労働と消費という二重の物質代謝が形を変えたにすぎない。問題は、どのようにしてこの無制限の富の蓄積に個人の消費が釣り合うようにすることができるか、である。

人類が全体として豊かさの限界に到達するのはまだ先のことなので、個人の消費能力というこの自然の限界を社会の繁殖力がどう克服するのかという問題は、一国規模の仮説でしか考えることができない。その解決方法はまったく簡単で、すべての使用対象物を消費財のように扱うことである。そこでは、椅子やテーブルも服と同じ速さで消費され、服はまるで食べ物のように即座に用済みになる。さらに言えば、世界の基礎となるはずの事物に対するこうした扱いは、それらが生産される方法に完全に適合している。産業革命は、すべての仕事を労働に置き換えてしまった。その結果、近代世界の事物は、仕事の産物として使用されるのではなく、労働の生産物として当然のごとく消費される。もともと仕事の産物だった道具や器具が〔125〕労働過程で用いられるのと同様、労働過程に適合した分業の原理が近代的な仕事の過程に持ち込まれて、制作と使用対象物の生産の主要な特徴となる。それまですべての仕事に要求されていた厳格な専門化に取って代わったのは、機械化ではなく、労働の分割だった。仕事の技能は、大量生産のためのモデルの設計と制作に必要とされるにすぎない。その意味では大量生産も道具や機械に依存しているが、仕事人による専門化を労働者による分業に置き換えなければ、実現はまったく不可能になるだろう。

道具や器具が苦痛や労苦を緩和したために、それまで明白だった労働にともなう必然性はそれほど切実なものと感じられなくなったが、必然性による拘束そのものがなくなったわけではない。同じことは、労働の産物についてもあてはまる。物が豊富に生み出されたからといって、その耐久性が増したわけではない。まったく事情が異なるのが、同じく近代になって生じた仕事の過程の変化である。ここでは〔労働における〕分業の原理を取り入れることで、仕事の性質そのものが変化する。なるほど、そこで生産されるのは消費の対象ではないが、その生産過程は労働の性格を帯びている。機械がわれわれに強いる反復のリズムは自然の循環過程のそれよりもはるかに急速で、近代に特徴的なこの加速化現象のために、ともするとわれわれは反復という労働の本質を忘れがちになるのだが、無限に繰り返すその過程は紛れもなく労働の特徴を帯びているのである。このことは、そうした労働の技術を用いて生産された使用対象物の場合には、さらに明白になる。使用対象物も、それが過剰に生産されれば、消費財に転化する。労働過程が無限に続くことができるのは、消費の必要が絶えず反復されるからである。したがって、物の生産を無限に続けるには、生産物が使用対象としての性質を失って、ますます消費の対象になることが必要なのだ。言い換えれば、使用の速度が恐ろしく速いために消費との客観的な違いはなくなり、相対的に持続する使用対象物と現れては消える消費財との区別はもはや意味をもたなくなるのである。

自分のまわりの世界の事物をより早く新しいものに取り替える欲求に駆られて、〔126〕われわれはもはやそれを使用する余裕、事物に固有の耐久性に気を配って維持する余裕を失っている。われわれは家や家具や自動車を、自然との物質代謝の無限の循環にすぐ取り込まないと駄目になってしまう自然の「ご馳走」のように消費しなければならない。われわれは人間の作った事物の世界を自然から守っている隔壁をこじ開けてしまった。われわれの内部で進行する生物学的過程とそれを取り巻く自然の循環は、絶えず人間の世界の安定性を脅かしているが、今やわれわれは自然の過程に身を委ねて、世界を守る隔壁を放棄してしまったように見える。

永続性、安定性、耐久性という世界の制作者としての「工作人」の理想は、ありあまるほどの豊かさという「労働する動物」の理想の前で犠牲になった。今や、われわれは労働者の社会に生きている。労働だけが、その持ち前の繁殖力をもって夥《おびただ》しい富をもたらすように見えるからである。われわれは仕事を労働に変え、微細な断片に解体して、分業に委ねてしまった。仕事は最も単純な動作という共通単位に還元される。それによって、自然の一部であり、おそらくは最も強力な自然力である労働力の行く手を妨げる障害だった「不自然な」世界、純然たる工作物の世界の安定性は除去されるのである。

17　消費者の社会

われわれは消費者の社会に生きている、としばしば言われる。すでに論じてきたように、労働と消費が生命の必要によって人間に課された同じ過程の二つの段階だとすれば、それは労働者の社会に生きていることの言い換えにすぎない。この社会を生み出したのは、労働者階級の解放ではなく、労働という活動の解放だった。労働の解放は、労働者が政治的に解放される数世紀も前に行われていたのである。重要なのは、歴史上初めて労働者が公的領域に参入を認められて、そこで平等な権利を獲得したことではなく、生活に必要なものを保障して、どれだけ大量に提供できるかという共通分母でほとんどすべての人間活動が計られるようになったことである。われわれのやることなすことすべては［127］「生活のため」とみなされる。そう社会が宣告する。それに異議を申し立てるような職業に就く人々の数は、急速に減少した。唯一の例外として社会に認められているのは芸術家で、厳密に言えば、彼らは労働社会に残された唯一の「仕事人」である。すべての真剣な活動を生活のためのレベルに引き下げるという傾向は、今日の労働理論がほとんど口を揃えて労働を遊びの反対と定義していることにも表れている。その結果、真剣に行われる活動は、成果の如何を問わず、すべて労働と呼ばれ、個人の生活にも種の生命過程にも不要な活動は遊びとして一括されてしまう。(75)［128］労働社会の現在の評価を突きつめればどこに行き着くかを、これらの理論は示している。芸術家の「仕事」の余地さえ、そこには残されていない。芸術は遊びに解消されて、世界の中で有していた本来の意味を喪失する。芸術が遊びだというのは、社会の労働生活の中で個人がテニスに興じたり趣味に没頭したりするのと同程度の役割しか果たしていないということである。労働の解放は、労働を「活動的生活」の他の活動と同等の地位ではなく、疑問の余地のない優位に立たせることになった。「生活のため」という観点から見れば、労働に関わらないあらゆる活動は「趣味」になる。(76)

一見もっともらしく聞こえる近代人のこうした自己理解を退けるには、われわれより前の時代のあらゆる文明がプラトンの見方に同意していたことを想起するのがいいだろう。プラトンは、こう述べていた。例えば、医術、航海術、建築術が金銭的報酬をもたらすとしても、これらの技術の実質的な内容は「金儲けの術〔technē mistharnētikē〕」とはまったく何の関係もない、と。医術の目的である健康、建築術の目標である建物の建設は金銭的な報酬とはまったく性質の異なるものであるからこそ、これらの技術すべてに付随するもう一つの技術として、プラトンは金儲けの術を導入しなければならなかったのである。この金儲けの術は、自由な職業に内在する労働の要素というわけではない。正反対に、これらの「芸術家〔artist〕」、われわれの言う専門的職業人たちが労働の必要から解放されるための技術とされたのである。[77] したがって、この技術は、［129］家の主人が奴隷を支配するために権威を発揮し、暴力を使用するための技術と同じ種類のものだった。その目的は「生活の糧を得る」必要からの解放だったので、他の技術の目的がそうした基本的な必要性からさらに離れていたのはなおさらのことだった。

労働の解放、およびそれと同時に起こった労働者階級の抑圧と搾取からの解放は、確かに非暴力への前進を意味していた。それが自由〔freedom〕への前進だったと言えるかどうかは、大いに疑問である。人間が行使するどんな暴力も、拷問に使われる暴力を別にすれば、必然性そのものが強制する自然の力にはかなわない。ギリシア人が拷問にあたる言葉を、人間が人間に行使する暴力を意味するbiaではなく、必然[*10]〔anankē〕から引き出してanankaiと呼んだのは、そのためである。古典古代を通じて、拷問というのは「人間が抗しきれない必然」であり、いずれにせよ必然性に支配される奴隷にだけ使用されていた。[78] 戦争に負けた者を勝者に奉仕させて、有史時代の長い期間にわたって暴力が表舞台に出てこないようにしたのは、暴力の技術としての戦争の技術、海賊の技術、そして最後には絶対支配の技術のおかげだった。[79] これらの技術の地位をキリスト教などよりはるかに著しく低下させたのが、近代という時代だったのだ。人間事象一般において暴力手段の使用が実際に減少した程度はそれほど大きくはなかったけれども、近代が労働の賛美とともに暴力手段の評価を変えたことは、やはり重要である。(80) [130] 労働の地位の上昇、および労働による自然との物質代謝に内在する必然性の上昇と密接に相関する形で、人間を強制する手段として暴力を直接に使用する活動や、のちに見る仕事の場合のように暴力の要素を潜在的に含んだあらゆる活動の地位も低下することになった。近代全般を通じて進行する暴力の要素の減少がほとんど自動的に門戸を開くような格好で、活動の最も基本的な次元に必然性が再登場したのである。すでに西洋の歴史においてローマ帝国が衰退する数世紀の間に起きていたことが、再びわれわれの目の前で起こりつつあると言えるかもしれない。その当時も、労働は自由な階級の職務となって、その結果「彼らは奴隷階級の義務に服するようになった」のである。(81)

近代における労働の解放は、万人の自由の時代の先触れとなるどころか、反対に人類全体が歴史上初めて必然性に拘束されるという結果に終わりかねない。そうした危険を、すでにマルクス自身、はっきりと察知していた。だからこそマルクスは、革命が目指すべきは、労働者階級の解放というすでに達成された目標ではなく、人間を労働そのものから解放することにある、と主張したのである。労働からの解放というこの目標はユートピアのように見えるし、マルクスの教説の中に残された唯一厳密な意味でのユートピア的要素のように見える。(82) [131] マルクス自身の言う「労働からの解放」は必然性からの解放であり、それは究極的には消費からの解放、つまり人間生活の条件である自然との物質代謝からの解放ということになるからである。(83) しかしながら、この一〇年ほどの発展、とりわけオートメーションのさらなる発展によって開かれた可能性を前にすれば、昨日はユートピアだったものが明日には現実になる、というのもまんざら根拠のない話ではない。もしそうなれば、今なお生物学的な循環に拘束された人間生活の最後の「労苦と困難」は消費だけということになるだろう。

だが、仮にこのユートピアが実現したとしても、世界の観点から見た生命のサイクルの不毛さを変えることはできないだろう。生物学的な生命が絶えず繰り返す循環は、労働と消費という二つの段階を必ず通らなければならない。将来この二つの割合が大きく変化して、人間の「労働力」のほとんどが消費に費やされるようになるかもしれない。それにともなって、余暇〔leisure〕をどうするか、という深刻な社会問題が起こってくるだろう。要するに、消費の能力を維持していくには日々それを消耗させなければならないが、そのための機会をどうやって作り出すのか、という問題である。(84)〔132〕苦痛や努力をともなわない消費は、生物学的な生命の貪欲な性質を変えるどころか、むしろそれを増大させ、苦痛と努力の足枷から完全に「解放された」人類は世界全体を思うままに「消費」し、消費したいと思うあらゆる物を再生産するようになるだろう。もちろん、容赦なく進行するこの社会の生命過程のダイナミズムに世界とその物としての性格が対抗できる間は、どれだけ多くの事物が日々刻々と現れては消えていくとしても、さほど問題にはならない。オートメーションがもたらす危険は、しばしば問題にされるように自然の生命が機械化されてしまうことではない。むしろ、そうした人工的な性格にもかかわらず、あらゆる人間の生産力が巨大な生命過程に吸収されて、何の苦痛も労苦もともなわずに自然の永久的な循環を繰り返すことになるということに将来の危険は潜んでいる。機械のリズムは生命の自然のリズムを途方もなく拡大するが、世界の観点から見れば、事物の耐久性を摩耗させる自然の主要な性質を変えないどころか、そうした傾向を極限まで突きつめるだけだろう。

確かに、労働時間の短縮は、この一世紀近くの間に着実に前進してきた。しかしながら、労働からの解放というユートピアまでには、なお相当の距離がある。その上、労働時間の短縮による改善は、資本主義の初期に蔓延していた例外的に非人間的な搾取の条件と比べられることで、かなり過大評価されている。より長い期間をとってみれば、今日われわれが享受するようになった年間の自由時間の総量は、近代になって初めて実現した成果というより、むしろ人間が生活する上で正常な状態に遅ればせながらたどりついたものに見える。(85) 他の側面についても言えることだが、［133］真の消費者社会という幻影が憂慮すべきものであるのは、それがすでに存在している現実ではなく、現在の社会が理想としているところだからである。もとより、この理想は新しいものではない。そうした理想は、古典的な政治経済学が「活動的生活」の究極目標は増大する富とありあまるほどの豊かさ、つまり「最大多数の幸福」だと想定したとき、すでに明確に提示されていたのである。だとすれば、この近代社会の理想というのは、結局のところ、貧しく困窮した人々が昔から抱いてきた理想以外の何ものでもない。そうした理想は、夢であるうちは魅力だが、実現されるや否や愚者の楽園に変わるのである。

マルクスやさまざまな労働運動の最良の指導者たちは、自由な時間はいずれは人間を必然性から解放して「労働する動物」を生産的なものにするだろう、という希望を抱いてきた。労働力は他のエネルギーと同様に決して失われることはなく、生活のための労苦に費やされて消耗しなければ、おのずからより「高い」活動のために用いられる、という機械論的な哲学の幻想が、その背景にはあった。マルクスの場合、そうした希望を導くモデルがペリクレス時代のアテナイだったことは間違いない。将来、人間労働の生産力が途方もなく増大すれば、もはや奴隷によって支えられなくても、アテナイのような自由人の共同体がすべての人間にとっての現実になるだろう、と考えたのである。マルクスから一〇〇年後の私たちは、この推論が誤っていたのを知っている。「労働する動物」の余暇時間は、消費以外には使用されない。与えられた時間が余れば、彼らの欲望はそれだけ貪欲かつ切実になる。なるほど、欲望が洗練されれば、消費はもはや生活必需品に限定されず、生命維持に直接必要のないものに集中するようになるだろう。だが、それでこの社会の性格が変わるわけではない。いかなる事物も消費の欲望から逃れることはできず、ついには世界のあらゆる事物が消費されて消滅するという危険がそこには孕まれているのである。

さらにわれわれを不安にさせる真実は、〔134〕近代世界の必然性に対する勝利が、労働の解放、つまり「労働する動物」の公的領域への参入によって達成された、ということである。公的領域を占領しているのが「労働する動物」であり続けるかぎり、それは真の公的領域ではなく、ただ私的な活動が公開の場にさらされるようになったにすぎない。その結果としてもたらされたのが、今日では婉曲に大衆文化と呼ばれている事態である。そこでは誰もが不幸だと感じている。その根本的な理由は、労働と消費のバランスが崩れていること、それにもかかわらず「労働する動物」が幸福を執拗に求めていることにある。そうした幸福は、消耗と再生、苦痛と苦痛からの解放が完全に均衡を保って、初めて達成できる。われわれの社会に広まる幸福への要求と不幸の蔓延は（これはコインの両面なのだが）、十分に満足できる労働などもはや存在しない労働社会にわれわれが生きていることを如実に示している。およそ「幸福」になろうと欲するのは、そしていずれは死んでいく人間が幸福になりうるなどと考えるのは「労働する動物」だけで、職人や行為の人はそうは考えない。

われわれがすでに「労働する動物」の理想の実現に半ば足を踏み入れつつあるという徴候を示す明白な危険信号の一つは、われわれの経済全体が浪費経済〔waste economy〕になっているということである。そこでは、物は世界に登場するや否や貪《むさぼ》り尽くされ、捨てられる。そうしないと過程そのものが停止して破局を招くことになるからである。だが、もしこの理想がすでに実現されており、われわれが実際には消費者社会の構成員以外の何ものでもないとすれば、われわれはもはや世界の中に生きているのではなく、永遠回帰の循環過程に巻き込まれているのである。現れてはすぐに消え去る事物は、生命過程を取り囲むことができるほど長くとどまることはない。

この世界は、地上に打ち立てられた人工の家であり、その材料は地球の自然が人間の手に与えてくれたものだが、消費の対象ではなく、使用の対象としての事物から成っている。自然と地球が人間の生の一般的条件だとすれば、世界の事物は、人間特有の生が安らぐことのできる地上の住み家なのだ。「労働する動物」の目から見れば、自然はあらゆる「ご馳走」をふんだんに提供してくれる存在である。自然の恵みは、自然の生み出したすべての生き物に平等に与えられ、彼らは「［それを自然の］手から受け取って」、〔135〕労働と消費によって自分たちの肉体と「混ぜ合わせ」る。(86)その同じ自然は、世界の建設者である「工作人」の目から見れば、「それ自体ほとんど無価値な材料を提供するにすぎない」。それらの価値は、加えられた仕事によるものである。(87)「労働する動物」は、自然の手から事物を受け取って消費し、成長と衰退という自然の過程に抗して自分自身を維持しなければ、生き残ることはできない。だが、消費ではなく使用のために適した事物をもって世界を建設し、生命とは対照的に永続する事物の世界のうちに居場所を見出さなければ、その生命は本当の人間の生にはならないのである。

消費者社会あるいは労働者の社会における生が安楽なものになればなるほど、それを駆り立てている必然性を意識することは困難になる。だが、苦痛や労苦のようにはっきりそれと分かる形で現れなくても、必然性は今なおわれわれを衝き動かしているのである。危険なのは、われわれがそのような社会で、ますます増大する生産力によって生み出される豊かさに眩惑され、終わることなく進行する過程の円滑な機能に取り込まれてしまい、そのような生の虚しさを認めることができなくなることだ。〔アダム・スミスが言うように〕「労働の終わったあとも持続するような、ある永続的な対象の形で固定されたり具体化されたりしない(88)」

ような生は空虚である。

原注

（1）〔バンジャマン・コンスタン（Benjamin Constant）〕「近代人の自由と古代人の自由〔De la liberté des anciens comparée à celle des modernes〕」（一八一九年）（reprinted in *Cours de politique constitutionnelle*, Paris: Guillaumin, 1872）、第二巻、五四九頁を参照〔堤林剣・堤林恵訳、『近代人の自由と古代人の自由　征服の精神と簒奪　他一篇』岩波文庫、二〇二〇年、三一―三三頁。訳文はアレントの英訳にできるだけ合わせた〕。

（2）ロック『統治二論』後篇、第二七節〔加藤節訳、岩波文庫、二〇一〇年、三二六頁〕。

（3）例えば、ギリシア語は ponein と ergazesthai、ラテン語は laborare と facere あるいは同じ語源の fabricari、フランス語は travailler と ouvrer、ドイツ語は arbeiten と werken を区別している。いずれの場合でも、「労働」に対応する言葉のほうにだけ、労苦と困難という意味が含まれる。ドイツ語の Arbeit は、もともとは農奴の行う農業労働にだけ用いられ、Werk と呼ばれる職人の仕事には適用されなかった。フランス語の travailler は、より古い labourer に代わって用いられるようになったが、元は tripalium、一種の拷問から来た言葉である。グリム〔Jacob Grimm und Wilhelm Grimm〕『ドイツ語辞典〔*Deutsches Wörterbuch*〕』一八五四頁以下および、リュシアン・フェーヴル〔Lucien Febvre〕「労働――言葉と思想の発展〔Travail: évolution d'un mot et d'une idée〕」（*Journal de psychologie normale et pathologique*, Vol. XLI, No. 1, 1948）を参照。

（4）アリストテレス『政治学』一二五四b二五〔「何故なら他人のものであることの出来る人間（それ故にまた他人のものでもある）、すなわち理《ことわり》をもってはいないが、それを解するくらいにはそれに関与している人間は自然によって奴隷であるからである。というのは他の動物どもは理を解してそれに従うということはなく、むしろ本能に仕えているからである。しかし実は奴隷と動物との間に、有用さという点では大した相違は存しない。何故なら生活必需品のために肉体を以て貢献するということが両者の能《はたら》きなのだから」(山本光雄訳、岩波文庫、一九六一年、四二頁)〕。

(5) これは、フランス語の ouvrer とドイツ語の werken の場合にあてはまる。どちらの言語とも英語の labor の現在の用法とは異なり、travailler と arbeiten は労苦と困難〔pain and trouble〕というもともとの意味をほとんど失っている。グリム(前掲書)は、すでに一九世紀の半ばに、こうした発展についてこう注記していた。「古語においては molestia や重労働という意味が支配的で、opus、opera〔作品、仕事〕という意味は後ろに退いていたが、今日では後者の用法のほうが前面に出てきて、前者の意味で用いられるのは稀になっている」と。興味深いのは、work、ouvre、Werk という名詞がいずれの言語でも、ますます芸術作品を示すものになってきていることである。

(6) J=P・ヴェルナン〔Jean-Pierre Vernant〕「古代ギリシアにおける労働と自然〔Travail et nature dans la Grèce ancienne〕」(*Journal de psychologie normale et pathologique*, Vol. LII, No. 1, January-March 1955)を見よ。「この言葉〔dēmiourgoi〕は、ホメロスやヘシオドスでは〔フランス語の〕ouvrier のように、もともと職人を表す言葉ではなかった。それは家〔oikos〕という枠の外で、公衆 dēmos のために行われるすべての活動を意味した。すなわち、職人——大工や鍛冶屋——だけでなく、占い師、軍使、吟遊詩人を意味していた」〔ジャン=ピエール・ヴェルナン『ギリシア人の神話と思想——歴史心理学研究』上村くにこ+ディディエ・シッシュ+饗庭千代子訳、国文社、二〇一二年、三八七頁〕。

(7) 『政治学』一二五八b三五以下〔「仕事のうち、偶然の働く余地の最も少ないものが最も技術的なもので、身体の最も害われるのが最も職人的なもので、身体の最も多く使用されるのが最も奴隷的なもので、徳を必要とすることの最も少ないものが最も賤しいものである」(前掲訳書、五九頁)〕。バナウゾイを市民と認めるかどうかについてのアリストテレスの議論は、『政治学』第三巻第五章を参照〔同書、一三四頁〕。そこでの彼の理論は、現実と完全に一致している。自由な労働者、職人、商人の八〇パーセントまでが、非市民、すなわちこの階級に入ってきた「外国人」(katoikountes と metoikoi) と解放奴隷だった(フリッツ・ハイヒェルハイム〔Fritz Heichelheim〕『古代経済史〔*Wirtschaftsgeschichte des Altertums*〕』[Leiden: A. W. Sijthoff, 1938] 第一巻、三九八頁以下を参照)。ヤーコプ・ブルクハルトは『ギリシア文化史』(第二巻第六節および第八節) でバナウゾイの階級に属するのは誰であるかを論じているが、彼も彫刻家の扱いについては分かっていないと指摘している。音楽と詩については多くの論考があることから見れば、たまたま伝承がなかっただけとは考えられない。同じことは、有名な画家が優越感を抱いたり、時には傲慢であったりしたなどという逸話には事欠かないのに対して、彫刻家については同じような話は知られていないも同様である。画家と彫刻家についてのこうした評価の違いは、数世紀にわたって続く。ルネサンスの時期になっても、彫刻は奴隷の学芸〔servile arts〕に属していたのに対して、絵画は自由学芸〔liberal arts〕と奴隷の学芸の中間に位置していたのである(オットー・ノイラート〔Otto Neurath〕「奴隷の学芸の歴史について〔Beiträge zur Geschichte der Opera Servilia〕」(*Archiv für Sozialwissenschaft und Sozialpolitik*, Vol. XLI, No. 2, 1915)〔ブルクハルト『ギリシア文化史』の通常の篇別構成には、第二巻第六節および第八節は見当たらない(ドイツ語版は特に章節の指示をしていない)。内容的に該当すると思われるのは、第六章「造形芸術」の第三節だろう。「ディオゲネス・ラエルティオスは哲学者たちの著作のおびただしい標題を保存しておいてくれているが、その中には芸術を論じているような著作の標題はひとつもない。〔…〕他のことでは何にでも意見を吐くことができると考えていたソフィストたちも、こと芸術となると一言も発していない。ただ一人、「絵画と彫刻術に関しても論じた」エリスのヒッピアスがいるが、これは例外である。こういうものと、音楽、詩歌、数学等々に関する哲学者たちの大量の著作を並べて置いてみるがよい、そうすれば、造形芸術が除外されていることを単なる偶然だとはもう考えないだろう」(『ギリシア文化史3』新井靖一訳、ちくま学芸文庫、一九九八年、五一九―五二〇頁)。

ギリシアの都市国家における世論が職業をそれに必要な労力と要した時間によって評価したことは、アリストテレスが羊飼いの生活について述べたことによって裏づけられる。「人間の生活様式には大きな相違がある。最も怠惰なものは羊飼いのそれである。彼らは労働〔ponos〕せずとも家畜が食料をもたらしてくれるので、暇にしている〔skholazousin〕ことができるからである」(『政治学』一二五六a三〇以下〔前掲訳書、四九頁〕)。アリストテレスが、ここでおそらくは当時支配的だった意見に従って、怠惰(aergia)をskholē〔閑暇〕と結びつけ、怠惰であることが閑暇のための条件であるかのように語っているのは興味深い。もともと閑暇というのは、政治生活の条件として一定の活動を抑制することを意味していた。一般に、近代の読者なら、このaergiaとskholēは別のものであることをご存じだろう。怠惰は当時も今日と同じ意味合いをもち、閑暇な生活というのは怠惰な生活とは考えられていなかった。しかしながら、ポリスの内部で閑暇と怠惰〔idleness〕が次第に同一視されるようになる。例えばクセノポンは、ソクラテスが「仕事は恥ずべきものではない。恥ずべきは怠惰〔aergia〕である」というヘシオドスの詩行を引いて非難されたと記している。つまり、ソクラテスは弟子たちに奴隷根性を吹き込んだと非難された、というのである(『ソクラテスの思い出』一・二・五六〔『ソークラテースの思い出』佐々木理訳、岩波文庫、一九七四年、四一頁〕)。歴史的には、ギリシアの都市国家が市民の時間と精力を大量に必要とする非政治的な職業を軽蔑したことと、生命維持のためだけに仕える活動――ad vitae sustentationem――に対する、より一般的な軽蔑とを区別することが重要である。後者は一八世紀になってもなおopera servilia〔奴隷の仕事〕とされていた。ホメロスの世界で言えば、王侯であるパリスやオデュッセウスが自分の家を建てるのを手伝ったり、ナウシカーが兄弟の衣を洗ったりしたこと、これらはみなホメロスの英雄たちが自足していて、いわば独立自尊の存在であることを示している。どんな仕事も、それが大いなる独立を示すものなら、卑しいものではないし、同じ仕事であっても、人格の独立でなく単なる生存のためであり、主権の表現ではなく必然性への従属の表現であるなら、奴隷の徴となる。ホメロスにおける職人の評価が後代と違っていることはよく知られているが、それが実際に意味するところについては、最近出されたリヒャルト・ハルダー〔Richard Harder〕『ギリシア人の特性〔*Eigenart der Griechen*〕』(Freiburg im Breisgau: Herder-Bücherei, 1949)〔『ギリシアの文化』松本仁助訳、北斗出版、一九八五年〕で見事に説明されている〔クセノポンの指示箇所は、こう述べている。「しかし告発者はまた言う、ソークラテースはもっとも有名な詩人の詩句から、もっとも始末の悪い個所を選び出して、これを証拠にして弟子たちに悪業を行ない、暴力をふるう人間となるように教えた、たとえばヘーシオドスの／仕事は恥に非ずして、ただ懶惰のみ恥辱なり／を引いて、詩人は仕事が不正であろうと破廉恥であろうと一つも避けることなく、利得のためには行なえと命じているのだと、説明したと。いかにもソークラテースは、働き者であることは当人の得でありまた善であるが、懶惰は損であり悪である、働くということは善であり、なまけるということは悪であると、十分認めていた者である。しかし彼は、何か善いことをするのを働くと言い働き者であると言ったのであって、博奕《ばくち》を打ったり、何かよろしくないことをしたり、損になることをしたりするのは、なまけ者と呼んだのである。かく解するときは／仕事は恥に非ずして、ただ懶惰のみ恥辱なり／になんの欠点もないのである」(『ソークラテースの思い出』前掲訳書、四一―四二頁)〕。

(8) ヘシオドスは労働と仕事 (ponos と ergon) を区別していて、仕事だけが善き戦いの女神エリスに由来するのに対して(『仕事と日』二〇―二六行)、労働は他の悪とともにパンドラの箱から出てきたものであり(九〇行以下)、プロメテウスが「ずる賢く騙した」ためにゼウスが与えた懲罰である。それ以来、「神々は人間から生命の糧を隠し」たので(四二行以下)、神々の呪いは「パンを食する人間」に降りかかった(八二行)。さらにヘシオドスは農業労働が実際には奴隷と家畜によって行われるのを当然と見ている。ヘシオドスは日々の生活を称えており、これはギリシア人にとってはすでに十分異例のことだが、彼が理想としているのは労働者ではなく〔みずから労働する必要のない〕農場主であって、彼らは冒険のために海に乗り出すことも、アゴラでの公務に携わることもなく（二九行以下）、家にとどまって、みずからの事業に専念したのである（「このエリスは、根性なき男をも目覚めさせて仕事に向かわせる。仕事を怠るなまけ者も、他人が孜々として耕し、植え、見事に家をととのえるのを見れば、働く気を起す。富を目指して励む人には、その隣人が羨望の思いを懐く。かかるエリスは、人間に益あるエリスじゃ。されば陶工は陶工に、大工は大工に敵意を燃やし、また物乞いは物乞いどうし、伶人《うたびと》は伶人どうし互いに嫉みあう。ペルセースよ、このことをよくその胸に刻み、他人の争いごとを覗き見しつつ、法廷の論議に聴き耳を立てては、意地悪のエリスによって、仕事から気持ちをそらされるようなことがあってはならぬぞ。争いごとや法廷の論議に気をとられる余裕などはない、デーメーテールの授けたもうた大地の稔り、その穀物を、時を違えず取り入れて、屋敷の内に命の糧を豊かに貯えておらぬ者にはな」（『仕事と日』二〇―三二行、松平千秋訳、岩波文庫、一九八六年、一四―一五頁）、「これももとはといえば、神々が人間の命の糧を隠しておられるからじゃ。さもなくばお前も、ただの一日働けば、後は働かずとも一年を暮すだけの貯えが得られるであろうに」（同書、四二―四四行、一六―一七頁）、「神々の使者はさらに乙女に声を与え、その女をばパンドーレーと名づけたが、その故は、オリンポスの館に住まうよろずの神々《パンテス》が、パンを食らう人間どもに禍いたれと、乙女に贈物《ドーロン》を授けたからであったのじゃ」（同書、八〇―八二行、二〇―二一頁）」。

（9）アリストテレスの奴隷についての有名な議論（『政治学』一二五三b二五〔前掲訳書、三八頁〕）は、こう始まっている。「必需品がなければ、生も善き生も不可能である」。それゆえ、奴隷の主人〔master〕になることは、必然性を支配する〔master〕ための方法であって、para physin、自然に反したことではない。生そのものが、それを要求している。だから、プラトンもアリストテレスも生活の必需品を提供する農民を奴隷に分類しているのである（ロバート・シュライファー〔Robert Schlaifer〕「ホメロスからアリストテレスまでのギリシア奴隷制の理論〔Greek Theories of Slavery from Homer to Aristotle〕」(*Harvard Studies in Classical Philology*, Vol. XLVII, 1936) を参照)。

(10) エウリピデスが奴隷を「悪しきもの」と呼んでいるのは、この意味においてである。彼らはすべてを胃袋の観点からしか見ない、と（『エウリピデス補遺〔*Supplementum Euripideum*〕』(ed. Arnim〔Bonn: A. Marcus und E. Weber, 1913〕)、断片四九、第二番〔『ギリシア悲劇全集』第一二巻、伊藤照夫・久保田忠利・下田立行・西村賀子・根本英世・安村典子訳、岩波書店、一九九三年、二三頁〕)。

(11) アリストテレスは、「自由な職業」(ta eleuthera tōn ergōn) を任せた奴隷にはより敬意をもって対するべきで、奴隷と同じ扱いをすべきではない、と勧告している。他方で、ローマ帝国の初期の数世紀には、常に帝国の職務の一部を担っていた公的な奴隷の重要性とその評価は高まっていった。今日で言う公務員〔civil servants〕の職務を実際に担っていた servi publici は、市民の正装であるトーガの着用を許されたし、自由人の女性との結婚も認められていた。

(12) アリストテレスによれば、奴隷には人間を人間たらしめている二つの資質、熟慮して決断する能力 (to bouleutikon) と予測して選択する能力 (proairesis) が欠けている。もちろん、これは奴隷が必然性に従属しているということの率直な表現にすぎない。

(13) キケロ『国家について』五・二〔「〔何ものも〕公正の解説ほど王にふさわしいものはない。その中には法の解釈が含まれていたが、この法を私人は王から求めるのがつねであった。またその理由から、豊かな土地、農地、果樹園、牧場が、王に所属するものとして、王の労苦や労働によらずに手入れされるべく定められたので、私事にかんする心配が王を国民のための政務から遠ざけることはなかった。しかし、私人は誰も訴訟の審理者または裁定人になれず、すべてが王の判決によって決定された」(岡道男訳、『キケロー選集』第八巻、岩波書店、一九九九年、一四七頁)〕。

（14）マルクスは青年時代から一貫して「人間は労働を通じて形成される」と考えており、『青年期論集〔*Jugendschriften*〕』の随所に、この思想が言葉を変えて表明されている。〔『経済学・哲学草稿』の〕「ヘーゲル弁証法の批判〔Kritik der Hegelschen Dialektik〕」では、この思想はもともとヘーゲルのものだと述べている（『マルクス＝エンゲルス全集〔*Marx-Engels Gesamtausgabe*〕』〔旧ＭＥＧＡ〕〔Berlin: Marx-Engels-Verlag, 1932〕第I部第三巻、一五六および一六七頁）〔「ヘーゲルの『現象学』とその最終的成果とにおいて――運動し産出する原理としての否定性の弁証法において――偉大なるものは、なんといっても、ヘーゲルが人間の自己産出を一つの過程として捉え、対象化〔Vergegenständlichung〕を対象剝離〔Entgegenständlichung〕として、外化として、およびこの外化の止揚として捉えているということ、こうして彼が労働の本質を捉え、対象的な人間を、現実的であるゆえに真なる人間を、人間自身の労働の成果として概念的に把握しているということである」（『経済学・哲学草稿』城塚登・田中吉六訳、岩波文庫、一九六四年、一九九頁）、「したがってヘーゲルは、自己自身に関係させられた否定の肯定的な意味を――またしても疎外された仕方においてではあるが――捉えることによって、人間の自己疎外、本質外化、対象剝離、現実性剝奪を自己獲得、本質変化、対象化、現実化として捉えている。《要するに、ヘーゲルは――抽象の内部で――労働を人間の自己産出行為として捉え、疎遠な本質としての自己に対するふるまいを、一つの疎遠な本質としての人間の活動を、生成しつつある類的意識および類的生命として捉えている》」（同書、二一七頁）。こうした文脈から考えれば、マルクスが伝統的な「理性的動物」という人間の定義を「労働する動物」に置き換えようとしていたことは明らかである。『ドイツ・イデオロギー〔*Die deutsche Ideologie*〕』ののちに抹消された部分では、さらにはっきりとこう述べている。「これらの人間個体がみずからを動物から区別すべく行う最初の歴史的行為は、思考ではなく、自分の生活手段を生産し始めたことである」（同書、五六八頁〔対応する文章は『新編輯版 ドイツ・イデオロギー』廣松渉編訳、小林昌人補訳、岩波文庫、二〇〇二年、二五頁。類似の文章は、岩波文庫の旧版（古在由重訳、一九五六年）では二四頁、大月書店版『マルクス＝エンゲルス全集』第三巻（真下信一・藤野渉・竹内良知訳、一九六三年）では一七頁〕）。同じような定式は『経済学・哲学草稿』（一二五頁）〔「しかし社会主義的人間にとって、いわゆる世界史の全体は、人間的労働による人間の産出、人間のための自然の生成以外のなにものでもないのであるから、したがって彼は、自己自身による自己の出生について、自己の発生過程について直観的な、反対できない証明をもっているのである」（前掲訳書、一四七頁）〕や『聖家族〔*Die heilige Familie*〕』（一八九頁）〔「労働者は何物も創造しない。この命題は――個別の労働者は何ら全体的なものを生産しないということ、それは同語反復《タウトロギー》であるが、これを度外視しても――まったく間違っている。批判的批判は何も創造しない、労働者が一切を創造する。その精神的創造においてもすべての批判を恥じ入らせるほどに。それればかりか労働者は人間自身を創造する。批判家は常に人でなし（Unmensch）のままである。もちろん彼はその代わりに批判的批判家であるという満足を得るのだが」（石堂清倫訳、『マルクス＝エンゲルス全集』第二巻、大月書店、一九六〇年、一五一一六頁）〕に見られる。エンゲルスも、同様の定式を、例えば『家族・私有財産・国家の起源〔*Der Ursprung der Familie, des Privateigenthums und des Staats*〕』の一八八四年の序や、一八七六年の新聞論説「猿が人間化するにあたっての労働の役割〔Anteil der Arbeit an der Menschwerdung des Affen〕」（マルクス＆エンゲルス『著作選集〔*Selected Works*〕』〔Moscow: Foreign Languages Publishing House, 1950〕第二巻を参照）で用いている〔「唯物論の見解によれば、歴史における窮極の規定要因は、直接的な生命の生産と再生産である。しかし、これ自体はまた二種類のものからなる。一方では、生活手段すなわち衣食住の対象の生産と、それに必要な道具の生産であり、他方では、人間自身の生産すなわち種の繁殖である」（『家族・私有財産・国家の起源』戸原四郎訳、岩波文庫、一九六五年、九―一〇頁）、「労働は人間生活全体の第一の基本条件であり、しかもある意味では、労働が人間そのものをも創造したのだ、と言わなければならないほどに基本的な条件なのである」（「猿が人間化するにあたっての労働の役割」菅原仰訳、『マルクス＝エンゲルス全集』第二〇巻、大月書店、一九六八年、四八二頁)〕。

　人間を動物から区別するのは労働だと最初に述べたのは、マルクスではなく、ヒュームだったようである（アドリアーノ・ティルゲル〔Adriano Tilgher〕『ホモ・ファーベル〔*Homo faber*〕』〔Roma: Libreria di Scienze e Lettere, 1929〕、英語版『仕事――それは昔から人間にとって何を意味していたか〔*Work: What It Has Meant to Men through the Ages*〕』〔translated from the Italian by Dorothy Canfield Fisher, London: G. G. Harrap, 1930〕〔『ホモ・ファーベル――西欧文明における労働観の歴史』小原耕一・村上桂子訳、社会評論社、二〇〇九年〕）。ヒュームの哲学では労働は何ら重要な役割を果たしていないので、これは純然たる歴史的興味に属する事柄だが、彼にとって人間のこの特徴は何ら人間生活をより生産的にせず、動物の生活と同じように厳しく、よりつらいものにするだけだった。ただし、この文脈ではヒュームは非常に慎重で、思考も理性による推論も人間を動物から区別するものではなく、野獣の行動から動物がそうした能力をそなえていることを繰り返し指摘しているのは興味深い。
(15)『国富論〔*The Wealth of Nations*〕』(Everyman's ed. 〔London / New York: Dent, Dutton (Everyman's library), 1910〕)〔第一巻〕第二篇、三〇二頁〔大河内一男監訳、中公文庫、一九七八年、第二篇第三章、(1)五二九頁〕。
(16)最初に生産的労働と非生産的労働を区別したのは、重農学派である。彼らは生産階級である農民、土地所有階級、非生産的階級を区別した。彼らによれば、すべての生産力の源泉は大地の自然力にあり、したがって生産力の基準は人間の欲求や欲望ではなく、新たな物を生み出すかどうかである。だから、ミラボー侯爵――あの有名な雄弁家の父――は、「その労働が人間の欲求に応え、社会にとって有益だが、何も生み出さない労働階級」は不毛だと述べる。非生産的労働と生産的労働の違いは、石を切り出す仕事と作り出す仕事の違いだというのである（ジャン・ドートリー〔Jean Dautry〕「サン＝シモンとフーリエにおける労働観〔La notion de travail chez Saint-Simon et Fourier〕」(*Journal de psychologie normale*

et pathologique, Vol. LII, No. 1, January-March 1955）を参照）。

（17） 労働の廃止はマルクスが終生一貫して抱いていた希望だった。そのことは、すでに『ドイツ・イデオロギー』に見ることができる。「問題なのは労働を解放することではなく廃止することである」（『マルクス＝エンゲルス全集』〔旧MEGA〕第Ⅰ部第五巻〔原文は「第三巻」となっている〕、一八五頁〔『マルクス＝エンゲルス全集』第三巻、前掲訳書、一九九頁〕）。数十年後に『資本論〔*Das Kapital*〕』〔第三巻〕第四八章で、こう述べている。「自由の国は事実、労働が止む〔aufhört〕ところから始まる」（『全集〔*Gesamtausgabe*〕』第二部、八七三頁〔実際は、*Das Kapital*, besorgt vom Marx-Engels-Lenin-Institut, Moskau, Bd. 3, Moskau: Verlagsgenossenschaft Ausländischer Arbeiter in der UdSSR, 1932, S. 873（「凡例」参照）。なお、『マルクス＝エンゲルス著作集』（MEW）での該当箇所は、*Marx-Engels Werke*, Bd. 25, Berlin: Dietz, 1963, S. 828〕）〔アレントはマルクスのこの文章を繰り返し参照指示しているが、初期の著作はともかく、『資本論』第三巻における「労働が止むところ」は「労働そのものの廃止」ではない。「自由の国は、実際、窮迫と外的合目的性とによって規定された労働がなくなるところで初めて始まる。したがって、それは、事柄の性質上、本来の物質的生産の領域の彼方にある。未開人が、彼の欲望を満たすために、彼の生活を維持しまた再生産するために、自然と闘わねばならないように、文明人もそうせねばならず、しかも、いかなる社会形態においても、可能ないかなる生産様式のもとにおいても、そうせねばならない。文明人が発展するほど、この自然必然性の国は拡大される。諸欲望が拡大されるからである。しかし同時に、諸欲望を満たす生産諸力も拡大される。この領域における自由は、ただ次のことにのみ存しうる。すなわち、社会化された人間、結合された生産者が、この自然との彼らの物質代謝によって盲目的な力によるように支配されることをやめて、これを合理的に規制し、彼らの共同の統制のもとに置くこと、これを、最小の力支出をもって、また彼らの人間性に最もふさわしく最も適当な諸条件のもとに、行うこと、これである。しかし、これは依然としてなお必然性の国である。この国の彼方に、自己目的として行為しうる人間の力の発展が、真の自由の国が、といってもかの必然性の国をその基礎としてその上にのみ開花しうる自由の国が、始まる。労働日の短縮は根本条件である」（『資本論』向坂逸郎訳、岩波文庫、一九六九―七〇年、第三巻第四八章「三位一体の定式」、(9)一六―一七頁）。

(18)『国富論』第二篇の序論（Everyman's ed. 第一巻、二四一頁以下〔前掲訳書、(1)四一九頁以下〕）で、アダム・スミスは労働そのものの生産性よりも分業によってもたらされる生産性を強調している。

(19) マルクス『賃労働と資本〔*Lohnarbeit und Kapital*〕』〔原書は『賃金・労働および資本〔*Wage, Labour and Capital*〕』としているが誤り。ドイツ語版では訂正されている〕へのエンゲルスの序論（マルクス&エンゲルス『著作選集』[Moscow: Foreign Languages Publishing House, 1950] 第一巻、三八四頁〔『賃労働と資本』長谷部文雄訳、岩波文庫、一九八一年、二二、三二頁〕）。エンゲルスは、ここで〔「労働力」という〕新たな用語を導入して、これを強調している。

(20) マルクスは常に労働の主要な機能は「生命の生産」にあると強調しており、それゆえ労働と生殖を結びつけて論じている。とりわけ初期の著作には、その傾向が強い（『ドイツ・イデオロギー』一九頁を参照〔「ところで生活の生産は、労働における自己の生活の生産も生殖における他人の生活の生産も、そのままますぐに二重の関係として――一方では自然的な、他方では社会的な関係として――現れる」（古在由重訳、前掲、三六頁）〕。また、『賃金・労働および資本』七七頁〔実際は以下。「他の各商品の価値と同じように、労働力の価値は、その生産に必要な労働の分量によって決定される。人間の労働力は、人間の生きた個体のうちにのみ存する。人間が成長し、その生命を維持するためには、一定量の必需品を消費しなければならぬ。ところが人間は、機械と同じように消耗してしまい、他の人間によって置き換えられねばならない。人間は、自分自身の維持に要する必需品の分量のほかに、さらに、労働市場で自分にとって代わって労働者種族を永続させるべき一定数の子供を育て上げるための必需品の分量を必要とする」（『賃銀・価格および利潤』長谷部文雄訳、岩波文庫（改版）、二〇〇七年、七八―七九頁）〕）。

(21) マルクスは「社会化された人間〔vergesellschafteter Mensch〕」または「社会的人間〔gesellschaftliche Menschheit〕」という用語を、社会主義の目標を示すために用いている（例えば『資本論』第三巻、八七三頁〔前掲訳書、(9)一六頁。*Marx-Engels Werke* [MEW], Bd. 25, Berlin: Dietz, 1963, S. 828〕および「フォイエルバッハに関するテーゼ〔Thesen über Feuerbach〕」第一〇番：「古い唯物論の立場は「市民」社会であるが新しい唯物論の立場は人間社会あるいは社会化された人間性である」〔『著作選集』第二巻、三六七頁〔松村一人訳、エンゲルス『フォイエルバッハ論』岩波文庫、一九六〇年、九〇頁〕〕）。それは個人としての人間と社会的存在としての人間の間の溝を埋めて、「最も個人的な存在でありながら同時に社会的存在［Gemeinwesen］となる」（『青年期論集』一一三頁〔『経済学・哲学草稿』前掲訳書、一三〇頁〕）。マルクスは、しばしば人間のこの社会的本質を、人類という種族の一員であるという意味でGattungswesen〔類的存在〕と呼んでいる。マルクスの有名な「自己疎外」は、何よりもまず「類的存在」からの疎外なのである（同書、八九頁：「人間が彼の労働の生産物から、彼の生命活動から、彼の類的存在から、疎外されている、ということから生ずる直接の帰結の一つは、人間からの人間の疎外である」〔同書、九八頁〕）。〔マルクスにとって〕理想的な社会というのは、あらゆる人間活動が人間の「本質〔nature〕」から、まるでミツバチが蜂の巣を作る時に蠟を分泌するのと同じように、自然に引き出される状態のことであり、そこでは生きることと生きるために労働することとは同じことになる。もはや「〔労働者〕にとって〔本当の生活は〕〔労働という活動が〕終わってようやく始まる」というようなことはない、というのである（『賃労働と資本』〔原書は『賃金・労働および資本』〕七七頁〔「生活は、彼にとっては、この活動が終わったときに、食卓で、飲食店の腰掛けで、寝床で、はじまる。その反対に十二時間の労働は、彼にとっては、機織り・紡績・穿孔などとしては何の意味もなく、彼を食卓や飲食店の腰掛けや寝床につかせる儲け口として意味があるのだ」（前掲訳書、四五頁）〕）。

(22) そもそもマルクスが資本主義社会を非難したのは、すべての対象を商品に転化したからではなく、

「労働者が自分の労働生産物に対して疎遠な対象としてふるまう」（"dass der Arbeiter zum Produkt seiner Arbeit als einem fremden Gegenstand sich verhält"〔『青年期論集』八三頁〔『経済学・哲学草稿』前掲訳書、八七頁〕〕）ようになる、言い換えれば、世界の拠り所となる事物が、ひとたび人間によって生産されると、人間の生活から独立して「疎遠な」ものになるからだった。

(23) 農業を自由学芸に分類するというのは、もちろんローマに特有のものである。それは、われわれが理解するような農業の特別な「有用性」ではなく、むしろ patria〔祖国〕というローマの観念と関わる。彼らにとっては、都市ローマではなく、ローマを取り囲む ager Romanus〔ローマの土地〕こそが公的領域の置かれるべき場所なのである。

(24) とりあえず、ここではキケロが『義務について』一・一五〇—一五四で論じている自由人の職業と奴隷の職業についての区別に従っている。prudentia と utilitas あるいは utilitas hominum の基準については、一五一および一五五（ローブ古典文庫版のウォルター・ミラーの訳〔Cicero, *De officiis*, with an English translation by Walter Miller, Cambridge, Mass.: Harvard University Press (The Loeb Classical Library), 1913〕は、prudentia を「高度な知性〔a higher degree of intelligence〕」としているが、これは誤解を招くものと私には思われる）〔「他方、高度の英知を含む技術、あるいは並外れた利便をもたらす技術、たとえば、医術、建築術、教養教育といった技術は、これにふさわしい階層の人々にとって立派なものである」（一・一五一、高橋宏幸訳、『キケロー選集』第九巻、岩波書店、一九九九年、二一四頁）。「以上のことによって、知識に関する熱意と義務よりも正義にもとづく義務が重視されるべきことが了解される。正義にもとづく義務は人類の有益性に関与し、これにまさって人間が宝とすべきものはない」（一・一五五、同書、二一七頁）〕。

(25) キケロが mediocris utilitas と呼んで（〔『義務について』一・〕一五一〔前掲訳書、二一四—二一五頁〕）、自由学芸から排除しているのは、単なる生活のために有用なものである。ここでも〔ミラーの〕翻訳は的外れだと思われる。それは「社会にとって何ら便益をもたらさない……職業」ではなく、先に述べたような職業とは反対に、消費財としての卑俗な有用性を超えているのである〔キケロはここで「並外れた利便（non mediocris utilitas）」ではない「通常の利便」を自由人のなすべき事柄から排除した、とアレントは言うのである。なお、『キケロー選集』（岩波書店）は、この箇所に訳注をつけて、「並外れた利便をもたらす技術」は「貴族階級など上層身分の人間にはふさわしくない、ということ」だとアレントとは異なる理解を示している。ちなみに、泉井久之助訳は「一方、医術のように、建築のように、また高貴なものごとの教育のように、すべてより高い英知を要し、少なからず公共の利益をもたらす技術は、これらの技術がふさわしい地位に立つ人びとの名誉を高めるものだ」（岩波文庫、一九六一年、八二頁）となっており、明らかに自由人の職務に属するものと理解している〕。

(26) ローマ人は〔何か成果としての作品を生み出す〕仕事と純然たる〔労力の支出としての〕活動という opus と operae の相違を決定的なものと見ていたので、契約についても locatio operis と locatio operarum という二つの形態を区別していたが、実際にはほとんどの労働が奴隷によってなされていたため、後者は重要な役割を果たさなかった（エドガー・レーニング〔Edgar Loening〕『社会科学綱要〔*Handwörterbuch der Sozialwissenschaften*〕』第一巻［Stuttgart: G. Fischer, 1949］、七四二頁以下〔「労働契約（Arbeitsvertrag）」の項目〕を参照）。

(27) opera liberalia は、中世には知的な、むしろ霊的〔宗教的〕な仕事と同一視されていた（オットー・ノイラート「奴隷の学芸の歴史について」（*Archiv für Sozialwissenschaft und Sozialpolitik*, Vol. XLI, No. 2, 1915）を参照）。

(28) H・ワロン〔Henri Wallon〕は、ディオクレティアヌス帝の時代に進行したこの過程について次のように述べている。「……それまで奴隷的とされていた職務が高貴なものとなり、国家の第一級の地位に上りつめた。皇帝が宮廷の筆頭の奴隷たち、帝国の最高位の者たちに与えた高い評価は、公的な職務のあらゆる段階に浸透していった。……公的な召使いの役務〔service public〕が公職になったのである」、「最も奴隷的な職務……奴隷のすべき仕事としてわれわれが引き合いに出していた役職の名前が、皇帝の人格から放たれる光を受けて輝いている」（『古代における奴隷制の歴史〔*Histoire de l'esclavage dans l'antiquité*〕』〔Paris: L'imprimerie royale, 1847〕第三巻、一二六および一三一頁）。その役務の地位が上昇する前までは書記の仕事は公共建築の監視役や、剣闘士を闘技場に案内する役務と同等のものだった（同書、一七一頁）。「知識人」の地位の上昇が官僚制の確立とともに起きたことは注目しておくべきである。

(29)　アダム・スミスは「社会のなかで最も尊敬される地位にある人々の労働は、召使いのそれと同様にいかなる価値も生み出さない」と述べて、その例として「陸海軍のすべて」、「公務員」と、そして「聖職者、法律家、医者、あらゆる種類の文筆家たち」のような自由業を挙げている。彼らの仕事は「役者の朗唱、雄弁家の演説、音楽家の音色のように……生み出されたその瞬間に消滅する」（前掲書、第一巻、二九五―二九六頁〔『国富論』前掲訳書、⑴五一八―五一九頁〕）。今日のいわゆる「ホワイト・カラー」が労働者に属するのか否か、彼らの職業をどこに分類するのかといったことは、スミスにとってまったく問題にもならなかっただろう。

(30)　反対に、絵画がペイディアスが作ったと言われるオリュンピアのゼウス像より高く評価されたかどうかは疑わしい。かの像の魔力はあらゆる苦しみや悩みを忘れさせ、見たことのない者の人生は空しい、と言われたほどである。

(31)　ロック、前掲書、〔後篇〕第四六節〔『統治二論』前掲訳書、三四七頁〕。

(32)　アリストテレス『政治学』一二五四a七〔「さらに、製作と行為とは種の上で異なっているものであるから、両者孰れも道具を必要とするにせよ、必然にそれらの道具は同じように異なっていなければならない。しかし生活は行為であって、製作ではない。それ故に奴隷もまた行為に関することどもの下働き人である」（前掲訳書、三九頁）」。

(33) 労働についての初期の文献でも、一九世紀の三分の二までは、労働と生命の循環過程との関連を主張するのはめずらしいことではなかった。例えば、シュルツェ＝デーリチュ〔Hermann Schulze-Delitzsch〕の講義『労働〔*Die Arbeit*〕』(Leipzig: E. Keil, 1863) は、欲望‐努力‐充足の循環から議論を始めている。「最後の一口を食べると同時に消化が始まる」と。しかしながら、マルクス以降に出された労働問題に関する膨大な文献で、労働という活動の最も基本的なこの側面について論じたのは、ピエール・ナヴィル〔Pierre Naville〕ただ一人である。彼の『労働の生とその諸問題〔*La vie de travail et ses problèmes*〕』(Paris: Armand Colin, 1954) は、この分野における近年では最も興味深く、おそらく最も独創的な寄与である。労働時間を計測する他の方法とは異なる労働日の独特な特徴について、彼はこう述べている。「主要な特徴は、その循環的でリズミカルな性質である。これは、一日という時間の自然的ならびに宇宙論的な精神に結びつくと同時に、……人間が高等動物の種族と共有する生理学的な機能とも関係している。……労働が何よりもまず自然のリズムと働きに結びつかなければならないのは明らかである」。労働日という時間単位を規定する労働力の支出と再生産の循環的性格は、ここに由来する。ナヴィルの洞察で最も重要なのは、人間の生は種の生命の単なる部分ではなく、その時間的性格は労働日の循環的な時間的性格とは鋭く対立する、という点である。「自然が生命に課す限界は……一日という時間が課す限界のように必要性と再生産の可能性によるものではなく、反対に、種という次元を別にすれば二度と繰り返すことがないところにある。その循環が一度完了すれば、二度と繰り返すことはない」（一九―二四頁）。

(34) 〔マルクス〕『資本論』（モダン・ライブラリー版〔*Capital: A Critique of Political Economy*, revised and amplified according to the fourth German edition by Ernest Untermann, New York: The Modern Library, 1906〕）二〇一頁〔前掲訳書、⑵一五頁。本章の訳注＊5参照〕。こうした定式は、マル

クスの著作の随所で文字どおり繰り返されている。労働とは人間と自然の物質代謝をもたらす永遠の自然的必然性である、と（例えば『資本論』第一巻第一部第一章二節、第三部第三章。モダン・ライブラリーの標準的英語版の五〇、二〇五頁は、マルクスの言わんとするところを正確に訳しているとは言い難い）。ほとんど同じ定式は、『資本論』第三巻、八七二頁〔同書、(9)一四頁〕にある。マルクスが「社会の生命過程」について語る時は、単なる喩えとして述べているわけではない。

(35) マルクスは労働を「生産的消費」と呼んでおり（『資本論』〔モダン・ライブラリー版〕二〇四頁）、生理学的な条件を決して視野から外していない〔「労働は、その素材的要素を、その対象および手段を消費し、それを食いつくす。したがって、それは消費過程である。この生産的消費が個人的消費から区別されるのは、後者は生産物を生きた個人の生活手段として消耗し、前者は労働の生活手段として、個人の活動しつつある労働力の生活手段として消耗する、ということによる。したがって、個人的消費の生産物は、消費者それ自身であり、生産的消費の結果は、消費者からは区別された生産物である」（前掲訳書、第一巻第五章、(2)一九頁。*Marx-Engels Werke* [MEW], Bd. 23, Berlin: Dietz, 1956, S. 198)〕。

(36) 労働者は何よりもまず生存のための手段を生産することで自分の生命を再生産する、という初期以来の洞察の上に、マルクスの理論全体は成り立っている。初期の著作で、彼は「人間は自分の生存手段を生産しはじめたときから動物と区別し始める」と述べている（『ドイツ・イデオロギー』一〇頁〔古在訳、前掲、二四頁〕）。まさにこれは「労働する動物」という人間の定義である。別の文章でマルクスがこの定義に満足していないのは、これが人間と動物を十分に区別していないからであるというのは、なおさら注目に値する。「蜘蛛は織物職人のそれに似た作業をするし、蜜蜂が作り出す蠟房は多くの建築家の顔色を失わせる。しかし、最悪の建築家でも、最良の蜜蜂に勝る理由は、建築家は建物を実際に築く前に想像の中で建物の構造を思い描いているからである。労働過程の終わりには、はじめに労働者の頭の中にすでに存在していた結果をわれわれは得るのである」（『資本論』〔第一巻第五章第一節〕〔モダン・ライブラリー版」一九八頁〔前掲訳書、(2)二一〇頁〕）。明らかにここでマルクスが語っているのは労働ではなく仕事だが、彼はその点に関心を払っていない。その証拠に、何よりも重要なはずの労働者の「想像力」が、彼の労働理論では何の役割も果たしていないのである。『資本論』の第三巻で、彼は直接的な必要を越えた剰余労働が「再生産過程の漸進的拡大」に寄与すると繰り返し主張している（八七二、二七八頁〔八七二頁は、前注（17）で注記した三位一体定式の記述である(9)一五頁以下が該当すると思われる。二七八頁に対応する(6)三三三頁以下の「利潤率傾向的低下」の論述には適合するものが見当たらない〕）。時にはためらいながらも、マルクスは「ミルトンが『失楽園』を書いたのは蚕が絹糸を生み出すのと同じ理由だ」と確信し続けていた（『剰余価値学説史〔*Theorien über den Mehrwert*〕』〔〔*Theories of Surplus Value*, translated from the German by G. A. Bonner and Emile Burns〕London: Lawrence & Wishart, 1951〕一八六頁）〔「同じ種類の労働が、生産的でもありうるし、不生産的でもありうる。／たとえば『失楽園』を書いて五ポンドを得たミルトンは不生産的労働者であった。これに反し、自分の出版業者のために製造労働を提供する著述家は生産的労働者である。ミルトンが『失楽園』を生産したのは、蚕が生糸を生産するのと同じ根拠によるものである。それは、彼の天性の活動であった。彼は、そののちに生産物を五ポンドで売ったのである。しかし、ライプツィヒの文筆プロレタリアは、自分の出版業者の指図のもとで書物（たとえば経済学概論）を製造するのであって、生産的労働者である。というのは、彼の生産物は、はじめから資本の下に従属させられており、資本の価値増殖のためにのみ生み出されるものだからである。自分だけの力で自分の歌を売る女歌手は不生産的労働者である。ところが同じ歌手でも、金を儲けるために彼女を歌わせる企業家に雇われた場合には、生産的労働者である。なぜなら、彼女は資本を生産するからである」（時永淑訳、『マルクス＝エンゲルス全集』第二六巻第一分冊、大月書店、一九六九年、五一〇頁。*Marx-Engels Werke* [MEW], Bd. 26, Berlin: Dietz, 1965, Teil 1, S. 377)〕。

（37）引用句はそれぞれ、ロック、前掲書、〔後篇〕第四六、二七、二八〔原書は「二六、二七」としている」節〔『統治二論』前掲訳書、三四七―三四八、三二六―三二八頁。なお、ロックの本文は自然の対象に労働を投入して「混ぜ合わせる」という意味にとれるが、アレントは「混ぜ合わせる（mixes with）」の前にbodilyを補って「労働によって自然の対象をみずからの肉体に取り込む」と――マルクスの物質代謝論に引き寄せる形で――読んでいる。ちなみに、ロックが「混ぜ合わせる」という表現を用いているのは、第二七節のみである〕。

(38)　同書、〔後篇〕第三四節〔「人間生活の条件」への言及は、第三五節末尾（同書、三三四頁）〕。

(39)　これは、カール・ドゥンクマン〔Karl Dunkmann〕の言葉である〔『労働の社会学〔*Soziologie der Arbeit*〕』〔Halle: Marhold, 1933〕七二頁〕。彼は、マルクスの偉大な著作の名称は不適切であって、『労働の体系〔*System der Arbeit*〕』と呼ぶべきだと述べているが、これは正当な指摘である。

(40)　この奇妙な定式は、ソースティン・ヴェブレン〔Thorstein Veblen〕『有閑階級の理論〔*The Theory of the Leisure Class*〕』（New York: B. W. Huebsch, 1918）四四頁〔村井章子訳、ちくま学芸文庫、二〇一六年、八八頁〕にある。

(41)　マルクスの著作において「対象化する〔vergegenständlichen〕」という用語は、それほど頻出するわけではないが、常に決定的なところで用いられている。『青年期論集』八八頁を参照：「対象的世界の実践的産出、非有機的自然の加工は意識的な類的存在としての人間の確証である。……〔動物は〕直接的な欲求に支配されて生産するが、人間は物理的欲求から解放されてはじめて真に自由に生産する」〔『経済学・哲学草稿』前掲訳書、九六頁〕。注（36）で引用した『資本論』と同様、ここでもマルクスはまったく異なる労働の概念を導入している。つまり、実際には仕事と制作について語っているのである。物化についての同様の見解は、やや曖昧な形だが、『資本論』第一巻第三部第五章でも述べられている。「〔労働は〕対象化されて、対象が加工される」。「対象〔Gegenstand〕」を用いた言葉遊びは実際の過程で起きていることをぼかしてしまっている。物化を通じて新たな事物が生み出されるが、この過程で事物に変換される「対象〔object〕」は、過程の観点から見れば、単なる材料〔material〕にすぎず、事物ではない（モダン・ライブラリー版、二〇一頁の英語訳はドイツ語のテキストの意味をとり損ねているので、そうした曖昧さは〔はじめから〕ない）〔本章の訳注＊5で注記したように、アレントは前出の箇所ではドイツ語原文のGegenstandをobjectではなくsubjectとする英語版の誤訳に従っている〕。

(42) この定式は、マルクスの著作に繰り返し出てくる。例えば『資本論』第一巻（モダン・ライブラリー版、五〇頁）ならびに第三巻、八七三―八七四頁〔第一巻第一章第二節「したがって、使用価値の形成者として、すなわち有用なる労働としては、労働は、すべての社会形態から独立した人間の存立条件であって、人間と自然との間の物質代謝を、したがって、人間の生活を媒介するための永久的自然必然性である」（前掲訳書、(1)八一頁。ドイツ語版では、第五章第一節の冒頭第二段が指示されている。第三巻の参照指示は紛らわしいが、モダン・ライブラリー版ではなく、第三巻第三章第四八節「自由の国は、実際、窮迫と外的合目的性とによって規定された労働がなくなる〔aufhört〕ところで初めて始まる。したがって、それは、事柄の性質上、本来の物質的生産の領域の彼方にある」（同書、(9)一一六頁）〕。

(43)「労働過程は生産物となって消失する」（『資本論』第一巻第三篇第五章〔同書、(2)一四頁〕）。

(44) アダム・スミス、前掲書、第一巻、二九五頁〔『国富論』前掲訳書、第二篇第三章「資本《ストック》の蓄積について、すなわち、生産的労働と不生産的労働について」、(1)五一六―五一八頁：「しかし、製造工の労働は、ある特定の対象や販売商品のかたちに固定し具体化するのであって、この商品は、労働が投ぜられたあとも、少なくともしばらくのあいだは、存続する。それはいわば、一定量の投下労働が、その後必要に応じて使用されるために蓄積され貯えられているものなのである。その対象、または同じことであるが、その生産物の価格は、のちに、もともとそれを生産したのと等しい量の労働を、必要に応じて活動させることができる。これに反して、家事使用人の労働は、ある特定の対象または販売しうる商品のかたちで固定されたり具体化されたりはしない。かれのサーヴィスは、それが行われるその瞬間に消滅してしまうのがふつうであって、それだけのサーヴィスと引き換えに何かを入手できるだけのもの、つまり価値をあとに残すことは、めったにない」」。

(45) ロック、前掲書、〔後篇〕第四〇節〔『統治二論』前掲訳書、三四一頁〕。

(46) アダム・スミス、前掲書、第一巻、二九四頁〔『国富論』前掲訳書、(1)五一六頁〕。

(47) 〔ロック〕前掲書、〔後篇〕第四六および四七節〔本文後半の引用句を引いた第四七節で「持続する」事物とは、貨幣である。「それ〔貨幣〕は、人間が腐らせることなしに保存できる何か耐久性のあるものであり、また、人々が、相互の同意によって、真に有用でありながら消滅する生活の必需品と交換に受けとるものである」(『統治二論』前掲訳書、三四八頁)〕。

(48) ジュール・ヴュイユマン〔Jules Vuillemin〕の『存在と労働〔*L'être et le travail*〕』(Paris: Presses universitaires de France, 1949)は、マルクスの思想の中心的矛盾と両義性を解決しようとするとどうなるかを示す好例である。そのためには、表面的な証拠をいっさい無視して、マルクスの概念それ自体を複雑な抽象観念のジグソーパズルのように扱うことになる。かくして、労働は「明らかに必然性から生まれる」が、「実際には自由な仕事を実現し、われわれの力を確証する」。労働において「必然性が〔人間にとっては〕隠された自由を表現する」と言うのである(一五、一六頁)。このような一見知的に洗練された装いの通俗的な議論に対しては、マルクスは自分の著作に対して突き放した態度をとっていた、というカウツキーが伝える逸話を想起してもいいだろう。マルクスが亡くなる少し前の一八八一年、カウツキーが全集を出してはどうかと尋ねたところ、マルクスはこう答えたという。「そのような作品を書くのが先だ」(カウツキー〔Karl Kautsky〕『マルクス主義の黎明期から〔*Aus der Frühzeit des Marxismus*〕』[Prag: Orbis, 1935] 五三頁)。

(49) 『資本論』第三巻、八七三頁〔前掲訳書、(9)一六頁〕。『ドイツ・イデオロギー』でも、労働だけが人間を動物から区別すると述べた(一〇頁〔古在訳、前掲、二四頁。ただし、区別の基準は「生産手段の生産」」）あとで、「共産主義革命は……労働を廃止する」（五九頁）と述べている〔「すべて今までの革命では活動の方式はいつも手を触れられずに終わり、そして問題になったのはただこの活動の別な分配にすぎず、別な人々への労働の新たな配当にすぎなかった。これに反して共産主義革命は活動の今までの方式に対して向けられ、労働を取り除き、そしてあらゆる階級の支配をば階級そのものとともに廃棄する」（同書、一〇六頁）〕。

(50) この定式それ自体は、エドマンド・ウィルソン〔Edmund Wilson〕の『フィンランド駅へ〔*To the Finland Station*〕』(Anchor ed.〔New York: Doubleday (Anchor Books), 1953〕）のものだが、そうした批判はマルクス主義文献ではおなじみのものである〔「最も明白な矛盾は、歴史家の科学的観点と予言者の道徳的観点の矛盾である。ロシアの社会主義者マクシーム・コヴァレフスキーは、「マルクスについて最も驚くべきことは、彼が熱心に政治的問題に肩入れしていることであり、このことは、彼が弟子たちに説きすすめ、また経済原理を研究する道具として考えたはずの、冷静で客観的な方法と矛盾する」と言う」（『フィンランド駅へ』下、岡本正明訳、みすず書房、一九九九年、四二一頁）〕。

(51) 第VI章、第42節以下を参照。

(52) 『ドイツ・イデオロギー』一九頁（原書は「一七頁」としている）〔「ところで生活の生産は、労働における自己の生活の生産も生殖における他人の生活の生産も、そのまますぐに二重の関係として――一方では自然的な、他方では社会的な関係として――現れる」（古在訳、前掲、三六頁）〕。

(53) 旧約聖書のどこにも、死が「罪の報い」であるとは書いていない。楽園追放の呪いによる処罰として労働と出産がもたらされたのではなく、ただ労働をよりつらく、出産を難儀なものにしただけである。『創世記』によれば、最初の人間（アダム）は大地の世話と監視をするために造られた。彼の名前も「土」(adamah)の男性形から来ている（『創世記』二・五―一五を参照）。「そこには土〔adamah〕を耕すべき男〔Adam〕はいなかった。……そこで彼、神はアダムを土〔adamah〕の塵から造り出した。

……神はアダムをエデンの園に連れていき、耕して監視するように命じた」（翻訳はマルティン・ブーバーとフランツ・ローゼンツヴァイク訳『聖書〔*Die Schrift*〕』〔zu verdeutschen unternommen von Martin Buber, gemeinsam mit Franz Rosenzweig〕［Berlin: L. Schneider, n. d.］に従った）。「耕す〔tilling〕」の語は、のちにヘブライ語で労働を表すleawodになるが、「奉仕すること〔to serve〕」の意味をもっている。神の呪い（三・一七―一九）にはこの言葉は出てこないが、意味するところは明瞭である。もともと人間は〔神と大地に〕奉仕するために作られたが、今やその営みは奴隷的な強制労働になったのである。この「呪い」について今日流布している誤解は旧約聖書を無意識的にギリシア思想の観点で解釈していることに原因があるが、カトリックの著作家の場合は通常そうした誤解から免れている。例えば、ジャック・ルクレール〔Jacques Leclercq〕『自然法講義〔*Leçons de droit naturel*〕』第四巻第二部「労働、財産〔Travail, propriété〕」（Namur: Wesmael-Charlier, 1946）三一頁：「労働の苦痛は原罪の結果である。……人間が堕落しなければ喜びをもって労働しただろうが、それでも労働したことには変わりない」。また、J・Chr・ナッターマン〔Johannes Christian Nattermann〕『近代労働――社会学的・神学的考察〔*Die moderne Arbeit: soziologisch und theologisch betrachtet*〕』（Bad Wörishofen: Hans Holzmann, 1953）九頁を参照。こうした見方を、一見すると旧約聖書の「呪い」に似ているヘシオドスの労働の苛酷さについての説明と比較するのは興味深い。ヘシオドスによれば、神々は人間を罰するために生活の糧を隠してしまった（前注（8）を参照）ので、それを探さなければならなくなった。以前なら、人間は畑や木々から大地の恵みをもぎとるだけでよかったのである。つまり、ヘシオドスにとっての「呪い」は、労働のつらさではなく、労働そのものにある〔アレントは、ここで原罪とアダムとイブの楽園追放によって人間に死と労働、出産の苦しみがもたらされたというキリスト教（とりわけ西方キリスト教）の通説的理解に疑問を呈している。労働そのものが原罪による処罰であり、呪いだとする理解は、ユダヤというよりも、むしろギリシア思想の影響であり、旧約聖書のテキストからはそうした理解は出てこないとブーバーなどユダヤ系の学者を参照して指摘しているのは、キリスト教と聖書学に対するアレントの位置を示唆している」。

(54) 人間の「善良」で「生産的」な性質は社会に反映されているのに対して、政府を必要とするのは人間の邪悪な性質であるという点で、近代の著述家たちの意見は一致している。例えば、トマス・ペインはこう述べる。「社会はわれわれの欲求から生まれ、政府は邪悪さから生まれる。前者は情愛によってわれわれを結合させて幸福を積極的に増進するが、後者は消極的にわれわれの悪を制約する。……社会はどんな状態においてであれ祝福だが、政府は最善の状態でも必要悪にすぎない」(『コモン・センス〔*Common Sense*〕』一七七六年〔頁表示なし。小松春雄訳、岩波文庫、一九五三年、一五頁〕)。また、マディソン〔James Madison〕はこう述べている。「しかし政府それ自体はあらゆる人間本性の最大の反映にほかならない。もし人間が天使であれば、どのような政府も必要なかっただろう。もし天使が人間を統治するのであれば、それを外的にも内的にも統制する必要はなかっただろう」(『ザ・フェデラリスト〔*The Federalist*〕』〔モダン・ライブラリー版〔New York: Modern Library, 1937〕〕三三七頁〔第五一篇、斎藤眞・中野勝郎訳、岩波文庫、一九九九年、二三八頁〕)。

(55) これは、例えばアダム・スミスの意見だった。彼は「政府の公的浪費」に憤って、こう書いている。「公共の収入の全部もしくはほとんど全部が、多くの国では非生産的な者の手で行われている」(前掲書、第一巻、三〇六頁〔『国富論』前掲訳書、第三篇第三章、(1)五三五頁〕)。

(56) 〔ロックの『統治二論』が出される〕「一六九〇年より以前には、誰も自分の労働で作り出した財産に対して自然の権利があるなどとは考えていなかった。一六九〇年以降、この考えは社会科学の公理になったのである」(リチャード・シュラッター〔Richard Schlatter〕『私有財産——ある観念の歴史〔*Private Property: The History of an Idea*〕』〔London: George Allen & Unwin, 1951〕一五六頁)。それ以前には、労働と財産という概念は相容れないものであり、むしろ労働と貧困(ponos と penia、Arbeit と

Armut）が同じ種類に属していた。労働は貧困の状態に対応する活動だったのである。それゆえ、労働する奴隷が「悪しき」ものなのは、彼らが自分の内なる動物的な部分に対する主人ではないからだ、と考えたプラトンは、貧困の状態についてもほとんど同じことを述べている。貧困なものは「自分自身の主人ではない」（penēs ōn kai heautou mē kratōn〔『第七書簡』三五一A（長坂公一訳、『プラトン全集』第一四巻、岩波書店、一九七五年、一六九頁）〕）。古典古代の作家の誰も、労働が富の源泉でありうるとは考えなかった。キケロによれば――彼は同時代の意見を要約しただけだが――財産というものは大昔に行われた征服、勝利、あるいは法による分割に由来する（aut vetere occupatione aut victoria aut lege〔『義務について』一・二一（前掲訳書、一三八―一三九頁）〕）。

（57）第8節を参照。

（58）〔ロック『統治二論』後篇〕第二六節（所有権について論じているのは第二五節以下（前掲訳書、三二四頁以下）。アレントの参照指示は、やや混乱している〕。

（59）同書、〔後篇〕第二五節（正確には、第二六―二七節（前掲訳書、三二五―三二六頁））。

（60）同書、〔後篇〕第三一節（内容的には、所有権の限界を論じた第三一節からの数節全体を参照すべきだろう。世界の共有部分から個人が労働によって占有したものが彼の私有財産となる、というロックの基本的な論理は第三二節で説明されている。その労働による占有は、当初は「腐敗する前に、自分の生活の便益のために利用しうる限りのもの」（第三一節。前掲訳書、三三〇頁）だったのが、「土地のある部分を改良することによってそれを占有すること」（第三三節。同書、三三一頁）、「生活の最大限の便益を引きだすこと」（第三四節。同書、三三二頁）は神が人間に与えたもうた権利であり義務でもあるとされるようになる。そこでは「人間の労働と生活の便宜との範囲によって、巧みに所有権の限度を定め」られている――人間の自然的な必要・欲求からすれば、自然の与える土地や資源は豊穣であり、無限に近い（第三六節。同書、三三四頁）。しかしながら、人間が自然的な必要以上のものを欲するようになり、「消耗したり腐敗したりせずに永続する小さな黄色の金属片が、大きな肉の塊や山のような穀物と同じ価値があると人々が合意する」ようになると、事態は大きく変化する（第三七節。同書、三三六頁）。貨幣の使用によって、財産の蓄積と拡大の機会が生じる。土地も含めたあらゆる財産の価値は、食物や衣服などの生活必需品と同様に労働にあるが、財産、とりわけ土地の不均等な所有は、貨幣の使用という人間間の同意に基づく（第四八―五〇節。同書、三四九―三五一頁）。

(61) ある種の軽微な薬物の頻繁な使用は常習化の危険があるので非難されることが多いが、私にはむしろひとたび強烈な幸福感によって苦痛から解放されると、それを繰り返したくなるからのように思われる。こうした現象そのものは古代においてもよく知られているが、近代の文献で私のこの仮説を支持してくれるのは、イサク・ディーネセン〔Isak Dinesen〕の「コペンハーゲン夜話〔Converse at Night in Copenhagen〕」（『最後の物語〔*Last Tales*〕』〔New York: Random House, 1957〕三三八頁以下）だけである。そこでは「苦痛の停止」が「三つの完全な幸福」の一つに挙げられている〔あと二つは「みずからの内に力の充溢を感じること」と「神の意志を遂行していると感じること」〕。プラトンは、すでに「苦痛から逃れられれば快楽の終着点に到達したと信じている」者たちに反論しているが（『国家』五八五A〔「真理に無経験な人たちが、他の多くの事柄について不確かな考えをもつとともに、快楽と苦痛とそれらの中間状態に関してもまた、彼らが苦へと運ばれるときには正しく判断し、そして実際に苦しむのであるが、しかし他方、苦から中間状態へと運ばれるときには、充足と快に到達したとすっかり思いこんでしまうとしても、君はそれを不思議に思うだろうか？」（藤沢令夫訳、岩波文庫（改版）、二〇〇八年、(下)三一三頁）〕）、苦痛や欠乏のあとに交互に訪れる「混合した快楽」が精妙な香気を嗅いだり幾何学の図形を思い描いたりする時のような純粋な快楽より強烈であることを認めている。おかしなことに、苦痛からの解放が苦痛の欠如はもとより「純粋な快楽」よりも強烈であることを認めずに問題を混乱させているのは、快楽主義者のほうである。例えば、キケロはエピクロスが単なる苦痛の欠如と苦痛からの解放による快楽とを混同したと非難している（V・ブロシャール〔Victor Brochard〕『古代哲学と近代哲学〔*Etudes de philosophie ancienne et de philosophie moderne*〕』〔Paris: F. Alcan, 1912〕二五二頁以下を参照）。ルクレティウスも、こう宣告している。「自然が叫び求めているのは、ただ二つのこと、苦痛のない肉体、悩みから解放された精神だということが分からないのか」と（『事物の本性について』〔Penguin ed.〔*On the Nature of the Universe*, translated and introduced by R. E. Latham, Harmondsworth: Penguin Books, 1951〕〕六〇頁〔「おお、憐れむ可き人の心よ、おお、盲目なる精神よ！　此の如何にも短い一生が、なんたる人生の暗黒の中に、何と大きな危険の中に、過ごされて行くことだろう！　自然が自分に向かって怒鳴っているのが判らないのか、外でもない、肉体から苦痛を取り去れ、精神をして悩みや恐怖を脱して、歓喜の情にひたらしめよ、と？」（『物の本質について』樋口勝彦訳、岩波文庫、一九六一年、六二頁）〕）。

(62)　ブロシャール（前掲書）は、古代後期の哲学者、特にエピクロスについて次のような優れた要約を提示している。いわく、確かな感覚的幸福に至る方法は魂が作り出す「より幸福な世界への逃避にあり、そうすればいつでも想像力を用いて一度経験したことのある快楽を肉体に思い出させることができる」と（二七八頁および二九四頁以下）。

(63)　感覚は世界の実在を示すことができない、とする理論に共通する特徴は、最高かつ高貴な感覚とされていた視覚を触覚や味覚と同列の地位にまで引きずり下ろしたことである。実際、触覚や味覚というのは最も内密な私的感覚であり、対象を知覚する際、肉体は何よりもまず自分自身を感じている。外部世界のリアリティを否定する思想家なら、ルクレティウスの次のような言葉に同意するだろう。「というのも、触覚は、そして（人が聖なるものと崇めるすべてに誓って言うが）触覚だけが、われわれの肉体感覚の本質だからである」（前掲書、七二頁〔「次にさて、熱い火とか、冷たい霜とか、〔の原子〕は色々な工合に歯を具えていて、〔我々の〕感覚を刺すようになっていることは、この孰れに触って見ても判ることである。〔我々の体に〕外部から物が浸透する場合であろうと、或いは、体内に生ずる物が痛みを起こす場合であろうと、或いは、生殖行為によって体内に生ずるものが快感を起こす場合であろうと、或いは、〔原子相互の衝突による〕打撃によって原子が体内で活動を起こし、運動を起こした原子が感覚を混乱させる場合であろうと、接触こそ、神々の神聖なる恵にかけて、接触こそ正に我々の肉体の〔感得する〕感覚に外ならない。これは、今もし君が手で体の一部を何処か打ってみれば、君自身経験できることである。であるから、原子は種々なる感覚を起こすことが可能である以上、形態にも大きな差異があるに違いない」（前掲訳書、八〇―八一頁）。しかしながら、これでは十分に論じたことにはならない。〔痛みなどの〕刺激によってかき乱されていない正常な肉体の場合には、触覚や味覚は世界のリアリティを十分に感じさせる。私が一皿の苺を食べるとき、私が味わうのは苺であって、味覚それ自体ではない。ガリレオが挙げている例をとれば、「私が手をまず大理石の立像に、次に生きている人間に触れる」とき、私がまず最初に知覚するのは、大理石と生きた肉体であって、それに触れている自分の手ではない。だから、ガリレオも色や味や匂いなどといったものは第二次的な属性であって、「感覚している肉体の中に生じたものに与えられた名称にすぎない」ことを論証しようとした時には、自分で挙げていた大理石と肉体の事例を放棄して、羽根によるくすぐりの例を持ち出さなければならなかった。彼はそこでこう結論している。「自然の物体がもつとされるさまざまな性質、たとえば味、におい、色その他についても、それらの存在性はくすぐったさと全く同じで、それ以上ではないと私は信じる」（『偽金鑑識官』、『著作集〔*Opere*〕』第四巻、三三三頁以下〔山田慶児・谷泰訳、豊田利幸責任編集『ガリレオ』中央公論社（「世界の名著」21）、一九七三年、五〇三頁以下〕）。引用は、E・A・バート〔Edwin Arthur Burtt〕『近代科学の形而上学的基礎〔*The Metaphysical Foundations of Modern Physical Science*〕』〔Garden City, N. Y.: Doubleday, 1932〕からのもの）〔なお、引用より前の部分はこうである。「紙片か羽毛で、どこでもよい、私たちの身体の一部をそっとなでてみよう。紙片や羽毛はそれだけをみれば、どこをなでようと同じ作用、つまり運動と接触を行う。しかし私たちの側では、もしも両眼の間や、鼻の頭、鼻の下などをさわられれば、ほとんど我慢できないほどのくすぐったさを引きおこす。だが他の部分をさわってもほとんど何も感じないだろう。さてこのくすぐったさはすべて私たちの側にあって、紙片や羽毛にはない。もしも生きた知覚をもつ身体がすべてなくなったなら、それは単なる名前だけでしかない」（『近代科学の形而上学的基礎』市場泰男訳、平凡社（クリテリオン叢書）、一九八八年、七九頁）」。

こうした議論が根拠とすることができるのは、肉体が自分自身に投げ返されて、いつもはその中で動いている世界からまるではじき出されているような経験だけである。内的な肉体感覚が強ければ強いほど、こうした議論の説得力は増す。デカルトも同様の議論を述べている。「われわれの皮膚の一部を切り裂く剣の動きは苦痛を引き起こすが、それだけでは剣の動きや形は分からない。この痛みの感覚がそれを引き起こした動きと異なるのは、色や音、匂いや味の感覚の場合と同様である」（『哲学原理〔*Principia philosophiae*〕』第四部、『哲学著作集〔*The Philosophical Works of Descartes*〕』〔rendered into English by Elizabeth S. Haldane and G. R. T. Ross, Cambridge: Cambridge University Press, 1911〕）〔「しかし、これに対してはおそらく次のように反論されるであろう。すなわち、書いたり語ったりする行為が精神のうちに直接ひき起こすのは、いかなる感情でもなければ、書や語り自身と異なるもののいかなる表象像でもなく、たんなるさまざまな知的理解にすぎないのであって、それらを機縁として、次に、心自身がみずからのうちにさまざまな事物の像をこしらえるのである、と。しかしそれでは、苦痛やくすぐったさの感覚についてはなんといわれるのであろうか。剣がわれわれの身体に突きつけられ、身体を切り裂く。このことだけから苦痛は生じるが、この苦痛が剣の場所的運動とも、切り裂かれる身体の場所的運動とも異なるのは、色や音やにおいや味が場所的運動と異なるのに決して劣らない。こうして、われわれの身体のある部分が他の何らかの物体との接触によって場所的に動かされるということだけから、われわれのうちに苦痛の感覚が引きおこされる、ということが明晰に知られるので、次のように結論できる。すなわち、われわれの精神は、何らかの場所的運動から、あらゆる他の感覚の変容をもこうむりうるような本性のものである、と」（井上庄七・水野和久・小林道夫・平松希伊子訳、『科学の名著』第II期第七巻、朝日出版社、一九八八年、二九五頁）。

(64) フランスのベルクソンの弟子たちは、労働哲学とのこの関連にうすうす気づいていた（特にエドゥアール・ベルト〔Edouard Berth〕『知識人の悪行〔*Les méfaits des intellectuels*〕』[Paris: Rivière, 1914] 第一章およびジョルジュ・ソレル〔Georges Sorel〕『アリストテレスからマルクスへ〔*D'Aristote à Marx*〕』[Paris: Rivière, 1935]）。すでに言及したイタリア人の学者アドリアーノ・ティルゲルの著作もこの学派に属するが、そこで彼は労働という観念を中心に置き、これを鍵として生の新たな概念とイメージを構成すべきだと主張している（英語版、五五頁）。ベルクソンの学派は、師匠と同様に、労働を仕事および制作と同一視することで理想化しているが、原動力としての生物学的生命とベルクソンの言う élan vital〔生の飛躍〕との類似は顕著である。

(65) 共産主義ないし社会主義の社会では、すべての職業は趣味のようなものになる。そこには画家は存在せず、ただ自分の時間をとりわけ絵を描くことにも費やす人々がいるだけである。人々は「まったく気の向くままに、今日はこれをし、明日はあれをし、朝には狩りをし、午後には魚をとり、夕には家畜を飼い、食後には批判をすることができるようになり、しかも猟師や漁夫や牧人または批判家になることはない」（『ドイツ・イデオロギー』二二および三七三頁〔古在訳、前掲、四四頁、『マルクス＝エンゲルス全集』第三巻、前掲、二九頁〕。後者は通常参照される「フォイエルバッハ」ではなく「聖マックス」の部分である。「芸術的才能がもっぱら個々人のみに集中し、このことと連関して、それが大衆においては抑圧されるということは分業の結果である。たとえある種の社会的諸関係の中では各人がすぐれた画家であるとしても、それでもまだ、このことは決して、各人はまた独創的な画家でもあるということを排除しないであろう。したがって、ここでもまた、「人間的」労働と「唯一の」労働との区別はたんなるナンセンスになってしまうわけである。共産主義的社会組織にあっては、芸術家をまったく分業から生じる地方的また国民的な限られた枠内に入れるとか、個人を特定の芸術の枠内に入れてその結果、個人がもっぱら画家、彫刻家等々であり、すでにその名称が彼の仕事の上の発展の偏狭さと彼の分業への依存とを十分に表現しているようなこととかは、いずれにしてもなくなってしまう。共産主義社会においては、画家などというものはいなくて、せいぜい、他にもいろいろすることがあるが、なかんずくまた絵を描くこともする人間がいるだけである」（『マルクス＝エンゲルス全集』第三巻、四二四—四二五頁。古在訳では二〇二頁）〕。

(66)『国家』五九〇C〔「また下賤な手細工仕事や手先の仕事といったものが、なぜ不名誉なものとされると思うかね？　それはほかでもない、その人がもっている最善の部分が生まれつき弱くて、自分の内なる獣たちを支配する力がなく、仕えることしかできないようになっていて、ただ獣たちにへつらうことだけしか学ぶことができないような場合、ただそのことのためであると、われわれは言うべきではないだろうか？」（前掲訳書、㊦三三二頁）。プラトン自身は、ここで「仕事」と「労働」を区別していない〕。

(67)　ヴェブレン、前掲書、三三頁〔「行為主体としての人間には、目的に適う行動を好み、無駄な努力を嫌う傾向〔repugnance to all futility of effort〕が備わっている」（『有閑階級の理論』前掲訳書、七七頁）。なお、同書の三七頁には「賤しい労働に本能的な嫌悪感〔repugnance for the vulgar forms of labour〕」という表現がある（同書、八二頁）〕。

(68)　セネカ『心の平静について』一〇・三〔原書は「一二・三」としている〕〔「われわれは皆、運命に結びつけられている。黄金の緩《ゆる》い枷で結びつけられている者もいれば、粗悪な金属のきつい枷で結びつけられている者もいる。だが、何の違いがあろう。われわれが一人残らず拘束下に置かれていることに変わりはなく、拘束した者もまた拘束されているのである。もっとも、左手にはめられた枷のほうが軽いと君が考えているのなら、話は別だ。名誉ある（高位の）公職に拘束される者もいれば、富に拘束される者もいる。高貴な家柄に苦しめられる者もいれば、卑しい家系に苦しめられる者もいる。ある者は頭上に立ちはだかる他人の権力の前に額《ぬか》ずき、ある者はみずからの権力の前に額ずく。ある者は追放ゆえに、ある者は神官職ゆえに、一つ所に留め置かれる。生はことごとく隷属なのである」（大西英文訳、『生の短さについて 他二篇』岩波文庫、二〇一〇年、一〇三―一〇四頁）。

(69) ウィンストン・アシュレー〔Winston Ashley〕『自然的奴隷制の理論――アリストテレスと聖トマスによる〔*The Theory of Natural Slavery, according to Aristotle and St. Thomas*〕』(Dissertation, University of Notre Dame, 1941) 第五章の優れた分析を参照。そこでは、こう強調されている。「したがって、アリストテレスが奴隷は単なる生産のための道具としてどこでも必要だと考えていたというのは、彼の議論をまったく誤解したものである。むしろ、彼は奴隷は消費のために必要だと強調しているのである」。

(70) マックス・ウェーバー〔Max Weber〕「古代農業事情〔Agrarverhältnisse im Altertum〕」、『社会経済史論集〔*Gesammelte Aufsätze zur Sozial- und Wirtschaftsgeschichte*〕』(Tübingen: J. C. B. Mohr, 1924) 一三頁〔『古代社会経済史』渡辺金一・弓削達訳、東洋経済新報社、一九五九年、二三頁。第II章、原注（69）参照〕。

(71) 例えば、ヘロドトス『歴史』一・一一三：eide te dia toutōn〔「ハルパゴスは〔…〕この者たちに死骸を検分させた」（松平千秋訳、岩波文庫、二〇〇七年、(上)一〇四―一〇五頁）〕以下、随所に見られる。同様の表現は、プリニウス『博物誌』二九・一九：alienis pedibus ambulamus; alienis oculis agnoscimus; aliena memoria salutamus; aliena vivimus opera（R・H・バロウ〔R. H. Barrow〕『ローマ帝国の奴隷制〔*Slavery in the Roman Empire*〕』[London: Methuen, 1928] 二六頁）。「われわれは、他人の足で歩き、他人の目で見て、他人の記憶で挨拶し、他人の労働で生活する」。

(72) アリストテレス『政治学』一二五三a三〇―一二五四a一八〔「何故ならもし道具がいずれも人に命

じられてか、或いは人の意を察してか自分の為すべき仕事を完成することが出来るなら、例えば人の言うダイダロス作の彫像や詩人が「ひとりでに神の集いに入り来たりぬ」と言っているヘパイストスの三脚架が自ら動くように、梭が自ら布を織り琴の撥が自ら弾ずるなら、職人の親方は下働人を必要とせず、また主人は奴隷を必要としないであろう。しかし〔ここで区別しなければならぬのは〕世に道具と言われているものは、物を作るためのものであるが、所有物は行いをなすためのものであるということである。例えば梭からはそれの使用のほかに、梭とは何か別なものが生じてくるのであるが、しかし衣服やベッドからはただその使用だけである。さらに、製作と行為とは種の上で異なっているものであるから、両者孰れも道具を必要とするにせよ、必然にそれらの道具は同じように異なっていなければならない。しかし生活は行為であって、製作ではない。それ故に奴隷もまた行為に関することどもの下働人である」（前掲訳書、三八―三九頁。傍線は引用者による。この部分は本文次段と照応する）」。

(73)　ウィンストン・アシュレー、前掲書、第五章。

(74)　ヴィクトール・フォン・ヴァイツゼッカー〔Viktor von Weizsäcker〕「労働の概念について〔Zum Begriff der Arbeit〕」、『アルフレート・ヴェーバー記念論文集〔*Festschrift für Alfred Weber*〕』(Heidelberg: Schneider, 1948) 七三九頁。この論文が随所で示している観察は注目に値するが、残念ながら全体としては役に立たない。というのも、ヴァイツゼッカーは病人が回復するには「労働を遂行」しなければならないというほとんど根拠のない仮定で労働の概念を曖昧にしてしまっているからである。

(75)　この「労働対遊び」というカテゴリーは一見あまりに一般的で無意味に思われるが、別の観点から見ると、その重要性が浮かび上がる。すなわち、その背景にあるのは必然性と自由という対比で、近代的思考にとって遊戯性こそが自由の源泉であるように見えるということは注目に値する。こうした一般化は措くとしても、近代における労働の理想化は大きく言って次の四つのカテゴリーに分けることができるだろう。(1)労働はより高い目的のための手段であるとするもの。一般的にカトリックはこうした立場をとる。

リアリティから完全に離れることができないということがその大きな利点で、労働と生命、労働と苦痛の密接な結びつきがふつうは少なくとも言及される。その優れた代表は、ルーヴァンのジャック・ルクレールの『自然法講義』第四巻第二部（Namur: Wesmael-Charlier, 1946）における、特に労働と財産についての議論である。⑵労働は「所与の構造をより高次の構造に変形する」形成行為であるとするもの。これは、オットー・リップマン〔Otto Lipmann〕の有名な著作『労働科学綱要〔*Grundriß der Arbeitswissenschaft und Ergebnisse der arbeitswissenschaftlichen Statistik*〕』（Jena: G. Fischer, 1926）の中心的テーゼである。⑶労働社会における労働は、純粋な快楽であるか、あるいは「余暇の活動とまったく同じような満足を与えるものにすることができる」とするもの（グレン・U・クリートン〔Glen Uriel Cleeton〕『労働を人間的に〔*Making Work Human*〕』〔Yellow Springs, Ohio: Antioch Press, 1949〕を参照）。今日この立場をとるのが、コラード・ジーニ〔Corrado Gini〕『労働経済学〔*Economica lavorista*〕』（Torino: Unione tipografico-editrice torinese, 1956）で、合衆国は「労働社会」（*società lavorista*）であって、そこでは「労働は喜びであり、誰もが労働したがる」と主張する（ドイツ語だが、彼の立場の要約が*Zeitschrift für die gesamte Staatswissenschaft*, CIX, 1953とCX, 1954に掲載されている）。ちなみに、こうした理論はそれほど目新しいものではなく、最初に定式化したのはF・ニッティ〔Francesco S. Nitti〕（「人間労働とその法〔Le travail humain et ses lois〕」〔*Revue internationale de sociologie*, 1895〕）で、彼はその当時から「労働が苦痛だというのは生理学的事実ではなく心理学的な事実」なので、誰もが働くような社会では苦痛は消滅するだろう、と主張していた。⑷最後に、労働は自然に対して人間が自分自身を確認する行為であり、労働を通じて人間は自然を自分の支配下に置くとする見解。労働の人間化の最新理論、とりわけフランスの潮流の——明示的に、または黙示的に——背景にある想定である。最もよく知られている代表は、ジョルジュ・フリードマン〔Georges Friedmann〕である〔第Ⅳ章、原注（6）、（8）を参照〕。

これらの理論や学者の議論をさんざん読まされたあと、大多数の労働者たちが「どうして働くのか」と聞かれて、「生活のため」、「金を稼ぐため」と答えているのを見ると、むしろ清々しい気分になる（ヘルムート・シェルスキー〔Helmut Schelsky〕『働く青年、過去と現在〔*Arbeiterjugend Gestern und Heute*〕』〔Heidelberg: Quelle & Meyer, 1955〕を参照。彼の書くものは、偏見や理想化を免れているところが優れている）。

(76)　近代の労働社会における趣味の役割はまったく顕著なもので、労働＝遊戯理論の経験の基礎はここにあると言えるかもしれない。とりわけ注目すべきは、そのような理論の発展をまったく知らなかったマルクスが、彼の構想した労働なき社会というユートピアにおいて、すべての活動は趣味のようなものになるだろう、と予想していたことである。

(77)　〔プラトン〕『国家』三四六（前掲訳書、㊤八〇―八三頁）。したがって「医術が病気を防ぐのと同様に獲得術は貧困を防ぐ」（『ゴルギアス』四七八〔加来彰俊訳、岩波文庫、一九六七年、一〇四頁〕）。そうしたサーヴィスへの支払いは任意のものであったから（レーニング、前掲書）、自由職業の者は「金儲けの術」においても熟達していなければならなかった。

(78)　ギリシアとラテンの古代全体に特徴的なこの慣習について「奴隷は拷問にかけなければ真実を話さないと信じられていた」からだと今日では説明されているが（バロウ、前掲書、三一頁）、これは間違いである。事情はまさに反対で、拷問されれば誰も嘘をつくことはできない、と考えられていたのである。「苦痛の叫びのもとには自然の声が集まると信じられていた。苦痛が深ければ深いほど、身体と血の証言は心の奥の真実を告げるものだというのである」（ワロン、前掲書、第一巻、三二五頁）。嘘をつくことのうちには、自由の要素、自由な創意の要素があることを、古代の心理学は今日のわれわれ以上によく知っていた。彼らは「拷問」による必然の強制はこの自由を破壊するので自由な市民に適用すべきではない、と考えたのである。

(79) 奴隷を意味する、より古いギリシア語の douloi と dmōes には、敗北した敵という意味が残っている。戦争と戦争捕虜の売買は、古代における主要な奴隷の供給源だった。W・L・ウェスターマン〔William L. Westermann〕「奴隷制〔Sklaverei〕」(Pauly-Wissowa〔*Paulys Real-Encyclopädie der Classischen Altertumswissenschaft*, herausgegeben von Georg Wissowa, Supplementband VI, Stuttgart: J. B. Metzler, 1935〕)。

(80) 今日、戦争と破壊の道具の新たな発展に目を奪われて、われわれはしばしば近代のより重要な傾向を見逃しがちになる。事実として、一九世紀は歴史上、最も平和な時代の一つだった。

(81) ワロン、前掲書、第三巻、二六五頁。すべての人間は奴隷である、という後期ストア派による一般化がローマ帝国の発展を背景にしていたことをワロンは見事に描いている。帝国の統治によってかつての自由は徐々に廃止され、ついには誰も自由な者はおらず、誰もが主人をもつようになった。その転換点は、はじめにカリグラ、次にトラヤヌスが、以前には家長のみの呼称だった dominus と呼ばれることに同意したことだった。古代後期のいわゆる奴隷道徳と、奴隷の生活と自由人の生活の間に大差はない、というその前提には、まさに現実的な背景があったのである。今や奴隷は主人に向かってこう言うことができた。自由な者などいない、主人がいるのはお互い様だ、と。ワロンの言葉を借りれば、「鉱山の受刑者たちは、製粉所やパン屋や駅逓、その他、特定の団体が行う労働に従事するすべての者を、さほどの苦もなく仲間とみなすことができた」(二一六頁)。「市民を支配しているのは、今や奴隷の法である。彼の人格、家族、財産に関するあらゆる法規には、奴隷にふさわしい規則が見出される」(二一九―二二〇頁)。

(82) マルクスの言う階級も国家もない社会というのは、ユートピアではない。すでに近代の発展が、社会における階級間の区別を除去して、エンゲルスが社会主義社会の特徴とする「物の管理」が政府に取って代わるという紛れもない傾向を有している、という事実は別としても、マルクスの理想それ自体が古代アテナイの民主政を模範にしていた。ただし、共産主義社会では必然性からの自由という自由市民の特権がすべての人間に拡大される、と彼は考えていたのである〔ドイツ語版では「シモーヌ・ヴェイユが診断したように」という挿入がある（邦訳一五五頁）〕。

(83)　シモーヌ・ヴェイユ〔Simone Weil〕の『労働の条件〔*La condition ouvrière*〕』(Paris: Gallimard, 1951）は、労働問題を扱った膨大な文献の中で、偏見と感傷を排して問題を考察した唯一のものと言っても過言ではないだろう。工場での日々の経験を記した日記の標語として、ホメロスの言葉 poll' aekadzomenē, kraterē d'epikeiset' anagkē（「汝自身の意志に反して、はるかに強い必然が汝にのしかかるがゆえに」〔『労働と人生についての省察』黒木義典・田辺保訳、勁草書房、一九八六年、三三二頁〕）を選んで掲げており、労働と必然性からの最終的な解放はマルクス主義の唯一のユートピア的要素であると同時にマルクス主義の影響を受けた労働運動の実際の原動力になった、と結論している。それは、いわばマルクスが宗教について述べたところの「人民の阿片」である。

(84)　この余暇〔leisure〕は、言うまでもなく、一般にそう考えられているのと違って、古代の閑暇〔skholē〕と同じものではない。古代人にとって、閑暇というのは「顕示的」であろうがなかろうが消費の現象形態ではなかったし、労働を控えてできた「余剰時間」から来るものでもなく、労働だけでなく消費も含めて、単に生きるための活動を意識的に「抑制」することだった。近代の余暇という観念とは異なるこのスコーレの試金石は、古典期ギリシア人の生活としてよく知られて描かれている質朴さである。例えば、アテナイに多大な富をもたらしたのは、ほかでもない海上交易だったが、これはいかがわしい営みと見られていた。だから、プラトンはヘシオドスに倣って、新たな都市国家を海から離れたところに建設するよう勧めたのである〔「顕示的」というのは、ヴェブレン『有閑階級の理論』第四章のタイトル「顕示的消費（Conspicuous Consumption）」を念頭に置いている〕。

(85)　中世の人々は一年の半分以上も働かなかったと推定されている。公的な祝日を数えると、一四一日になる（ルヴァスール、前掲書、三二九頁を参照。革命前のフランスの労働日数については、リエス

〔André Liesse〕『労働〔*Le travail aux points de vue scientifique, industriel et social*〕』〔Paris: Guillaumin, 1899〕二五三頁も参照)。労働日の異常な拡大は産業革命の当初に特徴的な事態であり、労働者は新たに導入された機械と競争しなければならなかった。それ以前の労働日は、一五世紀イングランドで一一~一二時間、一七世紀で一〇時間である(H・ヘルクナー〔H. Herkner〕「労働時間〔Arbeitszeit〕」、『社会科学事典〔*Handwörterbuch der Staatswissenschaften*〕』〔herausgegeben von Ludwig Elster, Adolf Weber und Friedrich Wieser〕第一巻〔Jena: G. Fischer, 1923〕、八八九頁以下)。要するに「一九世紀の前半には、労働者たちはそれ以前の時代の最も不幸な人々より、さらに劣悪な状態に置かれていた」(エドゥアール・ドレアン〔Edouard Dolléans〕『フランスにおける労働の歴史〔*Histoire du travail en France*〕』〔第一巻〕〔Paris: Domat Montchrestien, 1953〕)。今日われわれの時代の進歩の度合いは、事実非常に劣悪だった「暗黒時代」と対比されているために、一般的に誇張されている。例えば、今日最も文明化された先進国の平均寿命は、古代のある時期のそれに匹敵するにとどまる、ということになるかもしれない。もちろん、これは推測で、詳しいことは分からないが、著名な人物伝の没年を見れば、そうした疑問も出てくるだろう。

(86) ロック、前掲書、〔後篇〕第二八節〔第二七節〕「彼の身体の労働と手の働きとは、彼に固有のものであると言ってよい。従って、自然が供給し、自然が残しておいたものから彼が取りだすものは何であれ、彼はそれに自分の労働を混合し、それに彼自身のものである何ものかを加えたのであって、そのことにより、それを彼自身の所有物とするのである」(『統治二論』前掲訳書、三二六頁)。

(87) 同書、〔後篇〕第四三節〔「自然と土地とは、それ自体、ほとんど価値をもたない原料を供給するにすぎない」(同書、三四四頁)〕。

(88) アダム・スミス、前掲書、第一巻、二九五頁〔アレントの引用も、スミスの原文も "fix or realize itself in any permanent subject" だが、ここでの subject は主体というよりも、むしろ対象となる事物を意味する（『国富論』前掲訳書、第二篇第三章、(1)五一八頁)」。

訳注

＊1　原語は market place だが、ここでは商品取引の場としての市場ではなく、市民の集会場としてのアゴラを指す。ドイツ語版は「公共の事柄」と明示している（邦訳一〇〇頁）。

＊2　ここでアレントは、人間のもつ「労働力（labor power）」を「力量（strength）」と言い換えている。のちに「権力」の定義のところで述べるように、アレントにおいて複数の人間の間の協同によって発生する「権力（power）」と、個体としての人間のもつ「力量（strength）」とは区別される。この箇所ではじめに power を用いたのは、マルクスの概念としての labor power に準じているのだろう。同時に、アレントの理解によれば、労働力というのは基本的に個人としての労働者の肉体的あるいは精神的能力であって、協同によって生み出される力はこれとは範疇が異なるということになる。

＊3　ここでの「肉体労働」、「精神労働」の原語では work が使われているが、通常の日本語の用法に倣って「労働」とした。ドイツ語版では引用符つきで Arbeit が用いられている。

＊4　その意味では、生命という現象そのものが自然の循環に抗して成立する。人間の生とその「世界」の耐久性も、もとは自然の循環の中の――アレントの用語で言えば「労働」と「消費」の――過程そのものの耐久性・持続性の上に立っている。

＊5　アレントが参照している英語訳『資本論』(Karl Marx, *Capital: A Critique of Political Economy*, revised and amplified according to the fourth German edition by Ernest Untermann, New York: The Modern Library, 1906, p. 200）には "Labour has incorporated itself with its subject: the former is materialised, the latter transformed" とある。対応するドイツ語原文は „Die Arbeit hat sich mit ihrem Gegenstand verbunden. Sie ist vergegenstandlicht, und der Gegenstand ist verarbeitet"（Karl Marx und Friedrich Engels, *Werke*, Bd. 23, Berlin: Dietz, 1962, S. 195) であるから、明らかに誤訳である。日本語訳は「労働はその対象と結合した。労働は対象化され、対象は加工される。労働者の側に不安定な形態において現れたものが、いまや安定的な性質として、存在の形態において、生産物の側に現れる」（『資本論』向坂逸郎訳、岩波文庫、一九六九―七〇年、(2)一五頁）。ドイツ語版では「対象化（Vergegenständlichung）」を用いている（邦訳一二一頁）。ただし、アレントは原注（41）のGegenstand についての註釈では、同じ箇所を「〔労働は〕対象化されて、対象が加工される」と正しく翻訳している（英語版『資本論』は、この箇所に限らず、Gegenstand を一貫して subject と訳している）。「自然と人間の物質代謝」の一環としての「労働」の特質を強調しようとした結果、英語版の誤訳に引きずられる結果になったと思われる。

*6　わが家畜小屋を掃除したら収容されている牛の一〇分の一を報酬として与えよう、というエリス王アウゲイアスの約束を受けて、ヘラクレスは三〇〇〇頭余の牛を収容する家畜小屋を一日で清掃した。

*7　「抽象的な労働」の概念が「生きた有機体の労働力」に取って代わられることでマルクスの理論は精緻化された、というこの文章は、通常のマルクス理解からすると、やや納得しにくいところがある。というのも、文章後半の「剰余労働」概念は、まさに社会的平均として成立する「抽象的な人間労働」の投入量によって商品の価値は決まるという「労働価値説」を前提としているからである（対応するドイツ語版の箇所も同じ趣旨であり、原文の substitute A for B の順序をアレントが取り違えた可能性はない）。アレントのここでの趣旨は、初期の時代の「抽象的な労働」の概念――「労働力」の概念はまだ確立していない――からの「剰余労働」の概念の成立は、「自然と人間の物質代謝」における生命有機体の再生産という視点で労働を位置づけることによってなされた、ということだろう。生命活動に最も近い活動として労働を位置づける、というアレントの議論の特徴、あるいはアレントのマルクス理解の特徴がここに表れている。

＊8 『創世記』二五・八。英語版聖書のうち、アレントの引用文 “in a good old age and full of years” と対応するのは、Revised Standard Version (*The Holy Bible*, New York: T. Nelson, 1952) の “Abraham breathed his last and died in a good old age, an old man and full of years” と American Standard Version (*The Holy Bible*, New York: T. Nelson, 1901) の “And Abraham gave up the ghost, and died in a good old age, an old man, and full of years” である。

＊9 『エピクロス――教説と手紙』出隆・岩崎允胤訳、岩波文庫、一九五九年、一二五頁、断片（その二）八六「隠れて生きよ」。

＊10 原文はイタリックで *necessity* となっているが、対応するギリシア語を挿入した。

[136]

第Ⅳ章　仕　事

18　世界の耐久性

　ロックが言うところの「わが肉体の労働」から区別された「わが手の仕事」、すなわち「労働する動物」がみずからの肉体を対象と「混ぜ合わせる」[*1]のに対して、文字どおり対象に「働きかける」「工作人[(1)]」の仕事は、数えきれないほど多種多様な事物を作り出す。その総体が人間の工作物を構成しているのである。それらの工作物は、そのすべてではないにしても、大部分が使用の対象物である。そこにロックは財産〔property〕の設立のために必要な耐久性を、アダム・スミスは交換市場〔exchange market〕のために必要な「価値」を見出したし、マルクスは人間の本質を示す生産力の証があると考えた。それらの物は、適切に使用されれば消滅することはないし、工作物の世界に安定性と堅固さを与えてくれる。それらなくしては、人間という不安定で死すべき生き物は安心できる住み家を得ることができないのである。

　もとより工作物の耐久性は絶対的なものではない。われわれはそれを消費しないけれども、使用すれば、いつかは消耗する。われわれの存在全体に浸透している生命過程は、工作物をも浸食していく。世界の事物は、人間が使用しなくても、最後には腐食して、すべてを包括する自然の過程に戻っていく。それらの事物も、自然の過程から抽出されて、［137］自然の過程に逆らって建設されたのだ。人間の世界から捨て去られれば、椅子は再びただの木材となり、腐食して土に還る。伐り倒されて材料となる前に生えていた大地に、である。それは世界を構成する一つ一つの事物すべてに不可避的に訪れる結末ではあるけれども、人間が作った工作物とその世界そのものが滅びる運命にあるかどうかは定かではない。個々の事物は世代の交替とともに絶えず入れ替えられる。そこに住み着く世代もまた入れ替わっていく。しかも、その上、これらの対象は使用されることで摩耗していくが、その結末は消費財のような破壊で終わるわけではない。使用によって失われていくのは、事物そのものではなく、その耐久性だからである。

世界を構成する事物が、それを生み出して使用する人間から相対的に独立した存在となるのも、それが耐久性をもっているからである。事物の「客観性」は、その作り手にして使い手である人間の貪欲な要求や欲求に抵抗し、「対峙して(2)」、少なくともしばらくの間は持ちこたえることができる。こうした観点から見れば、世界の事物は人間の生を安定させる役割を果たしている。世界の事物の客観性は――人は同じ流れに二度と入ることはできない、というヘラクレイトスの言葉とは反対に――自然は絶えず変転するけれども、人は同じ椅子、同じテーブルと結びつくことで同一性を取り戻すことができるという事実のうちにある。言い換えれば、人間の主体性に対抗しているのは、人間がみずから作り出した世界の客観性であって、無垢な自然の崇高な無関心さなどではないのである。むしろ反対に、自然はその根源的な力をもって人間を圧倒し、生物学的な循環運動は人間を容赦なく翻弄する。その循環は、すべてを包括する自然環境そのものの循環と密接に結びつけられている。自然が与えてくれた事物から世界を客観的な対象として建設したわれわれ人間だけが、周囲の自然から自分を守るために世界を建設した人間だけが、自然を何か「客観的」な対象として見ることができるのである。人間と自然の間に世界が介在しなければ、そこには永遠の運動はあっても、客観的なものは存在しない。

仕事と労働が違うように、物の使用と消費は［138］同じではない。両者は一定の重要な領域で重なり合うように見えるので、この二つの異質なものを世論や有識者が揃って同一視しているのも無理からぬところではある。事実、使用の対象物が消費の主体である生きた有機体と接触すると、そこに消耗過程が生じる、という意味では、使用にも消費の要素が含まれている。使用される事物と肉体との接触が密接であればあるほど、使用と消費は同じに見えてくる。例えば、衣服という使用対象物を考えてみれば、使用というのは緩慢な消費にほかならない、と結論づけたくなるだろう。だが、先に述べた観点からすれば、これは間違っている。物を使用すれば、いずれ解体していくのは不可避ではあるけれども、使用にとって本質的なことではない。それに対して、消費という過程には対象の解体が本質的に含まれているのである。すぐに穴があくような靴であっても、それが単なる消費財でないのは、靴というものが、どんなに慎ましやかであれ、それなりの独立性を保っていて、履くかどうかという持ち主の気分の変化に関わりなく、相当の期間存続できるからである。理由もなく壊されるのでなければ、靴は使用されようと使用されまいと一定の期間、世界にとどまるだろう。

仕事と労働は同じだとする議論には、さらに有名で説得力のある事例がある。土地の耕作は、人間の労働の最も必要かつ基本的な要素だが、労働がその過程で仕事に転化するという完璧な例のように見える。土地を耕すという作業は、生命の成長と衰退のサイクルに密接に関連しており、より大きな自然の循環過程に完全に依存しているけれども、活動のあとにも存続する耐久性のある産物を工作物にもたらすからである。毎年毎年続けられるこの作業は、ついには荒野を耕地に変える。古代や近代のあらゆる労働理論がとりわけ耕作を例として挙げたのは、そのためだ。確かに、耕作における仕事と労働の類似性は否定し難いし、農業が昔から尊ばれてきたのは、土地を耕せば生存のための手段が獲得できるだけでなく、その過程で大地を世界を建設するための土台として整備できるからである。だが、その場合でもなお、仕事と労働の区別は歴然と残っている。耕作された土地は、厳密に言えば、使用の対象ではない。使用対象物はそれ自体として耐久性をそなえていて、これを保存するには、ふつうの世話〔care〕があれば足りる。それに対して、耕作地を〔139〕その状態に保つには、繰り返し労働を加えなければならない。言い換えれば、一度生産されればそのまま存続するという意味での真の物化は起こらない。耕作された土地が人間の世界にとどまり続けるには、繰り返し再生産されなければならないのである。

19 物 化*2

「工作人」の仕事である制作の本質は「物化〔reification〕」にある。すべての事物は、どんなに脆《もろ》く軟弱であっても、それ自体としての堅固さをそなえているが、これはその物が作られた材料の性質から来ている。だが、その材料は果実や樹木のように自然のままに存在していて、自然に手を加えて変化させなくても手に入れられるものではない。材料というのは、すでに人間の手が加えられた生産物であり、自然のままに存在していたものを、例えば木材のように樹木の生命過程を殺して取り出すか、あるいは鉄や石材、大理石のように自然の緩慢な生成過程を中断するという形で地球の胎内から取り出したものなのである。自然に対してなされるこうした侵犯や暴力の要素は、あらゆる制作にともなって生じるものであり、その意味で人間の工作物の創造者たる「工作人」は常に自然の破壊者だった。「労働する動物」は、みずからの肉体を用い、家畜の助けを借りて生命を養うことができるし、それによってすべての生き物の主人になることができるかもしれないが、彼は自然と大地に奉仕する召使いにとどまる。「工作人」だけが、大地全体の支配者、主人としてふるまうことができるのである。「工作人」がもつこの創造性は、創造主たる神のイメージと類比される。神が「無から〔ex nihilo〕」創造するとすれば、人間は与えられた物質を用いて創造する。したがって、人間のこの創造力は、その定義からしてプロメテウス的な反逆の性格を帯びることになる。人間は神が創造した自然の一部を破壊することによってしか、みずからの手で作り出した世界を打ち立てることはできないからである(3)。

［140］制作にともなうこの暴力の経験は、人間が自分の力を実感する最も根源的な経験である。それは純然たる労働にともなう苦痛と消耗の経験とは、およそ正反対のものだ。それは人に自己確証と満足を与え、一生を通じて自信の源泉になることさえある。暴力行使にともなうこうした満足は、労働と労苦に費やされる生活に訪れる至福とはまったく別のものであり、労働過程それ自体がもたらす束の間だが激烈な喜びとも違っている。労働作業がうまく調整されてリズミカルに進行する時に生じる喜びは、およそ肉体のリズミカルな運動にともなう快楽と本質的に同じ種類のものである。「労働の喜び」についての議論は、まるで聖書に書かれているような生と死の至福についての最近の省察や、単に課題をやり遂げた自負心を達成の「喜び」と混同しているものを除けば、暴力的な力の行使による高揚と結びつけるものがほとんどである。自然の圧倒的な力に対抗することで、人間は自分自身の力を測ることができるし、巧妙な道具を発明してその力を自然の限度をはるかに超えて拡大する術を人間は心得ている(4)。制作された事物がもつ堅固さは、そうした人間の力の結果として生まれるのであって、生活の糧《かて》を得るために「額《ひたい》に汗して」働く喜びと疲労から生まれるのではない。そうした堅固さは、永遠に存在し続ける自然の無償の贈り物として借りてくることも、自然から摘み取ったりすることもできない。なるほど、それは自然を切り開いて獲得した材料なしでは達成できないが、材料それ自体がすでに人間の手の所産なのである。

実際の制作の仕事は、モデルに導かれて行われる。このモデルに従って、対象は形成されるのである。モデルは心の中に描かれたイメージの場合もあるし、そのイメージがすでに仕事によって設計図という暫定的な制作物になっている場合もある。いずれの場合も、制作を導くイメージは、制作者の外にあって、実際の仕事の過程に先行して存在している。[141] それは実際の労働の過程に、労働者の内部の生命過程の切迫した要求が先行しているのとまったく同じである(ここで述べたことは、現代心理学の研究結果とははなはだ食い違っている。空腹の痛みが胃の中にあるように、心のイメージはわれわれの頭の中に間違いなく存在している、と今日の心理学は口を揃えて主張する。近代科学に見られるこうした主観化は、近代世界のより根本的な主観化の反映にすぎない。この場合、主観化の根拠として持ち出されるのは、近代世界におけるほとんどの仕事は労働の様式で行われているので、仮に人がそう望んでも「自分自身のためではなく、仕事のために働く(5)」ことはできないし、しばしば最終生産物がどんな形をとるのかをほとんど知らないまま生産のための道具と化している、という事実である(6)。こうした事情は、歴史的には非常に重要だが、「活動的生活」の基本的な区別の問題とは関係がない)。ここでわれわれの注意を惹くのは、あらゆる肉体的な感覚と精神のイメージの間の深淵である。快楽や苦痛、欲望と満足など、およそあらゆる肉体的感覚は、あまりに「私的」なものなので、声に出すことも、外部の世界に表現することもできない。そうした内的感覚は、物として具体化することができないのである。それに対して、精神の抱くイメージは、たやすく、かつ自然に物として具体化できる。心の中でベッドの

「イデア」を思い浮かべなければ、ベッドを作ることは思いつかないし、反対に本物のベッドを見たことがなければ、ベッドというものを想像することもできないのである。

「活動的生活」の序列における制作の位置にとって決定的に重要だったのは、制作を導くイメージやモデルは制作に先行しているだけでなく、制作物が完成しても損なわれることなく存続する、という事実である。イメージやモデルは、いわば無限に制作を継続するのに寄与する。仕事に特有のこの潜在的な複製可能性という性質は、〔142〕労働の特徴である反復とは原理的に異なる。労働の反復は、生物学的循環によって促されるもので、その循環に従属している。人間の肉体的な要求や欲求は現れては消えていく。それは規則的に間を置いて繰り返されるが、長い間持続することは決してない。それに対して、複製による増殖は、労働による単なる反復とは異なり、世界の中にすでにある程度継続して存在していて相対的に安定しているものを複製する。モデルやイメージは、制作が始まる前からそこにあり、制作が終わったあとも残る。あらゆる使用対象物が消耗したあとにも生き残って、それらの作成に役立ち続ける、というこの性質こそ、プラトンの永遠のイデアという理論に大きな影響を及ぼしたものだった。「姿形」や「外観」という意味をもっていたイデア〔idea〕やエイドス〔eidos〕という言葉をプラトンが哲学の文脈で初めて用いたとき、その言葉の背後にはポイエーシス〔poiēsis〕、つまり制作の経験があった。なるほど、プラトンが表現しようとしたのは、まったく違ったもの、もっと「哲学的な」経験ではあったけれども、自分の理論の説得力を示すために制作の領域から事例を持ち出すことを彼は忘れなかった。[7]〔143〕ただ一つの永遠のイデアが滅びゆく多数の事物を統括している、という議論の説得力は、ただ一つの継続するモデルに従って多くの消耗品が作られるという事実に基づいているのである。制作の過程それ自体は、目的と手段というカテゴリーによって規定されている。制作された事物は、生産過程の終点であり（マルクスは「過程は生産物のうちに消滅する」と述べた）、生産過程はこの目的のための手段である、という二重の意味で、最終生産物〔end product〕である。なるほど、労働も消費という目的のために生産するが、目的となる消費財は仕事の作品のような世界の一部としての持続性を欠いているので、労働過程の終点は最終生産物ではなく、労働力の消耗によって決定される。作られた生産物そのものは、すぐに手段、労働力の維持と再生産のための手段に転化するのである。それに対して、制作の場合、終点〔the end〕の存在は誰の目にも明らかだ。世界にとどまることのできる耐久性をそなえた、まったく新しい事物が人間の工作物に付け加えられたとき、制作過程は終わる。制作の最終生産物である事物に関するかぎり、過程が再び繰り返されることはない。制作過程が繰り返されるとすれば、その反復を促すのは職人の生計維持の要求であり、この場合、職人は仕事をすると同時に労働していることになる。あるいはまた、市場における製品増産の要求によって反復は行われる。そうした需要に応えて働く職人は、プラトンがいみじくも述べたように、物を作る自分の技術に金儲けの術を付け加えたのである。要するに、どちらの場合も、反復は制作過程そのものではなく、外部の理由に基づいている。労働するためには食べなければならず、食べるためには労働しなければならない、という労働過程に内在する強制的な反復ではないのである。

明確な始まりと明確で予見しうる終わりがあることが制作の特徴であり、これだけでも〔144〕制作を他のすべての活動から区別するのには十分である。労働は肉体の生命活動の循環運動の中に取り込まれていて、始まりも終わりももたない。行為は、確かに明確な始まりをもつことはあるが、のちに見るように、予見しうる終わりをもたない。仕事の信頼性の大きさは、制作過程は不可逆ではないという事実に反映している。人間の手で作られた事物は人間の手で破壊できるし、生命過程にとって切実に必要で、それなくしては制作者の生存が危うくなるために破壊できないような使用対象は存在しない。「工作人」は、まさに支配者であり、主人である。それは、彼が自然の主人であり、自然の主人としてふるまうからだけでなく、自分と自分の行いを統御できる主人だからである。「労働する動物」は自分の生命の必要に従属し、行為の人は周囲の仲間に常に依存している。「工作人」だけが、あらかじめ出来上がった作品のイメージをもって自由に生産し、自分の手で作った作品にただ一人で向き合い、いつでも思うままに壊すことができるのである。

20　道具の使用と「労働する動物」

自分の手という原始的な道具に完全に依存している「工作人」の立場からすれば、人間はベンジャミン・フランクリンが言うように「道具の制作者〔tool-maker〕」である。「労働する動物」にとって、道具は労働の労苦を軽減したり、労働を機械化したりするだけの存在だが、そもそも「工作人」が道具を考案し発明したのは、事物の世界を打ち立てるためだった。道具の適合性や精度を決めるのは、主観的な要求や欲求ではなく、それを発明した者の「客観的」な目的なのだ。道具や器具は世界の内にある対象と密接に関連しているので、これを基準にすべての文明を分類できるほどである。[*3] しかしながら、世界の一部としての性質が最も明白に現れるのは、道具や器具が労働過程に用いられた時だ。労働と消費のいずれの過程においても、それは具体的な形で残る唯一の事物だからである。それゆえ、生命の貪《むさぼ》り尽くすような過程に絶えず支配されている「労働する動物」にとっては、自分が使用する道具や器具こそが世界の耐久性と安定性を代表し、労働者の社会においては、道具は［145］単なる手段以上の意味や役割を果たしているのである。

現代社会では目的と手段が逆転して、人間は自分が発明した機械の奴隷になっているとか、人間の要求や欲求のための道具として利用するどころか、人間が機械の要求に「適応」させられている、という不満をしばしば耳にするが、そうした不満は労働の現場の実際の状況に根拠がある。そこでは、生産はまず第一に消費のための準備であって、目的と手段という「工作人」の活動にとっては明確だった区別そのものが意味をもたなくなっている。「工作人」が発明して、「労働する動物」の労働を援助するために導入した道具の手段としての性質も、労働過程で使われるや否や、失われる。労働は生命過程に不可欠の部分として組み込まれ、そこから抜け出すことはない。生命過程そのものの中では、労働する力を養うために生きて消費するのか、消費手段を得るために労働するのか、という目的と手段のカテゴリーを前提とする問いは無意味になるのである。

目的と手段の明確な区別の消失というこの事態を人間行動の側面から見ると、そこではもはや特定の最終生産物のために道具が自由に使用されるのではなく、労働者の肉体と装置がリズミカルに一体となっている。労働そのものがそうした統一を生み出していく推進力だと言うことができるだろう。仕事とは異なり、労働が最大の成果をあげるには、労働者の動作が機械のリズムと適合していなければならないし、多くの労働者が一緒に作業するには、みんなの動きがリズミカルに調整されている必要がある。(8) 〔146〕そのような運動の中では、道具は手段としての性格を失い、人間と装置との区別も、人間と目的との区別も消失する。労働の過程、そして労働の仕方で遂行されるようになった仕事の過程を支配しているのは、人間の目的意識的な努力でも、その対象としての生産物でもなく、生産の過程そのものの運動であり、それが労働者に課すリズムなのである。労働用具は、このリズムの中に取り込まれ、肉体と道具が同じ一つの反復運動を繰り返すようになる。つまり、すべての用具が「労働する動物」の作業の遂行に合わせて調整されている機械の使用において、実際に用具の動きを決めるのは肉体の動きではなく機械であり、機械が肉体の動きを強制するのである。重要なのは、労働過程のリズムほど容易に、しかも自然な形で機械化できるものはない、ということだ。この労働過程のリズムは、同じように自動的に反復される生命過程のリズム、そうして自然と人間の物質代謝のリズムに対応する。「労働する動物」が〔147〕道具や器具を使用するのは、世界を建設するためではなく、生命過程としての労働をより安楽なものにするためだった。そうであるからこそ、産業革命と労働の解放が手動の道具をほとんどすべて機械で代替し、圧倒的な自然の力で人間の労働力を押しのけてしまって以来、彼らは文字どおり機械の世界の中で生きているのである。

道具と機械の決定的な相違をおそらく最もよく示しているのは、人間が機械に「適応」すべきか、機械が人間の「本質」に適合すべきか、という議論だろう。この議論は際限がないのは明らかだが、どうして不毛なのかは、すでに第I章で述べた。すなわち、外から与えられたものであれ、人間が作ったものであれ、すべては人間のさらなる存在のための条件になるという意味で条件づけられた存在だというのが人間の条件だとすれば、人間が機械を考案したその時点で、人間は機械という環境に自分を「適応」させたことになるからである。それ以前の時代に道具や用具がそうだったように、機械はもはやわれわれから切り離せない条件になっている。したがって、われわれの観点から見て興味深いのは、そもそも適応の問題が機械について提起されたのはなぜか、という点である。人間が適応する存在であり、とりわけ自分が使用する道具に適応する必要があるのは、自明のことだった。それは自分の手に自分を適応させるようなものだからである。しかしながら、機械の場合には、事情はまったく異なる。職人が仕事の過程で用いる道具が常に手に従属した召使いであるのに対して、機械は労働者が機械に奉仕することを要求する。労働者が自分の肉体の自然なリズムを機械の運動に適応させるように要求するのである。もとより、それは人間がそれ自体として機械に適応したり機械の召使いになったりすることを意味するものではないが、作業が続いている間、機械の運動が人間の肉体のリズムに取って代わっている間、人間は機械の召使いになる。道具は、どんなに精巧なものであっても手の召使いであり、手を導いたり取って代わったりすることはできないが、機械は最も原始的なものでも人間の労働を導き、ついにはそれに完全に取って代わるのである。

歴史的な発展の際にしばしば見られることだが、道具や用具を機械で置き換えるというテクノロジーの本当の意味が明らかになるのは、オートメーションの出現という最後の段階になってからである。この点を明らかにするために、簡単にではあるが、〔148〕近代の開始から始まるテクノロジーの発展の主要な段階について振り返ってみることにしよう。第一段階は、産業革命をもたらした蒸気機関の発明である。これは自然過程の模倣や人間の目的のための自然力の利用を特徴としていたが、原理的には古くからの水力や風力の利用と変わるものではなかった。新しかったのは、蒸気機関の原理ではなく、炭鉱の発見による石炭の燃料としての使用である。(9) 初期の段階の工作機械も、すでに知られている自然過程を模倣するというやり方を反映して、人間の手の動作をそのまま模倣して強化するものだった。しかし、今日では、「避けなければならない最大の落とし穴は、設計の目的が機械を操作する人間や労働者の手の動きを再現することにあると考えることだ」と指摘されるようになっている。(10)

第二段階は、主に電気の使用によって特徴づけられる。事実、今日の技術発展は、なお電気によって規定される段階にある。この段階は、もはや古い工芸技術を延長して、その規模を巨大に拡大したようなものではない。道具というものはすべて与えられた目的のための手段である、という「工作人」の見方は通用しないのだ。われわれは、もはや自然が提供する材料を使用する際に、自然の生命過程を殺したり、中断したり、模倣したりすることはない。われわれは、そのようにして自然を自分たちの世界を建設するために変化させ、いわば脱自然化してきた。そこでは、人間の工作物の世界と自然が明確に分離された二つの実体として対峙していた。今日われわれが始めようとしているのは、それとはまったく違うこと、すなわち、われわれがいなければ決して起こりえなかったような、いわば、われわれ自身の自然過程を「生み出して」、その力を解放しようとしているのである。われわれは、自然の根源的な力から守るために、工作物のまわりを注意深く防御し、［149］可能なかぎり工作物の世界から遠ざけようとするのではなく、自然とその根源的な力を世界そのものの中に導き入れた。その結果、制作という観念に真の意味での革命が起こった。それまで「一連の独立した作業」によって成り立っていた製造過程が、「一つの連続した過程」、ベルトコンベアと組立ラインの過程に転化したのである。(11)

オートメーションは、こうした発展の最新の段階であり、「機械の歴史全体を明らかにする」ものである。(12) たとえ原子力時代の到来と核の発見に基づくテクノロジーが予想以上に早くそれに取って代わるとしても、オートメーションが近代の発展の頂点を示すものであることに変わりはない。*4 核技術を用いた最初の精密機械である各種の原子爆弾は、［150］それほど大量ではなくても、適当な数が投下されれば、地上のあらゆる生命有機体を破壊することができる。これは現在起きている変化がいかに巨大な規模のものであるかを如実に示している。今や問題は、自然の中に閉じ込められていた根源的な過程を鎖から解き放って自由にすることではなく、地球の外の宇宙でしか生じないようなエネルギーや力を地上で取り扱って、われわれの日常生活に取り入れるところまで来ている。これはすでに核物理学の実験室で実現されている。(13) 自然の力を工作物の世界に導入したのが現段階のテクノロジーだとすれば、将来のテクノロジーはわれわれを取り巻く宇宙の普遍的な力を地球の自然に持ち込むことになるだろう。現在のテクノロジーは人間が作り出した工作物の世界を大きく変えてしまったが、将来の技術がこの世の始まり以来われわれが知っている自然界を同じくらいか、それ以上に変貌させるかどうかは、今はまだ分からない。

自然の力を人間の世界の中に導入したことで打ち砕かれたのは、明確な目的をもっているという世界の性質、道具や器具はそれが作り出す対象を目的として設計されているという事実そのものだった。人間が手を貸さずとも生成するのが自然過程の特徴であり、「作られる」のではなく、おのずから成るのが自然の事物なのである（これが「自然〔nature〕」という言葉の真の意味である。その語源は、生まれるという意味のラテン語 nasci か、さらには成長するとか、おのずから現れるという意味のギリシア語 phyein に由来する physis まで遡ることができる）。人間がその手で作り出したものは、完成まで一歩一歩手順を踏まなければならず、したがって制作の過程と制作物は完全に区別されるが、自然の事物はその生成過程とほとんど一体で、切り離すことはできない。樹木の種子は、そのうちに樹木を含んでいて、ある意味ではすでに樹木であるが、樹木の成長過程が停止すれば、それはもはや樹木では〔151〕なくなる。このような過程を、明確に意識された始まりと終わりをもつ人間の目的に照らしてみれば、それは自動的な作用のように見えてくるだろう。ひとりでに動くもの、われわれの願望や意図が介入できないすべてのものを、われわれは自動的〔automatic〕と呼ぶ。オートメーションによってその到来が告げられた生産様式においては、作業と生産物の区別も、作業に対する生産物の優位(14)(作業は目的に対する手段にすぎないというような)も、意味をなさない時代遅れのものとなる。目的と手段という「工作人」のカテゴリーと彼の世界は、自然と自然の宇宙には決して適用できないが、まったく同様にオートメーションによる生産にも適用することはできないのである。オートメーションを推進する現代の論者が一八世紀の機械論的な自然観や実用主義的な功利主義に断固として反対しているのも、こうした理由に基づいている。機械論的な自然観や功利主義こそ、一つの目的をひたすら追求する「工作人」の特徴だったからである。[*5]

テクノロジーの問題、すなわち機械が導入されることで人間生活と世界がどのように変化するかという問題は、機械が人間に与える便益や害悪に議論があまりにも集中しているために、混乱させられている。そこでは、すべての道具や用具は人間の生活を楽にし、労働をより苦痛のないものにするために作られたということが自明の前提とされている。道具や機械が手段だという場合にも、もっぱら人間中心の立場から見た意味が問題にされているのである。だが、道具や用具は直接には対象物を生産する手段として設計されており、何か純然たる「人間的な価値」があるとすれば、それを使用する「労働する動物」にとってのそれに限られている。言い換えれば、道具の制作者である「工作人」が道具や用具を発明するのは、世界を建設するためであって、生命過程の援助のためではない。「工作人」にとって、それは少なくとも第一の目的ではないのである。したがって、問われるべきは、われわれは機械の主人か奴隷かではなく、機械が今なお世界とその事物の建設に役立っているか、むしろ反対に機械とその自動的な運動過程は世界とその事物を支配し、すでに破壊し始めているのではないか、ということである。

一つだけ確かなことがある。機械によって自動化され、とどまるところを知らない製造過程は「人間が自分の頭で考えて動かした手こそが〔152〕最適な効率を表す」という「不当な前提」を排除しただけではなく、(15)それよりもはるかに重要な前提、われわれ人間を取り囲む世界の事物は人間の意図に基づいて設計され、効用や美という人間的な基準に従って建設されているという前提を放棄した、ということである。効用と美という世界の基準の代わりに、われわれは一定の「基本的機能」の遂行を目的として製品を設計するようになったが、その具体的な形状は、まず機械の動作によって決められる。もちろん、その「基本的機能」とは動物としての人間の生命過程の機能である。それ以外に基本的に必要なものなど、ありはしないのだから。だが、その生産過程そのものは――単に製品の仕様を変更する場合だけでなく、「まったく新しい製品への全面的変更」の場合でさえ――完全に機械の能力に依存しているのである。(16)

特定の対象を生産するための機械ではなく、機械の作動能力のための対象物を設計するというのは、まさに目的と手段というカテゴリーの逆転である。ただし、それは目的と手段という区別がまだ意味をもっているなら、の話だ。通常、機械導入の最も一般的な目的として挙げられる人力の解放でさえ、今では第二義的で時代遅れの目的であって、むしろ機械が潜在的にもっている「効率の驚異的な増大」[17]にとっては障害とみなされている。今日の事態が示しているように、機械の世界を目的と手段の観点から見ることは、自然に対して樹木を生み出すために種子を生むのか、種子を生むために樹木を生むのかと問うのと同じく、無意味になっている。そうした状況の下で、人間世界に目的も終点もなく永続する自然過程を導入し続けることは、人間の工作物としての世界、つまり本来の世界を破壊するだろうが、動物種としての人間は、彼らが地上に工作物の住み家を建設して、自然との間に障壁を設ける以前に自然から得ていたのと同じくらい豊富な生活物資を、この新たな自然の過程によって確実に与えられることになるだろう。

かくして、労働者の社会にとって、機械の世界は本物の世界の代替物となった。もちろん、この世界は偽物であって、工作物の最も重要な役割、死すべき存在としての人間に、より永続的で、より安定した住み家を提供する、という役割を果たすことはできない。近代の初期の機械は、道具や器具と同様に、世界の一部としての性格をまだ明らかに保っていたが、連続的な作動の過程の中で、機械の世界はその独立性さえ失いつつある。[153] 機械の世界に原料や動力燃料などを供給する自然過程は、ますます生物学的な生命過程そのものと結びつくようになり、それまでわれわれが自在に操《あやつ》ってきた装置は、まるで「亀の甲羅《こうら》のように人間の肉体を取り囲む甲殻」となる。高いところからこの発展を眺めてみれば、テクノロジーというのは、もはや「人間がその物質的な力を拡大しようとする意識的な努力の産物というより、生命有機体としての人間の内部にそなわっていた構造⒅がますます周囲の環境に移植されていく、いわば人類の生物学的な発展のように見えてくる」のである。

21　道具の使用と「工作人」

「工作人」の用いる道具や用具から、手段というものについての最も基本的な経験をわれわれは得るが、あらゆる仕事と制作はこれに規定されている。現に、ここでは目的が手段を正当化するばかりか、目的は手段そのものを生み出して組織するのである。目的は、材料を獲得するために自然に暴力を加えることを正当化する。木材の獲得のために樹木が伐採され、殺されて、その木材はテーブルの制作のために破壊される。目的となる最終生産物〔end product〕のために道具が設計され、用具が発明され、この最終生産物が仕事の過程そのものを組織して、必要な専門家、協業〔co-operation〕のための措置、補助者の数などを決定するのである。仕事の過程においてすべてを決定するのは、意図された目的の達成のために適切か、有用かであって、それ以外の何ものでもない。

目的と手段という同じ基準は、生産された製品それ自体にも適用される。生産に用いられた手段との関係で言えば、それは確かに目的であり、製造過程の終点〔the end〕だが、いわゆる目的それ自体ではない。少なくとも使用のための対象物であるかぎり、決して目的それ自体にはなりえないのである。家具職人の作る椅子は制作にとっては目的だが、それが有用になるのは、再び何かの手段、耐久性をもつ事物として快適な生活の手段になるか、あるいは交換の手段になるかによって、つまり再び何かの手段になることによってでしかない。制作活動を判定する効用〔utility〕という基準に内在する難点は、ある目的が別の文脈では手段になる、という目的と手段の連鎖に依拠していることにある。［154］言い換えれば、厳密に功利主義的な世界では、すべての目的は短命で、さらなる目的の手段となる運命にあるのだ⒆。

こうした難点は、すぐれて「工作人」の哲学である功利主義の首尾一貫した理論には必ずつきまとうものだが、理論的には効用と意味を区別できないことに、その原因がある。この区別を言葉で表すなら、「何かのために〔in order to〕」と「それ自身のために〔for the sake of〕」の違いということになる。労働者の社会の理想が安楽さであり、商業社会の支配的な理想が利得であるとすれば、職人の社会に浸透している理想は有用性〔usefulness〕ということになるが、ここで実際に問われているのは、もはや効用ではなく、意味なのである。「工作人」は、有用性一般という目的「それ自身のために」、すべての物事を「何かの目的のために」という観点から判断する。有用性という理想は、他の社会の理想と同じく、もはや何か別の目的のためのものと考えることはできない。ここでの有用性という理想は、それ自身、何の役に立つのかという問いを拒否するのである。かつてレッシングは同時代の功利主義哲学者に「それではいったい有用性の有用性とは何か」と問いかけたが[*6]、功利主義がこの問いに答えることができないのは明らかである。功利主義は、目的と手段の際限のない連鎖にとらわれてしまって、目的と手段というカテゴリー、つまり効用そのものを正当化する原理に到達できない。そこでは「何かのために」手段として役立つということが、「それ自体のために」という意味の内容にすり替わっている。言い換えれば、効用がそれ自体の意味とされるところでは、意味そのものが見失われるのである。

目的と手段のカテゴリーの内部で、そして使用対象と効用の世界全体を支配する手段の使用という経験の内部では、ある一つのものを「目的それ自体」と宣言する以外に、目的と手段の〔無限の〕連鎖に終止符を打ち、すべての目的が再び手段として用いられることを防ぐ術はない。「工作人」の世界では、あらゆるものは何かの役に立たなければならない。あらゆるものが何かの目的を達成する手段となる世界では、意味は目的として、「目的それ自体」という形でしか表すことができない。だが、これをすべての目的に適用するのは、無意味な同語反復であるか、そうでなければ言葉そのものの矛盾でしかない。そもそも目的は、いったんそれが達成されれば目的であることをやめ、手段の選択を導いて正当化する能力、[155] 手段を組織して生み出す能力を失うからである。達成された目的は、「工作人」が新たな目的を達成するために自由に選択する手段の一つとして、巨大な武器庫に貯蔵される。それに対して、意味は永続的でなければならない。それが達成されるかどうかに関わりなく、仮に人がそれを見つけ出せずに見失ったとしても、意味の性質は何ら損なわれることはない。「工作人」は、彼が制作する者であり、仕事という活動から直接に出てくる目的と手段の観点からものを考えるかぎり、意味というものを理解できない。それは「労働する動物」が手段というものを理解できないのと同様である。「工作人」が世界を建設するために用いる道具や用具が「労働する動物」にとっては世界そのものになるとすれば、「工作人」の手には届かないこの世界の意味は、彼にとっては矛盾に満ちた「目的それ自体」となる。

厳密な意味で功利主義的な哲学が抱え込んでいる無意味性のディレンマから脱出するただ一つの方法は、客観的な使用物の世界に背を向けて、使用する主体のうちに逃げ込むことである。徹底した人間中心の世界では、使用者である人間そのものが究極目的となって、目的・手段の無限連鎖に終止符を打つことができる。人間中心主義のこの世界において初めて、効用それ自体は意味という尊厳を得ることができるのである。だが、悲劇は「工作人」が活動の目的を達成したかに見える瞬間に訪れる。みずからの精神と手で作り上げたはずの事物の世界を、「工作人」自身が貶《おとし》め始めるのだ。使用者としての人間が最高の目的であり、「万物の尺度」であるなら、「工作人」の制作の対象としての自然、ほとんど「価値をもたない材料」としての自然だけでなく、「貴重な」事物も単なる手段とされ、それ自身に内在する「価値」を喪失するからである。

すべての人間は目的それ自体であって、何人《なんびと》も目的のための手段であってはならない、というカントの定式は、「工作人」の人間中心的功利主義の最も偉大な表現である。もっぱら目的と手段の観点から物事を考えるやり方が無制約に政治的領域に適用されれば、致命的な結果をもたらすということは、すでに以前から知られていたが（例えばロックは、何人《なんぴと》も他人の肉体を所有したり、他人の肉体の力を使用したりしてはならない、と注意していた）、近代初期の段階の哲学を、「工作人」が社会の標準を支配しているところならどこでも見られる陳腐な常識から完全に解放したのは、カントだけだった。［156］もちろん、カントの意図は、同時代の功利主義の教義を定式化したり概念化したりすることではなかった。反対に、彼は目的・手段のカテゴリーをしかるべき場所に押し込めて、政治的行為の領域に入り込むのを防ごうとしたのである。それにもかかわらず、彼の定式の起源が功利主義的思考にあることは否定し難い事実だ。そのことは「使用のためのもの」ではない唯一の対象である芸術作品に対するカントの解釈がよく示している。人は芸術から「いっさいの利害関心と関わらない喜び」を得る、というカントの発言はよく知られているが[20]、この逆説的な解釈によって、人間は「最高の目的」それ自体とされ、「もしできるなら自然全体をも支配すること」が可能になる[21]。それは自然と世界を単なる手段の地位に貶めて、その独立した尊厳を奪ってしまうのである。このように、カントでさえ「目的それ自体」という矛盾した観念に訴えなければ、意味をめぐる問題を解決して、「工作人」に意味に対する目を開かせることはできなかった。「工作人」の抱える困難は、次の事実のうちにある。すなわち、制作だけが手段を用いて世界を建設することができるが、世界の建設を導いた目的・手段という同じ基準をもって、その後も支配しようとするなら、世界そのものが建設に用いた材料と同様に、単なる手段となり、無価値になる、という事実である。

「工作人」であるかぎり、人間は何かを道具として用いる。彼はすべての物を手段にして、その物が本来もっている独立した価値を奪うだろう。価値の喪失は、制作の対象だけでなく、「およそ地球全体と自然の力すべて」にまで行き着くことになる。およそ人間の力を借りずに生成して、人間の世界から独立していたものすべては「無価値となる。なぜなら、［それらは］仕事が生み出す物化の産物ではないからである」(22)〔マルクス〕。古典期のギリシア人は、世界に対する「工作人」のこうした態度を嫌って、活動それ自体のためではなく、何かを作り出すために、道具を用いてなされる工芸のあらゆる分野を〔157〕banausic なものだと宣告した。この言葉の適訳は、卑俗なものの考えやご都合主義的な行動を旨とする「俗物的〔philistine〕」だろう。工芸に対するギリシア人の軽蔑の念はあまりに激しかったので、彫刻や建築の巨匠たちでさえ、そうした宣告を免れなかったというのは、今日のわれわれを驚かせるものがある。[*7]

ここで問題にしているのは、ある目的のために手段を用いることそれ自体では、もちろんない。何かの事物を目的のための手段にするという制作の経験を一般化して適用し、有用性と効用を人間の生と世界の究極の基準にしてしまうことが問題なのである。「工作人」の活動そのものの中に、こうした一般化の傾向は存在している。制作にともなう目的と手段の経験は、制作物の完成によって消滅するのではなく、その制作物がさらに使用の対象になることで、究極的な目的にまで引き継がれていくからである。世界全体と地球を手段にしてしまうこと、あらゆるものの価値剝奪の際限のない進行、すべての目的を手段に転化する無意味化の進行は、人間がすべてのものを支配する主人になるまで、やむことはないだろう。しかしながら、こうした事態は制作過程そのものから直接出てくるわけではない。制作の観点から見れば、最終生産物も、目的それ自体も、耐久性をそなえた独立の実体として存在する。カントの政治哲学が言う目的それ自体としての人間がそうであるのとまったく同様である。制作が作り出すものが使用の対象となって初めて、最終生産物は再び手段となる。制作において、本来は生産的で限定的だった手段の利用が、存在するものすべてを無制限に手段に転化するようになるのは、生命過程が事物を取り込んで、自分のために利用することによって初めて生じる事態なのである。

ギリシア人は一貫した功利主義のあからさまな卑俗さを軽蔑していたが、それに劣らず、世界と自然の価値剝奪とそこに隠された人間中心主義を恐れていたことは明らかである――人間は最高の存在であり、他のすべては人間生活の差し迫った必要に従属する、などというのは、アリストテレスに言わせれば「馬鹿げた」意見である。「工作人」のうちに人間の最高の能力を見ることがどんな結果をもたらすのかをギリシア人がよく承知していたことは、プロタゴラスの一見明白な主張「人間はすべての使用物〔chrēmata〕の尺度である。存在するものの尺度であり、〔158〕存在しないものの尺度である」(23)に対するプラトンの有名な反論によく示されている（なお、付言しておけば、プロタゴラスは「使用物の尺度」と言ったのであって、伝承や標準的な翻訳のように「万物の尺度である」と言ったのではない）。すなわち、人間がすべての使用物の尺度であるとすれば、その人間とは物を手段として使用する者のことであり、言葉を語り、行為する者としての人間、考える者としての人間、世界に関わる者としての人間ではない、ということをプラトンはただちに見抜いたのである。すべてを目的のための手段とみなす――すべての樹木を木材の原料と見る――のが使用する者、手段とする者としての人間の本性であるから、プロタゴラスの言葉の意味するところは、人間にその存在を依存している事物だけでなく、文字どおり存在するいっさいのものを計る判定者に人間がなる、ということである。

プラトンのこうした解釈によれば、プロタゴラスはカントの最も早い先駆者のように見える。もし人間が万物の尺度であるとすれば、人間は目的・手段の関係の外にいる唯一の存在であり、あらゆるものを手段にすることのできる目的それ自体となるからである。人間が使用対象を生産する能力、すべての自然の事物を潜在的な使用対象として扱う能力は人間の欲望や才能と同様に無制約であることを、プラトンはよく知っていた。われわれの住むこの世界を成立させるには「工作人」の力が必要だが、完成した世界をそのまま「工作人」の基準に委ねるなら、「工作人」はあらゆるものを勝手に食い荒らして、すべてを自分の手段にしてしまうだろう。彼にとっては、すべてがchrēmata、使用のための対象物とみなされる。プラトン自身が挙げている例で言えば、風はもはや自然の力として独自の存在意義をもつものではなく、暖かいとか爽やかだという人間の要求にもっぱら従って判断される。もちろん、そうなれば、何か客観的なものとして「風」を経験することはできなくなるだろう。そのような結果に反対するため、プラトンはその生涯の終わりに、『法律』でもう一度、プロタゴラスに言及しながら、次のようなほとんど逆説的な定式で、こう論じたのである。[159]人間は、その欲望と才能のために、すべてのものを使用して、あらゆる事物から固有の価値を剝奪してしまう。だが、「その使用対象物［でさえ］、その尺度となるのは〔人間でなく〕神である」(24)と。

22 交換市場

マルクスは——その優れた歴史感覚を証明する多くの傍白の一つで——人間は道具の作り手であるというベンジャミン・フランクリンの定義は、人間は政治的動物であるという定義が古代に特徴的だったように、「ヤンキー気質」、つまり近代に特徴的だ、と述べたことがある(25)。この指摘に含まれている本当の意味は、ちょうど古代が「工作人」を排除しようとしたように、近代は政治的人間、すなわち活動し、言葉を発する人間を、その公的領域から排除しようとしている、という点にある。どちらの場合も、排除は一九世紀の解放に至るまで労働者と無産者階級が排除されていた場合ほど自明ではなかった。もとより近代も、政治的な領域というものは常に、かつ必然的に「社会」の単なる機能であるわけではないこと、政府の行政によって人間の生産的で社会的な側面を保護するためだけのものではないことをよく理解していたが、それでもやはり、法と秩序の維持を越えた強制などというのは「余計なおしゃべり」であり、「虚栄」にすぎないと考えていたのである。自然なままに社会がそなえる生産力の根拠となったのは、「工作人」の疑問の余地なき生産性だった。それに対して、古代においては、ポリスや共和国〔res publica〕の市民が、市民としての資格とは別に、みずから公的領域の内容を定めて設立する共同体の存在が認められていた。そこで営まれるふつうの市民の公的生活というのは、要するに職人〔dēmiourgos〕としての生活のことであり、職人は一般に「人民のために仕事をする」という点で、家内労働者〔oiketēs〕、すなわち奴隷とは区別されていたのである。(26)〔160〕この非政治的な共同体の特徴は、職人たちの公的な場であるアゴラが市民の集会場ではなく、作った物を展示し、交換する市場であることにある。ギリシアでは、僭主たちが、市民が政治的な事柄に煩わされずに済むように、「アゴラで語り合ったり、ポリスの事柄に関わったり〔agoreuein and politeuesthai〕」して非生産的な活動で時間を無駄にしないよう、アゴラを東洋の専制体制のバザールのような商店の集合に変えてしまおうとしたが、そうした僭主たちの野望はいつでも挫折した。商品だけでなく制作の現場も展示するこの種の市場の特徴は、のちの中世都市の商人や職人の地区にも引き継がれる。事実、労働者の社会の特徴が、ヴェブレンが言うところの「顕示的消費」であるとすれば、いわば「顕示的生産」が生産者の社会の特徴だった。*8「労働する動物」の社会生活は世界をもたない動物の群れのようなもので、彼らは公的な世界の領域を建設して、そこに住むことはできないが、「工作人」は自分たちの公的領域をもつことができる。これは言葉の本来の意味での政治的領域ではない。彼らにとって、公的領域とは交換市場〔exchange market〕である。そこで彼らは自分の手で作った製品を展示して、しかるべき評価を与えられる。自分の技を見世物のように顕示するという性向は、アダム・スミスが人間を動物から区別する特徴とした「ある物を他の物と取引し、交易し、交換しようとする性向」[27]と密接に結びついており、おそらく同じくらい深いところに根ざしている。重要なのは、世界の建設者であり、物の生産者である「工作人」が他人との適切な関係を見出すのは自分の生産物を交換する時だけだ、ということである。〔161〕生産物そのものの生産は、いつでも一人で行われるからである。近代初期に社会の構成員の至高の権利として要求されるプライバシーが実際に保証していたのは、この孤立だった。[*9] 一人でいなければ、どんな作品も生み出すことはできない。中世の市場でも、見物人や観客がいて、職人は公的な光にさらされはしたが、その孤立が脅かされることはなかった。社会的領域が勃興して、人々がただ職人の仕事を眺め、判断し、賞賛するだけでは満足せず、職人の仲間に加わって、同じ資格で仕事に加わろうとするようになってから、仕事人の「光輝な孤立」は脅かされ、ついには技量や卓越という「観念」そのものが掘り崩されることになったのである。職人の技というのは、政治的な支配の形態とは異なり、何よりもまず事物や材料の支配であって、人々を支配することではない。事実、職人の活動にとって、人に対する支配の側面は二義的なものである。職人〔worker〕と親方〔master〕――〔フランス語では〕ouvrier と maître ――は、元来ほとんど同じ意味で用いられてきたのである。[28]

職人の仕事の中から直接に生まれてくる唯一の仲間団体〔company〕は、徒弟を必要とし、技能を教えたいという親方の要求に基づいている。だが、そこでは親方と徒弟の技能の差は一時的なものである。仕事にとって、共同作業〔チームワーク〕ほど疎遠で破壊的なものはない。チームワークというのは、実際には分業の一変種にすぎず、「作業を単純な構成要素に解体すること(29)」を前提としている。〔162〕共同作業のチームでは、多数の生産主体が分業の原理に従って、全体を構成する部品のように一体になっているので、メンバーの自立は生産そのものに致命的な影響をもたらす。親方と職人の場合、そうした一体性がまったく欠けているだけでなく、他者とともにいて、協調して行為し、互いに語り合うという政治固有の形態は、彼らの生産活動とはまったく別の領域にある。仕事が終わり、製品が完成して、ようやく彼らは一人一人が孤立した職場から出ることができる。

歴史的に「工作人」の活動と少なくとも結びついている最後の公的領域、最後の集会場は、交換市場である。そこで彼らは自分の作品を展示する。この「顕示的生産」にともなう取引や交易への欲求から、近代の初期段階ないし工場制手工業〔マニュファクチュア〕段階の資本主義に特徴的な商業社会〔commercial society〕は生まれてくる。それが終わるのは、労働と労働社会が興隆して、顕示的生産とそれにともなっていた職人の誇りに、「顕示的消費」と虚栄が取って代わる時である。

確かに、交換市場に登場する人々は、もはや制作者自身ではなかった。マルクスが繰り返し指摘したように、そこで出会うのは人格をそなえた一個の人間ではなく、商品の所有者、交換価値の所有者にすぎない。生産物の交換が主要な公的活動となるこの社会では、すべての人間は互いに「貨幣または商品の所有者」となるので、労働者もまた財産所有者、つまり「自分の労働力の所有者」となる。人間が単なる商品へと堕落する、というマルクスの有名な自己疎外が始まるのは、ここからである。この堕落は、マニュファクチュア段階の社会における労働の特徴をよく示している。そこでは、人間は人格としてではなく、生産者として、その生産物の質によって評価される。これが労働社会となると、人間は生産物によってではなく、労働過程で果たす機能によって評価されるようになる。「工作人」の目から見れば、労働力とは、使用対象であれ、交換対象であれ、より高次の目的を生産するための手段にすぎないが、労働社会では労働に機械と同じ高い価値が与えられる。なるほど、この点では労働社会のほうが「人間的」に見えるかもしれないが、それは［163］人間労働の価格が上昇して他の材料や物質よりも高く評価されただけのことである。事実、それは何かより「価値がある」ものが登場する前兆にすぎない。その「価値あるもの」とは、機械のより円滑な機能にほかならない。その巨大な過程の力は、すべてのものをまず標準化し、次にその価値を剝奪して消費財にしてしまうだろう。

商業社会、あるいは初期段階の資本主義がまだ獰猛な競争精神や貪欲な獲得欲を失っていなかった時には、そこではまだ「工作人」の基準が支配的だった。「工作人」は仕事場での孤立から抜け出して、商人や取引業者となり、みずから交換市場を設立した。この種の市場は、工場制手工業が登場して、もっぱら市場向けの生産、使用対象物よりも交換対象の生産を始める前に存在していなければならない。孤立した職人仕事から交換市場のための製造に移行する過程で、完成した最終生産物の品質は、完全にではないにしても、幾分か変質する。世界の中で独自の実体をもつ事物として存在し、存続するために必要な唯一の条件としての耐久性は基準として残るが、それはもはや使用のためではなく、いずれ交換するために「貯蔵しておく」のに必要な基準となるのである。(30)

今日よく論じられている使用価値と交換価値の区別の背後にあるのは、こうした質の変化である。使用価値と交換価値の関係は、制作者あるいは製造業者と商人あるいは取引業者との関係に対応する、というわけである。「工作人」が使用対象物を生産するとき、彼は孤立した私的生活の中で生産するだけでなく、私的な使用のために生産する。その生産物が交換市場で商品になるとき、それは公的領域に姿を現すことになる。しばしば指摘され、残念ながらまたすぐに忘れられてしまうことだが、価値というのは「人間が頭の中で、ある事物の所有と他の事物の所有を比較することで生み出す観念」(31)であり、「常に交換の際の価値〔value in exchange〕を意味している」(32)。なぜなら、すべての物が「価値」をもつのは、それが労働の産物か〔164〕仕事の産物か、消費財か使用の対象か、肉体の生命維持に必要か、生活の便宜や精神生活に必要かに関わりなく、あらゆる物が交換される交換市場においてだけだからである。価値というのは、物が商品として現れる公的領域で与えられる評価にほかならない。ある対象に価値を与えるのは、労働でも、仕事でも、資本でも、利潤でも、原材料でもなく、公的領域なのだ。公的領域に登場して初めて、物は評価され、需要を見出すか、そうでなければ無視される。私的領域にある間は物は価値をもたないが、公的領域に現れるや否や、ひとりでに価値がそなわっている。価値というのは、そのような独特な特質なのである。この「市場価値」は、ロックが明確に指摘したように「どんな物にも内在する値打ち(33)」とも関係がない。すなわち、「売り手や買い手個人の意志の外にあり、事物そのものに付随するもの、好むと好まざるとにかかわらず、その存在を認めなければならない(34)」ような物自体の客観的質とは関わりがないのである。事物に内在する値打ち[*10]〔worth〕は、その事物そのものが変化しなければ変わることはない——テーブルの脚が一本欠ければ、テーブルとしての値打ちは失われる。それに対して、商品の「市場価値」は「その商品と他の物との相対的な関係が変われば(35)」、それに応じて変化するのである。

言い換えれば、「価値」は、事物や功績や理念といった人間の特定の活動の産物ではなく、そのような活動の産物が社会の構成員の間で行われる交換関係、他との比較において絶えず変動する関係の中に入り込む時に初めて発生するものなのである。[165] 何人《なんぴと》も「孤立した状態では価値を生み出」さないとマルクスは正当にも指摘したが、そもそも孤立した状態で価値に関心を払う者など誰もいない、と付け加えることもできたはずだ。およそ事物であれ、観念であれ、道徳的理念であれ、すべてのものは「社会関係の中で初めて価値をもつ」のである(36)。

「価値」という言葉は、古典経済学だけでなく哲学にも持ち込まれて、さらにひどい混乱(37)を引き起こしているが、これらの混乱は、「値打ち〔worth〕」というロックではまだ用いられていた古い言葉が、一見すると、より科学的な「使用価値〔use value〕」という用語で置き換えられたことから始まっている。マルクスも、この用語を受け入れて、使用価値から交換価値への転換こそが資本主義の原罪だとみなしたが、これは公的領域を嫌悪していた彼の立場からすれば、当然のこととして導き出される結論だった。事実、商業社会において交換市場は最も重要な公的広場であり、あらゆるものはそこで交換価値、商品となる。商業社会のこの罪に対抗すべくマルクスが呼び出したのは、事物そのものに「本来そなわっている」客観的な値打ちではなかった。彼がその代わりに持ち出したのは、人間の生命過程の中で果たす機能だった。すべての物が消費される生命過程には、客観的に内在する値打ちもなければ、社会的に決定される主観的な「価値〔value〕」もない。あらゆる財貨が等しく労働者に分配される社会主義では、およそ実体をもつ事物はすべて生命と労働力の再生産過程の機能のうちに解消されてしまうのである。

しかしながら、こうした用語上の混乱は、事態の一面しか説明していない。マルクスが「使用価値」という用語に執拗にこだわった理由、そして価値を生み出す何らかの客観的な源泉を労働、土地、利潤などに求める数々の不毛な試みを行った理由は、価値にふさわしい場である交換市場には「絶対的な価値」など存在せず、それを求めるのは円を四角にすることに等しい、という単純な事実を受け入れるのは誰にとっても容易なことではなかったからである。すべての物の価値喪失、物に内在する値打ちが失われるという事態が大いに嘆かれているが、これはすべての物が価値または商品に転化するとともに始まる。その瞬間から、すべての物は、[166] それと交換に獲得される他の物との関係においてのみ存在するようになるからである。事物が他の事物との関係においてしか存在しないということの普遍的な相対性、何ものも需要と供給という絶えず変動する評価から独立した「客観的」な価値をもたないという内在的な値打ちの喪失は、価値という概念そのものに含まれているのだ。(38) 商業社会では不可避に見えるこうした発展は、深刻な不安をかき立て、ついには経済学という新しい科学の主要問題にまでなったが、その原因は価値の相対性そのものにではなく、常に尺度や物差し、規則や基準を使用しなければ活動できない「工作人」は「絶対的な」基準や物差しの喪失に耐えられない、という事実にある。貨幣は確かにさまざまな事物を交換する際の共通の分母として役立つけれども、それ自体は物差しや他の測定尺度のように、測定される対象と測定する人間から独立した客観的な存在、どんな使用や操作も耐えしのいで存続するような存在ではないのである。

人間は万物の尺度である、というプロタゴラスの主張のうちにプラトンが見たのは、そうした基準や普遍的規則の喪失だった。制作者としての人間と物の使用を最高の尺度とするなら、世界を樹立するために不可欠な拠り所が失われることを、プラトンはすでに見抜いていたのである。職人の世界と制作の経験から生まれた道具の使用という原理と交換市場の相対的性格が密接に関連していることが、ここには示されている。事実、制作における道具の使用から交換市場の相対性へは、一直線に道が通じているのである。「万物の尺度は神」であって人間ではない、とプラトンは反論した。〔167〕もし近代が想定するように、この世界とそこに含まれるいっさいのものを生み出す制作の活動を支配するだけでなく、完成した世界そのものを支配するのが有用性の名を借りた道具や手段の使用という原理だとすれば、プラトンの反論は道徳家ぶった説教として虚しく響くことになるだろう。

23 世界の永続性と芸術作品

人間が作り出した工作物が信頼できる住み家になるためには安定性が不可欠だが、そのような安定性を与える事物の中には、厳密な意味で何の効用もなく、その上、唯一無二の性格ゆえに交換もできず、貨幣のような共通分母による比較を拒む対象物が存在する。そうした事物が市場で交換に出されても、恣意的な価格がつけられるだけだ。そのような事物とは芸術作品のことだが、芸術作品が「使用」にふさわしくないことは明らかである。むしろ、芸術作品は通常の事物の使用の場面から注意深く切り離して、世界の中にしかるべき場所を与えなければならない。同様にまた、日常生活の切迫した必要や欲求からも切り離しておかなければならない。それらは芸術作品とは最も縁遠いものだからである。芸術作品のもつこの無用性が元からそなわっていた固有の性質なのか、それともふつうの使用対象物がふつうの要求に応えるように、かつてはいわゆる宗教的な要求に応えるものだったのか、ここで議論する必要はない。芸術の起源がもっぱら宗教や神話などに由来するものだったとしても、芸術が宗教や魔術、神話から切り離されても立派に生き残ってきたことは事実である。

その際立った永続性ゆえに、芸術作品は、およそ具体的な形をとった事物の中で、最も世界としての性格をもっている。芸術作品は生きているものの使用の対象ではないから、その永続性が自然の過程で腐食されることはない。椅子の目的は座って初めて実現されるが、芸術作品を同じように使用するなら、その本来の目的を実現するどころか、作品そのものを破壊することになる。あらゆる事物は単に存在するために永続性を必要とするが、芸術作品の永続性はそれよりも高次のものなのである。長い年月を経て初めて、そのような永続性は獲得される。およそ人間が作り出した事物、死すべき存在としての人間が住んだり使用したりする［168］人工の事物は絶対的に持続することはありえないが、芸術作品の永続性には人工の事物の安定性が表現されているのである。芸術ほど、事物の世界の耐久性を純粋かつ明瞭に現すものはない。そこには、この事物の世界が死すべきものである人間の不死の住み家であることが、目に見える形で示されている。それは、あたかも世界の安定性が芸術の永久的性格のうちに平明な形で現れ出ているかのようである。そこに示されているのは、魂や生命の不死ではない。いわば不死なるものの予兆、死すべき人間がその手で成し遂げた不死なる何かが、具体的な形をとって、光り輝いては見られ、響いては聴かれ、語られては読まれるのである。

芸術作品の直接の源泉は、人間の思考能力である。これは人間の「取引し、交易する傾向」が交換対象物の源泉であり、人間の使用能力が使用物の源泉であることに対応している。これらの人間の能力は、感覚、欲求、要求といった動物種としての人間の属性とは異なる。これらの属性が右に挙げた人間の諸能力と結びついて、その内容になることはあるが、それ自体としては、他の動物種の属性と同様に、人間が住み家として作り出す世界とは関わりをもたない。それらの属性が動物種としての人間にとっての生活環境を作り出したとしても、それはいわば蜘蛛の巣や蚕の糸のように自分の身体の中から放出したものであって、人間が作り出した世界ではない。交換という能力がむきだしの欲望に形を与え、使用がやみくもな要求に形を与えるように、思考は感情と結びついて、明確な声にならない憂鬱といった感情に形を与える。それらは事物に変換され、物となって世界の中に入ることができるようになる。これらの場合のいずれにおいても、人間の活動はその本性からして外に向けて開かれており、自己の内部の牢獄に閉じ込められていた激烈な衝動を世界の中に解き放つのである。

芸術作品の場合、物化は単なる変形〔transformation〕以上のものである。火がすべてを灰燼に帰するように、決して元に戻らない自然の過程そのものを逆転させて灰が再び燃え上がるような変容〔transfiguration〕、真の意味での変身である。(39) 芸術作品は［169］思考の産物だが、だからといって、それが物でないということにはならない。使用するだけで家や家具を生産したり制作したりしたことにはならないのと同じように、思考の過程それ自体は、書物や絵画や彫像や譜面のような具体的な形あるものを何も生み出さないし、作り出さない。もちろん、ものを書き、イメージを描き、形象を作り、作曲することで行われる物化には、思考が先行している。しかし、実際にその思考を一つのリアリティとして、思考から物を制作するのは仕事人の技能であり、それは人間の手という原始的な道具によって他の耐久性のある工作物を作るのと同じである。

先にわれわれは、この物化と物質化なしには思考は触知できる事物になることはできないが、それにともなって代償を払う、と指摘した。[11] その代償とは、生命そのものである。「生きた精神」が生き残るためには、「死んだ文字」にならなければならない。死んだ文字の中で生き延びている「生きた精神」を仮死状態から救い出すためには、死んだ文字と、それを復活させようとする生命が接触しなければならない。ただし、この復活した精神も、あらゆる生きものと同じく、再び死んでいく定めにある。こうした仮死状態は、あらゆる芸術のうちに現れていて、いわば思考の本来の住み家である人間の心や頭と世界における終《つい》の居場所との距離を示しているが、そのあり方は芸術の種類によって異なる。音楽や詩の場合、その「素材」は音や言葉なので、「物質化」の度合いは最も少なく、物化とそのための仕事は最小限にとどまる。年若い詩人や神童と言われる音楽家がそれほどの修練や経験を積まなくても完成の域に達することができるのは、そのためである。そうした現象は、絵画や彫刻、建築などでは、ほとんど見られない。

詩は、言葉を素材とするため、おそらく最も人間的で、世界としての性格が最も稀薄な芸術であり、そこに吹き込まれた思考との距離が最も近い最終生産物である。詩の耐久性は、凝縮によって生まれる。したがって、極度に濃縮し、集中して語られた言葉は、すでに詩であるかのように響く。ここでは、想起、記憶の女神ムネーモシュネー[12]〔Mnēmosynē〕は直接に記憶へと変形される。そうした変形のために詩人が用いる手段がリズムである。リズムによって、詩はほとんどそのまま記憶の中に定着する。生きた記憶との密接な結びつきによって、詩は印刷されたり書かれたりした頁の外でもそのまま残り、耐久性を維持することができるのである。さまざまな基準によって詩の「質」は判定されるかもしれないが、[170] その「忘れられない」という特質こそが、耐久性、つまり人類の記憶に永遠に残るかどうかを決定的に左右する。思考のあらゆる産物の中で、詩は最も思考に近く、他のどんな芸術作品よりも物としての性質が稀薄である。だが、その詩といえども、それが生きて語られる言葉として吟遊詩人や彼に耳を傾ける人々の記憶の中にどんなに長く残るとしても、最後には「詩作」、つまり文字として書かれ、さまざまな事物の中の一つに転形されなければならない。なぜなら、思い出すという営みと記憶という人間に与えられた天分こそ、不滅のものへの願望のいっさいの源であるが、不滅たらんと欲すればこそ、それらを思い出す手がかりとなる事物が必要になるからである。[40]

　思考と認識は同じものではない。思考は芸術作品の源泉だが、すべての偉大な哲学には思考が変形も変容もされずに、そのまま表現されている。[*13] それに対して、われわれが知識を獲得したり貯蔵したりする認識過程の主要な表現が、科学である。認識は、常に明確な目的を追求する。その目的が実践的なものか、「単なる好奇心」からのものかを問わず、設定された目的が達成されれば、認識過程は終わる。思考は、それとは反対に、終わりもなければ、外から与えられた目的もない。それどころか、何か具体的な成果や答えをもたらすことはないのである。思考が「役に立たない」ということを倦むことなく指摘してきたのは、「工作人」の哲学である功利主義ばかりではない。行為する人や結果を重視する科学者たちにとっても、事実として、思考はそれが息を吹き込む芸術作品とともに無用の長物だった。しかも、芸術作品をはじめとするこれらの無用な産物に対しても、思考はそれが自分の作り出したものだと主張することはできないのである。芸術作品も偉大な哲学体系も、厳密な意味でそれが純粋な思考の産物だと言うことはできない。というのも、芸術家や哲学者が自分の作品を作り上げようとする時には、まさに思考過程を中断し、それを物質的な媒体に変換して物化しなければならないからだ。［171］思考という活動は、生命そのものと同じくらい情け容赦なく繰り返されるものであって、思考に何か意味があるかという問いは、生命に意味があるかと問うのと同じく、答えることのできない謎である。思考過程は人間存在の全体にあまりに密着して浸透しており、その始まりと終わりは、人の生命そのものの始まりと終わりに一致する。したがって、思考は、世界を構成する事物を生み出す「工作人」の高度な生産力を喚起するけれども、「工作人」の特権ではない。思考が制作に霊感を与える源泉として自己主張を始めるのは、「工作人」がいわば自分自身の領分を越えて、無用の物、物質的な欲求にも精神的な欲求にも、肉体的要求にも知識欲にも関係のないものを作り始める時である。それに対して、認識は知的な仕事や芸術的な仕事だけでなく、すべての過程に関わっている。制作そのものと同様に、認識は始まりと終わりをもつ過程であり、その有用性は検証することができる。すなわち、大工が二本脚のテーブルを作るなら、その仕事は失敗するのと同じように、認識が何の結果ももたらさないなら、その認識過程は失敗したことになる。

科学における認識過程の役割も、制作における認識のそれと基本的に変わるところはない。認識によって生み出された科学的成果は、他の事物と同じく、人間の工作物の一部になるのである。

さらに言えば、思考も認識も、論理的な推論の力とは区別しなければならない。論理的推理力は、公理や自明な命題から演繹したり、特殊な現象を一般的法則の下に包摂したりといった操作や、首尾一貫した結論を導き出す手法のうちに現れる。そうした能力が発揮される場面でわれわれが実際に見ているのは、一種の頭脳力であり、これに類似のものを挙げるとすれば、動物としての人間が自然との物質代謝において発揮する労働力ということになる。[*14] 頭脳力によって推進される精神過程を、われわれはふつう知性〔intelligence〕と呼んでいるが、知性は肉体的な力量〔strength〕が器具によって測定できるのと同じように、知能テストによって測定できる。知性の法則としての論理の法則は、他の自然法則と同じように見出すことができる。その理由は、この法則が究極的には人間の頭脳の構造に根ざし、正常で健康な人間なら、他の肉体的機能が服しているのと同じ強制力を有していて、頭脳はそれに従わざるをえないからである。誰もが2＋2は4になることを認めざるをえないのは、人間の頭脳の構造に根ざしている。〔172〕優れた頭脳力をもつという点で他の動物とは区別されるが、人間もやはり動物の一種である。人間が近代人の考えるこのような意味での「理性的動物」であるとすれば、新たに発明された電子計算機は、ルネサンス期の人々が夢に描いた人造人間ホムンクルスを実現したことになるだろう。事実、電子計算機の目覚ましい計算能力は人間のそれをはるかに上まわるほど「知性的」で、発明した当人ですら、しばしば戸惑い、困惑するほどだ。しかしながら、電子計算機は、他のあらゆる機械と同様、単に人間労働力を代替して人為的に改善するものにすぎない。それは昔から行われている分業によって、すべての作業を最も単純な動作にまで細分化する。例えば、掛け算を足し算の繰り返しに替える、というように。なるほど、電子計算機の能力は、人間の頭脳をはるかにしのぐ計算速度に明確に現れている。その圧倒的な速度ゆえに、足し算を加速させるための電子時代以前の方法だった掛け算を不要にしたのである。巨大な電子計算機が証明してみせたのは、近代がホッブズとともに信じていたように「結果の予測」こそが人間の最高かつ最も人間的な能力だというのは間違っていた、ということである。この点については、マルクスやベルクソンやニーチェのような生の哲学者、労働の哲学者のほうが正しかった。彼らはこの種の知性を理性と取り違えたが、ともあれ、それは生命過程の単なる機能、ヒュームの言葉を借りれば、単なる「情熱の奴隷」にすぎないと考えたのである。明らかなのは、頭脳力とそれが生み出す強制的な論理の過程は、労働と消費の強制的な過程と同じく世界とは無縁であり、それによって世界を打ち立てることはできない、ということだ。

古典経済学における顕著な矛盾の一つは、首尾一貫した功利主義的立場を誇るその理論家が、純然たる効用〔utility〕に対して、しばしば曖昧な態度を示していることである。だいたいにおいて、彼らは仕事の固有の生産性は耐久性のあるものを生み出すことにあって、有用なものを作り出すことではないと気づいていた。そうした矛盾を示すことで、彼らは自分たちの功利主義哲学にリアリズムが欠けていることを暗黙のうちに認めていたのである。なるほど、ふつうの事物がもつ耐久性など、芸術作品という、あらゆる物の中で最も世界としての性質をもつ事物の永続性と比べれば、影のようなものにしか見えないかもしれない。だが、どんなにわずかとはいえ、すべての事物のうちに潜んでいるこの性質こそ、不死なるものへの手がかりであるがゆえにプラトンにとっては神聖なものだったし、その性質の有無こそが物の形姿に光を与えて、美しい物にも醜い物にもするのである。通常の使用のための対象物は、美しくあるべく作られたものではないし、作られるべきものでもないが、〔173〕およそ姿形をもって見られるものすべては、美しいか醜いか、あるいはその中間であるか以外ない。存在するものすべては現れなければならず、それ自身の形をもたなければ、何ものも現れることはできない。どんな事物も、使用のための機能を超えた何かをもつ。その超越、その美しさや醜さは、公に現れて見られてなされる評価と等しいのである。そうした観点から見れば、すべての物はひとたび完成されれば、世界の中にあることとそれ自体において、すでに純粋な手段の領域を超越している。事物の優劣が判断される基準は、決して単なる有用性ではない。それだけなら、不格好なテーブルも、形の整った見事なテーブルも、機能は同じである。事物の優劣は、それが本来似せて作られるべきもの、プラトンの言葉で言えばエイドス〔形相〕やイデアに一致しているか否かによって判定される。この心の中のイメージ、あるいは心の眼で見たイメージは、事物が作られて世界に現れる以前から存在し、事物が壊されても、あとに残り続ける。言い換えれば、たとえ使用対象物であっても、その評価は有用性という人間の主観的な基準のみによってなされるのではなく、そこに居場所をもって存続し、見られ、使われる世界の客観的な基準によって判断されるのである。

人間が作った事物の世界、「工作人」によって建設された工作物の世界は、死すべき人間の住み家となる。その世界が安定して、人間の生活と活動の絶えざる変動を耐えしのぐことができるのは、単なる消費のための生産物の機能や、使用のために作られた対象物の効用を超えているからである。生物学的な意味ではない生、出生から死に至る間に営まれる人間の生は、その行為と言論を通じて現れるが、生命そのものに本質的に内在する不毛性を共有している。どんなに「偉大な行為をなし、立派な言葉を語って」も、あとには何の痕跡も残らない。行為の瞬間が過ぎ、語られた言葉が消えても残るようなものを生み出すことはできないのだ。「労働する動物」としての人間の労働を和らげ、その労苦を取り除くのが「工作人」であり、死すべき存在としての人間に地上の住み家を建てるのも「工作人」であるとすれば、行為し、語る人間に必要なのは、最も優れた「工作人」である芸術家、詩人、歴史編纂者、記念碑建設者、作家の協力である。彼らがいなければ、人々が行為し、語る物語は残り続けることはできないからである。世界が常に人間の住み家にふさわしいものであるためには、［174］人間が作り出したこの世界が、生命の必要からすればまったく無用であるばかりか、世界そのものと世界の中のあらゆる事物を作り出す多様な制作の活動とは完全に異質な活動である言論と行為のための場でもなければならない。われわれは、ここでプロタゴラスとプラトンの立場のいずれかを選択する必要はないし、万物の尺度が人間であるか神であるかを決める必要もない。少なくとも確実に言えるのは、その尺度は生物学的生命と労働の強制的な必要でもなければ、制作と使用の功利主義的な手段としての適合性でもない、ということである。

原注

(1) ラテン語の faber は、おそらく facere (生産という意味で「何かを作ること」) と関係すると思われるが、もともとは石材や木材のような硬い材料を加工する工作者〔fabricator〕や芸術家を指していた。それはまた、ギリシア語で同じ意味をもつ tektōn の訳語として用いられた。fabri〔複数形〕という語は、しばしば fabri tignarii という形で用いられたが、これは建築職人や大工を指すものだった。「工作人〔homo faber〕」という表現は、中世以降、おそらく近代になってからであることは確かだが、いつどこで最初に用いられたのかは確かめられなかった。ジャン・ルクレール〔Jean Leclercq〕(「労働に基づく社会に向けて〔Vers la société basée sur le travail〕」〔*Revue du travail*, Vol. LI, No. 3, March 1950〕) は、「homo faber という概念を思想界に広めたのは」ベルクソンだとしている。

(2) ラテン語の動詞 obicere は、そうした意味を含んでいる。今日の英語の object とこれに対応するドイツ語 Gegenstand は、そこから派生した。object とは、文字どおり「投げ出されたもの」または「対置されたもの」を意味する。

(3) 神が創り出した自然に制約されながらも、その一部を改変することができるという人間の創造力についての解釈は中世のものであって、地上の支配者としての人間という観念は近代の特徴である。いずれも聖書の精神とは対立する。旧約聖書によれば、人間はすべての被造物〔生き物〕の主人であり (『創世記』第一章)、それらは人間を助けるために造られたとされる (二・一九〔「そして主なる神は野のすべての獣と、空のすべての鳥とを土で造り、人のところへ連れてきて、彼がそれにどんな名をつけるかを見られた。人がすべて生き物に与える名は、その名となるのであった」]）。しかし、人間が地上の支配者であり主人となるべく造られたとは、どこにも書かれていない。反対に、人間は神によってエデンの園に遣わされ、それを世話して維持するように定められたとされている（二・一五）。興味深いことに、ルターはスコラ学によるギリシア・ラテンの古代との妥協を意識的に拒否して、人間の仕事と労働から生産と制作のあらゆる要素を除去しようとする。ルターによれば、労働は神が大地に隠した宝物を、ただ「発見する」だけである。旧約聖書に拠りながら、ルターは人間が大地に完全に依存していること、大地の主人などではないことを強調する。「述べてみるがよい。銀や金を山の中に隠して、人が見出せるようにしたのは誰か。畑の中に大いなる善きものが生育するように置いたのは誰なのか。……人の労働だろうか。なるほど、労働はそれを見出す。だが、人が労働によってそれを見出すことができるためには、神がそれを置いておかなければならない。……したがって、われわれが労働によってなしうることは、神の財宝を見出して取り出すこと以外にはない。その宝を作り、保存することはできないのである」（『著作集〔*Dr. Martin Luther's sämmtliche Werke*〕』(ed. Walch〔herausgegeben von Johann Georg Walch〕) 第五巻 (Halle: Johann Justinus Gebauer, 1741, S. 1873)〔該当箇所は第三三章、『詩編』第一三七番講義（一五三四年）。„Denn, sage an, wer leget das Silber und Gold in die Berge, daß man es findet? Wer leget in die Aecker solch groß Gut, als heraus wächst an Korn, Wein, und allerley Früchten, davon alle Thiere leben? Thut das Menschen Arbeit? Ja wol, Arbeit findet es wol, aber Gott muß es dahin legen, soll es die Arbeit finden. Wer leget die Kraft ins Fleisch, daß es junget, und die Welt voll Thiere, Fische etc. ein jedes nach seiner Art, geboren wird. Thut das unsere Arbeit und Sorge? Noch lange nicht, Gott ist zuvor daselbst, und gibt seinen Segen heimlich drinnen, so gehet es mit aller Fülle heraus. So finden wir denn, daß alle unsere Arbeit nichts ist, denn Gottes Güter finden und aufheben, nichts aber mögen machen oder erhalten“. 下線部をアレントは省略している〕)。

（4）例えば、ヘンドリック・ド・マン〔Hendrik de Man〕は、『労働の喜びをめぐる闘争〔*Der Kampf um die Arbeitsfreude*〕』（Jena: E. Diederichs, 1927）という誤解を招く表題の書物で、もっぱら制作と仕事の満足感について論じている。

（5）イヴ・シモン〔Yves Simon〕『労働についての三講〔*Trois leçons sur le travail*〕』（Paris: Pierre Téqui, n. d.）。この種の理想化は、フランスの自由主義的ないし左翼的なカトリックの思想によく見られる（特に、ジャン・ラクロワ〔Jean Lacroix〕「労働の観念〔La notion de travail〕」〔*La vie intellectuelle*, Juin 1952〕および、ドミニコ会士のM＝D・シュニュ〔Marie-Dominique Chenu〕「労働の神学のために〔Pour une théologie du travail〕」〔*Esprit*, 1952-1953〕：「労働者が働くのは、自分のためというより、その作品のためである。これは形而上学的な寛大さの法であり、それが労働という活動を規定する」）。

（6）ジョルジュ・フリードマン〔Georges Friedmann〕（『機械制工業の人間的問題〔*Problèmes humains du machinisme industriel*〕』〔Paris: Gallimard, 1946〕二一一頁）は、大工場の労働者が自分たちの機械が生産する部品の名前や正確な機能すら知らないということがしばしばある、と述べている。

（7）プラトンがイデアという言葉を哲学用語に取り入れた、とアリストテレスは『形而上学』第一巻で証言している（九八七b八〔出隆訳、岩波文庫、一九五九―六一年、㊤四六頁〕）。この言葉のそれ以前の用法とプラトンの教説について優れた説明をしているのは、ジェラルド・F・エルゼ〔Gerard F. Else〕「イデアという用語〔The Terminology of the Ideas〕」（*Harvard Studies in Classical Philology*, Vol. XLVII, 1936）で、そこで「最終的に完成されたイデア論がどのような内容のものだったのかは、対話篇からは知ることができない」と述べられているのは正しい。イデア論の起源についても確かなことは分からないが、いちばん確かな手がかりはやはりこの言葉そのもので、当時のアッティカ地方の日常語では使われていなかった言葉をあえて哲学用語に取り入れたというのは、ひときわ目立つ事実だった。エイドスやイデアという言葉が、目に見える形態〔forms〕や外観〔shapes〕、特に生き物のそれに関わるものだったことは間違いない。したがって、プラトンのイデア論が幾何学的な形に影響されたという説は信じ難い。私には、フランシス・M・コーンフォード〔Francis Macdonald Cornford〕のテーゼ〔『プラトンとパルメニデス〔*Plato and Parmenides*〕』〔Liberal Arts ed.〔New York: Liberal Arts Press, 1957〕〕六九—一〇〇頁〕が説得力のあるものと思われる。すなわち、イデア論は、おそらく一方ではソクラテスが正義それ自体とか善それ自体のように感覚では捉えられないものを定義しようとしたことに起源があると同時に、他方で、永遠であらゆる滅びゆく事物から独立した存在（chōrismos）としてのイデアの教説が「意識をそなえ、ものを知ることのできる魂が、肉体と感覚から離れて存在する」という内容を含んでいる点はピュタゴラスに由来する、というのである。だが、そうした問題はすべて保留しておこう。ここで私が述べているのは単純なことで、『国家』第一〇巻でプラトン自身が「誰でも知っている例」として「［自分たちの］イデアに従って」ベッドやテーブルを作る職人の例を挙げ、「他の場合もこの例と同様だ」と付け加えていることである〔「ところで、これもまたわれわれのいつもの説ではないか、——すなわち、いまの二つの家具のそれぞれを作る職人は、その〈実相〉（イデア）に目を向けて、それを見つめながら一方は寝椅子を作り、他方は机を作るのであって、それらの製品をわれわれが使うのである。他のものについても同様なのだ、とね。なぜなら、〈実相〉そのものについては、職人のうち誰ひとりそれを作ることはないのだから。どうして作ることができようか？」（五九六B、藤沢令夫訳、岩波文庫（改版）、二〇〇八年、(下)三四二頁）〕。明らかにプラトンにとってイデアという言葉はそうした事情を示唆するものであり、彼は「椅子やテーブルを作る職人は……別の椅子やテーブルを見ながらそれを作るのではなく、椅子のイデアを見て作る」ということを示そうとしたのである（クルト・フォン・フリッツ〔訳〕『アテナイ人の国制〔*Aristotle's Constitution of Athens and Related Texts*〕』〔translated with an introduction and notes by Kurt von Fritz and Ernst Kapp〕[New York: Hafner, 1950] 三四―三五頁)。言うまでもないことだが、こうした説明の方法は、問題の根本、すなわちイデアという概念の背景にある固有の哲学的経験、そして物事を照らし出す力であり、「最も輝かしい〔to phanotaton〕」、「明らかなるもの〔ekphanestaton〕」であるという決定的な特質については、まったく触れていない。

(8) カール・ビューヒャー〔Karl Bücher〕が一八九七年に有名な労働歌集成『労働とリズム〔*Arbeit und Rhythmus*〕』[6. Aufl., Leipzig: E. Reinicke, 1924]〔『作業歌――労働とリズム』高山洋吉訳、刀江書院、一九七〇年〕を刊行して以来、より学問的な文献が数多く出されている。それらの研究の中で最良のもの(ヨーゼフ・ショップ〔Joseph Schopp〕『ドイツの労働歌〔*Das deutsche Arbeitslied*〕』[Heidelberg: C. Winter, 1935])が強調するのは、労働歌〔labor songs〕はあるが、仕事の歌〔work songs〕というのは存在しない、ということである。職人の歌は、仲間との交流のためのもので、仕事が終わったあとに歌われる。もちろん、これは仕事には「自然な」リズムというものがないという事実を示している。あらゆる労働作業に「自然の」リズムがあって、それが機械のリズムと驚くほどよく似ているということは、機械が労働者に押しつける「人工的」なリズムについての不平不満を別にしても、しばしば指摘される。特徴的なのは、そうした不平不満が労働者自身の間で聞かれるのは稀だということである。労働者は、むしろ反対に、反復的な機械での作業に他の反復的作業と同様の喜びを見出しているように見える(例えば、ジョルジュ・フリードマン『人間労働はどこへ?〔*Où va le travail humain?*〕』[2e éd., Paris: Gallimard]二三三頁および、ヘンドリック・ド・マン、前掲書、二一三頁を参照)。これは二〇世紀初頭にフォードの工場で行われていた観察を裏づけるものだ。カール・ビューヒャーは「リズミカルな労働は高度に精神的な(vergeistigt)労働である」と考えていて、「疲労を生み出すのはリズミカルに編成されていない単調な労働だけである」とすでに述べていた(前掲書、四四三頁〔「しかし他面また一切の単調な労働を「精神を殺すような」、そして「特にすり減らすような」労働と見ている近代の国民経済学者の調子にも与することはできぬのである。労働の単調なことこそ、人間にとって彼がその身体運動のテンポを自ら決め任意に停止させることができる限り、最大の善事なのである。何となれば、独りこの単調性のみが、精神を自由にし且つ空想に余地を与えることによって、自足的な作用を有っている労働の律動的＝自動的形成を許しているのであるからである。斯くしてのみ、労働の際に詩や音楽が生まれ得たのである。しかし、リズミカルな労働はそれ自身精神のない労働なのではない、ただそのために必要な沈思が動作の開始の時点に移され、その後の反復は注がれた油が機械の動きに作用するように作用するだけのことである。すり減らすような作用を有っているのはただ、数列を加えたり、文章を書き付けたりする労働のごとく、律動的に形成されず、新しい操作が始められるたびに吾々の想像力の、同種ではないが新しい行動を必要とする労働だけである」（前掲訳書、四六九－四七〇頁））。機械の速度は自発的に行われる「自然な」労働よりもはるかに速くかつ反復的であることは明らかだが、リズミカルな運動という事実は機械化された労働と工業化以前の労働を、それぞれ仕事と比較した場合以上に共通のものにしている。例えば、ヘンドリック・ド・マンは、その点をよく承知していて、こう指摘している。「ビューヒャーが賞賛したこの世界は、職人の創造的な営みというより、むしろ単純な苦役そのものの世界である」（前掲書、二四四頁）。

労働者自身が反復労働を好む理由についてまったく異なる理由を挙げている事実に鑑みれば、こうした理論による説明はすべて疑わしいと思われる。労働者たちが反復労働を好むのは、それが機械的で、注意を集中する必要がなく、作業中に別のことを考えられるからである（ベルリンの労働者たちは「心の中では身を引く〔geistig wegtreten〕」ことができる、とはっきり述べている。ティーリケ〔Helmut Thielicke〕とペンツリン〔Kurt Pentzlin〕『技術時代の人間と労働――合理化の問題〔*Mensch und Arbeit im technischen Zeitalter: zum Problem der Rationalisierung*〕』〔Tübingen: J. C. B. Mohr, 1954〕三五頁以下を参照。彼らがマックス・プランク研究所で行った調査によれば、労働者の九〇パーセントが単調な作業を好む)。こうした説明が注目されるのは、初期のキリスト教が肉体労働〔manual labor〕の利点として推奨したところと一致するからである。肉体労働は、それほど意識を集中することを要求しないので、他の職種や専門と比べて観照の妨げにならない、というのである(エティエンヌ・ドラリュエル〔Etienne Delaruelle〕「四世紀から九世紀の西洋修道院宗規における労働〔Le travail dans les règles monastiques occidentales du quatrième au neuvième siècle〕」(*Journal de psychologie normale et pathologique*, Vol. XLI, No. 1, 1948)を参照)。

(9) 産業革命のための重要な物質的条件の一つは、森林が消滅して枯渇した木材の代替として石炭が発見されたことである。この点で「産業発展がある程度までは進んでいたが、予想されたほどの進歩に至らずに停止してしまったのはなぜか、という古代世界の経済史研究でよく知られている謎」に対するR・H・バロウ〔R. H. Barrow〕の解答は興味深く、この文脈ではかなりの説得力がある(『ローマ帝国の奴隷制〔*Slavery in the Roman Empire*〕』〔London: Methuen, 1928〕)。「工業に機械を適用するのを妨げた」唯一の原因は「安く良質な燃料、……豊富な石炭の供給がなかったためだ」と彼は述べているのである(一二三頁)。

(10) ジョン・ディーボルト〔John Diebold〕『オートメーション――自動工場の到来〔*Automation: the Advent of the Automatic Factory*〕』(Princeton: Van Nostrand, 1952)六七頁(中島正信・渡辺真一訳、中央経済社、一九五七年、六六頁)。

(11) 同書、六九頁(同書、六八頁)。

(12) フリードマン『機械制工業の人間的問題』一六八頁。実際、ディーボルトの書物から引き出される最も明白な結論は、組立ラインというのは「継続的なプロセスとしての製造という観念」の結果だということである。さらに付け加えれば、オートメーションというのは組立ラインの機械化の帰結である。初期段階の産業化が人間の労働力の解放だったとすれば、オートメーションはこれに人間の頭脳力の解放を加えた。「現在人間が行っている監視〔monitoring〕と制御〔control〕の作業も機械によって行われることになるだろう」からである（前掲書、一四〇頁〔前掲訳書、一三五頁〕）。いずれの場合にも、解放されるのは労働であって仕事ではない。仕事人〔worker〕ないし「自尊心をもった職人〔self-respecting craftsman〕」の「人間的・心理的価値」（一六四頁〔同書、一五九頁〕）を護ろうと、この分野のほとんどすべての著者が必死に努力しているが、これはしばしばディーボルトやその他の論者のように、おそらく完全に自動化されることはないであろう補修作業が新たなものの制作や生産と同じくらいの満足感を与えてくれると大真面目に信じる、という皮肉な結論を図らずももたらすことになる。だが、そのような期待は、職人の自尊心など、オートメーションが一般に広まるはるか以前に消滅している、という理由から、ここでは問題にならない。工場の工員〔workers〕は、常に労働者だった。自尊心をもつにふさわしい理由を彼らはもっていたが、それは彼らのしている仕事によるものではなかった。労働理論家は仕事への関心や職人気質は「人間関係」や「仲間の労働者から受ける」尊敬がその代わりになりうると信じているが（一六四頁〔「オートメーションはまったく予想もしなかった奇妙なかたちで、自尊心ある職人〔self-respecting craftsman〕の人間的・心理的価値を再認識させることになるかもしれない。〔…〕／補修整備の仕事は機械のペースに合わせてなされるものではない。この仕事は機械の上で行われるが、組立ラインや半自動的な製造機械によってペースが与えられる仕事とは心理的に全く違っている。そのうえ、補修整備の仕事が人に与えるやりがいの程度を過小評価してはならない。一緒に補修整備の仕事をした経験のある者なら誰でも認めるように、彼らはみずから相当の自尊心をもち、仕事仲間からも尊敬されているのである」（同書、一五九―一六〇頁）。ディーボルト自身は、ここでは「人間関係（human relation）」の語を用いていない〕）、期待できるのは、彼ら自身は労働理論家たちが挙げる満足感や自尊心の代替物を受け入れはしないだろう、ということくらいである。結局のところ、少なくとも「労働の人間化」をめぐる議論の馬鹿馬鹿しさを証明したところにオートメーションの利点はあると言えるだろう。「ヒューマニズム」という言葉の意味とその歴史的な意味を考えるなら、「労働のヒューマニズム」というのは文字どおり言葉の矛盾でしかない（近年流行の「人間関係」論に対する優れた批判については、ダニエル・ベル〔Daniel Bell〕『仕事とその不満〔*Work and Its Discontents*〕』〔Boston: Beacon Press, 1956〕第五章および、R・P・ジェネリ〔R. P. Genelli〕「労働の人間的要素か、社会的要素か〔Facteur humain ou facteur social du travail〕」〔*Revue française du travail*, Vol. VII, Nos. 1-3, January-March 1952〕を参照。そこには「労働の喜び」という「恐るべき幻想」に対する断固とした批判がある）。

（13）ギュンター・アンダース〔Günther Anders〕は、原子爆弾についての興味深い試論（『時代遅れになった人間〔*Die Antiquiertheit des Menschen*〕』〔München: C. H. Beck, 1956〕）で、「実験」という言葉は新爆弾の爆発を含む核実験には適用できないと述べているが、これは説得力がある。実験の行われる空間が周囲の世界から厳密に隔てられて限定されているのが実験の特徴だが、原子爆弾の威力はあまりに強大なので、「その実験室は地球大に広がる」ことになるからである（二六〇頁〔『時代おくれの人間』青木隆嘉訳、法政大学出版局（叢書・ウニベルシタス）、一九九四年、㊤二七二―二七三頁〕）。

（14）ディーボルト、前掲書、五九―六〇頁〔前掲訳書、五八―五九頁。ここでディーボルトは「機械の設計をあらかじめ決められた最終生産物ではなく機能に即して設計する」というリーヴァーとブラウンの提言（Eric W. Leaver and John J. Brown, "Machines without Men", *Fortune*, November 1946）を紹介している。彼らはこう述べる。「新たな機械は多くの小さなユニットが連結して〔plugged together〕できている。それぞれのユニットは一つの機能を遂行し、いくつかのユニットが連結すれば、一定の部品の製造に必要なすべての作業を遂行できる」〕。

（15）同書、六七頁〔同書、六六頁。すでに原注（10）で参照指示し、本文の二六五頁で引用していた箇所だが、「不当な前提（unwarranted assumption）」という表現は原文にはない〕。

（16）同書、三八―四五頁〔同書、三八―四三頁。ここでディーボルトが挙げている再設計の例はラジオの組立で部品ごとにハンダで回線を接続するのに代えて、絶縁体にプリントした配線板を作成する事例、飛行機のプロペラ羽根を高度の熟練を要する輪削ではなく、いくつかの部品に分けてプレスして溶接する方法、家庭用レンジを再設計して一つの基本型から一六種類の製品を製造した事例などである」。

(17) 同書、一一〇および一五七頁〔同書、一〇六、一五二頁。参照指示の範囲には、引用符で括られている語は見当たらない。前半は、情報処理（information-handling）に関しても再設計が必要であることを説いている。「新しい技術を前提として設計する場合には、人間の操作能力の限界を考慮する必要はなくなる。ただ新しい方法によって与えられた自由を完全に利用するように、情報処理手続きを組織することを学んで初めて、われわれは計算機技術の真の利益を享受しうるのである」〕。

(18) ヴェルナー・ハイゼンベルク〔Werner Heisenberg〕『現代物理学の自然像〔*Das Naturbild der heutigen Physik*〕』(Hamburg: Rowohlt, 1955) 一四―一五頁〔尾崎辰之助訳、みすず書房、一九六五年、一二一―一三頁〕。

(19) 目的‐手段の連鎖（Zweckprogressus in infinitum）とそこに潜む意味の破壊については、ニーチェ『権力への意志〔*Wille zur Macht*〕』のアフォリズム六六六と比較されたい〔「私たちは昔から、行為、性格、生存の価値を、そのために私たちがなし、行為し、生きながらえている意図のうちに、目的のうちに置いてきた。ところが、趣味のこの太古からの特異体質はついには危険な方向へと転ずるのである、――つまり、生起が意図も目的ももたないということがますます意識の前景のうちへとあらわれでるとすれば、かくして価値の普遍的な剝奪が用意されると思われる。すなわち、「すべてのものはいかなる意味をももたない」、――この気も滅入る一句は、「すべての意味は意図のうちにあり、だから、意図が全然ないとすれば、意味もまた全然ない」ということにほかならない。ひとは、こうした評価にふさわしく、生の価値を、「死後の生」のうちへと、ないしは、理念とか人類とか民族とかの前進的発展、或いは人間を越えでてゆく前進的発展のうちへと置き移さざるをえなくなった。しかし、このことではじまったのは目的の無限前進であった。そこでついにはひとは、おのれが「世界過程」のうちでしめる位置をみつけだすことが必要となった（おそらくは、それは無のうちへの過程であるとの悪魔主義的遠近法でもって）」（『権力への意志』下、原佑訳、『ニーチェ全集』第一三巻、ちくま学芸文庫、一九九三年、一八七頁）。

(20) カントの言葉は、“ein Wohlgefallen ohne alles Interesse”（『判断力批判〔*Kritik der Urteilskraft*〕』〔Cassirer ed.〕第五巻、二七二頁）である〔アレントが参照指示しているカッシーラー版『カント全集』第五巻（*Immanuel Kants Werke*, herausgegeben von Ernst Cassirer, Bd. 5, Berlin: Bruno Cassirer, 1922）の該当箇所は、第一部第一篇第一章第二節冒頭の表題「趣味判断を規定する適意はいっさいの関心に関わりがない（Das Wohlgefallen, welches das Geschmacksurteil bestimmt, ist ohne alles Interesse）」だと思われるが、節の表題以外に直接該当する文言は見当たらない（『判断力批判』篠田英雄訳、岩波文庫、一九六四年、（上）七二頁）。内容的には、第一部末尾の第五九節以下の記述が分かりやすい。「（一）美は、我々に直接に快いところのものである（しかし道徳と異なり、概念によってではなく反省的直観においてのみ快いのである）。（二）美は、一切の関心にかかわりなく我々に快いところのものである（道徳的善は或る種の関心と必然的に結びついている、しかしその関心は適意に関する判断よりも前にあるのではなく、適意によって初めて生じるのである）」（同書、三三八頁）〕。

(21) 同書、五一五頁〔ドイツ語版は、第八三、八四節を指示している。第八四節「ところで道徳的存在者としての人間（従ってまた世界におけるすべての理性的存在者）については、人間はなんのために（quem in finem）実在するのか、という問いはもはや無用である。人間の現実的存在は、それ自身のうちに最高の目的を含んでいる、そして彼は自分の力の及ぶ限り全自然をこの最高目的に従わせることができる、或いは少なくともかかる目的に反して、彼自身を自然の影響に従わせることは断じて許されないのである」（前掲訳書、（下）一四二頁）〕。

(22)「落流は、土地一般と同じく、すべての自然力と同じく、なんら対象化された労働を表示しないのであるから、なんらの価値を有せず、したがって、なんらの価格をも有しない」（『資本論〔*Das Kapital*〕』第三巻〔『マルクス＝エンゲルス全集〔*Marx-Engels Gesamtausgabe*〕』〔旧ＭＥＧＡ〕第二部（Zürich, 1933)〕、六九八頁〔向坂逸郎訳、岩波文庫、一九六九―七〇年、(8)五九頁。『マルクス＝エンゲルス著作集』（ＭＥＷ）での該当箇所は、*Marx-Engels Werke* [MEW], Bd. 25, Berlin: Dietz, 1963, S. 660-661〕）。

(23)〔プラトン〕『テアイテトス』一五二〔田中美知太郎訳、岩波文庫（改版）、二〇一四年、四三頁以下〕および『クラテュロス』三八五Ｅ〔水地宗明訳、『プラトン全集』第二巻、岩波書店、一九七四年、一一頁以下〕。この場合も他の古代の文献での引用も同じだが、プロタゴラスの例の有名な言葉は、pantōn chrēmatōn metron estin anthrōpos とされている（ディールス〔Hermann Diels〕『ソクラテス以前哲学者断片集〔*Die Fragmente der Vorsokratiker*〕』(4. Aufl., Berlin: Weidmann, 1922)、Ｂ一を参照〔内山勝利編、岩波書店、一九九六―九八年、(5)二八頁〕）。ここで chrēmata という言葉は「万物」を意味するものではなく、人間が使用し、必要とし、所有する事物を特に指している。プロタゴラスが述べたとされる「人間は万物の尺度である」をギリシア語に直すとすれば、例えばヘラクレイトスが polemos patēr pantōn（「闘争は万物の父」）と述べたのと同じように、anthrōpos metron pantōn となるだろう。

(24)『法律』七一六Ｄは、プロタゴラスの言葉をそのまま引いて、ただ「人間」(anthrōpos) を「神」(ho theos) に置き換えている〔ここでプラトンは、アテナイからの友人にこう語らせている。「さて、われわれ人間にとっては、万物の尺度は、何にもまして神であり、その方が、人々の言うように、誰か人間が尺度であるとするよりも、はるかに妥当なことなのである。したがって、そうした尺度となる存在（神）に愛されんとする者は、みずからもまた力のかぎりをつくし、そうした神に似たものとならなくてはならない。そこで、この理《ことわり》に従えば、われわれ人間のうちでも節度をわきまえた者は、神に似るがゆえに神に愛されるが、他方、節度をわきまえぬ者は、神に似ず神と不和になる。不正の者もまた同様。他の悪徳についてもまた、そのようにして同じ理に従う」（森進一・池田美恵・加来彰俊訳、岩波文庫、一九九三年、(上)二五七頁)」。

（25）『資本論』（モダン・ライブラリー版〔*Capital: A Critique of Political Economy*, revised and amplified according to the fourth German edition by Ernest Untermann, New York: The Modern Library, 1906〕）三五八頁、注三〔『資本論』第一巻第一一章「協業」の原文と注記は、以下のとおり。「多数の力が融合して一つの総力になることから生ずる新たな力能は別としても、たいていの生産的労働にあっては、たんなる社会的接触が競争心と活力（animal spirits）の独自の鼓舞を生み出し、それらが個々人の個別的作業能力を高めて、一緒に集まった一二人の人間は、一四四時間の同時的一労働日に、各自一二時間ずつ労働する一二人の個々別々の労働者よりも、あるいは一二日間継続して労働する一人の労働者よりも、はるかにより大きい総生産物を供給する。このことは、人間は本来、アリストテレスが考えるように、政治的動物(一三)ではないにしても、とにかく社会的動物である、ということから生ずるのである」。「（注一三）アリストテレスの定義は、元来は、人間は、本来、市民である、というのである。この定義が古典的古代に特徴的であることは、人間は本来道具をつくる動物だ、というフランクリンの定義が、アメリカ流にとって特徴的であるのと同様である」（前掲訳書、(2)二五六―二五七頁。*Marx-Engels Werke* [MEW], Bd. 23, Berlin: Dietz, 1956, S. 345-346)〕。

（26）　中世初期の歴史、特に職人ギルドの歴史は、家に従属する労働者と人民一般のために働く職人を対置した古代の理解のうちに含まれる真理をよく示している。「〔ギルドの〕登場は、産業史の第二段階、家内制度から職人ないしギルド制度への移行の画期を示すものだった。前者においては、職人と呼べるような階級は存在しなかった。……家族や他の家内部の集団の要求は、その集団の構成員の労働で賄われていたからである」（W・J・アシュレー〔W. J. Ashley〕『イギリス経済史・経済学説入門〔*An Introduction to English Economic History and Theory*〕』〔London / New York: Longmans, Green, 1931〕七六頁）。

中世ドイツにおいては、Störer〔農村に在住して同業組合に属さない「もぐり」の職人〕という言葉はギリシア語のデミウルゴス〔dēmiourgos〕に正確に対応している。「ギリシア語のデミウルゴスは、Störer のことである。彼は人民のところに行って働く。彼は Stör のところに行くのである」。Stör というのは、デーモス（「人民」）のことである（ヨースト・トリーア〔Jost Trier〕「労働と共同体〔Arbeit und Gemeinschaft〕」［*Studium Generale*, Vol. III, No. 11, November 1950］を参照）。

(27) スミスは、さらにこう強調している。「犬同士が、一本の骨を別の骨と、公正に、しかも熟慮の上で交換するのを見た人は誰もいない」と（『国富論』［Everyman's ed.〔London / New York: Dent, Dutton (Everyman's library), 1910〕］第一巻、一二頁〔大河内一男監訳、中公文庫、一九七八年、第一篇第二章、(1)二五頁〕）。

(28) E・ルヴァスール〔Emile Levasseur〕『一七八九年以前のフランスにおける労働者階級と産業の歴史〔*Histoire des classes ouvrières et de l'industrie en France avant 1789*〕』（Paris: Arthur Rousseau, 1900）：「親方〔maître〕という言葉と職人〔ouvrier〕という言葉は、一四世紀にはまだ同義語と受けとめられていた」（五六四頁、注二）が、「一五世紀には、親方は誰もが望んでなれる地位ではなくなった」（五七二頁）。元来、「ouvrier という言葉は仕事をする人、物を作る人なら、親方であろうが、徒弟〔valet〕であろうが、誰でもそう呼ばれていた」（三〇九頁）。仕事場においても、社会生活においても、親方ないし仕事場の持ち主と職人との区別はなかった（三一三頁）（ピエール・ブリゾン〔Pierre Brizon〕『労働と労働者の歴史〔*Histoire du travail et des travailleurs*〕』［4e éd., Bruxelles: Eglantine, 1926］、三九頁以下も参照〔『中世職人史』臼井勝喜代訳、西田書店、一九八六年、四〇頁以下は「職人〔Compagnon〕」を、それに先立つ三〇―四〇頁は「徒弟〔Apprenti〕」の契約、親方との関係、職務と生活を扱っている〕）。

(29) チャールズ・R・ウォーカー〔Charles R. Walker〕とロバート・H・ゲスト〔Robert H. Guest〕『組

立ラインの人間〔*The Man on the Assembly Line*〕』(Cambridge, Mass.: Harvard University Press, 1952) 一〇頁〔『マス・プロと労働条件』竹井和夫訳、鳳映社、一九五八年、一三―一四頁〕。アダム・スミスの有名なピン工場における分業原理についての記述(前掲書、第一巻、四頁以下〔前掲訳書、第一篇第一章、(1)九頁以下〕)が明確に示しているのは、機械作業の前に分業が先行して行われていて、機械はその原理を継承している、ということである。

(30) アダム・スミス、前掲書、第一巻、二四一頁〔アレントが指示しているのは、分業の導入によって資本(ストック)の蓄積の必要が生じることを論じた箇所である(第二篇序論)。「ところが、いったん分業が導入され行きわたるようになると、一人の人間の労働の生産物は、その時々の彼の欲望の、ごく僅かの部分しか充足できない。欲望の大部分は、他の人々の労働の生産物によって満たされるのであって、彼はこれを、彼自身の労働の生産物で、または同じことであるが、その生産物の価格で、購買することになる。しかしこの購買は、彼の労働の生産物が、ただ仕上がったというだけでなく、それが売られたのちにはじめて可能となるのである。それゆえ、少なくとも右の二つのことが成し遂げられるまで、彼を扶養し、彼にその作業の材料と道具を供給するのに十分なだけのさまざまな種類の財貨のストックがどこかに貯えられていなければならない。織布工が、自分の特殊な仕事に専念できるのは、彼がその織物を仕上げるだけでなく売却してしまうまでのあいだ、彼を扶養し、仕事の材料と道具を彼に供給するのに十分なだけのストックが、彼自身の所有であれ他人の所有であれ、ともかくどこかにあらかじめ貯えられている場合に限られる。この蓄積は、明らかに、彼が自分の勤労で、長期間にわたってこのような特殊な仕事に専念するに先だって行われていなければならない」(前掲訳書、(1)四一九―四二〇頁)〕。

(31) この定義は、イタリアの経済学者アベ・ガリアーニ〔Abbey Galiani〕のもの〔Ferdinando Galiani, *Della moneta*, Napoli: Presso Giuseppe Raimondi, 1750〕。ハンナ・R・セウォール〔Hannah Robie Sewall〕『アダム・スミス以前の価値の理論〔*The Theory of Value before Adam Smith*〕』(New York:

American Economic Association, 1901) (Publications of the American Economic Association, 3d Ser., Vol. II, No. 3) 九二頁〔H・R・シューアル『価値論前史――アダム・スミス以前』加藤一夫訳、未来社（社会科学ゼミナール）、一九七二年、一一七頁〕から引用した。

（32）アルフレッド・マーシャル〔Alfred Marshall〕『経済学原理〔*Principles of Economics*〕』(London: Macmillan, 1920)〔馬場啓之助訳、東洋経済新報社、一九六五―六七年〕第一巻、八頁〔二〇一三年版 (Basingstoke: Palgrave Macmillan, 2013) を見るかぎり、引用符で括られた語は見当たらない。第二巻第二章第六節には「価値とは、つまり交換価値であるが、あるものが他との関係でもつ交換価値は、いついかなる時でも、そのものと交換するために集められる第二の物の総量である〔value, that is the exchange value, of one thing in terms of another at any place and time, is the amount of that second thing which can be got there and then in exchange for the first〕」（同書、六一頁）とある〕。

（33）「利子低下と貨幣価値上昇に関する考察〔Considerations of the Lowering of Interest and Raising the Value of Money〕」、『ジョン・ロック著作集〔*The Works of John Locke*〕』(London: Bye and Law, 1801) 第二巻、二一一頁〔ただし、ロック自身も、交換価値と対置される「内在的価値」を示すのに intrinsick worth と intrinsick value を併用している。「一、ある物の内在的自然的価値〔Intrinsick Natural Worth〕は、人間生活の必要を満たすか便益に役立つかするところの適性に存する。それがわれわれの生存に必要であればあるほど、またそれがわれわれの福祉に貢献すればするほど、その物の値うち〔worth〕はいっそう大きい。しかし／二、ある物の一定量を常に他の物の一定量と等価値にさせるような固定的な内在的自然的価値〔Intrinsick Natural settled value〕はどんな物にも存在しない。〔…〕四、他の一商品に対する、あるいは不変的な共通尺度に対する、ある商品のこの市場価値〔value〕の変化は、その商品の内在的価値あるいは品質〔Intrinsick value or quality〕を何ら変えることではなく（というのはカビ臭い黒穂病の穀物でも、時には別の時期のきれいでおいしい穀物よりも高く売られるからである)、その商品が他の物に対してもっているある比率の変化に他ならない」(『利子・貨幣論』田中正司・竹本洋訳、東京大学出版会、一九七八年、六四—六五頁)」。

(34) W・J・アシュレー(前掲書、一四〇頁)は、こう指摘している。「中世と近代のものの見方の根本的な違いは、……われわれにとって価値とは何かまったく主観的なもので、それぞれの個人がある事物に与えるものだ、というところにある。それに対して、アクィナスにとっては何か客観的な存在だった」。ただし、これが正しいのは一定の限度までである。というのも、「中世の教師たちがまず第一に主張するのは、価値は事物それ自体がもつ優秀さによっては決まらない、ということである。そうでなければ、ハエは真珠より優秀なので、より価値がある、ということになるだろうから」(ジョージ・オブライエン〔George O'Brien〕『中世経済学説についての試論〔*An Essay on Mediæval Economic Teaching*〕』[London: Longmans, Green, 1920] 一〇九頁)。アシュレーとオブライエンの説明の食い違いは、ロックが worth と value を区別して、前者を「自然にそなわった価値〔valor naturalis〕」と呼び、後者を「価格〔pretium〕」、つまり valor と呼んだことを考慮に入れれば、解決できる。もとより、こうした区別は最も原始的な社会を別にすれば、あらゆる社会に存在するが、近代では、前者はますます消滅して、後者に席を譲っている(中世の教説については、スレイター〔T. Slater〕「神学と政治経済学における価値〔Value in Theology and Political Economy〕(書誌によっては Value in Moral Theology and Political Economy)〕」[*The Irish Ecclesiastical Record*, Ser. 4, Vol. X, September 1901])。

(35) ロック『統治二論』後篇、第二二節(第二二節には該当箇所がない。前注(33)で指示されていた「利子低下と貨幣価値上昇に関する考察」四三頁(前掲訳書、六五頁))。

(36) 〔マルクス〕『資本論』第三巻、六八九頁(『マルクス=エンゲルス全集〔*Marx-Engels Gesamtausgabe*〕』〔旧MEGA〕第二部[Zürich, 1933])(「いかなる生産者も、工業者も農業者も、孤立したものとして見れば、価値または商品を生産するものではない。彼の生産物は、ただ特定の社会的関訳書、(8)四六頁)〕。

連においてのみ、価値となり商品となる」(第六篇「超過利潤の地代への転化」、第三七章「緒論」、前掲

(37)　この混乱の最も明確な事例を、リカードの価値理論、とりわけ絶対的価値を求める絶望的な試みに見ることができる(これについては、グンナー・ミュルダール『経済理論の発展における政治的要素』六六頁以下〔『経済学説と政治的要素』(増補改訂版)、山田雄三・佐藤隆三訳、春秋社、一九八三年、一〇三頁以下〕。「交換価値は、価格と同様に、一定の時点にかかわるものであるか、それともある期間にわたるいくつかの交換比についての平均でなければならない。／リカードおよび他の学者が、異なる二時点における一商品の価値を測定しようと努める場合、そこには交換関係は存在しないし、考えられもしないのであるが、彼らは一種別の型の価値をうち立てようとしているのである。〔…〕第一期における第一商品の価値の第二期におけるその価値に対する関係について何事かをいいうるためには、価値標準となる第二商品の価値が二つの期間の間で変わらないと仮定しなければならない。これが絶対価値の不変尺度という仮定に導く古典派の主張なのである」(同書、一〇四頁)〕、ウォルター・ワイスコフ〔Walter A. Weisskopf〕『経済理論の心理学〔*Psychology of Economics*〕』〔Chicago: University of Chicago Press, 1955〕第三章〔表題は「古典価値論の心理的・文化的背景〔The Psychocultural Background of Classical Value Theory〕」〕が優れている)。

(38)　先に(注(34)で)引用した〔中世と近代の相違についての〕アシュレーの指摘の正しさは、中世には正確な意味での交換市場が存在しなかった、という事実に基づいている。中世の教師たちにとって、事物の価値はその値打ち〔worth〕によって決まるか、人間の客観的な必要〔needs〕によって決まるかのいずれかであり――例えば、ビュリダン〔Jean Buridan〕は「価値は人間の欲求によって評価される〔valor rerum aestimatur secundum humanam indigentiam〕」と述べている――、「公正な価格」は通常は共通の評価の結果として出てくるものだった。ただし、「人間にはさまざまな腐敗した欲望があるの

で、何人かの賢人たちの判断に従って媒介物を定めるという便法を図ったほうがよい」（ジェルソン〔Jean Gerson〕『契約について〔*De contractibus*〕』一・一九。オブライエン、前掲書、一〇六頁以下より引用）。交換市場が実際に存在しなかったため、ある物の価値は他の物との関係や比較において初めて成立する、ということは理解されなかった。したがって、問題は、価値が客観的か主観的かではなく、価値は絶対的なものでありうるのか、それともただ事物の相互の関係を示すだけなのか、である。

（39）ここで本文が参照しているのは、リルケ〔Rainer Maria Rilke〕が芸術について書いた詩である。『魔術』と題されたその詩は、この変容を次のように語る。「名状し難い変容から産まれてくるのが／そうした形象——感じよ！　そして信じよ！／われわれをしばしば悩ませるのは、燃えさかる炎がいずれ灰燼に帰すこと、／けれども、芸術にあっては塵も炎となる。／ここに魔術がある。この魔法の領域では、／ありふれた言葉でさえ高みに登っていくかのように見える……／それはまるで雄鳩が／見えない雌鳩を呼んでいるかのようだ〔Aus unbeschreiblicher Verwandlung stammen / solche Gebilde—: Fühl! und glaub! / Wir leidens oft: zu Asche werden Flammen, / doch, in der Kunst: zur Flamme wird der Staub. / Hier ist Magie. In das Bereich des Zaubers / scheint das gemeine Wort hinaufgestuft... / und ist doch wirklich wie der Ruf des Taubers, / der nach der unsichtbaren Taube ruft〕」（『遺稿集——手帳とメモから〔*Aus Taschen-Büchern und Merk-Blättern*〕』〔Wiesbaden: Insel, 1950〕〔「完成詩（1906-1926年）」小松原千里・内藤道雄・塚越敏・小林栄三郎訳、『リルケ全集』第四巻、河出書房新社、一九九一年、二三二頁〕）。

（40）詩人の活動を表す「詩を作る〔make a poem〕」または faire des vers という慣用句も、この物化に関係している。ドイツ語も同様で、〔詩作を表す〕dichten という言葉は、おそらくラテン語の dictare〔書かせる〕から来ている。すなわち、「精神が考え出したものを書き取る、または書き取らせるために語ること」（グリム〔Jacob Grimm und Wilhelm Grimm〕『ドイツ語辞典〔*Deutsches Wörterbuch*〕』）。

今日、クルーゲ〔Friedrich Kluge〕とゲッツェ〔Alfred Götze〕の『語源辞典〔*Etymologisches Wörterbuch der deutschen Sprache*〕』(Berlin: Walter de Gruyter, 1951) が指摘しているように、この言葉は schaffen〔作る〕を意味する古語 tichen から来ていて、これはおそらくラテン語の fingere〔作る〕と関係しているとしても事情は同じである。その場合にも、詩を書きとめる前の詩を生み出す詩人の活動は「作ること〔making〕」として理解されている。例えば、デモクリトスは、ホメロスの偉業を「あらゆる言葉を尽くして宇宙を作り上げた」―― epeōn kosmon etektēnato pantoiōn と賞讃している（ディールス、前掲書、B二一〔前掲訳書、⑷一六九頁〕）。詩人の職人技についての同様の強調は、詩人を「歌の大工〔tektōnes hymnōn〕」とするギリシア語の慣用句にも示されている。

訳注

＊1　前章の原注(37)で注記したように、ロック自身は自然の対象にみずからの労働を「混ぜ合わせる」という意味で用いている。

＊2　「物化」の原語は reification. ドイツ語版は Verdinglichung で、哲学や思想の文脈では、マルクス主義に傾斜したジェルジ・ルカーチの『歴史と階級意識』（一九二三年。邦訳：城塚登・古田光訳、白水社〔イデー選書〕、一九九一年）あたりから用語として定着する。マルクス学の文脈では、Verdinglichung（物化）と Versachlichung（物象化）の区別と関連が議論になるが、いずれにせよ、この語の意味内容としてほぼ共通了解になっている「人間と人間との関係が商品という物の関係として現象すること」という内容と、アレントの用語法の間には相当の距離がある。

＊3　おそらくハイデガーによる道具と「世界内存在」をめぐる議論との関連が問題になるが、まずはマルクス『資本論』第一巻第五章第一節の次のような指摘との関連を見るべきだろう。「労働手段の使用と創造とは、萌芽状態においては、すでにある種の動物にも具わっているが、特殊人間的労働過程を特徴づけ

るものであり、またそれゆえにフランクリンは人間を“a toolmaking animal”すなわち道具を作る動物と定義しているのである。遺骨の構造が、死滅した動物種属のからだつきの認識に対してもつのと同じ重要さを、労働手段の遺物は、死滅した経済的社会形式の判定に対してもっている。何が作られるかではなく、いかにして、いかなる労働手段をもって作られるかが、経済上の諸時代を区別する」（『資本論』向坂逸郎訳、岩波文庫、一九六九―七〇年、(2)一二―一三頁）。

＊4　原文はやや舌足らずで、この文以降の論旨が分かりにくくなっている。要点は次の二点である。(1)オートメーションは、自然のメカニズムの模倣から自然過程そのものの人間世界への導入という近代の発展の頂点をなす。(2)核技術も自然過程の導入という点では原理的にはその延長線上にあるが、導入されるのが「地球上の自然」から「宇宙の自然」に転換される点で、近代の発展とは異なる新たな様相を示し始めている。

＊5　ここで言う「機械論的な自然観」と、アレントの「機械」の概念――それ自体のうちに動力源を内蔵した自動機械――は区別されなければならない。

＊6　「有用性の有用性とは何か」は、ドイツ語版（S. 183）では „Und was ist der Nutzen des Nutzens?“ となっている。レッシングのこの発言の典拠は確認できなかった。

＊7　次の文で翻訳について述べているので、本来は英語表記でなく、古代ギリシア語で職人を表す banausos にすべきだろう。

＊8　「顕示的消費（conspicuous consumption）」はソースティン・ヴェブレン『有閑階級の理論』（一八九九年。邦訳：村井章子訳、筑摩書房（ちくま学芸文庫）、二〇一六年）第四章のタイトルで、もっぱら他者との差別化を図るための消費をこう呼んだ。アレントにとって、他者との区別、卓越を求めて競うというのは、古代ギリシアのポリス以来の公的領域における「行為」にともなう特徴だが、これが制作者・職人や労働者の共同体にも――それが複数の人間の関係であるかぎり――表れてくる。ルソーなどが「社

交」にともなう「虚栄」として排した傾向、それがここでの問題である。

*9　志水速雄訳では哲学者の solitude と制作者・職人の isolation の両方に「独居」を用いているが、ここでは区別して後者を「孤立」とする。

*10　他との相対的な関係で決まる「価値（value）」に対して、事物そのものの worth をここでは「値打ち」と訳したが、「値打ち」あるいは「真価」という日本語そのものに相対的尺度としての「価値」の意味合いが含まれている。そもそも他との比較を拒むその物自体の意義を示すのに「価値」や「値」、「価」という語を用いざるをえないところに、「価値」をめぐるアポリアがある、と言うこともできるだろう。そのことは、英語の worth についてもあてはまる。ドイツ語版は worth を Qualität（質）と言い換えているが、すべてを「質」と訳すと意味が拡散しすぎる。

*11　第12節末を参照。

*12　ちなみに、ムネーモシュネーは芸術・学問の女神ミューズの母である。

*13　この一文は、芸術における物化は単なる「変形」ではなく「変容」である、という前出の指摘と対応している。すなわち、思考を「変容」させて物化したものが芸術だとすれば、哲学は思考を「変容」も「変形」もなしに物化したものということになる。もとより哲学も思考そのものではなく、思考の結果を言葉によって「物化」した作品である。

*14　原語は brain power だが、以下の本文でも述べられているように、肉体的な力と同じく個人に内属する力量（strength）の一種ということになるだろう。

［175］ 第V章 行為

どんな悲しみも、それを物語にしたり、それを物語れば、耐えることができる。

イサク・ディーネセン

Nam in omni actione principaliter intenditur ab agente, sive necessitate naturae sive voluntarie agat, propriam similitudinem explicare; unde fit quod omne agens, in quantum huiusmodi, delectatur, quia, cum omne quod est appetat suum esse, ac in agendo agentis esse modammodo amplietur, sequitur de necessitate delectatio.... Nihil igitur agit nisi tale existens quale patiens fieri debet.

(というのも、いかなる行為においても、行為者がまず意図するのは、必要に迫られて行う場合であれ、自由な意志に基づいて行う場合であれ、自分の姿を現すことだからである。どんな行為者も、彼が行為するかぎり、行為することに喜びを感じるのは、そのためである。存在するものは、すべて自分が存在することを欲し、行為することによって行為者の存在は何か拡大されることになって、そこには喜びが必然的にともなうからである。……だから、隠されていた自分が（行為することによって）明らかになるのでなければ、誰も行為しないだろう。[*1]

ダンテ

24　言論と行為による行為者の開示

行為と言論の基本的条件である人間の複数性は、平等と差異という二重の性格をもつ。もし人間が平等でないとすれば、人間は互いに理解することができないだろうし、過去に生きていた人を理解することも、自分のあとに生まれてくる人のために備えることもできないだろう。他方で、人間が互いにまったく別の存在で、どんな人間も過去、現在、未来の誰かと違っているのでなければ、彼らは自分たちを理解してもらうために語ったり行為したりする必要はないだろう。［176］誰もが同じ要求や欲求を満たすだけなら、直接それを伝える記号や音声の信号で十分だろう。

人間の間の差異性〔distinctness〕は、単なる他との相違という意味での他者性〔otherness〕ではない。存在するもののいっさいには「他とは異なる〔alteritas〕」という不思議な性質がある。それゆえ、中世の哲学は、これを存在の根本的な性質、個別のあらゆる特質を超えた普遍的な四つの性質の一つとした。そのような意味での他との相違が複数性の重要な側面であることは確かである。われわれの下す定義がつまるところ差異の提示であり、われわれが何かと区別することなく当の物が何であるかを言うことができないのは、すべてそうした意味での他者性に基づいている。最も抽象的な意味での他者性が見られるのは、非有機的な物体の間だけだ。有機的生命体になると、同じ種族の個体の間でさえ、変化や差異が見られる。だが、個体間のそうした差異をみずから表現し、他者と自分を区別することができるのは、人間だけである。人間だけが、喉の渇きや空腹、何かに対する愛着や敵意、恐れなどだけでなく、自分自身をも伝えることができる。人間の場合、存在するものすべてと共有している他者性と、生きとし生けるものすべてと共有している差異性は、彼のもつ唯一性〔uniqueness〕となる。人間の複数性とは、すべての人間がみな等しく唯一無二の存在であるという意味において、逆説的な複数性なのである。

この唯一性という意味における差異性を明らかにするのが、言論と行為である。言論と行為によって、人間は単に他と異なっているという事実にとどまらず、互いに相手と区別し合う。そこで初めて人間は、互いに物理的な対象ではなく、人間としてみずからを表現するのである。単なる肉体的存在として登場する出生とは異なり、人間としての世界への登場は、何かを始めるという創意〔initiative〕に基づいている。人間が人間であるかぎりやめることができないのが、この創意に基づく活動であり、それなくして人間は人間であり続けることができない。こうしたことは「活動的生活」に属する他のいかなる活動にもあてはまらない。[*2]人間は労働しなくても、よく生きることはできる。自分のための労働を他人に押しつければいい。また、何か有用な物を自分では何一つ付け加えなくても、ひたすら事物の世界を利用し、享受するだけの生活も十分可能である。他人の仕事や労働の成果を搾取したり奴隷を使用したりする人間の生活、あるいは他人に寄生する生活は、なるほど不正ではあるかもしれないが、それでも彼らはまだ人間であり続けることができる。それに対して、言論や行為のない生活は――あらゆる外見や虚栄を捨てよ、という聖書の教えを本気で行うと、こうした生活様式になるのだが――世界との関係においては、文字どおり死んだ生活である。それは、もはや人間の生活ではない。彼らは人々の間で生きていないからである。

言論と行為によって、われわれは人間の世界に参入する。この参入は第二の誕生のようなものであり、そこでわれわれは、自分たちがそれぞれ独自の顔つきや体つきをした生身の肉体をもってこの世に生まれたというありのままの事実を確認し、わが身に引き受けるのである。〔177〕この参入は、労働のように必要に迫られたものでも、仕事のように有用性に駆り立てられたものでもない。参入を促すものがあるとすれば、それは他人の存在であり、彼らと仲間になろうとすることが刺激になることはある。しかしながら、彼らの存在が世界への参入をもたらしたわけではない。その衝動はわれわれがこの世界に生まれ落ちたその初発の時点ですでに生じているのであり、われわれは自分自身の創意によって何か新しいことを始めることで、世界に応答するのである。[1] 行為とは、その最も一般的な意味において、創意を発揮すること、開始すること（ギリシア語の archein は「始めること」、「指導すること」を意味し、これがやがて「支配すること」を意味するようになっていった）、あるいは何かを動かすこと（これがラテン語 agere の原義である）を意味していた。人間は、initium〔始まり〕、すなわち生まれた時からこの世界の新参者であり、何かを始める者であるからこそ、創意〔initiative〕を発揮して、行為すべく駆り立てられるのである。アウグスティヌスは、その政治哲学の中で、[Initium] ergo ut esset, creatus est homo, ante quem nullus fuit（「始まりが存在するために人間は作られたのであり、その前には誰も存在しなかった[2]」）と述べている。ここで言う始まりは、世界の始まりと同じではない。[3] それは何か物事の始まりではなく、何かを始める者としての人間の始まりなのである。神によって人間が創造されると同時に、この始まりの原理が世界にもたらされた。もちろん、これは人間が創造されたことによって、それ以前には存在しなかった自由の原理がもたらされたということを言い換えたにすぎない。

始まりの本質は、[178] それまで起きたことからはとうてい予想できない新しい何かが始まることにある。予期せぬ驚きというこの性質は、あらゆる始まり、あらゆる起源にある。例えば、生命が非有機的物質から生まれたことは、非有機的な過程からはほとんど想定できないし、宇宙の過程から見れば、地球の誕生も動物から人間への進化も同様である。新しいことは、統計学的法則とその圧倒的な予想に反して起こる。日常的な実生活上の目的からすれば、統計学的な予想はほとんど確実である。だからこそ、新しいことは奇蹟のように見えるのだ。人間に行為の能力があるということは、予想もできないことが人間には期待できるということを意味する。そうしたことが人間に可能なのもまた、人間は一人一人が唯一無二の存在であり、一人の人間が生まれるとともに何か本当に新しいものが世界にもたらされるからにほかならない。ある人間のどこが唯一無二であるかについて言えるのは、これまでそのような者はいなかった、ということだけである。もし始まりとしての行為が出生という事実に対応して、出生という人間の条件を現実化したものであるとすれば、言論は人間の差異性という事実に対応して、複数性という人間の条件、人間は同等の者たちの間で異なるもの、唯一のものとして生きるという条件を現実化したものだと言うことができるだろう。

行為と言論が密接に関連しているのは、人間が人間として最初に行う行為それ自体が、すべての新来者に対する「お前は何者か」という問いへの応答を含んでいるからである。そうした自己の開示は、言論と行為の両方に暗黙のうちに含まれているが、密接な関連があるのは明らかに行為ではなく、言論のほうである。(4) 反対に、何かを「始めること」と密接に結びついているのは言論よりも行為のほうだ。もっとも、人間によってなされたことの多く、いや、そのほとんどは言論を通じてなされる。言論をともなわない行為は、自己を開示するという性質を失うだけでなく、行為の主体そのものが失われる。人間の行為でなくロボットが遂行することは、人間的な観点からは理解不能だ。言葉をともなわない行為は、もはや行為とは言えない。そこには自己を開示する行為者〔actor〕がいない。〔179〕彼が行為者、なされたことの本当の実行者になることができるのは、彼が同時に言葉を語る者である場合だけである。彼が始めた行為の意味は、言葉によって理解可能な形で開示される。言葉がなくても、彼の行為は動物と同じように身体的な動作の外見から察知することはできるが、語られる言葉によって初めて、それは意味をもつようになる。自分がしていること、自分がしたこと、自分がこれからしようとしていることを語ることで、彼はその行為をなした本人であるという名乗りをあげるのである。

行為ほど言論を必要とする人間の活動は他にない。行為以外のすべての人間の活動では、言論は単なる意思疎通の手段か、黙ったまま遂行できる作業にともなうお囃子のようなもので、いずれにせよ副次的な役割しか果たさない。言語による会話は確かに意思疎通や情報伝達の手段として役に立つが、それだけなら記号による通信に置き換えることもできる。数学や他の科学の分野、ある種の集団作業の場合には、そちらのほうが特定の意味を伝達する手段として、はるかに有用かつ便利だろう。そうした手段は、人間の行為、特に防衛や利益追求のために共同する時には、確かにきわめて有用である。だが、必要なのが目的のための手段にすぎないのであれば、黙って暴力を行使したほうが、同じ目的をはるかにたやすく実行できるだろう。純粋に効用の観点から見れば言論が記号の不便な代替物であるのと同様に、行為というのは暴力のあまり効率的とは言えない代替物なのである。

行為や言論を通じて人は自分が誰であるかを示し、他の誰でもないその人となりを自分から積極的に明らかにすることで、人間の世界の中にその姿を現す。肉体的な個性なら、行為なしでも身体の姿形や声の特徴におのずと示される。自分が何か〔what〕、どんな資質や才能、能力や欠陥があるかについては、明らかにするか、隠しておくか、自分で決めることができるが、自分が何者であるか〔who〕は、行いや発言のうちにすでに示されてしまっているのだ。それを隠しておこうとするなら、完全に沈黙を守り、何に対しても受動的なままでいなければならない。他方で、それを意図的に示すこともできない。自分のもっている他の資質や特質と同じような仕方で自分が「誰」であるかを意識的に開示することはできないのである。反対に、他人にとっては明確で見間違いようがないその人間の「本性」が当人には見えないというほうが、むしろありそうなことである。古代ギリシア人によれば、それぞれの人間に一生つきまとうダイモーン〔daimōn〕は、［180］常に背後から肩越しに彼を見守っているので、本人と向き合った者にしか見えないという。人間の「何者」であるかは、ちょうどそのダイモーンのようなものなのである。

その人間の本当の姿を明らかにするという言論と行為の性質が前面に出てくるのは、人々が他人とともにある場合だが、それは他人のために活動している時でも、敵対して活動している時でもなく、ただ純粋に人間としてともにいる時だけである。行為や言論で自分を開示した時にその誰であるかを本人は知らないのだが、彼はそうした開示のリスクを冒そうとしなければならない。そのようなことは、善行をなす者や犯罪者にはできないことである。善行をなす者は自己を放棄して完全に匿名の状態になければならないし、犯罪者をなそうとする者は他人から隠れていなければならない。善行であれ、犯罪であれ、それをなす者は孤独〔lonely〕である。一方は他人のために自分を犠牲にし、他方はすべての他人に敵対する。彼らは人間的な交流の境界の外にいて、政治的には周辺的な存在にとどまる。善行をなす人間や犯罪者が歴史の表舞台に登場するのは、いつでも腐敗が進行して、政治的な統合が解体し、破局が訪れる時である。行為とともに主体を開示するというその性質からして、行為は自分を照らし出す眩《まばゆ》い光を求めている。栄光と呼ぶその輝きは、政治的な領域でのみ得られるものなのである。*3

行為によって主体を開示することがなければ、行為はその固有の性質を失って、何かを達成する活動の一種にすぎなくなる。制作という活動が対象を生産するための手段であるのと同じように、それは目的を達成するための手段にすぎない。人がひたすら他人のために活動したり、あるいは反対に敵対して人々の間に共同性が失われたりした時に、そうした事態は起こる。例えば、近代の戦争において、人々は敵を打倒するため、自陣営のため、一定の目的を達成しようと活動し、その活動は暴力という手段を用いて行われる。その場合にも言論はもちろん存在するが、それは「単なるおしゃべり」にすぎず、敵を欺《あざむ》くか、プロパガンダで人々の目を眩《くら》ますための手段となる。そこで語られる言葉は、何も明らかにしない。開示はただ〔軍事的な〕功績を通じてのみなされるが、そこで達成された業績もまた、他の業績と同様に、当人が「誰」であるか、その行為者だけがもつ個性、人となりを明らかにはしないのである。

こうした場合に、行為は単なる生産的な活動を超えたその特質を失う。慎ましやかな使用対象物の制作から、思考によって息を吹き込まれた芸術作品の創造まで、およそ制作活動の意味は完成した製品のうちに示される以上のものではないし、生産過程の終点で明らかになるもの以上のことは意図していない。名前のない行為、「誰」のものか分からない行為〔181〕は無意味である。それに対して、芸術作品は、作者が誰か分からなくても、重要性を持ち続ける。第一次世界大戦後に建立された「無名戦士」の記念碑は、「誰か」を見出そうとする努力、四年にわたる大量殺戮の犠牲となった人々を明らかにして、その栄誉を称えたいという欲求がなお存在していたことを示している。そうした願望が実現されなかったこと、この戦争には〔言葉の本来の意味における〕行為の主体などいなかったという残酷な事実を認めたくないという気持ちから、「誰も知らない」人々、この戦争の過程で斃《たお》れていった名もなき者たちのために、記念碑が建てられたのだ。なるほど、彼らの成し遂げたことは失われはしないが、彼らの人間としての尊厳は奪われたままだったからである。(5)

25　関係の網の目と演じられる物語

人は言論と行為によって自分が「誰であるか」を他の誰とも取り替えのきかない形で示すが、奇妙なことに、その「誰か」には、明白な形で目に見えているにもかかわらず、言葉で表せない、つかみどころのなさがある。その人が「誰であるか」を言おうとするや否や、わわれわれは彼が「何〔what〕」であるかをめぐる言葉の迷路に迷い込んでしまうのだ。誰でも似たような者たちと共通する資質をもっており、そうした資質を挙げてタイプだとか言葉の古い意味での「性格」について論じ始めるが、彼だけにしかないもの、唯一無二の彼の特質は、それでは捉えられない。

この問題は、人間を定義することはできない、という哲学上よく知られた難問と密接に関連している。人間についてこれまでになされてきた定義はみな、人間が「何〔what〕」かについての規定や解釈、つまりは人間が他の生き物とおそらく共有している資質についての規定や解釈だった。しかしながら、まさに他の生き物から人間という種属を区別する特徴は、人間が「誰か」になりうる存在であることにある。一人の人間の「誰であるか」は決して他の人間の「誰であるか」と比較することができず、したがって動物の種属が「何か」と同じやり方で決めることはできないのである。[*4] だが、そうした哲学上の困難は別にしても、行為と言論の流れのうちに示されるその人物の生きた本質を言葉で固定することはできないというのは、人間事象の領域全体が抱え込んだ難問なのだ。人間事象の領域において、われわれは何よりも行為し、語る存在である。われわれは何かある物に名前をつけることで、その物の本質を［182］意のままに扱うことができるが、人間事象の領域で同じように名前をつけてその本質を確定することは原理的に不可能だ。ある人間の「誰であるか」の開示は、ちょうどヘラクレイトスが「言葉のうちに現れも隠れもせず、示すはただ徴《しるし》のみ」と評した古代ギリシアの神託の悪名高い不確かさそのものである。(6) およそ政治的な事柄が信頼できないとされるのも、ここに根本的な原因がある。それは、あらゆる人間事象、何かを介在させることなく直接に人と人の間で営まれ、それゆえ世界の基盤としての事物を堅固で安定した物にすることに何ら寄与しない人間的な事象すべてにあてはまる(7)。

これは行為、つまり人間がともに生き、交流するという営みが直面する数多くの困難の最初のものにすぎない。〔しかしながら〕それは制作や観照や認識や、さらには労働のような確実で生産的な活動と比べた場合に浮かび上がる相対的な難点ではなく、おそらくはもっと根本的な困難、行為の本来の目的そのものを挫折させかねない困難である。すなわち、ここで問題になっているのは、何かを開示するという特質、それなくしては行為や言論そのものが人間的な意味を失ってしまうような特質なのである。

行為や言論は、それが人々に向けられているからには、人々の間で行われる。その内容がもっぱら「客観的」な問題、人々がそこで生活を営む世界に関わる問題、人々の間に存在して、そこから人々の特定の客観的利害が生まれる事物の世界に関する問題だったとしても、行為や言論がその本人を明らかにするという特質に変わりはない。彼らの抱く利害関心〔interest〕は、文字どおりの意味において、人々の「間に‐存在する〔inter-est〕」ものなのである。それは人々の間にあって、彼らを関係させ、互いに結びつける。ほとんどの行為や言論は、この「介在物〔in-between〕」に関係している。人々の間を仲介する介在物が何であるかは集団によって異なるが、ほとんどの言論や行為は、行為し、語る主体の開示に加えて、この世界がもっているある種の客観的なリアリティに関係しているのである。もとより主体の開示は不可欠なので、人々の間の最も「客観的な」交流であっても、利害関心をともなう物理的な介在物とはまったく別の、言論や行為によって成り立つ介在物がなければならない。いわば物理的な世界の介在物の上に、〔183〕人々が互いに直接に行為し、語ることによって生まれる介在物が積み重なり、生い茂っているのである。この第二の主観的な介在物は、手で触れられるようなものではない。依拠できるような堅固な実体は、そこには存在しないのである。そうした性格にもかかわらず、この介在物は、われわれがみな共通に見ている事物の世界に劣らず、現実性において劣るところがない。われわれは、このリアリティを、手で触れることのできない特質の喩えとして、人間関係の「網の目」と呼ぶことにする。

言論が生きた人間の肉体の存在に拘束されているのと同様に、人間関係の網の目も事物で構成される客観的世界と結びつけられているのは確かだが、だからといって、この網の目が建物の実際に必要な構造物を飾る正面《ファサード》、マルクスの言う本質的には不要な上部構造にすぎないということにはならない。政治をもっぱら物質的な側面から考えるのはマルクスに特有のことではないし、その起源は近代よりはるか昔の、われわれ西洋の政治理論の歴史の始まりから存在したが、(8)政治についての唯物論的な考え方の根本的誤謬は、およそ人間というものは、まったく世俗的な物質的目的をひたすら追求している時でさえ、他の何ものとも異なる唯一無二のあり方を開示せずにはおかないということを見逃していることにある。仮にそのような開示をせずに済ませることが本当にできたとすれば、人間はもはや人間と呼べない何か別のものに変わってしまうだろう。他方で、こうした開示がリアリティをもち、一定の結果をもたらすことを否定するのは、単に現実を見ていないにすぎない。

人間事象の領域というのは、厳密に言えば〔184〕網の目のように張りめぐらされた人間関係のネットワークであって、人間がともに生きているところなら、どこにでも存在する。言論によって「何者であるか」を開示すること、行為によって新たなことを始めること、これらはすでに存在している網の目の中で行われ、結果はただちにこの網の目に現れる。言論と行為によって始まった新たな過程は、最後には新たに参入した者の唯一無二の生涯の物語として姿を現すが、それはまた彼が接触したすべての他者の唯一無二の生涯の物語に影響を及ぼすことになる。ほとんどの行為がその当初の目的を達成できないのは、すでにそこには人間関係の網の目が存在していて、無数の意志や意図が対立し合っているからであるが、他方では、人々の意図を超えた人間関係の媒体としての性質があるからこそ、その網の目の中でただ一つ現実的な活動としての行為が、ちょうど制作が実体的な事物を作り出すのと同じように、その意図の如何にかかわらず、自然に物語を「生み出す」のである。これらの物語は、文書や記念碑に記録されたり、使用対象物や芸術作品のうちに目に見える形で表されたり、語り継がれて、あらゆる種類の素材に刻み込まれたりする。だが、生きたリアリティとしての物語は、これらの物化された対象とはその本質において異なっている。物語は、その主体〔subject〕、物語の中心である「主人公」について、人の手で制作された作品がその作者について語る以上のことを物語る。正確に言えば、それは作られたものではないのである。誰もが言論と行為によって世界に参入することで自分の人生を始めるが、自分自身の生涯の物語の著者や制作者になることはできない。言い換えれば、行為や言論の結果として生まれた物語は行為する当人が何者であるかを開示するが、行為をなした本人は物語の著者や制作者ではない。なるほど、その物語は誰かによって始められ、始めた本人はsubjectという言葉の二重の意味、すなわちその物語の主体であり、主題となる存在、行為すると同時に行為の影響をこうむる存在ではあるけれども、その物語を語る作者になることはできないのである。

すべての個人の出生から死に至る生が始まりと終わりをもつ物語として語られるというのは、歴史という始まりも終わりもない大きな物語の前提条件、政治や歴史というものが成立する前提となる条件である。だが、なぜ一人一人の人生が物語となり、なぜ歴史が究極的には人類の物語、多くの行為者や言論者が登場するが、具体的な作者がいない物語となるのか、その理由はどちらも行為の結果だからである。歴史につきまとう大いなる謎、近代の歴史哲学を困惑させてきた謎は、人が歴史というものを全体として眺め、主体としての人類などというものは抽象であり、積極的にそれを担うものなど存在しないということを発見した時に初めて生まれたわけではない。〔185〕同じような謎が古代のはじめから政治哲学を当惑させてきたからこそ、プラトン以来の哲学者はおよそ人間的な領域を軽蔑してきたのである。解けない謎の核心は、唯一無二の意味をもつ物語を生み出す出来事の連なりのどこをとっても、われわれができるのはその過程を起動させた者を取り出すことくらいだが、しばしば物語の「主人公」とされるこの主体がその最終的な結果の作者だと断定することは決してできない、ということである。

プラトンが行為（praxis）の結果から生まれる人間事象（ta tōn anthrōpōn pragmata）は真剣に扱うに値しないと考えたのも、こうした理由からだった。人間の行為は舞台裏から見えない手で操《あやつ》られる人形の身ぶりのようなものであって、人間は神の遊び道具のように見えたのである。(9) 近代的な歴史観とは何の関係もなかったプラトンが舞台のメタファー、演じている役者の背後で糸を引いている者こそが物語の作者であり、責任があるという比喩を発明したことは注目に値する。ただし、プラトンの言う神というのは、本当の物語は作者をもたないという点で、われわれが作り出す物語とは異なる、という事実を象徴的に示すものにほかならない。その点で、プラトンはのちの摂理だとか「見えない手」、大文字の自然、「世界精神」、階級利害といった観念の先駆者だった。キリスト教徒や近代の歴史哲学者たちは、こうした観念を持ち出して、人間がいなければ歴史は存在しないにもかかわらず、明らかに歴史は人間が「作り出した」ものではない、という難問を解決しようとしたのだ（あらゆる歴史哲学が舞台裏でそれを操る見えない行為者という観念を導入しているということの事実ほど、歴史というものが政治的な性質をもっている――人間の行為がもたらす物語であって、何か別の潮流や力や理念が生み出すものではない――ことを明白に示すものはない。すでにこの点だけからでも、歴史哲学というのは政治哲学の仮の姿なのだと言うことができる。同様にまた、アダム・スミスが交換市場での取引を導く「見えざる手」を必要としたという事実は、交換という営みには純然たる経済活動以上のものが含まれているということ、「経済人」が市場に登場するのは行為する者としてであって、もっぱらものを作る生産者や取引や交易をする人間としてではない、という事実を明白に示している）。

しかしながら、舞台裏に潜んでいる行為者というこの観念は、現実の経験にはまったく対応していない。〔186〕そのような観念のせいで、行為の結果として生まれる本当の物語は、作られた虚構の物語としばしば混同されている。虚構の物語の場合、実際に糸を引いて劇を指導しているのは物語の作者である。虚構の物語が明らかにするのは作者その人であり、他のあらゆる芸術作品と同様に、それが誰かによって作られたことを示す。だが、この誰かは物語そのものには属していない。彼はその物語の登場人物ではなく、したがって物語そのものは彼については何も語らない。ただ、物語が作品として成立したという事実が作者である彼の存在を示すだけである。*5 現実の物語と虚構の物語の違いは、後者が「作られる」のに対して、前者は作られるものではないという点にある。われわれは生きているかぎり現実の物語に参加しているが、そこには目に見える作者も、見えない作者も存在しない。それは作られたものではないからである。物語が明らかにする唯一の「誰か」は主人公であって、物語はもともと目に見えず、触れることもできない「誰か」、その人の唯一無二のあり方を行為と言論によって事後的に目に見えるような具体的なものとして示す唯一の媒体なのである。その人が「誰〔who〕」であるか、「誰」であったかを知ることができるのは、彼が主人公として生きた物語、彼の伝記によってのみである。彼についてわれわれが知るすべてのこと、彼が生み出して残したかもしれない作品〔仕事〕も含めて、それが語るのは彼が「何〔what〕」であるか、「何」であったかだけだ。それゆえ、われわれは、一行ものを書かなかったし、一言も言葉を残さなかったソクラテスが「何」であったかについては、プラトンやアリストテレスに関するほどの知識はないが、ソクラテスが「誰」であったかは、プラトンやアリストテレスよりはるかによく知っている。なるほど、アリストテレスがどんな意見をもっていたかについて、われわれは多くの知識をもっているが、それは彼が誰であったかは教えてくれない。ソクラテスについては、プラトンの著作によって、われわれは彼の物語をよく知っているからである。

ここで言う物語の主人公は、英雄である必要はない。もともと「主人公〔hero〕」という言葉は、ホメロスがトロイア戦争に参加した自由人の物語を語ろうとする時に、彼らの一人一人を呼んだ名称にすぎなかった(10)。今日われわれは勇気が主人公にとって不可欠の資質だと感じているが、みずから進んで行為し、語ることで自分自身を世界に参入させ、自分の物語を始めることに、すでに勇気は含まれているのである。この勇気は、行為の結果をあえて引き受ける意欲を必要とするわけではないし、まず第一に求めてもいない。安全な隠れ家から出て自分が誰であるかを明らかにすること、みなの前に自分自身をさらけ出すことそれ自体が、すでに勇気の要ることだし、大胆なことでさえある。〔187〕だから、その「主人公」が臆病だったとしても、彼が示す勇気が大したものではないということにはならないし、むしろかえって大きなものだということもありうる。ギリシア人にとって、この本来の意味での勇気なくしては、自由〔freedom〕などまったく不可能だった。

行為と言論の具体的な内容は、その一般的な意味とともに、芸術作品のうちにさまざまな形で物化されている。芸術は、行為やその業績を栄光化して、それを素材となる物に転換し、凝縮することで、ある異例な出来事の意味をあますところなく提示する。しかしながら、行為と言論に特有の、行為者や語る者その人を暗黙のうちに開示するという性質は、行為と言論という活動そのものが絶えず流動状態にあることと不可分に結びついている。それを何らかの「物に転化」して表現するには、ある種の反復、模倣、すなわちミメーシス〔mimēsis〕によるしかない。ミメーシスはあらゆる芸術に広く見られるが、アリストテレスによれば、本当にふさわしいのは演劇〔drama〕だけである。ドラマという名称（ギリシア語の動詞 dran「行為する」に由来する）は、演劇が実際には行為の模倣であることを意味している。(11) ただし、アリストテレスが正当にも指摘しているように、模倣は役者の演技だけでなく、演劇の創作と執筆においてもなされるが、劇が完全に生命を吹き込まれるのは劇場で上演された時だけである。物語の筋書きを再演する役者や語り手だけが、その意味を、物語そのものではなく、そこに姿を現す「主人公」の意味を完全に伝えることができる。(12) 物語の直接的な意味とそれがもつ普遍的な意味を示すのは、ギリシア悲劇で言えば合唱隊〔コロス〕の役割であり、そこで行われるのは模倣ではなく、(13) 純粋な詩作によって物語に解説を加えることである。それに対して、物語に登場する人物の正体はつかみどころがなく、［188］あらゆる一般化、したがって物化を拒むので、ただ役者の演技という模倣を通じてしか伝えることができない。演劇がすぐれて政治的な芸術であるというのは、こうした理由に基づいている。人間生活の政治的な領域を芸術に表現できるのは演劇だけであり、同様にまた、演劇は人間と人間の相互の関係を唯一の主題とする唯一の芸術なのである。

26　人間事象の脆さ

制作とは異なり、行為は孤立したままでは不可能である。孤立していることは、行為する能力を奪われていることを意味する。行為と言論のためには、周囲を取り巻く他人の存在が不可欠だ。それは制作が周囲に材料を提供してくれる自然環境の存在、完成品の置き場所としての世界の存在を必要としているのとまったく同じである。制作が世界に取り囲まれて絶えず世界と接触していなければならないように、行為と言論も他の人間の行為と言葉の網の目に取り囲まれていることを必要とする。他人から完全に独立して自分自身の力にのみ依拠する者こそ「強い人間」だとよく信じられているが、これは迷信である。そのような信仰は、われわれが人間事象の領域で何かを「作り出す」ことができる――テーブルや椅子のように制度や法を作ったり、人間を「よく」したり「悪く」したりすることができる[14]――という幻想に基づいているか、あるいはまた、政治的であれ、非政治的であれ、およそ行為など何の役にも立たないという絶望によるものだが、後者もまた、他の「材料」[15]と同じように人間を扱いたいというユートピア的な希望の裏返しなのである。あらゆる生産過程で必要とされる個人の力量も、その力量が知的なものか、純粋に物理的な力であるかに関わりなく、行為が問題になっているところでは何の価値ももたない。歴史を見ても、[189] 仲間の援助、協力を得ることができなければ、どんなに強く優れた者も無力だったという例は枚挙に暇がない。彼が失敗したのは、多数の者たちが救いようのないほど劣等だったからだとか、凡庸な者たちが傑出した人物に抱くルサンチマンのせいだと、しばしば言われる。そうした見方は、確かに正しいかもしれないが、問題の核心を捉えてはいない。

ここで問題の所在を明らかにするために、ギリシア語とラテン語には、近代語と違って「行為」についてのまったく別の、だが相互に違う言葉があてられていることを想起してもいいだろう。ギリシア語の二つの動詞 archein(「始める」、「指揮する」、のちには「支配」を意味する)と prattein(「終了する」、「達成する」、「完成させる」)は、それぞれ二つのラテン語 agere(「動かす」、「指揮する」)と gerere(もともとの意味は「担う」)に対応する。(16) ここでは、行為は二つの段階に分けられているように見える。まず行為は一人の人間によって始められ、次に多くの人間が加わって、その企てを「担い」、「完成させ」、結果を最後まで見届ける、という形で遂行されるのである。ギリシア語でもラテン語でも、それぞれの二つの言葉は同じような関係にあるだけでなく、使用法の歴史もまた類似している。どちらも、もともと行為を構成する第二段階である遂行を指していた言葉—— prattein と gerere ——が行為一般を示すものとして用いられるようになり、行為を始めることを指す言葉の意味は、少なくとも政治的な用語としては限定されて、ギリシア語の archein はもっぱら「支配する」、「指揮する」を意味するようになり、ラテン語の agere も「動かす」よりは「指揮する」を意味するようになったのである。

このように、何か新たなことを始める者、指揮する者は、もともとは「同輩者中の第一人者〔*primus inter pares*〕」にすぎなかったのだが（ホメロスでも、アガメムノンは王たちの中の一人だった）、今や支配する者へと変貌する。行為の中にもともと含まれていた関係、事を始める者、指揮する者は他者の助力を必要とし、彼に追随する者たちも行為の機会を必要とするという相互依存の関係は、まったく別々の役割に分裂する。命令を与えることは支配者の特権となり、命令を執行するのは臣下の義務となる。支配者は、ただ一人、強制力〔force〕を行使する者として他から切り離されて孤立する。なるほど、何かを始めた者も、[190] 人に先んじるという行為によって、それまでともにいた仲間から抜け出るのは、支配者と同じである。だが、始める者、指揮する者の力量が示されるのは、他に先んじるという行為とそのリスクを負うことによってであり、達成されたものによってではない。支配者が成功した場合、多くの者によって成し遂げられたことを自分の功績だと主張するだろう――これこそ、支配者ではなく王たちの一人にすぎなかったアガメムノンにはできないことだった。そう主張することで、支配者は多くの者の力量をいわば独占する。実際には、支配者は多くの者の助力なくしては何事も達成できなかったはずだ。こうして、支配者は異常な力量をもつ、という幻想が生まれる。強い人間というのは一人でいるからこそ権力をもっているのだ、というしばしば信じられている誤解も、そこに根ざしている。

行為をする人間は、いつでも他の人々の中で、彼らの行為と関わりながら活動する。だから、行為者は決して単に「なす」側の人間ではなく、同時に常になされる側の人間でもある。なすこととなされることはコインの裏表のようなもので、ある行為が始めた物語はそれが引き起こした行為と受けた行為によって織りなされる。それらがもたらす結果には際限がない。行為がそれ以前の脈絡とは関係なく、まったく新たに始まったとしても、それによって引き起こされた反作用〔reaction〕は連鎖反応〔chain reaction〕を引き起こし、あらゆる過程が新たな過程の原因になる環境の中で、行為は行われるからである。行為が向けられた相手もまた行為をする能力をもち、それゆえ行為に反応して行われる行為〔reaction〕は、単なる応答〔response〕にはとどまらず、新たな行為として自分自身と他人に影響を及ぼすことになる。行為とそれに対する反作用は閉じた円環の中で行われるのではなく、それゆえ二人の行為者の間だけに確実にとどめておくことはできないのである。限界をもたないという行為のこの性質は、言葉の狭い意味での政治的な行為だけの特質ではない。人間の相互関係の無際限さの原因は、それに関わる人間が無数であることだけにあるわけではない。仮に行為を明確な形で限定された環境の枠内に閉じ込めたとしても、ごく限られた範囲の中でなされるわずかな行為も無際限さをそのうちに宿している。というのも、たった一つの行為、たった一つの言葉でさえ、時にはすべての状況を一変するのに十分だからである。

その上、行為には、その具体的な内容が何であれ、絶えず新たな関係を生み出していくことで、あらゆる制限を突破し、あらゆる境界を乗り越えていくという性質がそなわっている。(17)〔191〕人間事象の領域には制限や境界があるが、新たな世代がそこに参入する際に必ずともなう衝撃に耐えられるような確かな枠組みではない。人間の制度や法の脆弱性、人間がともに生きることに関わるすべての事柄の脆《もろ》さは、この出生という人間の条件から生じている。それは人間の本性の脆さや弱さとはまったく関係がない。私有財産を取り囲んでそれぞれの家の境界を定める障壁、人々の肉体の独立を保護し、かつ可能にする境界、そしてその政治的存在を守り、かつ可能にする法、これらが人間事象の安定にとって非常に重要なのは、人間事象の領域で行われる行為そのものからは、これを制限して保護する原理は出てこないからである。法による制限が政治体の中で行われる活動に対する信頼に足る防御になりえないのは、領土の境界線が外からの行為に対して信頼できる防御にならないのと同じである。行為が制限や境界をもたないのは、新たな関係を打ち立てる巨大な能力、特有の生産力を行為が秘めていることの裏返しなのだ。自分自身の法を越えないこと、節度を守るという昔ながらの徳がすぐれて政治的な徳の一つである理由は、そこにある。それゆえまた、（行為のもつ潜在力を余すところなく経験したギリシア人がよく知っていたように）とりわけ政治的な誘惑に負けることは「傲慢〔hubris〕」であって、われわれがしばしば考えるような権力への意志などでは決してない。

あらゆる政治体は行為の無制約性に対する防御のために、さまざまな制限や境界を設けているが、これらは行為の第二の際立った特質である予測不能性に対しては無力である。問題は、単に特定の行為〔act〕の論理的帰結を予測することではない。そうだとすれば、電子計算機が将来を予測できることになるだろう。行為の予測不能性は、行為の結果としての物語そのものから生じてくる。［192］行為している今という瞬間が流れ去り、過去になって初めて、物語は始まり、物語として成立する。行為の結果もたらされる物語の性格や内容がどのようなものであれ、演じられたのが私的な生活においてか公的生活においてか、行為する人間が多数であるか少数であるかに関わりなく、その行為の意味が完全に明らかになるのは、それが終わってからである。制作の場合、その最終生産物は職人の目があらかじめ捉えたイメージやモデルが与える導きの光によって判断される。それに対して、行為の過程、したがって歴史の過程を照らす光は、最後の最後になって、時には登場人物すべてが死んでから、ようやく現れる。物語の語り手、つまり歴史家が過去を振り返って初めて、行為はその姿を全面的に現すのである。いったい何が起きたのかについて、歴史家は事実その出来事に関わった者よりも常によく知っている。行為者が自分の意図、目的、動機について行う説明が信頼できる場合も時にはあるかもしれないが、歴史家にとっては有用な資料にすぎないし、その意義や信頼性は歴史家の語る物語に及ぶものではない。物語の作者がどのような物語を語ることになるかは、少なくとも行為の過程や、行為者が結果に拘束されている間は決して分からない。そもそも行為する者にとって、行為の意味はそこから出てくる物語にはないからである。物語は行為の不可避的な結果ではあるけれども、それを捉えて物語として「作り上げる」のは物語作者であって、行為者本人ではないのだ。

27　ギリシア人の解決

結果が予測できないという行為のこの特質は、行為する人間を開示するという行為と言論の性質と密接に関連している。人は自分自身を知らないまま自分を現すのであり、開示される自分が何者であるのかを予測することはできないからである。「何人《なんぴと》も死ぬまでは幸福〔eudaimōn〕だと言うことはできない」という古代人〔ソロン〕の言葉[*6]は問題の核心を言い当てている。もっとも、二五〇〇年も使い古されたこの言葉を理解するのは、今日のわれわれにはなかなか難しい。すでにラテン語の翻訳――nemo ante mortem beatus esse dici potest――でさえ、格言として陳腐化されてしまって、もともとの意味を伝えていない。この格言は、死後かなりの時間が経ち、問題が生じる懸念がなくなってから聖人たちの列福〔beatification〕が行われるカトリック教会の慣行に影響を与えたと思われるが、「エウダイモニア〔eudaimonia〕」という言葉には幸福という意味も、至福〔beatitude〕という意味もなかった。[*7]そのもともとの意味を〔193〕翻訳によって表すことはできないし、説明することも難しい。確かに、この言葉は恵まれた状態〔blessedness〕を示していたが、宗教的な含みはまったくなかった。ギリシア人にとって、ダイモーンというのは、その人に一生ついてまわり、それが彼という人間に明確な同一性〔identity〕を与えることになるが、その姿は本人には見えず、他人の目にしか現れない。[*8]エウダイモニアは、文字どおり、このダイモーンがよき状態にあることを意味していたのである。[18] したがって、エウダイモニアは、気分のように過ぎ去っていくものでも、幸運のように誰かある人間に人生のある一時だけ与えられるものでもなく、生命そのものと同じように持続する状態であって、変わることはないし、変えようとすることもできない。アリストテレスによれば、人が生きているかぎり「よく生きる〔eu dzēn〕」ことと「よく生きた」ことが同じであるように、エウダイモーンであることとエウダイモーンであったこととは同じ一つのことである。それは本人の資質を変えるような状態や活動ではない。例えば、同じ人間でも学んでいる状態と学んで知識を得た状態とはまったく異なる別の状態だが、よく生きることはそれとは違うのである。[19]

こうした意味において、変わることのない個人の人としてのあり方は行為と言論によって開示されるが、それが目に見えるような形で具体化されるのは、行為する者、言論する者の生涯の物語においてのみである。だが、彼らの物語が知られ、何か明白な実体として捉えられるようになるのは、それが終結したあとでしかない。言い換えれば、その人間の本質〔essence〕というのは、人間一般の本性でもなければ（そんなものはありはしない）、個人の資質や欠点の総和でもなく、彼が誰であるかという核心のことだが、それは彼の生涯が終わって、物語しか残さなくなった時に初めて現れるのである。それゆえ、意識的に「本質的〔essential〕」たらんとして、「不滅の名声」を得るような物語と人物像をあとに残そうとする者は、単に生命を危険にさらすだけでなく、アキレウスのようにまだ若いうちに短い生涯を終えなければならない。自分の最高の行為が終わったあとまで生き延びない者こそが、自分自身が誰であるか、その潜在的な偉大さについて誰も異論を挟めない主人になることができる。彼は〔194〕自分が始めたことの続きがもたらすかもしれない結末から身を引いて、死へと逃避するからである。アキレウスの物語が模範としての意味をもつのは、エウダイモニアを自分の手中にするには生命で購《あがな》わなければならないということを、きわめて簡潔に示しているからだ。そのためには、長々と生き続けて断片的に自分を開示することなどは諦め、一個の行為に自分の人生そのものを集約して、行為の物語の終わりを生命の終わりと一致させなければならない。なるほど、アキレウスも物語の語り手、詩人や歴史家を必要とした。彼らがいなければ、アキレウスの行為もあとには何も残らず、虚しく消えていっただろう。だが、彼は自分の行為の完全な意味を語り手に与えることのできた唯一の「主人公」であり、まさにその意味において傑出した英雄だった。そうであるからこそ、彼は自分の生涯の物語を演じただけでなく、その物語そのものを「作り出した」かのように見えるのである。

行為についてのギリシア人たちのこうした観念が、今日われわれが言う個人主義的なものであることは間違いない(20)。他の要素すべてを犠牲にしても自分を開示したいという衝動があまりに強かったために、そこでは予測不能性という今一つの難点はあまり問題にされなかった。そうした衝動こそが、古代ギリシアの行為の原型となり、いわゆる競技精神〔agonal spirit〕という形で、情熱的に他人と競い合いながら自分を際立たせるよう市民たちを駆り立てたものだった。都市国家に広まっていた政治の概念の背後には、そうした情熱的な衝動が潜んでいた。その影響力がどんなに大きかったかは、ギリシア人たちがそのあとの発展とはまったく対照的に、立法を政治活動のうちに含めなかったことに明確に示されている。ギリシア人の意見によれば、立法者は都市の城壁の建設者のようなものであって、その仕事は政治活動が始められる以前に行われ、政治活動が可能になるためには完成されていなければならない。したがって、立法者は市民である必要はなく、他の職人や建築家と同様に外国から呼んで仕事を委託すればよかったのである。それに対して、politeuesthai〔政治活動〕を行う権利、最終的にポリスの中で行われるすべての活動に携わる権利は、市民に限定されていた。彼らにとって法というのは、都市を取り巻く城壁と同様に、行為の結果ではなく、制作の産物だった。人が行為を始める前に、一定の空間が確保され、その中にすべての行為とその連鎖を囲い込むための建造物が必要だったのだ。［195］その空間こそがポリスという公的空間であり、その建造物が法である。立法者と建築家は同じカテゴリーに属している(21)。だが、この手に触れることのできる実体そのものは、政治の内容ではない（アテナイではなく、アテナイ人こそがポリスである(22)）。彼らは、われわれが知っているローマの郷土愛のような忠誠を求めなかったのである。

確かに、プラトンやアリストテレスは立法や都市の建設を政治生活のうちで最高のものとしたが、彼らはギリシア人たちの行為と政治についての基礎的経験を拡大して、そこに立法や政治体の創設を含めたわけではない。立法と政治体の創設において非凡な政治的資質を示したのは、ローマのほうである。プラトンに始まるソクラテス学派がこうした活動に注目したのは、ローマ人とは反対に、政治と行為に対抗するためだった。彼らにとって立法と投票による決定の執行が最も正当な政治活動だったのは、そこでは人々が「職人のように活動」するからである。そこで生み出されるものは明確な実体をもつ生産物であり、その形成過程にははっきりと認識できる目的がある。[23] これは、もはや行為〔praxis〕ではない。いや、そもそも行為ではなく、むしろ制作〔poiēsis〕と言ったほうがいいだろう。彼らにとって、制作ははるかに信頼できるものだった。行為の能力を放棄して、それにともなう空虚さ、無制約性、結果の不確実性を捨て去ってしまえば、人間事象の脆《もろ》さは克服できる、と彼らは言いたかったように思われる。

彼らの求めるこうした救済策がかえって人間関係の実質を破壊するものであることは、アリストテレス自身が政治的な関連ではあまり持ち出すことのない私的領域の事例をめぐる議論に最もよく示されている。[196] そこで論じられるのは、施しを授ける者と受ける者の関係である。道徳的な説教臭さを排したあけすけな物言いはローマ人にはないギリシア人の特徴だが、アリストテレスもまず率直に、施しを授ける者が受ける者に向ける愛情は、受ける者が授ける者に返す愛情より事実として大きい、と指摘する。その理由はこうである。施しを授ける者は一つの仕事、ergonをやり遂げたのに対して、受ける者はただ施しを甘受しただけだ。施しを授ける者は受けた者の生活を「作った」のであり、詩人が自分の詩を愛するように、自分の「作品〔work〕」を愛するのは自然なことだと言うのである。詩人が自分の作品を愛するその情熱は、母親が自分の子供に向ける愛情に決して劣るものではない、と彼は付け加えている。[24]〔アリストテレスは別の箇所では実践〔praxis〕と制作〔poiēsis〕の区別を強調しているのだが[25]）それにもかかわらず、ここでの説明は、彼が行為を制作として考え、その結果として成立する人間関係を完成された「作品」として考えていることを明らかに示している。なるほど、アリストテレスの解釈は施しを受ける側に見られる忘恩という現象を心理的に説明してくれるかもしれないが、行為を制作として理解することは、実際には行為そのものを台なしにして、行為がもたらす本当の結果、それが打ち立てるはずの人間関係を破壊することになる。立法者が公的領域で果たすべき役割についてのギリシア人の考え方は今日の通念とあまりにかけ離れているので、ここで立法者の事例を持ち出されても、われわれにとってはあまり説得力をもたないが、その点はともあれ、ソクラテス学派のように制作活動、つまりギリシア的な意味での立法をもって行為の内容とし、行為がさらに行為をもたらすという無際限の連鎖に終止符を打って、行為が何らかの最終生産物をもたらすようにするなら、行為の本来の意味、目に見えるような実体をもたない意味、常に脆い意味が破壊されることになるだろう。

行為のもつこの脆さに対して哲学者たちが救済策を講ずる以前に、ギリシア人は独創的な救済策を編み出していた。それがポリスの設立である。人々にとって、ともに生きる〔syzēn〕ことを価値あるものにしているのは［197］「言葉と行為の共有[26]」だというポリス設立以前からの経験と評価からポリスは生まれ、その地盤を離れることはなかった。ポリスには二つの機能があった。第一に、それは本来なら家を飛び出さなければできない異例の企てを、もちろん一定の制約の下ではあるが、恒常的に行うことができるように設立された。ポリスでは「不滅の名声」を獲得する多くの機会が与えられ、誰でも自分を他者から際立たせて、その行いと言葉によって唯一無二の特性を示そうとすることができる。アテナイにおいて、さまざまな才能が信じられないほど開花した最大ではないにしても一つの理由は、ポリスが当初から一貫して、異例なことが日常生活の中で起きることをその第一の目的としていたことにあった。この都市国家が驚くほど急速に衰退した理由も、ここにある。ポリスの第二の機能は、これまた設立前の冒険的な行為の経験と結びついているが、行為と言論にともなう空虚さを救済する手段を提供することである。名誉に値するような行為が忘れ去られることなく、本当の意味で「不死」のものになる機会は、それほど大きくはなかった。ホメロスは詩人のもつ政治的役割の輝かしい事例であり、「全ギリシア世界〔ヘラス〕の教育者」だっただけではない。トロイ戦争のような偉大な企ても、数百年後にホメロスという一人の詩人がこれを不滅のものにしておかなかったら、忘れ去られていただろう。まさにその事実こそ、もし人間の偉大さを長く記憶にとどめておくのに詩人しか頼るべき者がいなかったら、どのようなことになるかを如実に示しているのである。

ここでのわれわれの関心は、ギリシアの都市国家が興隆した歴史的な原因にはない。ギリシア人自身が都市国家とその存在意義についてどのように考えていたかは明白である。ペリクレスの戦没者追悼演説の有名な言葉を信じるなら、ポリスは、あらゆる海と陸を制圧して、おのれの舞台とした者たちの勇気ある企てが、それを語る証人なしでも忘れられることがないように設立されたのであった。そのためには、ホメロスであれ誰であれ、彼らを誉め称える言葉を駆使する術を知るどんな詩人も必要ではない。他人の助けがなくても、それらの行為を成し遂げた者たちは、そのよき行いも悪しき行いもすべてが永遠に記憶され、現在、そして将来にわたって賞賛される。(27) 言い換えれば、[198] 最も空虚な人間の活動である行為と言論、そして行為の結果として生まれる功績とその物語、人間の作った最も実体なく儚《はかな》い「生産物」は、人がポリスを形成し、そこで生を営むことで不滅のものとなる保証を与えられるように見えたのである。ポリスの組織は、物理的には都市を取り巻く城壁によって保護され、外面的には法によって、世代が交代してもその同一性が失われないように保たれるが、そこで守られるのは、ある種の組織された記憶である。それが死すべき存在としての人間に、いずれは去りゆく行為者としての存在と、その束の間の偉大さが見られ、聞かれ、総じて仲間の観衆の前に現れることで得られるリアリティを保証する。ポリスをもたない人間は短い間しか仲間の行為を見守ることはできないし、その場にいなかった者たちに伝えるには、ホメロスや「彼と同等の技巧を有する者たち」の助力を必要とするだろう。

ギリシア人自身の理解によれば、政治的領域というのは、人々がともに行為すること、「言葉と行為の共有」から直接に生じてくる。それゆえ、行為はわれわれすべてに共通の世界の公的部分と最も密接に関連しているだけでなく、そうした共通世界を構成するただ一つの活動なのである。ポリスの壁と法の定める境界は、すでに存在する公的空間を取り囲んで保護する。そのような安定した保護がなければ、公的空間は行為と言論が続いている間だけしか存続できない。これはもちろん歴史的事実としてではなく比喩的かつ理論的に言うのだが、トロイア戦争から帰還した者たちは、彼らの功業と苦難から生まれた行為の空間を永遠のものとするために、彼らが解散して、それぞれの農場に戻っても、そうした空間が滅びてしまわないようにしたのである。

　ポリスとは、正確に言えば、一定の物理的所在地に存在する都市国家ではない。それは、ともに行為し、語り合うことから生まれる人々の組織なのだ。そこに生まれる真の空間というのは、この目的のためにともに生きる人々の間にある。彼らがいる場所がどこであるかには関わりがない。「あなたがたがどこに行こうとも、あなたがたこそがポリスである」。この有名な言葉は、ギリシアの植民の標語となっただけでなく、ギリシア人の信念、行為と言論こそがいつでもどこでもその参加者たちにふさわしい場所を作り出す、という信念を表現している。言葉の最も広い意味における現れの空間、すなわち、私が他人の前に現れると同時に他人も私の前に現れるような空間においてこそ、人間は単なる〔199〕生物や無生物のようにではなく、自分の姿をはっきりと現すことができるのである。

　この空間は、いつでも存在しているわけではない。すべての人間は行為をなし、言葉を語る能力を有しているが、彼らのほとんどは、古代の奴隷や外国人、異民族、近代以前の労働者や職人、そして今日のわれわれの世界の職業人や実業家のように、そうした空間の内に生きてはいない。その上、そうした空間に四六時中存在することは誰にもできない。しかしながら、そうした空間を奪われることは、リアリティを奪われることである。人間的な意味においても、政治的な意味においても、リアリティとは現れることと同じだからである。人間にとって、世界のリアリティは、自分の前に他人がいて、すべての者が一つの世界を見ていること、世界がすべての者に現れることによって保証される。「万人に対して現れるもの、それをわれわれは存在と呼ぶ(28)」。みんなから見られるというこの現れを欠いているもの、夢のように過ぎ去っていくものは、どんなにそれが親密なもの、われわれだけのものであっても、リアリティを欠いているのである(29)。

28 権力と現れの空間

現れの空間は、複数の人間が一緒になって言論や行為を行うところなら、どこにでも出現する。したがって、この空間は政治的領域のあらゆる公式の制度、政治的領域が組織されるさまざまな政府形態が設立されるより前に、先行して形成される。この空間の特質は、われわれの手が制作した作品としての空間とは異なり、この空間を生み出す活動が現実に続いている間しか存続できないことである。何か大きな破局によって政治体が崩壊し、人々が現実に四散しなくても、人々の活動がやんだり阻止されたりすれば消滅する。人々がともに集まるとき、この空間は潜在的には存在するが、それはあくまで潜在的な可能性として存在しているのであって、必然的かつ永遠に存在するわけではない。さまざまな文明が興隆しては没落し、どんなに強大な帝国や偉大な文化も、何か大きな破局が起きなくても、いずれは衰退して消え去っていくこと――しかも、たいていは外的な崩壊の「原因」よりも前に［200］内部の目立たないところで進行する腐敗が災厄をもたらすこと——これらは公的領域の特質に起因する。公的領域は究極的には行為と言論に依拠しており、その潜在的性質が失われることはないからである。政治的共同体を掘り崩すのはまず権力の喪失であり、権力が完全に失われて無力になれば、政治的共同体は死を迎える。権力〔power〕は、暴力手段〔instruments of violence〕と違って、いざとなった場合に使えるように貯えたり保存したりしておくことができない。権力というものは、それが実際に発現している時にしか存在しないものなのである。実現されなければ、権力は消滅するだけだ。どんなに物質的に豊かでも権力の喪失を埋め合わせることができずに滅びていった歴史上の事例は枚挙に暇がない。権力が現実のものとなるのは、言葉や行いが人々の間を分かつようなものではない場合だけである。空虚な言葉や粗暴な行いは、人々を分断する。言葉が本当の意図を隠蔽するためではなく、リアリティを開示するために用いられるとき、行為が妨害や破壊のためではなく、人々の関係を打ち立て、新たなリアリティを創造するために用いられるとき、初めて権力は生まれるのである。

権力とは、公的空間、すなわち行為し、語る人々が現れることができるような潜在的な空間を存在させ、持続させることのできる力である。権力を表すギリシア語の同義語であるdynamis、ラテン語のpotentiaや、ラテン語から派生したさまざまな近代語、さらにドイツ語のMacht（これも〔作るを意味する〕machenではなく、〔可能性を意味する〕mögenやmöglichから来ている）に至るまで、すべてその「潜在的〔potential〕」な性質を示している。われわれが権力と言うのは、いつでも潜在的な能力のことであって、強制力〔force〕や力量〔strength〕のように一定不変で測定可能な確かな実体をもつ力ではない。力量は個人が孤立した状態でも発揮できる個人の生得的資質だが、権力は人々がともに行為する時に生まれ、彼らが別れた途端に消滅する。およそ潜在的な力というものは、現実のものとして発現するけれども、完全に物質化することはありえない。この奇妙な特質のために、権力は数や手段といった物質的な要因から驚くほど独立している。例えば、相対的に小さな集団でも、よく組織されていれば、広大で人口も多い帝国をほとんど無期限に支配することができる。貧しくて小さい国が豊かな大国に勝利するということも歴史上、稀なことではない（だから、旧約聖書のダビデとゴリアテの挿話は、あくまで比喩にすぎない。少数の者の権力が多数の者のそれより大きいことはありうるが、二人の人間の闘争では個人の力量で勝敗が決まる。小兵のダビデが巨漢のゴリアテに勝ったのは賢かったからだとしても、それは頭脳の力も筋肉の力と物質的には同じ効果をもたらすということにすぎない）[*9]。他方で、強大な支配者に対する民衆の反乱が〔201〕物量的には圧倒的に優勢な強制力に直面して、暴力による抵抗を断念する場合には[*10]、支配者側が抑えることのできない権力を生み出すということがありうる。これを「受動的抵抗」と呼ぶのは、明らかに反語としてだ。それは、これまで考え出された中で最も積極的かつ効果的な行為の方法の一つなのである。体制側は、これに戦闘で応じることはできない。戦闘の結果もたらされるのは、大量殺戮でしかない。戦闘は勝利か敗北で終わるが、大量殺戮のあとには、勝者もまたその褒賞を奪われて、結局は敗者となる。誰も死者を支配することはできないからである。

権力を生み出すために必要不可欠な物質的条件は、人々がともに生きることだけである。複数の人間が互いに近くに生活していて、行為の潜在的可能性が常に存在しているところでのみ、権力は彼らとともに存続することができる。都市の創設は権力の生成のための最も重要な物質的前提条件であり、それゆえにこそ古代の都市国家は西洋のあらゆる政治組織の模範とされてきたのである。行為の束の間の瞬間が過ぎ去ったあとにも人々をともに一つにまとめていくもの（今日われわれが言う「組織」）、そしてまた人々がともにいることによって生き続けるもの、それが権力である。したがって、いかなる理由からであれ、人々と一緒にならずに孤立を選ぶ者は、彼の個人的力量がどんなに大きかろうと、その理由がどんなに正当であろうと、権力を喪失して無力になる。

もし権力が複数の人間がともにいる時の潜在的力以上のものであり、まるで力量のように個人にそなわっていたり、強制力〔force〕のように意のままに適用できたり、多くの人間の意志や意図のように不確かで一時的な合意に依存したりするものでないとすれば、人間はあらゆることを可能にする全能の力を手に入れることになるだろう。権力には、行為と同様に、限界がないからである。権力は、力量と違って、人間の自然的本性、肉体的存在のうちに物理的な限界をもたない。権力の唯一の限界は他の人々の存在だが、これは権力の本質にとって付随的なことではない。複数の人間の存在が権力の発動のための初発の前提条件だからである。同じ理由から、権力は減少させずに分割することができる。複数の権力の間の抑制と均衡〔チェック・アンド・バランス〕は、少なくとも権力の間に相互関係、影響を与えつつ共同する関係が続いていて、膠着状態に陥らないかぎり、むしろより多くの権力を生み出すことが期待できる。それに対して、力量は分割することができない。確かに個人の力量も他人の存在によって抑制される。その場合、複数の人間の相互抑制によって個人の力量は一定の限界内に押しとどめられ、多数の人間の潜在的な権力によって圧伏されることになるだろう。物を生産するための力量と、行為に必要な権力を同様に扱うことができるのは、〔202〕一神教の神だけである。多神教の神々は、その力がどんなに人間と比べてまさっていても、決して全能ではない。反対に、全能であろうとする願望は――ユートピア的な傲慢を別とすれば――常に複数性の破壊を意味している。

人間生活の条件のもとでは、権力に取って代わることができるのは、力量ではなく――力量は権力に対しては無力である――強制力〔force〕である。事実、強制力というのは、たった一人の人間でも多数の仲間に行使でき、暴力手段の独占によって所有できる。だが、暴力は権力を破壊することはできるが、決して権力の代わりになることはできない。そうであるからこそ、政治的には強制力の行使と権力の喪失が同居しているのは決してめずらしいことではない。権力をもたない強制力が勢揃いして行進するさまは、しばしば壮麗で情熱的な光景ではあるけれども、その内実はまったく空虚で、あとには何の記念碑も物語も、歴史にその跡をとどめうるような記憶もまったく残さない。歴史的な経験においても、伝統的な理論においても、暴力による強制と無力の組み合わせは、そのような内実が必ずしも理解されていないとしても、暴政〔tyranny〕として知られている。暴政という統治形態が昔から恐れられていたのは、残虐だからだけではなく、支配する者も支配される者も等しく無力で空虚な状態に貶《おとし》められるからなのである。

さらに重要なのは、私の知るかぎりモンテスキューだけが見出した発見だ。モンテスキューこそは、真剣に統治形態の問題に取り組んだ最後の政治思想家である。暴政の際立った特徴は、それが人間の孤立――暴君と臣民の間だけでなく、臣民相互の間も恐怖と猜疑で分断する――に依拠していること、それゆえ暴政は他と同列の統治形態の一つなどではなく、あらゆる政治組織の前提条件である複数性という人間の本質的条件に対立するものであることを、モンテスキューは理解していた。暴政は公的領域の特定の部分だけでなく、すべての領域で権力の発展を阻止する。言い換えれば、他の政治体が必然的に権力を生み出すのと同様に、暴政は必然的に権力を喪失する。それゆえ、モンテスキューの理解によれば、暴政は政治体の理論において特殊な地位を占めている。暴政に限っては現れの空間である公的領域にとどまり続けるだけの権力を生み出すことができず、〔203〕反対に自分自身を解体させる萌芽を成立の当初から宿しているのである(30)。

不思議なことに、暴力にとっては個人の力量を破壊するよりも権力を破壊するほうが容易である。いつでも臣民の無力を特徴とする暴政は、行為し語り合う人間の能力を喪失させるが、必ずしも弱さや不毛さをもたらすわけではない。むしろ反対に、「慈悲深い」君主が臣民を孤立させて放置しておく場合には、工芸や芸術が栄えることもありうる。力量というのは個人に対して自然が与えた資質であり、他人と共有することはできないので、力量ある人間は権力を相手にするよりも暴力と協調するほうが容易である。彼は、戦うか、しからずんば死か、という英雄主義によって、あるいはストイックにこの世界から引きこもり、自足した生活を送ることで、苦難を甘受し、あらゆる苦悩を忌避しながら個人としての誠実性や力量を守り通すことができる。力量を本当に破滅させられるのは権力だけだ。だからこそ、多数の人間の結束は、個人の力量にとって脅威なのである。事実、権力が腐敗するのは、〔多数の〕弱い者が〔少数の〕強い者を滅ぼそうと結託する時であって、そうしたことが起きなければ、権力が腐敗することはない。ホッブズからニーチェに至るまで、近代の哲学者たちは権力への意志をさまざまな形で賛美したり非難したりしてきたが、それは強者の特性どころか、むしろ羨望や貪欲と並ぶ弱者の悪徳、おそらく最も危険な悪徳なのである。

暴力をもって権力に取って代わろうという常に流産に終わる試みが暴政だとすれば、その対極にあるのが衆愚政あるいは群衆〔mob〕の支配である。これは、権力をもって力量に取って代わろうとする点で、暴政よりはるかに成功の見込みがある試みと言えるだろう。事実、権力はすべての力量ある者を破滅させることができるし、社会が主要な公的領域になっているところでは、人々が――徒党を組んで圧力をかけたり、策謀をめぐらしたりするという――歪んだ形で「ともに行為」した結果、無知で無能な人物が指導者になる、という危険はご存じのとおりである。〔204〕近代の芸術家、思想家、学者や職人のうち最も創造的な人々が情熱的に暴力を待望することがしばしば見られるが、これは社会が自分たちの力量を騙《だま》し取ろうとしていることに対する自然な反応なのである(31)。

権力は公的領域と現れの空間を維持する。そのような意味で、権力は人間が作り出した工作物を生き生きと保つための血液である。工作物は、行為と言論の舞台、人間事象と人間関係の網の目が展開される場、数々の物語が生み出される場にならなければ、その存在意義を失う。人間によって語られて、人間が住まなければ、この世界は人間のための工作物ではなく、孤立した個人が好き勝手に付け加えた事物が互いに無関係なまま集積したものにすぎなくなる。他方で、住むことのできる工作物がなければ、人間事象はあたかも放浪する遊牧民のように流動的で不毛で空虚なものとなるだろう。『伝道の書』（『コヘレトの言葉』）の人を憂鬱にさせる教えは、こう語る。「空《くう》の空、いっさいは空である。……日の下に新しいものはない。……前の者は覚えられず、来たるべき後の者のことも、後に起こる者はこれを覚えることがない」。これは何も特別な宗教的経験から出てきた言葉ではない。現れるための場所、行為と言論にふさわしい場としての世界への信頼が失われるなら、こうした結論が出てくるのは不可避である。一人一人の人間は生まれたというそのこと自体によって何か新しいことを始める可能性を与えられているが、各人の行為によって世界という劇に新たな始まりがもたらされなければ、「日の下に新しいものはない」。だが、舞台に現れて輝く「新たなもの」を、たとえ一時的であれ物質化して記憶することがなければ、前のもののなしたことが「記憶に残ることはない」。人間が作り出した工作物が永続することがなければ、「来たるべき後の者のなしたことを、後に来る者が記憶にとどめることもない」だろう。そして、権力がなければ、行為と言論が公になされることによってもたらされた現れの空間は、生きた行為と生きた言葉が過ぎ去るとともに消え去ってしまうだろう。

おそらく、われわれ西洋の歴史上、権力への信頼ほど短命だったものはない。輝かしい現れの空間に登場することに対するプラトンやキリスト教徒の不信ほど長く続いたものはなかったし、[205]「権力は腐敗する」という信念ほど近代になって一般に広まったものはなかった。トゥキュディデスの伝える戦没者追悼演説におけるペリクレスの発言は、人間はいわば一つの身ぶりで偉大さを演じ、そして同時にそれを救い出して保存することができる、というギリシア人の崇高な信念を示している点で、おそらく唯一無二のものである。公的な場でなされる演技そのものが権力〔デュナミス〕を生み出すのであって、そのリアリティを維持するために「工作人」がそれを物に変換する必要はない[32]。ペリクレスの演説は、アテナイ人が心の奥底に抱いていた信念と確かに対応し、それをはっきりと表現したのである。もっとも、ペリクレスがそれを語った時には、すでに権力の潜在的な力に対する信念は終わり始めていた。いつでもそうした悲しい後知恵をもって、この演説は読まれてきたのである。しかしながら、この潜在的な力〔デュナミス〕に対する信念（したがって、政治に対する信念）がどんなに短命だったとしても——事実、それは最初の政治哲学が定式化された時には終わっていた——、そうした信念が存在していたということそれ自体が行為を「活動的生活」の最上位に昇らせ、言論を人間の生活と動物の生活を決定的に分かつものとして浮かび上がらせることになったのである。行為と言論が相まって政治に与えた尊厳は、今日なお完全には消え去っていない。

戦没者を追悼する演説の中でペリクレスが実にはっきり述べているのは、なされた行為と語られた言葉の最も深い意味は、勝利や敗北とは別のものであり、その結果がよいか悪いかに関係なく残り続けるということである。付け加えておけば、そのことはホメロスの詩からも、はっきり読み取ることができる。ギリシア人も他のすべての文明化された民族と同様に、人間の行動〔behavior〕については「道徳的な基準」に従って行動の動機や意図、並びに目的や結果をそれぞれ考慮に入れながら判断したが、彼らにとって行為はただ偉大さという基準によってのみ判断できるものだった。ふつうに受け入れられているものを打破して尋常ならざるものに到達することにこそ、行為というものの本質はある。そこでは、ふつうの日常生活で正しいとされることは通用しない、存在するものすべてが唯一無二のもの、「独特なもの〔sui generis〕」だからである。[33] したがって、〔206〕アテナイの栄光は「そのよき行いと悪しき行いの永遠の記憶〔mnēmeia aidia〕をあらゆるところに残した」ことにある、とトゥキュディデスがペリクレスに語らせたとき、トゥキュディデスあるいはペリクレス自身は、自分が日常生活の通常の行動基準と断絶していることを、よく承知していたのである。政治の技は、偉大で輝かしいもの――デモクリトスの言葉で言えば、megala kai lampra――を前面に出す術を教える。ポリスが人々にあえて異例なことをなすように鼓舞するかぎり、すべては安泰だが、ポリスが滅びれば、すべては失われる。[34] 動機や意図は、それがどんなに純粋で壮大であっても、唯一無二のものでは決してない。心理的な資質と同じく、それらは典型、人のさまざまなタイプの特徴にすぎない。偉大さ、あるいは各々の行為の固有の意味は、ただその実行過程そのもののうちにのみあって、動機にも、その達成物の中にもないのである。

生きた行為と語られる言葉こそ人間がなしうる最大のことだ、というギリシア人の主張を、アリストテレスはエネルゲイア（「現実に活動している状態〔actuality〕」）として概念化した。エネルゲイアとは、何の目的も追求せず（ateleis）、何の作品も残さず（no par' *autas erga*）、遂行することそのものに意味があるような活動である。[35] 活動をしている今こそ、その完全な意味は実現されている、という経験から、[36]「それ自体が目的」であるという逆説的な観念は生まれてきた。行為や言論の場合には、目的（telos）は追求される対象にではなく、活動そのものにある。したがって、それはエンテレケイア〔完全に実現された状態〕なのだ。作品は活動のあとに、活動が消滅したあとに初めて出てくるものではなく、活動の過程そのもののうちに埋め込まれている。この活動の遂行の状態が、エネルゲイアである。[37] アリストテレスの政治哲学は、政治にとって決定的に重要なことは何かということに、まだ気づいていた。政治にとって問題なのは ergon tou anthrōpou[38]（人間としての「人間の働き」）〔207〕であり、この「働き〔work〕」とは「よく生きること（eu zēn）」だとアリストテレスは定義した。それが生み出す「作品〔work〕」は仕事の産物のような対象化された事物ではなく、「現実態[*11]〔actuality〕」という形でしか存在しないことを、この定義によって示そうとしたのである。人間に特有のこの業績は、完全に目的と手段のカテゴリーの外にある。この「人間の作品」は、目的〔end〕ではない。というのも、それを達成するための手段である徳―― virtues や aretai と言われる――も、人が任意に発揮したりしなかったりする性質のものではなく、それ自体が「現実に活動している状態〔actualities〕」だからである。言い換えれば、目的を達成する手段がすでに目的であり、その「目的」が何かの手段にされることはない。なぜなら、この現実それ自体より高次のものなど存在しないからだ。

すでに述べたように、デモクリトスやプラトンに始まる政治哲学では、政治は「テクネー〔technē〕」に属するものだったが、そこで言う技術〔art〕には医術や航海術が含まれており、その「生産物」は舞踏家や俳優の演技と同じく遂行過程そのものだ、という指摘が繰り返されているのを読むと、そこには哲学以前のギリシア人たちの行為と言論の経験がかすかに反映しているように思われる。ギリシア人たちにとって、行為と言論は実現過程としての活動状態〔actuality〕においてしか現れないものであり、そうであるからこそ政治的領域における最高の活動だったのである。行為と言論が、その後どのような運命をたどることになったかは、近代社会の初期の段階で、その本質についての理解では奇妙なことに古代と一致する形で述べられていることから推測できる。すなわち、アダム・スミスは、職業軍人、「聖職者、法律家、医者やオペラ歌手」のように、その職務の遂行そのものに本質がある職業を「召使いの労働」と同様に最も非生産的な最低の「労働」に分類したが、行為と言論がかつての地位から決定的に転落したことが、ここに示されている[39]。医者やフルート吹き、役者といった、これらの職業こそ、古代においては人間にとって最も偉大な最高の活動だったのである。

29 「工作人」と現れの空間

古代人が政治という活動を高く評価したのは、言論と行為によって、人間が人間としての特質、唯一無二のその人のあり方を表現し、みずからを確認することができると確信していたからである。これらの活動は、[208] 物質的には何も生み出さないが、みずから記憶を作り出して持続できる耐久性をもっている、と彼らは考えた(40)。したがって、政治的領域、人間が世界の中で完全に現れるために必要な空間は、人の手になる仕事や肉体が行う労働などよりも、はるかに特別な意味で「人間の作品」だった。

人間が達成できる最も偉大なことは自分自身の姿を現して現実化することだ、というこの信念は、決して自明のものではない。それは、人間の生産物は彼以上のものでありうるという「工作人」の信念とも、生命こそすべてにまさる最高善だという「労働する動物」の信念とも対立している。「工作人」の信念も「労働する動物」の信念も、いずれも厳密に言って非政治的であり、行為と言論を怠惰なもの、空虚な忙しさや無益なおしゃべりとみなして非難する傾向にある。彼らにとって、公的な活動は、自分たちの高次の目的、「工作人」の場合には世界をより有用で、より美しくするという目的、「労働する動物」の場合には生命をより長く安楽なものにするという目的にとっての有用性で判断される。しかしながら、そのことは彼らがまったく公的領域なしでもやっていけることを意味しない。自分自身のリアリティ、自分という唯一無二の存在のリアリティ、そして自分を取り巻く世界のリアリティを疑問の余地なく確立するには、現れの空間、言論と行為を通じて一緒にいることに対する信頼がなければならない。リアリティに対する人間の感覚は、与えられた自分をそのまま現実化することを求める。それは今ある自分を変えるためではない。どのみち受動的に受け入れなければならない今の自分を明確な形で表現して、完全な存在たらしめるために、である。[41]それを実現するものこそ、行為と言論という、それ自体が「現実態」である活動であり、まさにそうした活動の過程で、自己の存在は現実となるのだ。

われわれが世界のリアリティを測る唯一の基準は、それがわれわれすべてに共通のものである、という一点のみである。共通感覚が政治的資質の中で高い位置を占めているのも、それが五感を全体としてリアリティに適合させる感覚だからである。視覚、聴覚、触覚、味覚、嗅覚といったわれわれの感覚は、それぞれ独立していて、それぞれの知覚に特有の情報しか与えない。[209] これらの感覚の知覚作用を、単なる神経への刺激や肉体の抵抗感覚としてではなく、世界のリアリティを開示するものとして判別できるのは、共通感覚のおかげである。それゆえ、共同体の中で共通感覚が顕著に後退して迷信や軽信が広まるのは、間違いなく世界からの疎外が進んでいる徴候なのだ。

この世界からの疎外、現れの空間の収縮と共通感覚の衰弱が極度に進行するのは、生産者の社会より労働社会のほうであることは言うまでもない。確かに「工作人」は孤立していて、他人から妨げられずに仕事をできるだけでなく、誰にも見られず、聞かれず、その存在を確認されることもないが、自分の作った作品とともにあるばかりか、みずから作ったものを付け加える世界とともにある。間接的な仕方ではあるが、彼は世界を作る者たち、同じく事物の制作者である者たちとともにいる。すでにわれわれは、交換市場というのは職人が仲間と出会う場所であり、彼らがそれぞれに何かを寄与する共通の公的領域である、と述べた。公的領域としての交換市場に最も適合する活動は制作だが、交換という営みそれ自体は行為の領域に属しており、決して生産の延長ではない。ましてや自動的な過程の一つの機能ではない。労働には食料その他の消費財の購入が必然的にともなうのとは違うのである。マルクスは、経済法則は自然法則のようなもので、交換という自由な行為を規制するために人間が作ったものではなく、全体としての社会の生産条件の機能であると主張したが、これがあてはまるのは労働社会だけである。そこでは、すべての活動は自然との物質代謝のレベルに平準化されてしまい、交換は行われず、ただ消費だけが進行する。

しかしながら、交換市場では、人々はまず人格をもった個人として出会うのではなく、生産物の生産者として相対する。人々がそこに展示するのは生産物であって、彼ら自身の人となりはもとより、中世の「顕示的生産」のように技術や資質でさえない。物を作る制作者を市場に駆り立てるのは人々ではなく生産物への欲望であり、人々を結びつけて交換市場を維持する力というのは、人々が行為と言論を通じてともに活動することによって生じる潜在的る力ではなく、アダム・スミスの言う「交換の力」、〔210〕彼らが孤立して生産する中で獲得する力なのである。この他者への関心の欠落と交換可能な商品への関心の集中こそ、マルクスが商業社会の非人間化と自己疎外として非難したものだった。事実、そこでは人間としての人間は排除され、古代における私的なものと公的なものの顕著な逆転が起こる。人々が自分の姿を見せるのは、家族の私生活か、友人たちとの親密圏だけになる。

人間が人格として認められないというこの傾向は生産者の社会に内在するものであり、商業社会になるとそれはさらに著しくなるが、そのことを最もよく示しているのが天才という現象だろう。ルネサンスから一九世紀の終わりに至るまで、近代は天才を最高の理想像としてきた（創造的な天才こそ人間の偉大さの真髄を現すものだ、という考えは、古代や中世には存在しなかった）。ところが、驚いたことに、二〇世紀に入ると、偉大な芸術家たちは口を揃えて「天才」と呼ばれるのを拒否し、芸術と工芸の密接な関係を強調するようになった。もちろん、彼らの抗議は、天才という観念の俗流化や商業化に対する反発にすぎないという側面もあるが、近年になって労働社会がますます興隆してきたことも、その背景にある。労働社会にとっては生産性や創造性はもはや理想ではなく、そこにはおよそ偉大さという観念が生まれるような経験はまったくない。この文脈で重要なのは、天才の作品が、職人の製品と違って、行為や言論に直接に現れるような卓越や唯一性を含んでいるように見えることである。近代という時代は、芸術家自身の署名を取り憑かれたように追い求めたり、スタイルというものに対してこれまでになく敏感であったりするが、それはまさに技巧や職人芸を超えた芸術家の特徴を、その人間の資質の総和を超えるような唯一無二の特性のように求めているのである。事実、そうした超越性をもっていることが、偉大な芸術作品を他の制作物から区別している。だからこそ、創造的な天才という現象は、「工作人」の信念、人間の生産物は作り手以上のもの、本質的により偉大なものであるという信念を、かえって裏づけてくれるように見えたのだ。

しかしながら、近代が天才に対してどんなに大きな敬意を払い、しばしば偶像にまで仕立て上げたとしても、〔211〕彼が「誰であるか」、その核心を本人がみずからの手で具体的な物に表現することはできない、という根本的な事実に変わりはない。たとえそれが「客観的」な形で――芸術作品のスタイルや自筆原稿などに――現れていたとしても、それは作った人物を特定し、その作品が当人のものであるのを確認することには役立つが、そこに芸術家の生きた人格の反映を求めても、返ってくるのは沈黙ばかりである。強いてそれを求めようとしても、われわれの手からするりと逃げてしまうだろう。言い換えれば、天才の偶像化は、商業社会で流行している他の教義と同様、人格の価値低落の傾向をそのうちに宿しているのである。

その人間が「誰」であるかは、その偉大さ、重要さにおいて、彼がなすもの、作るものを超えている、というのは人間の誇りにとって欠くことのできない要素である。「医者や菓子屋やお屋敷の召使いなら、何をしたかによって判断されるのもいいでしょう。それどころか、何をするつもりだったかによって判断されてもかまいません。けれども、お偉いかたがたは、ご自分が何であったかによって判断されるのです」(42)。俗物だけが、自分がしたことで自負心を満たそうとする。彼らは自己を卑下することで自分の能力の「奴隷や囚人」に成り下がるのである。もし彼らの心に愚かな虚栄心以上のものが残っているなら、自分自身の奴隷や囚人になることは誰かの召使いになることに劣らず、悲痛な、いや、それ以上の屈辱であることが分かるだろう。創造的な天才の場合、作品に対する人間の優位性が逆転しているように見えることは、彼にとって栄光どころか苦境を示すものでしかない。傑作を生み出したあとにも彼は生き延びて、自分が作り上げた作品と競い合わなければならない。もっとも、いずれは作品のほうが残るだろうけれども。本当に偉大な才能をもつ人物にとって救いになるのは、天分という重荷を担いえた者だけが、少なくとも創造力の源泉が生きている間は、自分の業績に対して優位に立つことができるということである。その創造力の源泉は、彼が「何者であるか」から来るのであって、実際の仕事の過程からも、達成されるものからも独立しているからである。それでも、天才のこの苦境がやはり本物であることは、「知識人」[*12]の場合を考えてみれば分かる。そこでは、人間とその産物の関係の逆転はとりわけ著しく、最悪の著作でさえ作者よりまともに見えるくらいである。彼らが自慢する見かけ倒しの知的な優位などよりも、そんな人間の作品にもまだ価値があると認めざるをえないことのほうが、人々の憎悪をかき立てるのだ。［212］本物の芸術家や作家にとっては、「自分が自分の作品の息子になったように感じ」、まるで「鏡の中のようにあれこれの制限をつけられた」自分自身の姿を作品の中に見出すのは「恐るべき屈辱」のはずだが、そうしたことに鈍感な

のが「知識人」であることの証明なのである。(43)

30 労働運動

仕事の場合には、他人から離れて孤立することが活動の前提条件であり、したがって仕事は人間としての人間が現れる自律的な公的領域を樹立することはできないが、さまざまな形で現れの空間と結びついている。少なくとも、仕事が作り出した具体的な事物の世界との結びつきは維持されている。それゆえ、仕事は非政治的な生活様式ではあっても、反政治的な生活様式ではないのは確かである。それに対して、まさしく反政治的生活様式という特徴があてはまるのが、労働である。労働において、人は世界とも他の人々とも、ともに活動せず、ただ一人、自分の肉体とともに、みずから生きていくためのむきだしの必然性と向き合いながら活動する。(44) なるほど、労働する人間もまた、他人のいるところで共同して活動するかもしれない。だが、それは本当の意味での複数性の特徴を何らもっていない。それは仕事の場合のような異なる技術や職業の者の意識的な結合〔combination〕ではなく、生命有機体として基本的に同じ種族の集合〔multiplication〕にすぎないのだ。

[213] 実際、多数の人間が「まるで一人の人間になったかのように一緒に労働する」(45) 労働集団を形成するというのは労働の本質から来るのであり、この意味において、人々が合同することは他のどんな活動よりも深く労働という活動に浸透している、と言うことができるだ

ろう(46)。だが、この「労働の集団的性質(47)」は労働集団の構成員に一人一人識別できる個人のリアリティを与えるものではまったくない。むしろ反対に、自分の個性やアイデンティティなどといった意識を完全に排除することを要求する。労働がその生命過程で明白に果たす機能を越えて生み出す「価値」はまったく「社会的」なものであり、仲間とともに飲食する時に生まれる付随的な喜びと変わらないということも、ここに理由がある。自然と人間の物質代謝という肉体的条件に基づくこれらの活動からは、確かにある種の社会関係が生まれてくるが、それは複数の人々の間の平等性ではなく、種としての同一性に基づいている。この観点から見れば、「哲学者と街の荷担ぎ人足との生まれつきの天分や資質の違いは、番犬マスチフと猟犬グレイハウンドの違いの半分にも及ばない*13」というアダム・スミスの指摘は正しい。スミスのこの指摘をマルクスは大喜びで引用しているが(48)、[214] 事実、そうした特徴は交換市場に集まった人々よりも商業社会のほうによくあてはまる。交換市場では、生産者の技巧や資質に光があてられて、卓越を示す根拠が与えられるからである。

労働と消費に依拠する社会において支配的なこの同一性は、画一性〔conformity〕という形で現象するが、これは共同労働という身体経験と密接に結びついている。共同労働においては、労働の生物学的リズムが労働者の集団を団結させ、各人はもはや個人ではなく、みんなが一体になっているかのように感じるようになる。確かにそれは、足並みを揃えた行進が一人一人の兵士の歩く負担を軽減するように、労働の苦労や困難を和らげる。したがって、「労働する動物」にとって、「労働の意味と価値はまったく社会的条件に依存する」というのは、そのとおりだ。それは「厳密な意味での職業的な態度」に関わりなく、労働と消費の過程が円滑かつ容易に機能するかどうかにかかっている[49]。問題なのはただ、それを可能にする最良の「社会的条件」は各人のアイデンティティの喪失だということである。多数の者を一つにまとめるこのやり方は、根本的に反政治的である。それは政治的共同体や商業的な共同体において支配的な共同性〔togetherness〕とは正反対である。アリストテレスの挙げた例で言えば、後者は二人の医者の間の結合〔koinōnia〕ではなく、〔215〕医者と農夫の間の結合、「およそ互いに違っていて、等しくない者たちの間[50]」〔アリストテレス〕の結びつきなのである。

公的領域に出席する場合の平等とは、当然のことながら、お互いに等しくない者たちの間の平等である。彼らは一定の側面で、特定の目的のために「平等」とされなければならない。そのような意味で、この平等化は人間の「本性」から生じるのではなく、外からの要請である。アリストテレスが挙げている例で言えば、医者と農夫という等しくない者たちの活動を平等に扱うために貨幣が必要となるように、公的領域においても等しくない者たちを等しく扱うことが要請される。したがって、政治的な意味での平等は、死の前の平等とは正反対のものである。死の前の平等は、人間の条件そのもの、すべての人間はいずれは死んでいくという条件から来る共通の運命であり、キリスト教の解釈によれば、神の前の平等、人間の本性に内在する罪の共通性から来る平等である。この点において人々はすでに同一なのだから、何か一定の観点や条件を平等化する必要はない。だが、また他方で、誰もが同じというこの同一性を実際に経験すること、つまり生と死を実際に経験することは、人が孤立した状態だけでなく、連合体〔association〕や共同体はおろか、本当の意思疎通がまったくない孤独な状態でも起こりうる。世界と公的領域の観点から見れば、生と死や、同一性を証明するすべてのものは、非世界的で反政治的な、本当の意味で超越的な経験なのである。「労働する動物」が自分を他から区別して際立たせる卓越の能力を欠いており、したがって行為と言論の能力をもたないことは、古代においても近代においても深刻な奴隷の反乱が起こらなかった、という驚くべき事実からも確認できるだろう。(51)しかしながら、それに劣らず驚くべきことは、近代になって突然に労働運動が政治の舞台に登場して、生産的な役割をしばしば果たすようになったことである。一八四八年の革命から一九五六年のハンガリー革命に至るまで、ヨーロッパの労働者階級が人民の中で唯一組織された存在として果たしてきた指導的な役割は、近年の歴史の最も輝かしく、おそらく最も希望に満ちた一章となった。だが、政治的要求と経済的要求の間、政治的組織と労働組合の間の境界がどんなに曖昧になってきているとしても、両者を〔216〕決して混同してはならない。労働組合は、労働者階級の利益を擁護するために戦っており、労働者階級を近代社会に編入して、彼らの経済的な安全、社会的威信、政治権力を著しく増大させる責任を担ってきた。労働組合が社会の変革を望み、またそうした社会を代表する政治制度の変革を望む、という意味で革命的だったことは一度もない。労働者階級の政党は、ほとんど常に彼らの利益を代表する党であり、その点で他の社会階級の政党と変わるところはなかった。ただ一つ違う点があるとすれば、革命の過程の例外的だが決定的な瞬間に、労働者階級を中心としたこれらの人々が、党の公式の綱領やイデオロギーに導かれてではなく、近代的な条件のもとでの民主的な政府の可能性について自分自身の理念を抱いていることが明らかになったことだろう。言い換えれば、革命を目指すか、利益を代表する政党や組織にとどまるかを分ける線は、急進的な社会的・経済的要求を掲げるか否かではなく、新たな政府形態を提示するか否かなのである。

全体主義体制の興隆、特にソヴィエト連邦のそれに直面した現代の歴史家があまりにも簡単に見逃してしまうのは、大衆運動とそのリーダーが、そのまったく破壊的な性格にもかかわらず、全体主義を少なくとも一時的には正真正銘の統治形態とすることに成功したのとまったく同様に、民衆による革命が一〇〇年以上にわたって、成功はしなかったけれども、もう一つの新たな統治形態をともなって出現してきた、という事実である。[*14] すなわち、そこでは民衆の評議会というシステムが大陸の政党システムに取って代わろうとしたのだ。もっとも、大陸ヨーロッパの政党システムは、英米のそれとは違って、成立する前からすでに信用を失っていたと言いたくなるような代物だが[52]。労働者階級のうちにある二つの潮流、[217] 労働組合運動と民衆の政治的志望のそれぞれの歴史的運命ほど対照的なものはなかった。労働組合、すなわち近代社会の構成要素としての階級の一つである労働者階級は勝利に次ぐ勝利を収めていったのに対して、政治的な労働運動は政党の綱領や経済改革を超えた別個の要求を提起するたびに敗北したのである。あらゆる敗北にもかかわらず、またどのような形をとるかに関わりなく、そのような政治的な熱情〔élan〕はまだ死に絶えたわけではないことをハンガリー革命の悲劇が示したとするなら、その犠牲は無駄ではなかった。

労働者階級が政治的に果たした役割は非常に生産的なものだったという歴史的事実と、労働という活動の分析から得られる現象的なデータとは甚だしく食い違っているように見えるが、労働運動の発展とその実態を詳しく検討すれば、そうした印象は解消されるだろう。奴隷労働と近代の自由な労働との明白かつ主要な相違は、自由な労働において労働者が運動の自由、経済活動の自由、人格の不可侵といった人格的自由を有していたことではなく、政治的領域への参加を認められ、市民として完全に解放されたことにある。労働の歴史上の転換点は、投票権の財産資格の撤廃だった。その時点まで、近代の自由な労働が置かれた地位は、古代において絶えず増加していった解放奴隷の地位に近かった。古代の解放奴隷は確かに自由だったが、その地位は市民ではなく外国人の居留民のそれと似ていたのである。他方で、奴隷の場合には、解放された時には労働に携わるのをやめるのがふつうだった。したがって、どんなに多数の奴隷が解放されたとしても、古代において奴隷制は労働という活動のための社会的な条件であり続けた。近代における労働の解放が目指していたのは労働という活動そのものの地位の上昇であり、労働者が個人として人格的な権利や市民権を獲得するよりかなり前から、この課題は達成されていたのである。

しかしながら、労働者が市民権や人格権を実際に獲得し、人間として解放されたことは、いくつかの重要な副産物をもたらすことになった。[218] その一つは、労働者階級というこの新たな住民の一部をなす人々が、全体として、多かれ少なかれ突然に公的領域への参加を認められたこと、公的な場に姿を現したことである[53]。だからといって、労働者たちに社会への参入が認められたわけではない。社会において最も重要である経済的な活動で、彼らが指導的役割を担うようになったわけでもない。したがって、公的な場から連れ去られて社会の領域に吸収されてしまうこともなかった。人々の前に自分の姿をあらわにすること、人間事象の領域において自分を他者と区別して際立たせ、人目を引く[*15]ことが決定的な意味をもっていることは、おそらく、労働者たちが歴史の舞台に登場した時に他とは異なる自分たちの衣装を纏う必要があったという事実のうちに、最もよく示されているだろう。フランス革命のとき、彼らは貴族の衣装である半ズボンを穿かなかった。「サン・キュロット」という名前はそこに由来する[54]。その衣装によって、彼らは自分自身を他から区別し、他のすべての者たちから自分たちを際立たせようとしたのである。

そのような意味において、労働運動が初期の段階にもっていたパトスは、まさに社会そのものに対する闘争から生まれた。このことは、資本主義の発展がまだ社会のすべてに行き渡っていないような国々、例えば東ヨーロッパだけでなく、イタリアやスペイン、そしてフランスにも、まだあてはまる。[*16] 彼らの運動は比較的短い時間のうちに、[219] しばしば非常に不利な状況の下で巨大な潜在的権力を獲得していったが、その理由は、労働運動についてのあれこれの議論などには関わりなく、彼らだけが政治の舞台で経済的利益を擁護しただけでなく、全面的な政治闘争を展開した集団だったという事実に拠るのである。言い換えれば、彼らが政治の舞台に登場したとき、社会の構成員としてではなく、人間として行為し、語る唯一の組織だったのである。

労働運動のこの政治的・革命的役割はほぼ確実に終わりに近づきつつあるが、いずれにせよ、そうした役割にとって構成員の経済活動は付随的なものにすぎず、運動の魅力が労働者階級の地位の上昇に限られていなかったことは決定的だった。仮にしばらくの間、この運動が少なくとも運動の内部で新たな政治的基準をともなう新たな公的空間を設立することに成功したように見えたとしても、そうした彼らの試みの力の源泉は、労働ではなく――労働という活動そのものでも、生命の必然性に対するいつもながらのユートピア的反抗でもなく――、不正や偽善に対する抗議から発していたのである。そうした不正や偽善も、階級社会が大衆社会に転換していくとともに、そして日給や週給が保証つきの年収に転換していくとともに消失した。

今日では、労働者たちは、もはや社会の外部の存在ではない。彼らは社会に取り込まれてその構成員となり、そこでは誰もが同じように賃金を得て働く職業人である。労働運動の政治的意義は、他の圧力団体と同じものになった。「人民〔le peuple〕」という言葉を単なる住民とも社会とも異なる本物の政治体という意味で理解するなら、一〇〇年近く前には労働運動はそうした人民を代表していたが、そのような時代は過ぎ去った(55)(ハンガリー革命においては、労働者たちは人民の他の部分と区別できなくなっていた。一八四八年から一九一八年に至るまでは、政党ではなく評議会に依拠した議会制という観念はほとんど労働者階級の独占物だったが、ハンガリー革命では、それは人民全体の一致した要求になった)。労働運動は、初発から内容や目的の点で不明瞭なところがあったが、労働者階級が社会の一部分として統合されるや、ただちに人民を代表する機能を喪失し、その政治的役割も失ったのである。そのことは、西洋世界のように労働者階級が最も発達した経済における社会的・経済的な一つの勢力〔power〕となった場合でも、〔220〕ロシアやその他の非全体主義的な条件のもとで起きたように労働者階級が住民全体を労働社会に転化することに「成功」した場合でも、同じである。交換市場さえ廃止されるような状況では、近代という時代を通じて顕著だった公的領域の死滅は完成されることになるだろう。

31　行為の伝統的な代替としての制作

近代は、その初期には実体的な生産物と明白な利益にもっぱら関心を集中し、のちになると円滑な機能と社会的な交流一般をまるで取り憑かれたように追求することになったが、およそ政治というもの、とりわけ行為や言論を無用のものとみなすようになったのは、近代が最初ではない(56)。ほとんど有史以来、行為の抱える三重の欠陥、結果が予測不能であること、過程を逆転できないこと、主体が誰か分からず、匿名のままであることに対して、憤りの声があげられていた。できることなら、行為に代わるものを見つけ出して、それによって人間事象の領域を偶然に満ちた混乱と行為主体の複数性に内在する道徳的な無責任から救い出したいというのは、思考する人間にとってだけでなく、行為する人自身にとっても絶えず生じる大きな誘惑だった。西洋の歴史を通じて提出された数々の解決策が判で押したように同じであることは、問題それ自体が基本的には単純であることを示している。すなわち、それらはみな、行為のもたらす災厄からの避難所を、他人から孤立して一人で行う活動、最初から最後まで自分のなしたことの主人になることができる制作という活動に求めたのである。制作を行為の代わりにしようとするこの試みは、「民主主義」に反対するあらゆる議論のうちに明白に現れている。これを論理的に突きつめれば、政治というものの本質に反対する議論に行き着くことになる。

行為がもたらす災厄は、すべて複数性という人間の条件から来ている。複数性は現れの空間としての公的領域の必須の条件〔sine qua non〕なので、複数性を除去しようとする試みは、常に公的領域そのものの廃止に等しい。複数性がもたらす危険に対する最も明確な解決は、〔221〕単一支配〔mon-archy〕あるいは一人支配〔one-man rule〕である。これには、多数の者に対するあからさまな暴政から始まって、慈悲深い専制支配、多数者が一つの集合体を形成して、いわば「一体となった多数者」としての人民がみずから「君主」となるような民主主義の形態に至るまで、さまざまな変種がある。(57) 哲学者が王になるというプラトンの提案は、行為のもたらす難問を「英知」が認識の問題と同じような仕方で解決しようとするものだが、これは一人支配の一種にすぎないし、哲人王が暴君にならないという保証もない。そもそも、これらの統治形態の難点は、残酷であることではない。事実、そうした統治はしばしば残酷ではなかったし、むしろ統治がよく行き届きすぎていることに問題はある。古代においても、アテナイの僭主ペイシストラトスの統治は「クロノスの黄金時代」と比較されたほどだった[58]。彼らが自分の役割をよく理解している場合には、「何事にも親切で温厚」でありうる。近代人から見れば、彼らの施策は「暴政」どころか、実に慈愛に満ちたものに見えるだろう。とりわけ古代で奴隷制を廃止しようと試みたのは——失敗はしたものの——コリントの僭主ペリアンドロスただ一人だったと知らされたなら、そうした印象は強まるに違いない[59]。しかしながら、彼らはおしなべて市民を公的領域から追放したのである。「支配者が公的な事柄に気を配る」のだから、市民は自分の私的な事業に専念すればよろしい、というのが彼らの言い分だった[60]。なるほど、〔222〕そのようにすれば、私的な産業や勤勉さを促進することになるだろう。だが、市民にとって、それは共同の事柄に参加するために必要な時間を奪われることにほかならない。短期的に見れば、僭主制には安定、安全と生産性といった利点があることは明らかだが、それは不可避的に権力の喪失への道を均《なら》すことになる。実際に破局が起こるのは、まだ遠い将来であるとしても、まさに警戒しなければならないのは、こうした危険なのである。

事実、儚《はかな》く脆《もろ》い人間事象から脱出して、静寂で堅固な秩序に逃げ込むというこの提案は、大いに魅力的だったので、プラトン以来の政治哲学のほとんどは政治から完全に脱出するための理論的基礎や実践的方法を見出そうとする試みとして解釈できるほどである。そうした政治からの脱出を特徴づけるのが、支配の概念だった。誰かが命令する権限をもち、他の者はそれに従うように強制して初めて、人間は合法的で政治的な共同生活を営むことができる、という考えはありふれたものだが、すでにプラトンやアリストテレスがすべての政治的共同体を支配者と被支配者によって構成していた（その後、広く用いられる統治形態の分類、単一者の支配あるいは君主制、少数者の支配あるいは寡頭制、多数者の支配あるいは民主制という分類も、支配・被支配の想定の上に基づいている）。こうした観念が依拠しているのは人間蔑視というよりも行為に対する疑念であり、それを生み出したのは無責任で暴君的な権力への意志よりも、むしろ行為に代わるものを真剣に求めた結果なのである。

行為から支配への逃避を理論的に最も簡明かつ基本的な形で表現しているのが、プラトンの対話篇『ポリティコス（政治家）』である。ここでプラトンは、ギリシア語で「始める」と「達成する」を意味するアルケイン〔archein〕とプラッテイン〔prattein〕を完全に切り離して、二つの別々の行為の様式としている。もともとギリシア人の理解では、両者は相互に結びついていた。プラトンが言おうとしたのは、新たなことを始める者は、その完全な主人でなければならず、その遂行のために他人の手を借りる必要はない、ということだった。行為の領域において完全な主人となるためには、他人が自分の動機と目的をもって自発的に加わるのではなく、ただ与えられた命令を実行するだけでなければならない。他方で、みずからの創意で事を始めた者は、行為そのものに関与してはならない。始めること（アルケイン）と行為すること（プラッテイン）はまったく別の活動となり、事を始めた者は

[223]（「アルケイン」の二重の意味での）支配者（archōn）となる。彼は「まったく行為する（プラッテイン）必要はなく、実行できる人間を支配する（アルケイン）のである」。こ

うした状態において政治にとって肝要なのは、「いかに時宜にかなって最も重要なことを始め、支配するかを知ること」になる。行為それ自体は完全に排除されて、単に「命令されたことを執行すること」になった[61]。プラトンは、始めることと成し遂げることという形で区分され、表現されていた行為に、なすべきことを知っているが自分では行わない者と、行為はするがなすべきことを知らない者との区別を導入した最初の人だった。それによって、知っていることと行うことはまったく別の営みになったのである。

プラトン自身が思考と活動を分割する線と、支配する者と支配される者を隔てる溝とをただちに同一視したことから見て、この区別が家政の経験に依拠していることは明白である。家の主人が何をなすべきかを知らなければ、何も知らない奴隷に実行すべき命令を与えなければ、およそ家政というものは成り立たない。事実、ここでは、なすべきことを知っている者はみずから行う必要はないし、実行する者は考えたり知っていたりする必要はない。プラトンが当時広く知られていた家政運営の格言をポリスの管理に適用したとき、それがポリスという政治の場を革命的に転換する提案であることを、彼ははっきりと自覚していた[62]（プラトンが家や家族の廃止を意図していたという、しばしば見られる理解は間違っている。彼はむしろ家族生活を拡大して、すべての市民を包括しようとしたのである。言い換えれば、これは家共同体から私的な性格を奪うということだ。私有財産を廃止して個人の夫婦関係を認めなかったのは、そのためである）[63]。ギリシア人の理解によれば、支配する者と支配される者、［224］命令する者と服従する者の関係は主人と奴隷の関係に等しいものであり、そこには行為の可能性はまったく存在しない。したがって、よく管理された家政における主人と奴隷の関係から公的領域における行動〔behavior〕の規則を引き出そうとしたとき、プラトンが人間事象のあらゆる領域から行為の働く余地をなくそうとしていたことは明らかである。

自分を除くすべての者を公的領域から排除しようとする僭主の試みよりも、プラトンの構想のほうが人間事象に恒久的秩序をもたらす大きなチャンスを有していることは明らかだ。そこでは、各市民は確かに公的な事業の一部に関与し続けているが、あたかも一人の人間のように「行為」するので、党派闘争はおろか、意見の不一致の余地もない。支配を通じて、肉体的な外面を除く「あらゆる面において、多数の者は一つになる」(64)。歴史的には、支配〔rule〕の概念はもともと家政と家の領域に由来していたのが、公的事柄の組織においても決定的な役割を果たすようになったのである。したがって、支配の概念は、今日のわれわれにとっても一貫して政治と結びつけて考えられてきた。しかしながら、プラトンにとって、それはより一般的なカテゴリーだったことを見逃すべきではない。プラトンは、そこに人間事象のあらゆる側面に秩序を与える基準、そして判断する基準を見出したのである。そのことは、都市国家は「大きな文字で書かれた人間」であるという彼の主張[*17]からも、彼の考える精神的な秩序の構成がユートピア的な都市の公的秩序に実際に従っていることからも明らかだが、それればかりではない。彼はその気宇壮大な首尾一貫性をもって、支配〔domination〕の原理を、人間が自分自身と行う内的対話に持ち込んだのである。他人を支配するための適切な最高の基準は、プラトンにおいても、そして西洋の貴族主義的伝統においても、自分自身を支配することができるかどうかだった。哲学者である王が都市に命令するように、精神が肉体に命令し、理性が情熱に命令する。この哲学者による専制〔tyranny〕が人間に関わるすべてを命令する正統性の根拠、他人に対するのと同様に自分自身に対しても支配者としてふるまう根拠は、プラトン自身においては、始まりと支配という二つの意味をもつアルケイン〔archein〕という言葉の両義性にまだしっかりと根ざしていた。『法律』の最後で明確に述べているように、始まり〔archē〕だけが支配する〔archein〕権利をもっているということが、プラトンにとっては決定的に重要だった。この支配と始まりの言語の同一性が、やがてプラトン的思想の伝統においては、すべての始まりが支配を正当化する〔225〕ものと理解されるようになり、ついには支配の観念から始まりの要素は完全に消滅してしまった。それとともに、人間の自由についての最も初歩的で、かつ本物の意味の理解も、政治哲学から姿を消したのである。

権力への意志は何かに還元できない人間の本性であって、本質的に無責任なものだ、という類いの支配の正当化にとどまらない理論の根底にはみな、知識と行為のプラトン的な分離がある。知ることは支配することや命令することと同じであり、行為することは服従し、遂行することに等しい、というこの同一視は、概念のもつ哲学的な明晰化の力そのものによって、政治的領域で行われていた経験や区別をすべて覆《くつがえ》してしまい、プラトンがその概念を引き出した経験の基盤が消滅したあとにも、伝統的な政治思想の正統な教理として残り続けたのである。プラトンは独特な形で深みと美を融合し、その重みで彼の思想は何世紀もの風雪を凌いで生き続けることができたのだが、この点は措くとしよう。彼の著作の、とりわけこの部分が長い生命を保った理由は、行為を支配に置き換えるという議論を制作という観点からの解釈で補強したことにある。プラトンは哲学上の主要概念である「イデア」を制作の領域の経験から得たが、知ることと行うことの分離は本来の行為の領域とはまったく無縁であることに真っ先に気づいていたはずである。事実、思考と行為が分離してしまえば、行為の有効性と意味は失われてしまう。それに対して、制作の場面では、むしろそれは日常的な経験だった。制作の過程は、明確に分かれる二つの部分、第一に生産される物のイメージあるいは形〔eidos〕を感知すること、第二に制作のための手段を組織して実行に移すことで成り立っているからである。

行為を制作に代えて、人間事象の領域に仕事と制作に固有の堅固さを与えたい、というプラトンの希望を最も明白な形で示しているのが、彼の哲学の中心であるイデア論だ。プラトンの関心が政治哲学になかった時には（『饗宴』その他の著作がそうである）、イデアを「最も輝いて現れる〔ekphanestaton〕」もの、つまり美の一種だとしていた。『国家』において初めて、イデアは行動のための基準、尺度、規則とされて、これらはみなギリシア語の意味する「善〔good〕」、〔226〕つまり何かに「役に立つ〔good for〕」もの、適合するもののイデアの一種ないし派生物となったのである。(65) イデア論を政治に適用するためには、この転換が必要だった。最高のイデアは美ではなく善である、とプラトンが宣言したのは、本質的に政治的な目的、人間事象の脆弱性を除去するためだった。だが、善のイデアは、哲学者の最高のイデアではない。哲学者の願望は、存在の真の本質を観照することであり、そのために人間事象の暗い洞窟を離れて輝かしいイデアの天空に向かうことだからである。『国家』においてもなお、哲学者は善の愛好者ではなく、美の愛好者として定義されている。善が最高のイデアであるのは、人間事象の支配者としての哲人王にとってである。彼は、その人生を人間たちの間で送らなければならず、イデアの天空の下に住み続けることはできない。哲学者が〔美のイデアの光が射す天空から〕人間事象の暗い洞窟の中に戻って、もう一度仲間の人間たちとともに生きる段になって初めて、さまざまに異なる多数の人間の行為や言葉を測り、包括する導きの基準や規則として〔善の〕イデアを必要とするようになる。ちょうど職人がベッド一般の「イデア」を不変のモデルにしてベッドを制作し、素人が個々のベッドをベッドとして認識することができるのと同様に、絶対的で「客観的」な確実性をもって判定することができるのである(66)。

専門的に言えば、プラトンがイデアを美から善に転換して政治の領域に適用したことの最大の利点は、理想的支配者の観念から人格的要素が除去されたことにある。[227] プラトンは、主人と奴隷、羊飼いと羊といった家族生活に喩えるのを好んだが、これを政治に適用する場合には、ちょうど主人を奴隷から、羊飼いを羊から区別するように支配者を臣民から区別するには、ある種の神格化が必要になることをよく承知していた(67)。制作の対象物と同じように公的空間を構築する場合には、そのような神に似た資質は必要ではなくなる。制作者としての支配者は、ごくふつうの職人の能力と経験をもっていれば十分なのである。芸術家や職人の場合と同様に、技術としての政治において決定的に重要なのは、制作者の人格的要素ではなく、非人格的な対象だからだ。『国家』において、哲人王はその理想国家のイデアを、あたかも職人が自分の物差しや尺度をあてるように適用する。彼は彫刻家が彫像を作るように、自分の都市を「作る」のである(68)。プラトンの最後の著作『法律』では、このイデアが法律となり、あとはそれを執行すればいいのだ(69)。

こうした思考の枠組みから、人間事象を統御する技術を修得した誰かがモデルに従って政治システムを構築する、というユートピア的な構想が出てくるのは、ほとんど当然の成り行きだろう。プラトンは政治体を設計する青写真を描いた最初の人だったが、その後のあらゆるユートピアに彼の構想は霊感を与えている。それらのユートピアのどれも、歴史の上で目立った役割を果たしたわけではない。ごく例外的にユートピア的な計画が実行に移されたが、現実の重み、それも外的な環境よりも現実の人間関係が統御不可能であるために、すぐ崩壊した。しかしながら、それらのユートピアは政治思想の伝統を守り、発展させる最も有効な媒体としての役割を果たしたので、[228] 意識的にか無意識にか、行為の概念は制作という観点から解釈されることになったのである。

今一つ、この伝統の発展で注目すべきなのは、制作には必ずともなう暴力が、制作の観点から行為を解釈する政治構想や政治思想においても重要な役割を果たしてきたことである。とはいえ、近代に至るまでは、暴力の要素はあくまでも手段にとどまっていた。手段は、それを正当化し、制限するための目的を必要とする。暴力そのものの賛美は、近代以前の政治思想の伝統には無縁だった。一般的に言って、観照と理性を人間の最高の能力とするかぎり、暴力の賛美は不可能だった。そうした想定の下では、「活動的生活」のあらゆる部門、労働はもとより、制作も行為も、それ自体としては第二義的であり、最高の能力実現のための手段だったからである。その結果、政治理論という狭い範囲では、支配の観念とその正統性や正しい権威の問題が、行為そのものの理解や解釈よりも決定的に重要になった。人間が理解できるのは自分が作った物だけであって、人間の高次の能力などというのも制作に基づいている、だから人間は何よりも「工作人」であって「理性的動物」ではない、という確信が生まれるのは近代になってからである。それによって、およそ人間事象は制作の領分だという政治思想の伝統の解釈のうちに含まれていた暴力の要素が前面に出ることになったのである。それがとりわけ顕著に現れたのは、近代の特徴をなす一連の革命だった。アメリカ革命を例外として、これらの革命が示したのは、新たな政治体設立を求める古いローマの熱狂と、そうした政治体を「制作する」唯一の手段としての暴力の賛美との結合だった。「暴力は、あらゆる古い社会の中に孕まれた新たな社会を生み出させるための助産婦」(70)である。つまり、歴史と政治におけるあらゆる変革の助産婦である、とマルクスは述べたが、この言明は、神が自然を「造る」のと同じように、歴史は人間によって「作られる」という近代全体に共通する信念を要約したものにすぎない。

[229] 行為の制作の様式への転換がどんなに執拗に行われ、かつ成功してきたかは、政治

理論や政治思想で用いられている用語を見れば、容易に確認できる。事実、この分野では、目的と手段のカテゴリー、道具的な思考なしでは、ほとんどやっていけなくなっている。さらに説得力があるのは、近代言語において一般に広まっている格言が、口を揃えて「ある目的を欲するなら、その手段も欲することになる」、「オムレツを作るには卵を割らなければならない」と勧告していることだろう。決められた目的を追求するために有効だから、許容できるから、正当化できるから、という理由でどんな手段でも認めさせるような思考方法がどんなに残虐な結果をもたらすのか、おそらくわれわれはそのことを思い知らされた最初の世代である。しかしながら、すでに踏み固められてしまったこの思考径路から抜け出すには、必ずしもすべての手段が許されるわけではないとか、一定の状況の下でなら手段は目的より重要かもしれない、といった限定をつけるだけでは不十分だ。そのような限定は、これらの言明自身がすでに証明しているように、決して自明のものとは言えない道徳システムを前提としているか、あるいはみずから用いている言葉とアナロジーそのものによって覆《くつがえ》されている。目的はすべての手段を必ずしも正当化しないと語ることが、すでに矛盾である。目的を定義することは手段を正当化することだからである。矛盾というものは、そこに難問があることを示すものだが、それを語っても解決することにはならないし、説得力ももたない。政治的領域で扱うのは目的と手段であるとわれわれが考えているかぎり、認められた目的のためにどんな手段でも用いようとする者を止めることができない。

制作が行為の代用物になったことで、政治は「高次の」目的を達成する手段に成り下がった。「高次」と言われるその目的は、古代では悪人の支配から善人一般を保護すること、とりわけ哲学者の安全を保証することだった[71]。中世ではそれは魂の救済となり、近代では社会の生産力と進歩になったが、制作で行為を代替するという発想は、政治哲学の伝統とともに古いのである。なるほど、人間を何よりも「工作人」、道具制作者であり、事物の生産者であると定義して、〔230〕制作の領域全体に対して伝統が抱いてきた根強い軽蔑と疑念を克服することができたのは、近代が初めてだった。だが、これまでの政治哲学の伝統それ自体も、公然にではないにしても、行為に敵対してきたのであって、その影響は決して小さくはなかった。すなわち、制作に対する軽蔑と疑念にもかかわらず、政治哲学の伝統は行為を制作の観点から解釈せざるをえなくなり、その結果、近代が絶えず立ち返る思考の一定の傾向やパターンが政治哲学に持ち込まれることになったのだ。こうした観点から見れば、近代は伝統を転倒したというよりは、人間事象の領域を構成する「何の役にも立たない」意見や行為などより職人の仕事こそがはるかに高次の地位に昇るべきだ、と公然と宣言するのを妨げていた「偏見」から伝統を解放したのである。職人は完全な市民権にふさわしくない、というのがプラトンの意見であり、アリストテレスもある程度まで、この意見に同意していたにもかかわらず、そのプラトンとアリストテレスがまず最初に政治的な事柄を制作のやり方で扱い、政治体を支配することを提案したのだった。この一見すると矛盾する事実は、人間の行為に内在する正真正銘の困難がどんなに深刻なものであるのか、そして人間関係の網の目にもっと信頼できる堅固なカテゴリー、つまり人間が自然に対して行使し、工作物の世界を建設する活動に内在する制作というカテゴリーを導入して、そうした困難のリスクと危険を除去しようという誘惑がどんなに根強いものであるのかを示している。

32　行為の過程としての性格

行為を何かのための道具とし、政治を何かの目的のための手段に格下げしたとしても、行為そのものを除去することはもちろんできないし、それによって行為が人間にとって決定的な経験でなくなったり、人間事象の領域が完全に破壊されたりするわけではない。すでにわれわれは、労働を人間の生を拘束する苦痛に満ちた労苦だからという理由で世界から表面上排除しようとした結果、かえって仕事が労働の様式で営まれるようになり、仕事の生産物である使用対象物が単なる消費財のように消費されるようになったのを見てきた。同様に、不確実性をともなうという理由で行為を排除して、人間事象をその脆弱性から救い出すために、制作によって計画的に生み出された事物、あるいは計画的に生み出すことのできる事物として扱うことは、行為という人間の能力、新たな過程を始める能力を人間事象にではなく、自然の対象に向けることになるだろう。[231] 近代に入っても、最近の段階に至るまでは、自然はまだ法則を探求したり、制作のための原料を取り出したりするための対象にとどまっていたが、今や人間は人間なくしては決して起きなかった新たな過程を自然にもたらしている。今日われわれは文字どおりの意味で自然の中で行為を始めているが、それがどこまで進んでいるのかは最近ある科学者が大真面目に述べた言葉が最もよく示している。「自分がしているのが何か分からないことをしている。基礎研究というのはそういうものだ[72]」。

この過程は、当初は実験というまったく無害な形で始まった。人間はもはや自然が自分から進んで姿を現してくれるのを観察し、記録し、観照することでは満足せず、自分から条件を設定して自然過程を誘発し始めたのである。そこからさらに、人間が介入しなければ眠ったまま決して起きなかったような元素過程を解放する技術が発展して、ついには正真正銘、自然を「作る」技術にまで行き着くことになった。そこでは、人間なしには決して存在しなかった「自然の」過程が作り出されている。なるほど、地球を取り巻く宇宙の中では、似たような過程、同一の過程はありふれた現象かもしれないが、地球の自然では起こらないような過程が実現されているのである。実験の導入によって、われわれは自分の考えた条件を自然過程に課し、自分の作った型に適合するように自然を強制することで、「太陽の中で進行する過程を繰り返す」方法、われわれの手の届かない宇宙でしか生まれないエネルギーを地球上の自然過程から取り出す方法を修得したのだ。

自然科学がもっぱら過程についての科学になり、その最終段階では、もはや逆転も修復もできなくなる可能性を秘めた「回帰不能な過程〔processes of no return〕」の科学になったというこの事実が明確に示しているのは、〔その過程を〕開始するのに頭脳力が必要だとしても、その根底にあって、この過程をもたらしているのは、観照や理性といった「理論的」な能力ではなく、行為する人間の能力、予想もしない新たな過程を始める能力だということである。行為がもたらす新たな過程の結果が不確実であり予測不能であるということは、〔232〕人間の領域であれ、自然の領域であれ、変わりはない。

行為のこの局面では、過程はその結果を予測できないまま開始される。したがって、そこでは行為の脆弱性より不確実性のほうが人間事象の決定的な特徴となる。行為のこうした特徴は、近代、すなわち人間の能力が途方もなく拡大して、それまでなかった歴史の観念と意識をもつようになった時代にとって、きわめて重要な意味をもつことになった。行為の不確実性は、古代においては一般にあまり注目されなかったし、少なくとも古代哲学ではふさわしい議論の場を与えられていない。今日われわれの言う歴史の観念そのものが、古代哲学とはまったく相容れないものだったのである。近代のまったく新しい科学の中心概念は、歴史学に劣らず自然科学においても過程という概念であり、その背後にあるものこそ行為という活動の経験だった。われわれが行為の能力をもち、みずからの過程を始める能力をもっているからこそ、われわれは自然と歴史を過程のシステムとして理解することができる。近代思想のこの特質が科学の歴史の中で前面に出てきたのは、ヴィーコが歴史学を意識的に「新しい学[*18]」として提示した時だった。それに対して、自然科学がその輝かしい業績の成果を示すためには、時代遅れの概念枠組みではなく、歴史科学と驚くほど似かよった用語を用いるようになるまでには、数世紀の時間が必要だった。

それはともあれ、不確実性よりも脆《もろ》さが人間事象の中心的特徴になったのは、一定の歴史的状況があったからである。ギリシア人は自分たちを永遠に存在し、回帰する自然の事物と比べて評価したので、人間を取り囲む不死のもの、死すべき者が本来もたない不死性に与《あずか》れるような存在になることが主要な関心事となった。不死への関心をもたない近代人のような人々にとっては、人間事象の領域は、まったく違った様相、それとは正反対の様相さえ見せる。彼らにとって、人間事象は、堅固な事物の世界がもつ耐久性をはるかにしのぐ異様な回復力をもって、時の流れに抗して継続するように見えるのだ。だが、他方で人間はみずからの手で作り出したものは何でも破壊することができるし、人間が作り出したのではないもの——地球とその自然——を破壊する潜在力をもつようになったが、〔233〕みずからの行為で開始したどの過程も、それを元に戻すことはおろか、確実に統制することとさえできなかったし、これからもできないだろう。どんな行いの原因や責任についても、忘却や混乱によって隠蔽することはできるが、なされた行為をなかったことにしたり、行為がもたらす結果を阻止したりすることはできない。なされた行為を元に戻すことはできない、というわれわれのこの無能力は、行為がもたらす結果を予測することはおろか、行為の動機を確実に知ることさえできない、という無能力と対をなしているのである(73)。

生産過程における個人の力量〔strength〕[*19]は最終生産物に完全に吸収され、消耗し尽くされるのに対して、行為の過程で生まれた力は決して単一の行為によって汲み尽くされることはない。むしろ反対に、それは行為の結果が拡大するとともに増大していく。人間事象の領域で耐久性をもつのは、行為の過程そのものである。その持続力は無限であり、材料の腐敗消耗や、個体としての人間の可死性からは独立した、いわば人類そのものと同じくらいの継続性をもっている。どんな行為であれ、その結果について確実に予見することができないのは、行為が目的〔終点〕をもたないという単純な理由に基づいている。ある行為の過程は、文字どおり人類そのものが終わりを迎えないかぎり続くのである。

行為は巨大な耐久能力をもっており、その点で他のあらゆる人間の生産物を凌駕している。もし人間がその重荷に耐えることができるなら、行為の過程がその強さを引き出す不可逆性と予測不能性の重荷を担うことができるなら、それは人間にとっての誇りとなるだろう。だが、そのようなことは不可能であることを、人間は常に知っている。自分が行っていることをまったく知らないということ、自分が意図しなかったし、予想もしなかった結果について、いつでも「有罪」とされること、行為の結果がどんなに予想外で破滅的であろうとも、その行為を元に戻すことはできないこと、自分が始めた過程はただ一つの行為や出来事できっぱりと完結させることはできないこと、行為の本当の意味するところは当人には明らかにされず、みずから行為をしない歴史家があとから眺めて初めて開示されること、これらのことを人間は思い知らされてきた。これらの理由からしてすでに、人間事象の事柄に絶望をもって背を向け、人間の自由の能力を軽蔑するには十分だろう。人間の自由は人間関係の網の目を生み出して、その制作者を絡め取ってしまい、〔234〕行為者は自分がなしたことの作者であり実行者であるどころか、その犠牲者であり受難者〔sufferer〕であるように見える。言い換えれば、生命の必然性に拘束された労働よりも、与えられた材料に依存する制作よりも、まさにその本質が自由にあるような能力や、その存在を人間以外の何ものにも依拠していない行為という領域において、人間はより不自由であるように見えるのである。

自由を非難して行為を放棄するこうした考えは、西洋政治思想の偉大な伝統に一貫している。自由は人間を必然のもとに誘い込むものであり、人が何か新しいことを自発的に始めても、行為の結果はあらかじめ定められた網の目の中にあって、そこに絡め取られた主体は、まさに自由を用いようとする瞬間に自由を奪われてしまう。だから、この種の自由から逃れる唯一の方法は、行為しないことである。人間的な事象のすべての領域を放棄することによって初めて、人格としてもっているはずの主権と完全性を維持することができる。こうした勧告に従えば破滅的な結果をもたらすということは措くとしても（これを首尾一貫した人間行動の体系として実行しているのはストア派くらいである）、こうした考えの根本的な誤謬は、政治思想においても哲学思想においても自明とされている主権と自由の同一視にあると思われる。もし主権と自由が同一であるというのが正しいとすれば、誰も自由ではありえない。主権というのは、いっさいの妥協を許さない自足した状態と完全な自己統御を理想とするものであって、まさに複数性という自由の条件と対立するからである。したがって、地上に住んでいるのが単一の人間ではなく複数の人間であり、そしてプラトン以来の伝統が言うように、人間の力量には限界があって、他人の助力を必要とするのであるから、誰も主権者ではありえない。伝統は、この非主権性という条件を克服して、損なわれることのない完全な人格の独立を獲得せよ、と勧めてきたが、結局のところ、それは複数性に内在する「弱点」を補償しようとすることにほかならない。だが、もしこれらの勧告に従って、複数性のもたらす結果を克服する試みが成功したとすれば、その結果は自分自身に対する主権的支配どころか、他のすべての者に対する恣意的な支配をもたらすだろう。さもなければ、残された方法は、ストア派のように現実の世界を他人のまったく存在しない想像上の世界に取り替えることだろう。

言い換えれば、ここで問題になっているのは、自足性という意味での強さや弱さではない。例えば、多神教の世界では、ある神が〔235〕どんなに強力だとしても、主権者にはなりえない。ただ一人の神という前提において（「一者は一にしてただ一人であり、永遠にそうだろう」[*20]）初めて、主権と自由は同一でありうる。そうした条件が存在しないところでは、主権が可能になるのはリアリティを犠牲にした空想の中だけである。エピクロス主義者は古代ギリシアの僭主ファラリスが拷問のために用いた真鍮の牡牛の中で生きながら焼かれても自分は幸福だという幻想に浸っていたと言われるが、それと同じように、ストア主義者は奴隷にされても自由の幻想に浸っていた。いずれの幻想も想像力の心理学的な力を証明することにはなるが、その力が発揮されるのは世界と生活のリアリティが完全に除去されるかぎりでのことである。すなわち、世界と生活のリアリティにおいて、人は幸福であるか否か、自由か奴隷かのいずれかであり、またそのようなものとして自己を現すが、自分が自己欺瞞に浸っているという光景を冷静に外から眺めることができなくなるほどリアリティが排除されて初めて、そうした幻想は力を発揮できるのである。

西洋政治思想の伝統に従って自由を主権と同一視する立場から、主権がなくても自由は存在しうるとか、人間は何かを始めることはできるが、結果を統御することはおろか、予見することもできない、という事態を見れば、およそ人間の存在そのものが不条理なのだと結論したくなるだろう。(74) だが、人間のリアリティとその現象的な証拠に照らして見れば、行為者が自分の行為の主人になれないからといって、人間の自由を否定することも、人間に自由があることは否定できないという事実を根拠に主権が存在しうると主張することも誤りである。(75) 問われるべきなのは、自由の存在と主権の不在は相容れない、というわれわれの通念は[236]リアリティによって退けられているのではないかということ、言い換えれば、主権がなければ何もできないという状況を乗り越える潜在的な力を、行為という能力はそれ自身のうちに宿しているのではないかということなのだ。

33　不可逆性と許しの力

これまで見てきたように、「労働する動物」が生命過程の永遠回帰の牢獄から救済されて、労働と消費の必然性から解放されるには、別の人間能力、「工作人」の制作し、生産する能力の助けが必要だった。「工作人」は、道具の制作によって労働の苦痛と労苦を和らげてくれるだけでなく、耐久性をもつ世界を建設してくれるからである。労働によって維持されている生を救済できるのは、制作によって維持される世界である。「工作人」もまた、制作にともなう無意味性、「あらゆる価値からの価値の剝奪」という困難に直面している。目的と手段のカテゴリーによって規定された世界には有効な基準を見出すことができないという困難から救済されるには、行為と言論という相互に関連する活動の助けを必要とする。制作が使用対象物を生産するように、言論と行為はおのずから意味ある物語を生み出すからである。ここでの考察の範囲から外れていなければ、思考もこの点では困難をともなっているということを指摘しておいてもよいだろう。思考もまた、思考「それ自体を思考する」ことはできない。これは、思考というものがまさに活動の一つであることから来る苦境による。これらそれぞれの活動において、人間、「労働する動物」としての人間、「工作人」としての人間、思考する人間をその苦境から救い出すものは、それぞれまったく違っている。それは外側から来る。もちろん、外部といっても、人間の外ではなく、それぞれの活動の外部からの救済である。だから、「労働する動物」から見れば、自分が同時にものを知り、世界に住む存在であることは奇蹟のように見えるし、「工作人」から見れば、意味というものがこの世界の中に存在することはまるで神の啓示のように見える。*21

ところが、行為の場合には、他の活動の救済とは事情がまったく異なる。行為がもたらした過程の不可逆性と予測不能性という困難からの救済は、何か他の活動、あるいはもっと高次の能力からではなく、行為そのものによってなされる。それは行為のもつ潜在的な可能性の一つなのである。[237] 行為の不可逆性に対する救済、人は自分が何をしているのかを知らないし、知ることもできないにもかかわらず、自分がしたことを元に戻すことはできない、という行為の困難を償《つぐな》うような救済策がもしあるとすれば、それは許すという能力である。それに対して、予測不能性、未来は混沌としていて不確実であるという困難を軽減してくれる救済策は、人間が約束をして、その約束を守ることができる、という能力のうちにある。許しと約束という人間のもつこの二つの能力は、互いに一体となって協力し合う。許しは、過去になされた行為を元に戻すことができる。過去になされた行為の「罪」はダモクレスの剣のようにのちのちの世代にまでのしかかるが、許しは人々をそうした過去から解放してくれるのだ。他方で、人間は自分自身を約束に拘束することで、その本質からして不確実な未来という大海原の中にポツンと浮かぶ島を打ち立てることができる。そのような足場によって安全を保証しなければ、あらゆる種類の耐久性はもちろん、人々の間に何らかの継続性をもつ関係を維持することすらできないだろう。

許されることで、自分がしたことの結果から解放されなければ、世界の中でわれわれが行為する能力は、いわばたった一つの行いのうちに閉じ込められてしまう。われわれは二度と元に戻すことのできない行為の結果にとらわれて、呪いを解く方法を知らない魔法使いの弟子のように、未来永劫その犠牲者のままであり続けなければならない。他方で、約束によってその実行を義務づけられていなければ、われわれは自分のアイデンティティを維持できないだろう。なぜなら、人間一人一人の孤独な心の中は暗闇であり、そこではすべてが曖昧で矛盾に満ちていて、何か指針がなければ、あてもなくさまようばかりだからである。そうした暗闇を追い払うことができるのは公的領域から射してくる光だけであり、他人の存在を通じて初めて、われわれは約束した自分とそれを実行する自分が同一であることを確信できるのである。それゆえ、許しと約束という二つの能力は、いずれも人間の複数性、他人の存在と他人の行為に依存している。何人《なんぴと》も自分自身を許すことはできないし、自分だけと交わした約束に拘束されていると感じる者はいない。たった一人の独居や孤立の状態で行う許しや約束は、リアリティをもたず、自分自身の前で演じる一人芝居にすぎない[*22]。

許しと約束という能力は複数性という人間の条件と密接に結びついているので、それが政治において発揮される場合には、プラトンのような支配の観念の「道徳的」な基準とは正反対の指導原理に従うことになる。プラトンの場合、その指導原理は支配者その人の自分自身との関係であって、自分自身をよく統御できることが支配の正統性の根拠であり、それが他人に対する権力の行使を正当化すると同時に制限する。他人との関係が正当か正当でないかは〔238〕支配者の自分自身に対する態度に従って判定され、最終的には公的領域全体が一人の「大きな文字で書かれた人間」とみなされて、一個人の内部の精神・魂と肉体の関係を基準に、その正しい秩序が判定される。それに対して、許しと約束の能力から推測できる道徳律〔moral code〕は、自分自身との関係における経験ではなく、他人の存在に基づいてなされた経験に依拠している。自分を支配できる者こそが他人を支配できるというように、自己支配の程度と様式が他者に対する支配を正当化するのと同様、許しと約束の場合にも、他人によって許され、約束される程度と様式が、その当人が自分を許すことのできる程度と様式、自分にのみ関わる事柄について約束できる程度と様式を決定するのである。

行為の過程が本来もっている巨大な力と弾力性に対する救済策としての許しや約束は、人間の複数性という条件のもとで初めて効力を発揮するので、人間事象の領域以外のところで行為の能力を用いるのは非常に危険である。現代の自然科学とテクノロジーは、単に自然の過程を観察したり、材料を取り出したり、模倣したりするだけでなく、自然の過程の中に入り込んで行為を始めているように見える。すなわち、今日の人間は自然の領域にも行為の予測不能性と不可逆性を持ち込んでいるが、そこには一度なされてしまったことに対する救済策はないのである。[*23] 同様に、制作の仕方で、目的と手段の枠組みに基づいて行為することがもたらす大きな危険の一つは、それによって行為に特有の救済をみずから奪ってしまうことである。この場合、人はあらゆる制作に必要な暴力という手段をもって行うだけでなく、制作の場合のように失敗した制作物を破壊するという形で元に戻そうとする。こうした試みほど人間の力の偉大さを示すものはないように思われる。その力の源泉は行為という人間の能力にあり、行為に内在する救済がなければ、不可避的に人間自身だけでなく、人間に生が与えられた条件そのものを圧伏して、やがては破壊することになるだろう。

人間事象の領域で許しというものが果たす役割を最初に発見したのは、ナザレのイエスだった。その発見が宗教的な文脈でなされ、宗教的な言葉で表現されているからといって、まったく世俗的な領域では大して意味をもたないと考える理由にはならない。もともと西洋政治思想の伝統には、概念形成の対象となる経験を選り好みする傾向があって（その理由はここでは問わないが）、正真正銘の政治的な経験と言えるような多様な経験を［239］排除してきた。その中に政治のイロハに属する初歩的なものが含まれていても、驚くにはあたらない。もっぱら宗教的なものとされてきたために無視されているが、ナザレのイエスの教えのいくつかは、まさしくそうした政治的経験のうちに入る。彼の教えは、まず第一にはキリスト教の宗教的メッセージというより、イスラエルの当局に挑戦したイエスと従者たちの小さな共同体の緊密な結びつきの中で生まれた経験に由来している。行為が不可避的にもたらさざるをえない損害を是正するには許しが必要だという認識を、萌芽的にではあれ示していたのは、「敗者には赦免を〔parcere subiectis〕」という古代ローマの原理だけである。これはギリシア人には、まったく未知の知恵だった。西洋の国家元首のほとんどが死刑を減刑する特権をもっているが、おそらくこれもローマから継承したものである。

この文脈で決定的に重要なのは、イエスが「律法学者やパリサイ人」に反対して述べたのは、まず第一に、許すことができるのは神だけだというのは正しくないということであり[76]、第二に、許すというこの力は神に由来するのではなく――神が人間を介して許すのではなく――、反対に、神に許されたいと望むなら、人はまず互いに許し合わなければならないということである。イエスの定式はさらに徹底していて、福音書には、神が許し給うのだから、人も「同じように」して許すべきだ、とは書かれていない。反対に「もしあなたが心から許すなら」、神も「同じように」許し給うだろう、と言うのである[77]。なぜ人が許さなければならないか、その理由は明白で、「彼らは自分のなすことを知らないのであるから」だ。ただし、これは極悪な犯罪、意図的な悪には適用されない。そうでなければ、イエスがこう述べる必要はなかっただろう。「もし人が一日に七度あなたに罪を犯し、〔240〕一日に七度あなたのところに戻ってきて、「悔い改めます」と述べたなら、許してやるがよい(78)」。犯罪や意図的な悪は稀である。もしかすると、善行より稀かもしれない。イエスによれば、そうした悪は最後の審判で神が裁くだろう。だが、最後の審判は、この地上の世界の生活にとって何の役割も果たさない。神の裁きは、許しではなく、応報〔apodounai〕である(79)。それに対して、他人を侵害するという意味での過ち〔trespassing〕は日常的に起こることであって、人間関係の網の目の中で絶えず新しい関係を形成していくという行為そのものの特質にその原因はある。そこで人が生活を続けていくためには、そうとは知らずに行ったことから解放するための許しと忘却*24〔dismissing〕が必要なのだ(80)。自分がなした行為の結果からお互いに解放し合うことで初めて、人は自由な行為の主体であり続けることができるし、心機一転して再出発しようとすることで初めて、人間は何か新たなことを始める大きな力を授けられるのである。

こうした観点から見れば、許しは復讐とは正反対のものである。復讐は、ある行為によってなされた過ちに対する反作用〔re-acting〕だが、それでは最初の過ちがもたらす結果に終止符を打つことはできず、すべての者が過程に拘束されて、反作用の連鎖の進行を許してしまうことになる。[241] 復讐は過ちに対して自然に出てくる自動的な反応であり、しかも行為の過程は不可逆なので、あらかじめ予想がつき、計算することもできるのに対して、許しは決して予見することができない。それは、行為に対する反作用としてなされるものでありながら、予想もできない方法でなされるという意味で、まさに行為というものの本来の性質を保っている。言い換えれば、許しというのは、単なる反作用〔re-act〕ではなく、予想もできなかった新たな形で、しかもそれを誘発した行為に制約されずになされる唯一の応答〔reaction〕なのである。だからこそ、許す側も許される側も、ともに過ちの結果から解放される。イエスの許しの教えには、加害者も被害者も容赦なく巻き込んでいく復讐の連鎖、それ自体では決して終わることのない、この自動的な過程からの解放という意味での自由が含まれていたのだ。

復讐のように許しの対極に位置するのではなく、許しの代替物となりうるのが、処罰である。許しと処罰は、際限なく続きかねない過程に介入して終止符を打つ、という点で共通している。人間事象の領域を構成する非常に重要な要素の一つは、人が処罰することができないものは許すこともできないし、許すことのできないものは処罰することもできない、ということである。カント以来「根源悪[*25]〔radical evil〕」と呼ばれている犯罪の本当の特徴は、ここにある。そうした犯罪が公的な舞台に噴出するという、めったにない事態に直面したにもかかわらず、その本質をわれわれはほとんど理解していない。われわれに分かっているのはただ、そのような犯罪は処罰することも許すこともできないということ、したがってそれは人間事象の領域を越えた、人間の力の及ばないところにあるということだけである。そうした犯罪が出現した時には、人間事象の領域も、人間の力そのものも破壊される。行為そのものが人間からあらゆる力を奪ってしまうような場面では、われわれはナザレのイエスと同様に、こう言うしかないのだ。「石臼を首にかけて海に投げ込んだほうが、彼のためだろう」[*26]と。

制作と破壊が密接な関係にあるように、許しと行為は結びついている、という議論が妥当に思われるのは、なされた行為を元に戻そうとする試み[*27]が、行為そのものと同じく、その当人を明らかにするという性格をもっているところから来る。許しとそれが確立する関係は常にきわめて人格的なものであり（ただし、必ずしも個人的あるいは私的なものであるわけではない）、なされたこと〔*what*〕を人が許すのは、それをなした人のため、そしてその人がどのような人物〔who〕であるかによるのである。それはイエスも明白に認めていたことだった。「この女は多く愛したから、その多くの罪は許されているのである。〔242〕少しだけしか許されなかった者は、少しだけしか愛さない[*28]」。愛だけが許す力をもっていると広く信じられているのは、そのためである。人間生活の中で愛は稀にしか起こらないものだが[81]、自分自身を開示する比類のない力と、相手が誰であるか〔who〕を見抜く透徹した力をもっている。それは、愛が相手が「何であるか〔what〕」、つまりその人の業績や失敗、過ちはもちろん、特質や欠点にはまったく関心をもたずに、ほとんど無世界的な境地にまで行き着くからである。愛は、その情熱〔passion〕ゆえに、われわれと他人の間に介在して、人と人とを関係づけると同時に隔てているいっさいのものを破壊する。愛がその魔力を保っている間、二人の間に介在できる唯一の存在は、愛の産物としての子供である。子供というこの介在者によって、愛する二人は今や結びつけられる。彼らが共有する子供は、二人の間に入って二人を隔てる世界を代表する。それは現存する世界の中に彼らが新たな世界を挿入しようとしていることを示している(82)。愛によってこの世界から追放された二人は、あたかも子供を通じて再び世界に帰ってきたかのようである。だが、この新たな世界への帰還は、二人の愛のありうる結果であり、唯一可能なハッピーエンドではあるけれども、ある意味では、愛の終わりでもある。そこでは、愛は再び両者を圧倒するか、あるいは別の形の共同関係に転化しなければならない。愛は、その本質からして無世界的である。愛が非政治的であるだけでなく反政治的な性格をもち、おそらく反政治的な人間の力の中で最も強力である理由も、単に愛が稀だからではなく、まさにこの無世界性によるのである。

それゆえ、もしキリスト教が説くように、愛だけが許すことができる、愛だけがその人間の「正体〔who〕」を完全に受け入れるがゆえに、〔243〕その人が何をしようと許すことができる、ということが正しいとしたら、許しはここでの考察の範囲外になるだろう。だが、そうではない。愛が限られた領域で行っていることに、より広い人間事象の領域で対応するのが、尊敬である。尊敬は、アリストテレスの言う「政治的友愛〔philia politikē〕」とよく似ていて、親密さや近接さをともなわない、ある種の「友情」である。これは世界という空間を間に挟んで、距離を置いてなされる人に対する敬意であり、われわれが高く評価するその人の資質や業績からは独立している。したがって、近代になって尊敬が失われたこと、言い換えれば、尊敬というものはもっぱら賞賛や評価から生まれるとわれわれが信じるようになったことは、公的生活あるいは社会生活がますます非人格化されてきている徴候である。いずれにせよ、尊敬は、ただ人格にのみ関わるので、その人物のもつ人格ゆえに彼のなしたことを許すことができる。だが、行為や言論において初めて明らかになるその人の「誰か」が同時にまた許しの対象となる、というこの事実こそ、自分自身を許すことは誰にもできない理由なのである。[*29] 行為や言論と同じように、許しにおいても、われわれは他人に依存しており、自分自身では明確に知覚できない自分自身の本当の姿をはっきりと他人に対して現すことができる。もし自分自身のうちに閉じこもってしまうなら、どんな失敗や過ちであれ、われわれは自分自身を決して許すことはできない。その人の人物ゆえに彼の犯した過ちを許すことができる、というような人格の経験が、自分自身については欠けているからである。

34 不可予言性と約束の力

許しは、その宗教的な文脈のために、そしておそらくは見出された当初から愛と結びついていたために、いつでも非現実的であり、公的領域にはふさわしくないものだと見られてきた。それに対して、約束が世界を安定化する力をもっていることは、西洋の伝統を通じて認められてきた。これは協定や条約の不可侵（pacta sunt servanda〔契約は守られなければならない〕）というローマ法の原則にまで遡る。あるいは、旧約聖書のアブラハムがその発見者だったと考えることもできるだろう。カルデアのウル生まれのアブラハムは、契約〔covenants〕を交わすという情熱に駆り立てられて故郷を出る。それは、あたかも世界という荒野で互いに約束する力を試すための旅だったかのように見える。[*30] [244] 最後には、神自身が彼と契約を交わすことになるのである。いずれにせよ、ローマ以来の契約理論は、約束の力が数世紀にわたって政治思想の中心だったことを示している。

約束をすることで少なくとも部分的に排除できる予測不能性は、二重の性格をもっている。すなわち、人間は基本的に信頼できない存在であり、明日の自分がどうなっているかなど自分自身にさえ分からないという「人間精神の暗闇」から予測不能性は生じてくると同時に、誰もが等しく行為する能力をもつ共同体では行為の結果は誰にも予測できないということから生じてくる。人間が自分に頼ることができない、（同じことだが）自分自身をまったく信じることができない、という第一の点は、人間が自由であることとの代償である。誰も自分の行為の唯一の主人であることはできないし、行為の結果を知ったり、未来をあてにしたりできない、という第二の点は、複数性とリアリティ、互いの存在によってリアリティが保証されているこの世界で人々と一緒に住むという喜びのために支払う代償なのである。

約束は、人間事象のこの二重の暗闇を統御する。それによって約束は、自己に対する支配〔domination〕と他人に対する支配[*31]〔rule〕に基づいて行われる統御に取って代わることができる唯一の代替物となる。それは主権の不在という条件のもとでの自由とぴったり一致する。契約や条約に基づくあらゆる政治体に特有の利点と、その裏返しの危険とは、それが支配や主権に依拠した政治体とは違って、人間事象の予測不能性と人間の信頼できない性質には手を触れず、いわばそれを媒体として利用して、そこに予測可能な小島を確保して信頼できる道標を立てることにある。予測不能な過程の大海に浮かんだこの確実性の小島は、もし約束という能力が濫用されて、未来の大地全体を包括したり、あらゆる方角への通路を正確に示すために利用されたりするなら、その拘束力が失われて、企て全体をみずから破壊することになるだろう。

すでに述べたように、権力は人々が集まって「ともに行為する」時に生まれるが、人々が別れた瞬間に、権力は消滅する。人々を一つに結びつけておく力は、彼らが集まる出現の空間や、その空間を［245］維持する権力とは別の力、相互の約束や契約が生み出す力である。君主のような個人の人格であれ、国民という集合的な実体であれ、他から切り離された単一の実体として想定された主権などというのは虚像だが、人々が約束によって生み出す結合には一定のリアリティがある。未来の予測不能性をある程度まで克服して独立をもたらすところに、主権は存在するのだ。もちろん、その程度には限界があるが、それは人が約束を交わし、約束を守ることができる能力に限界があるからにほかならない。ある人々の集合体の主権が人々を一つに結びつけておくのは、何かの魔法によって呼び起こされた同一の意志ではなく、ある合意された目的によってである。そうした目的のために、初めて約束は有効で拘束力をもつようになる。そのような意味における主権は、どんな約束にも拘束されない者たち、どんな目的によっても一緒にならない者たちと比べて、明らかに優位性をもっている。その優位は、未来の事柄をあたかも現在の問題であるかのように扱えることからもたらされる。それによって、複数の人々の結合から生み出される権力が有効に及ぶ次元そのものが驚異的に拡大するのである。ニーチェという人は、道徳現象に対しては異常に鋭い感覚をもっており、孤立した個人の意志の力こそがすべての権力の源泉だと考えるような偏見を免れてはいなかったが、この約束する能力こそが人間を動物から区別するものだと見ていた（彼はそれを「意志の記憶」と呼ぶ(83)）。行為と人間事象の領域における主権の役割が、制作の領域と事物の世界における職人の統御能力〔mastership〕に対応するものだとすれば、その主要な違いは、主権が多数の者の結束によって初めて達成されるのに対して、後者が孤立した状態において初めて可能になる、という点である。

道徳〔morality〕というものが、その語源となったラテン語のモーレス〔習俗、慣習〕の総計以上のものだとすれば、すなわち、伝統によって強固にされ、人々の合意によって有効なものと認められてきた慣習や行動基準は時とともに変化し、少なくとも政治的には、それを支える何かがなければならないのだとすれば、そこにあるのは、行為にともなう巨大なリスクに立ち向かう覚悟、互いに許し合い、約束をしてそれを守ろうとする善意以外の何ものでもない。〔246〕これは行為を外から強制しない唯一の道徳的指針である。それを課すのは、何か高次のものと言われる能力でもなければ、行為の及ぶ範囲を越えた経験でもない。行為と言論を通じてともに生きようとする意志から直接に生まれてくる、いわば無限の過程を新たに始める人間の能力そのもののうちに組み込まれた〔自己〕制御メカニズムなのである。行為と言論がなければ、出生によってこの世界に参入し、新しいことを始めるという事実を明確に表現することがなければ、われわれは終わりなき生成の循環を永遠にまわり続ける定めにあることになるだろう。そして、もし行ったことを元に戻して、自分たちが始めた過程を少なくとも部分的には統御する能力をもたなかったなら、われわれは容赦ない必然性の法則の奴隷、われわれの時代以前の自然科学では自然過程の際立った特徴とされていた法則の奴隷に成り下がるだろう。すでに述べてきたように、それ自身の力で進行し、永遠に続くであろう自然のこの宿命は、死すべき存在としての人間にとっては破滅をもたらすものでしかない。もしこの宿命が歴史過程から取り除くことのできない特徴であるとすれば、歴史においてわれわれが行ういっさいの事柄は破滅を運命づけられているということも同じく真実だということになるだろう。

確かに、このことは、ある程度までは真実である。人間事象はいずれは死へと向かう法則に従うほかなく、この法則は最も確実で、生まれてから死ぬまでの間の生命が従う唯一信頼できる法則でもある。そして、この法則に干渉するのが、行為の能力なのだ。容赦なく進行する日々の生活の自動的な進行を、行為は中断する。他方で、人間の日々の生活それ自体も、生物学的な生命過程の循環を中断して、これに干渉している。いずれ死に向かう人間の生は、その法則に介入して新たなことを始めるという人間の能力がなかったら、人間が関わるいっさいの事物を必然的に破滅と破壊に導くだろう。人間はいずれは死んでいく存在だが、人間が生まれたのは、死ぬためではなく、何かを始めるためなのである。そのことを絶えず思い出させる力が、行為にはそなわっている。確かに、自然の観点から見れば、出生から死に向かう人間の生命の直線運動は、一般的な自然の循環運動の法則からの独特な逸脱のように見える。それと同様に、行為も、世界の進む径路を定めている自動的な過程から見れば、奇蹟のように見える。自然科学の用語で言えば、これは「規則的に生じる無限の非蓋然性」ということになる。事実、行為は人間が奇蹟を起こす唯一の能力だ。この能力についてのナザレのイエスの洞察は、〔247〕その独創性と前例のなさにおいてソクラテスが思考の可能性について示した洞察に匹敵するが、イエスが許しの力を、奇蹟を起こすより広い力に喩え、両者を等しく人間の力の及ぶものとしたとき、彼はこのことをよく承知していたはずである[(84)]。

　人間事象の領域としての世界は、そのままにしておけば「自然に」崩壊していく。この世界を救うという奇蹟は、究極的には人間の出生という事実に基づいている。行為という人間の能力も、存在論的には出生に基づいているのである。言い換えれば、新たに人が生まれ、新たなことを始める、人間は出生とともに行為の能力を授かっている、ということ自体が奇蹟なのだ。奇蹟を起こすことができるというこの能力を本当に経験して初めて、人間事象の世界に信仰と希望が与えられる。信仰と希望という人間の存在の本質的な二つの特徴を、古代ギリシア人はまったく無視してしまった。信仰を保つというのは奇特だが取るに足らない美徳であり、希望などパンドラの箱に残された幻想で人を惑わすものにすぎない、と彼らは考えたのである。世界に対するこの信仰と希望をほんの数語で、おそらく最も簡潔かつ荘厳に描いたものこそが、福音書だった。その「よき報せ」には、こう書かれている。「私たちの間に子供が生まれた[*32]」。

原注

（1）ここで述べたことは、心理学や生物学の最近の成果によって裏づけられている。それらは言論と行為が内的に親近関係にあること、それは自然発生的なもので、実際上の目的をもっていないことを強調しているのである。とりわけ、アルノルト・ゲーレン〔Arnold Gehlen〕『人間——その本性および世界における位置〔*Der Mensch: seine Natur und seine Stellung in der Welt*〕』(Bonn: Athenäum Verlag, 1950)〔平野具男訳、法政大学出版局（叢書・ウニベルシタス）、一九八五年〕を参照。これは、近年の科学的研究の成果とその解釈の優れた要約を提示しており、貴重な洞察を豊富に含んでいる。ゲーレンは、その理論が依拠した研究を行った科学者たちと同じように、〔言論と行為という〕特殊に人間的な能力もまた「生物学的必然性」の一つ、つまり人間のような生物学的に弱体で不適合な有機体にとって必要なものだと信じているが、これは別の問題であって、ここで議論することはしない。

（2）『神の国』一二・二〇〔実際は「一二・二一」〕。服部英次郎訳、岩波文庫、一九八二—九一年、(3)一六〇頁。この章は、魂は至福と悲惨を永遠に繰り返すという循環説に対する反駁にあてられている。その末尾の言葉である〕。

（3）アウグスティヌスによれば、人間の始まりと世界の始まりはまったく異なるものなので、彼は世界の始まりである principium と区別して、人間の始まりに initium という言葉を用いた。前者は、聖書冒頭の「はじめに神は天と地を創造された」の定訳語になっている。『神の国』一一・三二から分かるように、アウグスティヌスは principium という言葉にそれほど重要な意味をもたせていない。彼はこう述べている。世界の始まりは「それまで作られたものは何もなかった、という意味ではない（なんとなれば、天使たちがすでにいたからである）」〔前掲訳書、(3)八四頁〕と。他方で、彼は本文に引用した人間に関する文では、その前には誰もいなかった、と付け加えている〔同書、(3)一六〇頁〕。

（4）真理により近いのは praxis〔行為〕ではなく lexis〔言論〕だとプラトンが述べたのは、この理由からである。

（5）ウィリアム・フォークナー〔William Faulkner〕の『寓話〔*A Fable*〕』（New York: Random House, 1954）〔阿部知二訳、岩波文庫、一九七四年〕が第一次世界大戦に関する文学の中で傑出しているのは、この大戦の英雄は無名の兵士だったことを明瞭に理解していたからである〔登場する一三人の反乱兵がキリストと一二使徒をモデル——あるいはパロディ——にしていることについては、アレントは触れていない。第10節および第33節でのナザレのイエスへの注目の議論とは対照的である〕。

（6）Oute legei oute kryptei alla sēmainei（ディールス〔Hermann Diels〕『ソクラテス以前哲学者断片集〔*Die Fragmente der Vorsokratiker*〕』（4. Aufl., Berlin: Weidmann, 1922）、B九三〔内山勝利編、岩波書店、一九九六―九八年、⑴三三六頁〕。

（7）ソクラテスはみずからのdaimonionの現れを示すのに、ヘラクレイトスと同じsēmainein（「徴を示し与える」）という言葉を用いている（クセノポン『ソクラテスの思い出』一・一・二、四〔「神霊《ダイモニオン》が彼に諭《さと》しを与える」（『ソークラテースの思い出』佐々木理訳、岩波文庫、一九七四年、二一、二二頁）〕）。クセノポンが真実を伝えているとすれば、ソクラテスは自分のダイモーンと神託を結びつけて、両方とも人間事象、確実なものなど存在しないこの領域にのみ用いるべきで、すべてが予見可能な技芸の領域には適用すべきでない、と主張していたことになる（同書、七―九〔「彼は、家あるいは市を正しく治めようとする者は神託が必要だと言った。なんとなれば、大工とか、鍛冶とか、耕作とか、人々の監督とか、これらの仕事の審査とか、または算法とか、経営とか、軍隊統率とかの技術は、すべて学べることであり、人智を以て把握できることであると思う、しかしこれらの事の内奥にひそむ一番の大事は、神々が自分たちのところにとどめて、ただの一つとして人間には分明でないから、というのであった。事実、畑に苗を見事に育てた者も、誰がその実をとりいれるか明白ではなく、家を立派に建てた者も、誰が住むか明らかではない。軍を率いる者も、軍兵を率いることが利益かどうか知りがたく、国を治める者も、国家を指導することが利益になるかどうかわからない。楽しみを思って美人を妻とした者も、この妻ゆえに難儀を見るかも測られず、国家の権門と縁故を結んだ者も、彼らゆえに国を追われることも予見できぬ。これらの事柄を少しも神秘にふれることと考えず、一切人智をもって測れることと思っている人々を、彼は気のふれた者といった」(同書、二二一―二二三頁)〕。

(8) 政治理論における唯物論的なものの考え方は、少なくともプラトンやアリストテレスが、単に家族生活やいくつかの家(oikiai)の共存だけでなく、政治共同体(poleis)そのものも物質的な必要性〔の充足〕にその存在を依存していると考えたことにまで遡る(プラトンについては『国家』三六九を参照。そこでは、ポリスの起源を人間の欲求と自足性の欠如に求めている〔藤沢令夫訳、岩波文庫(改版)、二〇〇八年、(上)一四四頁以下〕。アリストテレスは、この点でもプラトン以上に当時のギリシア人の考え方に近い。『政治学』一二五二b二九:「ポリスが成立したのは生活のためであったが、より良く生きるために存続したのである」〔山本光雄訳、岩波文庫、一九六一年、三四頁〕)。アリストテレスの sympheron という概念は、のちにキケロの utilitas のうちに継承されるが、こうした文脈で理解されなければならない。両者はのちの利害関係〔を基礎とする政治の〕理論の先駆者であり、それはすでに〔ジャン・〕ボーダンにおいて――王が人民を支配するように、利害が王を支配する、という形で全面的に展開されていた。マルクスが抜きん出ていたのは、彼が唯物論者だったからではなく、彼が首尾一貫して物質的な利害の理論を人間の明白な物質的活動である労働――つまり人間の肉体による物質代謝――の上に据えたからである。

(9) 〔プラトン〕『法律』八〇三および六四四〔「アテナイからの客人 わたしの言う意味は、真剣な事柄については真剣であるべきだが、真剣でない事柄については真剣であるなということ、そして本来、神はすべての浄福な真剣さに値するものであるが、人間の方は、前にも述べましたが、神の何か玩具として工夫されたものであり、そして実際このことが、人間にとって最善のことなのだということです。ですから、すべての男も女も、この仕方に従って、できるだけ見事な遊びを楽しみながら、その生涯を送らなければなりません、現在考えられているのとは正反対にね」（森進一・池田美恵・加来彰俊訳、岩波文庫、一九九三年、(下)五七頁）、「アテナイからの客人」では、今の話を、次のように考えてみましょう。わたしたち生きものはみな、神の操り人形だと考えてみるわけです。もっとも、神々の玩具としてつくられているのか、なにか真面目な意図があってつくられているのか、それは論外としてね。なぜなら、そんなことは、わたしたちに認識できることではありませんから」（同書、(上)七二頁）。なお、ニーチェも同じ見方を示している。『悲劇の誕生』（新版）にはニーチェが「永遠回帰」の思想に到達したあとと言われる一八八六年に書いた「自己批判」が付されているが、そこではこう述べられている。「実際、この本全体は、いっさいの現象の背後に、芸術家的な心と底意《そこい》が働いているということしか知らないのである、――お望みならそれを、いっさいの現象の背後にある「神」といってもよいが、ただしそれはとやかく考えることのない、まったく非道徳的な芸術家としての神である。建設においても破壊においても、善においても悪においても、まったく変わらない自分の楽しみを認め、そこに自分の自主性を自覚しようとする神、いろいろな世界を創造することによって、充実と過剰の苦しみ、自分のなかにひしめいているさまざまな対立の悩みから自分を解放する芸術家としての神なのである。世界は、どの瞬間においても、神の救済の達成された姿である。なぜなら、最も苦悩する者・最も対立的なもの・最も矛盾にみちた者としての神は、仮象においてのみ救済されることができるのであって、世界というのは、このような神の永遠に変転する、永遠に新しい幻影にほかならぬからである。このような芸術家的形而上学のすべては、気ままで無用で空想的だと言われるかもしれないが――、その本質的な点は、やがてあらゆる危険をおかして存在の道徳的解釈と意義づけに抵抗するようになる一つの精神を、すでにこの形而上学が包みきれずにあらわしているということなのだ」（秋山英夫訳、岩波文庫（改版）、二〇一〇年、一九―二〇頁）。ただし、ニーチェの場合、神が死んだあと、そこに座を占めるのは、認識者にして詩作者＝芸術家である哲学者である」。

(10) ホメロスにおいてhērōsの語は確かに卓越〔distinction〕の意味を含んでいるが、それはすべての自由人ならなしうること以上のものではない。のちにおそらく古代の英雄の神格化から生じた「半神」のような意味は、まだどこにも見られない。

(11) アリストテレスはすでに、dramaの語が選ばれたのはdrōntes（「行為する人々」）が模倣されるからだ、と指摘している（『詩学』一四四八a二八）。ここから分かるように、アリストテレスの「模倣」のモデルは演劇からとられたものであり、これをすべての芸術に一般化して適用するのは、いささか無理がある〔「ある人々によれば、それゆえに悲劇と喜劇はドラーマという名でも呼ばれるという。悲劇と喜劇は行為する（ドラーン）者を再現するからである」（アリストテレース『詩学』松本仁助・岡道男訳、『アリストテレース『詩学』　ホラーティウス『詩論』』岩波文庫、一九九七年、二六頁）〕。

(12) それゆえ、アリストテレスは行為〔praxis〕の模倣ではなく、行為の主体〔agents〕（prattontes）について論じている（『詩学』一四四八a一以下、一四四八b二五、一四四九b二四以下〔前掲訳書、二四、二九、三四頁〕を参照）。ただし、彼の用法は一貫しているわけではない（一四五一a二九、一四四七a二八〔同書、四二、二二頁〕参照）。決定的なのは、悲劇が扱うのは人間の資質、彼らのpoiotēsではなく、彼らに関して起こった出来事、彼らの行為や生活、幸運や不運についてである、ということだ（一四五〇a一五―一八）。したがって、悲劇の内容はわれわれが人格〔character〕と呼ぶものではなく、行為と筋なのである〔「なぜなら、悲劇は人間の再現ではなく、行為と人生の再現だからである。幸福も不幸も、行為にもとづくものである。そして（人生の）目的は、なんらかの行為であって、性質ではない。人々は、たしかに性格によってその性質が決定されるが、幸福であるかその反対であるかは、行為によって決定される。それゆえ、（劇のなかの）人物は性格を再現するために行為するのではなく、行為を再現するために性格もあわせて取り入れる。したがって、出来事、すなわち筋は、悲劇の目的であり、目的はなにものにもまして重要である」（同書、三六頁）〕。

(13) 合唱〔コロス〕は「あまり模倣することはない」とアリストテレスの偽書『問題集』(九一八b二八〔戸塚七郎訳、『アリストテレス全集』第一一巻、岩波書店、一九六八年、二六二頁〕)は述べている。

(14) すでにプラトンは、ペリクレスが「市民をより良くしなかった」し、その生涯の終わりにはアテナイ人はより悪くなっていた、と非難している(『ゴルギアス』五一五)〔ただし、参照指示されているプラトンの論述からは、アテナイ人を劣悪にしたのがペリクレスだとプラトン＝ソクラテスが非難しているかどうかは、やや微妙である。「ソクラテス　いや、何でもないかもしれない。だがまあ次に、こういう点について答えてみてくれ。アテナイ人は、ペリクレスのおかげで、以前よりすぐれた人間になったのだと言われているのかね。それとも、まったく反対に、彼によってすっかり駄目にされたと言われているのかね。というのも、ぼくとしては、こういうことを聞いているからだ。つまり、ペリクレスは、公けの仕事に手当を支給する制度を最初に定めた人なのだが、そのことによって彼は、アテナイ人を怠け者にし、臆病者にし、噂好きのおしゃべりにし、また金銭欲のつよい人間にしてしまったのだ、とね。／カリクレス　そんなことは、耳のつぶれた(スパルタびいきの)連中から聞いていることなんだろう、ソクラテス。／ソクラテス　しかし、次に言うことは、もはや噂に聞いている程度のことではなく、君にしてもぼくにしても、はっきりと知っている事実なのだ。つまり、ペリクレスは最初の頃は評判がよかったし、アテナイ人は彼に対して、ただの一度も破廉恥な罪を宣告するようなことはしなかったのだ、彼らがまだ劣悪な人間であった頃にはね。ところが、彼らがペリクレスのおかげで立派なすぐれた人間となってからは、つまり、あの人の生涯も終わる頃になって、アテナイ人は彼に対して、公金費消のかどで有罪の宣告をし、もう少しで彼に死刑の判決を下すところまで行ったのだ。それはむろん、彼を悪人と考えたからだがね」(加来彰俊訳、岩波文庫、一九六七年、二一五―二一六頁)〕。

(15) 最近の政治史には「人材〔human material〕」という言葉が頻繁に出てくるが、これは決して無害な比喩ではない。近代になって、社会工学〔social engineering〕、生命化学〔biochemistry〕、脳外科

〔brain surgery〕などで行われている大量の科学実験も同様である。これらはみな、人間という素材〔human material〕を他の物質と同じように扱って、これを改変しようとしている。この機械的〔mechanistic〕アプローチは近代に特徴的なもので、古代では人間を野生動物のように飼い馴らして家畜化することで同じ目的を追求した。いずれの場合にも、そこから予想される唯一の結果は、人間を殺すこと、生きた有機体としての人間ではないとしても、人間としての人間を殺すことである。

(16) archein と prattein については、ホメロスの用法を参照（C・カペレ〔C. Capelle〕『ホメロスとホメロス一族の用語辞典〔*Vollständiges Wörterbuch über die Gedichte des Homeros und der Homeriden*〕』〔Leipzig: Hahn, 1889〕参照）。

(17) モンテスキューの関心は法ではなく法の精神が喚起する行為にあったが、その彼が法を異なる者たちの間の関係〔rapports〕と定義しているのは興味深い（『法の精神』第一編第一章〔「さまざまな存在との関係における法律について」〕、第二六編〔「その規定する事物の秩序との間でもつべき関係における法律について」〕第一章〔「本編の観念」〕参照）。いつでも法というものは境界や制限として定義されてきたことを考えれば、この定義は驚くべきものである。モンテスキューがそのような定義をした理由は、彼自身の言う「政府の性質」——例えば、共和制か王制か、といった——よりは「政府を活動させる「原理」……それを動かす人間の情念」（第三編第一章（野田良之・稲本洋之助・上原行雄・田中治男・三辺博之・横田地弘訳、岩波文庫、一九八九年、(上)七〇頁））のほうに関心を抱いていたからである。

(18) ダイモーンとエウダイモニアのこうした解釈については、ソポクレス『オイディプス王』一一八六行以下、特に次の詩句を参照。Tis gar, tis anēr pleon / tas eudaimonias pherei / ētosouton hoson dokein / kai doxant' apoklinai（「誰が、誰が得ら［れる］だろうか、その現れと現れの歪みから得たもの以上の幸福を」）。現れにともなうこの不可避的な歪みに対して、合唱隊〔コロス〕は自分たちが知っていることを対置する。この他者たちには見えている。彼らはその目でオイディプスのダイモーンを一つの範例として「もって」おり〔続く一句は「汝が定めこそ、そのためし」〕、死すべき者としての人間の悲惨は自分自身のダイモーンが見えないことにある〔高津春繁訳では「誰かある、誰かある／幸を得し者。人みな／幻の幸を得て、／得し後に堕ちゆくのみ」となっている（『ギリシア悲劇Ⅱ』ちくま文庫、一九八六年、三五九頁）〕。

(19)　アリストテレス『形而上学』一〇四八b二三以下〔「たとえば、ひとは、ものを見ているときに同時にまた見ておったのであり、思慮しているときに同時に思慮しておったのであり、思惟しているときに同時に思惟していたのである。これに反して、なにかを学習しているときにはいまだそれを学習し終わってはおらず、健康にされつつあるときには健康にされ終わってはいない。よく生きているときに、かれはまた同時によく生きていたのであり、幸福に暮らしているときに、彼はまた同時に幸福に暮らしていたのである」（出隆訳、岩波文庫、一九五九―六一年、(下)三四頁）〕。

(20)　ギリシア語で「それぞれの人〔every one〕」を意味する言葉 hekastos が「はるか彼方〔far off〕」を意味する hekas から来ていることに、この個人主義がいかに根深いものであるかが示されているように思われる。

(21)　例えば、アリストテレス『ニコマコス倫理学』一一四一b二五を参照。領土と法に対する態度以上に、ギリシアとローマを分ける基本的な相違はない。ローマにおいて、都市の創設と法の制定は最大かつ決定的な偉業であり、以後すべての行為や業績はそれに関連づけられて初めて政治的な有効性と正統性を得ることができた〔「いま、「国《ポリス》に関しての知慮」（＝政治学《ポリティケー》）という観点からこれを見るとき、棟梁的位置にあるものとしての知慮は立法（ノモテティケー）にほかならないのであるが、しかし、個別にわたるものとしてのそれが、かえって政治（ポリティケー）という汎く共通的な名称を与えられている。事実また、実践的であり思量的であるのは後者なのである。というのは、「政令」（プセーフィスマ）というものの規定こそ、究極的・最終的なものとしての実際の行為（プラクトン）にほかならないのだからである。

この方面にたずさわる人々についてのみ、「国政を行っている」（ポリテウエスタイ）ということが言われるのもこのゆえにほかならない。彼らがもっぱら、いわば職人的技術者としてその衝にあたるのだからである」（高田三郎訳、岩波文庫（改版）、二〇〇九年、(上)三〇一頁)〕。

(22) F・シャッハーマイヤー〔Fritz Schachermeyr〕「ギリシア都市の形成〔La formation de la cité grecque〕」（*Diogenes*, No. 4, 1953）〔原論文は „Der Werdegang der griechischen Polis", *Diogenes*, 1 (1953/54), S. 435-450〕を参照。そこでは、ギリシア語とバビロン語の用法が比較されている。バビロン語では「バビロニア人」という観念は、バビロンという都市の領域に住む人々という形で初めて表現できる。

(23) アリストテレスは、こう述べている。「というのも、［立法者］だけが職人［cheirotechnoi］のように活動する」。その理由は、彼らの行為は、民会で決定された政令（psēphisma）という明確な実体をもつ目的、eschaton をもっているからである（『ニコマコス倫理学』一一四一b二九〔前注（21）の訳注を参照〕）。

(24) 同書、一一六八a一三以下〔「あらゆる制作者は、すなわち、自己の作品を、その作品がもし生命を与えられたならば彼を愛するであろう以上に愛している。そしてこのことはおもうに詩人において最もいちじるしい。詩人が自分自身の詩を愛することは非常なものであって、その慈しみかたはまるで自分の子供に対するがごとくである。施善者の場合もこれに類しているように思われる。すなわち、その施善した相手は彼らの作品にあたる。彼らは、だから、これを、作品がその作者を愛する以上に愛している」（前掲訳書、(下)一六五頁)〕。

(25) 同書、一一四〇〔第六巻第四章（同書、(上)二八八頁)〕。

(26) Logōn kai pragmatōn koinōnein〔言葉と行為をともにする〕とアリストテレスは述べている（同書、一一二六b一二〔第四巻第六章冒頭（同書、(上)二〇三頁)〕）。

(27) トゥキュディデス〔『戦史』〕二・四一〔「われらを称えるホメロスは現れずともよい。言葉の綾で耳を奪うが、真実の光のもとに虚像を暴露するがごとき詩人の助けを求めずともよい。われらは己れの果敢さによって、すべての海、すべての陸に道をうちひらき、地上のすみずみにいたるまで悲しみと喜びを永久にとどめる記念の塚を残している。そしてかくのごときわがポリスのために、その力が奪われてはならぬと、いまここに眠りについた市民らは雄々しくもかれらの義務を戦の場で果たし、生涯を閉じた。あとに残されたものもみな、この国のため苦難をもすすんで堪えることこそ至当であろう」（久保正彰訳、岩波文庫、一九六六—六七年、(上)二二九—二三〇頁）〕。

(28) アリストテレス『ニコマコス倫理学』一一七二b三六以下〔アレントの「現れ」＝存在論にとって重要な「万人に対して現れるもの、それをわれわれは存在と呼ぶ（for what appears to all, this we call Being)」の典拠とされる箇所で、ドイツ語版の二五一頁にはギリシア語の原文（ἃ γὰρ πᾶσι δοκεῖ, ταῦτ᾽ εἶναί φαμεν）が挿入されているが、通常の翻訳・解釈はやや異なっている。「「いかなるものにもそうと考えられていることがら」は、事実そうと認めるほかはないのであって、この確信を反駁しようとするひとも、とうてい、それ以上に信ずるに足りるものを提示しえないであろう」（前掲訳書、(下)一九六頁）。*The Nicomachean Ethics*, with an English translation by H. Rackham, Revised ed., Cambridge, Mass.: Harvard University Press (The Loeb Classical Library), 1990 では “For what all think to be good, that, we assert, is good” と訳されている（p. 581）。数種類ある邦訳もほぼ同様である〕。

(29) 世界は目覚めている者にとって一つであり共通であるが、眠っている者は自分自身の内に戻っている、というヘラクレイトスの言葉（ディールス、前掲書、B八九〔前掲訳書、(1)三三五頁〕）は、先に引用したアリストテレスの言葉と実質的に同じことを述べている。

(30) モンテスキューは暴政と専制の区別を無視しているが、その著作でこう述べている。「専制政府の原理は絶えず腐敗する。それ自体の本性によって腐敗するからである。他の政府が滅びるのは、特殊な偶発事がその原理を破壊するからであるが、専制政府は、偶発的原因がその原理の腐敗を妨げないときに、自らの内的欠陥によって滅びる」(前掲書、第八編第一〇章〔前掲訳書、㊤二三四―二三五頁〕)。

(31) 近代知識人のそうした経験が「権力への意志」に対するニーチェの賛美にどの程度まで影響を与えたのかは、次の指摘から推測できる。「なぜなら自然に対する無力ではなく、人間に対する無力こそが存在に対する絶望的な恨みを生みだすからである」(『権力への意志〔*Wille zur Macht*〕』第五五番〔『権力への意志』上、原佑訳、『ニーチェ全集』第一二巻、ちくま学芸文庫、一九九三年、七二頁〕)。

(32) 本文で述べた追悼演説の中で(前注(27))、ペリクレスは意識的にポリスのデュナミスと詩人の技巧〔craftsmanship〕を対比している。

(33) アリストテレスが『詩学』において偉大さ(megethos)を劇的な筋書きの前提とした理由は、劇は行為を模倣し、その行為は偉大さ、通例なものとは際だって異なるところから判断されなければならないからである(一四五〇b二五)。ちなみに、美もまた偉大さとtaxis〔秩序〕、つまり部分がともに結合することにある(一四五〇b三四以下)〔「すでにわたしたちは、悲劇とは、一定の大きさをそなえ完結した一つの全体としての行為、の再現である、と定義した。なぜなら、一つの全体であっても、まったく大きさをもたないものもあるからである」(前掲訳書、三九頁)、「さらに、生物であれ、いくつかの部分から組みたてられているどのようなものであれ、美しいものは、これらの部分を秩序正しく配列していなければならないばかりでなく、その大きさも任意のものであってはならない。というのも、美は大きさと秩序にあるからだ」(同書、四〇頁)〕。

(34) ディールス、前掲書、「デモクリトス」B一五七〔前掲訳書、⑷二〇二頁〕を参照。

(35) エネルゲイアの概念については、〔アリストテレス〕『ニコマコス倫理学』一〇九四a一―五〔「種々の場合の目的とするものの間には、しかしながら、明らかに一つの差別が見られるのであって、すなわち、活動それ自身が目的である場合もあれば、活動以外の何らかの成果が目的である場合もある。目的が何らか働きそのもの以外にあるといった場合にあっては、活動それ自身よりも成果のほうがより善きものであるのが自然であろう」（前掲訳書、(上)一七頁）、『自然学』二〇一b三一（「そしてまた、運動がこのように不定なものであると思われる理由は、運動が存在事物の可能態のうちにもまたその現実態のうちにも入れられないからというにある。というのは、どれだけかの量であることの可能なものも、また現実的にどれだけかの量であるものも、必然的に運動するものではないからであり、しかも運動は、或る現実態ではあるが、未完了的であると思われるからである。そして、そう思われる理由は、運動がそれの現実態であるところの運動可能的なものが未完了的だからというにある」（出隆・岩崎允胤訳、『アリストテレス全集』第三巻、岩波書店、一九六八年、八七頁））、『魂について』四一七a一六、四三一a六（『心とは何か』桑子敏雄訳、講談社学術文庫、一九九九年、九七、一七〇頁。「明らかに、感覚されるものが、可能態にある感覚能力を実現態にある感覚能力にする。というのは、感覚能力は作用を受けることがなく、また性質的に変化することもないからである。だから、それは運動とは別の種類のものである。というのは、運動は不完全なものの実現態であるが、無条件の意味での実現態、すなわち、完全なものの実現態はそれとは別のものだからである」（同書、一七〇頁））。最も頻繁に使われるのは、見ることとフルート演奏の例である（本節末尾で述べられるアダム・スミスなどの近代の例と対照させてフルート奏者の地位が強調されているのだろうが、指示されている文献のかぎりでは、フルート奏者あるいは演奏について格別の議論は見当たらない。なお、指示されている『ニコマコス倫理学』第一巻第一章冒頭の部分は、エネルゲイア（現実態）とは直接関わらないと思われる。そのあとの一〇九七b二五から一〇九八a（前掲訳書、(上)三九―四〇頁）でフルート奏者や琴弾きが挙げられているが、機能に関して挙げられるのは琴弾きのほうである。エネルゲイアについての議論としては、指示されている『自然学』第三巻の運動論、および『魂について』が該当する。ただし、『魂について』では感覚能力の一つとして視覚が論じられているが、聴覚との関連でフルート演奏が言及されることはない）。

(36) アリストテレスが「現実態〔actuality〕」の最大の可能性を見ているのが行為と言論ではなく、観照と思考、theōria と nous であることは重要ではない。
(37) アリストテレスの言うエネルゲイアとエンテレケイアという二つの概念は、密接に関連している〔energeia … synteinei pros tēn entelecheian〔エネルゲイアは……エンテレケイアを目指している〕〕。完全な現実態〔actuality〕（エネルゲイア）は自分自身以外の何ものも生み出さないし、完全に実現された現実〔reality〕（エンテレケイア）はそれ自身の他には目的をもたない（『形而上学』一〇五〇a二二―三五〔出隆訳、岩波文庫、一九五九―六一年、㊦四二頁〕を参照）〔ドイツ語版は、前者を Aktuelle、後者を Wirkliche と訳している〕。
(38) 『ニコマコス倫理学』一〇九七b二二〔前掲訳書、㊤三二頁。ergon の訳語は work, Werk だが、この文脈では「作品」ではなく「仕事」、「働き」だろう。「このことは、おそらく、人間の機能《エルゴン》の何たるかが把握されるとき果たされるであろう。というのは、笛吹きとか彫刻家とかその他あらゆる技能者、総じて何らかその固有の機能とか働きとかを有している人々にあっては、かかる機能を果たすことにその善とそのよさがあるごとく、人間についてもまた、何らか「人間の機能」なるものが存在するかぎり、これと同様なことが言えると考えられるからである」〕。
(39) 『国富論』(Everyman's ed. 〔London / New York: Dent, Dutton (Everyman's library), 1910〕) 第二巻、二九五頁〔大河内一男監訳、中公文庫、一九七八年、第二篇第三章、⑴五一八頁〕。
(40) これはギリシア人にとっての「徳」の概念の決定的な特徴だが、おそらくローマのそれとは異なっている。aretē の場合には忘却は生じえない（アリストテレス『ニコマコス倫理学』一一〇〇b一二―一七参照〔「けだし、人間のいかなる働きといえども、卓越性《アレテー》に即しての活動ほどの安定性を持つものはない。事実これは、もろもろの学問をも超えてそれ以上に持続的なものであると考えられる。そしてこの種の活動それ自身の間にあっても、その最も尊敬すべきものは特に持続性に富んでいるのであって、それは、かかる活動に、至福なひとびとは最も多分に最も継続的にその生を捧げるということに基づいている。またこれが、かかる活動については忘却なるものの生じないことの因でもあるように思われる」(前掲訳書、(上)五五頁〕)。

(41) これこそが、本章の冒頭に掲げたダンテの引用の最後の文の意味である。この文章のラテン語原文は、きわめて単純明解だが、翻訳するのは困難である(『帝政論』一・一三〔本章の訳注＊1を参照〕)。

(42) これは、イサク・ディーネセン〔Isak Dinesen〕の『七つのゴシック物語〔*Seven Gothic Tales*〕』(Modern Library ed.〔New York: Modern Library, 1934〕)の中の素晴らしい物語「夢みる人々〔The Dreamers〕」、とりわけ三四〇頁以下の指摘である(横山貞子訳『夢みる人びと――七つのゴシック物語1』晶文社、一九八一年、一八四頁〕。

(43) 引用したポール・ヴァレリー〔Paul Valéry〕のアフォリズムの全文は、以下のとおりである。「創造された創造者。長い著作を完成させたばかりの人は、その著作が、結局のところ、自分は欲していなかったし考えもしなかった一個の存在を形づくるのを、目の当たりにする。まさにそれは、彼がその著作を産み出したからなのだ。彼は、自分の作品の息子になった気がし、否定しがたい顔立ち、類似した姿、奇癖、境界石、鏡を、自分の作品から借り受けるという、恐るべき恥辱を身に沁みて感じる。そして、この鏡において最悪なのは、かくかくしかじかの限定つきで鏡に映っている自分を目の当たりにすることである〔*Créateur créé.* Qui vient d'achever un long ouvrage le voit former enfin un être qu'il n'avait pas voulu, qu'il n'a pas conçu, précisément puisqu'il l'a enfanté, et ressent cette terrible humiliation de se sentir devenir le fils de son œuvre, de lui emprunter des traits irrécusables, une ressemblance, des manies, une borne, un miroir; et ce qu'il a de pire dans un miroir, s'y voir limité, tel et tel〕」(『テル・ケル〔*Tel quel*〕』第二巻〔Paris: Gallimard, 1943〕、一四九頁〔佐藤正彰訳「文学」、『ヴァレリー全集』第八巻、筑摩書房、一九七三年、四三四頁〕)。

(44) 労働者としての労働者が孤独〔loneliness〕であることが労働問題に関する文献ではふつう見逃されているのは、社会的条件や労働の組織ゆえに労働者が一定の作業をするために一箇所に同時に存在することが求められ、その結果、労働者を孤立させる〔isolation〕あらゆる障壁が破壊されてしまうからである。しかしながら、M・アルブヴァクス〔Maurice Halbwachs〕(『労働者階級と生活水準〔*La classe ouvrière et les niveaux de vie*〕』〔Paris: Félix Alcan, 1913〕)は、集団としての労働者の孤独という、この現象に気づいていた。「労働者とは、その労働の際、その労働によって材料にしか結びつかず、人間とは結びつかない者たちのことである」。人間との接触の欠落こそ労働者階級全体が数世紀にわたって社会の外に置かれていた原因だと彼は見ている(一一八頁)。

(45) ドイツの精神医学者ヴィクトール・フォン・ヴァイツゼッカー〔Viktor von Weizsäcker〕は、労働作業中の労働者間の関係について次のように述べている。「まず注目すべきは、二人の労働者がまるで一人の人間であるかのように行動することである。……われわれはここで、二人の個人のアイデンティティが接近ないし同一化〔Einswerdung〕する集団教育〔Kollektivbildung〕の一例を目撃している。こうも言えるだろう。二人の人格は融合して、別の第三の人格を形成したのだ、と。この第三の人格が労働する際の規則は、一人の人物の労働とまったく変わらないのである」(「労働の概念について〔Zum Begriff der Arbeit〕」、『アルフレート・ヴェーバー記念論文集〔*Festschrift für Alfred Weber*〕』〔Heidelberg: Schneider, 1948〕七三九―七四〇頁)。

(46) 語源的に見れば「労働と共同体は歴史的に古い段階の人間にとって大幅に意味内容を共有している」と言われるのも、このことに基づいているように思われる(労働と共同体の関係については、ヨースト・トリーア〔Jost Trier〕「労働と共同体〔Arbeit und Gemeinschaft〕」〔*Studium Generale*, Vol. III, No. 11, November 1950〕を参照)。

(47) R・P・ジェネリ〔R. P. Genelli〕(「労働の人間的要素か、社会的要素か〔Facteur humain ou facteur

social du travail)」[*Revue française du travail*, Vol. VII, Nos. 1-3, January-March 1952]）は、こう考えている。「労働問題の新しい解決」は「労働の集団的性格」を考慮に入れたところに見出されなければならず、したがってその解決は個人としての労働者ではなく、集団の構成員としての労働者に与えられなければならない。もちろん、この「新しい」解決というのは、近代社会で流行のものの一つである。

（48）アダム・スミス、前掲書、第一巻、一五頁〔『国富論』前掲訳書、第一篇第二章、(1)二九頁〕および、マルクス『哲学の貧困〔*Das Elend der Philosophie*〕』（Stuttgart: J. H. W. Dietz, 1885）一二五頁：アダム・スミスは「「個人間の天賦の才能の差異は、実際には、われわれが知っているよりもはるかに小さい」ということをきわめてよく理解していた。……そもそものはじめには、人足と哲学者との相違は雑種犬《マスチフ》とウサギ猟犬《グレイハウンド》との相違よりも小さい。両者の間に深淵をよこたえたのは分業である」〔平田清明訳、『マルクス＝エンゲルス全集』第四巻、大月書店、一九六〇年、一五〇頁〕。マルクスは「分業」という言葉を職業的な専門化〔professional specialization〕にも、労働過程そのものの分割にも、無差別に用いているが、もちろんこの引用での意味は前者である。職業的な専門化は卓越〔distinction〕の一種であり、職人や専門的な仕事人は、たとえ他人の援助を得ているとしても、本質的に孤立した作業をする。彼が仕事人として他人と出会うのは、生産物の交換の時だけである。〔それに対して〕真の分業においては、労働者は孤立した状態では何も達成することはできない。彼のなす努力は、作業を分割して課された労働者が全体としてなす努力の一部または一機能にすぎないのである。だが、この場合、〔彼とともに働く〕他の労働者も彼と何ら異ならない。労働者として、彼らはまったく同じである。したがって、街の荷担ぎ人足と哲学者の間に「深淵を開ける」のは、比較的最近の分業ではなく、古くからの職業的専門化なのである。

（49）アラン・トゥレーヌ〔Alain Touraine〕『ルノー工場における労働者の職務の発展〔*L'évolution du travail ouvrier aux usines Renault*〕』（Paris: Centre national de la recherche scientifique, 1955）一

七七頁。

(50)『ニコマコス倫理学』一一三三a一六〔前掲訳書、(上)二四三頁。「総じて異なった人々の間においてであって、均等な人々の間においてではない」〕。

(51) ここで決定的なのは、近代における反乱や革命は常に万人のための自由と正義を求めて起きたのに対して、古代の「奴隷はすべての人間の不可譲の権利として自由を要求したことはなかったし、共同行為によって奴隷制そのものを廃止しようとは決してしなかった」ということである(W・L・ウェスターマン〔William L. Westermann〕「奴隷制〔Sklaverei〕」(Pauly-Wissowa〔*Paulys Real-Encyclopädie der Classischen Altertumswissenschaft*, herausgegeben von Georg Wissowa〕, Suppl. VI〔Stuttgart: J. B. Metzler, 1935〕)九八一頁)。

(52) 大陸ヨーロッパの政党システムとイギリスやアメリカのシステムはその実質や政治的機能において決定的に違っていることに留意する必要がある。あまり注目されていないが、ヨーロッパにおける革命の展開において、評議会(ソヴィエト、レーテ、等々)というスローガンは、革命を積極的に組織するにあたって実権を握った政党や運動によって提起されたのではなく、常に自然発生的な反乱の中から生まれてきた、ということは決定的に重要だ。そのような存在としての評議会は、さまざまな運動のイデオロギー的指導者から正当に理解されることはなかったし、とりわけて歓迎されたわけでもなかった。彼らにとって、革命は自分たちがあらかじめ想定した統治形態を人民に押しつけるためのものだった。クロンシュタットの反乱のよく知られているスローガンは、ロシア革命における決定的な転換点の一つである。いわく「共産党なしのソヴィエトを〔Soviets without Communism〕」。これは、当時においては「政党なしのソヴィエトを〔Soviets without parties〕」ということを意味していた〔通常、このスローガンは「ボルシエヴィキなしのソヴィエトを〔Soviets without Bolsheviks〕」と伝えられている。当然、さまざまな党派や潮流の立場からこのスローガンは解釈されうるが、少なくともアレントにとっては政党や党派からの自由が重要だった。「共産主義なしのソヴィエト」と訳しては逆のイデオロギー的なニュアンスを免れないだろう」。

全体主義体制〔regime〕という形でわれわれが新しい統治形態に直面していることについては、論文「イデオロギーとテロル——新たな統治形態〔Ideology and Terror: A Novel Form of Government〕」（*The Review of Politics*, Vol. 15, No. 3, July 1953）でやや詳しく論じておいた〔この論文は『全体主義の起源』第二版（一九五八年）に最終章として組み入れられている〕。ハンガリー革命と評議会システムについてのさらに詳細な分析については、先頃出した「全体主義的帝国主義〔Totalitarian Imperialism〕」（*The Journal of Politics*, Vol. 20, No. 1, February 1958）で論じている。

（53）セネカが伝える帝政ローマの逸話は、公的な場に現れるというそれだけのことがどんなに重大なことだったかをよく示している。当時、奴隷には公の場では同じ服を着せて自由市民と区別しようという提案が元老院に提出されたが、これはあまりに危険だとして却下された。その理由は、そうなると奴隷たちは互いに知り合うことができるし、自分たちのもつ潜在的な力に気づくことになるから、というのである。近代の〔歴史家たちの〕この一件についての解釈は、当時の奴隷たちの数は非常に多かったから〔危険だ〕というものだが、この結論は間違っていることが今日では明らかになっている。ローマ人の政治的本能が賢明にも危険だと判断したのは、〔公の場に〕現れるということそれ自体であって、それに関わる者の人数とはまったく別だったのだ（ウェスターマン、前掲書、一〇〇〇頁を参照）。

（54）A・ソブール〔Albert Soboul〕「共和暦二年の労働問題〔Problèmes du travail en l'an II〕」（*Journal de psychologie normale et pathologique*, Vol. LII, No. 1, January-March 1955）〔*Comprendre la Révolution: problèmes politiques de la révolution française (1789-1797)*, Paris: F. Maspero, 1981 に所収（pp.109-126）〕は、労働者〔workers〕たちが歴史的な場面で最初に登場した時のことを的確に描いている。「労働者がそう呼ばれるのは、社会的な機能によってではなく、単純にその

服装からである。労働者たちはボタン付きの長ズボンを着用したが、この服装が民衆、サン・キュロットの特徴になった。……一七九三年四月一〇日の国民公会への請願が述べているように、サン・キュロットというのは、貴族を除く全市民のことではなく、もてる者たちと区別された、もたざる者たちを意味する」〔アレントが「……」として中略した箇所は、以下のとおり。「そのような服装が社会的と同時に政治的な差別化をなすものだと誰が想像しただろうか。それは重要ではない。ブルジョアジーはその社会的な意味を誤解しなかったと指摘しておけば、ここでは十分だろう」〕。

(55)「人民〔le peuple〕」という言葉は一九世紀には広く用いられるようになったが、元来は財産をもたない人々を指していた。以前指摘したように、衣食にも事欠く貧しい人々というのは、近代になるまで知られていなかった。

(56) この問題に関する古典的な著作は、今なおアダム・スミスである。彼にとって、政府の唯一正統な機能は「富者を貧者から守り、あるいは財産をもつ者をまったくもたぬ者から守る」ことにある（前掲書、第二巻、一九八頁以下。引用は、第二巻、二〇三頁〔『国富論』第五篇第一章「主権者または国家の経費について」、第二節「司法費について」〕、前掲訳書、⑶三二頁以下。引用は、四〇頁〕）。

(57) これが民主政という形をとった僭主政についてのアリストテレスの解釈である（『政治学』一二九二a一六以下〔「また民主制の他の種類は上の種類と他の点では同じであるが、法律ではなくて、大衆がそこでは至高のものである。このことは凡てが法律ではなくて、民会の政令によって決定される場合に行われる。そしてそれがそういうことになるのは、民衆指導者（デマゴーグ）の影響によってである。何故なら法律によって支配されている民主制の国では、民衆指導者は現れないで、国民のうちで最も優れた人々が重要な椅子を占める。しかし法律が至高のものでないところでは、民衆指導者が現われる。何故なら多数の人々から一つのものとして構成された民衆――というのは多数の人々は個々人としてではなく、全体として主権者なのだから――が単独支配者になるからである。しかしホメロスが「多数者支配は宜しからず」と言っているのはどのようなもののことなのか、今述べたもののことなのか、それとも、支配者たちが個々人として多数である場合のもののことなのか、明らかでない。しかしともかくこのような民衆は、単独支配者であるから、法律に支配されないことによって単独支配をすることを求めて専制的になる、従っておべっか使いが尊重されるということになる。そうしてこのような民衆は単独支配のうちでは僭主制に比せられる」（前掲訳書、一八九―一九〇頁。ただし、「独裁者」を「単独支配者」に、「独裁的支配」「独裁制」を「単独支配」に変更した））。しかしながら、王制は僭主制の統治形態に含まれないし、一人支配にも単独支配にも入らない。「僭主制〔tyranny〕」と「単独支配制〔monarchy〕」は互換可能であるのに対して、「僭主〔tyrant〕」とbasileus〔「王」〕は正反対のものとされていた（例えば、アリストテレス『ニコマコス倫理学』一一六〇b三〔第八巻第一〇章。前掲訳書、㊦一一八―一一九頁〕、プラトン『国家』五七六D〔前掲訳書、㊦二八四頁〕）。一般的に言って、一人の支配が古代に賛美されたのは家政あるいは戦争の場合だけで、〔ホメロス〕『イリアス』の有名な行、ouk agathon polykoiraniē; heis koiranos estō, heis basileus ――「多数の者の支配はよくない、ただ一人が主人となるべきであり、ただ一人が王である」（二・二〇四行〔松平千秋訳、岩波文庫、一九九二年、㊤五二頁〕）が引かれるのも、通常は軍事ないし「経済〔economic〕」〔家政〕の事柄に関してである（アリストテレスは例外で、『形而上学』〔一〇七六a三以下〔前掲訳書、㊦一六九頁〕〕でホメロスのこの言及を政治的な共同生活〔politeuesthai〕に比喩的に適用している。彼は『政治学』一二九二a一三〔前掲訳書、一九〇頁〕で再びホメロスの詩句を引用して、「個人としてでなく集団として」多数者が権力をもつことに反対し、それは一人支配ないし僭主制の偽装された形態だと論じている）。反対に、のちに「ポリアーキー〔polyarkhia〕」と呼ばれるようになる多数者支配は、戦争における指揮の混乱を意味するものとして酷評されている（例えば、トゥキュディデス〔『戦史』〕六・七二を参照。クセノポン『アナバシス』六・一・一八参照〔「ともあれ、敗北の主たる原因は、指揮官が多すぎて、命令が統一を欠いたこと（かれらの指揮官は十五人いたのである）、一般大多数の兵士らが秩序と服従の精神を欠いていたこと、これら二点に帰せられる」（『戦史』前掲訳書、㈦九九頁）、「そこで考えたのが、もしただ一人の指揮官を選出すれば、その一人の指揮官は、多数の人間が指揮する場合よりは、昼夜の別なく軍隊を有効に行使できるのではないか――隠密の作戦を必要とする場合にも、その方が敵の目を逃れやすいし、敵に先行せねばならぬ時にも、遅滞することが少なかろう、ということである。指揮官同士が論議する必要もなく、一人が決断したことを実行すればよいからである。以前はしかし指揮官たちが、多数を制した意見に従って万事を処理していたのであった」（『アナバシス』松平千秋訳、岩波文庫、一九九三年、二五七頁）〕。

(58) アリストテレス『アテナイ人の国制』一六・二、七〔村川堅太郎訳、岩波文庫、一九八〇年、三六、三七頁〕。

(59) フリッツ・ハイヒェルハイム〔Fritz Heichelheim〕『古代経済史〔*Wirtschaftsgeschichte des Altertums*〕』（Leiden: A. W. Sijthoff, 1938）、第一巻、二五八頁を参照。

(60) アリストテレス（『アテナイ人の国制』一五・五）は、ペイシストラトスのこの発言を記している〔「そこで彼は今までの演説を語り終わった後、武器に関しても一部始終を語り、驚いたり落胆したりせず、帰って各自の仕事にいそしむがよい、公共の事は今後みな自分が配慮しようと述べた」（前掲訳書、三六頁）〕。

(61) 『ポリティコス（政治家）』三〇五〔「エレアからの客人　さあ、このような次第で、以上においてわれわれがとりあげてみたあの三種類の知識を総覧してみれば、明らかにこれらのうちのいかなるものも「政治家の持つべき知識」ではありえないことが、おのずから理解されてくるはずだ。いやたしかに、真実の意味でその名に値するような「王者の持つべき知識」というものは、直接に自分が手をくだして行動するようなことをしてはならないのだ。それはむしろ、直接に行動する能力をわれわれに授けうる種々の知識、これらの知識を支配すべきものなのだ。なぜなら、この唯一の知識だけが、どの国家における場合であれ、その国家の浮沈にかかわるような最重要政策を、開始して一気に発動させることが時宜にかなっているか、それとも時宜に反しているか、という問題について真に熟知しているからなのだ。それに反して、これ以外のあらゆる知識は、こうして指示された政策をたんに実行しうるだけなのだ」（水野有庸訳、『プラトン全集』第三巻、岩波書店、一九七六年、三五八頁）」。

(62)『ポリティコス（政治家）』の決定的な争点は、大規模な家政の制度とポリスのそれとの間には何の相違もなく（二五九を参照）、したがって政治的問題についても、「経済」ないし家政の問題についても、同じ学問が適用されうる、ということである（「エレアからの客人　もう一つ言っておくと、家長と主人とは同一のものだ。／若いソクラテス　ええ、もちろんです。／エレアからの客人　さらにまた、堂々たる大家族と、それからこんどは小規模の国家とを見くらべてみる場合に、このそれぞれを治める支配術のうえでの相違が何かあるだろうか。／若いソクラテス　何もありません。／エレアからの客人　さあこれで、以上の考究の結果として、いま挙げられたものの全部を取り扱う知識が単一な一まとまりの知識であることが明らかになったのだ。そしてこの知識をだれかが「王者の持つべき知識」と呼ぼうと、「政治家の持つべき知識」と呼ぼうと、「家長の持つべき知識」と呼ぼうと、この人に向かってわれわれはいっさい異議を唱えないことにしようではないか」（二五〇B―C。同書、一九七頁）」。

(63)　プラトンが『国家』第五巻のこの文章で書いているのは、人は自分の息子、兄弟、父親を攻撃することを恐れて、彼のユートピア的共和国で平和を促進することになるだろう、ということである。なぜなら、女性を共同にすれば、誰も自分の血縁など分からなくなるからである（特に四六三Cおよび四六五B〔前掲訳書、(上)四二〇、四二五―四二六頁〕を参照）。

(64)『国家』四四三E〔「真実はといえば、どうやら、〈正義〉とは、たしかに何かそれに類するものではあるけれども、しかし自分の仕事をするといっても外的な行為にかかわるものではなくて、内的な行為にかかわるものであり、ほんとうの意味での自己自身と自己自身の仕事にかかわるものであるようだ。すなわち、自分の内なるそれぞれのものにそれ自身の仕事でないことをするのを許さず、魂のなかにある種族に互いに余計な手出しをすることも許さないで、真に自分に固有の事を整え、自分で自分を支配し、秩序づけ、自己自身と親しい友となり、三つあるそれらの部分を、いわばちょうど音階の調和をかたちづくる高音・低音・中音の三つの音のように調和させ、さらに、もしそれらの間に別の何か中間的なものがあればそのすべてを結び合わせ、多くのものであることをやめて節制と調和を堅持した完全な意味での一人の人間になりきって――かくてそのうえで、もし何かをする必要があれば、はじめて行為に出るということになるのだ」（同書、（上）三六七―三六八頁）。

(65) ekphanestaton〔最も輝いて現れるもの〕という言葉は、〔プラトン〕『パイドロス』（二五〇）で、美の主要な特質とされている。『国家』（五一八〔前掲訳書、（下）一一五―一一六頁〕）では、同様の特質は善のイデアのものとされ、phanotaton〔最も輝かしい〕と呼ばれている。どちらの語もphainesthai〔「現れる」および「輝いて出る」〕から派生したもので、いずれも最上級で用いられている。言うまでもなく、光り輝くという性質は、善よりも美にふさわしい〔『パイドロス』の指示されている箇所は、不死なる魂が天空でイデアに遭遇する有名な場面である。「たしかに、《正義》といい、《節制》といい、またそのほか、魂にとって貴重なものは数々あるけれども、この地上にあるこれらのものの似像の中には、なんらの光彩もない。ただ、ぼんやりとした器官により、かろうじて、それもほんの少数の人たちが、それらのものを示す似像にまで到達し、この似像がそこからかたどられた原像となるものを、獲得するにすぎないのである。けれども《美》は、あのとき、それを見たわれわれの眼に燦然とかがやいていた」（藤沢令夫訳、岩波文庫（改版）、二〇一〇年、八二―八三頁）〕。

(66)「プラトンの著作を徹頭徹尾貫いているのは、最高の測定術が存在し、価値（phronēsis）についての哲学者の知識こそがその測定能力である、という思想だ」というヴェルナー・イェーガー〔Werner Jaeger〕の指摘（『パイデイア〔*Paideia*〕』〔『パイデイア――ギリシアにおける人間形成』上、曽田長人訳、知泉書館（知泉学術叢書）、二〇一八年〕第二巻〔Oxford: Blackwell, 1944〕、四一六頁、注）は、プラトンの政治哲学にのみあてはまる。政治哲学では、善のイデアが美のイデアに取って代わっているからである。『国家』で語られる洞窟の寓話はプラトンの政治哲学の中心に位置しているが、そこで提示されるイデア論は本来のイデア論ではなく、その政治への応用として理解されるべきだ。純粋に哲学から展開されてきた本来のイデア論については、ここでは論じない。フロネーシス〔phronēsis〕が「価値についての哲学者の知識」を示すものだというイェーガーの指摘は、事実、この知識が政治的な性格のもので非哲学的なものであることを示している。というのも、phronēsis という言葉は、プラトンでもアリストテレスでも、哲学者が真理を見通す力よりは、むしろ政治家の洞察力を特徴づけるものだったからである。

(67)『ポリティコス（政治家）』では、プラトンの思考は主としてこの論点を追求している。皮肉なことに、彼の結論はこうである。羊たちを支配する羊飼いと同じように人間を支配するのに適した者を探すと、「死すべき人間ではなく神」に行き着くことになる、と〔「エレアからの客人　まず、現在の循環期における万物の発生方式のもとで見られるような王者ないし政治家について説明を求められているのに、われわれは、万有が現在と逆方向に周行していた時代に着目して、その時代の、人間という動物群を養う牧者について論じたのだ。しかもその牧者は、命に限りのある者ではなくて神であったのだ」（二七四E。前掲訳書、二四九頁）〕。

(68)『国家』四二〇〔彫像の喩えは次の部分である。「たとえて言えば、いまここにある人が、われわれが彫像に色を塗っているところへやって来て、像の最も美しい部分に最も美しい色の絵具を塗っていないのはけしからんと言って、われわれを非難したとする。つまり、目は最も美しい部分であるのに、深紅色ではなく黒で色づけされているではないか、というわけだ」（前掲訳書、(上)二九二頁）〕。

(69)興味深いことに、プラトンの政治理論は次のような形で発展している。『国家』では、支配者と被支配者の区別は専門家と素人の関係を基準に行われていた。『法律』では、知ることと行うことの関係に依拠している。『法律』では、確固不動の法律を執行することだけが政治家に残された任務、公的領域の機能となる。この発展で最も顕著なのは、政治の技術を修得するのに必要な能力が次第に縮小していることである。

(70) 引用は、『資本論』(モダン・ライブラリー版〔*Capital: A Critique of Political Economy*, revised and amplified according to the fourth German edition by Ernest Untermann, New York: The Modern Library, 1906〕)八二四頁(向坂逸郎訳、岩波文庫、一九六九—七〇年、第二四章「いわゆる本源的蓄積」第六節、(3)三九八頁)。別の文章では、マルクスは暴力に関するこの言明を社会的・経済的な力の発現に限定していない。例えば、こう述べている。「現実の歴史においては、征服、奴隷化、掠奪、殺人、要するに暴力が大きな役割を果たしていることはよく知られている」(同書、七八五頁(同書、第二四章第一節、(3)三四一頁))。

(71) 哲学者が人々の支配者になろうとするのは、ただより悪しき者によって支配されるという懸念からだ、というプラトンの発言(『国家』三四七(前掲訳書、(上)八五頁))を、政府の役割は「善人」が「悪人」たちの間で静かに暮らせるようにすることだ、というアウグスティヌスの言葉(『書簡』一五三・六)と比較せよ。

(72) ヴェルナー・フォン・ブラウン〔Wernher von Braun〕の『ニューヨーク・タイムズ』一九五七年一二月一六日のインタビューから引用。

(73) 「人間はその由来も知らないし、結果も知らない。……〔行為の価値は〕未知である」とニーチェは述べたことがあるが(『権力への意志』第二九一番(前掲訳書、二九〇—二九一頁))、彼は自分が昔ながらの哲学者の行為に対する疑念を繰り返しているだけであることに気づいていない。

(74) これは「実存主義者」の結論だが、一見そう思われるほど伝統的な観念や基準を修正したものではない。事実、彼らは伝統の枠内で伝統的な観念をもって思考しており、ただ一定の反抗精神をもってそれをしているだけである。それゆえ、この反抗から出てくる最も首尾一貫した結論は〔一種の〕「宗教的な価値」への回帰だが、これはもはや正真正銘の宗教的経験ないし信仰に根ざすものではなく、近代的なあらゆる精神的「価値」と同様に、交換価値、彼らの場合には絶望を放棄することと引き替えに得られた「価値」にすぎない。

(75) 人間の誇りが損なわれずに残されているなら、人間存在の徴とされるべきは不条理ではなく悲劇である。カントはその最大の代表であり、彼にとって行為の自発性は、それにともなう実践理性の能力――これには判断力も含まれる――とともに人間の際だった特質であり、たとえ人間の行為が自然法則の決定論に拘束され、人間の判断力が絶対的な現実（いわゆる物自体）の秘密にまで届かないものだとしても、そのことに変わりはない。ひたすら動機の純粋性を主張することで行為がもたらす結果から人間を免除する勇気をカントは持ち合わせていた。人間とその潜在的な偉大さに対する信頼をカントが失わなかったのは、そのためである。

(76) このことをとりわけ強調しているのは、『ルカによる福音書』五・二一―二四である（『マタイによる福音書』九・四―六、『マルコによる福音書』二・七―一〇〔英語版・ドイツ語版ともに第一二章としているが、誤記だろう〕参照）。そこでは、イエスは「人の子が地上で許す力をもっていること」を示すために奇蹟を行ってみせている。ただし、「地上で」と強調しながら（「あなたがたは心の中で何を論じているのか。あなたの罪はゆるされたと言うのと、起きて歩けと言うのと、どちらがたやすいか。しかし、人の子は地上で罪をゆるす権威を持っていることが、あなたがたにわかるために」と彼らに対して言い、中風の者にむかって、「あなたに命じる。起きよ、床を取り上げて家に帰れ」と言われた。すると病人は即座にみんなの前で起きあがり、寝ていた床を取りあげて、神をあがめながら家に帰って行った」（『ルカによる福音書』五・二二―二五））。人々に衝撃を与えたのは、地上では人間こそが「許す力」をもっているという、この主張であり、それは彼の行った奇蹟より衝撃的でさえあった。だからこそ、イエスの説教の場に「同席していた人々は心の中で言い始めた。「罪を許すことさえやってのけるこの人は一体何者だろうか?」と」(『ルカによる福音書』七・四九)。

(77)『マタイによる福音書』一八・三五(「あなたがためいめいも、もし心から兄弟を許さないならば、わたしの天の父もまたあなたがたに対して、そのようになさるであろう」)。『マルコによる福音書』一一・二五:「また立って祈るとき、〔ここに入る「だれかに対して、何か恨み事があるならば」という文言をアレントは削除している〕許してやりなさい。そうすれば、天にいますあなたがたの父も、あなたがたのあやまちを、許してくださるであろう」参照。さらに、「もしも、あなたがたが、人々のあやまちを許すならば、あなたがたの天の父も、あなたがたを許してくださるであろう。だが、もし人を許さないならば、あなたがたの父も、あなたがたのあやまちを許してくださらないであろう」(『マタイによる福音書』六・一四—一五)。これらすべての事例において、許す力というのは、神ではなく、何よりもまず人間の力なのである。神は「われわれの負債を許し給う。われわれが負債者を許してやるように」(同書、六・一二)。

(78)『ルカによる福音書』一七・三—四(「あなたがたは、自分で注意していなさい。もしあなたの兄弟が罪を犯すなら、彼をいさめなさい。そして悔い改めたら、許してやりなさい〔metanoein〕。もしあなたに対して一日に七度罪を犯し〔hamartanein〕、そして七度「悔い改めます」と言ってあなたのところへ帰ってくれば、許してやる〔aphienai〕がよい」)。ここで鍵となる三つの言葉aphienai, metanoein, hamartaneinは、新約聖書のギリシア語では元の意味を十分に伝えるものではないにしても、それでも一定の意味内容を伝えるものになっていることに注目することが重要である。aphienaiの元の意味は「許す〔forgive〕」というよりも「放免する〔dismiss〕」や「解放する、解除する〔release〕」であり、metanoeinは「心を改め、考えを変える〔change of mind〕」、そして——ヘブライ語のshuvの意味を伝える場合には――「立ち戻る〔return〕」、「自分のしたことを遡ってたどり直す〔trace back one's steps〕」であって、心理的で情緒的な含みのある「悔い改め〔repentance〕」という意味はなかった。ここで求められているのは、考えを改めて「これ以上罪を犯すな」ということであって、懺悔したり、後悔したりする〔doing penance〕こととは、ほとんど正反対である。最後に、hamartanein は「罪を犯すこと〔to sin〕」というよりも「見失うこと〔to miss〕」、「失敗して迷い込む〔fail and go astray〕」の意味であるから、「侵害する〔trespassing〕」と訳したほうがふさわしいだろう（ハインリヒ・エーベリンク〔Heinrich Ebeling〕『新約聖書ギリシア・ドイツ語辞典〔*Griechisch-deutsches Wörterbuch zum Neuen Testamente*〕』〔Hannover: Hahnsche Buchhandlung, 1913〕を参照）。こうした点を考慮すれば、本文に引用した文章はこう訳すことができるだろう。「そして、もし彼があなたに迷惑をかけ〔trespass〕、……そして……あなたのところに立ち戻って、私は心を入れ替えた〔*I changed my mind*〕と述べたなら、あなたは彼を放免して〔*release*〕やりなさい」。

(79)『マタイによる福音書』一六・二七〔「人の子は父の栄光のうちに、御使たちを従えて来るが、その時には、実際のおこないに応じて、それぞれに報いるであろう」〕。

(80) 私のこうした解釈は、『ルカによる福音書』一七・一―五の文脈によって裏づけられるだろう。そこでイエスは、少なくとも地上では許すことのできない「犯罪」(skandala) が避け難いことを指摘しながら、こう述べている。「それを来たらせる者は、わざわいである。そのような者にとっては、挽き臼を首にかけて海に投げこまれた方がましである」。そして、これに続けて「過ちを犯して迷惑をかけた〔trespassing〕」(hamartanein) 者は許しなさいと説くのである。

(81) 愛は「恋〔romance〕」と同じくらいありふれたものだという偏見は、われわれはみなそれを最初に詩から学ぶという事実に負うところが大きいと言えるだろう。だが、われわれは詩人たちに欺かれている。愛が決定的な経験であるだけでなく、その人にとって不可欠な経験であるのは、詩人だけである。そうであるからこそ、彼らは自分たちの経験を万人に普遍的なものだと誤解するのだ。

(82) 子供によって愛が新たな世界を創り出すというこの能力は、繁殖力〔fertility〕と同じものではない。ほとんどの神話はこの繁殖力に基づいているが、以下に紹介する神話は、それとは反対に、明らかに愛の経験からイメージを引き出している。天空は大地の神の上に覆いかぶさる巨大な女神のように見える。女神と神は彼らの間に生まれた大気の神によって隔てられ、今や女神は大気の神によって持ち上げられている。かくして、空気から成る世界の空間が生成し、大地と天空の間に挿入されたのである。H・A・フランクフォート〔H. A. Frankfort〕〔ほか〕『古代人の知的冒険〔*The Intellectual Adventure of Ancient Man*〕』(Chicago: University of Chicago Press, 1946) 一八頁(『古代オリエントの神話と思想――哲学以前』山室静・田中明訳、社会思想社、一九七八年、二六頁。天と地の息子として空気(シュー)が生まれた、という古代エジプトの神話が紹介されている」および、ミルチャ・エリアーデ〔Mircea Eliade〕『宗教史概論〔*Traité d'histoire des religions*〕』(Paris: Payot, 1953) 二二二頁(『宗教学概論』久米博訳、『エリアーデ著作集』第二巻、せりか書房、一九七四年、一四二頁。ただし、該当する箇所にはアレントが紹介する神話への直接の言及はない)。

(83) ニーチェは比類なき明晰さで人間の主権と約束の能力の関係を見抜いていた。それは人間の誇りと良心の関係についての彼のユニークな洞察をもたらすことになる。残念ながら、この二つの洞察は相互に関連づけられず、「権力への意志」という彼の中心概念に影響を与えなかったため、ニーチェ研究者でさえ、しばしば無視している。二つの洞察は『道徳の系譜〔*Zur Genealogie der Moral*〕』第二論文の最初の二つのアフォリズムにある〔「二 まさにこれこそは責任の由来の永い歴史なのである。〔…〕私が「習俗の倫理」と呼んだもののあの巨大な作業(『曙光』九節、一四節、一六節参照)――人類のもっとも長きにわたった期間に人間が自己自身に加えてきた本来の作業、人間のあの前史的な作業の全体は、たとえその内にどんなに多くの冷酷、暴虐、遅鈍、痴愚が宿っているにしても、右の課題に関する点でその意義をもち、立派に申し開きが立つものとなる。それというのも、人間は習俗の倫理と社会的拘束の緊衣とのおかげで本当に算定しうるものとされたからである。しかるに、もしわれわれがこの巨大な過程の終点に立ってみるならば、すなわち樹木がついにその実を結び、社会とその習俗の倫理がそれの手段にすぎなかった当の目的がついに実現される地点に立ってみるならば、そのときわれわれは、その樹のもっとも熟した果実として主権者的な個体を見いだすであろう。これこそは自己自身にのみ等しい個体、習俗の倫理からふたたび解き放たれた個体、自律的にして超倫理的な個体（というのも〈自律的〉と〈倫理的〉とは相容れないから）、要するに自己固有の、独立的な、長い意志をもつ約束することのできる人間である。——そして彼の内には、ついに達成されて彼自身それの化身となったそのものについての、全筋肉を震わせるほどの誇らかな意識が、真の権力と自由との意識が、人間そのものとしての完成感情が見られる。真実に約束することのできるこの自由となった人間、この自由なる意志の支配者、この主権者、——この者が、かかる存在たることによって自分が、約束もできず自己自身を保証することもできないすべての者に比して、いかに優越しているかを、いかに多大の信頼、多大の恐怖、多大の畏敬を自分が呼び起こすか——彼はこれら三つのものすべての対象となるに〈値する〉——を知らないでいるはずがあろうか？」（信太正三訳、『ニーチェ全集』第一一巻、ちくま学芸文庫、一九九三年、四二五—四二七頁）。

(84)　前注（77）の引用を参照。イエス自身は奇蹟を行う人間の能力の根源を信仰に求めたが、この点はわれわれの考察の範囲の外にある。われわれの関心から見て重要なのは、奇蹟を行うこの能力は神に由来するものとされていないという、ただ一点である。信仰は山をも動かし、信仰は許す。前者が奇蹟であるのと同じく、後者も奇蹟である。そして、一日七度許しなさいとイエスに求められたとき、使徒たちはこう答える。「主よ、われらの信仰を増し給え」。

訳注

＊1　「エピグラフ」には、ダンテ『帝政論（*De Monarchia*）』（一三一〇年）からのラテン語原文の引用と英語訳が掲げられている。英語訳はアレントの解釈が入った意訳に近く、原典の解釈としては疑義がある、とドイツ語版の邦訳の訳者である森一郎は指摘している（邦訳五一三頁）。試みに、小林公訳『帝政論』（中公文庫、二〇一八年）の第一巻第一三章に依拠して、アレントが引用して英訳している部分を傍線で示すと、以下のようになる。

(1)更に、支配することへと最善の仕方で秩序づけられうる者こそ、他者を最善の仕方で秩序づけることができる。というのも、行為者が自然的必然によって行為しようと意志によって行為しようと、あらゆる行為において行為者が第一に目指すのは、自己と類似したものをさらに生み出していくことだからである。

(2)それゆえあらゆる行為者はまさに行為者であるかぎりにおいて、自分の行為に喜びを感ずることになる。なぜならば、存在するものはすべて自己の存在を欲求し、行為により行為者の存在は何らかの意味で増大するがゆえに――そして喜びは欲求の対象と常に結びついているので――必然的にそこから喜びが生ずるからである。

(3)それゆえいかなるものも、行為の作用を受けるものへと伝達されるはずの性格をすでに有していないかぎり行為することはない。それゆえアリストテレスは『形而上学』において「可能態から現実態へと変化するものはすべて既に現実態においてそのようなものとして存在しているものによってそのように変化させられる」と述べており、或るものがこれと異なる仕方で行為しようと試みても、その試みは無益である。（四九―五〇頁）

＊2　この段落全体の主語ないし主題は「言論と行為」であり、次の文章でまた「言論と行為」が主語に戻

っているという文脈から見れば、ここで論じられている対象ないし主語も「言論と行為」という活動のはずだが、創意（initiative）との関係がいささか舌足らずである。ドイツ語版では、創意といっても「格別の決意を必要とするものではなく」、人間が人間であるかぎりにおいて、言論と行為で自分を現すことなしに済ますことはできない。そのような意味における創意である、と言葉を補って、言論と行為という活動が「創意」の要素を含んでいることを説明している。

＊3　政治的な領域に属するものとしての「栄光」については、第10節を参照。

＊4　原文は簡潔にすぎるので、ドイツ語版を参照して敷衍して訳した。ドイツ語版の該当箇所もかなり難解だが、意を汲んで訳すと以下のようになる。「人間を他の動物種と区別する種差はまさに次の点にある。すなわち、人間とは一個の誰かである存在であって、この誰かを定義することはできない。なぜなら、この誰であるかというのは他の何ものとも比較できないからである。ある人の誰であるかと他の人の誰であるかは、そのあり方がまったく違っており、それを比較することはできない」（S. 223）。

＊5　ドイツ語版のS. 231を参照して補足した。

＊6　ヘロドトス『歴史』一・三二のソロンの言葉。幸運と幸福を比較してソロンはこう述べている。「しかし幸運な者には他方にない次のような利点がございます。なるほど欲望を満足させたり、災厄に耐える点では金持と同じ力はございますまい。しかし運が良ければ、そういうことは防げるわけでございます。五体に欠陥もなく、病を知らず、不幸な目にも遭わず、良い子に恵まれ、容姿も美しい、という訳でございますからね。その上更に良い往生が遂げられたならば、その者こそあなたの求めておいでになる人物、幸福な人間と呼ぶに値する人物でございます。人間死ぬまでは、幸運な人とは呼んでも幸福な人と申すのは差控えねばなりません」（松平千秋訳、岩波文庫、二〇〇七年、(上)三五頁）。

＊7　カトリック教会では、死後に申請が行われて「福者（beatus; blessed）」に列福され、さらに審査を経て「聖人（sanctus; saint）」となる。ギリシア語のエウダイモニアにはカトリック教会の「列福」に含

まれるような幸福、至福の意味は含まれていなかった、とアレントは言うのである。

＊8　第24節、三二六―三二七頁を参照。

＊9　「頭脳の力」と「筋肉の力」の原語は、brain power と muscular force である。これも労働力(labor power)の場合と同様に、厳密には「力量(strength)」ということになるだろう。アレントに限らないが、厳格な概念定義をあまりに杓子定規に用いると、言葉の日常的な用法と齟齬を来すところが出てくるのは不可避である。ちなみに、旧約聖書『サムエル記 上』一七・四九では、ダビデは投石器でゴリアテを倒す。その意味では「道具」も一役買っている。

＊10　原文は even if となっている。ただし、抵抗する側が暴力を用いたとしても、体制側の圧倒的な強制力（武器という道具の使用）によって鎮圧されるだろう。体制側もそれを意図して反乱側の暴発や内部分裂を挑発するのが常である。したがって、「暴力による抵抗（も可能だが仮にそれ）を断念したとしても」という訳では不十分だろう。ドイツ語版は、この箇所を zwar gerade, wenn（暴力の使用を控えるからこそ）と修正している。志水速雄訳も、そのような意味合いを込めて「控えるならば」と訳している。『暴力について――共和国の危機』山田正行訳、みすず書房（みすずライブラリー）、二〇〇〇年、一四一―一四六頁も参照。

＊11　アリストテレス哲学の文脈では、actuality は「現実態」と訳す。

＊12　原語は literati. すぐあとに出てくる「知識人」は intellectual. ドイツ語版では、どちらも Intellektuelle が用いられている。

＊13　ここでのスミスの発言の本意は、人間の資質の違いは犬の種類の間の相違よりはるかに小さく、人々を分けるのはむしろ習慣や教育、そして社交である、ということにある。「人それぞれの生まれつきの才能の違いは、われわれが気づいているよりも、実際はずっと小さい。さまざまの職業にたずさわる人たちが、成熟の域に達したときに、一見他人と違うようにみえる天分の差異は、多くの場合、分業の原因だと

いうよりもむしろその結果なのである。最も似かよっていない人物間の違いは、たとえば学者と街のありふれた荷かつぎ人足とのあいだのように、生まれつきのものというよりもむしろ、習癖、習慣および教育によるように思われる。かれらがこの世に生まれてきたとき、そしてそれから六歳か八歳までのあいだは、おそらくたいへん似かよっていて、両親も遊び仲間も、二人のあいだにべつだん目立った違いを見つけだすことはできなかったろう。その年頃か、またはまもなく、かれらは非常に異なった職業に従事するようになる。この頃になると、才能の違いが目立つようになり、それは次第に広がって、ついには学者のほうは虚栄心から、どんな類似点もまったく認めたがらないようにまでなるのである。ところで、取引し、交易し、そして交換するという性向が人間になかったなら、だれでも、自分の求める生活の必需品と便益品をことごとく自分で調達しなければならなかったにちがいない。すべての人が、同一の義務を果し、同一の仕事をしなければならなかったにちがいない。そして、才能の大きい違いをもっぱらひきおこすような仕事についての違いは、生じ得なかったであろう。／この性向こそが、さまざまな職業に従事する人たちのあいだにこんなにはっきりした才能の違いをつくりあげるのであるが、この同じ性向がまた、その才能の違いを有用なものにするのである。すべて同一種と認められる多くの動物種族は、生まれつきの能力の差異を自然からさずかっているが、その差異は、習慣や教育の影響が加わる前に人間に生じると思われる天分の差異にくらべると、はるかに顕著である」（『国富論』大河内一男監訳、中公文庫、一九七八年、(1)二八—二九頁）。マルクス『哲学の貧困』におけるこの箇所の引用に言及した原注（48）も参照。

＊14　全体主義は、一九世紀ヨーロッパの国民国家とその政治的代表システムとしての議会・政党の機能不全、解体の中から、バラバラに解体して孤立し、かつ孤独となった大衆《マス》を組織する運動という形で登場する。したがって、全体主義という「システム」は絶えざる運動であるところに本質があり、安定した体制(regime) そのものを破壊する性質を帯びている。その点では、自然発生的に現れる評議会と——いわば対極的な方向から——旧来の政党は対立している。この点については、アレント『全体主義の起源』を参

照。

＊15　原語はconspicuousで、おそらくソースティン・ヴェブレンの「顕示的消費（conspicuous consumption）」を意識している。

＊16　ここで挙げられている東ヨーロッパ、スペインとイタリア、フランスそれぞれの資本主義発展の段階についてのアレントの認識には議論の余地がある。資本主義の発達が不十分な国というのは東ヨーロッパまでなのか、イタリアやスペイン、さらにフランスも入るのか、あるいは発展が不十分な東欧だけでなく、イタリア、スペイン、さらにフランスでも労働運動は初期段階にあるという意味なのかは判別し難い。ドイツ語版は「東欧および南欧」を一括して資本主義の発展が遅れた国としているが、この場合にも南欧に古典的な国民国家としてのフランスが含まれているかどうかは文面からは定かではない。

＊17　プラトンは『国家』三六八C—三六九Aで、「正義」を探求するにあたって個人の「正義」と国家の「正義」を類比することを提唱する。「ぼくたちが手がけている探求は並大抵のものではなく、よほど鋭い眼力の人でなければ手に負えない問題であると、ぼくには思える。で、ぼくたちにはそれほど力量がないのだから、こういうやり方でそれを探求してはどうかと思うのだ。つまり、あまり眼のよく利かない人たちが、小さな文字を遠くから読むように命じられたとする。そのとき誰かが、その同じ文字がどこか別のところにも、もっと大きくもっと大きな場所に書かれているのに気づいたとしたらどうだろう。思うにきっと、これはもっけの幸いとみなされることだろうね——まず大きいほうを読んでから、そのうえで小さいほうのが、それと同じものかどうかを調べてみることができるのだから」（藤沢令夫訳、岩波文庫（改版）、二〇〇八年、㊤一四三頁）。国家はいわば「大きな文字で書かれた人間（man writ large）」だと言うのである。

＊18　ジャンバッティスタ・ヴィーコ『新しい学』（一七二五年。邦訳：上村忠男訳、中公文庫、二〇一八年）。第Ⅵ章の原注（62）も参照。

＊19　原語は、個人の力量と同じ strength となっている。権力と力量についてのアレントの用語法に従えば、power のほうがふさわしいように思われるが、ドイツ語版でも直前の力量と同じ Kraft が用いられている。いずれにせよ、少なくとも個人に内属する力量とは異なるものと考えるべきだろう。

＊20　イギリス民謡 "Green Grow the Rushes, O" の一節。

＊21　この一段は、自然との関係における人間の生という条件のもとで人間の活動と相互の関係を論じた第Ⅲ章第12節、思考とその物化としての芸術作品、そこに制作が関与することを論じた第Ⅳ章第23節と関連している。思考も一つの「活動」であることは――アレント自身も言うように本書での考察ではやや周辺に位置しているので――見逃されやすい。

＊22　これは、以下の本文で述べられるプラトンに対する批判であると同時に、次節「不可予言性と約束の力」でアレントが評価しているニーチェに対する批判でもある。原注（83）とそこに補足したニーチェの引用を参照。言い換えれば、この点でニーチェはプラトン以来の西洋政治哲学の圏内にある。

＊23　第34節の話の順序では、このあとにナザレのイエスの「許し」による救済が論じられているので、一見するとイエスの「許し」の奇蹟のような能力があれば、自然に対する「行為」の介入も修復が可能のように読めるが、自然の改変はイエスの「許し」という「奇蹟」によっても修復することはできない。人間の制御しうる範囲内であれば、目的意識的な制作による再建か、あるいは自然の循環による回復を待つほかはない。

＊24　ドイツ語版では Vergessen となっている。

＊25　ここで言う「根源悪」とは、ナチスのユダヤ人殲滅など「全体主義」による人間そのものの破壊を指している（『全体主義の起原』第三巻、大久保和郎・大島かおり訳、みすず書房、一九七四年、二六六頁参照）。

＊26　『マルコによる福音書』九・四二、『マタイによる福音書』一八・六、『ルカによる福音書』一七・二。

＊27　ここでアレントは「許すこと」を the undoing of what was done と言い換えている。ドイツ語版は das Rückgängigmachen eines Gehandelten で、いずれも「なされたことを元に戻す、取り消す、なかったことにする」という意味だが、的確な訳語を与えるのは難しい。そもそも本文で述べていたように「行為」は不可逆で、なされたことを文字どおり「元に戻す」ことは不可能である。なされてしまった結果を「なかったことにする」こともできない。にもかかわらず、その行為によって破壊された人間関係をもう一度「修復する」ことが「許し」の核心部分である。それは、なされた行為の結果を――なかったことにするのではなく――踏まえた上で作り出される新しい関係でなければならない。その意味で、「許し」は「行為」の一種、しかも――ふつうは修復など困難に思える行為の結果を「予想もできない」形で修復するという意味で、「行為」の最たるものである。アレントの言う「許し」は、謝罪に対する赦免、償いの代価としての忘却というような決まった方式にはあてはまらない。だからこそ、それは「奇蹟」なのである。

＊28　『ルカによる福音書』七・四七。

＊29　原語は subject だが、文脈からして明らかに許しの「主体」ではなく「客体」である。ドイツ語版も、明確に Gegenstand（対象）と表記している。

＊30　旧約聖書『創世記』第一二―一五章。ウルに生まれたアブラハムは、父と家族とともにウルを出て、ハランに移り住む。旅に出るのは、そこからである（一一・三一）。聖書のテキストは、神が最初にアブラハムに「約束の地」を示し、その約束が「契約」として成就する物語になっているが、アレントはこれを荒野で人々の間の争いを調停することで相互の約束の力を試すための旅と解釈する。ドイツ語版の邦訳三二一頁は、この解釈を明確に示している。

＊31　ここでアレントは自己に対する支配と他者に対する支配に、それぞれ domination と rule をあてているが、これまでの箇所から見ても、一貫して区別しているわけではない。ドイツ語版では、Selbst-

Beherrschung と Herrschaft über andere である。

＊32　「ひとりのみどりごがわれわれのために生まれた」（『イザヤ書』九・五）。ここでの「よき報せ（glad tidings）」は言うまでもなく「福音（Gospel）」を意味するが、いわゆる福音書には直接該当する箇所はない。近いものとしては、『ヨハネによる福音書』一・一四の「ことばは人となって、私たちの間に住まわれた」がある。そのため、ドイツ語版では「クリスマスのオラトリオ」と訂正している。

[248]

第Ⅵ章　活動的生活と近代

Er hat den archimedischen Punkt gefunden, hat ihn aber gegen sich ausgenutzt, offenbar hat er ihn nur unter dieser Bedingung finden dürfen.

(彼はアルキメデスの点を発見したが、それを自分自身に対して用いた。それを条件にして初めて、彼の発見は許されたように見える)*1

フランツ・カフカ

35　世界からの疎外

近代の入口で起こった三つの大きな出来事が、近代という時代の性格を決定づけた。その三つの出来事とは、第一にアメリカ大陸の発見とそれに続く地球全体の探査。第二に宗教改革、これは教会や修道院の財産没収によって個人の財産収奪と社会的富の蓄積の出発点となった。第三に望遠鏡の発明と、宇宙から地球の自然を見る新しい科学の発展である。これらの出来事は、フランス革命以降に起こった出来事のような意味で近代的なのではない。そもそも出来事は因果関係の連鎖では説明できないものだが、それでもこれらの出来事は過去からの延長線上で起こっていて、具体的な先例や先行者を挙げることもできる。それまで表に出なかった地下の伏流が集まって突然に噴出するというような突出した性格は、これらの出来事にはないのである。われわれがこれらの出来事に結びつけるガリレオ・ガリレイ、マルティン・ルター、そして発見の時代の偉大な航海者、探検家、冒険家たちは、近代以前の世界に属している。しかも、彼らには目新しいものを追い求めるという奇妙なパトスは見られない。［249］一七世紀以来、ほとんどすべての偉大な作家、科学者、哲学者は、それまで誰も見たことのないものを発見した、思ってもみなかったことを考えたと不自然なくらいに主張したが、ガリレオでさえそのようなことは主張していない(1)。これら三つの出来事を起こした先駆者たちは革命家ではなかったし、彼らの動機や意図はなお伝統の中にしっかり根ざしていたのである。

同時代人から見れば、これらの出来事で最も目を引いたのは未知の大陸や夢想だにしなかった大海の発見だったに違いないし、おそらく最も不安をかき立てたのは宗教改革によって西欧キリスト教会がもはや修復できないほど分裂したことだろう。正統な教義に対する深刻な挑戦は、人々の魂の平安を脅かした。この二つに比べれば、三つ目の出来事は、ほとんど注目を集めることはなかった。望遠鏡の発明は、人間がすでに保有していた道具の膨大な在庫目録に新たな品目を付け加えたにすぎないし、純粋に科学的な目的のために考案された最初の道具ではあったが、天体を観察する以外には役に立たないものだったからである。しかしながら、もしわれわれが自然過程と同じように歴史の勢いを測定できたとすれば、望遠鏡の発明という当初はほとんど注目されることなく、おずおずと踏み出されたこの宇宙の発見への最初の一歩が絶えずその勢いと速度を増していき、［250］第一の出来事がもたらした地平の拡大――これは最終的には地球それ自体によって限界を与えられている――だけでなく、今なお限界を知らずに進みつつある経済的蓄積過程という第二の出来事の影響力をも凌駕するまでになっていることが明らかになるだろう。

しかしながら、これはまだ推測の域を出ていない。事実としては、地理上の発見が陸地の正確な測量に基づく地図や海図の作成によって完了するには数世紀を要したし、それらは今ようやく終わりにさしかかっている。今後は、人間は終《つい》の住み家を完全に所有して、これまで人間を誘い、また拒んできた地平線の彼方を一つの球体にまとめて、その壮大な外観と詳細な表面をまるで自分の手のひらのように知ることができる。地上の巨大な空間が人間に利用可能なものとして発見された、まさにその瞬間、地球の収縮と言われる現象が始まったのである。今日われわれの世界では（それは近代の産物だが、近代世界と同じものではない）、すべての人が自分の国の住人であると同時に、地球の住人でもある。人々は今や地球大に広がった切れ目のない世界の中で生活を営んでいる。最も完全な連続体にもそなわっている距離の観念でさえ、今日の世界では速度の攻勢の前で屈服する。速度による空間の征服は、一つのものは同時に二つの地点に存在できないという限界点まで到達した。距離はもはや意味をもたなくなる。地球上のどの地点に行くにも、人間生活にとって重要な時間を――年月はもとより、週という単位の時間でさえ――必要としなくなっているのである。

もちろん、こうした距離の収縮過程を推進することほど、近代初期の探検家や世界周航者たちにとって無縁なものはなかった。彼らが出ていったのは地平を拡げるためであって、地球をちっぽけな球体にするためではなかった。はるか彼方からの呼び声に応えたとき、その距離を消滅させてしまおうなどという意図はまったくなかった。あとになって考えてみると、測定できれば無限ではなくなるし、調査が進めば離れていた地点が結びついて、圧倒的な距離に緊密さが取って代わるのは、すぐ分かる道理である。例えば、近代初期に作成された地図や海図は、地球上の空間すべてを手にとるように目の前にすることができる技術の到来を先取りするものだった。鉄道、蒸気船、航空機によって空間が収縮して距離が意味をもたなくなる前に、[251] 地球は人間精神の調査能力によって、はるかに効果的かつ無限に収縮していたのである。人間の精神は、数やシンボル、モデルを用いて地球上の物理的な距離を、人間の肉体の感覚が自然に理解できる間尺にまで圧縮することができる。われわれが地球を周回できるようになり、人間が住んでいる地域を数日または数時間で往来できるようになる前に、われわれは居間に地球儀を持ち込んで、手で触れたり目の前でまわしたりしていたのだ。[*2]

速度による距離の短縮ということこの点に関しては、以下に述べるような文脈では、さらに重要なもう一つの側面がある。人間の調査能力には、対象への直接の関わり合いや関心を避けて、目の前にある事柄から身を引いて距離を置いたほうが、それだけ有効に働く、という性質がある。当人とまわりの環境、世界や地球との間の距離が開けば開くほど、調査し、測定する能力は増大し、そのぶんだけ、彼に残された世界と地球に拘束される空間も小さくなる。地球が決定的に縮小したのは航空機の発明によって人間が地球の表面から完全に離れるようになった結果だが、このことは、およそ人間と地球の間に決定的な距離を置き、人間を取り巻く地上の直接的環境から切り離すという代償を払って初めて地球上の距離の縮小は可能になるという現象を象徴的に示しているように見える。

宗教改革はこれとはまったく異なる出来事だが、結局のところ、われわれがそこで直面しているのは世界からの疎外という同様の現象である。マックス・ウェーバーは、この疎外現象を「世俗内禁欲」と名づけ、新しい資本家的精神を深部からもたらした源泉と見たが、これは歴史に多く見られる偶然の一致であって、そうした一致があるために、歴史家は幽霊とか悪魔とか「時代精神〔Zeitgeist〕」などというものを信じてしまうのである。まったく正反対のものに類似性があるということが、人を驚かせ、混乱させる。この世俗内的疎外は、その意図においても、内容においても、地球の発見や占有とは何の関係もないからである。しかも、マックス・ウェーバーが有名な論文で歴史的事実として証明したこの世俗内的疎外は、ルターやカルヴァンがキリスト教的信仰の非妥協的な現世拒否を再興しようとする中から生まれてきた新たな道徳精神だけでなく、農民の土地収奪というまったく別の次元にも見ることができる。それ自体は［252］教会財産の没収による意図せざる結果だが、封建制の崩壊をもたらした独立かつ最大の要因だった[2]。その衝撃によって駆り立てられた西洋人は、あらゆる財産を占有の過程で破壊し、あらゆる事物を生産過程で食い尽くし、絶えざる変化によって世界の安定性を掘り崩す発展過程に飛び込んでいったのである。もちろん、この出来事がなかったら、われわれの経済がどのような方向をたどることになったのかを推測しても無益だろう。もっとも、そうした推測は、歴史というものは出来事の物語であって、あらかじめ予測できるような力や観念の物語ではない、ということを思い起こさせる点では、まんざら意味がないわけではない。だが、そうした力や観念による説明が、リアリティに対する反論に利用されたり、実際に起こってしまったのとは別の潜在的な可能性や選択肢を実証するものとして主張されたりするような場合には、無益どころか、危険でさえある。そのような可能性の数は当然ながら無限に存在するし、単なる推測に基づく蓋然性は出来事というものが具体的な形をとって起こった時の意外性に取って代わることはできない。そうした推測の中身がどんなにありきたりなものだったとしても、結局のところ幻想の域を出ないのである。

この過程が始まってから数世紀の間にほとんど押しとどめ難い勢いで発展してきたことを過小評価しないために、第二次世界大戦後ドイツのいわゆる「経済の奇蹟」について考察するのがいいだろう。もっとも、それが奇蹟に見えるのは、時代遅れの枠組みで考えているからなのだが。ドイツの事例がきわめて明確に示しているのは、現代の条件下では、人々からの収奪、対象物の破壊、都市の荒廃は経済過程をその根底から推進するものであって、――もしその国が生産過程において十分それに応えるほど近代化されているなら――それは単なる回復にとどまらず、より急速で効率的な富の蓄積へと駆り立てる、ということである。すべての世界の事物から容赦なく価値を剝奪するのが、われわれが今日生きている浪費経済の特徴だ。ドイツでは、戦争によるあからさまな破壊がそうした価値剝奪過程の代わりを務めたが、[253] その結果もたらされるものは、どこでもほとんど同じである。戦後ドイツの事例が示しているように、急速な繁栄を支えているのは、豊富な物的資材や何か安定した所与の事物ではなく、生産と消費の過程そのものなのである。現代の条件下では、破壊ではなく保存こそが経済的な崩壊をもたらす。保存される対象物の耐久性こそが経済の回転過程にとって最大の障害であり、回転速度を絶えず加速させることが今や維持されるべき唯一の事柄だからである。(3)

すでに述べてきたように、富や占有とは異なって、財産は共通世界のうち私的に所有された部分であり、人間が世界の内に存在するための最も初歩的な政治的条件である。したがって、財産の収奪と世界からの疎外は同じ一つの過程であり、近代は、その劇に加わった当事者たちすべての意図に反して、世界から一定の住民層を排除することによって開始された。この初発に行われた疎外が近代という時代にとって決定的に重要であることはしばしば見逃されるが、それは世俗性と世界性が同一視されて、近代の脱宗教的性格が強調されるのが常だからである。だが、具体的な歴史的出来事としての世俗化は、単に教会と国家が分離され、宗教と政治の間に一線が引かれるようになっただけのことであって、宗教的な立場から見れば「カエサルのものはカエサルに、神のものは神に」という初期キリスト教の態度に立ち戻ったにすぎない。決してそこで信仰や超越そのものが失われたわけではないし、この世の事物に対する関心が新たに起こって強調されるようになったわけでもないのである。

近代になって信仰が失われた原因は、宗教そのものの内にはない。宗教改革と反宗教改革は近代の二大宗教運動だが、そこに信仰喪失の原因を求めることはできない。信仰が失われたのは、宗教の領域だけではなかった。その上、仮に近代になって超越的なものへの信仰、来世への信仰が〔254〕説明できない原因で突然消失したことを認めたとしても、それで人々が世界に立ち戻ったわけではない。歴史的な証拠は、反対に、近代人がこの世界ではなく自分自身に投げ返されたことを示している。デカルト以来の近代哲学が一貫して追求し続けてきたもの、おそらく哲学に対する最も独創的な寄与は、もっぱら自己に対する関心だった。彼らは魂や人格や人間一般ではなく、ひたすら自分自身を探求してきたのであり、あらゆる経験、世界に対する経験も、他の人間に対する経験も、すべて自分自身との関係の経験に還元しようと試みてきたのである。資本主義の起源についてのマックス・ウェーバーの発見の偉大さは、この巨大で、厳密な意味で現世的な活動が世界に対するいかなる関心も、世界の享受もともなわずに行われうること、その最も深い関心はむしろ反対に自分自身の魂の救済への不安と気遣いであることを証明したところにあった。近代を特徴づけるのは、マルクスが考えたように自己疎外ではなく、世界からの疎外なのである。(4)

土地の収奪は、一定の人間集団から世界の居場所を奪い、〔255〕彼らを切迫した生命の必要性の前にさらすことになったが、それが富の原始的蓄積を生み出して、労働による富の資本への転化の可能性を作り出した。これらの要因が相俟って、資本主義経済の興隆のための条件を作り出したのである。土地収奪によって始まり、土地収奪によって支えられてきたこの発展が人間の生産力を途方もなく増大させることは、その初発から、すでに産業革命前の数世紀の時点で明らかだった。新たな労働者階級は、⑤文字どおりその手で得たものを食べて生活し、直接に生命の必要性から強制されるだけでなく、生命過程と直接に関わらないあらゆる配慮や心配から切り離されたのである。かくして自由な労働者階級が歴史の舞台に初めて姿を現したとき、実際に解放されたのは「労働力」の内に秘めた力だった。すなわち、純粋に自然の生物学的な過程がもっている余剰を生み出す力としての労働力は、生殖などの他の自然力の場合と同じく、単に年老いて古くなったものを再生産して新たなものに取り替えるだけでなく、それをはるかに越えた余剰を生み出す。近代初頭の発展をそれまでの類似の経緯と区別するのは、土地の収奪と富の蓄積が単に新たな財産や新たな富の再分配をもたらすだけでなく、それがさらなる収奪、より大きな生産力、より多くの占有の過程に再投入〔フィード・バック〕されたことである。

言い換えれば、労働力の自然過程としての解放は特定の社会階級に限定されないし、占有は欲求や欲望が満たされればそれで終わりになるわけではない。それゆえ、資本の蓄積は近代以前の帝国が陥ったような停滞には向かわず、社会全体にいきわたって、絶え間なく増大する富の流れを引き起こした。だが、この過程は、まさにマルクスが呼んでいたように「社会の生命過程」である。富を生産するその能力は、自然過程のもつ繁殖力、一組の男女がいればどんな多数の人間も生み出す繁殖力に匹敵する。この過程は、それを生み出した世界からの疎外の原理に拘束されている。〔256〕つまり、この過程が継続するためには、耐久性や安定性をもつ世界の事物がそれを妨げず、すべての生産過程の最終生産物が絶えず加速しながら再投入されなければならない。言い換えれば、富の蓄積過程は生命過程によって促進されると同時に人間の生を促進するが、それはただ世界と人間の世界性を犠牲にして初めて可能になるのである。

世界からの疎外の最初の段階は、ますます増大する「労働貧民」の苛酷で悲惨な物質的貧困によって特徴づけられる。彼らは家族と財産の二重の保護、つまり世界の中で家族が所有する私的領域、近代に至るまでの時代には必然性に従属する個人の生命過程と労働活動が行われていた家という保護を奪われた。第二段階は、家族に代わって社会が新たな生命過程に従属するようになった時に訪れる。社会階級の構成員であることが、かつて家族の構成員に与えられていた保護を与え、家族を支配していた自然的な連帯に代わって、社会的連帯が効力を発揮するようになる。さらにその上、生命過程の「集合的な主体」としての社会全体は、古典経済学が想定した「共産主義の仮構」のような実体のない存在ではない。家族という単位が私的に所有された世界の一片としての財産と同一視されたように、社会は、集合的に所有されているが、国民国家の領土という具体的な実体をもつ財産の一部とされて、二〇世紀に入って国民国家が衰退するまでは、貧民階級が奪われてきた私的な家をすべての階級に保証する代替物になってきたのである[*3]。

ナショナリズムが提唱する有機体的理論、とりわけ中央ヨーロッパのそれは、国民とその構成員の関係を家と家族構成員の関係と同一視する。社会は家族の代替となり、「血と土」が構成員間の関係を支配するものとされる。人々の間の同質性と所与の領土に根づいていることこそが、どこでも国民国家の構成員としての必要条件となる。国民国家の発展が収奪過程の残酷さ、悲惨さを緩和したことは疑いないが、収奪過程と世界からの疎外そのものに影響を与えることはなかった。集団的所有そのものが、厳密に言えば矛盾だからである。

[257] ヨーロッパの国民国家システムの衰退、地球の経済的・地理的収縮によって、繁栄と不況は世界大の現象となる。人類というのは、われわれの時代になるまでは抽象的な観念か、せいぜいヒューマニストの指導原理にすぎなかったが、今や現実に存在する実体となり、地球の最も離れた地点にいる構成員が、一世代前までは同じ国民が会うのに要したほどの時間もかけずに会うことができる――これらは発展の最終段階が始まったことを示している。家族とその財産が階級の構成員と国家の領土に取って代わられたように、人類は今や国家によって束ねられた社会に取って代わられる。地球が国境で区切られた領土の代わりになる。しかしながら、未来がどうなろうとも、土地収奪に始まり、ますます進展する富の拡大によって特徴づけられる世界からの疎外の過程は、その法則の赴くままに放置するなら、さらに加速していくだろう。人間は彼らの国の市民であるのと同じように世界の市民になるこ

とはできないし、社会的人間もまた、家族や家の住人が私有財産を所有するようには集団的に所有することはできないからである。社会の興隆は、公的領域だけでなく私的領域も同時に衰退させた。共通の公的世界の消滅は、一人一人はばらばらで孤独な大衆を生み出す決定的な要因となり、世界への関心の喪失という現代のイデオロギー的な大衆運動に特有のメンタリティを形成する危険を孕んでいるが、そうした公的領域の消滅は、世界の中で私的に所有された部分が消滅するという、それ以上に明白な事態とともに始まったのである。

36　アルキメデスの点の発見

「一人の赤ん坊〔キリスト〕が馬小屋の飼い葉桶《かいばおけ》の中で生まれて以来、これほど大きな事件がほとんど何の反響ももたらさなかったことがあっただろうか」。「近代世界」の舞台にガリレオの望遠鏡による発見が登場した時のことを、ホワイトヘッドはそう述べている(6)。この言葉は決して誇張ではない。イエスが飼い葉桶で生まれたことがもたらしたのは、古代の終わりではなく、まったく予想もしなかった新しいものの始まりだったので、何の希望も恐れも抱かれることはなかった。望遠鏡の場合も同様で、〔258〕人間の感覚の届かないはるか彼方に永遠かつ決定的に存在しているはずのものを明らかにするために、人間の感覚に合わせて調節された道具を通じて初めて眺めた宇宙の光景は、まったく新しい世界の舞台を準備し、その後、近代世界に大きな影響をもたらすような出来事の道筋をも決定づけたのである。望遠鏡による発見そのものは、それほど反響を呼ばなかった。大きな興奮をもってそれを受けとめたのは、天文学者、哲学者、神学者など、数の上では少なく、政治的にも取るに足らない学識者層だった。ガリレオの業績でむしろ公衆の関心を引きつけたのは、物体落下の法則を目の前で証明してみせた実験[*4]のほうで、これが近代科学の始まりとされている（ただし、この実験も、のちにニュートンが万有引力の法則として定式化しなければ——これは近代の天文学と物理学の融合の壮大な実例の一つになっている——、新しい天体物理学への道を開くことになったかどうか疑問である）。新しい世界観を、古代や中世のそれから区別しているだけでなく、ルネサンス期の直接の経験への渇望からも区別する最も明確な特徴は、実験で示されたのと同じ種類の外的な力が地上における物体落下にも天体の運動にも等しく働いている、という想定だった。

しかも、その上、ガリレオの発見は、その直前に先駆者や先輩と言えるような人々が多数存在したこともあって、その意義が霞《かす》んでしまった。ニコラウス・クザーヌスやジョルダーノ・ブルーノの天体についての哲学的な思弁だけでなく、コペルニクスやケプラーなどの天文学者による数学的な素養に裏づけられた想像力が、この宇宙は有限で地球を中心にめぐっている、という太古の昔から人々が抱いてきた世界観に挑戦していたのである。一つの大地とその上を覆う一つの天空という二元論を最初に廃止して、地球を「高貴な星々の地位に」まで持ち上げ、永遠かつ無限の宇宙の中にその居場所を定めたのは、ガリレオではなく哲学者たちだった[7]。感覚的経験が教えるのとは反対に地球が太陽のまわりをまわっているのであって、太陽が地球のまわりをまわっているのではない、と天文学者たちが主張するために望遠鏡に頼る必要はなかったように見える。歴史家が後知恵をもって振り返るなら、プトレマイオスの天動説を打破するのに経験的な確証は何ら必要なかった、と結論づけたくなるだろう。むしろ求められていたのは、[259] たとえあらゆる感覚的経験を否定することになっても、自然の単純な原理を追求する古代や中世の思弁的な勇気と、地上から離れて自分があたかも太陽の住人になったかのように地球を見下ろすコペルニクスのような大胆な想像力だった。だから、歴史家たちが「アルキメデスの点への真の回帰」はガリレオの発見より前にすでにルネサンス以来行われていたと結論したとしても、そこにはそれなりの理由があった。[*5] レオナルド・ダ・ヴィンチがアルキメデスを熱心に研究し、またガリレオがアルキメデスの弟子と呼ばれうる存在だったことは、確かに示唆に富んだ事実ではある。[8]

しかしながら、哲学者の思弁も、天文学者の想像力も、出来事そのものを起こしたことはいまだかつてない。ガリレオの望遠鏡による発見がなされる前には、ジョルダーノ・ブルーノの哲学は学者の間でもほとんど注目されなかったし、コペルニクスの革命も望遠鏡によって事実であることが確認されなければ、神学者どころか「思慮分別のある人なら……勝手気ままな想像が生み出した突飛な主張だと決めつけただろう」[9]。思想の領域にあるのは独創性と深みだけだが、これらは個人の特質であり、絶対的で客観的な新奇さはない。思想は現れては消え去っていくが、それなりの永続性をもっており、物事を明らかにする力によって、時や歴史の流れに耐える不死性さえ獲得しうる。しかも、出来事と違って、思想には必ず先行者がいる。経験的に実証されない思弁であれば、地球が太陽のまわりをまわっているという主張は存在していた。実験に基づいておらず、事実の世界に影響を及ぼすこともなかったが、現代の原子論にも先行の議論はあった、というのとまったく同じである。(10) それに対して、ガリレオが行ったのは、それまで誰もしたことがなかったこと、望遠鏡を使って［260］宇宙の秘密を人間が「感覚的知覚の確実さをもって(11)」認識できるようにしたことだった。人間の手の届かないもの、不確かな思弁や想像に頼るしかないと思われていた領域に、地球に拘束された被造物が手を伸ばし、その肉体に制約された感覚器官で捉えることができるようにしたのである。

コペルニクスの地動説とガリレオの発見ではその意味が違うことを、カトリック教会は明確に理解していた。カトリック教会は、ガリレオより以前の天文学者たちが数学的な目的にとって有用な仮説として不動の太陽のまわりを地球が動いているという理論を唱えた時には、何ら異議を唱えなかった。だが、ベラルミーノ枢機卿がガリレオに対して述べたように、「仮説が現象と一致するのを証明することと、地球の運動のリアリティを実際に示してみせることとはまったく別のことなのである(12)」。この指摘が核心を突いていたことは、ガリレオの発見が認められて以後、知的世界の雰囲気が一変したことで、すぐ示されることになった。それ以降、ジョルダーノ・ブルーノが無限の宇宙を思い描いた時の熱狂も、ケプラーが太陽を「純粋な光そのものを本質とする最も優れた天体」であり、「神と最も祝福された天使(13)」の住み家にふさわしいと述べた時の敬虔な高揚も、はたまたニコラウス・クザーヌスがきらめく星々の間に地球の住まうべき場所をついに見出した時の醒めた満足感も、まったく影を潜めてしまった。これら先行者たちの主張を「確証」することで、ガリレオは想像力によってかき立てられた思弁の産物だったものを証明可能な事実として確立したのである。そのリアリティに対して哲学がただちに示した反応は、歓喜ではなく、デカルトの懐疑だった。ニーチェが「懐疑学派」と呼んだ近代の哲学は、*6 [261] それによって確立され、「以後、決して屈服しない絶望という堅固な地盤の上に初めて精神は住み家を立てることができる」という確信にまで行き着くことになったのである(14)。

ガリレオによる望遠鏡の発明というこの出来事がもたらした結果は、数世紀にわたって、互いに矛盾して明確な結論に至らないままとどまっていた——この点でも、キリストの誕生と似ている。今日なおこの出来事とそれがもたらした結果との対立は解消されないままだ。一方で、自然科学の興隆が人間の知識と力をますます急速に増大させていることは誰の目にも明らかである。近代に入るほんの少し前まで、ヨーロッパ人の知識は紀元前三世紀のアリストテレスより劣っていたが、二〇世紀の最初の五〇年間になされた重要な発見は有史以来のすべての発見を上まわっている。だが、他方では、知識の増大というこの同じ現象が人間の絶望と近代特有のニヒリズムをはびこらせたとして非難されているのである。確かに、そうした絶望やニヒリズムがこれまで以上に広汎な人々に広まっていることは事実である。だが、最も重大なのは、一九世紀にはまだ根拠あるオプティミズムをもって、思想家や詩人たちのそれなりに正当なペシミズムに抵抗することができたはずの科学者たちまでもが、そうした絶望やニヒリズムに取り憑かれ始めたことだ。ガリレオとともに始まった近代の天体物理学の世界観は、リアリティを明らかにする感覚の能力に疑義を突きつけたが、その結果われわれに残されたのは、器具を通して測定すること以上にはその特質についていっさい知ることのできない宇宙だった。天体物理学者エディントンが言うように、測定器具と宇宙の「両者の関係は電話番号と電話加入者の関係のようなものである」(15)。言い換えれば、われわれがそこに見出すのは客観的な特質ではなく器具であり、物理学者ハイゼンベルクの言を借りれば、われわれは自然や宇宙ではなく自分自身と向き合っているのである(16)。

[262] ここでの文脈で重要なのは、同じ出来事の中に絶望と勝利の喜びとが同居していることである。歴史をはるかに遡った地点からこの出来事を見れば、ガリレオの発見は、思弁に対して人間が抱いていた最大の恐れと最も大胆な希望が同時にしか実現しないことを、事実をもって証明してしまったように見える。すなわち、われわれの感覚、リアリティを受けとめるはずの感覚器官が実はわれわれを騙しているのではないか、という古代から人間が抱いていた恐れと、この世界全体を動かすような支点を地球の外に求めようとするアルキメデスの願望である。そうした願望が実現するために、われわれはリアリティの喪失という代償を払わなければならず、恐れたことが実現した代わりに、この世を超えた力を獲得したのである。というのも、今日われわれが物理学の分野で行っていること——通常は太陽でしか見られないエネルギー過程を解放したり、宇宙の進化の過程を試験管の中で始めようとしたり、望遠鏡の助けを借りて、二〇億光年、いや、六〇億光年の宇宙空間の果てに立ち入り、

地上の自然界には未知のエネルギーを生産し、コントロールする機械を作り、原子加速装置で光速に近いスピードを得たり、自然には発見されていない元素を作ったり、宇宙の放射線を使って作り出した放射能微粒子を地球上に散布したりする等々のこと——これらはみな、地球の外にある宇宙の一点から自然を操作しているからである。もちろん、アルキメデスが立とうとした点（dos moi pou stō〔われに立つ場を与えよ〕）にわれわれが実際に立っているわけではない。われわれは依然として人間の条件によって地球に拘束されたままだ。それでも、われわれは地球の上に立って、地球の自然の内部にいながら、地球の外のアルキメデスの点から地球の自然を意のままに操作する方法を発見したのである。それが地上の自然の生命過程にもたらす危険をあえて冒してでも、われわれは地上の自然界とは疎遠な宇宙の力に地球をさらしているのだ。

科学におけるこうした成果を予想した者は誰もいなかったし、今日最新の理論は近代初頭の数世紀に定式化されたものとは明らかに違っているけれども、こうした発展が可能になったのは、その当初に大地と天空という古い二分法が廃止されたからである。それ以降、地球上の自然で起こることはすべて、［263］単なる地上の現象ではなく、言葉の完全な意味における普遍的で宇宙的な法則に服するものとみなされるようになった。ここで普遍的・宇宙的という言葉が意味しているのは、何よりも人間の感覚経験の届く範囲を越えているということであり（どんなに精巧な器具を通じたものであっても変わりはない）、その法則は、地上において人間が記憶した事柄や、人間の出現そのものを超え、さらには有機的生命体の出現や地球の誕生さえ超えて妥当する。新しい天体物理学の法則は、すべてこのアルキメデスの点から定式化されている。そして、この点はアルキメデス本人やガリレオが考えたのよりはるかに地球から離れた地点にあって、しかも彼らでさえ考えなかったような力を地球に及ぼし始めているのである。

今日の科学者たちは、地球が太陽を周回していると仮定しても、太陽が地球を周回していると仮定しても、いずれの仮定も観察された現象と合致するという点では等しく妥当であって、ただ選ばれた立脚点が違っているにすぎない、と指摘している。だが、こうした指摘は、ベラルミーノ枢機卿やコペルニクスのように、天文学が扱うのは単なる仮説であるという立場への回帰ではない。むしろ、それは、われわれがアルキメデスの点をさらに一歩地球から離して、地球も太陽も宇宙の普遍的体系の中心でないところまで移した、ということを意味しているのである。人間は、もはや太陽にさえ拘束されていない。人間は宇宙の中を自由に動きまわり、特定の目的のために便利な地点を選択できる。われわれはそう考え始めている。太陽を中心とする初期の仮定から固定された中心のない宇宙システムへのこの変化は、現代科学が実際に成果をあげていく上で、地球中心の世界像から太陽中心の世界像への転換と同じくらい重要だった。ようやく今日になって、われわれはみずからを「宇宙的な」存在として確立した。われわれが地球の上に住んでいるのは、自然の本質によって定められているからではなく、ただ生存のための条件に制約されているからにすぎない。それゆえ、推論の力を用いれば、この条件を単なる思弁においてではなく、事実として克服することができる。太陽中心の世界像から中心のない世界像への移行によっておのずと出てくるこうした一般的相対主義を概念化したのが、アインシュタインの相対性理論である。そこでは「あらゆる物質は特定の瞬間に同時に現実に存在する」ことが否定されるが[17]、そこには時間と空間において現れる存在〔Being〕には絶対的なリアリティはない、ということが含意されていたのである。だが、こうしたことはすでに、〔264〕青という色は「それを見る眼との関係」であり、重さは「加速度相互の関係」にほかならない、という一七世紀の理論のうちに含まれていたか、少なくともそれに導かれて出てきた結論にすぎない[18]。その意味で、現代の相対性理論の父は、アインシュタインではなく、ガリレオとニュートンなのである。

近代の開幕を告げたのは、コペルニクスがその軸足を地球から太陽に移して惑星の軌道を眺めた時のような、単純な調和と美を求める天文学者たちの古くからの願望ではなかった。それはまた中世のスコラ哲学の合理主義に反逆したルネサンス期の人々に新たに湧き起こった地上とこの世界への愛でもなかった。むしろ反対に、世界への愛こそが、近代における世界からの疎外の勝利によって最初に犠牲にされたのである。近代の先触れとなった[19]のは新たな道具による発見であり、それこそが「太陽の上に立って惑星を眺めやる勇壮な男」というコペルニクスのイメージが、単なる想像や思わせぶりな言動ではなく、地上にいながらにして宇宙のスケールでものを考える人間の驚くべき能力、さらにはこの宇宙の法則を地上の活動に利用するというさらに驚くべき能力を示すものであることを明らかにしたのだ。近代の自然科学の発展の根底にあるこの地球からの疎外と比べれば、大航海時代の地球全域の発見による距離の収縮や土地収奪と富の蓄積の二重過程を通じた世界からの疎外の意義は小さいものである。

いずれにせよ、世界からの疎外が近代社会の発展の行き先を決めたとすれば、地球からの疎外は近代科学の特徴であり続けている。地球からの疎外は、物理学や自然科学にとどまらず、すべての科学の内容を根底から変えてしまった。今日の目で見れば、近代以前に科学と呼びうるものが存在していたかどうかさえ疑問に思われるくらいである。おそらく、そうした転換を最も明瞭に示しているのが、新たな科学の最重要の知的道具である近代代数学の発展だろう。代数学によって、数学は〔265〕「空間という足枷から逃れることに成功した」(20)。すなわち、幾何学〔geometry〕という、その名のとおり地球の表面の測量とその尺度に依存する学問から解放された。かくして近代数学は人間を地球に拘束された経験の足枷から解放して、人間の認識力は有限性の桎梏を抜け出て自由に飛びまわることができるようになったのである。

ここで注意すべきなのは、近代のはじめに人々がプラトンのように宇宙の数学的構造を信じていたということではないし、一世代あとの人々がデカルトのように精神が自分自身の形式や定式を相手にする時にのみ一定の知識は可能になると信じていたということでもない。決定的だったのは、プラトンにとって数学そのものにほかならなかった幾何学を代数学的に処理する、というまったく非プラトン的な方法である。これは地上の感覚的なデータと運動を数学的シンボルに還元しようという近代の理想を示している。この非空間的なシンボル言語がなかったら、ニュートンも天文学と物理学を単一の科学に統合すること、言い換えれば、同一の方程式が大空の天体の運動にも地上の物体の運動にも適用できるという形で重力の法則を定式化することはできなかっただろう。当時でさえ、すでに近代数学は驚くべき発展を遂げており、せいぜい人間精神の否定や制限にすぎないとされてきた次元や概念をシンボル〔記号言語〕を用いて把握する驚異的な能力を示していた。そうした次元や概念は、死すべき存在としての人間、悠久の時間の中ではほんの一瞬の間だけ広大な宇宙の取るに足らない時間の片隅にしか存在しない者の精神にとっては、巨大すぎるように思われた。しかしながら、精神の眼でも「見る」ことができないような単位を計算に入れることができるというこの可能性以上に重要だったのは、この新しい知的道具としての数学が、実験という自然に対するまったく新しい接近方式に道を開いたことである。この点で、数学はそれによって考案されたあらゆる科学的用具より新しく、かつ重要だった。実験によって、人間は地球に拘束された経験の鎖から逃れて獲得した新たな自由を現実のものにした。人間は自然現象を与えられたままに観察するのではなく、自分の精神の条件のもとに、すなわち普遍的、天体物理学的な観点、地球の自然の外の宇宙の点から得た条件のもとに自然を服属させたのである。

数学が近代の指導的な科学になった理由は、まさにここにある。数学がそのような地位に昇りつめたことは、プラトンとはまったく関係がない。〔266〕プラトンは、数学をすべての科学で最も高貴なものとみなし、哲学だけがその上に立つものとした。何人《なんぴと》も哲学に近づくためには、まずイデアの形式の数学的な世界に習熟しなければならない。数学（すなわち幾何学）は、イデアの天空への入口にふさわしい。そこには単なる映像〔eidōla〕も影もなく、滅びゆくものもなく、永遠の存在が現れるのを妨げるものは何もない。そこでは存在の現れは守られ〔sōzein ta phainomena〕、死すべき人間の感覚からも、滅びゆく物質の脆《もろ》さからも浄化されて、安全なまま保たれる。だが、数学的なイデアの形相は、知性の産物ではない。感覚的なデータが感覚器官に与えられるように、それは精神の眼に与えられるのである。肉体の眼には隠されたもの、精神の眼を鍛錬していない多くの者には見えないもの、そうしたものを知覚する訓練を受けた者こそが、真の存在を、いや、真の現れのうちに存在を知覚することができる。したがって、近代の勃興とともに数学に起きた変化は、単にその内容を拡大したり、その手を伸ばして、無限に成長し、拡大する無限の宇宙に適応できるようになったりしたことではない。むしろ、数学は現象と関わらなくなった。数学は、もはや哲学の始まり、現象の中に本当の姿を現すはずの存在についての「学問」[*7]ではなく、人間の精神の構造についての科学になったのである。

デカルトの解析幾何学が自然と世界を res extensa〔延長をもつ実体《もの》〕、すなわち空間とその延長として取り扱おうとして、「その関係がどんなに複雑であろうと、常に代数の数式で表現できるように」したとき、数学は人間以外のものすべてを人間の精神構造と同一のパターンに還元し、翻訳することに成功した。その上、「今度は反対に、数的な真理は完全に空間的に表現することができる」ということが同じ解析幾何学によって証明されたとき、その完成のために純粋数学の他にはいかなる原理も必要としない一つの物理科学が考え出されたのである。この科学が設定する空間の中に人はみずから飛び込んで自由に動きまわることができるが、自分以外の何かと決して出会わないことが保証されている。そこに見出されるすべては、自分の中の精神のパターンに還元できるのである。[21] 今や現象は、数学的秩序に還元して初めて救い出すことができる。この数学的操作は、感覚的データのうちにおのずと現れてくるイデアの尺度を示すことで人間精神を真の存在の啓示に導くものではない。［267］むしろ反対に、これらのデータを人間精神の尺度に還元するのである。かくして人間精神は、対象の内容に立ち入らずに十分な距離を置くことで、多種多様で具体的な対象を精神のパターンとシンボルにあてはめて観察し、処理することができる。もはやそれらは精神の眼に開示されるイデアの形相ではなく、肉体の眼はもとより、精神の眼も取り去ってしまった結果であり、距離というものに内在する力によって、あらゆる現象を精神のパターンとシンボルに還元した結果なのである。

このような遠隔化という操作によって、あらゆる事物の集合は単なる数の集積に変換され、それがどんなに無秩序で一貫性がなく、混乱していようとも、すべての集積は一定のパターンと配列にあてはめることができるようになる。だが、それらのパターンと配列の有効性は、かつてライプニッツが紙の上に任意につけたどんな点の間にも見出せると主張した数学的な曲線のそれ以上のものではない。もし「いくつかの対象物を含む宇宙の上に数学的な網の目を描くことができることを証明できるとすれば……われわれの宇宙を数学的に扱うことができるという事実は、哲学的にはそれほど重要なものではなくなる」[22]。確かに、この証明は、自然の中に本質的に美しい秩序が内在していることの証明にはならないし、人間の精神が知覚する能力の点で感覚に優位しているとか、真理を受容するのに適した器官であるといったことを証明するものではない。

近代のこの「科学の数学への還元[*8]〔reductio scientiae ad mathematicam〕」は、人間の感覚がその狭い範囲の中で確認してきた自然の証拠を覆《くつがえ》してしまった。それは、紙の上にばらまかれた点は偶然の産物で、そこにあるのは混乱でしかない、という従来の知識をライプニッツが覆したのとまったく同じやり方である。アルキメデスの点は空虚な思弁の夢想の産物ではなかったという発見がまず引き起こしたのは、疑惑と怒り、そして絶望だった。その影響は、精神的には今なお残り続けている。それはちょうど、〔268〕紙の上に何の意図もなく無作為に点が打たれていくのを目の前で見ながら、実はあなたが見ていたのは「一つの法則に常に一律に決定された幾何学的な線」[23]であると証明され、それをでたらめと感じる自分の感覚と判断力のほうが間違っている、と認めざるをえなくなった時の感情に似ている。

37　宇宙科学対 自然科学

コペルニクス革命とアルキメデスの点の発見の本当の意味が理解されるようになるのは何世代もあとのことで、それまでに数世紀もの時間を必要とした。科学とテクノロジーによって完全に支配される世界に生きるようになったのは、ようやくわれわれの世代からだが、それもたかだかここ数十年のことである。今日の科学とテクノロジーの客観的真理と実際的なノウハウは地球上の「自然」法則とは区別された宇宙的・普遍的法則から引き出され、地球の外部に任意に設定した立脚点から得た知識が地球の自然と人間の工作物に適用されている。われわれと以前の人々との間には決定的な断絶がある。なるほど、これまでの世代の人々も地球が太陽のまわりをまわっていること、地球も太陽も宇宙の中心ではないことは知っていたし、そこから人間には固有の住み家も特別な生き物としての特権的地位もないという結論を導き出していた。他方で、今日のわれわれも、なお地球に拘束された生き物、地球の自然との物質代謝に依存する存在であり、おそらくは永久にそうであり続けるだろう。だが、われわれは、宇宙に起源をもち、おそらくは宇宙的次元の過程をもたらす手段を見出したのである。近代と今日われわれが住んでいる世界とを分ける線があるとすれば、それは自然を宇宙の観点から観察して、これを完全に統制するようになった近代科学と、宇宙の過程を地球の自然に持ち込むことで自然を破壊し、ひいては自然に対する人間の統制を喪失する明白な危険も辞さない、真の意味での「宇宙」科学との違いということになるだろう。

もちろん、今何よりもわれわれの心を捉えて離さないのは、途方もなく巨大な破壊力を人間が獲得した、という事実である。[269] われわれは地球上のすべての有機的生命を破壊することができるし、一日あれば地球そのものを破壊することもできるだろう。しかしながら、この破壊力に見合う形でわれわれが獲得した新たなものを創造する力も、それに劣らず恐ろしいし、扱いが難しい。われわれは、自然のうちには決して見出せない新しい元素を作り出し、質量とエネルギーの関係、両者がその最も深いところで同一であることを推測するだけでなく、実際に質量をエネルギーに変換し、放射線を物質に変換することができる。われわれはまた、自分で作った星を地球のまわりにめぐらせて、人工衛星という新たな天体を作り出しているし、遠くない将来には、生命の奇蹟をみずから作り出す、あるいは再生するという、これまでは自然の最も偉大で最も神聖な秘密に属するとされてきたことを実行できるようになるだろうと期待しているのだ。ここで「創造する〔create〕」という言葉をあえて用いたのは、これまでどの時代にも神だけの特権と考えられてきた事柄を、われわれが実際に行っているのを示すためである。

われわれのしていることを神の創造に喩えるなどというのは冒瀆のように感じられるだろう。確かに、西洋や東洋の伝統的な哲学や神学のあらゆる思考の枠組みから見れば冒瀆ではあるが、われわれがすでに行ってきたこと、われわれがこれからしようとしていることに比べれば、まだ冒瀆的と言うには足りない。ただし、すでにアルキメデスが同じことを明確に意識してやろうとしていたことを考えるなら、それもさほど冒瀆的とは言えなくなるだろう。もちろん、アルキメデスは地球の外の地点に立つ具体的な方法を知らなかった。しかしながら、地球と自然と人間の発展についてどのように説明するとしても、それらはこの地上の世界を超えた「宇宙的」な力によって生まれてきたものであり、そうした力と同じ地点に立つことができれば、この力を〔作り出すことはできないにしても〕理解して模倣することができるということを、彼はよく知っていた。事実、われわれはまさしく地球の外に想定されたこの地点に立つことで、地球上では起こらず、また安定した物質においては進行することのない過程を生み出しており、これが新しい物質の生成に決定的な役割を果たしているのである。地球物理学ではなく天体物理学が、「自然」科学ではなく「宇宙」科学が地球と自然の最後の秘密を解き明かすことができたというのは、事物の理にかなっている。宇宙の観点から見れば、地球は一つの特殊な事例にすぎず、またそのようなものとして理解できる。こうした観点から見れば、物質とエネルギーの間に決定的な［270］区別はなく、「まったく同一の基本実体の異なる形式にすぎない(24)」ものとなる。

すでにガリレオにおいてそうだったが、ニュートン以後、明らかに「宇宙的〔universal〕」という言葉は特殊な意味、「太陽系を超えて妥当する」という意味を持ち始めていた。まったく同様の変化は、哲学起源の「絶対的」という言葉にも起こっていた。「絶対時間」、「絶対空間」、「絶対運動」、「絶対速度」は、それぞれ宇宙における時間、空間、運動、速度を意味しており、地球上の時間、空間、運動、速度は「相対的」なものにすぎなくなる。宇宙に対する地球の関係を基準にしてすべてが測定されるようになれば、地球上に起こるすべての事柄は宇宙から見れば相対的なものになるのである。

哲学的には、自分の立つ位置を変えずに宇宙の普遍的な立場からものを見るこの人間の能力は、人間がいわば宇宙起源のものであることの明々白々な証拠のように見える。人はこの世界でかりそめの生を送るが、この世のものではないし、そうであることはできないということを示すのに、もはや神学など必要ないかのようだ。あるいはまた、哲学者たちの普遍的なものに対する古くからの熱狂は、人間がこの地球の条件に拘束されながらも、同時に地球の外から見下ろして活動できるようになることの徴候であり、彼らだけがまず予感していたと考えることができるかもしれない（ただ一つ難点は――今はそう見えるが――、人間は哲学者たちが夢にも思わなかったようなことを「宇宙的な」絶対的観点から行うことができるようになったが、宇宙的な絶対的立場からものを考える能力を失ってしまい、伝統的な哲学の基準や理想からすれば、それを実現すると同時に覆《くつがえ》してしまっていることである。大地と天空というかつての二分法に代えて、われわれは人間と宇宙という新しい二分法、言い換えれば、物事を理解するための人間の精神能力と、真の理解なくしても発見し、取り扱うことのできる普遍的法則という二分法を手にしているのである）。まだ定かではないこの未来がもたらすのがどんな報酬なのか、はたまた重荷なのかはともあれ、一つだけ確かなのは、それが今ある宗教の語彙や比喩の内容に大きな影響を与えるということ、もしかすると根底からそれを変えてしまうかもしれないが、[271] それによって信仰の本来の領分である未知なるものは廃止したり除去したりすることはおろか、動かすことすらできないということである。

新しい科学、アルキメデスの点に依拠した科学がその潜在的な力を全面的に発揮するに至るまでには、数世紀、数世代の時間を要したし、それが世界を変革し始めて人間の生活の新たな条件を確立するまでには、およそ二〇〇年かかった。それに対して、ガリレオの発見とそれを完成させた方法や仮定から人間精神が一定の結論を引き出すまでには、数十年、一世代もかからなかった。人間の精神は、人間世界が数世紀かかって遂行した根本的な変化を、たかだか数年、数十年の間に成し遂げたのである。もとより、この変化は、当初はごく少数の者、近代になって生まれたさまざまな社会の中でも最も奇妙な社会である科学者の協会、文人の精神的共和国の会員に限られていた（この社会は、革命を経ることなく信念の変化や葛藤の時代を生き延びて、「その者の信仰がもはや今日では共有されていないような人物に対して栄誉を授ける」術を心得ている唯一の社会である）(25)。この社会は、修練された技で統制された想像力によって、のちにすべての近代人の精神に起こる根底的な変化を多くの点で先取りしていた。そうした変化が政治的にもきわめて明白なリアリティとなって現れてくるのは、われわれの時代になってからだ(26)。[272] ガリレオが近代科学の始祖であるのに劣らず、デカルトは近代哲学の父なのである。一七世紀以降、特に近代哲学の発展のために、科学と哲学がかつてなかったほど根本から分離したというのは事実である(27)。──ニュートンは自分の試みを「実験哲学(28)」と呼び、自分の発見を「天文学者や哲学者」の考察に委ねたほとんど最後の科学者であり、カントは一種の天文学者であり自然科学者でもあった最後の哲学者だった(29)。それでもなお近代哲学は、その起源と方向性をそれ以前の哲学にではなく、ほとんどもっぱら特定の科学的発見に負っているのである。近代哲学は、それと正確に対応する近代初期の科学的世界観がすでに廃《すた》れてしまっているにもかかわらず、まだ時代遅れになってしまったとは言えない。その理由は、本物の哲学なら芸術作品と同じような永続性と耐久性をもっている、という哲学の性質にのみよるものではない。この場合には数世紀の間、少数の者だけが近づくことのできた近代哲学の真理が誰にとってもリアリティとなった、という世界の発展そのものと密接に関連しているのである。

事実、近代人の世界からの疎外と近代哲学の主観主義が、デカルトやホッブズからイギリス感覚論、経験論、プラグマティズム、ドイツ観念論と唯物論から最近の現象学的実存主義や論理実証主義や認識論的実証主義に至るまで、ほとんど完全に一致していることを見逃すのは愚かだろう。だが、他方で、哲学者たちが古い形而上学的問題に背を向けて、きわめて多種多様な内省――自分の感覚器官・認識器官への内省、自分の意識への内省、心理的・論理的過程への内省――に向かったのは思想の自律的発展の結果だと信じるのは、同じく馬鹿げている。あるいはまた、哲学がそれまでの伝統を堅持していたなら、世界は違ったものになっていただろうと考えるのも、同じ見方を形を変えて言ったものにすぎない。〔273〕すでに述べたように、世界を変えるのは思想ではなく出来事なのである――太陽中心説は、思想としてはピュタゴラスの思弁と同じくらい古く、西洋の歴史においては新プラトン主義の伝統と同じくらい連綿と続いているけれども、それが世界を変えたことはないし、人間の精神を変えたこともない。そして、近代にとって決定的な出来事の作者はデカルトではなくガリレオなのである。デカルト自身、そのことをよく承知していた。ガリレオが異端審問で自説を撤回したという話を伝え聞いたデカルトは、一時、自分のすべての論文を焼いてしまいたいという誘惑に駆られた。「もし地球が動いているというのが誤りだとすれば、私の哲学のすべての基礎が偽りだということになる」からである。[30] だが、デカルトと哲学者たちは、起こった出来事の意味をいっさいの妥協を排して考え抜いたので、出来事がもたらした巨大な衝撃を比類のない正確さで、その思想に記録したのである。彼らはこの新しい人間の立脚点に内在する困難を、少なくとも部分的には予見していた。科学者のほうはあまりに忙しく、そうした困難が彼ら自身の仕事にも現れて、彼らの研究にも影響を及ぼすようになるのは、ようやく現代になってからである。それ以来、近代が始まった当初から一貫して悲観的だった哲学の空気と、つい最近まで意気揚々と前途を楽観していた現代科学の雰囲気との奇妙な乖離は解消した。今や、どちらにも快活な空気など、ほとんど残っていないように見える。

38　デカルト的懐疑の興隆

近代哲学は、デカルトの「すべてを疑え[*9]〔de omnibus dubitandum est〕」という懐疑から始まった。ただし、この懐疑は、思考による欺瞞や感覚による眩惑を防ごうとする人間精神に内在する自制のことではないし、人や時代の道徳や偏見に対する懐疑主義のことでも、さらには科学的探求や哲学的思弁における批判的方法のことでさえなかった。デカルトの懐疑は、そのような具体的な内容によって規定できるものよりはるかに射程が広く、その意図はもっと根底的なところにある。近代哲学や思想において、懐疑は近代以前にギリシア語のthaumazein〔驚嘆〕、存在するものすべてに対する驚きが占めているのと同じ中心的な位置を占めている。デカルトは、この近代的な懐疑を最初に概念として定式化したのである。デカルト以降、この懐疑は、〔274〕すべての思想を音もたてずに確実に駆動する原動力、あらゆる思考がそのまわりをめぐる見えない中軸となった。プラトンやアリストテレスから近代に至るまでの概念哲学、その最も偉大で正統な代表者たちが表現してきたのが驚きだとすれば、デカルト以降の近代哲学は懐疑を表現し、またそこから派生してきたのである。

このような意味においてデカルトの懐疑は徹底的かつ普遍的なものだったが、それはもともと新しいリアリティに対する反応として生まれてきた。もとより数世紀の間、そのリアリティを深刻に受けとめたのは政治的にはあまり重要でない学者や教養人の狭いサークルに限られていたが、だからといってそれが本物でなかったということにはならない。哲学者たちは、ガリレオの発見が単に感覚の提示する証拠の信頼性に対する挑戦にとどまらないこと、「感覚に対してそのような暴行を加えた」犯人は理性ではないことを、ただちに察知した。アリスタルコスやコペルニクスの地動説のように、それを導いたのが理性だったなら、人間のもつ諸能力を選択して、生得的な理性を「それらの軽信の女主人(31)」とすれば事足りただろう。だが、実際に物理的な世界観を変革したのは理性ではなく、望遠鏡という人間の制作した道具だった。新たな知識に人を導いたのは、観照でも、観察でも、思弁でもなく、「工作人」の積極的な介入、制作という人間の能力だった。それまで人間は、肉体と精神の眼に見えたものに忠実でありさえすれば、リアリティと真理はおのずから感覚と理性に向かってその姿を現すと信じてきたが、結局、騙されていたことになる。感覚的な真理と合理的な真理を対置して、真理の受容能力は感覚より理性のほうが優れている、とするそれまでの議論は色あせてしまった。真理もリアリティも放っておけば与えられるもの、われわれの目の前にそのままの姿で現れるものではなく、現象に介入して、現象を排除しなければ真の知識に到達することはできない、というのがこの挑戦の意味だったからである。

理性と理性に対する信頼は、さまざまな感覚による知覚の一つだけに依拠しているのではない。今日になってようやく明らかになってきたのは、視覚、聴覚、触覚、味覚、嗅覚といった一つ一つの感覚は幻想かもしれないが、それらの感覚が全体として――共通感覚〔common sense〕、五感に続く六番目の感覚や高次の感覚と言われる感覚によって束ねられ、統御されて初めて人間は自分の周囲のリアリティに適合できる、ということである。[275] もし眼が人間を欺《あざむ》いていたために人々が何世代にもわたって太陽が地球のまわりをまわっていると信じてきたのだとすれば、心の眼という隠喩は、もはや用いることができなくなる。そのような比喩は、感覚に反対して用いられる場合でさえ、視覚という身体的な感覚への信頼を前提にしていたからである。もし存在と現れが永遠に別れて、マルクスがかつて述べたように、それがすべての近代科学の根本前提になったとすれば、そこには信頼に足るものは何もなく、すべてが疑わしくなる。まるでデモクリトスがはるか昔に述べた、感覚に対する精神の勝利は結局は精神の敗北に終わるだろう、という予言が実現したかのようである。ただし、今度は測定器具による解読が精神と感覚の両者に対して勝利を収めたという点が違っているのだが。(31a)

デカルトの懐疑の際立った特徴は、その普遍性にある。いかなるものも、どんな思想も、どんな経験も、その懐疑から逃れることはできない。そうした懐疑がもたらす本当の意味をキルケゴールほど真摯に受けとめた者はいないだろう。キルケゴールが信仰に飛び込んだのは、彼自身が考えていたように理性からではなく、懐疑からなのだが、それによって懐疑を近代宗教の心臓部に持ち込んだのである。(32) かくして、この普遍的な懐疑は、感覚が与えてくれる証拠の信頼性に対する疑惑から、理性のそれに対する疑惑、さらには信仰に対する疑惑にまで広がっていく。この懐疑は究極的には自明なものの喪失によるものだからである。いかなる思考も、常に何かそれ自体として自明のもの——思考する者だけでなく、すべての人にとって明らかなこと——から出発する。デカルトの懐疑が提起しているのは、人間の悟性はすべての真理に対して開かれているわけではないとか、人間の視力はあらゆるものを見ることができるわけではない、というような単純な疑いではない。眼に見えることがリアリティの証明にならないように、人間悟性に理解可能だからといって、真理の証明にはならない。[276] そもそも真理のようなものが存在するのかどうか、この懐疑が疑ったのは、まさにその点だった。その結果明らかになったのは、伝統的な真理の概念は、感覚知覚や理性に依拠するものであれ、神の啓示への信仰に依拠するものであれ、真に存在するものは自分の力で現れるし、人間はそれを受け容れる能力がある、という二重の仮定に基づいているということだった。(33) 真理が人の手を介さず、おのずから啓示されるというのは、古代ギリシア・ローマの異教からヘブライ、キリスト教、そして世俗の哲学に至るまで共通した信条だった。だからこそ、近代の新しい哲学は、この伝統に対してあのように激しく反対したのである——実際、その激烈さは、憎悪とほとんど見分けがつかないほどだった。おかげで、ルネサンスによる古代の復興と再発見によって起こった熱狂も、すぐに鳴りを潜めてしまったのである。

デカルトの懐疑の深刻さを十分に理解するには、この新しい発見が世界と宇宙に対する人間の信頼に、存在と現象の明確な分離などよりもはるかに大きく破壊的な打撃を与えたということを、まず理解しなければならない。存在と現象の関係は、伝統的な懐疑主義が考えるように、現象が真の存在を覆い隠していて、人間はついに存在に到達することはできない、というような固定したものではないからである。反対に、ここでの存在は恐ろしく活発で、精力に満ちあふれていて、みずから積極的に現象を作り出す。ただし、この現象は、結局はわれわれを欺く錯覚にすぎない。人間がその感覚で知覚するすべては眼に見えない秘密の力によってもたらされたものであり、たとえある種の工夫や巧妙に作られた装置によって、その力を発見、というより——動物が罠にかかったり、泥棒が犯行中に捕えられたりするように——その力が活動しているところを捕捉できたとしても、われわれの世界に恐るべき影響力を行使しているこの存在の正体を暴露すること〔277〕など、とうていかなわぬ幻想であって、われわれが現象から引き出した結論も妄想にすぎないからである。

デカルトの哲学は、二つの悪夢に取り憑かれている。この悪夢はある意味では近代全体が抱える悪夢となったが、それは近代がデカルトの哲学に深刻な影響を受けたからではなく、近代の世界観の本当の意味を理解したなら、ほとんど不可避的に出現する悪夢だからである。この悪夢の内容は非常に単純で、よく知られている。第一の悪夢は、リアリティ、この世界と人間の生そのものに対する疑惑であり、もし感覚も共通感覚も理性も信頼できないのなら、われわれがリアリティとして受けとめてきたものはすべて夢にすぎないことになるのではないか、というのである。第二の悪夢は、新しい科学による発見と、人間はもはや自分の感覚や理性を信じることができないという状態がもたらした人間の一般的な条件に関わるもので、そうした状態のもとでは神がこの宇宙〔森羅万象〕の支配者なのではなく、むしろ悪霊、底意地の悪い「欺く神〔Dieu trompeur〕」が気まぐれに人間を翻弄しているのではないか、という疑惑である。真理の観念を内に宿した人間という生き物を創造しておきながら、いかなる真理にも到達できず、確かなものなど何一つ得られないようにしたのは、悪霊の最高の悪ふざけだ、ということになるだろう。

事実、確かさの問題というこの最後の点は、近代の道徳精神の発展全体にとって決定的な意味をもつことになった。もちろん、近代になって真理やリアリティへの信頼や信仰そのものが失われたわけではないし、感覚や理性の証言を受け入れる能力も当然ながら残されていた。失われたのは、以前ならそうした証言に必ずともなっていた確かさだった。近代になって宗教が失ったのは、救済や来世への信仰そのものではなく、「救いの確かさ〔certitudo salutis〕」だったのである。すべてのプロテスタント諸国で起きたのは、こうした事態だった。カトリック教会の権威が残されているところでは、教会は近代精神の衝撃と信徒大衆とを隔てる緩衝材としての役割を果たしていたが、カトリック教会の崩壊は、伝統と結びついた権威の最後の制度的な拠り所を取り払ってしまった。確かさの喪失がもたらした直接の結果、この地上の世界における生活を長期にわたる修行期間と考え、そこでみずからの救いを確認するために善を行いたいという熱狂が沸き起こったが、(34)それとまったく同じように、真理の確かさの喪失は〔278〕誠実さに対する前例のない熱狂をもたらすことになった。人が嘘をつくことができるのは、どんな嘘をついてもそれを打ち破る真理や客観的なリアリティが議論の余地なく存在すると確信できる場合に限られる、と言わんばかりに。(35)近代のはじめの一世紀に起こった道徳規準の根底からの転換をまず促したものこそ、最も重要な人間の集団、新しい科学者たちの欲求と理想だった。そして、近代の枢要な徳目である成功、勤勉、誠実が、同時に近代科学の最重要の徳となったのである。(36)

かくして、学者の組織である学会と王立アカデミーが道徳的に最も影響力のある中心となった。実験と道具によって自然を捕え、その秘密を吐かせるために、科学者たちは組織された。この巨大な課題を遂行するには、一人の人間ではなく、人類の中で最良の精神をもつ人々の集団的努力が必要であり、そのための行動規則や新たな判断基準が定められることになった。以前には、真理はある種の「理論」のうちにあると考えられていた。「理論」というのは古代ギリシア以来、観察者の観照のまなざしのことを意味していて、観察者は彼の前に開示されるリアリティに関心をもって、それを眺める。今や成功するか否かという問題がそれに取って代わり、理論は「実践的」な観点から——つまり実験がうまくいくかどうかによって――検証されることになった。理論は仮説となり、仮説が成功することが、すなわち真理となったのである。しかしながら、この成功という最重要の基準は、実践的な考慮に基づくものではないし、個別具体的な科学的発見をともなうかどうかは別にして、何か技術的な発展に基づくものでもなかった。成功の基準は、その適用可能性とはまったく別のところ、近代科学の本質とその進歩のうちにある。すなわち、ここでの成功とは、[279]ブルジョア社会の中で空虚な偶像に堕してしまった成功とはまったく無縁のもの、科学が始まって以来、常にそうだったように、〔自然の〕圧倒的な力に抗して人間の創意工夫が真の勝利を収めることだったのである。

普遍的懐疑に対するデカルトの解決、すべては夢であってリアリティなど存在せず、この世界を支配しているのは神ではなく、悪魔がわれわれを翻弄してあざ笑っているのではないか、という二重の悪夢からの救済は、その方法と内容の点で、先に述べた真理から誠実さへの転換、リアリティから信頼性への転換とよく似ている。「われわれの精神は物や真理の尺度ではないが、それでもなお人間の精神は、われわれが肯定したり否定したりする尺度でなければならない(37)」というデカルトの確信は、明確に口に出しては言わないけれども、科学者なら誰もが発見していたことだった。真理などないとしても、人は誠実でありうるし、信頼できる確かなものなど存在しないとしても、人間そのものは信頼できる。もし救済があるとすれば、それは人間自身の内になければならない。懐疑がもたらした問題に解決があるとすれば、それは懐疑の中から出てくるはずだ。すべてが疑わしいとしても、疑うことそれ自体は少なくとも確かな現実である。感覚や理性に与えられるリアリティや真理の状態がどのようなものであっても、「自分の疑いを疑うことはできないし、自分が疑っているのかいないのか確かでないということはありえない」[38]。よく知られている「われ思う、ゆえにわれあり〔cogito ergo sum〕」は、デカルトにとって、思考の確実性から生まれたものではなかった――もしそうだったなら、思考は人間にとって新たな尊厳と意義を獲得していたはずである。それは「われ疑う、ゆえにわれあり〔dubito ergo sum〕」を一般化したものにすぎない[39]。〔280〕何かを疑っているとき、私は自分の意識の中で進行する疑うという過程に確かに気がついている。この単なる論理的な確実性から、デカルトは人間精神の中で進行するこの過程はそれ自体確実なものであり、内省による探求の対象になりうるという結論を引き出したのである。

39　内省と共通感覚の喪失

実際のところ、内省とは人間精神が自分の魂や肉体の状態を省みて熟考することではない。そうではなく、意識が意識それ自体の内容に対して向ける純粋に認識的な関心なのである（デカルトの言うcogitatio〔思考〕というのはそのような意識のことであり、cogito〔われ思う〕は常にcogito me cogitare〔自分が思考していることを思考する〕を意味する）。なるほど、そのような意味における内省であれば、確実性を生み出すことができる。

そこには精神がみずから生み出したもの以外、何も含まれていないのだから、それを生み出す意識の他に介入するものはなく、人はそこでは自分以外の誰とも出会わない。自然科学や物理学が人間は自分以外のものと出会い、知り、理解することができないのではないかと疑い始めるはるか以前から、近代哲学は内省という方法で、人間は自分自身にのみ関わっているということを明らかにしていたのである。デカルトは、内省という方法がもたらす確かさは私が存在することの確実性である、と考えた(40)。言い換えれば、人は自分の確かさ、自分が存在していることの確かさを、自分自身の中、意識の働きそのものの内に有している。それは世界のリアリティ、つまりリアリティを感覚や理性に与えることはできないが、感覚作用や理性による推論のリアリティ、つまり精神の中で進行している過程のリアリティには確証を与えることができる。この過程は、[281] 肉体の中で進行する生物学的過程に類似している。生物学的過程も、人が自分の肉体の中で進行しているのを意識したとき、その過程のリアリティを感じさせてくれるからである。夢もまた、夢を見ている人と夢の存在を前提にしてしまえば、意識の過程そのものは十分に現実的である。難点はただ、肉体の内部で進行している過程を意識したとしても、その肉体の形は自分自身の肉体であっても分からない、ということだけだ。人が自分の感覚作用として意識し、その感覚の一部となった感覚対象を意識したとしても、感覚作用についての意識だけでは、具体的な形状や容姿、色や構成をそなえたリアリティに到達することはできない。人が夢の中で見ている木が夢を見ている本人にとっては十分に現実的であるのと同じように、眺められた木は視覚作用にとっては十分な現実性をそなえているが、決して現実の木にはならないのである。

こうした困難から脱出するために、デカルトやライプニッツは神の存在ではなく、神の善性を証明しなければならないと考えたのである。デカルトは悪霊が世界を支配して人間を嘲弄しているのではないことを証明し、ライプニッツはこの世界が人間も含めてありうべき最善の世界であることを証明した。ライプニッツ以来、弁神論として知られるもっぱら近代に特有の正当化の議論は、疑いを最高の存在に向けるのではなく、最高存在としての神の存在は所与の前提とした上で、聖書の伝統が示すような神の啓示を問題にするか、人間と世界に関する神の意図、言い換えれば人間と世界の関係が適切かどうかを問題にしたのである。この二つの問いのうち前者、聖書や自然のうちに神の啓示が含まれているかという疑惑は、啓示それ自体は感覚にリアリティを保証するものでも理性に真理を保証するものでもないことが明らかになれば、当然のことながら出てくる。しかし、後者の神の善性に対する疑惑、「欺く神」という観念は、まさに新しい世界観を受け入れることにともなう欺きの経験から生じてくるのである。これがいかに深刻であるかは、人が太陽を中心にまわる惑星システムについて知らされていても、太陽が地球のまわりをまわり、決まったところから太陽が昇り、沈むという事実は何ら変わることなく毎日繰り返されるということに示されている。もし望遠鏡が発明されていなかったら、われわれは永遠に欺かれていたかもしれない、そう思い至るようになって初めて、神の意図はまったく不可解なものになった。われわれが宇宙について知れば知るほど、それを造りたもうた神の意図や目的は理解し難いものになる。

〔282〕したがって、弁神論の言う神の善性というのは、厳密に言えば「急場しのぎの神〔deus ex machina〕」の類いにすぎない。ぎりぎり最後のところで、神の意図は説明不可能だが、善であるに違いない、と想定することによってしか、デカルトの哲学のリアリティ（すなわち、精神と延長、思考するもの〔res cogitans〕と延長をもつもの〔res extensa〕の存在）も、そしてライプニッツの人間と世界の予定された調和も救い出すことはできないのである。(41)

内省という方法の独創性、デカルトの哲学を近代の精神的・知的発展において最重要のものにした原因は、まず第一に、先に述べたリアリティの喪失という悪夢を利用して、世界のすべての事物を意識の流れの中に投げ込み、意識過程に没入させてしまったことにある。内省によって意識の中に現れる「見られた木」は、もはや視覚や触覚などの感覚的刺激によって与えられた木、それ自体のうちに同一かつ不変の形状をもつ実体としての木ではない。それは、記憶の中だけの事物やまったくの想像の産物と同列の対象の一つとして意識過程の中に投げ込まれ、絶え間なく流動する過程としてしか判別できない意識の一部分となる。客観的リアリティを主観的な精神の状態あるいは精神的過程へと解体してしまう近代哲学のこの営み以上に、物質をエネルギーに解消し、対象を原子過程の渦に解体する自然科学における発展を精神的に受け入れる準備になったものはないだろう。第二に、近代の初期段階ではこちらのほうがより重要だが、普遍的懐疑に対して確実性を保証するデカルトの方法が、新しい物理学が引き出す最も明白な結論と、まさに一致していたことである。すなわち、人間は啓示され、与えられた真理を知ることはできないけれども、少なくとも自分が作り出したものは知ることができる、という結論である。事実、この結論こそ、近代という時代の最も一般的な態度として広く受け入れられることになったものであり、〔283〕その背後にある懐疑より、むしろこの確信こそが、およそ三〇〇年にわたって世代から世代へと受け継がれ、発見と発展をますます加速させていったのだ。

デカルトの理性は「精神は、精神みずからが生み出し、ある意味では精神そのものの中に維持しているものだけを理解することができる」(42)という暗黙の想定の上に立っている。したがって、その最高の理想は、近代の理解する数学的な知識でなければならない。それは精神の外から与えられる理想の形式ではなく、精神が生み出した形式に関する知識である。そこでは、精神は自分以外の対象からの刺激を何ら必要としない——そうした刺激は、むしろ妨害と言ったほうがいいだろう。こうした理論を、ホワイトヘッドは「共通感覚が後退した結果」だと述べた(43)。もともと、共通感覚〔common sense〕というのは、それ自体としては個人の内面の私的な感覚作用にすぎないすべての感覚を共通世界に適合させる感覚のことだった。共通感覚がなければ、視覚が捉えた映像も、目に見えるこの世界とのつながりを欠いた幻影にすぎなくなる。今や、この共通感覚そのものが、世界との関わりをもたない内部の能力になったのだ。この感覚が「共通」と言われるのは、たまたますべての人に共通するからにすぎない。今や人々が共有しているのは、世界ではなく、精神の構造である。厳密に言えば、精神の構造も共有することはできないので、推論の能力が誰でも同じであるということにすぎない。[44] ２＋２という計算問題には誰もが同じ４という答えを出す、という事実が、それ以降は常識による推論のモデルになるのである。

かくして、ホッブズの場合にそうだったのと同様に、デカルトにおいても理性は「結果を計算に入れる」能力、演繹し、結論を導き出す能力のことになった。つまり、いついかなる時でも自分の内部で開始できる推論過程の能力になったのである。数学の領域で話を続ければ、この場合、人間の精神はもはや「２＋２＝４」を等号の両辺が自明な調和を保った均衡の状態とは考えず、「２＋２」が「４」になるという加算の過程と考える。〔284〕この加算過程は、さらに無限に続くことになる。その能力を、近代は共通感覚（常識）による推論と呼んでいるのである。それは精神が自分自身と戯れるゲームであり、精神があらゆるリアリティから遮断されて自分自身だけを「感覚する」時に開始される。このゲームの結論をわれわれが「真理」として受け入れざるをえないのは、人間の肉体の形状が同じであるように、自分の精神の構造は他人の精神の構造と変わるところがないからである。そこに違いがあるとしても、たかだか精神的能力の違いであって、馬力と同じように試験によって測定できる程度の差にすぎない。ここでは、かつてアリストテレスが人間について述べた「理性的動物」という定義が恐ろしいほどあてはまる。動物的な五感をすべての人間に共通する世界に適合させるための感覚を剥奪されて、人間は「結果を推論する」理性をもつ動物にすぎない存在となったのである。

アルキメデスの点の発見にともなう困難は、地球の外にその点を発見したのが地球に拘束された存在としての人間であり、彼がその普遍的な世界観を自分の現実の環境に適用し始めた瞬間から、彼はそれまでとはまったく違う世界、それどころか逆さまの世界に住んでいることに気づいたことにある。この困難は、今なお続いている。デカルトは、このアルキメデスの点を人間自身の内部に移すことで解決しようとした[45]。アルキメデスの点を人間精神のパターンの究極的な参照基準とすることによって、みずから生み出した産物である数学的な定式の枠の内部で、そのリアリティと確実性を保証しようとしたのである。有名なreductio scientiae ad mathematicam〔科学を数学に還元すること〕によって、感覚的に与えられたものを数学的等式に置き換え、あらゆる現実の関係を人間が作ったシンボルの論理的関係に解消することが可能になった。近代科学が自分が観察したいと考える現象や対象を「生産するという課題」を遂行できるようになったのも、この置き換えのおかげである[46]。その根底にあるのは、神であろうと、悪霊であろうと、2＋2＝4という事実は変えることができない、という仮定なのである。

[285]

40　思考と近代的世界観

デカルトがアルキメデスの点を人間の精神の内部に移したことで、人間はそれを持ち歩けるようになった。どこに行こうと、自分の内部にアルキメデスの点をもつことで、人間は与えられたリアリティ、つまり地球の住人としての人間の条件から、まったく自由になった。

だが、このデカルトの方法は、それを生み出した普遍的懐疑以上に説得力をもつようにはならなかった(47)。デカルトはそれによって普遍的な懐疑の悪夢を退散させようとしたのだが。いずれにせよ、今日われわれは、近代のはじめに哲学者たちの脳裏を離れなかったあの悪夢が、最大の勝利を収めているはずの自然科学者たちの前に突きつけられているのを見ている。例えば、質量とエネルギーのような数学的方程式は、もともとは――プトレマイオスの天動説とコペルニクスの地動説のように単純さや調和の度合いが異なるさまざまな理論によって説明が可能な――観察された事実と合致することを証明して、現象を統一的に説明するためのものだった。ところが、今日では、実際に質量をエネルギーに転換したり、逆にエネルギーを質量に転換したりするのに役立つようになったということに、この悪夢は現れている。あらゆる方程式のうちに暗黙に含まれていた数学的「転換」は、現実に転換可能なものと対応しているのである。同じことは、もともと応用可能性どころか、経験的な意味をもつことさえ想定されていなかった非ユークリッド数学の体系がアインシュタインの相対性理論によって驚くほどの有効性を獲得した、という不気味な事実にも現れている。さらに困ったことに、「そのような応用可能性はすべてのものに開かれており、最も現実から遠いと思われるような純粋数学の構成でさえ例外ではない(48)」という結論が、そこから否応なしに出てくるのだ。仮に宇宙全体が、あるいは複数のまったく異なる宇宙が存在していて、[286] 人間精神が構築したどのようなパターンも「証明」できるとしたら、人間は「数学と物理学の予定調和(49)」、精神と物質、人間の宇宙の調和が改めて確証されたことに、一時は歓喜するかもしれない。だが、この数学的に予見された世界が本当は夢であって、人間が夢見たことがすべて現実の様相を帯びるのは夢を見ている間だけなのではないのか、という疑念を拭い去るのは難しい。そして、この疑念は、無限に小さい原子の中で起きる出来事や事象が無限に大きい惑星システムのそれと同じ法則や規則性に従っていることを発見するとき、さらに強められるだろう。(50) われわれが天文学の観点から自然を探求すれば複数の惑星システムを見出し、同じ天文学的な探求を地球の上に立って行えば地球中心の天動説になるということを、それは示している。

いずれにせよ、われわれが現象を超えて、あらゆる感覚的経験の彼方に向かおうとするとき、すなわち、われわれの肉体的な感覚で捉えられる世界像から見れば謎に満ちていて、決してその正体を明かさず、しかもありとあらゆる現象を生み出すほど強力な存在の秘密を、器具の助けを借りて捉えようとするとき、われわれがそこに見出すのは、いつでも同じパターンの規則、極大の宇宙から極小の宇宙までの規則であり、それを器具を通して読み取っているにすぎない。森羅万象を統一する原理が再び見出されたという喜びもつかの間、今見ているのは極大の宇宙でも極小の宇宙でもなく、われわれ自身の精神のパターンにすぎないのではないか、という疑惑がわれわれを捉えて離さない。われわれの精神が器具を設計して、自分が設定した実験の条件のもとに自然を服属させる――カントの言葉で言えば、自然に対して法則を定める――にすぎないのではないか。われわれは悪霊の手のひらの上で踊らされていて、[287] 悪霊がわれわれの知識欲を唆《そそのか》しているだけであり、だからわれわれが何かいを求めても、結局そこに見出すのは自分たち人間の精神のパターンにすぎないのではないか、と。

デカルトの懐疑は、ガリレオの発見から論理的に導き出されてしかるべき結論であり、時間的にも最も直接的な結果だったが、アルキメデスの点を人間そのものの中に移すというデカルトの巧妙な方法のおかげで、少なくとも自然科学に関するかぎり、数世紀の間、その衝撃は和らげられてきた。だが、物理学の数学化によって、知識を得るための方法としての感覚が完全に放棄された結果、人間が自然に対して投げかけるあらゆる問いかけは数学的なパターンによって答えられることになった。最後の段階になって出てきたこの事態は、確かに予想されなかったものだが、論理的には十分ありうべき結論である。このような数学的パターンには、どんなモデルも通用しない。モデルというのは感覚的経験に従って形作られるものだからである。(51) この点で、人間の条件そのものに根ざしている思考と感覚経験の結合が復讐しているように見える。すなわち、テクノロジーが近代科学の最も抽象的な概念の「真理」を証明するとしても、それは人間がいつでも自分の精神の中の結果を応用できること、どのようなシステムを用いて自然現象を説明しようとも、制作や行為の指導原理として採用できることが証明されたにすぎないのである。この可能性は、近代数学の始まりの時点で、数学的な真理が空間的関係に完全に変換可能であることが示されたとき、すでに潜在的には存在していた。それゆえ、今日の科学がこの困難を免れるために、技術的な成果をもってわれわれが自然から与えられた「真正な秩序(52)〔authentic order〕」を扱っていることの「証明」にしようとしても、ただ悪循環に陥るだけである。すなわち、科学は実験を行うために、まず仮説を立て、実験の結果を仮説の検証に利用するが、こうした企て全体を通じて扱っているのは仮説的な自然なのである[53]。

〔288〕言い換えれば、実験の世界は常に人工のリアリティになることができるように見える。それは人間の制作や行為の能力を、以前の時代には夢想だにしなかったほどにまで増大させて、世界をも創造するほどになった。だが、同時に人間を今一度――今度はさらに力ずくで――自分自身の精神の牢獄、自分で作り出したパターンの枠の中に閉じ込めてしまったのである。それまでの時代なら、人間は自分以外のものについてリアリティをもって経験することができた。だが、今日、人がそれを望んだ瞬間、自然と宇宙〔universe〕は「その手から逃れ去ってしまう」。実験が明らかにした自然のふるまいに従って構成され、技術的に実際にその作動を確かめられる原理に基づいた宇宙というものは、人間がその感覚を通じて具体的に思い描けるものではない。問題は、人間が想像もできない何かが存在することではない。例えば「魂」のように、そのような「物」があることは知られていたし、物質的な事物を手がかりに、イメージを描けない非物質的な「物」についてもわれわれは考えてきた。だが、今や、われわれが見たり具体的に思い描いたりする物質的な事物そのものも「想像できない」ものになっている。感覚的に与えられた世界とともに、それを超越した世界もまた消滅する。概念と思考によって物質的世界を超越する可能性も消滅するのである。それゆえ、われわれの前に開かれたこの新しい宇宙が「実際には近づくことができない」ばかり

か、「考えることさえできない」ものであるのも驚くにはあたらない。「われわれがその宇宙についてどのように考えても、その答えは間違っている。「三角形の円」というほどではないにしても、「翼の生えたライオン」より無意味である」(54)。

すべてを疑え、というデカルトの普遍的懐疑は、こうして物理学そのものの核心にまで到達した。[289] それとともに、人間自身の精神の内部への逃避の道は閉ざされてしまった。現代物理学の宇宙が、単に表現できないものであるだけでなく――自然と存在がみずからを感覚に開示しないという想定のもとでは、それは当然のことである――、純粋な推論によっては理解することも、考えることすら不可能である、ということになったからである。

41　観照と活動の関係の逆転

近代の諸発見がもたらした最も重大な精神的結果は、「観照的生活」と「活動的生活」の序列の逆転だろう。これはアルキメデスの点の発見と同時に起こったデカルトの懐疑のすぐあとの出来事だったので、おそらく避けることのできなかった唯一の結果でもあった。

この逆転をもたらした動機がどんなに有無を言わさぬものだったかを理解するには、まずはじめに近代科学の発展について一般に広まっている先入観を解消しておかなければならない。近代科学のもつ応用可能性のために、その発展は地上における人間の条件を改革し、生活をよりよくするという実用的な動機がもたらしたものだとしばしば考えられているが、歴史的な事実によれば、近代テクノロジーの起源は、道具——労働の労苦を和らげて工作物の世界を建設するという二重の目的のために人間が考案してきた道具の発展にではなく、役に立たない知識を目的とする、まったく非実用的な探求のうちにあった。例えば、時計というのは、もっぱら自然に対してある実験を行うための、きわめて「理論的」な目的のために発明された。確かに、この発明は、いったん実践上の有用性が明らかになると、人間生活のリズム全体と人間生活の様相そのものを変えてしまった。だが、発明者から見れば、これは単なる偶然にすぎない。もし私たちが人間のいわゆる実践的本能にのみ頼らなければならないとしたら、語るほどのテクノロジーは決して生まれなかっただろう。確かに、今日すでに存在している技術的発明の惰性で、ある程度までの改善は生まれたかもしれない。だが、もしわれわれが人間というものはまず第一に実践的な存在だと信じ続けるなら、技術的に条件づけられたわれわれの世界をさらに発展させることはおろか、維持することも覚束ないだろう。

[290] それはともあれ、観照と活動の序列の逆転をもたらしたのは、みずからの手が生み出す創意工夫を信じて初めて人間の知識への渇望は満たすことができる、という経験だった。もちろん、真理と知識はもはや重要ではない、ということではない。観照ではなく「活動」によって真理や知識を獲得できることが問題なのである。自然から、正確に言えば宇宙からその秘密を引き出すことに成功したのは、望遠鏡という道具であり、人間の手による仕事だった。この最初の積極的な探究が結果を出してから、観照や観察ではなく行為を信じろ

という勧告は、さらに説得力を増した。存在と現象が訣別し、真理がもはや観察者の精神の眼の前に姿を現して、みずからを啓示したり開示したりするものでなくなってからは、人の眼を欺く現象の背後に本当の真理を探り出さなければならなかった。知識を獲得し、真理に接近する上で、受動的な観察や単なる観照ほど頼りにならないものはない。確信をもつためには確かめなければならず、知識を得るためには行わなければならない。知識の確実性は、二重の条件のもとで初めて可能になる。第一に、その知識は人が自分で行ったことだけに関わらなければならない。したがって、精神がみずから作り出した単位だけを扱う数学的知識が理想となる。第二に、その知識はさらなる行為を通じてのみ検証されるような種類のものであることが必要である。

そして、この時から、科学的な真理と哲学的な真理は別々の道を歩むことになった。科学的真理は、永遠である必要がないどころか、人間の理性に理解できるものである必要さえなくなった。もっとも、人間精神が大胆になって、近代のもつこうした含意に正面から向き合えるようになるには、数世代の科学者が必要だった。もし自然と宇宙が神の造ったものなら、そして人間の精神は自分が作った物しか理解できないとすれば、自分の理解できないことを自然から学ぶことなど期待できない。なるほど、人間は自分の創意工夫によって、自然過程の仕組みを見出すことができるし、それを模倣することすらできるだろう。だが、それで自然のその仕組みの意味が分かるようになるわけではない——それらが理解できるものである必要はないのである。実際、どんな超自然的な神の啓示も、どんな難解な哲学的真理も、近代科学がもたらしたある種の成果ほど人間精神を手ひどく傷つけたことはなかった。人はホワイトヘッドとともに、こう言うことができるだろう。[291]「一見すると無意味に思えるものが明日には真理だと証明されないなどと誰が言えるだろう」(55)。

一七世紀に起きたこの変化は、ともすれば伝統的な観照と行為の順位の転倒として理解されるが、実際にははるかに根本的な転換だった。厳密に言えば、転倒されたのは思考と行為の関係であって、真理を眺めるという本来の観照そのものは、まったく排除されてしまった。というのも、観照と思考は同じものではないからである。それまでの伝統では、思考は、真理を眺める観照の境地に至るためのいちばん手近で重要な方法だった。プラトン——おそらくはソクラテス——の昔から、思考は人が心の中で自分自身と対話すること（プラトンの対話篇の用語で言えば eme emautō「私が私自身と」対話すること）*10 だと考えられてきた。この内的対話が外に現れることはないし、それどころか他の活動がほぼ完全に中断されても、それ自体は非常に活動的な状態なのである。思考の外見上の不活発さは、受動的なものではない。観照において最後に真理が人間に啓示される時の受動性、完全な静寂とはまったく異なる。中世のスコラ哲学は、本来哲学というものは神学に仕える侍女でなければならないと考えていたが、この点に関してはプラトンもアリストテレスも賛成しただろう。両者ともに、その文脈は違っていたけれども、対話という形でなされる思考過程は思考や言論を超えた真理に到達するために魂を鍛える方法だと考えていた。プラトンにとって真理は「語りえぬもの〔arrhēton〕」(56)、言葉によって伝えることのできないものであり、アリストテレスにとって真理は「ロゴス」を超えたところにあった(57)。

したがって、近代における逆転というのは、観照に代わって行為が人間の最高の能力の地位を占めるようになったということではない。「活動的生活」のあらゆる活動は、これまで「観照的生活」を可能にするという観点から判断され正当化されていたのが、これからは行為が究極的な意味を担い、観照も行為のために遂行される、ということではない。〔292〕実際に逆転されたのは、思考と行為の関係だった。中世のキリスト教哲学において行為は神の真理を観照する「神学の侍女〔ancilla theologiae〕」であり、古代の哲学では行為は存在の真理の観照の侍女であったように、今度は思考が行為に従属する侍女となった。観照そのものは、まったく意味をもたなくなったのである。

この転倒の根本的な性格が明確に理解されていないのは、それがプラトン以降の西洋思想史を支配してきたもう一つの転倒となぜか混同されるからである。ギリシアの文脈に即してプラトン『国家』の洞窟の寓話を読めば、プラトンが哲学者に求める「転換〔periagōgē〕」が実はホメロスの世界秩序の転倒であることに、すぐ気づくだろう。プラトンの地下世界の「洞窟」は、ホメロスの言う「冥界〔ハデス〕」のような死後の世界ではなく、地上の人間たちが生活するふつうの世界であり、魂は肉体を抜け出して冥界をさまよう影のような存在ではなく、プラトンにとっては、むしろ肉体のほうが魂に照らされて洞窟の壁に映った影なのである。ホメロスにあっては死後に冥界をさまよう魂は感覚をもたない幽霊のような存在であるのに対して、プラトンにとっては天空の目に見えるイデアを捉えるために人間存在という洞窟から抜け出ようとしない者のほうが無感覚な存在なのだ(58)。

この文脈で私が言いたいのはただ一つ、哲学と政治思想におけるプラトンの伝統は転倒から始まった、ということである。プラトンによるこの最初の転倒が、その後の西洋哲学の思考パターンを大きく規定してきたのであって、西洋哲学が哲学への根源的な衝動に衝き動かされていない時には、ほとんどいつもこのパターンに惰性的に従ってきた。事実、講壇哲学をそれ以降支配してきたのは転倒に継ぐ転倒であり、そこでは観念論と唯物論、超越論と内在論、実在論と名目論、快楽主義と禁欲主義といった転倒が際限なく繰り返されてきたのである。ここで問題なのは、これらの体系はすべて、歴史的な出来事や体系自身の構成要素の変化とはいっさい関わることなく、歴史のどの時点でも単に「上のものを下に」、「下のものを上に」するという知的操作によって転倒が可能であることだ。さまざまな体系的秩序に組み込まれている概念そのものは、いつでも同じである。〔293〕プラトンによって確立されたこれらの構成要素や諸概念がもともと転倒可能であった以上、それ以降の思想の歴史で行われる転倒には、純粋に知的な経験、概念的な思考の枠組みの内部での経験以上のものは必要なかったのである。こうした転倒の歴史は、すでに古代後期の哲学諸学派から始まって、西洋の伝統の一部であり続けている。一組の二項対立をもてあそぶこの知的なゲームは、近代に行われた精神的秩序の転倒も支配しており、よく知られているマルクスによるヘーゲル弁証法の転倒や、感覚的なものや自然的なものを超感覚的なものや超自然的なものに対して再評価するニーチェの議論も、いまだこの伝統の上に立っているのである。

ここで私が問題にしようとしている転倒、ガリレオの発見がもたらした精神的な結果は、しばしばこうした伝統的な転倒の一つとして解釈され、西洋思想史の重要なひとこまとして位置づけられてきたが、それはこれまでの転倒とはまったく異なる性格のものなのである。客観的な真理は外から人間に与えられるのではなく、人間は自分が作り出した物しか知ることができないという確信は、単なる懐疑主義の産物ではなく、証明可能な発見の結果である。そこから出てくるのは、諦念ではなく、これまで以上の活動か、さもなければ絶望だ。近代哲学による世界の喪失は、内省という方法によって、自分の感覚作用そのものを感覚している内的状態を意識として取り出し、これをリアリティの唯一の拠り所としたことの結果だったが、これはかつての哲学者たちが世界と世界を共有する他者に対して抱いた懐疑とは質的に異なっている。近代の哲学者たちは、滅ぶべき偽の世界に背を向けて永遠の真理の別世界を求めるのではなく、いずれの世界にも背を向けて自分自身の内面に逃れるのである。彼らがそこに見出すのは、注視と観照の対象になるような永遠のイメージではなく、感覚的な知覚の絶えざる運動と、絶え間ない精神の活動にほかならない。一七世紀以来、哲学は自己の内部の探求に最大限の努力を払って感覚と精神の過程を調べ上げ、議論の余地のない最高の成果をあげてきた。その意味において、ほとんどの近代哲学は認識論または心理学だった。デカルトの内省という方法の潜在力が十分に発揮された数少ない事例、すなわちパスカル、キルケゴール、ニーチェのような事例では、[294] 哲学者たちは科学者が自然に対して行う実験より徹底的に、恐れを知らないという点では科学者たちよりはるかに大胆に、自分自身の内面を実験の対象にした、と言いたくなるほどである。

　近代を通じて行われた哲学者たちの並外れた創意工夫にわれわれは大いに敬意を払うものだが、それでも彼らの影響力と重要性がそれまでになかったほど減退したことは否定できない。哲学が第二ヴァイオリンどころか、第三ヴァイオリンにまで落ちぶれたのは、神学が優位に立っていた中世ではなく、近代においてだった。デカルトがその哲学をガリレオの発見に基づいて確立して以来、哲学はいつでも科学者の一歩あとをついていくものだとみなされてきた。哲学のやっていることは、科学のもたらしたはるかに驚くべき発見を、過去に遡って〔ex post facto〕その原理を見出すことで、人間知識の本質についての包括的な解釈に組み込もうと努力することにすぎない。科学者は、そのような哲学を必要としていない。少なくとも現代に至るまでは、科学者たちは自分たちが侍女など必要としない、ましてカントの言うような「貴婦人の足もとを照らす松明《たいまつ》の火をかざす」者など必要としない、と信じてきた。哲学者たちは、認識論者になって科学者たちがまったく必要としない包括的な科学理論について思い悩むか、あるいはまたヘーゲルが彼らにそうなることを望んだように「時代精神〔Zeitgeist〕」の機関として、その時代の一般的な雰囲気を明確な概念で表現して代弁する者となった。いずれの場合でも、哲学者たちは自然や歴史を眺めて、自分たちの力を借りずに起きた事柄を理解し、それらと折り合いをつけようとしたのである。人間がその努力を注ぎ込んだ分野の中で、哲学ほど近代によって大きな痛手をこうむった分野は他にない。だが、それが活動がみずからの力で興隆して予想もできなかった前例のない尊厳を獲得した結果であるのか、それとも伝統的な真理の喪失、西洋の伝統全体が依拠してきた真理の概念の喪失によるのかを判定するのは難しい。

42 「活動的生活」内部での転倒と「工作人」の勝利

「活動的生活」の中で、それまで観照が占めていた地位に最初に昇ったのは、制作の活動だった。「工作人」の特権だったこの活動がまず躍り出てきたのは、[295] 近代の産業革命を導いたのが器具であり、道具制作者としての人間だったことを考えれば、当然のことである。それ以降、すべての科学的進歩は、より洗練された新たな道具や器具の発達とその製造に密接に結びついている。例えば、物体の落下についてのガリレオの実験は、もし人が実験によって真理を確かめようとするなら、歴史のいつの時点でも行われただろうが、一九世紀の末にマイケルソンが干渉計を用いて行った実験[*11]は、彼の「実験上の創意工夫」だけでなく「テクノロジーの一般的進歩を必要」としており、「それ以前には実行できなかったはず」である[(59)]。

制作という活動を以前の慎ましやかな地位から諸能力の序列の上に押し上げたのは、単にさまざまな器具による道具立てによるものではなかった。だから、知識を得るためには「工作人」の協力が必要であることだけが、その理由ではない。より決定的なのは、実験そのもののうちに制作の要素が含まれていることである。実験は、観察する現象そのものを作り出すのであり、それゆえはじめから制作の能力に依存している。人間は自分が作り出した物しか知ることができないと信じているからこそ、知識のために実験が行われる。自分が作り出したのではない物についても、それが生成してきた過程を見つけ出して模倣すれば、知ることができる。そうした信念から生まれてきたのが、科学史においてよく議論される、あるものが「何」であり、現にそうあるのは「なぜ」かという古い問題の立て方から、「いかにして」それが生じたのかという問題設定への転換だった。その答えは、実験だけが与えることができる。実験は、あたかも人間自身が自然の対象物を制作しているかのように、自然の過程を反復する。近代の初期の段階では、責任ある科学者は誰も人間が実際に自然を「制作」する能力があるなどとは夢にも思わなかっただろう。にもかかわらず、人間はその当初から自然に対して創造主たる神のような立場からアプローチしてきたのである。人がそうしたのは、技術的な適用可能性という実践的な理由からではなく、それ以外の方法では知識の確実性を確保できないという、もっぱら「理論的な」理由からだった。「私に物質を与えよ、私はそれで世界を作ってみせよう。すなわち、私に物質を与えれば、[296] そこからどのように世界が発展するかをあなたに見せよう」(60)。カントのこの言葉は、近代における制作と認識の混合を簡潔に言い表している。それはまるで、近代人がおのれの知りたいものを作り出せるようになるために、制作の様式での認識という修行期間が数世紀にわたって必要だったかのようである。

近代のはじめの段階から生産力と創造力が最高の理想となり、偶像視さえされるようになったが、これは「工作人」、制作者としての人間にもともと内在していた基準である。しかしながら、近代においては、これらの能力にもう一つの、おそらくはさらに重要な側面があることに気づく。「なぜ」と「何か」から「いかにして〔how〕」への移行は、知識の実際の対象がもはや物でも永遠の運動でもなく過程でなければならないこと、したがって科学の対象はもはや自然や宇宙ではなく歴史、すなわち自然や生命や宇宙の生成の物語であることを意味している。近代がそれまで例のないような歴史意識を発展させ、近代哲学において歴史が支配的になるはるか以前から、自然科学は歴史的な学問分野に発展していた。一九世紀には、地質学つまり地球の歴史、生物学つまり生命の歴史、人類学つまり人間の生命の歴史、一般的には自然史という新しい自然科学が発展して、物理学、化学、動物学、植物学といった古い学問に付け加わった。これらすべてにおいて、歴史学の鍵となる概念だった発展が、自然科学の中心概念となる。人間の創意工夫、すなわち「工作人」の創意工夫によって実験で反復し、再生できる過程においてしか知ることができないという意味で、[61]自然は一個の過程になったのである。この包括的な過程における機能によって初めて、自然のあらゆる個別の事物は重要性や意味を与えられる。今や過程の概念が存在の概念に取って代わる。姿を現して自己を開示するのが存在の本質だとすれば、[297]過程の本質は見えないままであることにあり、過程の存在は目の前にある一定の現象から推論できるにすぎない。こうした過程の特質は、もともと制作過程における「工作人」の経験に基づいている。制作過程において、過程は「生産物の中に解消される」。あらゆる対象物が現実に存在するということは、必ずそこに生産過程が先行しているということであるのを、「工作人」はその経験からよく知っているのである。

このように制作過程を重視し、あらゆるものを制作過程の結果とみなす考え方は「工作人」とその経験領域に特有のものだが、もっぱら制作の過程のみが強調され、事物に対するあらゆる関心、生産物そのものに対する関心が無視されるのは、近代になって生じた、まったく新しい特徴だった。これは道具の制作者としての人間の理解を超えた事態である。彼らにとって、生産過程は目的のための単なる手段だからだ。「工作人」から見れば、手段であるはずの生産過程が、目的である最終生産物より重要になってしまったかのように見える。重点がこのように過程へと移行した理由は明らかだ。科学者が道具や器具を作るのは、ただ知識を得るためであって、事物を生産するためではない。そこで出てくる生産物は副産物にすぎなかった。今日でも、本当の科学者なら誰でも、技術的な応用可能性は自分たちの試みの単なる副産物にすぎないことを認めるだろう。

目的と手段の逆転の意味は、すぐれて「工作人」の世界観である機械論的世界観が支配的である間は、十分には明らかにならなかった。この世界観の特徴を最もよく表しているのが、自然と神の関係を時計と時計職人の関係で説明する、よく知られたアナロジーだろう。ここで重要なのは、一八世紀の神観念が明らかに「工作人」のイメージに基づいていることではなく、過程という性格がまだ限定されていることである。個々の自然の事物はそれが生成する過程のうちに呑み込まれていたが、全体としての自然はまだ一つの過程ではなく、神という制作者によって作られた多かれ少なかれ安定した最終生産物だったのである。そうした観点からすれば、時計と時計職人というのは、時計の運動が過程としての自然という観念を含むとともに、時計そのものと時計職人は対象物としての性質をそのまま残しているという点で、まさにうってつけのイメージだった。

ここで注意しておかなければならないのは、［298］人間に真理を受容する能力があるかどうかという近代特有の懐疑、与えられたものすべてに対する不信から、やがて人間の意識の中には作ることと知ることが一致する領域があるという希望によって制作と内省に対する新たな信頼が生み出される、これら一連の経緯をもたらしたのは地球の外のアルキメデスの点の発見そのものではない、ということである。むしろそれは、この発見が発見者たる人間自身に――そうした発見にもかかわらず地球に拘束された存在であり、今もそうあり続けている人間にもたらした必然的な結果だった。近代的な精神構造と哲学的内省との密接な関係から当然のことながら出てくるのは、「工作人」の勝利は自然科学における新しい方法の採用、実験と科学的研究の数学化に限定されない、ということである。デカルトの懐疑から出てくる最もありそうな結論の一つは、自然を理解する試みを放棄し、およそ人間の手によらない事物を知ろうとするのではなく、その存在を人間の力に負っている事物にのみ向き合え、ということだ。事実、そうした理由から、ヴィーコは関心を自然科学から歴史に転換した。歴史で扱われるのは人間の活動の産物だけだから、唯一確実な知識が得られる分野だと彼は考えたのである。(62) 近代における歴史と歴史意識の発見は、人間の偉大さ、人間の行為と、そして苦難の偉大さに対する新たな熱狂によるものではないし、人類の物語にこそ人間存在の意味が見出せると信じられたからでもない。[299]それをもたらしたのは、人間理性への絶望、人間の作った対象にしか適合できない理性への絶望だった。

近代における歴史の発見以前に、その衝動と密接に結びついて一七世紀に試みられたのが、新しい政治哲学の定式化である。それは、政治哲学というより、手段や器具を開発して「コモンウェルスや国家と呼ばれる……人工的な動物を制作(63)」しようとする試みだった。デカルトと同様に、ホッブズの場合も「最初の動因は懐疑だった(64)」。そして、「神が世界を造り、統治する」自然の技に対応して人間がその世界を作り、支配する「人間の技」として選ばれた方法こそ、内省、「自分自身を読む」技だった。自分自身の心の内を読むことで、「一人の人間の思考や情念は他の人間の思考や情念と類似していること」が示される。この最も人間的な「技の作品(65)」を建設し、それを判断する規則や基準は、人間の外にはない。感覚あるいは精神によって知覚できる世界のリアリティの中で、人が共通にもっているものではないのだ。むしろそれは人間の内部に組み込まれていて、内省によって初めて開かれる。したがって、その妥当性は「情念の対象ではなく」、情念そのものこそが人類という種族のすべての個体に共通するという仮定の上に成り立っている。ここでもまた時計のイメージを見出すことができる。ただし、今度は人間の身体が機械であり、それを情念の運動が作動させるのである。コモンウェルスの設立、人間による「人工人間」の形成は「時計のようにバネと歯車で動く自動機械」ということになる。

言い換えれば、この過程という概念は、もともとは自然の事物の生成する過程を「制作」という形で人工的な条件のもとに模倣する実験という操作を通じて自然科学の内に侵入してきたものだが、人間事象の領域における行為の原理としても役立つし、こちらの領域のほうがはるかに有効に適用できるのである。内省によって情念の運動に見出された生命過程は、[300]「偉大なリヴァイアサン」としての「人工人間」を創造し、そこに「自動的な」生命を吹き込むための基準や規則になりうる。確かな知識を与えると思われる唯一の方法としての内省が明らかにしたのは、絶えざる運動だった。感覚作用のあとに残るのは、感覚の対象だけである。感覚の対象は、感覚に先立ち、感覚作用とは独立に存在し続ける。情念の対象もまた、情熱的な欲望によって食い尽くされないかぎり残り続ける。思考そのものではなく思考の対象も、思考の運動を超えたところに存在する。だからこそ、近代において内省こそが唯一確実な知識を与える方法になったとき、「工作人」がその制作活動において依拠できる指針となりうるのは、外部に存在するはずの事物のイデアやモデル、形ではなく、絶えざる運動としての過程そのものなのである。

新たな制作と計算の概念を政治哲学に持ち込もうとするホッブズの試みは非常に重要である。彼の試みは自然の過程そのものを作り出すという新たに発見された制作の潜在能力を人間事象の領域に適用しようとするものだったが、ここまで明確かつ徹底的に追求したものは、理性と情念の対立を常套句とする現代の合理主義には例がない。だが、新たな哲学の欠陥がまず明らかになったのは、まさにこの人間事象の領域においてだった。その本質からして、新たな哲学はリアリティを理解できないし、信じることさえできないからである。自分が作ろうとしている物だけがリアルであるという発想は、制作の領域では完全に真理であり、正当だが、出来事の実際の過程では常に挫折せざるをえない。そこで最も頻繁に起きるのはまったく予想もしなかったことだからである。制作のやり方で行為すること、「結果を計算に入れる」形で推論を行うことは、予想できないこと、つまりは出来事そのものを除外することだ。そうした立場から見れば、「起こる可能性が限りなく低いこと」を期待するのは理性的ではないし、非合理だからである。だが、人間事象の領域において出来事というのはリアリティの織地をなしているので、「ありそうにないことがふつうに起こる」ところで出来事を排除すること、誰も確実に計算できないことを計算に入れないことは、まったく非現実的である。ホッブズを最大の代表者とする近代の政治哲学は、近代合理主義は非現実的であり、近代のリアリズムは非合理である、という困難――これはリアリティと人間理性が袂《たもと》を分かったということの言い換えなのだが――を前にして崩壊する。ヘーゲルの哲学は、精神と現実を和解させる〔den Geist mit der Wirklichkeit zu versöhnen〕という壮大な企てだった。この現実との和解は〔301〕近代のすべての歴史理論がその最も深いところで関心を抱いているものだが、それは近代的理性が現実の岩礁にあたって沈没したという洞察に基づいているのである。

近代における世界からの疎外が、世界との関連が最も密接な人間活動である仕事と物化にまで及ぶほど徹底したものだったという事実は、人間の諸活動に対する近代の態度や評価を伝統のそれから明確に区別している。それは単なる観照と活動の逆転や思考の関係の逆転などより、はるかに深刻なものである。制作者が観照する者の地位に昇っただけでは、観照との訣別はまだ達成されたことにはならない。制作に過程の概念が導入されることで初めて完成するのである。それに比べれば、「活動的生活」の内部の序列が顕著に変化して、制作がそれまで政治活動が占めていた位置に昇る、というようなことは、さほど重要な意味をもたない。この序列自体、すでに述べたように、政治哲学が始まった当初から哲学者たちが政治一般、とりわけ行為に対して根深い不信を抱いていたために、明示的ではないにしても、すでに転覆されていたからである。

事態がいささか混乱しているのは、ギリシアの政治哲学がポリスに背を向けたあとも、依然としてポリスが定めた活動の序列に従っているからだ。プラトンもアリストテレスも、厳密に哲学的な著作では（もちろん、彼らの思想の核心を知りたければ、それに正面から向き合う必要がある）、行為と仕事の関係を逆転させて、仕事を優位に置こうとしている。例えばアリストテレスは『形而上学』で認識のさまざまな種類を論じているが、そこではdianoia と epistēmē praktikē、つまり実践的な洞察と政治学を少なくとも最下位に置き、その上位に制作の科学、epistēmē poiētikē を置いて、これが theōria、真理の観照に先行して、それを導くものだとする。[66] 哲学が行為より制作を優位に置こうとした理由は、すでに述べたように、行為に対して政治的な疑惑をもっていたからというより、哲学的な観点からすれば、制作〔poiēsis〕は観照〔theōria〕により近く、活動のように観照と対立していないというほうが、より説得力があったからである。観照と制作の決定的な類似点は、少なくともギリシア哲学では、何かを注視するという観照の要素が〔302〕制作においても存在する、という点にある。職人の仕事は対象のモデルである「イデア」に導かれていて、このモデルがはじめに職人に何を作るかを教え、次には最終生産物を判断する基準になるという形で、制作過程が始まる前にも終わったあとにも注視されているからである。

観照について最初に論じたのはソクラテス学派だが、歴史的には少なくとも二つの源泉を見出すことができる。第一に、明らかにこれに関連するのは「タウマゼイン〔thaumazein〕」、存在の奇蹟に驚くことこそがあらゆる哲学の始まりだ、というプラトンの主張である。これはプラトンから一貫していて、アリストテレスも引用している(67)。プラトンがそう主張するようになったきっかけは、ソクラテスから受けたおそらく最も衝撃的な経験にあっただろう。すなわち、ソクラテスは弟子たちの前で突然自分の思考に取り憑かれて没我状態に陥り、何時間もまったく動かなくなることが何度もあった。この驚嘆の衝撃が言語を絶するもの、言葉に翻訳できないものだったということも、おそらく本当だろう。少なくとも、このことは「タウマゼイン〔驚き〕」こそが哲学の始まりだとしたプラトンやアリストテレスが――多くの点で決定的な意見の相違がありながら――言葉にできないこの状態、本質的に無言で行われる観照の状態が哲学の目的であるとする点では一致していた理由を説明してくれるだろう。事実、theōria〔観照〕というのは thaumazein に相当するただ一つの言葉であり、哲学者たちが最終的に目指す真理の観照というのは、その発端としての無言の驚嘆を哲学的に純化したものなのである。

しかしながら、観照には、もう一つの源泉がある。その内容においても、用語法や事例の取り上げ方においても、最も明白な事例はプラトンのイデア論だ。ここで彼が依拠しているのは、職人の経験である。職人は、事前に作るものの形を心の眼で思い描き、その形に従って対象物を制作する。〔303〕このモデルは、職人がみずから作るものではなく、模倣することができるだけのものであり、人間の精神の産物ではなく、精神に外から与えられたものだった。そのようなものとして、モデルは一定の永続性と卓越性を有している。人間の手はそれを完全に実現することはできず、具体的な物にする際、その完全性は多少とも損なわれざるをえない。人間の手による仕事は、単なる観照の対象であれば永遠に残るモデルの卓越性を、滅びゆく物に具体化することで損なってしまう。したがって、仕事と制作を導くモデル、プラトンのイデアに対してとるべき適切な態度は、それがおのれの心の眼に現れるがままにしておくことである。人が仕事の能力を放棄して何も行わない時に初めて、彼はイデアを眺め、その永遠に与《あずか》ることができる。こうした観点からすれば、観照は、存在の奇蹟に直面して、その驚嘆に陶然となる、という第一の源泉とはまったく異なるものになる。イデアは、あらゆる仕事や行いから完全に分離されているにもかかわらず、制作過程の不可欠な一部になるのだ。したがって、ここでの観照は、いわばモデルを眺めることであり、それ自体としてはいかなる行為も導かず、ただモデルとしてのイデアそれ自体のために享受され、継続されるのである。

哲学の伝統において支配的になったのは、この第二の種類の観照だった。そのために、無言の驚嘆という第一の種類の場合には没我状態の結果として図らずも付随的に生じる不動の状態が、今や「観照的生活」の条件であり、際立った特徴だとされることになったのである。人を圧倒して身動きさせなくするのは驚きではなく、制作活動の意識的な停止こそが観照状態に到達する方法となる。中世の哲学文献が観照のもたらす喜びや歓喜について書いているのを読むと、「工作人」が呼びかけに耳を傾けて仕事の手を止め、大いなる願望である永遠と不死が実現できるのは行いではないこと、美と永遠は作りうるものではないことをついに悟るのを、哲学者たちは望んでいたように見える。プラトンの哲学では、無言の驚嘆は哲学の始まりであり目的であって、永遠なるものに対する哲学者の愛と、永遠なるものや不死なるものへの職人の願望と一つになって互いに浸透し合い、ほとんど区別しがたくなっている。だが、哲学者の言葉にならない驚嘆がごく少数の者に限られた経験であるのに対して、職人の観照的な注視は［304］多くの者の経験するところなので、「工作人」の経験から引き出された観照のほうが重きをなすことになったのである。すでにプラトンは、より一般的な経験であるという理由から制作の事例を引き合いに出しており、それで第二の観照が重視されることになったのだが、中世キリスト教が観照と瞑想をすべての者に要求するようになると、その重みはさらに増すことになった。

つまり、観照と「観照的生活」の概念と実践の形成を主に推進したのは、哲学者と哲学の無言の驚嘆ではなかったのである。実際にそれを遂行したのは、姿を変えた「工作人」だった。制作者としての人間は、永続的な住み家を建設するために自然に暴力を加えるのを役目とするが、今や暴力もあらゆる活動も放棄して、事物をあるがままに残し、観照によって不滅で永遠のもののそばに住み家を求めるように説得されたのである。「工作人」がこの説得を受け入れて態度を変更できたのは、観照とその喜びを経験からある程度は知っていたからだった。その意味では、考え方をまったく変えること、本当の「ペリアゴーゲー〔periagōgē〕」、根底的な方向転換は必要ではなかった。ただ仕事の手を休め、形相〔eidos〕、それまで模倣しようとしてきた永遠の形姿やモデルを注視するのを無限に延長すればよい。形相、モデルを物化しようとすることは、その卓越性や美を損なうばかりだと彼は悟ったのである。

それゆえ、もしすべての活動に対する観照の優位への近代の挑戦が、制作と注視の間のそれまでの序列を単に転倒したものにすぎなかったとすれば、諸活動の間の伝統的な序列の枠組みそのものは残っていることになる。しかしながら、制作という活動の理解の重点が生産物と永久的なモデルから制作過程に移り、何が作られるのか、どのような種類なのか、という問いから、いかにして作るのか、どのような手段と過程で作られ、再生産されるのか、という問いに移行したとき、その枠組みそのものが取り払われることになった。このことは、観照がもはや真理を生み出すものとは考えられず、「活動的生活」、人間の通常の経験の範囲の中での地位を失ったことを意味していたのである。

[305]

43　「工作人」の敗北と幸福の原理

近代に導いた出来事を想起して、ガリレオの発見が自明の真理の強制力をもって一七世紀の偉大な思想家たちに与えた衝撃のことを考えるなら、観照と制作の逆転どころか、観照そのものが無意味な能力として排除されたのは当然の成り行きだった。この逆転が行為の人でも「労働する動物」でもなく、制作者としての「工作人」を人間のもつ可能性の頂点に押し上げたのも、もっともなことのように見える。

確かに、近代の開始時点から今日われわれの時代に至るまでの際立った特徴の一つは、「工作人」の典型的な態度だった。すなわち、世界の道具化、道具および人工的対象の制作者の生産力に対する信頼、すべてを包括する目的・手段のカテゴリーへの信頼、すべての問題は解決できるし、人間のあらゆる動機は効用の原理に還元できるという信念、与えられたものすべてを材料とみなし、自然全体を「縫い直したくなったら、いつでも切り分けられる巨大な織物[68]」と考える支配者然とした態度、知性と独創性を同一視すること――これは要するに［306］「制作や人工的対象、特に道具を作って制作を無限に多様化させるための道具の制作への第一歩[69]」にならないすべての思考を軽蔑することを意味する。そして最後に、当然のことながら行為と制作の同一視である。

「工作人」のメンタリティの一つ一つを追うのは本題から離れすぎるだろうし、ここでは必要でもない。そうした例は、自然科学において簡単に見出すことができる。自然科学では、純粋理論的な努力は「単なる無秩序」、「乱雑極まる自然」から秩序を作り出そうとする欲求から生じてくると考えられている[70]。ここでも、生み出されるべき新たなパターンを好む「工作人」の態度が、調和と単純さといった古い観念に取って代わっているのである。そうした態度は、古典経済学にも見ることができる。生産力を最高の基準とみなして非生産的活動を低く見る偏見があまりに強かったので、マルクスでさえ、労働者のための正義を訴えるために、労働という非生産的活動を仕事や制作に読み替えなければならなかった。もとより、そうしたメンタリティが最も明白に現れているのは、近代哲学におけるプラグマティックな傾向である。デカルトによる世界からの疎外だけでなく、一七世紀以来のイギリス哲学、一八世紀のフランス哲学は、足並みを揃えて、功利の原理を人間の動機と行動を説明するための扉を開く鍵として採用した。総じて言えば、「工作人」の最も古い信念である「人間は万物の尺度である」が、誰もが自明のこととして受け入れる常識になったのである。

説明が必要なのは、「工作人」についての近代の評価ではなく、それがあまりに早く労働に取って代わられ、労働が「活動的生活」の最高位を占めるようになったという事実のほうだ。「活動的生活」内部のこの二度目の逆転は、観照と活動一般の関係の逆転や、活動内部の行為と制作の逆転よりゆっくりと目立たない形で行われたし、労働が最高位に上昇する前に、「工作人」の伝統的なメンタリティからの逸脱や変容が進行していた。近代だけに見られる特徴であり、近代を先導した出来事からほとんど自動的に生まれたその変化とは、

［307］過程という概念が「工作人」のメンタリティの中心を占めるようになったことである。「工作人」自身にとってみれば、「何を」から「どのように」へ、制作される事物から制作過程への重点の変化は、決して手放しで喜べるものではなかった。それは制作者・建設者としての人間から、安定した永続的な基準や尺度を奪ってしまう。近代以前には、そうした基準や尺度が制作を導き、判断基準になっていたのである。最初は交換可能性が導入され、次第に相対化が進行して、ついにはあらゆる価値の価値剥奪に至る、という形で交換価値の使用価値に対する勝利をもたらしたのは、商業社会の発展だけが原因ではないし、おそらくそれは主要な原因でもない。近代科学の発展とそれにともなう近代哲学の展開に規定された近代人のメンタリティにとって、少なくとも決定的だったのは、人間が自分を超人間的な、すべてを包括する自然と歴史という二つの過程の一部だと考えるようになったことである。過程としての自然も歴史も、固有の目的に到達することもなければ、前もって定められたイデアに接近することもないまま、果てしなく前進する運命にあると思われたのだ。

言い換えれば、近代の精神的大革命から生まれてきたこの「工作人」は、予想もできないほどの創意工夫の能力を獲得して、無限大あるいは無限小のものを測る道具を発明できたが、制作過程の前に存在し、そのあとにも残るような、本当に信頼できる絶対的な尺度を奪われているのである。実際、「活動的生活」の中で、観照が有意味な人間活動の領域から排除されることによっていちばん多くを失ったのは、制作だった。行為にとっては過程を解放することが活動の一部であり、また労働が生物学的生命の物質代謝過程にほとんどそのまま従うのに対して、制作にとって過程というのは、仮に制作がその経験に気づいていたとしても、目的に対する手段、二義的で派生的なものにすぎないからである。その上、近代において世界からの疎外が進行し、内省が自然を征服する万能の手段にまで上昇したことで失われたのは、他のどんな能力にもまして制作という能力、まず第一に世界の建設と世界の事物の生産に向けられる能力だった。

「工作人」の自己主張が究極的に失敗したことは、〔308〕その世界観の核心である効用〔utility〕の原理に欠陥があることが明らかになるや、すぐ「最大多数の最大幸福」(71)の原理に取って代わられたことに、はっきりと示されている。そこで明白になったのは、「工作人」の完全な勝利をもたらすに違いないと思われた時代の信念、人は自分が作った物しか知ることができないという信念は覆《くつがえ》され、ついには、より近代的な過程の原理、「工作人」の要求や理想とはまったく無縁の原理によって完全に破壊されるだろう、ということである。功利の原理においては、その基準となるのは生産された事物を使用する人間だが、そこでは人間を取り囲み、人間がその中を動く使用対象物の世界が、なお前提とされている。もし人間と世界のこうした関係がもはや確かなものでなくなれば、どうなるだろうか。世界の事物がまず第一にその有用性によって測られるのではなく、その事物を生み出した多少とも偶然的な結果にすぎないとみなされるようになれば、生産過程の最終生産物はもはや真の目的ではなく、生産された事物はあらかじめ定められた使用目的によってではなく、「何か別のものの生産のため」のものとして評価されるようになるだろう。そうなれば、「価値というものは二次的なものにすぎず、したがって一次的な価値をもたない世界には二次的な価値もない」という異議が唱えられることになるのは明らかである。(72)「工作人」の限られた思考の枠組みの内部では、このような根本的な価値喪失は、〔309〕彼が自分は事物の制作者、工作物の建設者であり、道具を作るのは付随的な目的だとするのではなく、まず第一に道具制作者、「とりわけ道具を作るための道具〔の制作者〕」であり、事物を生産するのは副次的な事柄だと考えるようになれば、ほとんど自動的に生じてくる。この場面にともかく功利の原理を適用しようとするなら、それは使用対象物や使用にではなく、生産過程そのものに適用するしかなくなるだろう。今や、生産力を増大させるもの、苦痛や労力を緩和するものが有用なものということになる。言い換えれば、究極的な測定基準は、効用や使用ではなく、「幸福」、すなわち事物の生産や消費によって経験する苦痛と快楽の総計になったのである。「快楽と苦痛の計算」というベンサムの発明は、数学的な方法を道徳科学に取り入れたように見えるという利点のみならず、完全に内省に依拠した原理を発見したという点が大きな魅力だった。「幸福」とは快楽から苦痛を差し引いた合計である、というベンサムの原理は、自分の意識活動の意識としてのデカルトの意識と同様、自己の感覚のみに依拠して、外部の世界の対象とはまったく切り離された内部感覚である。さらに言えば、すべての人間が共有しているのは世界ではなく、計算の同一性や快楽と苦痛に影響されるという同一性のうちに現れる人間本性の共通性である、というベンサムの想定は、近代初期の哲学者たちから直接受け継いだものだった。この哲学を「快楽主義」と呼ぶのは、近代快楽主義と表面上の関連しかもたない古代後期のエピクロス主義を「快楽主義」と呼ぶ以上に間違っている。すでに述べたように、快楽主義の原理は、快楽ではなく苦痛を回避することにある。ベンサムと違って、まだ哲学者だったヒュームは、そのことをよく承知していた。あらゆる人間活動の究極の目的を快楽にしようとするなら、人は自分を導いているのが快楽ではなく苦痛、欲望ではなく恐怖であることを認めざるをえなくなるだろう。「なぜ健康でありたいと願うのかと問えば、病気は苦痛だから、という答えがすぐに返ってくるだろう。では、苦痛を嫌うのはなぜかとさらに理由を尋ねても、答えることはできない。それは最終的な目的であって、他のどんなものにも依拠していないからである」(73)。答えられない理由は、苦痛だけはいかなる対象からも完全に独立していて、〔310〕苦痛に襲われている人が本当に感じているのは自分自身だけだからだ。だが、快楽というのは、自分自身ではなく自分のそばにあるものを楽しむことである。苦痛は、内省という方法によって見出される唯一の内的感覚であり、経験された対象からの独立という点では論理的・数学的な推論がそれ自体として明確であるという確実性に匹敵する。

快楽主義〔hedonism〕の根底に苦痛の経験があるというのは古代においても近代においても共通しているが、近代の場合、その強調の仕方は古代とはまったく異なり、はるかに強力である。古代の場合、人が逃れようとしたのは世界とそれが与える苦痛であり、そこでは苦痛も快楽もまだ世界との関わりを保っていた。古代における世界からの疎外〔逃避〕にはストア主義やエピクロス主義、快楽主義と犬儒主義〔cynicism〕に至るさまざまな変種があるが、それらはみな世界に対する根強い不信感に駆り立てられ、世界との関わりとそれがもたらす困難や苦痛から逃れて、自己の内部の安全な領域にひきこもろうとした。そこでは、自分だけに自分の姿をさらすことができる。それに対して、近代において古代の快楽主義に対応するピューリタニズム、感覚主義〔sensualism〕、ベンサムの快楽主義などを衝き動かしているのは人間そのものに対する同じように深い不信だが、その疑念はリアリティを受容する感覚の能力、真理を受容する理性の能力に向けられている。つまり、人間の本性には欠陥があり、堕落している、という確信に基づいているのである。

　ここで言う堕落は、もちろんキリスト教の言う原罪として解釈できるが、その起源も内容もキリスト教や聖書に由来するものではない。ピューリタンが人間の腐敗を非難するのに対して、ベンサム主義者はそれまで悪徳とされてきたものを厚顔にも美徳として賞賛することになったが、どちらが有害でおぞましいかを判断するのは難しいところだ。古代人は想像力と記憶を信頼していて、苦痛から解放されている時に苦痛を想像したり、鋭い苦痛に襲われた時に過去に経験した快楽を思い出したりして、自分が今幸福であることを確信しようとした。それに対して、近代人は幸福や救済を数学的確かさで確かめるためにベンサム流の快楽計算を行ったり、ピューリタンのように自分の行った功徳と過ちを道徳帳簿につけたりしなければならない（もちろん、こうした道徳計算は、古代後期に広まっていた精神とはまったく無縁である。しかも、古代の自己規律の厳格さやそれにともなう貴族的性格を考えれば、[32] ストア派やエピクロス派を形成した人々に顕著なこれらの特徴が、古代の快楽主義を近代のピューリタニズム、感覚主義、快楽主義から決定的に隔てていることが分かるはずだ。この違いと比べれば、近代的な性格を形成しているのが、昔ながらの狭量で狂信的な独善なのか、より最近のあらゆる種類の無益な不幸を生み出している自己中心的で放埒なエゴイズムに屈した結果なのかは、ほとんど問題にならない)。ベンサム流の功利主義の最大多数の「最大幸福の原則」[74]に含まれていたのが、「自然は人類を苦痛と快楽という二つの主権のもとに服従させた」などという怪しげな発見や、「人間の魂の中の最も測定しやすいあの感情」[75]を取り出すことで道徳を精密科学として確立することができるなどという馬鹿げた考えだけだったとしたら、英語圏であのような知的な勝利を獲得できたかどうかは、疑わしいどころか、ほとんどありえなかっただろう。

こうした議論や、それよりも重要性は低いがエゴイズムの神聖性やすべてに浸透する自己利益の力をめぐるさまざまな主張が一八世紀から一九世紀初頭にはごくありふれた議論として広まっていったが、その背後に隠れて、もう一つの、快楽と苦痛のどのような計算よりもはるかに潜在的な力を発揮することになる原理を形成する評価の基準が存在する。それは、生命そのものの原理である。この種の学説において、苦痛と快楽、恐怖と欲望が実現するのは、幸福ではなく、個体の生命の促進、あるいは人類の生存の保障である。もし近代のエゴイズムが本当に彼らが主張するように(幸福と呼ばれる)快楽を徹底して追求するのであれば、自殺を正当なものと認めなければならないはずだ。本当の快楽主義思想であれば不可欠の自殺擁護論がないことからしてすでに、これらの思想が実際には生の哲学を無批判に受け入れた俗流の議論にすぎないことは明らかである。すべてのものを計る最高の基準は結局のところ生命そのものであり、〔312〕個人の幸福も人類の幸福も、個体の生命あるいは種としての人類の生命と同じものだとされる。そこでは、生命、生きていることこそが最高の善であることが自明のこととされているのである。

一見すると非常に有利な条件にもかかわらず「工作人」が自己の主張を貫くことに失敗したことは、もう一つの、哲学的にはより重要な修正が基本的な伝統的信念に加えられたことにも示されている。因果性の原理に対するヒュームの徹底的な批判は、のちに進化の原理の採用を準備するものだったが、しばしば近代哲学の出発点とされている。因果性の原理は、二つの公理、すべてのものは原因をもつ（nihil sine causa）という公理と、原因はそれがもたらす最も完全な結果よりも完全であるという公理を含んでいるが、これらは明らかに制作の領域における経験、すなわち制作者はその生産物より優れているという経験に全面的に依拠している。こうした文脈で見れば、近代の精神史上の転換点は、有機的生命体の発展のイメージが時計職人のイメージに取って代わった時点に訪れたことになるだろう。時計職人の場合には、職人自身がすべての時計の原因であり、すべての時計に対して優位に立っているのに対して、生命有機体の発展においては、例えば猿のような低次の存在の進化が人間のような高次の存在が登場する原因となるのである。

この転換には、単に無機的で硬直した機械論的世界観の否定という以上の意味が含まれている。ガリレオの発見からは、二つの方法を引き出すことが可能だった。一つは実験と制作という方法であり、今一つは内省という方法である。一七世紀はあたかもこの二つの方法の闘争の舞台であり、そこでは後者が遅ればせながらの勝利を獲得したように見える。内省が空虚な自己意識以上のものを見出さなければならないとすれば、それが触れることのできる唯一の対象は、なるほど生物学的な過程以外にはない。自己観察によって接近できるこの生物学的な生命は同時に人間と自然の物質代謝の過程でもあるのだから、内省はもはやリアリティなき意識の迷路で途方に暮れる必要はなく、人間の中に――人間の精神ではなく、人間の身体的過程の中に――人間を再び外部の世界と結びつける外部の物質を見出すことができる。人間の精神に内在している主体と客体の分裂、「思考するもの〔res cogitans〕」としての人間とそれを取り巻く世界の「延長をもつもの〔res extensae〕」というデカルト的な対置においては回復不能だった主体と客体の分裂は、生きた有機体、外部の物質を取り入れて消費することで初めて生き残ることのできる生命有機体においては、まったく消滅する。[313] かくして、一九世紀の唯物論の変種である自然主義は、デカルト哲学の問題を解決すると同時に、哲学と科学の間のますます広がりつつある裂け目を橋渡しする方法を生命の中に見出したように思われたのである。(76)

44 最高善としての生命

近代の生命概念は近代哲学がみずから陥った困難から導き出された、というこの説明は、話の一貫性という点から見れば魅力的かもしれないが、現実に起こった経緯を単なる観念の発展によって説明できると考えるのは幻想であり、近代という時代が抱える問題の深刻さを不当に軽視することになる。物理学が天体物理学になり、自然科学が「宇宙」科学になった、という最初の転換から、「工作人」の敗北の原因は説明できるだろう。それでは、なぜこの敗北が「労働する動物」の勝利をもたらしたのかという問いには、まだ答えが与えられていない。観照的生活との関係が逆転して「活動的生活」の上昇が起こったとしても、ほかならぬ労働が人間の諸能力の最高の地位についたのはなぜか、言い換えれば、さまざまな能力と関わる人間のさまざまな条件の中で、生命こそが他のすべての考慮を圧倒するようになったのはなぜか、という問題である。

近代になって、生命が究極的な基準として自己主張を始め、近代社会の最高善としての地位を保ち続けてきた理由は、［314］近代の転倒がキリスト教に規定された社会という生地の上で行われたことにある。生命の神聖性というその根本的な信仰は、完全な世俗化が進んで、キリスト教の信仰が一般に衰退したにもかかわらず、生き残ってきた。言い換えれば、近代の転倒に先立ってキリスト教が古代世界に侵入した時に転倒が行われたが、近代はこの転倒そのものには手をつけずに残していたのである。キリスト教によるこの転換は、具体的な教義の内容や信仰よりもはるかに大きな政治的影響を及ぼしたし、少なくとも歴史的な影響は長く残ることになった。個人の生命の不死を説くキリスト教の「福音」は、古代における世界と人間の関係を逆転して、死すべき最たるものとしての人間の生命を、それまで宇宙が占めていた不死の地位に押し上げたのである。

歴史的に見れば、古代世界におけるキリスト教信仰の勝利がほとんどこの転倒によるものであることは、おそらく確かである。それは、この世界が滅びの定めにあることを知っていた者たちに希望を、まさにこの世の希望を超えた希望を与えた。というのも、新しい知らせ〔福音〕は、彼らが望むことすらあえてしなかったような不死を約束したからである。しかしながら、この転倒は政治に対する評価と政治の尊厳にとって破滅的な結果をもたらすことになった。それまで政治的活動を鼓舞していたのは、この世界における不死への願望だったが、その最高の動機を奪われて、政治活動は必然に従属する最低レベルの活動に引き下げられ、一方では人間の罪深さがもたらす結果を改め、他方では地上の生命の正当な欲求や利益に応えることになった。今や不死への願望は虚栄に等しいものとみなされ、世界が人間に授ける名声は幻想となった。世界における不死への努力は無意味なものとなる。なぜなら、生命そのものが不死になったからである。

今や個人の生命こそが、かつて政治体の「生命」が占めていた地位を占めることになった。永遠に続くはずの生命にとって、「死は罪の報いである」というパウロの言葉は、永遠に続くために建設された政治的共同体にとって、その死は犯した罪の報いだ、というキケロの発言の反映である。(77) 初期のキリスト教徒たち——少なくともローマ市民だったパウロ——は、不死についての彼らの観念を〔315〕ローマをモデルにして形成し、政治体の生命に個人の生命を置き換えたように思われる。政治体が過ちを犯せば潜在的にもっていた不死を没収されるのと同様に、個人の生命に保証されていた不死はアダムの堕罪によっていったん没収され、キリストがそれを再び取り戻して、潜在的には永遠の生命としたが、個人が罪を犯せば二度目の死によって再び失われるのである。

キリスト教における生命の神聖性の強調は、確かにヘブライの遺産の一部である。ヘブライ人は、この点で古代の典型的な態度とは際立って対照的だった。古代の異教徒は、労働と出産を通じて生命が人間に課す苦難を軽蔑し、天上の神々の「安楽な生活」を羨《うらや》ましげに描いて、望まなかった子供は遺棄するのが慣習であり、健康でない生は生きるに値しないと信じていた（例えば、医者が健康を回復できない患者の生命を長らえたなら、それは医者の使命を誤解していることになる）(78)。自殺は重荷になった生命から逃れる高貴なふるまいとされていた。こうした古代異教の罪の尺度と比べれば、ヘブライの法典ははるかにわれわれのものに近い。それでも生命の維持はユダヤ民族の法体系の礎石でなかったことは、十戒が殺人を特別の罪とせず、今日われわれの思考様式からすれば最高の罪である殺人とは比較にならない軽微な罪と同列に置いていることを想起すれば、理解できるだろう。ヘブライの法典が古代異教のそれとすべてのキリスト教ならびにキリスト教以降の法体系との中間に位置していることは、彼らの信仰では民族の潜在的不死性が強調されており、世界を不死とする古代の異教とも、個人の生命を不死とするキリスト教とも異なることから説明できる。いずれにせよ、キリスト教の場合、不死性は個人に与えられ、個人は出生によってその唯一無二の生命を始めるが、そのことは現世を超越した性格を明らかに増大させただけでなく、地上における生命の重要性も著しく増大させたのである。［316］重要なのは、キリスト教がいつでも――異端やグノーシス的思弁は別にして――生命というものを、最終的な終わりはないが明確な始まりをもつものと主張したことだ。地上の生は永遠の生命の最初の段階であり、最も悲惨な段階にすぎないが、死によって終わるこの生命がなければ、永遠の生命もない。個体の生命の不死が西洋人の中心的信条になって初めて、つまりキリスト教が興隆して初めて、この地上における生命が人間にとっての最高善となった、という議論の余地のない事実も、そうした理由に基づいていたと言えるだろう。

キリスト教が生命の神聖さを強調したことで、古代における「活動的生活」内部の明確な区別が取り払われ、労働、仕事、行為はみな、現在の生活の必要性に従属するものとなった。それとともに、労働、つまり生物学的な過程を維持するために必要ないっさいの活動が、古代に受けていた軽蔑から、ある程度まで解放されるようになったのである。古代において奴隷が嫌悪されたのは、彼らが生活の必要性にのみ仕えて、何としても生きていたいと望んで主人の強制に服していたからだが、奴隷に対するそうした軽蔑も、キリスト教の時代には存続できなくなった。もはやプラトンのように、奴隷は自殺もせず主人に服従している、と軽蔑することはできない。いかなる状況に置かれても、生き続けることは聖なる義務となり、自殺は殺人より悪いものとみなされるようになった。キリスト教によって埋葬を拒否されたのは、殺人者ではなく、みずからの命を絶つ者だったのである。

しかしながら、近代の労働賛美の源泉をキリスト教に求めることはできない。何人かの解釈者が試みているように、新約聖書や他の近代以前のキリスト教文献の中にそれを読み取ろうとしても、労働賛美を示すものは見つからないのである。例えば、パウロは「労働の使徒」と呼ばれたが[79]、決してそうした類いの人物ではなかったし、〔317〕根拠とされるわずかな文章も「他人からパンをもらって生きている」ような怠惰な者に向けられているか、あるいは揉め事を避けるための方法として、ひたすら自分の私的な生活に専心して政治的な活動は避けるように、と勧めている[80]。この関連で、より重要なのは、のちのキリスト教哲学だろう。とりわけトマス・アクィナスは、労働を生きるために他の手段をもたない人がなすべき義務とした。ただし、ここで義務とされるのは、生きることであって、労働ではない。乞食をしてでも生きていけるのなら、そのほうが望ましいというのである。労働に好意的な近代の偏見抜きでキリスト教の教父たちの文献を読むと、原罪に対する処罰として労働を正当化できそうな箇所ですら、ほとんどそうしていないことに驚かされるだろう。例えば、トマス・アクィナスがこの問題で躊躇なく持ち出すのは聖書ではなくアリストテレスであり、「肉体労働を強制するのは生きていく必要がある場合だけである[81]」。彼にとって、労働は人類が生存するための自然が定めた方法だった。したがって、すべての人間が額に汗してパンを稼ぐ必要はない、というのが彼の結論である。労働は、問題を解決したり義務を遂行したりするための最後の手段、他に頼る術がない時の窮余の策なのである[82]。怠惰を防ぐための手段として労働が役立つというのも、キリスト教が発見したことではなく、古代ローマの道徳では、すでにありふれた徳目の一つになっていた。キリスト教ではしばしば肉体の苦行が利用されるが、特に修道院で、しばしば労働が他の自虐的な難行苦行と並んで重要な役割を果たしているのも、古代における労働の評価と完全に一致している。[83]

[318] キリスト教がこのように生命を神聖視し、この世に生き続ける義務を執拗に主張したにもかかわらず、労働についての積極的な哲学を展開しなかった理由は、「観照的生活」があらゆる種類の人間の活動に対して議論の余地のない優位に立っていたためだった。「観照に生きることは、活動的な生よりも明らかに優れている〔Vita contemplativa simpliciter melior est quam vita activa〕」[84]、活動的生活にどのような利点があるにせよ、観照に捧げられた生活は「より有効で力強い」。もっとも、こうした確信はナザレのイエスの教えには見られないものであり、明らかにギリシア哲学の影響によるものだった。しかしながら、もし中世のキリスト教哲学が福音の精神に忠実だったとしても、労働を賛美する根拠をそこに求めるのは難しいことは確かである。[85] ナザレのイエスがその説教で勧めた唯一の人間の能力は行為であって、イエスが強調した唯一のことは、人間には「奇蹟を起こす」能力がある、ということだからである。

しかしながら、キリスト教の労働観の問題はともあれ、近代は世界ではなく生命こそが最高善であるという前提の上に立ってきた。伝統的な信仰や概念に対して近代が行った最も大胆で最も根底的な修正や批判においても、滅びつつある古代世界にキリスト教がもたらした生命と世界の関係の根本的な逆転に挑戦するなどということは思いもよらなかったのである。[319] 近代の思想家たちがどんなに明確かつ意識的に伝統を攻撃したとしても、生命がすべてに優先することは彼らにとって「自明の真理」だったし、すでに近代をあとにして、労働者の社会を職業人の社会に変え始めている今日のわれわれの世界でも、この真理は生きている。アルキメデスの点の発見が〔キリストが生まれる前の〕一七〇〇年前の時代、生命ではなく世界がまだ人間の最高善だった時代に始まっていたとしたら、それに続く発展はまったく違った方向をたどっていただろう。われわれはキリスト教の影響が作り出した世界に住んでいなかったことも十分考えられる。今日重要なのは、生命が最高善であるということであって、生命が不死だということではない。この仮定は確かにキリスト教起源のもので、キリスト教の信仰そのものにとっては重要だが、付随的な事柄にすぎないからである。さらに、キリスト教の教義の詳細は度外視して、一般的な精神状態だけに注目すれば、信仰に重きを置くその精神にとって、近代の不信や懐疑の精神ほど有害なものはないことは明らかだ。確かに、デカルトの懐疑がその力を証明した領域、最も破壊的で取り返しのつかない結果をもたらしたのは、ほかならぬ宗教の領域だった。デカルトの懐疑をそこに持ち込んだのは、近代の最も偉大な宗教思想家であるパスカルとキルケゴールだったのである（キリスト教信仰を掘り崩したのは、一八世紀の無神論でも、一九世紀の唯物論でもなかった。これらの議論はしばしば粗雑で、大部分は伝統的な神学によってたやすく論破できた。むしろ、これを掘り崩したのは、純粋に宗教的な人々が救済に対して抱いた懐疑だった。彼らにとって、伝統的なキリスト教の内容と約束は「不条理」なものになっていたのである）。

キリスト教の勃興以前にアルキメデスの点が発見されていたらどうなっていたか分からな

いのと同じように、ルネサンスの偉大な覚醒運動がアルキメデスの点の発見によって中断されていなかったら、キリスト教がどのような運命をたどることになったか、今となっては確かめることはできない。ガリレオの発見以前には、あらゆる可能性がまだ開かれているように見えた。例えば、ガリレオよりおよそ一〇〇年前のレオナルド・ダ・ヴィンチの時代に戻ってみれば、いずれは技術革命が起こって人文学の発展を圧倒しただろう、と容易に想像できる。それによって、空を飛ぶという、人類がはるか昔から抱き続けてきた夢は実現できたかもしれない。[320] だが、そうした技術の発展と飛翔が宇宙にまで手を伸ばすことはなかっただろう。地上の世界を一つの球体に統合することまではできたかもしれないが、物質をエネルギーに転換することや、装置を通してしか見ることのできないミクロの世界への冒険が行われることはなかっただろう。ただ一つ確かに言えるのは、観照と活動の関係の転倒が、それより前にキリスト教によって行われていた生命と世界の関係の逆転と重なり合ったことが、今われわれが生きている近代の発展の起点になった、ということである。それまで「活動的生活」が拠り所にしてきた「観照的生活」が意義を失って初めて、「活動的生活」は文字どおり活動的な生活となった。そして、この活動的な生活に残された唯一の拠り所が生命活動そのものだったからこそ、労働による人間と自然の物質代謝の過程は、あたかも繁殖力ある生命過程のように、すべてを呑み込んでいくことになったのである。

45　「労働する動物」の勝利

「労働する動物」の勝利は、デカルトの懐疑から生じた近代の信仰喪失が個人の生命から不死性を奪わなければ、少なくとも不死性の確かさを奪わなければ、決して完成することはなかっただろう。個人の生命は、古代においてそうだったように、再び死すべきものとなった。他方で、世界は以前にもまして不安定なもの、永続しないものとなって、キリスト教の時代にそうだった以上に、信頼できないものとなった。近代人がキリスト教の約束する来たるべき世界への信頼を失ったとき、投げ返されたのは自分自身にであって、この世界にではなかった。世界は潜在的には不死であるどころか、それがリアルなものであるかどうかも疑わしくなった。そして、絶え間なく進歩しつつある科学への無批判的で、あからさまで、屈託のないオプティミズムによって、この世界がまだリアルだと想定するかぎり、近代人は地球上から切り離されて、かつてのキリスト教の無世界性などよりはるかに遠い地点まで移されることになったのである。「世俗的」という言葉が現在どのような意味で用いられているにせよ、歴史的には、それは本書で言うところの世界の中にいることと同じではない。いずれにせよ、近代人は信仰の喪失とともに来世を失った代わりに、この地上の世界を獲得したのではなかった。しかも、厳密に言えば、それで生を得たわけでもなかった。近代人は、ただ生に投げ返されて、閉ざされた自己の内面へと内省を通じて投げ返されただけである。そこで彼が経験するのは、精神の中で行われる空虚な計算過程、精神の自分自身との戯れでしかない。残された唯一の内容は、欲求と欲望、〔321〕彼の肉体によってかき立てられた意味をもたない衝動である。近代人は、それを情熱だと誤解して、情熱は「不合理」だなどと決めては「不合理」だなどと決め込んでいる。それは、理性による「推論」を受けつけないから、つまり計算できないから、情熱である。古代において政治体が不死だったように、そして中世において個人の生命が不死だったように、今や潜在的に不死なるものとして唯一残ったのは、生命そのもの、すなわち、おそらく永遠に続くであろう人類という種の生命過程なのだ。

先にわれわれは、社会の興隆の中で自己主張しているのは究極的には人類という種の生命過程そのものであるのを見てきた。理論の上での転換点は、近代初期の個人の「利己主義的」生命から「社会的」生命、(マルクスの)「社会化された人間」へと主張の重点が移った時だった。マルクスは、およそ人間が行為するのは自己の利益のためだという古典経済学の粗雑な観念を改めて、そうした利益はまず社会の諸階級に伝わって彼らを動かすのであり、彼らの闘争を通じて社会全体を導くのだ、と主張したのである。マルクスの言う社会化された人間とは、そうした社会の状態のことだった。そこでは単一の利益だけが存在し、その利益の主体は諸階級あるいは人類であって、単数または複数の人間ではない。重要なのは、ここではもはや自己利益という動機のうちに含まれていた行為の最後の痕跡、人が何を行っているのかを示すものは跡形もなく消滅したということである。残されたものは「自然の力」、生命過程そのものの力だけであり、すべての個人とすべての活動は等しくこの力に従属する（「思考の過程そのものも自然過程である」[86]）。そのような過程にまだ目的のようなものがあるとすれば、それが唯一目指しているのは、動物の一種族としての人類の生存ということになる。個人の生命を種の生命と結びつけるために、より高度な人間の能力はいずれも必要なくなる。個人の生命は、生命過程、すなわち労働して彼と彼の家族の生命の存続を保証する過程の一部分となる。必要とされないもの、生命が自然との間で行う物質代謝にとって必須でないものは、余計なものとして排除されるか、あるいは他の動物とは異なる人間に特有のものとしてのみ認められる——だから、ミルトンが『失楽園』を書いたのは蚕《かいこ》が絹糸を吐き出すのと同じ理由、同じ衝動に駆られたからだ、とマルクスは述べたのである。*12

近代世界とそれ以前の世界を比較するなら、そこに示されている驚くべき事実は、発展にともなって起こった人間の経験そのものの喪失である。単に観照がまったく意味をもたなくなっただけではないし、それが主要なことでもない。[322]観照と区別される思考という活動も、それが「結果を計算に入れる」ものとされたとき、頭脳という肉体の一機能に成り下がってしまった。そうした機能なら、電子計算機のほうが、われわれの頭脳よりはるかにうまく遂行できる。行為はすぐに制作の観点から理解されるようになり、現在ももっぱら制作として理解されている。そして、制作は、世界の事物にのみ向けられて直接に生命には関わらないその性格から、今や別種の労働の形態として、非常に複雑だが、それ自体としては神秘的なところはない生命過程の一機能として位置づけられているのである。

他方で、われわれ人間は、生きるための労苦と困難を和らげるために創意工夫の能力を発揮して、労働を人間の活動からほとんど除去することが夢物語ではないところまで来ている。今日でさえ、われわれが今実際に住んでいる世界の中で行っていること、あるいは行っていると考えていることを指すのに「労働」という言葉を用いるのは、大げさにすぎるし、傲慢でさえあるだろう。労働社会の最後の段階としての職業人の社会は、すべての構成員がまったく自動的にその職務を遂行することを要求する。そこでは、個人の生命は種の包括的な生命過程に完全に埋没してしまったかのようだ。個人に対して求められているただ一つの積極的な決定は、いわば自分の個性を放棄すること、今なお個人が感じている生命の苦痛や労苦を放棄すること、すなわち機械の部品のように機能する行動のパターンに黙従することで苦痛を麻痺させ、「沈静化」することである。近代の行動主義理論の問題は、それが間違っていることではなく、むしろそれが正しいものでありうること、つまり近代社会の明白な一定の傾向を把握できる最良の方法であることにある。近代という時代が――先例のない爆発的な人間の活動をもたらして、将来を約束するかに見えながら――歴史上いまだかつてないような致命的で不毛な受動性に終わるということも、十分考えられることなのだ。

だが、そこには、もう一つのさらに深刻な危険の徴候がある。それは、ダーウィンの発見以来、人間の祖先とされてきたような動物の種としての存在に人間が退化し始めているのではないか、という危険である。本書の締めくくりに、今一度アルキメデスの点の発見に立ち戻って、この点から――カフカはそうしないようにと警告したが――人間と地上で人間がしていることを眺めてみるなら、あらゆる人間の活動が、地球全体を見渡す宇宙から見れば、いかなる種類の活動でもなく、単なる過程にすぎないことが明らかになるだろう。ある科学者が少し前に述べたように、現代のモータリゼーションは〔323〕人間が鋼鉄の甲羅で身体を覆い始めるという生物学的突然変異の過程のように見える。宇宙から観察すれば、この突然変異は、われわれが顕微鏡を通して見るウイルスという微細な有機体が抗生物質の投与に抵抗して新しい株を生み出している過程と、神秘性において変わるところはない。アルキメデスの点の自分自身への適用がいかに根深いものであるかをよく示しているのが、科学的な思考を支配している隠喩である。現代の自然科学は、原子の「生命」について語っている。観測者の目には、すべての分子はあたかも欲するまま「自由」に行動しているように見える。これらの分子の運動は統計学的な法則に従っているが、それは現代の社会科学者が人間の行動を支配しているとする法則とまったく同じで、個々の分子が選択の「自由」をもっているように見えたとしても、集積された多数はそうした法則に従って行動〔behave〕しなければならない。言い換えれば、無限に小さな分子の行動が、太陽系の行動パターンと観測の上では類似しているだけでなく、人間社会の行動パターンとも類似している理由は、われわれが自分自身の存在から切り離されてしまっているからなのだ。われわれは微小な分子や巨大な宇宙に対するのと同じように自分自身から遠く離れたところに立っており、それを最新鋭の装置を用いて観測することはできるけれども、実際に経験することはできないのである。

こう述べたからといって、近代人が活動の能力を失ったとか、失う瀬戸際に立たされているということでは、もちろんない。社会学、心理学、人類学が「社会的動物」としての人間についてどんなに論じ立てようとも、人間は物を作り、建設し続けている。もっとも、そうした能力はますますひと握りの芸術家に限られるようになっており、したがってそれにともなう世界の経験はますますふつうの人間の経験から失われてきている[87]。

同様に、行為の能力も、少なくとも過程を解放するという意味では、われわれにまだ残されている。ただし、そうした活動はもっぱら科学者の特権になってしまっており、彼らは人間が関わる事象の領域を拡大して、〔324〕それまで自然と人間の世界との間に存在して、それぞれを保護していた境界線を消滅させてしまった。ほんの数世紀の間に人知れず静かな実験室の中で成し遂げられた業績を見れば、政治家と言われる者たちが日々の行政や外交でしていることより、科学者たちの動向のほうがはるかに報道する価値があり、政治的にも重要だと言われるのも、当然のように思われる。科学者というのは、社会の中で最も現実に疎《うと》く、非政治的な人間だと世間一般では考えられてきた。その彼らこそ、いかに行為するか、いかに共同して行為するかをいまだに心得ている最後の人々だ、というのは確かに皮肉なことではある。一七世紀に自然科学者たちは自然を征服するために組織を作って、自分たちを規律する道徳的規準と名誉法典を生み出していったが、彼らの組織は激変する近代の時代の流れに耐えて生き残ったばかりか、歴史上、最も潜在力を秘めた権力を生み出す集団の一つになったのである。しかしながら、科学者たちのこの行為は、宇宙の観点から自然に対してなされるものであって、人間関係の網の目の中で行われるものではないため、自分自身の正体を明らかにするという行為本来の性質を欠いている。自然に対してなされる彼らの行為は、物語を生み出すことができないので、歴史になることもない。みずからを明らかにするこの性質と、歴史を生み出す能力の二つが相俟って、人間存在に意味を与え、それを光で照らすのである。人間の実存の上で最も重要なこの点に関しても、行為は、やはり少数の特権的な者だけが経験できる営みになっている。行為することの意味をまだ知っているこれら少数の者の数は、芸術家の数よりさらに少ない。それは、純粋に世界を経験し、本当に世界を愛する芸術家よりも稀な経験なのである。

最後に、思考についても同様のことが言える。われわれは近代以前と近代の伝統に従って「活動的生活」から思考を外しておいたが、思考という活動も今なお可能である。とりわけ人が政治的に自由な条件のもとで生活しているところなら、現実的に可能であることは疑いない。残念なことに、思想家の独立性はいわゆる象牙の塔の中で保たれていると一般には考えられているが、思考という活動ほど脆《もろ》いものはないのである。実際の話、暴政のもとでは、思考することより行為するほうがたやすいくらいだ。実際に生きた経験として思考することはごく少数の者に限られていると考えられているが、おそらくこれは間違っている。率直に言わせてもらえるなら、今日その少数者の数がさらに減っているわけではない。思考の問題は、世界の将来には関わらないかもしれないし、関わっても限定されているかもしれないが、［325］人間の将来に関連しないわけではない。積極的に活動するという経験に照らしてみれば、すなわち「活動的生活」の諸々の活動を純粋に活動力の程度で計るなら、思考は他のすべての活動よりまさることになるだろう。ものを考えた経験が少しでもある人なら、カトーの次の言葉がどんなに正しいか分かるだろう。「何もせずにいる時こそ、人はより活動的であり、自分自身とともにある時ほど、人が孤独でない時はない*13〔Numquam se plus agere quam nihil cum ageret, numquam minus solum esse quam cum solus esset〕」。

原注

（1）「新しい科学〔scienza nuova〕」という言葉を最初に用いたのは、一六世紀イタリアの数学者ニッコロ・タルターリア〔Niccolò Tartaglia〕の著作だと思われる。彼が考案した新しい弾道学で、投射物の運動に幾何学的方法を適用したのは自分が初めてだと主張している（これはアレクサンドル・コイレ教授の教示による）。ここでの文脈で、より重要なのは、ガリレオが『星界の報告〔*Sidereus Nuncius*〕』（一六一〇年）で自分の発見の「絶対的な新しさ」を主張していることである（「重大だと言うのは、一つにはそのこと自体の素晴らしさからであり、また時代を通じて耳にされたこともないその新奇さからであり、さらには、そのことを我々の感覚に示す器械によってである」（伊藤和行訳、講談社学術文庫、二〇一七年、一五頁）。アレントが参照しているのは、*The Sidereal Messenger of Galileo Galilei: And a Part of the Preface to Kepler's Dioptrics*, a translation, with introduction and notes by Edward Stafford Carlos, London: Rivingtons, 1880. "They are of great interest, I think, first, from their intrinsic excellence; secondly, from their absolute novelty; and lastly, also on account of the instrument by the aid of which they have been presented to my apprehension" (p. 7)」。ただし、これは「私が『市民論』を書くまでは」政治哲学は「なかった」と豪語するホッブズ（『マームズベリーのトマス・ホッブズの英語著作〔*The English Works of Thomas Hobbes of Malmesbury*〕』第一巻［now first collected and edited by Sir William Molesworth, London: Longman, 1839］ix頁〔「しかしながら、国家哲学 Civil Philosophy は、私自身の『市民論』より以前には遡ることができませんので、自然哲学よりもなおいっそう若輩者なのです」（伊藤宏之・渡部秀和訳、『哲学原論　自然法および国家法の原理』柏書房、二〇一二年、一〇頁〕）や、これまでの哲学者は哲学することに成功しなかったというデカルトの確信（『哲学原理』への序言〔井上庄七・水野和久訳『哲学の原理』「著者から仏訳者にあてた手紙」、野田又夫責任編集『デカルト』（「世界の名著」27）、中央公論社（中公バックス）、一九七八年、三一八頁〕）には及ぶべくもない。一七世紀以後、絶対的な新しさを主張して伝統を拒否するのは当たり前のことになった。カール・ヤスパース〔Karl Jaspers〕（『デカルトと哲学〔*Descartes und die Philosophie*〕』[2. Aufl., Berlin: de Gruyter, 1948] 六一頁以下〔重田英世訳、『ヤスパース選集』第六巻、理想社、一九六一年、一〇二頁〕）は、ルネサンス期の哲学が「独創的な人格として認められたいという衝動から……新しいことを栄誉の印として求めた」のに対して、近代科学では「「新しい」という言葉は実質的な価値評価〔sachliches Wertpraedikat〕として広まっていた」と両者の相違を強調している。ヤスパースは、同じ文脈で、新しさというものが科学と哲学ではいかに異なるかを述べている。この点で、デカルトが自分の哲学を科学者が新しい科学的発見を提示するようにして提示したのは確かである。『省察』で彼はこう述べている。「私はその発見をしたという栄誉には別段値しない。せいぜい、これまで長い間探し求めてきたが甲斐のなかった或る豊かな宝物を、通りすがりの人が運よく足もとに見つけた、というにすぎない」（『真理の探求〔*La recherche de la vérité*〕』[Pléiade ed.]〔*Œuvres et lettres*, textes présentés par André Bridoux, Paris: Gallimard (Bibliothèque de la Pléiade), 1949〕六六九頁〔井上庄七訳、『デカルト著作集』第四巻、白水社、二〇〇七年、三〇〇頁〕）。

（2）　もちろん、プロテスタンティズムの現世を超えた禁欲が世界に向かって巨大な力を発揮したことを明らかにしたマックス・ウェーバーの業績を否定するものではない（『プロテスタンティズムの倫理と資本主義の精神〔Die protestantische Ethik und der Geist des Kapitalismus〕』〔大塚久雄訳、岩波文庫、一九八九年〕、『宗教社会学論集〔*Gesammelte Aufsätze zur Religionssoziologie*〕』第一巻［Tübingen: J. C. B. Mohr, 1920］）。ウェーバーは、プロテスタントの勤労エートスより前に、すでに修道院の倫理がそうした特徴をいくつかの点で示していたことを指摘している。実際、その萌芽はアウグスティヌスのuti〔使用〕とfrui〔享楽〕という周知の区別に見出すこともできるだろう。アウグスティヌスは、この二つの言葉で、使用できるが享楽の対象としてはならないこの世界の事物と、それ自体として享受するためにこの世界に到来する事物を区別した。いずれの場合も、この世界の事物に対する人間の力の増大は、人間と世界の間の距離、つまり世界からの疎外から生まれているのである〔アウグスティヌス『キリスト教の教え（*De doctrina christiana*）』第一巻第三章および第四章「享受と使用」で論じられている（加藤武訳、『アウグスティヌス著作集』第六巻、教文館、一九八八年、三〇―三二頁）〕。

（3）ドイツ経済が驚異的な復興を遂げた原因として、ドイツが軍事予算の負担を免れているという事実がしばしば挙げられるが、これは二つの点で決定的な理由にはならない。まず第一に、ドイツは数年間にわたって占領の費用を支払わなければならなかった。これは全面的な再軍備をした場合の予算規模にほぼ匹敵する。第二に、軍事生産はドイツ以外の国の戦後の経済繁栄の唯一最大の原因とされている。さらにその上、私がここで指摘しようとしている点は、以下のような、より一般的かつ奇怪な現象によって説明できる。すなわち、経済的な繁栄は、破壊のための「無用な」手段や、使用あるいは破壊によって浪費されるための財ならびに――これがよりありふれたケースだが――すぐ時代遅れになるので破壊されるような財の生産と密接に結びついているのである。

（4）資本主義がもたらす世界からの疎外の意味についてマルクスがまったく気づいていなかったわけではないことを示すいくつかの証拠が彼の青年時代の著作にある。例えば、一八四二年の論文「木材窃盗取締法にかんする討論」（『マルクス＝エンゲルス全集〔*Marx-Engels Gesamtausgabe*〕』〔旧ＭＥＧＡ〕第一部第一巻［Berlin: Marx-Engels-Verlag, 1927］、二六六頁以下〔平井俊彦・細見英訳、『マルクス＝エンゲルス全集』第一巻、大月書店、一九五九年、一二六頁以下〉を参照）で彼が木材窃盗法に反対しているのは、単に森林所有者と窃盗犯の法形式的な対置が「人間の要求」——森林から木材を無断で伐採する窃盗犯は、権利に基づいて木材を売買する所有者より木材を切実に必要としている——を考慮に入れておらず、この法が木材使用者と木材販売者を同じ水準で対置して非人間化しているだけでなく、木材そのものからその本質〔nature〕を奪うことになるという理由からだった。人間を財産所有者としか見ない法律は、事物をただ財産として、財産を交換対象としてしか見ず、使用対象物とは考えない。交換の対象として使用される時にその事物の本質〔nature〕は奪われるという論点は、おそらくアリストテレスから示唆を受けている。アリストテレスは、こう指摘する。靴は使用目的にも交換目的にも用いられるが、靴が交換されるというのはその本質に反する、「なんとなれば靴は交換のために作られたものではないからである」（『政治学』一二五七a八〔山本光雄訳、岩波文庫、一九六一年、五一—五二頁〕）（ちなみに、マルクスの思考様式に対するアリストテレスの影響は、ヘーゲル哲学の影響と同じくらい特徴的で決定的であるように思われる）。しかしながら、マルクスが時折示すこうした考察は、その著作の中では主要な役割を果たしていない。マルクスの思想は、近代の極端な主観主義にやはり根ざしている。彼の目指す理想社会では、人間は自分自身を人間存在として生産することになるが、そこでは世界からの疎外がこれまで以上に明らかになるだろう。というのも、そこで彼らは自分自身の個性を、自分自身の特性を対象化する（vergegenständlichen）ことができ、自分自身の真の存在を確証し、現実化することができるからである。「われわれの行う生産は、われわれの本質を映し出して明らかにする鏡である」（「経済学ノート〔Aus den Exzerptheften〕」〔一八四四—四五年〕、『全集〔*Gesamtausgabe*〕』第一部第三巻〔旧ＭＥＧＡ〕〔Berlin: Marx-Engels-Verlag, 1932〕五四六—五四七頁〔細見英訳、『マルクス＝エンゲルス全集』第四〇巻、大月書店、一九七五年、三八三頁。『マルクス＝エンゲルス著作集』（ＭＥＷ）での該当箇所は、*Marx-Engels Werke*, Ergänzungsband, Teil 1, Berlin: Dietz, 1968, S. 462〕）。

（5） もちろん、これは現在の条件とは顕著に異なっている。今日では日雇い労働は週給に変わっていて、遠くない将来には年給が保証されて、こうした初期段階の状態は消滅するだろう。

（6） A・N・ホワイトヘッド〔Alfred North Whitehead〕『科学と近代世界〔*Science and the Modern World*〕』（Pelican ed.〔Harmondsworth: Penguin (Pelican Books), 1938〕）一二頁〔上田泰治・村上至孝訳、『ホワイトヘッド著作集』第六巻、松籟社、一九八一年、二頁。「人びとはガリレオへの迫害を心に留めていたが、その受け取り方は、人類史上前例のない、ものの見方のきわめて奥深い変化が静かに開始されたことへの尊敬を表すものである。一人のみどり児が飼槽《かいばおけ》で生まれて以来、あのように大きなことがあれほどいとも静かに起こった、というためしはまずないであろう」〕。

（7） ここでの私の議論は、「一七世紀革命」における哲学的思考と科学的思考の関連の歴史を描いたアレクサンドル・コイレ〔Alexandre Koyré〕の最近の優れた研究に負っている（『閉じた世界から無限宇宙へ〔*From the Closed World to the Infinite Universe*〕』〔Baltimore: Johns Hopkins Press, 1957〕四三頁以下〔横山雅彦訳、みすず書房、一九七三年、三四頁〕）。

（8） P＝M・シュル〔Pierre-Maxime Schuhl〕『機械と哲学〔*Machinisme et philosophie*〕』（Paris: Presses universitaires de France, 1947）二八―二九頁〔粟田賢三訳、岩波新書、一九七二年、三〇頁〕。

（9） E・A・バート〔Edwin Arthur Burtt〕『近代科学の形而上学的基礎〔*Metaphysical Foundations of Modern Science*〕』（Anchor ed.〔Garden City, N. Y.: Doubleday (Anchor books), 1954〕）三八頁〔市場泰男訳、平凡社（クリテリオン叢書）、一九八八年、三六頁〕（なお、コイレは、前掲書、五五頁〔前掲訳書、四四頁〕で、ジョルダーノ・ブルーノが影響力を発揮するようになったのは「ガリレオの望遠鏡による偉大な発見のあとからにすぎない」と述べている）。

（10）「動いているのは天のほうではなく、地球のほうが斜めの軌道に沿って回転しながら、かつ自転している、という仮説で現象を説明した」最初の人物は、紀元前三世紀のサモスのアリスタルコスだった。物質は原子で構成されていると初めて考えた人は、アブデラのデモクリトスだった。現代科学の観点から古代ギリシアの物理的世界像を説明したものとしては、S・サンバースキー〔Samuel Sambursky〕『ギリシア人の物理的世界〔*The Physical World of the Greeks*〕』〔translated from the Hebrew by Merton Dagut〕（New York: Macmillan, 1956）が非常に有益である。

（11）ガリレオ（前掲書）自身、このことを強調している。「月の表面がすべすべに磨かれたようなものでないことを、誰もが感覚的知覚の確実さをもって知ることができる」と（コイレ、前掲書、八九頁〔前掲訳書、七一頁〕より引用）。

（12）これと同じ立場をルター派の神学者であるニュルンベルクのオジアンダーもとっていて、コペルニクスの遺著『天球の回転について』（一五四六年）について、こう述べている。「本書の仮説は必ずしも真実ではなく、その可能性さえ必要としない。仮説から計算によって導き出された結果が観察された現象と合致すればいいのである」。本文ならびにこの引用は、ともにフィリップ・フランク〔Philipp Frank〕「科学の哲学的利用〔Philosophical Uses of Science〕」（*Bulletin of the Atomic Scientists*, Vol. XIII, No. 4, April 1957）から。

（13）バート、前掲書、五八頁〔前掲訳書、五三頁〕。

（14）バートランド・ラッセル〔Bertrand Russell〕「自由人の信仰〔A Free Man's Worship〕」、『神秘主義と論理〔*Mysticism and Logic*〕』（London: Longmans, Green, 1918）四六頁〔江森巳之助訳、『バートランド・ラッセル著作集』第四巻、みすず書房、一九五九年、五六―五七頁〕。「〈科学〉がわれわれの信仰の対象として示している世界は、だいたいこのようなもの、否、もっと無目的な、もっと無意味なものである。われわれの諸々の理想が今後どこかで実現されなければならないとしても、その場所はこのような世界の中にしかない。〈人間〉は、いろいろな原因がその作用の結果を予見せずに造り出したものであること、人間の起源、その生長、その希望と恐怖、その愛と信念とは、原子の偶然的な配列の結果にすぎないこと、情熱も、英雄主義も、思想・感情のいかなる激しさも、個々人の生命を定命以上に延ばしえないこと、各時代のあらゆる営み、あらゆる献身、あらゆる霊感、人間の天才の真昼のごとき輝かしさ、すべては、太陽系の壮大な死滅とともに消滅する運命を荷っていること、ならびに、〈人間〉の業績の全殿堂は、不可避的に宇宙の廃墟の瓦礫の下に埋もれなければならないこと、——すべてこれらのことは、まったく議論の余地がないわけではないが、ほとんど確実になっているので、いかなる哲学もこれを無視しては存立できない。これらの真理の枠組の内側にのみ、取りつく島もない絶望という堅固な基礎の上にのみ、今後霊魂はその住家を安全に造営することができるのである」（同書、五六—五七頁）。

（15） 引用は、J・W・N・サリヴァン〔John William Navin Sullivan〕『科学の限界〔*Limitations of Science*〕』（Mentor ed.〔New York: New American Library (A Mentor Book), 1949〕）一四一頁〔矢川徳光訳、創元社（創元科学叢書）、一九四一年、二六六頁〕。

（16） ドイツの物理学者ヴェルナー・ハイゼンベルク〔Werner Heisenberg〕は、最近発表した一連の論文で、こうした考えを示している。例えば、「現代自然科学の状況から出発して、運動しつつある基礎を探求しようとするならば、人類は地球上の歴史で初めてただ自分自身とのみ向き合っているように見える、……われわれはいわば常に自分自身としか出会わないように思われるのである」（『現代物理学の自然像〔*Das Naturbild der heutigen Physik*〕』〔Hamburg: Rowohlt, 1955〕一七—一八頁〔尾崎辰之助訳、みすず書房、一九六五年、一六—一八頁〕）。ハイゼンベルクの言いたいことは、観察対象が観察する主体から独立に存在するわけではない、ということである。「観察の方式によって、自然のどのような特徴を規定するのか、観察から何を抹消するかが決まるのである」（『自然科学の基礎の変転〔*Wandlungen in den Grundlagen der Naturwissenschaft*〕』〔Stuttgart: S. Hirzel, 1949〕六七頁〔『自然科学的世界像』（第二版）、田村松平訳、みすず書房、一九七九年、九三頁〕）。

（17） ホワイトヘッド、前掲書、一二〇頁〔前掲訳書、一六二頁〕。

（18）エルンスト・カッシーラー〔Ernst Cassirer〕の早い時期の論文『アインシュタインの相対性理論〔*Einstein's Theory of Relativity*〕』〔正確には、*Substance and Function and Einstein's Theory of Relativity*, authorized translation by William Curtis Swabey and Marie Collins Swabey〕(New York: Dover, 1953)〔山本義隆訳、河出書房新社、一九七六年〕は、二〇世紀の科学と一七世紀の科学の間のこの連続性を強調している。

（19）J・ブロノフスキー〔Jacob Bronowski〕の記事「科学と人間の価値〔Science and Human Values〕」は、主要な科学者たちの精神の中ではメタファーが重要な役割を果たしている、と指摘する(*Nation*, December 29, 1956〔『人間の発見と創造』周郷博訳、講談社現代新書、一九六六年〕を参照)〔「ケプラーは、太陽系の惑星の速度を、音楽の和音の関係と似た関係をつけてみようとした。彼は、五つの固体をそれぞれ規則正しい軌道に乗せてみようとした。こういった類推による考えは、一つも実効をあらわさず、すべて忘れられてしまった。が、それは、あらゆる創造的な心の跳躍台であったし、今もその跳躍台として続いている。ケプラーはメタフォア(暗喩)という方法で彼の法則を実感し、自然のあらゆる意外な片隅で彼が見て知っていたことと類似なものを、大自然の深淵に分け入るようにして探し求めた。そうして、彼はこういった類推のはてに、ついに「ケプラーの法則」を探し当てた。彼は、あの法則に出てくる数字を、宇宙の会計勘定の損益計算のようなものとしてではなく、大自然の中にある調和の啓示として感じとった」(同書、三九頁)。なお、その一〇〇年前にコペルニクスを促したのも想像力だった、とブロノフスキーは書いている。「彼の最初の手がかりは、想像力による跳躍——地球から天空高く飛び上がって、すさまじくもあの太陽のところへ自分が行って眺めているように仮定することだった。彼は書いている。「地球は太陽から生まれた。太陽のほうから眺めてみたとき地球ははじめてその正体を見せる」。そうして「太陽は星たちの家族を支配している」。わたしたちは、彼が心の中に描いたイメージ——太陽の上に猛々しく立ちはだかって、腕をさしのべて地球そのほかの惑星を眺めわたしている雄姿を、心の目に描き出すことができる」〔同書、三七―三八頁〕。「アルキメデスの点」というアレントのガリレオ理解との類似と相違は示唆的である」。
(20) バート、前掲書、四四頁〔前掲訳書、四〇頁〕。
(21) 同書、一〇六頁〔前掲訳書、九九頁〕。
(22) これは、J・W・N・サリヴァン、前掲書、一四四頁〔前掲訳書、二七一頁〕に引用されているバートランド・ラッセルの言葉である。伝統的な分類という科学の方法と測定という近代的な接近方法についてのホワイトヘッドの区別も参照。前者は客観的なリアリティに従い、これは自然の他者性のうちに原理をもつ。それに対して、後者は完全に主観的であり、対象に客観的に付与されている性質から独立していて、与えられた対象の数的集積〔multitude〕以上のものを要求しない〔「分類というものは、個体の直接的具体性から数学的概念の完全な抽象性へ行く途中の宿である。種は種の性格を重要視し、類は類の性格を重要視する。しかしながら、計算、測定、幾何学的関係、順序の諸型式などを用いて数学的概念を自然の事実に結びつける過程において、合理的思弁は、限定された種や類に含まれた不完全な抽象観念から高められて、数学の完全な抽象観念に至る。分類は必要なものではあるが、分類から数学へ進みえなければ、われわれの推理はあまり進歩しないであろう」（ホワイトヘッド『科学と近代世界』前掲訳書、三九―四〇頁）〕。
(23) ライプニッツ『形而上学叙説』第六節〔河野与一訳、岩波文庫、一九五〇年、七九頁〕。
(24) ヴェルナー・ハイゼンベルク〔Werner Heisenberg〕「物質の素粒子〔Elementarteile der Materie〕」、『原子から世界システムへ〔*Vom Atom zum Weltsystem*〕』(Stuttgart: A. Kröner, 1954) の説明による。
(25) ブロノフスキー、前掲書〔「宇宙論でも、量子力学でも、遺伝学でも、社会科学でも、六十年前に確固とした理論であったと思われるものを、今でもそのまま信じている人はどこにもいないだろう。にもかかわらず、科学者たちがつくっているその社会は、革命などというものもなしに、そういう移り変わりのなかを生き続けてきたし、その人たちの考えたことが、もうそのままでは通用しないような過去の、多くの人たちの功績をほめたたえている。誰一人として、銃殺されたり、島流しにされたり、追放されたりした者がいない。誰一人として、同僚たる科学者の前で拷問にかけられて不当にその考えの取り消しを強要された者もいない」(前掲訳書、一六〇頁)〕。

(26)　〔イギリスの〕王立協会〔Royal Society〕の設立とその初期の歴史は、示唆するところが多い。王立協会が設立された時には、国王が委託した事項以外の問題、とりわけ政治的および宗教的な争いには関わらないことに同意しなければならなかった。「客観性」という近代科学の理想はここから始まったと考えたくなるが、そうだとしたら、「客観性」の起源は政治的なものであって科学的なものではない、ということになる。さらに注目すべきは、科学者たちがはじめから協会という組織を形成することが必要だと考えていたことである。彼らが正しかったことは、王立協会の内部の仕事が協会の外でなされた仕事よりはるかに重要だったことで証明された。組織というものは、たとえそれが政治活動をしないとか、政治家にはならないと誓った科学者たちのものであっても、常に一つの政治的な制度である。人が自分たちを組織するとき、それは行為するため、権力を獲得するためなのである。科学者が団体をなして共同作業〔teamwork〕をするとき、それは純粋な科学の営みではない。その目的が、社会に働きかけて、そこに会員たちの地位を確保するためであれ、はたまた——自然科学における組織的研究の大部分はそうだったし、今なおそうなのだが——協力して自然を征服するためであれ、変わりはない。「科学の時代が組織の時代に発展したのは偶然ではない。組織された思考こそが、組織された行為の基礎である」とかつてホワイトヘッド〔Alfred North Whitehead〕は述べたが、その理由は、しばしば考えられているように思考が行為の基礎だからではなく、むしろ近代科学そのものが「組織された思考」となって、思考の中に行為の要素を持ち込んだからである(『教育の目的〔*The Aims of Education*〕』〔Mentor ed. (New York: New American Library (A Mentor Book), 1949)〕一〇六—一〇七頁〔森口兼二・橋口正夫訳、『ホワイトヘッド著作集』第九巻、松籟社、一九八六年、一四五頁。ホワイトヘッドの議論の関心は「行為の組織化」よりも「思考の組織化」のほうに置かれている。「一つの科学の時代があると、それはやがて発展して一つの組織化の時代を迎えるのは偶然ではありません。組織化された思考は、組織化された行為〔action〕の基礎です。組織化とは、諸々の要素を調整して、それらの相互関係があらかじめ定められたある特性を示すようにすることです。叙事詩は、組織化が著しく成功したものと言えましょう。少なくともそれがよい叙事詩であればの話ですが。それは、多様な言葉の響き、言葉の組み合わせ、さまざまな出来事の絵に見るような思い出、日常普通に起こる感情などを、著名な事件を扱った独特の物語に結びつけて、うまく組織化したものです」(同頁)〕。

(27) カール・ヤスパースは、デカルト哲学についての見事な解釈の中で、近代科学の精神に対する理解の欠如、具体的証拠なしで無批判に理論を受け入れる傾向といった点で、デカルトの「科学」思想には奇妙なくらい欠陥があることを示している。これにはすでにスピノザも驚いていた(前掲書、特に五〇頁以下、九三頁以下〔前掲訳書、八四頁以下、一五八頁以下〕)。

(28) ニュートン〔Isaac Newton〕の『自然哲学の数学的諸原理〔*Mathematical Principles of Natural Philosophy*〕』(translated into English by Andrew Motte, London: Printed for H. D. Symonds, 1803) 第二巻、三一四頁〔河辺六男訳、河辺六男責任編集『ニュートン』中央公論社(「世界の名著」26)、一九七一年、五六四頁〕を参照。

(29) カント〔Immanuel Kant〕の初期の著作に『天界の一般自然史と理論〔*Allgemeine Naturgeschichte und Theorie des Himmels*〕』〔宮武昭訳、『カント全集』第二巻、岩波書店、二〇〇〇年〕がある。

(30) 一六三三年一一月のメルセンヌ〔Marin Mersenne〕宛書簡を参照〔「しかし、申し上げますが、昨年イタリアでガリレイの『世界の体系』(『天文対話』)が刊行されたと聞いたと思われたので、近頃ライデンとアムステルダムでこの本がないかと問い合わせたところ、刊行されたというのは事実だが、それと同時にその全部数がローマで燃やされ、著者に何らかの罰金に処せられた、と知らせてきました。このことには私も非常に驚き、自分の書いたものをすべて燃やすか、あるいは少なくともだれにも見せないようにしようと、ほとんど決心してしまいました。というのも、イタリア人であり、聞くところでは教皇にさえも好まれていた彼が罪を犯したというのであれば、それはおそらく地動説を樹立しようとしたこと以外には考えられません。かつて何人かの枢機卿たちによって地動説が否認されたということを、私はよく承知しています。しかし、その後それはローマにおいてさえも、やはり公然と教えられているということを噂で聞いたと思っていました。そして、もし地動説が間違いであるのならば、私の哲学の全基礎もまた間違いになることを告白いたします。というのも、地動説はそれらの基礎によって明白に証明されるからです」(『デカルト全書簡集』第一巻、山田弘明＋吉田健太郎＋クレール・フォヴェルグ＋小沢明也＋久保田進一＋稲垣惠一＋曽我千亜紀＋岩佐宣明＋長谷川暁人訳、知泉書館、二〇一二年、二三四―二三五頁)。

(31) ガリレオ〔Galileo Galilei〕は、この言葉でコペルニクスやアリスタルコスを賞賛している。いわく、彼らの理性は「感覚に対して暴行を加えて、感覚に背いてまで彼らの軽信の女主人となることができた」(『天文対話〔*The Systeme of the World*〕』〔Thomas Salusbury, *Mathematical Collections and Translations*, tome 1, London: Printed by William Leybourne, 1661〕三〇一頁〔青木靖三訳、岩波文庫、一九五九―六一年、㊦七〇―七一頁〕)。

(31a) デモクリトスは「現実には白も黒も、苦味も甘味も存在しない」と述べたあと、こう付け加えている。「哀れな精神よ、お前は感覚から自分の議論を借りておきながら、それで感覚を打ち負かそうというのか？　お前の勝利はお前の敗北なのだ」(ディールス〔Hermann Diels〕『ソクラテス以前哲学者断片集〔*Die Fragmente der Vorsokratiker*〕』〔4. Aufl., Berlin: Weidmann, 1922〕、B一二五〔内山勝利編、岩波書店、一九九六―九八年、⑷一九二頁〕)。

(32)『ヨハネス・クリマクス、あるいはすべてを疑うべし〔*Johannes Climacus oder De omnibus dubitandum est*〕』は、キルケゴール〔Søren Kierkegaard〕の最も初期の草稿だが、デカルトの懐疑について最も深い理解を示している。精神的自伝の形をとったこの著作で、彼はヘーゲルからデカルトのことを知り、まずデカルトの著作を研究しなかったことを後悔した、と述べる。この短い論文は、デンマーク語版の『全集〔*Collected Works*〕』〔*Søren Kierkegaards papirer*〕(Copenhagen: Gyldendal, 1909-48) 第四巻に所収されているが、ドイツ語訳〔übersetzt und eingeleitet von Wolfgang Struve〕(Darmstadt: Claassen & Roether, 1948) が手に入る〔原文ならびに志水訳ではヘーゲルからデカルトの著作のことを知って、その著作を読まなかったことを後悔した、と読めるが、そうした経過についての記述はない。「すべてを疑うべし」という命題をめぐる思想的な試行錯誤と挫折を記録した第一部に続く第二部はこう述べている。「何よりも先に、懐疑が始まる。というのは、懐疑は関心の内に存在し、あらゆる体系的認識は無関心的であるからだ。われわれはこのことから、懐疑が現存在の最高形式への始まりであることを知る。というのは懐疑は他のいっさいを自己の前提となしうるからである。ギリシアの懐疑論者たちは、関心が除去されるならば、懐疑について語ることは無意味であるということを、見事に看破したが、しかし彼らは同時に、客観的懐疑について語ることは言葉の遊戯であることにも、たぶん気づいていたであろう。というのは、いかなる意識も、いかなる関心も存在しないかぎり、すなわちこの対立に関心をもつ意識が存在しないならば、観念性と現実性を永遠に相互に対立させるとしても、いかなる懐疑も存在せず、またそれらが相互に和解させられるとしても、懐疑はあくまで存在しうるからである。／意識はそれゆえに関係「そのもの」であり、その形式が矛盾であるところの一つの関係である。では、いかなる仕方で意識は矛盾を発見するのか。観念性と現実性がまったく無邪気に相互に交流し合うという先に述べられた詭弁が存続しうるとすれば、意識は決して現れぬであろう。というのは、意識は衝突によって初めて現れる、すなわちそれは衝突を前提とするからである。直接的にはいかなる衝突も存在しない、がしかし間接的には存在する。反復の問題が生起するや否や、衝突が現れる。というのは反復はかつて存在し

たことのあるものについてのみ、考えられるからである」（「ヨハンネス・クリマクス、またはすべてのものが疑われねばならぬ」北田勝巳訳、『キルケゴールの講話・遺稿集』第八巻、新地書房、一九八〇年、一七七―一七八頁）。

(33)　パスカル〔Blaise Pascal〕は、感覚への信頼と理性への信頼が伝統的な真理概念において密接に結びついていることを明確に認識していた。彼はこう述べている。「理性と感覚という真理の二つの原理は、それぞれ誠実さを欠くうえに、お互い同士欺き合う。感覚は、偽りの現れでもって理性を欺く。感覚が理性にもたらすこの同じ欺瞞を、感覚のほうでも、理性から受け取る。理性は感覚に仕返しをするのである。魂の情念は、感覚を攪乱し、偽りの印象を与える。両者は競って嘘をつき、騙し合う」（『パンセ〔*Pensées*〕』〔Pléiade ed.〔*Œuvres complètes*, texte établi et annoté par Jacques Chevalier, Paris: Gallimard (Bibliothèque de la Pléiade), 1954〕〕九二番、八四九頁〔前田陽一・由木康訳、中公文庫、一九七三年、八三番、六五頁〕）。来世についてのキリスト教の教えを信じるほうが、信じないよりリスクが少ない、というパスカルの有名な賭けについての議論〔同書、二三三番、一五八―一六三頁〕は、合理的・感覚的な真理と啓示の真理が相互に結びついていることを十分に示している。パスカルにとっても、デカルトにとっても、神は「隠れたる神〔un Dieu caché〕」（同書、三六六番、九二三頁〔同書、二四二番、一七〇頁〕）であって、みずから姿を現すことはないが、神が存在し、かつ善であることが、人間の生が夢ではなく（デカルトの悪夢は、パスカル、同書、三八〇番、九二八頁〔同書、四三四番、二七五―二七六頁〕にも現れる）、人間の知識は神による欺瞞ではないことを唯一、仮説的に保証するものなのである。

(34)　その議論の細部の誤りについては今日修正がなされているにもかかわらず、マックス・ウェーバーは近代の問題をそれに見合う深さをもって的確に提起した唯一の歴史家であり続けている。仕事と労働の評価の逆転をもたらしたのが単なる信仰の喪失ではなく、救いの確かさの喪失だったことを彼は見抜いていた。われわれの文脈で言えば、それは近代の到来とともに失われた確かさの一つにすぎない、ということになるだろう。

(35) ゾロアスター教を除けば、主要な宗教の一つとして、嘘をつくことを致命的な罪悪のうちに入れていない、というのは確かに印象的である。それは単に「汝、嘘をつくなかれ」という戒律がないということだけではない（ただし、「隣人に対して偽りの証言をするなかれ」という戒律は、もちろん別の性質のものである）。ピューリタンの道徳以前には、誰も嘘をつくことを深刻な罪だと考えていなかったように見える。

(36) これは、先に引用したブロノフスキーの論文の主要点である。

(37) ヘンリー・モア宛のデカルトの書簡。コイレ、前掲書、一一七頁〔前掲訳書、九五頁〕から引用。

(38) 対話篇『自然の光による真理の探求〔*La recherche de la vérité par la lumière naturelle*〕』で、デカルトは自分の根本的な洞察を技術的な形式にこだわらずに〔率直に〕提示しており、懐疑の中心的位置を他の著作よりはっきり打ち出している。対話の中でデカルトの立場を代弁するユードクス〔Eudoxe〕は、こう述べている。「あなたは、感覚の働きのみによってあなたが認識するものすべてを、当然疑うことができます。しかしあなたが、自分の疑いそのものを疑い、自分が疑っているかどうかを不確かなままにしておくことができるでしょうか。……疑っているあなたは存在しますし、このことは、あなたがそれ以上疑うことができないほど真実なのです」（Pléiade ed.〔*Œuvres et lettres*, textes présentés par André Bridoux, Paris: Gallimard (Bibliothèque de la Pléiade), 1949〕六八〇頁〔『真理の探求』前掲訳書、三一四—三一五頁〕）。

(39) 「わたしは疑う、ゆえにわたしは存在する。あるいは同じことだが、わたしは思う、ゆえにわたしは存在する」（同書、六八七頁〔前掲訳書、三二四頁〕）。デカルトにおいて、思考は派生的な性格をもつものにすぎない。「なぜなら、わたしは疑うということが、それを疑うことができないほど真であるならば、わたしは考えるということも、等しく真であるからです。じっさい、疑うことは、一定の仕方で考えることにほかなりません」〔同書、六八六頁（同書、同頁）〕。〔デカルトの〕この哲学を導いている中心的思想は、存在がなければ私は考えることができない、というのではなく、「疑っていながら存在しないでいることはできない。これが、われわれの獲得しうる最初の確実な認識である」（『哲学原理〔*Principia philosophiae*〕』〔Pléiade ed.〔前掲〕〕第一部第七節〔前掲訳書、三三三頁〕）。こうした議論それ自体は、もちろん新しいものではない。例えば、アウグスティヌスの『自由意志論』〔今泉三良・井沢彌男訳、創造社、一九六九年〕に、言葉までほとんど同じものがある（〔第二巻〕第三章）。ただし、「欺く神」に対抗する唯一確実な方法という意味合いはそこにはないし、およそ〔懐疑を〕哲学体系の基礎に据えようとするものではなかった〔「アウグスティヌス　それでは、よければ、次の順序で問うことにしよう。第一に、神の存在はどのようにして明らかとなるか。第二に、およそ善たる限りのものはすべて、神に由来するのかどうか。最後に、自由意志は善きものと数えるべきかどうか。以上が解決されれば、自由意志が人間に与えられることが正しかったかどうかも十分明らかになると思われる。／われわれは最も明瞭な事柄から出発しよう。そのためまず、君自身が存在するかどうかを君に問おう。これを問われて、君は誤つことを恐れるかもしれない。しかし君が存在しないなら、君が誤つこともないのである。／エヴォディウス　むしろ、次の問題へ進んでください。／アウグスティヌス　すると、君が存在することは明瞭である。またそのことは、君が生きていないかぎり明瞭ではないのだから、君が生きていることも明瞭である。この二つがまったく真であることを、君は知解するだろう。／エヴォディウス　ただちに知解します。／アウグスティヌス　すると、この第三のことも明瞭だ。それは、君が知解するということだ。／エヴォディウス　明瞭です」（泉治典訳『自由意志』、『アウグスティヌス著作集』第三巻、教文館、一九八九年、七六―七七頁）〕。

（40）「われ思う、ゆえにわれあり〔cogito ergo sum〕」には論理的な誤謬が含まれている。ニーチェが指摘しているように、それは「われ思う、ゆえに思考は存在する〔cogito, ergo cogitationes sunt〕」と読まれなければならない。したがって、cogito〔われ思う〕のうちに、精神が何かに気づいている状態が示されているとしても、それは私が存在することの証明にはならず、意識が存在することを証明するにすぎない（ニーチェ〔Friedrich Nietzsche〕『権力への意志〔*Wille zur Macht*〕』四八四番〔『権力への意志』下、原佑訳、『ニーチェ全集』第一三巻、ちくま学芸文庫、一九九三年、二九頁〕）。

(41)　ここでの神が「急場しのぎの神〔deus ex machina〕」であり、普遍的懐疑に対する唯一可能な救済策としての性格をもつことがとりわけ明白な形で示されているのが、デカルトの『省察〔*Meditationes de prima philosophia*〕』である。その第三省察で、彼はこう述べている。疑いの原因を取り除くためには「神が存在するかどうかを調べてみなければならない。……そして神が存在することが分かったなら、その神が欺くものでありうるか調べなければならない。というのも、この二つが真であることを確かめないうちは、他のいかなるものも確実であるということはできないからである」〔井上庄七・森啓訳、野田又夫責任編集『デカルト』（「世界の名著」27）、一九七八年、二五七頁〕。さらに第五省察の終わりで、こう結論する。「かくしてすべての科学の確実性と真理はただ真の神を認識することに依存していることが明らかになった。それゆえ私は神を知るまでは、他のいかなるものについても完全に知ることができなかったのである」（Pléiade ed.〔前掲〕一七七、二〇八頁〔同書、二八九頁〕）。

(42)　A・N・ホワイトヘッド〔Alfred North Whitehead〕『自然の概念〔*The Concept of Nature*〕』（Ann Arbor ed.〔Ann Arbor: University of Michigan Press (Ann Arbor Books), 1957〕）三〇頁〔『自然という概念』藤川吉美訳、『ホワイトヘッド著作集』第四巻、松籟社、一九八二年、三六頁。「自然二元論〔bifurcation theory〕」は、自然科学を認識事実の因果的探究として示そうとするものである。すなわち、それは現象する自然を因果的自然のゆえに精神から流出するものとして示す試みである。その構想全体は、部分的には次のような暗黙の想定に基づいている。すなわち、精神は自らが生み出し、自らの内に保持するものだけを知ることができる、という想定である。もっとも、精神がその活動を開始させ、その活動の特性を決めるには外的な理由が必要なのだが」（同書、三六―三七頁）」。

(43)　同書、四三頁（「この精神的付加理論〔theory of psychic additions〕は、ある種の健全な共通感覚理論〔commonsense theory〕だが、時間、空間、固体性、慣性といった明白なリアリティを著しく強調する。これに対して、色彩、暖かさ、音など人為的な付加については、取るに足りないものとして信用しないのである。／こうした理論は、共通感覚が後退したことの結果である」（前掲訳書、四九―五〇頁）」。デカルトにおける共通感覚の欠如を最初に指摘して批判したのは、ヴィーコ〔Giambattista Vico〕だった（『われわれの時代の学問の方法について〔*De nostri temporis studiorum ratione*〕』第三章〔『学問の方法』上村忠男・佐々木力訳、岩波文庫、一九八七年、二六頁以下〕を参照）。

(44)　共通感覚をこのようにある種の内的感覚〔an inner sense〕に転換してしまうことは、近代全体の特徴である。ドイツ語では、この変化は言葉そのものの変化に現れている。以前のドイツ語ではGemeinsinn〔共通感覚〕と呼ばれていたものが、最近ではgesunder Menschenverstand〔健全な人間の知性〕という言葉に取って代わられているのである。

(45)　アルキメデスの点を人間自身に移すことは、デカルトの意識的な操作だった。「なぜなら私は、普遍的懐疑を確固たる不動の点とし、そこから出発して、神についての認識や、あなた自身についての認識、世界内に存在するすべての物についての認識、を導き出そうと決心したのですから」（『真理の探求』六八〇頁〔前掲訳書、三一四頁〕）。

(46)　フランク、前掲書は、科学を「望ましい観察可能な現象を生産するという課題」から定義している。

(47)　エルンスト・カッシーラーは、「懐疑は懐疑によって克服され」、相対性理論は人間精神を最後の「地球の残滓」、すなわち「空間と時間を経験的に計測する仕方」に内在する擬人論〔anthropomorphism〕から解放するだろう、と考えた（前掲書、三八九、三八二頁〔前掲訳書、七二、六〇頁〕）。この希望は実現されなかった。反対に、この数十年の間に、懐疑は科学的言明の妥当性にではなく、科学的なデータの理解可能性にますます向けられるようになってきている。

（48）同書、四四三頁〔前掲訳書、一六一頁〕。

（49）ヘルマン・ミンコフスキー〔Hermann Minkowski〕「空間と時間〔Raum und Zeit〕」、ローレンツ〔Hendrik Lorentz〕＋アインシュタイン〔Albert Einstein〕＋ミンコフスキー『相対性原理〔*Das Relativitätsprinzip*〕』(Leipzig und Berlin: B. G. Teubner, 1913)、カッシーラー、前掲書、四一九頁〔前掲訳書、一二二頁〕より引用。

（50）この疑惑は、論理とリアリティの合致が加えられたとしても、緩和されることはない。論理的には、「電子を物質の感覚的性質で説明しようとしても、電子が感覚的性質をもつわけではない。なぜならこの場合にその性質の原因はさらに一歩遠ざかって、解明されないままだからである」（ハイゼンベルク『自然科学の基礎の変転』六六頁〔前掲訳書、九一頁〕）。われわれがこうした疑惑を抱くようになったのは、「物質〔matter〕」には何の性質もなく、したがってもはや物質と呼べないことを科学者たちが発見したのは、彼らが「時の経過とともに」ようやくこの論理的必然性に気づいてのちのことだからである。

（51）エルヴィン・シュレーディンガー〔Erwin Schrödinger〕によれば、「われわれの精神の眼がますます短い距離、ますます短い時間に分け入るようになると、自然はわれわれの周囲の眼に見えて触知できる物体の観察とはまったく違った行動を見せる。したがってわれわれの身の丈に合わせた〔large-scale〕経験から作られたどんなモデルも「真理」ではありえない」（『科学とヒューマニズム〔*Science and Humanism*〕』[Cambridge: Cambridge University Press, 1951]二五頁〔伏見康治・三田博雄・友松芳郎訳、みすず書房、一九五六年、二九頁〕）。

（52）ハイゼンベルク『自然科学の基礎の変転』六四頁〔前掲訳書、八七頁〕。

（53）この点を最も的確に説明しているのは、シモーヌ・ヴェイユ〔Simone Weil〕の啓発的な論文（「エミール・ノヴィス〔Emil Novis〕」という変名で出された「量子論についての省察〔Réflexions à propos de la théorie des quanta〕」〔*Cahiers du Sud*, 51, décembre 1942〕に引用されているプランク〔Max Planck〕の発言である。そこでは、フランス語訳でこう書かれている。「仮説の創造者は、ほとんど無限の可能性を自由に行使することができる。彼は自分の感覚器官の働きにも、自分が用いる器具にも少しも拘束されていない。……自分の想像の赴くままに一つの幾何学を創造するとさえ言うことができる。……したがって、どんな尺度をもってしても、その仮説を直接に確証したり否定したりすることはできず、ただ適合の度合いが大きいか小さいかを明らかにするだけである」。シモーヌ・ヴェイユは、この危機において損なわれるのは、科学よりも「無限に貴重な」もの、つまり真理の観念であることを詳しく論じているが、彼女が見落としているのは、こうした状態における最大の困難は、そうした仮説そのものが〔実験および制作の場面で〕うまく「機能」してしまう、という否定し難い事実である（ヴェイユのあまり知られていない論文については、私の以前の学生だったビヴァリー・ウッドワード〔Beverly Woodward〕女史から教えられた）。

(54) シュレーディンガー、前掲書、二六頁〔前掲訳書、二九頁〕。

(55) 〔ホワイトヘッド〕『科学と近代世界』一一六頁〔前掲訳書、一五七頁〕。

(56) 〔プラトン〕『第七書簡』三四一C：rhēton gar oudamōs estin hōs alla mathēmata（「なぜなら、それはわれわれが学ぶ他の物事のように言葉で表すことはできないからである」）〔長坂公一訳、『プラトン全集』第一四巻、岩波書店、一九七五年、一四七頁〕。

(57) 特に『ニコマコス倫理学』一一四二a二五以下および一一四三a三六以下〔高田三郎訳、岩波文庫（改版）、二〇〇九年、(上)三〇四、三一二頁〕を参照。現行の英訳では、「ロゴス」を「理性〔reason〕」や「議論〔argument〕」と訳しているため、意味が歪められてしまっている。

(58) プラトンの洞窟の寓話全体がホメロスの転倒であり、ホメロスへの応答であることは、そこでプラトンが用いている eidōlon〔幻影〕と skia〔影〕という言葉が『オデュッセイア』でホメロスが描くハデス〔冥界〕のキーワードであることから読み取れる。

(59) ホワイトヘッド『科学と近代世界』一一六―一一七頁〔前掲訳書、一五九頁〕。

(60) „Gebet mir Materie, ich will eine Welt daraus bauen! das ist, gebet mir Materie, ich will euch zeigen, wie eine Welt daraus entstehen soll"（カント『天界の一般自然史と理論』の序文を参照〔前掲訳書、一九頁〕）。

(61)「自然とは過程である」、したがって「感覚による認知〔sense-awareness〕の究極目標は出来事」であり、自然科学が扱うのは現象の生起〔occurrences〕、出来事〔happenings〕や事象〔events〕であって、事物〔things〕ではない。「偶発的な出来事〔happenings〕を除けば、そこには何も残らない」（ホワイトヘッド『自然の概念』五三、一五、六六頁〔前掲訳書、六二、一七、七六頁〕）というのが、現代自然科学のあらゆる部門における公理である〔「自然とは過程である。感覚意識に直接呈示されるいっさいの事物の場合のようには、自然のこうした特性についてはいかなる説明もなしえない。ただなしうることといえば、それを推論的に指示しうる言語を用いることであり、また、自然におけるこの要因の他の要因に対する関係を表現することである」（同書、六二頁）、「意識にとっての直接的事実とは、自然の全体的生起（occurrence）である。それは、感覚意識に呈示される一つの出来事（event）としての自然であり、本質的に推移しつつあるものである。何の変化もなく、一定の状態にとどまっている自然は、把握することも、また、見ることもできない」（同書、一七頁）、「時間を出来事から分離すること、つまり知識の独立した終着点として時間を設定する試みは、あたかも影の中に実体を見出そうと努める愚行に等しいということは、検討すればただちに分かることである。事件（happening）があるから、時間もあるのであって、事件のないところには何ものも存在しないのである」（同書、七六頁）〕。

(62) ヴィーコ（前掲書、第四章）は、自然科学から離れた理由を明確に述べている。自然科学は不可能である。なぜなら、自然を造ったのは神だからだ。人間が幾何学について知るのと同じ確実さで、神は自然を知ることができる。Geometrica demonstramus quia facimus; si physica demonstrare possemus, faceremus（「われわれが幾何学で証明できるのは、われわれがそれを作ったからである。自然について証明するためには、それを作らねばならない」）〔『学問の方法』前掲訳書、四〇―四一頁〕。この短い論文は『新しい学〔*Scienza Nuova*〕』初版（一七二五年）の一五年以上も前に書かれたものだが、興味深いのは一点だけにとどまらない。ヴィーコは、ここで現存するあらゆる学問を批判しているが、まだ自分の新しい学問として歴史を提示してはいない。ここで彼が推奨するのは道徳ならびに政治の科学の研究であり、これが不当に無視されていると言うのである。神が自然を造ったように、歴史を作ったのは人間だ、という考えに至ったのは、まだあとのことだったに違いない。ヴィーコの個人史におけるこうした発展は、一八世紀はじめにはまったく異例のことだったが、一〇〇年後にはほとんど通例になった。近代はそれぞれの時期に新しい政治哲学への期待が高まったが、それに取って代わったのは歴史哲学だったのである。

(63) ホッブズ『リヴァイアサン』序文〔水田洋訳、岩波文庫、一九九二年、(1)三七頁〕。

(64) 『リヴァイアサン』のマイケル・オークショットによる優れた序論（Blackwell's Political Texts〔“Introduction to *Leviathan*”, in Thomas Hobbes, *Leviathan, or, the Matter, Form and Power of a Commonwealth Ecclesiastical and Civil*, edited with an introduction by Michael Oakeshott, Oxford: Basil Blackwell (Blackwell's Political Texts), 1946〕）xiv頁〔「リヴァイアサン序説」、『リヴァイアサン序説』中金聡訳、法政大学出版局（叢書・ウニベルシタス）、二〇〇七年、一三頁〕を参照。

(65) 同書、lxiv頁〔前掲訳書、八六頁〕。

(66) 『形而上学』一〇二五b二五以下、一〇六四a一七以下〔出隆訳、岩波文庫、一九五九―六一年、(上)二二五頁、(下)一一〇頁。指示箇所は、いずれも「自然についての学」が「制作的な学」にも「実践的な学」にも属さない「理論的な学」であることを論じている〕。

（67）プラトンについては、『テアイテトス』一五五（田中美知太郎訳、岩波文庫（改版）、二〇一四年、五六頁）。Mala gar Philosophou touto to pathos, to thaumazein; ou gar allē archē philosophias ē hautē（「というのも驚嘆というのは哲学者が耐えねばならぬ最たるものだからであり、それ以外には哲学の始まりはないからである」）。アリストテレスは、『形而上学』（九八二b一二以下〔前掲訳書、(上)二八頁〕）で、プラトンの言葉をほぼそのまま繰り返しているように見える。「というのも人がいま哲学をはじめるのも、最初に哲学をはじめたのも、彼らの驚嘆によると思われるからである」。だが、実際には、ここでの驚嘆はまったく違う形で利用されている。アリストテレスにとって、哲学する本当の衝動は「無知を逃れようとする」欲望である。

（68）アンリ・ベルクソン〔Henri Bergson〕『創造的進化〔*L'évolution créatrice*〕』（Paris: Presses universitaires de France, 1948）一五七頁〔真方敬道訳、岩波文庫、一九七九年、一九〇—一九一頁〕。近代哲学におけるベルクソンの位置について分析することは、本題から離れすぎることになるだろう。しかしながら、「工作人」の「知あるヒト〔homo sapiens〕」に対する優位と人間知性の源泉としての制作という彼の主張は、知性と生命の対立の強調とともに、非常に示唆的である。ベルクソンの哲学は、近代初期の思考に対する制作の相対的優位という信念がすべてに対する生命の絶対的優位という最近の確信に取って代わられ、否定されていく事例の研究として読むことができる。ベルクソンがこの両者の要素をなお結合していることが、フランスの初期の労働理論に決定的な影響を与えることができた理由である。エドゥアール・ベルト〔Edouard Berth〕やジョルジュ・ソレル〔Georges Sorel〕の初期の著作だけでなく、アドリアーノ・ティルゲル〔Adriano Tilgher〕の『ホモ・ファーベル〔*Homo faber*〕』（Roma: Libreria di Scienze e Lettere, 1929）〔『ホモ・ファーベル——西欧文明における労働観の歴史』小原耕一・村上桂子訳、社会評論社、二〇〇九年〕も、用語は主にベルクソンに負っている。それはジュール・

ヴュイユマン〔Jules Vuillemin〕の『存在と労働〔*L'être et le travail*〕』(Paris: Presses universitaires de France, 1949) についてもあてはまる。ただし、ヴュイユマンは、今日のフランスの著作家のほとんどと同様、主にヘーゲル主義の用語を用いている。

(69) ベルクソン、前掲書、一四〇頁〔前掲訳書、一七一頁〕。

(70) ブロノフスキー、前掲書〔「科学者というものは、そういったさまざまな類似――ありそうな関係を探し求めることによって、自然の表面の現象の奥にある秩序・調和を見、理解する。そういった秩序とか調和は、向こうのほうからすすんで明白にその姿をあらわしてはくれない。たしかに、そういったきちんとした秩序、全体としての調和があるということがわかっている場合にも、ぼんやり表面を見ている人には、何にも見えないのだ。それに指を触れてみたり、カメラをあててみたりする手段はない。この秩序・つりあいは、人間によって発見されるほかはない。そうして、深遠な意味を込めて、それは人間によって創造されたものでなければならない。つね日ごろ、わたしたちが見ているものは、単なる無秩序・混乱にすぎない」(前掲訳書、四二―四三頁)、「科学というものは、自然の、なまな、すさまじい変容の中の――あるいはもっと正確に言えば、わたしたちの経験の多様さの中の「一致」あるいは調和を発見するための探索にほかならない」(同書、四八頁)〕。

(71) ジェレミー・ベンサム〔Jeremy Bentham〕の『道徳および立法の諸原理序説〔*An Introduction to the Principles of Morals and Legislation*〕』(London: Printed for T. Payne and Son, 1789)〔山下重一訳「道徳および立法の諸原理序説」、関嘉彦責任編集『ベンサム　J・S・ミル』(「世界の名著」49)、中央公論社(中公バックス)、一九七九年〕における有名な定式は「ジョゼフ・プリーストリーによって示唆されたものであり、ベッカリーア〔Cesare Beccaria〕の「最大多数に分け与えられる最大幸福〔la massima felicità divisa nel maggior numero〕」によく似ている」(ローレンス・J・ラフルール〔Laurence J. Lafleur〕によるハフナー版〔New York: Hafner, 1948〕への序論)。エリー・アレヴィ

〔Elie Halévy〕によれば（『哲学的急進主義の成立〔*The Growth of Philosophic Radicalism*〕』〔translated by Mary Morris〕〔Boston: Beacon Press, 1955〕）、ベッカリーアもベンサムもエルヴェシウス〔Claude-Adrien Helvétius〕の『精神について〔*De l'esprit*〕』に負っているという（『哲学的急進主義の成立』（全三巻）、永井義雄訳、法政大学出版局（叢書・ウニベルシタス）、二〇一六年、⑴三一、三五－三六頁〕。

(72) ラフルール、前掲書、xi頁。ベンサム自身が単純な功利主義哲学に対する不満を、のちの版に付加した注で述べている（ハフナー版〔前掲〕、一頁）。「効用という言葉は、幸福〔*happiness*〕や至福〔*felicity*〕という言葉ほど明確には快楽〔*pleasure*〕と苦痛〔*pain*〕の観念を指し示していない」〔前掲訳書、八二頁〕。ベンサムが問題にしたのは、効用は測定できないので「数量〔*number*〕の検討にわれわれを導かない」ということだった。計測可能な数量がなければ「善悪の基準の形成」は不可能だというのである。ベンサムが彼の言う功利の原理を明確に快楽に基づく幸福の原理にするためには、功利〔utility〕という概念を事物の使用〔usage〕から完全に切り離すことが必要だったのである（第一章第三部を参照）。功利と使用の分離は、功利主義の歴史における転換点となった。なるほど、ベンサム以前の功利主義においても、効用はまず第一に自我という主体と関連する概念だったが、ベンサムに至って初めて自己から独立した使用物の世界との関連から完全に切り離されて、功利主義は真の意味で「普遍的なエゴイズム」になったのである（アレヴィ〔この表現が出てくるのは、Elie Halévy, *The Growth of Philosophic Radicalism*, op. cit., p. 477（前掲訳書、⑶二二八頁）〕）。

(73) アレヴィ、前掲書、一三頁〔前掲訳書、⑴二四頁。アレヴィが参照指示しているのは、ヒューム『道徳原理の研究』の付論一「道徳感情について（Concerning Moral Sentiment）」である（David Hume, *Enquiries Concerning the Human Understanding and Concerning the Principles of Morals*, edited with introduction, comparative tables of contents, and analytical index by L. A. Selby-Bigge, 2nd

ed., Oxford: Clarendon Press, 1902, p. 293)。引用文直前の第五節冒頭は、こう始まっている。「人間の行為の究極目的は、いかなる場合であれ、理性によって説明できないことは明白であるように思われる。それらは、もっぱら感情や情愛に訴えるものであって、知的能力にまったく依存しないのである」（『道徳原理の研究』渡部峻明訳、哲書房、一九九三年、一六五頁）より引用。

(74) もちろん、これは『道徳および立法の諸原理序説』の最初の一文である。これは、ほとんど「エルヴェシウスの言葉をそのまま引き写したものである」（アレヴィ、前掲書、二六頁〔前掲訳書、(1)四三頁〕）。アレヴィは、正当にもこう指摘している。「当時流行していた観念があらゆる方面で同じ定式で表現されるのに出くわすのは当然のことである」（二二頁〔同書、三七頁〕）。ついでに述べておけば、この事実は、われわれがここで扱っている著作家たちが哲学者ではなかったことを示している。一定の思想がある時期に流行しようがしまいが、二人の哲学者がまったく同一の定式に到達するなどということは、彼らが互いに思想をコピーでもしないかぎり、決してありえないことだからである。

(75) 同書、一五頁〔前掲訳書、(1)二七頁〕。

(76) 近代の生の哲学の最大の代表者は、マルクスとニーチェとベルクソンである。彼らは三人とも生命と存在を同一視しているからだ。彼らがそこで用いるのは内省である。事実、生命こそが自分自身の中を覗くだけで知ることのできる唯一の「存在」なのだ。この三人が近代初期の哲学者たちと違うのは、生命を意識よりも活動的で生産的なものと考えた点である。意識は、観照や古い真理の理想に依然として結びついたままであるように見えた。近代哲学のこの最後の段階を一言で言い表せば、哲学に対する哲学者たちの反逆ということになるだろう。キルケゴールに始まって実存主義に終わるこの反逆は、観照に反対して活動を強調しているように見えるからである。しかしながら、よく調べてみると、これらの哲学者の誰一人として、活動そのものに関心をもっていない。世界とは無縁で内面のみに集中したキルケゴールはここでは措くとして、ニーチェとベルクソンは、活動を制作の観点から――「知あるヒト〔homo sapiens〕

ではなく「工作人〔homo faber〕」の観点から——描いている。ちょうどマルクスが活動を制作の観点から考え、労働を仕事の観点から描いているように。彼らの究極的な準拠点が仕事や世界性でないことは、行為と同様である。彼らが依拠しているのは生命であり、生命の繁殖力なのである。

(77) キケロの発言はこうである。Civitatibus autem mors ipsa poena est... debet enim constituta sic esse civitas ut aeterna sit〔「国にとっては、〔個人を刑罰から解放すると思われる〕死そのものが刑罰である。なぜなら、国は永遠に存在するべく設立されていなければならないからである」〕(『国家について』三・二三〔岡道男訳、『キケロー選集』第八巻、岩波書店、一九九九年、一二四頁〕)。良好に設立された政治体は不死である、という古代の信念については、プラトン『法律』七一三参照。そこでは、新たなポリスの設立者は人間の不死の部分を模倣する、とされている(hoson en hêmin athanasias enest)〔森進一・池田美恵・加来彰俊訳、岩波文庫、一九九三年、(下)二四七—二四九頁〕。

(78) プラトン『国家』四〇五Cを参照〔参照指示された四〇五Cの末尾から、医術についての議論が展開されている。本文の指摘に最も関連する部分を挙げておく。「たとえば大工ならば……病気になると医者に頼んで、薬を飲んで病気を吐き出してしまうなり、あるいは下剤をかけたり焼いたり切ったりしてもらって、病気からすっかり解放されることを求める。けれども、もし長期の療養を命じられて、頭に布切れを巻いたり、それに類したことをいろいろされるようなことがあれば、彼はただちに言うのだ、——自分には病気などしている暇はないし、それに、病気のことに注意を向けて、課せられた仕事をなおざりにしながら生きていても何の甲斐もないのだ、と。そしてその後は、そのような医者には別れを告げて、いつもの生活へと立ちかえり、健康を回復して、自分の仕事を果たしながら生きて行く。またもし彼の身体がそれに堪えるだけの力がなければ、死んで面倒から解放されるのだ」(四〇六D—E。藤沢令夫訳、岩波文庫(改版)、二〇〇八年、(上)二五五—二五六頁)〕。

(79) ドミニコ会士ベルナール・アロ〔E. Bernard Allo〕『聖パウロの労働論〔*Le travail d'après Saint*

Paul)』(Paris: P. Lethielleux, 1914) の指摘による。近代の労働賛美をキリスト教起源のものとする論者としては、フランスではエティエンヌ・ボルヌ〔Etienne Borne〕とフランソワ・アンリ〔François Henry〕『労働と人間〔*Le travail et l'homme*〕』(Paris: Desclée de Brouwer, 1937)、ドイツではカール・ミュラー〔Karl Müller〕『聖トマス・アクィナスの道徳哲学的基礎から見た労働〔*Die Arbeit: nach den moral-philosophischen Grundsätzen des hl. Thomas von Aquin*〕』(Freiburg: Caritas-Druckerei, 1912) がいる。より最近では、ルーヴァンのジャック・ルクレール〔Jacques Leclercq〕の「労働、財産〔Travail, propriété〕」(Namur: Wesmael-Charlier, 1946) と題された『自然法講義〔*Leçons de droit naturel*〕』第四巻が労働哲学の最も価値ある優れた著作だが、「キリスト教は労働についての評価を大きく変えはしなかった」し、トマス・アクィナスの著作では「労働の観念はことのついでに触れられているにすぎない」(六一―六二頁)と、労働のキリスト教起源という誤解を正している。

(80)『テサロニケの信徒への手紙一』四・九―一二、および『テサロニケの信徒への手紙二』三・八―一二を参照。

(81)〔トマス・アクィナス〕『対異教徒大全』三・一三五:Sola enim necessitas victus cogit manibus operari.

(82)〔トマス・アクィナス〕『神学大全』第II-二部、第一八七問題、第三、五項〔第三項は「修道者は肉体労働の義務を負うか」、第五項は「修道者は托鉢することが許されるか」の考察にあてられている。「生活の資を他から獲得しえない場合、いかなる条件の者にせよ、肉体労働を行う義務がある」が、そうでない場合は義務ではない、という論旨は第三項で主に論じられている(『神学大全24』竹島幸一・田中峰雄訳、創文社、一九九六年、一一七―一二五頁)。ただし、貧者に施与を行うための「必要」も肉体労働を要請する。本文の「義務を遂行」はこれにあたる。「しかし、肉体労働が施与を行うために向けられる面からは、肉体労働は掟の必要性に属しない。ただし、緊急の必要性により施与を行う義務を負う場合や、貧者を援助する資を別途に講じえない場合は、別である。その場合、修道者も世俗者も肉体労働を実行する義務を一様に負う」（同書、一二二頁）」。

（83） 修道院規則、特にベネディクト会の「祈り、そして働け〔ora et labora〕」では、労働は怠惰な肉体の誘惑に対抗するものとして勧められている（規則第四八章）。いわゆるアウグスティヌスの規則（『書簡』二一一〔『書簡集』金子晴勇訳、『アウグスティヌス著作集』別巻二、教文館、二〇一三年、二九六―三〇九頁〕）では、労働は自然の法であって、罪の処罰ではない。アウグスティヌスが肉体労働を勧めるのは――彼は opera と labor を同義語として用いて otium に対置している――三つの理由からである。それは怠惰の誘惑と戦う手段である。それは貧者に対する慈善という修道院の義務遂行に役立つ。それは例えば物の売買のような他の職業と違って精神を過度に集中させないので観照に都合がよい、というのである。修道院における労働の役割については、エティエンヌ・ドラリュエル〔Etienne Delaruelle〕「四世紀から九世紀の西洋修道院宗規における労働〔Le travail dans les règles monastiques occidentales du quatrième au neuvième siècle〕」（*Journal de psychologie normale et pathologique*, Vol. XLI, No. 1, 1948）と比較せよ。これらの修道院の公式規則とは別に、ポール＝ロワイヤル修道院では、懲罰のための実効的な手段を検討したところ、すぐ労働に思い至った、というのは非常に特徴的なことである（リュシアン・フェーヴル〔Lucien Febvre〕「労働――言葉と思想の発展〔Travail: évolution d'un mot et d'une idée〕」〔*Journal de psychologie normale et pathologique*, Vol. XLI, No. 1, 1948〕を参照）〔アウグスティヌス『書簡』二一一「ヒッポの修道院の修道女たちへの手紙」（四二四年頃）の後半（五―一五）は「修道女の規律（Regularis informatio）」と呼ばれる部分だが、怠惰と戦い、観照のための手段としての肉体労働の勧めに該当する部分はない。四〇〇年頃に書かれたと言われる「アウグスティヌスの規則（The Rule of St. Augustine）」も同様である。『修道士の労働（*De opere monachorum*）』では「聖なる使徒パウロは、神の奉仕者が肉体労働をすることを望んでいたこと、そしてその労働は素晴らしい霊的な報酬をもたらすこと、そしてその労働を他者から食べ物と着る物を求めることなく行い、それらを自らの労働によって獲得することを望んでいたこと」(宮谷宣文訳、『アウグスティヌス著作集』第二七巻、教文館、二〇〇三年、一〇九頁)が論じられている」。

(84) アクィナス『神学大全』第II-二部、第一八二問題、第一、二項。「観照的生活」の絶対的優位を説きながら、トマスとアウグスティヌスの相違は特徴的である。アウグスティヌスは、inquisitio, aut inventio veritatis: ut in ea quisque proficiat ――「誰かが利益を得ることができるように、真理の探究あるいは発見をなすこと」(『神の国』一九・一九〔服部英次郎訳、岩波文庫、一九八二―九一年、(5)八二頁〕)を推奨しているからである。ただし、この相違は、それぞれギリシア哲学とローマ哲学に影響を受けたキリスト教思想家の間の違い以上のものではない〔「功徳を積むことの根元は愛徳 caritas である。しかるに、すでに述べたごとく、愛徳は神と隣人を愛することに存するが、すでに述べたことから明らかなように神をそれ自体として愛することは、隣人を愛することよりも功徳が大きい。それゆえ、神を愛することにより直接的に関わることの方が、神のゆえに隣人を愛することに直接的に関わることがらよりも、類的により功徳が大きい。しかるに、観想的生活は直接的かつ非媒介的に神を愛することに関わっている。けだし、アウグスティヌスは『神国論』第一九巻で、「聖なる閑暇」otium sanctum、すなわち観想的生活の閑暇を、「真理への愛」caritas veritatis、すなわち神的真理への愛は求める、と述べている。ところで、もっとも強力に神的真理を追求するのは、すでに述べたごとく、観想的生活である。他方活動的生活は、より直接的には隣人を愛することへと秩序づけられている。なぜなら『ルカによる福音書』第一〇章で言われるように、活動的生活は「奉仕・世話 ministerium のために忙しく働く」からである。それゆえ、類的に言えば、観想的生活は活動的生活よりもより功徳が大きい。グレゴリウスが『エゼキエル書講話』の第三説教で以下のように述べているのは、このことである。「観想的生活は活動的生活よりも功徳がより大きい。なぜなら後者は、目の前のわざの実行において労苦するからである」。すなわちそこでは隣人を援助する必要がある。「一方前者は」――すなわち神の観想においては――「最も深い味わいで、すでにして将来の安息 requies を楽しんでいるのである」」(『神学大全23』稲垣良典・片山寛訳、創文社、二〇〇一年、二一五―二一六頁)」。

(85) 福音書は、地上の世俗的な職業がもたらす害悪には関心を注いでいるが、労働を賛美してはいない(特に『マタイによる福音書』六・一九―三二、一九・二一―二四、『マルコによる福音書』四・一九、『ルカによる福音書』六・二〇―三四、一八・二二―二五、『使徒言行録』四・三二―三五を参照)。

(86) 一八六八年七月〔一一日〕のクーゲルマンに宛てたマルクスの書簡〔「他方、あなたが正しく想定しておられるように、理論の歴史が示すところでは、確かに価値関係の把握は、明瞭であろうと不明瞭であろうと、幻想に飾られていようと科学的に規定されていようと、常に同じだったわけです。思考過程そのものが諸関係から生まれてくるもので、それ自体一つの自然過程なのですから、現実に把握する思考は、常にただ同じでありうるだけであり、そして、ただ程度によって、発展の成熟度に従って、したがってまた思考の手段たる器官の成熟度に従って区別されうるだけなのです。それ以外はすべてたわごとです」(岡崎次郎訳、『資本論書簡』第二巻、大月書店(国民文庫)、一九七一年、一六三頁)〕。

(87) 芸術家の活動に内在する世界との関わり〔worldliness〕は、創作の対象が事物の表現〔representation of things〕から「非対象芸術〔non-objective art〕」に代わっても、変化することはない。ここで言う「非対象性」を主観性と取り違えて、芸術家は「自分を表現する」、自分の主観的な感情を表現することを求められている、などと考えるのは、知ったかぶりの者だけであって、芸術家ではない。画家であれ、彫刻家であれ、詩人であれ、音楽家であれ、芸術家が生み出すのは世界の対象物〔worldly objects〕であって、彼の行う物化は表現〔expression〕などという、大いに疑わしい、いずれにせよまったく非芸術的な行いとは無縁なのである。表現主義というのは、抽象芸術とは違って、それ自体、言葉の矛盾である。

訳注

＊1　飛鷹節訳、『カフカ全集』第三巻、新潮社、一九八一年、三〇九頁。アレントは本文五四五頁でカフカのこの発言に言及している。

＊2　例えば、地球儀はマゼランやコロンブスとも親交のあったドイツ人地理学者マルティン・ベハイム（一四五九―一五〇七年）が一四九二年に制作したのが最初と言われる。

＊3　財産が私的領域のプライバシーを保護すると同時に、公的領域との実体的な境界として公的領域の存在をも保証している、というのがアレントのここまでの主張の一つの要点である。「社会」の勃興はそれを解体するが、国民国家の衰退までは、社会の実体としての「国民」――これも諸階級によって編成される――は国境によって区切られた国土をいわば財産として共有することで「財産」と私的領域の保護の代替的機能を果たしていた、と言うのである。

＊4　ピサの斜塔から重さの異なる鉛の球体を落として「落下速度は質量に依存しない」ことを証明した有名な実験。

＊5　この論点は、第44節末尾でキリスト教とガリレオの発見がもたらした歴史的影響に関連させて再び取り上げられる。

＊6　「懐疑学派」はドイツ語版では „Schule des Mißtrauens“ だが、ニーチェがこの語を直接に用いた例は見当たらない。

＊7　原語は science. ドイツ語版は Wissenschaft で、いずれも引用符がつけられている。

＊8　「科学の数学への還元」という表現は、デカルトの主要著作には見られない。

＊9　「すべてを疑え」という表現も、デカルトの主要著作には見られない。後出するキルケゴール『ヨハネス・クリマクス、あるいはすべてを疑うべし』でこの表現が用いられているが、これはヘーゲル『哲学

史』から来ていると思われる（『ヨハンネス・クリマクス、またはすべてのものが疑われねばならぬ』北田勝巳訳、『キルケゴールの講話・遺稿集』第八巻、新地書房、一九八〇年、三二三―三二五頁、訳注1および12、G・W・F・ヘーゲル『哲学史講義Ⅳ』長谷川宏訳、河出文庫、二〇一六年、九一頁を参照）。

＊10　第Ⅱ章の原注（85）で引用されていた『ゴルギアス』四八二C（加来彰俊訳、岩波文庫、一九六七年、一一六―一一七頁）。

＊11　アルバート・マイケルソン（一八五二―一九三一年）とエドワード・モーリー（一八三八―一九二三年）による干渉計を用いた実験。光を伝える媒質と仮定されていたエーテルに対する地球の相対運動を検出する目的で行われた。

＊12　すでに第Ⅲ章の原注（36）で注記した『剰余価値学説史』での言及。

＊13　これは、キケロの対話篇『国家について』の登場人物である小スキピオがカトーの伝える祖父アフリカヌス（大スキピオ）の言葉として語る科白である。岡道男訳では「何もしていないときほど多くのことをしているときはなく、一人でいるときほど孤独でないときはない」。続く行はこうである――「じじつ、何もしていないように思われながらさきほど話に出た天球儀を作り上げた彼の市民アルキメーデースよりも、あらゆる手段を講じて市民から自由を奪ったディオニューシオスのほうが多くのことを行ったと、誰がほんとうに考えることができるか。さらに誰もそばにいなくとも自分自身と語り、あるいは偉大な学者の発見や書物に楽しみを見出して、いわば彼らの会合に出席する者よりも、中央広場《フォルム》や群衆の中にいながら話し合いたい相手をもたない者のほうがより孤独でないと、誰が考えることができるか。じっさい、自己の本性が要求するものは何一つ欠いていない者よりも富裕な人が、あるいは望みのものをすべて手に入れることができる者よりも権力のある人がいると、誰が考えようか。あるいは心の動揺からいっさい免れている者よりも幸福な人が、あるいはよく言われるように難破船からさえ自分の身につけて持ち出せるものを所有する者よりも確実な財産をもつ人がいると、誰が考えようか。さらにすべての人間的なも

のを蔑視し、英知に劣るものとみなし、永遠なものと神的なもの以外の何ものにも思いをめぐらさないことよりも、いかなる権力が、いかなる官職が、いかなる王国がより素晴らしいものでありうるのか。このような者は、ほかの人々は人間と呼ばれているが、ほんとうに人間であるのは人間性に固有の学術によって磨かれた人々だけであると確信しているのだ」（『キケロー選集』第八巻、岩波書店、一九九九年、二八頁）。アルキメデスへの言及も興味深いが、ここでは「一人でいること」は自分自身との対話、あるいは時空を超えた他者との会話――アレントの言う「一者の中の二者」、自己の内なる他者との対話――を意味している。もちろん、キケロにとって、それは「永遠」の観照と結びついているのだが。キケロの『国家について』がアレントの共和政理解にとって重要であることについては、牧野雅彦『アレント『革命について』を読む』法政大学出版局、二〇一八年、二二五―二二六頁を参照。

[327]

謝辞

この研究の元になったのは、チャールズ・R・ウォルグリーン財団〔the Charles R. Walgreen Foundation〕の主催で一九五六年四月にシカゴ大学で行われた「活動的生活」と題する連続講義である。この著作の執筆は一九五〇年代のはじめに遡るが、その初期の段階で私はサイモン・グッゲンハイム財団から助成を受け、また最終段階ではロックフェラー財団から多大な援助を受けた。一九五三年の秋には、プリンストン大学のクリスチャン・ガウス・セミナーから「カール・マルクスと政治思想の伝統」と題する連続講義の機会を与えられた。自分の考えを最初に述べるこれらの試みを忍耐強く受けとめて激励してくれたことを、私は今でも大いに感謝している。また、セミナーでは内外から来られた著者たちとの活発な意見交換の機会を与えられて、またとない反響板になってくれたことにも大いに感謝したい。

ローズ・フェイテルソン〔Rose Feitelson〕は、私がこの国で著作活動を始めて以来、ずっと救いの手を差しのべてくれているが、本書でも原稿や索引の準備を大いに助けてくれた。一二年にもわたる彼女の援助にふさわしい感謝の言葉を探せと言われたら、まったく途方に暮れるほどである。

訳者解題

1　西洋思想史の中のアレント

『人間の条件』がアレントの主著とされるのには理由がある。

第一に、本書は、ナチスによるユダヤ人迫害から逃れてアメリカに渡ったあとに書かれた大著『全体主義の起源』のあとに、アレントが本格的にみずからの思想を示した最初の著作である。したがって、そこには、その後アレントが展開することになる主要な論点のほぼすべてが掲示されていて、いわばそれらを全方位的に集約している。その意味で主著と呼ぶにふさわしい書物である。

第二に、本書は、古代ギリシアに始まる西洋哲学の諸潮流の展開の中にみずからの思想を位置づけた、哲学上の主著と言うべき書物である。

もちろん、本書で展開されているのは、いわゆる哲学史ではない。そこにはプラトンに始まる西洋哲学に対する根底的な批判が込められていて、プラトン、アリストテレスの古典哲学からデカルトに始まる近代哲学への転換、さらにはナザレのイエスとキリスト教、アウグスティヌスといった西洋思想史をめぐるさまざまな論点が入り組んだ形で提示されている。ここでは、その大まかな見取り図を示しておくことにしたい。

2　ポリスと公私の区別

アレントにとって「政治」の原型が古代ギリシアのポリスにあったことはよく知られている。ギリシアでは自由な市民の共同体であるポリスと、その市民を家父長とする家（オイコス）の領域が画然と区別されていた。両者の境界になっていたのが私有財産である。家屋と敷地の四方の壁は私生活を保護する障壁であり、家と家の間に成立する公的空間を支える実体的な基盤だった。近代になって本格的に進行する経済発展によって、「財産」は「富」という形で流動化し、公私の実体的な区分は解体する。それまで家共同体の内部で営まれていた経済活動（オイコノミア）は市場を通じて組織化され、政治的共同体と家の間に「社会」という新たな領域を生み出す。これが人間の活動の条件を変容させていくことになる。

もとよりアレントは古代ギリシアのポリスにおける公私の区別にそのまま従っているわけではない。「公的なもの」と「私的なもの」の区別は、「明らかにすべきもの」と「隠しておくべきもの」の間にある。ギリシア人にとって「明らかにすべきもの」とは何よりも言論と行為による政治の営みであって、生活の必要性や自然の必然性に拘束される労働は「隠しておくべきもの」だった。「政治」の営みを人間を他の動物から際立たせる活動として称え、それを維持していく仕組みを編み出したところにギリシア人の偉大さがあるが、今日そうした境界は解体して、「労働」、「仕事」、「行為」という活動は特定の領域への帰属によって区別しうる実体的な内容をもたなくなっている。そうした状況を踏まえて、今日われわれは「公的なもの」と「私的なもの」をどのように区分すべきか、そのような区分なしでやっていくとすれば、そこにはいかなる問題が生じることになるのか——本書の第II章は、そうした観点からする問題の交通整理である。

3　西洋政治哲学の成立——プラトンによる転換

アレントにとって、ギリシア以外の地やそれ以前の時代に「政治」が存在しなかったわけではない。およそ人間が人間となって以来、複数の人間の間で「政治」（行為）は営まれてきた。ギリシアでもポリス形成以前のホメロスの時代から政治の営みは行われてきた、とアレントは見ている。そうした政治の営みを永続的な形で制度化したのがポリスだった。ペリクレス指導下のアテナイの民主政において最盛期を迎えたポリスは、ペロポンネソス戦争におけるアテナイの敗北によって衰退を始める。危機を迎えたポリスのあり方を再検討したのが、プラトン、アリストテレスの政治哲学だった。

そのきっかけとなったのが、アテナイの民主政ポリスによるソクラテス裁判である。ソクラテス裁判はナザレのイエスの裁判と並ぶ西洋思想の起点となった、とアレントは見ている。善行と思考という活動の限界領域に挑んだ両者の試みは、そのものとして継承されることはなかったが、その後の西洋思想のあり方に大きな影響を及ぼしたのである。

ソクラテスを死刑にしたアテナイの民主政のあり方の再検討は、政治という営みそのものに対する深刻な疑念へと導くことになる。プラトンに始まる西洋政治哲学は、その初発から反政治的性格を色濃く帯びていたのである。プラトンの政治哲学によって、政治＝行為の評価は大きく転換する。そこでは、活動に対して観照が優位することになった。それとともに、人間の生と時間の観念も転換する。ギリシア的世界において、人間は耐えず循環を繰り返す自然と不死の神々との間にあって、唯一「死すべき存在」だった。ギリシア人にとっての理想は、自然の永遠の循環に抗して神々と同様の「不死」に近づくことにあった。ポリスは、行為を集団的な記憶にとどめることによって「不死」に到達するための制度だったのである。これに対して、プラトンが求めたのは、不安定でいずれは滅びゆく生ではなく、生と死を超えた永遠の存在、絶対的な真理だった。

「不死」から「永遠」への時間の観念の転換は、最後の審判のあとの永遠の生を目指すキリスト教に引き継がれる。同時に、そこでは「観照」と対置された「活動」の意味内容が変容する。古代ギリシアの政治哲学において「観照」と対置されていた活動はもっぱら「政治」＝行為だったのに対して、これがラテン語に翻訳されて中世キリスト教世界に継承されていく過程で、「観照的生活（vita contemplativa）」の下位に置かれた「活動的生活（vita activa）」には、労働、仕事、行為の活動一般が包摂される。ギリシア世界では自由な市民の営みだった「活動」は、奴隷や職人の職務とされてきた労働、仕事とともに「活動的生活」に包括されることになったのである。

観照的生活と活動的生活：諸活動の位置関係の変遷

古代ギリシア（アリストテレス）	ローマ（アウグスティヌス）から中世へ
観照的生活（bios theōrētikos）	観照的生活（vita contemplativa）
ポリス的（政治的）生活（bios politikos）	活動的生活（vita activa）
………	活動 ─ 行為（action）
［制作］	─ 仕事＝制作（work）
［労働］	─ 労働（labour）

4　ヘーゲルからマルクス、ニーチェ——伝統的西洋哲学の解体

近代になって「観照的生活」と「活動的生活」という枠組みは解体し、それとともに「活動的生活」内部の労働と仕事、行為の関係が大きく転換する。その諸相を検討することが第

Ⅲ章以下の主題となるが、そうした転換を哲学において表現したのがヘーゲルだった。フランス革命に始まる歴史の展開を踏まえて、ヘーゲルは真理と現象という二分法そのものを解体する。

> ヘーゲルが述べたように、真理が人間の活動《アクション》を通して開示されるほかないのだとすれば、それは人間によって制定されうることになる。哲学が、真理の探究という点で、歴史の弁証法的な運動法則の中にその実現法則を発見することで終わったのだとすれば、哲学はみずからを廃棄する地点に達したことになる。哲学の実現は、哲学を不必要なものにし、それを破棄するのだ。いいかえれば、その始まり以来互いに支え合ってきた哲学と政治は、その終わりにおいてまったく同じものになるのである。すなわち、政治が哲学を実現する。（ハンナ・アーレント『カール・マルクスと西欧政治思想の伝統』佐藤和夫編、アーレント研究会訳、大月書店、二〇〇二年、三〇五頁）

出来事の展開そのものの内に真理は開示される。それまで観照のもとに従属していた活動が、みずから真理を実現することができるなら、哲学は特権的な地位から引きずり下ろされ、実践としての活動そのものが真理を体現するものになるはずである。「哲学者たちは世界をいろいろに解釈してきたにすぎない。重要なのは世界を変革することである」（フォイエルバッハ・テーゼ）というマルクスの立場は、まさにその延長線上にある。

しかしながら、そこにはなお伝統的な西洋政治哲学の枠組みが残されている。観照と活動という伝統的な政治哲学の枠組みをヘーゲルが解体し、さらにはマルクスとニーチェがそれを「転倒」しようとしたにもかかわらず、「活動的生活」内部の諸活動とその枠組みは、ほとんど手つかずのまま残存している。「活動的生活」の労働、仕事、行為という活動の再検討は、西洋政治哲学の終着点としてのマルクスとニーチェとの対決を意味していたのである。

5　近　代――観照と超越の消滅

アレントは、ヘーゲルやマルクスのように、歴史を貫く発展法則があるとは考えない。人間の「行為」は「予測不能性」を本質としていて、そのような法則に従うものではない。人間の「行為」によって織りなされる「歴史」は「法則」ではなく、個別的な「出来事」によって作り出される。それでは、今日われわれの住む「現代世界」をもたらしたものは何か。第Ⅵ章では、この問題に対するアレントの回答が提示される。

「現代世界」の起点となる「近代」の扉を開くことになった中心的な「出来事」は、ガリレオによる望遠鏡の発明とそれによる「アルキメデスの点」の発見だった。望遠鏡という器具による天体の観測は、地上世界の人間の経験そのものに深刻な疑念を投げかけるものだった。その衝撃を受けて行われたデカルトによる方法的懐疑は、プラトン以来の西洋形而上学の前提を突き崩すことになる。内省による内面世界への逃避（flight）は、観照と活動という伝統的な哲学の枠組みを根本から覆す。観照、言い換えれば超越への志向は、もはや消滅した。「神は死んだ」というニーチェによる人間の内的世界の探求も、その延長線上にある。

6　地球の自然からの飛翔

「アルキメデスの点」の発見がもたらしたものは、単なる内面世界への「逃避」ではない。それは同時に地球上の自然からの「飛翔（flight）」でもあった。アレントが本書でマルクスを主要な批判対象とした理由も、ここにある。マルクスは『資本論』で次のように述べている。

労働はまず第一に、人間と自然とのあいだの一過程である。すなわち、人間がその自然との物質代謝を、彼自身の行為によって媒介し、規制し、調整する過程である。人間は、自然素材そのものに対して、一つの自然力として相対する。彼は、自然素材を、彼自身の生活のために使用しうる形態において獲得するために、彼の身体のもっている自然力、すなわち腕や脚、頭や手を動かす。この運動により、彼の外にある自然に働きかけ、これを変化させるとともに、同時に彼は彼自身の自然を変化させる。彼は、彼自身の自然のうちに眠っている潜在能力を発現させ、その諸力の活動を、彼自身の統御に服

させる。(『資本論』第一巻第五章第一節「労働過程」、向坂逸郎訳、第二分冊、岩波文庫、一九六九年、九―一〇頁)

生命有機体としての人間は、自然に働きかけて、そこから物質を摂取し、みずからの生命を維持・再生産する。これが自然と人間の「物質代謝」である。ただし、人間は自然の素材に手を加えて変化させるとともに――自然の一部としての――自分自身をも作り変えていく。そこにはヘーゲルの「精神」のもつ能動性が組み込まれている。マルクスは、このような形で、ヘーゲルの精神のダイナミズムを、歴史の発展の原動力としての労働の生産力のダイナミズムに読み替えたのである。

人間の本質的な能力を「労働」に見るマルクスに対するアレントの批判は本書の第Ⅲ章、第Ⅳ章で展開されているが、そこには自然と人間の「物質代謝」を人間の基本的条件とするマルクスの問題設定が継承されていることに留意すべきだろう。人間は地球の自然の中で、生命有機体としての活動を行いながら、なおかつその制約から逃れようとしている。とりわけ近代科学とそのテクノロジーは、地球の自然を大きく変えていくと同時に、人間自身をも変容させつつある。その先に待ち受けているものは何か、それは人間が人間であるための条件をどのように変えていこうとしているのか――『人間の条件』という書物の先にアレントが展望していたのは、そのような問題だったのである。

訳者あとがき

しばらく前のことになるが、『人間の条件』についての論文をある学術雑誌に投稿したことがある。最新の議論や先行研究の検討を抜きにアレントのテキストの謎から話を始めるやり方が気に入らなかったのだろう。「引用が多すぎる」、引用文の解説なら「原文を読めば分かる」と査読者の一人は書いてきた。

だが、一度読んだだけでは分からないのがアレントの文章である。特に『人間の条件』には、それまでの西洋思想史に関するアレントの見方が集約されていて、一つの文章に複数の論点が二重三重につめ込まれているところも少なくない。論点の一つ一つを解きほぐして平易な日本語にしていくという作業は難航した。アレントの議論の迷路に踏み込んで、自分が今どこにいるのか分からなくなることもしばしばだった。その際の道しるべとなったのは先行訳である。志水速雄氏の翻訳は、アレントの一文一文について実によく考えて工夫が凝らしてある。また、森一郎氏によるドイツ語版の翻訳は、ところによっては英語版よりも難解になっているドイツ語の文章を正面から受けとめた訳文になっている。両氏の仕事がなければ、この翻訳は不可能だっただろう。記して謝意を表しておきたい。

なお、訳注について述べておきたい。この翻訳では本文への訳注とは別に、アレント自身の注釈に挿入する形でも訳注をつけた。原文の注にさらに注をつけるのは構成上も煩雑になりすぎるという難点はあるが、アレントが参照している文献に何が書いてあるのかが分かるようにするためである。アレントが参照している文献は、プラトン、アリストテレスから始まり、アウグスティヌス、トマス・アクィナス、近代の哲学・思想の主要な文献にまで及んでいる。参照箇所を見ていけば、西洋思想の流れについてのアレントの見方が分かってくるはずである。

今回の翻訳は、講談社学術文庫編集部の互盛央氏の勧めで始められた。互さんのお誘いがなければ、『人間の条件』の翻訳に手を染めるなどという大それた試みに乗り出すことはなかっただろう。互さんには訳文一つ一つを原文と照らし合わせて手を入れ、参考文献とその書誌情報についても丹念に調べて修正していただいた。本書が少しでも読みやすく、正確なものになっているとすれば、それは互さんのおかげである。

二〇二二年一二月

牧野雅彦

349, 405
ローマ帝国　41, 64, 87, 108, 127, 161, 162, 204, 216, 246
ローマ法　103, 142, 410

396, 398
リズム　192, 199, 206, 226, 263-265, 291, 302, 373, 505
理性（→悟性）　28, 57, 119, 155, 219, 295, 386, 390, 394, 441, 486-488, 490, 493-495, 497, 498, 517-519, 531, 544, 561, 563, 569
　理性的動物　57, 154, 155, 217, 294, 390
立法　98, 121, 138, 348, 350
　立法者　138, 348, 350, 424
リベラル　94
理論　21, 54, 63, 150, 155, 163, 394, 491, 492, 505, 513, 526
類的存在　188, 222, 229
ルサンチマン　340
ルネサンス　212, 294, 369, 466, 467, 473, 489, 542, 551
歴史　26, 31, 35, 54, 74, 75, 109, 114, 150, 328, 334, 335, 344, 378, 390, 395, 414, 458, 459, 462, 467, 514, 516, 517, 527, 549, 571
　歴史家　344, 347, 397, 467
　歴史学　176, 188, 395, 514
　歴史感覚　279
　歴史哲学　335, 571
　歴史編纂者　297
レス・プブリカ　90
列福（beatification）　345
労働　24, 26, 32, 33, 45, 52, 53, 60, 62, 66, 78-80, 104, 150-164, 169-179, 182-184, 186-192, 194, 196-209, 211, 214, 217-223, 225-230, 232, 234, 235, 243-245, 247, 254, 255, 257-265, 268, 282-284, 295, 297, 299, 302-306, 323, 331, 365, 368, 369, 372-374, 377, 379, 393, 397, 400, 418, 462, 463, 505, 526, 527, 535, 537-540, 542, 545, 546, 563, 576-578, 580
　熟練労働／未熟練労働　158, 159, 180
　生産的労働／非生産的労働　155, 156, 173, 180, 219
　精神労働　155, 158-161
　肉体労働　123, 155, 158-161, 304, 539
　労働運動　207, 247, 375-379
　労働組合　197, 375, 376
　労働時間　206, 226
　労働者階級　78, 79, 107, 175, 201, 203, 204, 375-377, 379, 380, 430, 462
　労働者の社会　20, 61, 78, 201, 209, 262, 270, 272, 280, 541
　労働する動物　53, 154, 155, 157, 173, 176, 184, 189-191, 193-195, 201, 207-209, 217, 227, 252, 256, 261-263, 269, 274, 280, 297, 366, 373, 375, 400, 401, 525, 535, 543
　労働力　103, 104, 153, 156-159, 163, 170, 177, 178, 180, 183, 197, 198, 201, 205, 207, 221, 227, 260, 264, 283, 286, 294, 295, 304, 462
ロゴス　57, 508, 569
ロボット　194, 195, 325
ローマ　25, 53, 58-60, 68, 80, 90, 94, 98, 108, 117, 118, 120, 123, 125, 127, 134-136, 139, 141, 144, 223, 224, 348,

法　64, 79, 97, 98, 121, 122, 125, 137, 235, 246, 279, 339, 343, 348, 352, 422, 423, 537, 578
封建制　64, 121
暴政（tyranny）（→僭主制）　92, 100, 359, 360, 381, 382
法則　15, 26, 74, 75, 183, 294, 325, 368, 393, 414, 441, 464, 466, 471-473, 475, 478, 479, 482, 501, 547, 557
胞族（phylē）　54
暴力　55, 56, 61, 62, 158, 190, 192, 203, 204, 256, 257, 271, 326, 328, 355, 356, 358-360, 389, 390, 404, 440, 524
　暴力手段　355, 358
ポイエーシス　→制作
ポノス（ponos）　131, 213, 214, 234
ポリス（→都市、都市国家）　31-35, 37, 41, 54-62, 65-67, 73, 74, 90, 94, 98, 118, 121, 138, 139, 151, 152, 213, 348, 350-353, 363, 384, 418, 426, 437, 520, 576

マ　行

見えざる手　75, 76, 129, 355
ミメーシス　338
民主主義（民主政）（democracy）　247, 381, 383, 484
無人支配（no-man rule）（→一人支配、単一支配）　71, 77
無制約性　343, 349
無名戦士　329
名目論（nominalism）（→実在論）　509
物語　38, 82, 168, 169, 297, 320, 333-338, 342, 344, 346, 347, 352, 358, 361, 401, 459, 514, 517, 549

ヤ　行

役者（actor）（→行為者）　335, 338
約束　402, 403, 410-413, 445
唯一性（uniqueness）　322
唯一無二（ユニーク）　322, 325, 330, 332-334, 336, 444
唯物論　332, 418, 484, 509, 534, 541
友愛　409
勇気　65, 66, 127, 171, 172, 337, 338, 351, 441, 467
有機体的理論　464
有用性　161, 175, 223, 224, 272, 273, 276, 288, 293, 296, 297, 323, 367, 505, 528
ユートピア　33, 158, 204-206, 245-247, 339, 358, 379, 385, 389, 437
許し　402-410, 413, 415, 443, 445
予測　26, 75, 295, 344, 345, 459
　予測不能性　343, 344, 347, 380, 395, 397, 401, 402, 404, 411, 412

ラ　行

リアリティ　27, 65, 74, 81-83, 90-94, 165, 166, 177, 179, 186, 193, 237, 238, 244, 290, 331-333, 352-355, 362, 367, 373, 399, 400, 403, 411, 412, 459, 468-470, 473, 483, 484, 486-488, 490-496, 498, 499, 503, 510, 517, 519, 531, 534, 558, 567, 568
利害関心（interest）　275, 331, 332
力量　157, 195, 294, 340, 341, 356-360,

518, 519
人間の本質　28-30, 43, 252, 346
「万物の尺度」としての人間
274, 277, 278, 287, 297, 309, 526
認識　29, 292-294, 331, 381, 388, 493, 513
値打ち（worth）（→価値）　285-287, 315
農業　100, 161, 210, 214, 223, 255

ハ　行

バザール　280
始まり　26, 97, 167-169, 261, 268, 293, 324, 325, 334, 361, 386, 416, 465, 538
ハデス（冥界）　508, 570
反作用（reaction, reacting）　342, 406, 407
美　269, 296, 387, 388
悲劇　338, 420, 441
必然（必然性）　33, 60, 61, 66, 77, 100, 105, 107, 108, 151, 153, 154, 157, 173, 175, 178, 180, 188, 190, 192-194, 199, 203, 204, 207, 209, 214-216, 227, 231, 243, 245-247, 372, 379, 397, 398, 400, 414, 416, 463, 536
非ユークリッド数学　500
ピューリタニズム　531, 532
評議会　376, 379, 432
表現主義　580
平等　20, 62, 63, 70-73, 123, 124, 131, 134, 201, 209, 321, 373, 374
不確実性　349, 393, 395
福音（福音書）　41, 405, 415, 535, 536, 540, 580
復讐　406, 407
複数性　25, 26, 30, 112, 165, 321, 322, 325, 358, 359, 372, 380, 398, 403, 404, 411
不死（不死性）　37-41, 88-90, 178, 198, 289, 296, 351, 396, 467, 523, 535-538, 541, 543, 544, 576
部族（phratria）　54
物質代謝　170, 171, 174, 178, 186, 190, 198, 200, 204, 227, 263, 294, 368, 373, 418, 479, 527, 534, 542, 545
物理学　267, 466, 470, 474, 475, 481, 494, 496, 500, 502, 504, 514, 535, 556
天体物理学　466, 470, 472, 481, 535
プライバシー（→私的）　68, 69, 107, 182, 281
プラグマティズム（プラグマティック）　36, 484, 526
プラッテイン（→アゲーレ、アルケイン）　383
プロテスタンティズム（プロテスタント）　490, 551, 552
分業（division of labor）（→協業）　80, 130, 131, 159, 196-199, 201, 221, 282, 295, 431
ヘブライ　177, 233, 442, 488, 537
ペリアゴーゲー（転換）　508, 524
変形（transformation）　165, 290-292
弁証法　119, 175, 217, 509
変身（metamorphosis）　290
弁神論　495, 496
変容（transfiguration）　290, 292
弁論術　119

出来事　74, 75, 109, 165, 168, 169, 334, 338, 344, 397, 420, 456, 458-460, 465, 467, 469, 470, 484, 485, 501, 504, 509, 519, 525, 526, 570
テクネー　365
哲学
ギリシア哲学　520, 521, 540, 579
政治哲学　33, 37, 56, 67, 98, 133, 277, 324, 362, 364, 365, 382, 386, 387, 392, 439, 517-520, 550
生の哲学　168, 189, 295, 532, 575
スコラ（哲）学　299, 473, 507
中世哲学　31, 322, 473, 507, 508, 523, 540
歴史哲学　335, 571
哲人王（プラトン）　381, 388, 389
デュナミス　362, 426
電気　265
天才　369-371
電子計算機　294, 295, 545
天文学　466-468, 472, 473, 475, 483, 501
道具　190, 193-196, 199, 246, 257, 258, 261-271, 274, 276, 279, 287, 288, 290, 391-393, 400, 455, 456, 465, 473, 491, 505, 512, 515, 525, 527, 529
統計学　73-75, 325, 547
同輩者中の第一人者（primus inter pares）　121, 341
都市（→都市国家、ポリス）　49, 64, 97, 98, 117, 118, 121, 122, 125, 152, 223, 348, 352, 357, 385, 386, 389, 423, 424, 460
中世都市　192, 280
都市国家　→国家
年金生活者都市（ウェーバー）　67
独居（→孤立）　111, 112, 403
奴隷　31, 44, 57, 61, 62, 66, 69, 89, 94, 97-100, 107, 120, 123-128, 132, 134-136, 138-141, 143, 144, 150-154, 156, 158, 160-162, 184, 185, 190-194, 196, 203, 204, 207, 212-216, 223-225, 233, 235, 242, 245, 246, 280, 323, 353, 371, 375, 377, 382, 384, 385, 388, 399, 432, 433, 440, 538
トロイア戦争　337, 353

ナ　行

内在論　509
内省　188, 484, 493, 494, 496, 510, 516-518, 528-530, 534, 543, 575
内的対話　385, 507
内面　68, 69, 103, 497, 510, 511, 543, 575
何者であるか（誰か）（who）　29, 30, 42, 43, 325-330, 333, 336, 337, 345, 346, 370, 371, 408, 410
ニヒリズム　469, 470
人間
種としての人間　24, 78, 168, 190, 198, 270, 289, 290, 373, 546
人間関係の網の目　332, 333, 339, 361, 392, 397, 398, 406, 548
人間事象　75, 330, 331, 333, 335, 339, 343, 349, 361, 378, 380, 382, 385, 388-390, 392, 393, 395-397, 404, 407, 409, 411, 413-415, 417,

465, 468, 470, 472, 473, 476, 479-484, 491, 492, 495-499, 501, 503, 505, 508, 510, 513, 515, 517, 519, 525, 528-531, 534-537, 540-543, 545, 546, 548, 549, 552, 567, 574, 575, 580
世界からの疎外　→疎外
世界への愛　→愛
対抗世界（counterworld） 87
非世界性（otherworldliness） 108
無世界性（世界喪失）（worldlessness） 86, 87, 112, 186, 190, 191, 409, 543
世俗
世俗化　16, 64, 95, 460, 535
世俗性（secularity） 460
善（goodness） 108-114, 191, 301, 303, 327, 328, 387, 388, 406, 439, 491, 495, 496, 533, 535, 538, 540, 541, 563
僭主制（→暴政） 382, 435
専制　32, 45, 56, 71, 74, 92, 121, 124, 141, 280, 381, 386, 425
専門化　130, 131, 196, 197, 199, 431
占有（appropriation）（→私有財産） 101, 181-184, 187, 198, 458-460, 462
創意（新たなことを企てる）（initiative） 27, 245, 323, 324, 383
創設　54, 118, 348, 357, 423
相対性理論　473, 500, 567
疎外　222, 463, 464, 473
自己疎外　222, 283, 369, 461
世界からの疎外　22, 367, 458, 460, 461, 463, 464, 474, 484, 519, 526, 528, 530, 552, 553
世俗内的疎外　458
地球からの疎外　473, 474
組織　357
存在の奇蹟　521, 522

タ　行

耐久性（durability）（→安定性、永続性） 91, 101, 157, 158, 164, 167, 168, 171, 173, 180, 181, 193, 199, 200, 206, 252, 253, 255, 260, 262, 272, 277, 284, 289-292, 295, 296, 366, 396, 400, 402, 460, 463
大衆　16, 92, 93, 465, 490
大衆運動　376, 465
大衆社会　72, 77, 78, 85, 92, 93, 190, 379
大衆文化　208
対象化　229, 364
代数学　475
ダイモーン　327, 345, 346, 417, 423
卓越（distinction） 72, 80, 81, 108, 132, 281, 369, 373, 375, 420
多忙な生活（askholia）（→閑暇） 34
単一支配（mon-archy）（→一人支配、無人支配） 381
知能テスト　294
注視（beholding） 510, 521, 523, 524
中世　32, 34, 40, 60, 64, 65, 121, 129, 136, 138, 140, 141, 161, 171, 224, 247, 281, 298, 310, 314, 315, 368, 369, 392, 466, 467, 511, 523, 544
中世都市　→都市
超越論　509

294, 297-300, 305, 328, 329, 331, 333, 334, 339, 344, 348-350, 354, 368, 370, 381, 387-393, 397, 400, 401, 404, 408, 413, 486, 502, 503, 512-529, 533, 534, 545, 572, 575, 576
　ポイエーシス　50, 259, 349, 520
生産力（生産性）　80, 101, 155-157, 159, 160, 162, 163, 171-173, 177, 180, 183, 189, 191, 205, 207, 209, 219, 221, 252, 280, 293, 295, 343, 369, 382, 392, 462, 513, 525, 526, 529
政治　17-19, 21, 22, 25, 27, 31-33, 40, 46, 53-67, 69, 70, 72-75, 77, 79, 86-89, 94, 95, 98, 99, 112-114, 118, 121, 127, 133, 135, 139, 144, 151, 154, 160, 161, 169, 197, 201, 275, 279-282, 328, 330, 332, 334, 335, 339, 340, 342, 343, 347-349, 351-354, 357-359, 362-367, 374-393, 403-405, 409, 413, 423, 432, 433, 437, 439, 440, 460, 461, 520, 535, 536, 539, 548, 549, 559
　政治学　59, 73, 520
　政治思想（理論）　31, 41, 58, 62, 65, 95, 106, 108, 150, 154, 176, 181, 332, 359, 386, 389-391, 398, 399, 404, 411, 418, 439, 509
　政治体　26, 45, 52, 56, 74, 79, 96, 97, 106, 343, 354, 359, 536, 544, 576
　政治的共同体　59, 98, 114, 355, 374, 383, 418, 536
　政治的生活　31-34, 40, 41, 46, 49, 54, 57, 67, 138, 151, 213, 348
　政治的動物（アリストテレス）　53, 56, 62, 279
　政治的無関心（apolitia）　34
　反政治的（antipolitical）　87, 137, 372, 374, 375, 409
　非政治的（non-political）　59, 87, 137, 185, 213, 280, 339, 366, 372, 409, 548
誠実さ　491, 492, 563
政党システム　376, 432
生命　17, 24, 27, 29, 30, 38, 41, 54, 58, 60, 61, 63, 66, 67, 77-79, 85, 90, 99, 105, 107, 152, 153, 156, 158, 159, 162-170, 173, 174, 176-180, 182-184, 186-194, 196-198, 201, 202, 205-209, 213, 214, 221, 222, 226, 227, 240, 244, 253, 255, 256, 258, 261-264, 266, 269-271, 277, 284, 286, 289, 291, 293, 295, 297, 298, 322, 324, 338, 366, 372, 373, 379, 387, 397, 400, 414, 421, 462, 463, 471, 479, 480, 514, 518, 527, 532-538, 540-547, 572, 575, 576
世界（→共通世界）　16, 17, 19, 25-28, 30, 33, 37, 52, 53, 59-61, 69, 79, 81, 83-89, 91-94, 96, 97, 99, 101-106, 108-110, 112, 113, 122, 131, 156, 158, 160, 163-173, 180, 182-187, 190, 191, 193-195, 199-202, 205-209, 223, 237, 239, 252-255, 257-260, 262, 266-270, 272-278, 280, 281, 284, 287-291, 293, 295-297, 306, 322-325, 327, 331, 332, 334, 337, 339, 354, 360, 361, 366-368, 372, 375, 392, 393, 396, 399-402, 406, 408-411, 413-416, 425, 444, 456, 458-

商業社会　272, 282, 283, 286, 287, 369, 370, 373, 527
消費（→使用）　88, 90, 91, 99, 102-104, 122, 139, 142, 156, 158, 162, 164, 165, 167, 170, 173, 174, 178-181, 184, 191, 192, 195, 196, 198-201, 204, 205, 207-209, 242, 247, 252, 254, 260, 262, 263, 295, 297, 368, 373, 374, 393, 400, 460, 529, 534
　消費財　164, 167, 173, 195, 198, 200, 224, 253, 254, 283, 284, 368, 393
　消費者　67, 201
　消費者社会　206, 208, 209
　生産的消費（マルクス）　227
商品　222, 280, 282-286, 369
職人　31, 44, 138, 140, 141, 150, 152, 160, 162, 196, 208, 210-212, 214, 227, 260, 264, 272, 280-283, 287, 298, 301-303, 305, 310, 311, 317, 344, 348, 349, 353, 360, 368, 369, 388, 389, 392, 413, 424, 431, 515, 516, 521-523, 533
女性　25, 42, 60, 107, 130, 131, 143, 144, 216, 437, 463
処罰　407, 578
神学　43, 480, 482, 507, 508, 511, 541
　神学者　466, 467, 555
人格（→アイデンティティ、個性）　44, 132, 214, 225, 282, 283, 368-370, 377, 388, 389, 398, 408-410, 412, 420, 430, 461, 551
進化論　188
人工（人工的、人工の事物）　15, 17, 18, 25, 166, 169, 205, 208, 289, 302, 503, 517, 518, 525
人生　38, 168, 192, 225, 334, 347, 388
人造人間　294
新プラトン主義　484
シンボル　19, 457, 474, 475, 477, 499
親密なもの（intimacy）　69, 70, 77, 79, 81-83, 104, 354, 409
　親密圏　68, 77, 106, 369
人民　59, 136, 152, 247, 280, 310, 311, 375, 379-381, 432, 434
真理　18, 19, 21, 31, 34, 36, 48, 112, 416, 476, 478, 479, 484, 486-488, 490-493, 495, 497, 498, 502, 505-508, 510, 516, 519-521, 524, 525, 531, 541, 556, 563, 566, 568, 569, 575, 579
心理学　30, 81, 244, 245, 258, 399, 416, 510, 547
人類　16, 39, 54, 78, 81, 117, 130, 154, 157, 158, 177, 183, 188, 189, 192, 198, 204, 205, 271, 292, 334, 396, 397, 464, 491, 517, 532, 533, 539, 542, 544, 545, 556
人類学　30, 514, 547
推論　34-36, 219, 294, 472, 494, 497, 498, 504, 514, 519, 530, 544
数学　18, 19, 74, 326, 466, 468, 474-478, 497-502, 506, 516, 529-531, 550, 558
救いの確かさ　490, 563
スタイル　369, 370
制作（→作品、仕事）　20, 52, 53, 85, 160, 195, 196, 199, 200, 229, 240, 256-261, 266, 267, 269, 271, 272, 274-277, 280, 282, 284, 287, 290, 293,

403, 411, 418, 435, 439, 440, 517, 525
至福（カトリック）(beatitude)
345
資本　102, 141, 142, 284, 462
資本家　129, 139, 458
資本主義（資本制）158, 206, 222, 282, 283, 286, 378, 461, 462, 552
市民　33, 40, 46, 49, 54, 57, 59, 67, 68, 73, 74, 94, 97, 120, 122, 124, 125, 136, 138, 139, 151, 152, 154, 161, 192, 212, 213, 216, 222, 245, 246, 280, 347, 348, 377, 382, 384, 385, 421, 433, 434, 464, 536
市民権（citizenship, civil rights）46, 64, 96, 97, 377, 392
社会（社会的）20-22, 52-54, 57-63, 65, 68-79, 81, 90, 96, 100-103, 106, 109, 121, 124, 125, 129, 130, 142, 158, 161, 162, 172, 176, 177, 180-182, 184, 187, 189-191, 194, 197, 198, 201, 202, 205-209, 219, 222, 224, 225, 234, 240, 244-246, 262, 272, 275, 279-283, 285, 286, 311, 314, 360, 368, 369, 373-376, 378-380, 390, 392, 409, 431, 433, 434, 440, 454, 462-465, 483, 492, 535, 541, 544, 546-548, 558, 559
社会科学　77, 81, 234, 547, 558
社会化された人間　76, 129, 158, 182, 188, 190, 198, 222, 544
社会工学　421
社会主義　95, 106, 181, 222, 232, 240, 246, 286
自由（自由人）20, 31-34, 45, 46, 60-63, 66, 67, 89, 99, 100, 104, 105, 107, 120, 124, 126, 127, 132, 138, 140, 141, 143, 151-153, 156, 160, 161, 176, 190, 194, 203, 204, 206, 207, 212, 216, 223-225, 231, 243, 245, 246, 261, 263, 267, 273, 303, 320, 324, 337, 338, 368, 377, 386, 397-400, 406, 407, 411, 432, 433, 462, 472, 474, 475, 477, 499, 547, 549, 569
自由主義　75, 76, 129, 142, 300
自由の王国（領域）76, 175, 220
宗教　41, 64, 94, 112-114, 117, 118, 136, 137, 144, 155, 247, 288, 345, 361, 404, 405, 410, 441, 461, 482, 488, 490, 541, 559, 564
宗教改革　100, 454, 455, 458, 461
衆愚政　360
私有財産　→財産
主観
主観化　258
主観主義　484, 553
主観性　91, 133, 186, 580
主権　214, 398-400, 411-413
出生　26, 27, 97, 137, 168, 169, 191, 198, 297, 322, 325, 334, 343, 413-415, 537
受動的抵抗　366
趣味　190, 202, 240, 245
使用（→消費）90, 99, 102, 154, 164, 165, 167, 170, 171, 195, 196, 198-200, 208, 209, 252-255, 259, 261-266, 269, 272-279, 283, 284, 287-290, 296-298, 329, 333, 393, 401, 528, 529, 552, 574
使用価値　→価値
蒸気機関　265

564, 566, 572
仕事（→作品、制作） 21, 24-26, 28, 31-33, 44, 46, 53, 66, 108, 131, 134, 138, 140, 150, 151, 153, 155-166, 169-171, 173, 174, 179, 180, 183, 195-197, 199, 201, 202, 204, 209-211, 213, 214, 219, 224, 225, 228, 229, 231, 252, 254, 255, 258-261, 263, 264, 271, 274, 276, 280-284, 291, 293, 295, 299, 300, 305, 311, 323, 337, 348, 349, 364, 366, 368, 371, 372, 387, 392, 393, 485, 505, 519-524, 526, 538, 539, 559, 563, 576
仕事人（worker） 162, 197, 199, 202, 281, 290, 305
市場 124, 260, 280, 281, 283, 288
交換市場 252, 280-284, 286, 287, 315, 335, 368, 373, 380
労働市場 61, 159
死すべき存在（人間） 35, 41, 88-90, 97, 101, 115, 193, 252, 270, 289, 297, 352, 396, 414, 423, 439, 475, 476, 535, 543
自然 16, 17, 24, 25, 27, 29, 30, 35, 37-39, 50, 60, 79-81, 85, 167-176, 178, 180, 183, 186, 187, 190, 192, 193, 195, 199-201, 203, 204, 206, 208, 209, 226, 229, 237, 244, 253-257, 261, 263-268, 270, 271, 274-278, 289, 290, 294, 298, 335, 339, 360, 368, 373, 392-396, 404, 414, 415, 462, 463, 467, 470-472, 475, 476, 478-481, 491, 492, 495, 501-506, 510, 511, 513-518 524-528, 532, 534, 539, 542, 544, 545, 548, 556-559, 566, 568, 570, 570
自然科学 18, 30, 81, 176, 188, 394, 395, 404, 414, 415, 469, 473, 474, 481, 483, 494, 496, 500, 502, 514, 516, 518, 526, 535, 547, 548, 556, 559, 566, 570
自然主義 180, 534
自然状態 62
自然法則 294, 368, 441
氏族 117
十戒 98, 537
実験 267, 306, 394, 422, 466, 468, 475, 486, 491, 501, 503, 505, 510-514, 516, 518, 534, 548
実在論（realism）（→名目論） 509
実存主義 440, 484, 575
質量（→エネルギー） 480, 500
私的（私的なもの）（→プライバシー） 58, 61, 64, 65, 68-70, 72, 79, 80, 82-85, 89, 92-107, 137, 142, 154, 182-185, 187, 189-191, 207, 237, 258, 284, 369, 382, 384, 408, 460, 463-465, 497, 539
私的生活 55, 59, 60, 67, 93, 114, 284, 344
私的領域 59, 62-65, 68, 69, 77-81, 84, 93, 95, 96, 99, 101, 103, 104, 106, 108, 114, 139, 154, 161, 184, 284, 349, 463, 465
支配 31, 32, 45, 54, 56, 57, 58, 61-64, 71, 76-78, 99, 114, 115, 121, 123-125, 134, 153, 190, 192, 194, 203, 246, 261, 281, 298, 299, 324, 340, 341, 356, 357, 359, 360, 381-390, 392, 399,

古代　33, 34, 41, 43, 49, 56-60, 62-65, 68, 69, 71, 72, 78, 94, 95, 98, 99, 108, 110, 112, 113, 117, 121, 122, 125, 129-131, 136, 137, 139, 141, 143, 150-154, 160-163, 177, 178, 191, 193, 203, 245, 247, 248, 255, 279, 280, 299, 304, 309, 310, 327, 330, 334, 345, 347, 353, 357, 365, 366, 369, 375, 377, 382, 392, 399, 405, 415, 420, 422, 432, 435, 465-467, 470, 488, 489, 491, 508, 509, 530, 531, 535-540, 543, 544, 555, 576

国家　69, 76, 141, 142, 181, 246, 460, 464, 517

　国民国家　58, 59, 71, 76, 121, 463, 464

　国家の死滅　76, 95

　都市国家（→都市、ポリス）　33, 41, 46, 54, 55, 63, 72, 74, 98, 99, 117, 118, 151, 192, 213, 247, 347, 351, 353, 357, 385

孤独（loneliness, lonely）　93, 111, 112, 132, 135, 328, 375, 402, 430, 465, 550

言葉　18, 19, 38, 40, 55-57, 109, 118, 119, 137, 278, 279, 291, 292, 297, 325, 326, 328, 330, 339, 342, 350-353, 355, 362, 364, 388, 507, 521, 523, 569

　言葉なきもの（アリストテレス）　40

コモンウェルス　129, 517

孤立（isolation）（→独居）　20, 53, 92, 111, 281-285, 339, 341, 356, 357, 359, 361, 368, 369, 372, 375, 381, 403, 413, 430, 431

コロス（合唱隊）　338, 421, 422

根源悪（radical evil）　407

サ　行

財産　95-100, 103, 104, 106, 122, 136, 141, 172, 173, 176, 181-184, 186-188, 198, 234, 244, 252, 283, 377, 434, 454, 459, 460, 462-465

　私有財産（→占有）　59, 60, 96, 98, 100, 101, 104-106, 122, 142, 172, 181, 183, 187, 189, 343, 384, 465

最大多数の（最大）幸福　179, 206, 528, 532, 573

作品（work）（→仕事、制作）　20, 38, 50, 151, 161, 164, 195, 211, 231, 260, 261, 275, 281, 282, 288-290, 292, 293, 296, 300, 329, 333, 336-338, 349, 350, 354, 364-366, 368-371, 429, 483, 517

サン・キュロット　378, 434

詩　70, 84, 165, 212, 291, 292, 316, 349

　詩作　292, 316, 338

　詩人　90, 115, 211, 291, 292, 297, 316, 317, 347, 349, 351, 352, 443, 469, 580

視角（perspective）　91, 92

思考　18, 21, 27, 28, 35-37, 39, 40, 49, 55, 59, 63, 82, 111, 119, 121, 159, 160, 165, 166, 217, 219, 243, 275, 289-294, 329, 380, 384, 387, 389, 391, 392, 401, 415, 428, 439, 441, 485, 486, 488, 493, 496, 502, 503, 507-509, 517, 518, 520, 521, 525, 529, 534, 537, 545, 547, 549, 553, 554, 559,

犬儒主義（cynicism） 530
現代世界（the modern world） 22
賢慮（prudentia） 161
権力 56-58, 62, 71, 78, 113, 125, 135, 176, 341, 355-362, 375, 378, 382, 403, 412, 413, 435, 548, 559
　権力への意志 307, 343, 383, 386, 427
言論（speech） 19, 34, 55-57, 63, 74, 81, 118, 119, 164-166, 169, 297, 321-323, 325-334, 336, 338, 339, 345, 346, 351-355, 361, 362, 364-369, 375, 380, 401, 410, 413, 416, 428
行為 24-28, 32, 33, 42, 50, 52, 53, 55, 56, 63, 65, 72-75, 77, 81, 108-110, 113, 119, 129, 164-166, 169, 177, 194, 197, 208, 261, 275, 278, 282, 293, 297, 321-369, 378, 380, 381, 383-398, 400-408, 410-416, 420, 422-424, 426, 428, 432, 440, 441, 502, 503, 505-508, 516, 518-520, 525-527, 538, 540, 544, 545, 548, 549, 559, 576
　行為者（actor）（→役者） 326, 334-336, 342, 344, 352, 400
幸運（good fortune） 179, 346, 420
工作人（工作する人間、ホモ・ファーベル） 152, 155, 157, 160, 190, 194, 195, 200, 209, 252, 256, 261, 262, 266, 268, 269, 271-284, 287, 292, 293, 297, 298, 362, 366, 368, 370, 390, 392, 400, 401, 486, 512, 514-516, 518, 523-529, 533, 535, 572, 576
工場制手工業（マニュファクチュア） 282, 283
公的
　公的空間 69, 95, 348, 352, 355, 379, 388
　公的なもの 64, 68, 74, 94, 96, 98, 102, 107, 108, 133, 184, 369
　公的領域（公的事柄） 58-60, 62-64, 66, 69, 72, 73, 77, 79-91, 93, 95-98, 100, 101, 103, 104, 106, 109, 110, 113, 114, 132, 137, 138, 152, 154, 157, 161, 181, 184, 187, 189, 201, 207, 223, 279, 280, 282, 284, 286, 350, 355, 359-361, 367, 368, 372, 374, 375, 377, 380, 381, 382, 385, 402, 403, 410, 440, 465
行動（behavior） 26, 72-77, 81, 92, 197, 219, 263, 363, 385, 387, 398, 413, 491, 526, 546, 547, 568
　行動科学 77
　行動主義 75
幸福（happiness） 61, 95, 110, 179, 185, 208, 234, 237, 345, 399, 529, 531-533, 574
傲慢（hubris） 343
公務員（civil servant） 216, 225
効用 269, 272-274, 276, 288, 295, 297, 326, 525, 528, 529, 574
功利主義 129, 268, 272-275, 277, 293, 295, 296, 298, 532, 574
国民（nation） 59, 77, 95, 412, 464
個人主義 69, 74, 347, 423
個性（→アイデンティティ、人格） 73, 327, 328, 373, 546
悟性（understanding）（→理性） 488

械論的な世界観） 207, 268, 515, 533
幾何学 236, 301, 474, 476, 478, 550, 569, 571
器具 195, 196, 199, 262, 263, 267, 270, 294, 470, 471, 501, 512, 515, 569
記念碑 151, 165, 297, 329, 333, 358
客観性（客観的） 28, 61, 69, 91, 93, 105, 158, 163, 173, 253, 254, 262, 278, 285-287, 297, 314, 315, 331, 332, 370, 388, 470, 479, 491, 496, 510, 558, 559
教会（→カトリック） 64, 100, 109, 113, 114, 454, 459, 460, 490
共感（sympathy） 90
競技精神（agonal spirit） 73, 347
協業（co-operation）（→分業） 197, 271
共産主義 61, 75, 76, 78, 106, 129, 181, 232, 241, 246, 463
強制力（force） 153, 294, 341, 356-358
共通感覚（常識） 367, 487, 490, 497, 498, 567
共通世界（→世界） 58, 68, 85, 86, 88, 91-93, 99, 102, 104, 106, 169, 182, 187, 189, 352, 460
共通善 65, 88
共同作業（チームワーク） 282, 559
共和国 94, 101, 280
虚栄 41, 89, 90, 280, 282, 323, 371, 536
ギリシア哲学 →哲学
キリスト教 16, 33-35, 41, 45, 53, 58, 65, 86-88, 94, 95, 108-110, 133, 135, 154, 155, 193, 203, 304, 335, 362, 374, 405, 409, 458, 461, 488, 508, 523, 531, 535-543, 563, 577, 579
近代
　近代社会 100, 206, 365, 375, 376, 431, 474, 535, 546
　近代世界 63, 72, 199, 207, 258, 456, 465, 545
　近代哲学 461, 483-486, 494, 496, 510, 514, 526, 527, 533, 534, 572, 575
禁欲主義（asceticism） 509
苦痛 62, 80, 83, 131, 133, 172, 179, 184-186, 192, 194, 199, 205, 206, 208, 209, 233, 236, 237, 239, 244, 245, 257, 268, 393, 400, 529-532, 546, 574
君主制 76, 383
経済学 59, 63, 73, 75, 77, 78, 121, 124, 128, 129, 142, 157, 158, 188, 206, 285, 287, 295, 303, 312, 463, 526, 544
経済人 129, 336
芸術 70, 82, 94, 166, 195, 202, 211, 275, 288-293, 296, 316, 329, 333, 336, 338, 339, 359, 369, 370, 420, 483, 580
　芸術家 162, 202, 297, 298, 360, 369-371, 389, 548, 580
ゲレーレ（gerere） 340
権威 203, 390, 490, 491
現実態（actuality）（→活動状態） 364, 367, 428
顕示的 247
　顕示的消費（ヴェブレン） 280, 282
　顕示的生産 280, 282, 368

フランス革命　378, 455
ロシア革命　432
可死性（mortality）　38, 396
家政　57, 59, 63, 67, 68, 71, 76, 77, 95, 117, 118, 121, 124, 125, 156, 193, 196, 384, 385, 435, 437
家族　54, 56-59, 62, 63, 65, 70-72, 87, 91, 92, 94, 97, 98, 100, 102, 117, 118, 120, 121, 124, 125, 136, 154, 190, 246, 369, 384, 388, 418, 463-465
語りえぬもの（言語を絶するもの）（プラトン）　40, 507, 521
価値（→値打ち）　36, 103, 142, 155, 174, 176, 189, 209, 225, 252, 269, 274, 276, 279, 283-287, 309, 313-315, 373, 400, 438, 439, 441, 527-529
価値喪失　286, 529
価値剝奪　277, 400, 461, 527
交換価値　282, 284, 286, 313, 315, 441, 527
市場価値　285, 313
使用価値　103, 284-286, 527
活動状態（actuality）（→現実態）　365
活動的生活（vita activa）　24, 27, 30, 31, 33-36, 39-41, 45, 48, 51, 52, 108, 114, 135, 154, 155, 163, 202, 206, 258, 259, 323, 362, 390, 504, 508, 512, 520, 524, 526, 527, 535, 538, 540, 542, 549
カトリック（カトリック教会）（→教会）　64, 233, 243, 300, 345, 468, 490, 491
貨幣　91, 103, 142, 173, 198, 283, 287, 288, 374
竈　59, 118, 136
神　16, 25, 26, 29, 30, 34, 35, 38, 43, 53, 60, 110, 112, 144, 155, 183, 232, 233, 256, 257, 279, 287, 297-299, 309, 324, 335, 358, 374, 388, 390, 399, 401, 405, 406, 410, 416, 444, 461, 468, 480, 488, 492, 495, 499, 506, 508, 515, 517, 563, 571
欺く神（Dieu trompeur）　490, 495, 565, 566
隠れたる神　563
神々（ギリシア、ローマ）　37, 38, 49, 115, 118, 136, 193, 196, 215, 537
神の善性　495, 496
神の存在　29, 495
父なる神　16
哲学者の神　29
閑暇（スコーレ）（→多忙な生活）　31, 43, 135, 213, 247
感覚主義（sensualism）　133, 185, 531, 532
観照（テオーリア）　32-37, 41, 48, 51, 57, 135, 154, 155, 304, 388, 390, 394, 486, 491, 505-508, 510, 512, 520-527, 540, 542, 545, 575, 578
観照的生活　34, 37, 40, 89, 114, 504, 508, 523, 535, 540, 542, 579
観念論　484, 509
機械　18, 80, 195, 199, 205, 206, 248, 262-266, 268-270, 283, 295, 300, 302-306, 312, 471, 517, 546
機械論的（機械論的な自然観、機

家　54, 56-69, 71, 72, 77, 84, 91, 94, 97, 99, 106, 121, 124, 125, 131, 136, 137, 143, 144, 152, 154, 156, 191, 200, 203, 211, 310, 343, 350, 384, 385, 418, 463, 465
意識　301, 304, 484, 493, 494, 496, 510, 516, 529, 534, 575
医者　90, 225, 365, 370, 374, 537
一人支配（one-man rule）（→単一支配、無人支配）　71, 381
イデア　111, 259, 260, 296, 300-302, 387-389, 438, 439, 476, 477, 518, 521, 522, 527
宇宙　15, 16, 18, 22, 28, 30, 35, 267, 268, 324, 394, 456, 465, 466, 468, 470-477, 479-482, 489, 490, 495, 500, 501, 503-506, 514, 535, 542, 546-548
永遠　32, 35, 37-41, 50, 170, 173, 175, 178, 227, 254, 257, 259, 260, 292, 301, 352-354, 363, 395, 399, 413, 414, 465, 466, 476, 506, 510, 514, 522-524, 536-538, 544
　永遠回帰　79, 168, 208, 400
永続性（permanence）（→安定性、耐久性）　102, 164, 166, 167, 193, 200, 288, 289, 296, 467, 483, 522
エイドス（形相）　259, 296, 301, 476, 477, 524
エウダイモニア　61, 345-347, 422
エゴイズム　532, 574
エネルギー（→質量）　496
エネルゲイア　364, 426, 428
エルゴン（ergon）　118, 214, 349, 364, 428
演劇　338, 339, 420
延長をもつ実体（もの）（res extensa）　476, 496, 534
エンテレケイア　364, 428
オートメーション　19, 204, 205, 265, 266, 268, 304, 305
驚き（驚嘆、タウマゼイン）　324, 485, 486, 521-523

カ　行

懐疑　469, 485, 486, 488, 489, 492, 496, 497, 500, 502, 504, 510, 516, 517, 541, 543, 562, 564, 566-568
　懐疑学派　469
　懐疑主義　485, 489, 510
介在物（in-between）　331, 332
開示　35, 74, 325-328, 330-334, 338, 345-347, 355, 367, 397, 408, 477, 491, 504, 506, 514
快楽主義（hedonism）　133, 185, 509, 529-532
快楽と苦痛の計算（ベンサム）　529, 531
科学の数学への還元　478
画一主義（conformism）　70-75, 92
確実性　69, 411, 493, 494, 496, 499, 506, 513, 530, 566
革命　76, 175, 204, 247, 375, 376, 390, 432, 483, 558
　アメリカ革命　390
　産業革命　80, 194, 199, 248, 264, 265, 304, 462, 512
　ハンガリー革命　375, 377, 379, 433

事項索引

・本文および原注に登場する重要な概念や事項を以下に掲げる。
・訳出にあたっては原語との対応に留意したが、文脈にふさわしい日本語に置き換えた個所も多く、原文で用いられている該当する事項すべてを網羅しているわけではない。
・「現れ（現象）」、「国民」、「言葉」、「歴史」など、一般的な語については、アレントに特有の用法で出現する個所に限定して掲げた。
・見出しに掲げた事項の原語は、関連する事項と区別するために必要なものを中心に挿入した。関連する事項は（→○○）の形で見出しに付記してある。
・特定の人物に帰属する事項は「快楽と苦痛の計算（ベンサム）」、「生産的消費（マルクス）」のように表記した。

ア行

愛　48, 73, 84, 112, 349, 408-410, 424, 443, 444, 523, 579
　兄弟愛（brotherhood）　86
　世界への愛　473, 549
　善への愛（イエス）　110-112
　知への愛（ソクラテス）　110, 112
　友愛（philia）　409
　隣人愛（charity）　48, 86, 87, 109, 135, 579
アイデンティティ（→個性、人格）　373, 374, 402, 430
アカデミー　491
アゲーレ（agere）（→アルケイン、プラッテイン）　324, 340, 341, 550
アゴラ　118, 215, 280
欺く神　→神
遊び（遊戯）　202, 243, 245
アテナイ　46, 67, 94, 121, 128, 141, 247, 309, 348, 351, 362, 363, 382, 421
現れ（現象）　82, 89, 91-93, 99, 105, 109, 144, 168, 267, 284, 289, 296, 297, 330, 345, 352-355, 359, 361, 362, 365-367, 369, 372, 381, 422, 433, 438
アルケイン（archein）（→アゲーレ、プラッテイン）　324, 340, 383, 386, 422
安定性（stability）（→永続性、耐久性）　200, 201, 253, 459, 463

228, 231, 248, 252, 275, 285, 314
『統治二論』 210, 314
「利子低下と貨幣価値上昇に関する考察」 313
ローレンツ、ヘンドリック 568
『相対性原理』（アルベルト・アインシュタインおよびヘルマン・ミンコフスキーとの共著） 568

ワ 行

ワイスコフ、ウォルター 315
『経済理論の心理学』 315
ワロン、アンリ 120, 125, 144, 224, 245, 246
『古代における奴隷制の歴史』 120, 225

『法の精神』 422

ヤ　行

ヤスパース、カール　551, 560
『デカルトと哲学』 551

ラ　行

ライプニッツ、ゴットフリート・ヴィルヘルム　477, 478, 495, 496, 558
『形而上学叙説』 558
ラクロワ、ジャン　300
「労働の観念」 300
ラッセル、バートランド　555, 558
「自由人の信仰」 555
『神秘主義と論理』 555
ラフルール、ローレンス・J　573, 574
ランズフート、ジークフリート　130
「マルクス理論から見た今日の状況」 130
リウィウス、ティトゥス　117, 137
リエス、アンドレ　247
『労働』 248
リカード、デイヴィッド　315
リースマン、デイヴィッド　135
『孤独な群衆』 135
リップマン、オットー　244
『労働科学綱要』 244
リルケ、ライナー・マリア　132, 316
『遺稿集』 316
『魔術』 316
ルヴァスール、エミール　125, 134, 136, 247, 311
『一七八九年以前のフランスにおける労働者階級と産業の歴史』 125, 311
ルクレティウス・カルス、ティトゥス　237
『事物の本性について』(『物の本質について』) 237
ルクレール、ジャック　233, 244, 577
「労働、財産」(『自然法講義』第四巻第二部) 233, 244, 577
ルクレール、ジャン　298
「労働に基づく社会に向けて」 298
ルソー、ジャン＝ジャック　69, 70, 72, 149
ルター、マルティン（ルター派） 141, 299, 455, 458, 555
レオナルド　→ダ・ヴィンチ
レッシング、ゴットホルト・エフライム　273
レーニング、エドガー　224, 245
『社会科学綱要』 224
レンブラント・ファン・レイン　133
ローゼンツヴァイク、フランツ　233
『聖書』（マルティン・ブーバーとの共訳） 233
ロック、ジョン　60, 104, 150, 167, 170, 172-176, 181-183, 187, 210, 225,

『自然の概念』 566, 570

マ　行

マイケルソン、アルバート 512
マイヤー、エドゥアルト 127
『古代における奴隷制』 127
マキアヴェッリ、ニッコロ 65, 113, 114, 125, 126
『君主論』 126
『ディスコルシ（ローマ史論）』 126, 146
マーシャル、アルフレッド 313
『経済学原理』 313
マディソン、ジェイムズ 234
『ザ・フェデラリスト』 234
マルクス、カール（マルクス主義） 31, 36, 61, 63, 75, 76, 95, 101-103, 106, 129, 130, 149, 155-159, 163, 170, 172-175, 177, 180, 181, 183, 188-190, 204, 207, 217, 219-222, 226-232, 245-247, 252, 260, 279, 282, 283, 285, 286, 295, 332, 368, 369, 373, 390, 418, 431, 440, 461, 463, 487, 509, 526, 544, 545, 552, 553, 575, 576, 580
『経済学・哲学草稿』 218
「経済学ノート」 553
『資本論』 220, 222, 226-231, 309, 314, 440
『剰余価値学説史』 228
『聖家族』 218
『青年期論集』 217, 222, 223, 229
『賃銀・価格および利潤』 221
『賃労働と資本』 221, 222
『哲学の貧困』 431
『ドイツ・イデオロギー』 217, 220, 221, 227, 231, 240
「フォイエルバッハに関するテーゼ」 222
「木材窃盗取締法にかんする討論」 552
ミュラー、カール 577
『聖トマス・アクィナスの道徳哲学的基礎から見た労働』 577
ミュルダール、グンナー 120, 124, 129, 315
『経済理論の発展における政治的要素』（『経済学説と政治的要素』） 120, 315
ミラボー侯爵（ヴィクトル・リケッティ・ド・ミラボー） 219
ミル、ジェームズ 124
ミル、ジョン・スチュアート 124
ミルトン、ジョン 228, 545
『失楽園』 228, 545
ミンコフスキー、ヘルマン 568
「空間と時間」 568
『相対性原理』（ヘンドリック・ローレンツおよびアルベルト・アインシュタインとの共著） 568
メルセンヌ、マラン 560
モア、ヘンリー 564
モムゼン、テオドール 118, 143
『ローマ史』 118
モンテスキュー、シャルル＝ルイ・ド 359, 422, 425

「科学と人間の価値」 557
プロメテウス 214, 256
ペイシストラトス 382, 436
ペイディアス 225
ペイン、トマス 234
『コモン・センス』 234
ヘーゲル、G・W・F（ヘーゲル主義） 217, 509, 511, 519, 553, 562, 573
ヘシオドス 115, 118, 131, 152, 211, 213-215, 233, 247
『仕事と日』 214
『神統記』 115, 131
ヘスティア 118
ベッカリーア、チェーザレ 573, 574
ペナーテース 60
ヘパイストス 152, 196
ヘラクレイトス 39, 50, 137, 253, 309, 330, 417, 425
ヘラクレス 171, 172
ベラルミーノ、ロベルト 468, 472
ペリアンドロス 382
ペリクレス 49, 207, 351, 362, 363, 421, 426
ベル、ダニエル 306
『仕事とその不満』 306
ベルクソン、アンリ 189, 240, 295, 298, 572, 573, 575
『創造的進化』 572
ヘルクナー、H 248
「労働時間」 248
ヘルダーリン、フリードリヒ 118
ヘルツォーク＝ハウザー、ゲルトルート 131, 143
「ポノス」 131
ベルト、エドゥアール 240, 572
『知識人の悪行』 240
ヘロドトス 38, 49, 50, 123, 192, 242
『歴史』 49, 50, 242
ベンサム、ジェレミー（ベンサム主義者） 529-532, 573, 574
『道徳および立法の諸原理序説』 573
ペンツリン、クルト 303
『技術時代の人間と労働』（ヘルムート・ティーリケとの共著） 303
ポイニクス 118
ボーダン、ジャン 101, 418
ホッブズ、トマス 60, 90, 123, 295, 360, 484, 498, 517-519, 550, 571
『市民論』 550
『リヴァイアサン』 123, 571
ホメロス 50, 55, 99, 115, 118, 128, 132, 211, 213, 214, 247, 317, 337, 341, 351, 352, 363, 420, 422, 435, 508, 569, 570
『イリアス』 128, 435
『オデュッセイア』 115, 132, 570
ボルヌ、エティエンヌ 577
『労働と人間』（フランソワ・アンリとの共著） 577
ホワイトヘッド、アルフレッド・ノース 465, 497, 507, 554, 556, 558, 559, 566, 570
『科学と近代世界』 554, 569, 570
『教育の目的』 559

『古代都市』 46, 117,
ブラウン、ヴェルナー・フォン 440
プラトン（新プラトン主義） 29, 33, 39, 40, 49, 50, 53-55, 60, 67, 111, 119, 125, 126, 145, 190, 202, 203, 215, 235, 236, 247, 259, 260, 277-279, 287, 288, 296, 297, 300, 301, 334, 335, 337, 348, 362, 365, 381-389, 392, 398, 403, 416, 418, 421, 435, 437-440, 474, 475, 484, 486, 507-509, 520-523, 538, 569, 572, 576
『カルミデス』 50
『饗宴』 387
『クラテュロス』 309
『国家』 40, 126, 236, 241, 245, 301, 387-389, 418, 435, 437-440, 508, 576
『ゴルギアス』 119, 145, 245, 421
『第七書簡』 235, 569
『テアイテトス』 309, 572
『ティマイオス』 53
『パイドロス』 438
『法律』 122, 125, 279, 309, 386, 389, 418, 440, 576
『ポリティコス（政治家）』 383, 436, 437, 439
フランク、フィリップ 555, 567
「科学の哲学的利用」 555
プランク、マックス（マックス・プランク研究所） 303, 569
フランクフォート、H・A 444
『古代人の知的冒険』（共著） 444
フランクリン、ベンジャミン 261, 279, 310
プリーストリー、ジョゼフ 573
ブリゾン、ピエール 141, 144, 311
『労働と労働者の歴史』（『中世職人史』） 141, 144, 311
フリッツ、クルト・フォン 301
『アテナイ人の国制』（訳） 301
フリードマン、ジョルジュ 244, 300, 302, 304
『機械制工業の人間的問題』 300, 304
『人間労働はどこへ？』 302
プリニウス・カエキリウス・セクンドゥス、ガイウス（小プリニウス） 135
プリニウス・セクンドゥス、ガイウス（大プリニウス） 242
『博物誌』 242
ブルクハルト、ヤーコプ 119, 212
『ギリシア文化史』 119, 212
プルタルコス 60, 119, 122
『英雄伝』 119
『ローマ習俗問答』 122
プルードン、ピエール＝ジョゼフ 100, 141
『財産の理論』 141
ブルーノ、ジョルダーノ 466-468, 554
ブロシャール、ヴィクトル 237
『古代哲学と近代哲学』 237
プロタゴラス 277-279, 287, 297, 309
ブロノフスキー、ジェイコブ 557, 558, 564, 573

475, 481, 483, 560
『自然哲学の数学的諸原理』 560
ネポス、コルネリウス 117
ノイラート、オットー 212, 224
「奴隷の学芸の歴史について」 212, 224

ハ 行

ハイゼンベルク、ヴェルナー 307, 470, 556, 558, 568
『原子から世界システムへ』 558
『現代物理学の自然像』 307, 556
『自然科学の基礎の変転』(『自然科学的世界像』) 556, 568
「物質の素粒子」 558
ハイヒェルハイム、フリッツ 212, 436
『古代経済史』 212, 436
パウロ 42, 133, 536, 539
パーク、マリオン・エドワーズ 140
『キケロの時代の平民』 140
パスカル、ブレーズ 510, 541, 563
『パンセ』 563
バート、エドウィン・アーサー 238, 554, 555, 558
『近代科学の形而上学的基礎』 238, 554
パリス 213
ハルダー、リヒャルト 214
『ギリシア人の特性』(『ギリシアの文化』) 214
バロウ、R・H 121, 125, 128, 132, 134, 136, 139-141, 242, 245, 304
『ローマ人』 125
『ローマ帝国の奴隷制』 121, 132, 134, 136, 139-141, 242, 304
パンドラ 214, 415
ピュタゴラス 301, 484
ビューヒャー、カール 302, 303
『労働とリズム』 302
ヒュブリアス 127
ヒューム、デイヴィッド 219, 295, 530, 533, 574
『道徳原理の研究』 574
ビュリダン、ジャン 315
ピンダロス 49, 134, 137
『イストミア競技頌歌』 134
『ネメア祝勝歌集』 49
ヒントン、R・W・K 142
「チャールズ一世は暴君だったか」 142
ファラリス 110, 399
フェーヴル、リュシアン 210, 578
「労働」 210, 578
フォークナー、ウィリアム 417
『寓話』 417
フォントーベル、クララ 132
『ドイツ・プロテスタンティズムの労働エートス』 132
プトレマイオス 467, 500
ブーバー、マルティン 233
『聖書』(フランツ・ローゼンツヴァイクとの共訳) 233
フュステル・ド・クーランジュ、ヌマ・ドニ 46, 117, 121-124, 136, 138, 139

『オートメーション』 304
ティーリケ、ヘルムート 303
『技術時代の人間と労働』（クルト・ペンツリンとの共著） 303
ティルゲル、アドリアーノ 219, 240, 572
『ホモ・ファーベル』 219, 572
デカルト、ルネ 239, 461, 469, 474, 476, 483-486, 488, 489, 492-500, 502, 504, 510, 511, 516, 526, 529, 534, 541, 543, 551, 560, 562-564, 566, 567
『自然の光による真理の探求』（『真理の探求』） 551, 564, 567
『省察』 551, 566
『哲学原理』（『哲学の原理』） 239, 551
デモクリトス 317, 363, 365, 487, 555, 561
デモステネス 119, 138
『演説』 138
テルトゥリアヌス、クイントゥス・セプティミウス・フロレンス 108, 134, 144
『護教論』 134
テルミヌス 137
トゥキュディデス 362, 363, 425, 435
トゥレーヌ、アラン 431
『ルノー工場における労働者の職務の発展』 431
ドゥンクマン、カール 229
『労働の社会学』 229
トクヴィル、アレクシ・ド 70
ドートリー、ジャン 219
「サン＝シモンとフーリエにおける労働観」 219
ド・マン、ヘンドリック 300, 302, 303
『労働の喜びをめぐる闘争』 300
トラヤヌス 246
ドラリュエル、エティエンヌ 304, 578
「四世紀から九世紀の西洋修道院宗規における労働」 304, 578
トリーア、ヨースト 311, 430
「労働と共同体」 311, 430
ドレアン、エドゥアール 248
『フランスにおける労働の歴史』 248

ナ　行

ナヴィル、ピエール 226
『労働の生とその諸問題』 226
ナウシカー 213
ナッターマン、ヨハネス・クリスツィアン 233
『近代労働』 233
ニーチェ、フリードリヒ 36, 168, 189, 295, 307, 360, 412, 426, 440, 444, 469, 509, 510, 565, 566, 575
『権力への意志』 307, 426, 440, 566
『道徳の系譜』 444
ニッティ、フランチェスコ・S 244
「人間労働とその法」 244
ニュートン、アイザック 466, 473,

シュレーディンガー、エルヴィン　18, 568, 569
『科学とヒューマニズム』 568
ショップ、ヨーゼフ　302
『ドイツの労働歌』 302
新約聖書　442, 539
『コリントの信徒への手紙一』 42, 133
『テサロニケの信徒への手紙一』 136, 577
『テサロニケの信徒への手紙二』 577
『マタイによる福音書』 42, 144, 441-443, 580
『マルコによる福音書』 441, 442, 580
『ルカによる福音書』 144, 441-443, 580
スピノザ、バールーフ・デ　560
スミス、アダム　90, 124, 129, 155, 156, 162, 172, 174, 175, 221, 225, 230, 231, 234, 248, 252, 281, 311, 312, 335, 365, 369, 373, 431, 434
『国富論』 221, 311, 428
スレイター、T　314
「神学と政治経済学における価値」 314
セウォール、ハンナ・ロビー　312
『アダム・スミス以前の価値の理論』 312
ゼウス　60, 132, 137, 214, 225
セネカ、ルキウス・アンナエウス　53, 120, 126, 128, 191, 241, 433
『心の平静について』 241
『倫理書簡集』 120, 126, 128
ソクラテス（ソクラテス学派） 31, 35, 37, 39, 55, 67, 110, 123, 213, 301, 337, 348, 350, 415, 417, 507, 521
ソブール、アルベール　433
「共和暦二年の労働問題」 433
ソポクレス　422
『アンティゴネ』 118
『オイディプス王』 422
ソレル、ジョルジュ　240, 572
『アリストテレスからマルクスへ』 240
ソロン　121, 126, 152

タ　行

ダイダロス　195
ダーウィン、チャールズ　188, 546
ダ・ヴィンチ、レオナルド　133, 467, 542
ダビデ　356
タルターリア、ニッコロ　550
『タルムード』 110
ダンテ・アリギエーリ　321, 429
『帝政論』 429
ディオニュソス　118
ディーネセン、イサク　236, 320, 429
「コペンハーゲン夜話」 236
『最後の物語』 236
『七つのゴシック物語』 429
「夢みる人々」 429
ティベリウス　120
ディーボルト、ジョン　304-306

「中世の団体思想」 134
グレイヴズ、ロバート 118
『ギリシア神話』 118
クロノス 382
ゲスト、ロバート・H 311
『組立ラインの人間』(チャールズ・R・ウォーカーとの共著) 311
ゲッツェ、アルフレッド 132, 317
『語源辞典』(フリードリヒ・クルーゲとの共著) 132, 317
ゲーテ、ヨハン・ヴォルフガング・フォン 133
ケプラー、ヨハネス 466, 468
ケレーニイ、カール 137
『ヘレネの誕生』 137
ゲーレン、アルノルト 416
『人間』 416
コイレ、アレクサンドル 550, 554, 555, 564
『閉じた世界から無限宇宙へ』 554
コペルニクス、ニコラウス 466-468, 472, 473, 478, 486, 500, 555, 561
『天球の回転について』 555
ゴリアテ 356
コンスタン、バンジャマン 149
「近代人の自由と古代人の自由」 210
コーンフォード、フランシス・マクドナルド 49, 301
『プラトンとパルメニデス』 301
「プラトンの国家」 49

サ 行

サリヴァン、J・W・N 556, 558
『科学の限界』 556
ジェネリ、R・P 306, 430
「労働の人間的要素か、社会的要素か」 306, 430
シェルスキー、ヘルムート 245
『働く青年、過去と現在』 245
ジェルソン、ジャン 316
『契約について』 316
ジーニ、コラード 244
『労働経済学』 244
シモン、イヴ 300
『労働についての三講』 300
シャッハーマイヤー、フリッツ 424
「ギリシア都市の形成」 424
シュニュ、マリー＝ドミニック 300
「労働の神学のために」 300
シュライファー、ロバート 126, 216
「ホメロスからアリストテレスまでのギリシア奴隷制の理論」 126, 216
シュラッター、リチャード 234
『私有財産』 234
シュル、ピエール＝マクシム 554
『機械と哲学』 554
シュルツェ＝デーリチュ、ヘルマン 226
『労働』 226

カ 行

カウツキー、カール 231
『マルクス主義の黎明期から』 231
カッシーラー、エルンスト 557, 567, 568
『アインシュタインの相対性理論』 557
カトー・ケンソリウス、マルクス・ポルキウス（大カトー） 549
カフカ、フランツ 454, 546
カペレ、C 422
『ホメロスとホメロス一族の用語辞典』 422
ガリアーニ、アベ 312
カリグラ 246
ガリレオ・ガリレイ 238, 455, 465-470, 472, 473, 481-484, 486, 502, 510-512, 525, 533, 542, 550, 554, 555, 561
『星界の報告』 550
『世界の体系』（『天文対話』） 560, 561
『偽金鑑識官』 238
カルヴァン、ジャン 458
カント、イマヌエル 98, 274, 275, 277, 278, 308, 407, 441, 483, 501, 511, 513, 560, 570
『天界の一般自然史と理論』 560, 570
『判断力批判』 308
キケロ、マルクス・トゥッリウス 119, 137, 216, 223, 235, 236, 418, 536, 576
『占い師の返答について』 137
『義務について』 223, 235
『国家について』 216, 576
旧約聖書 25, 41, 178, 232, 233, 298, 299, 356, 410
『創世記』 25, 41, 42, 232, 298
『伝道の書』（『コヘレトの言葉』） 361
キルケゴール、セーレン 488, 510, 541, 562, 575
『ヨハネス・クリマクス、あるいはすべてを疑うべし』（『ヨハンネス・クリマクス、またはすべてのものが疑われねばならぬ』） 561
クザーヌス、ニコラウス 466, 468
クセノポン 123, 124, 130, 213, 417, 435
『アナバシス』 435
『家政術』（『オイコノミコス』） 130
『ギリシア史』 124
『ソクラテスの思い出』 123, 213, 417
クリートン、グレン・U 244
『労働を人間的に』 244
グリム兄弟（ヤーコプ&ヴィルヘルム） 210, 211, 316
『ドイツ語辞典』 210, 316
クルーゲ、フリードリヒ 132, 317
『語源辞典』（アルフレッド・ゲッツェとの共著） 132, 317
クルースト、アントン＝ハーマン 134

ウェスターマン、ウィリアム・L　43, 44, 135, 246, 432, 433
「奴隷制」 135, 246, 432
「奴隷と自由の間」 43
ウェーバー、マックス　67, 127, 139, 242, 458, 461, 551, 552, 563
「古代農業事情」 127, 242
『社会経済史論集』 127, 242
『宗教社会学論集』 552
「プロテスタンティズムの倫理と資本主義の精神」 551
ヴェブレン、ソースティン　173, 194, 229, 241, 280
『有閑階級の理論』 229
ウェルギリウス・マロー、プブリウス　127
『アエネーイス』 127
ヴェルナン、ジャン＝ピエール　131, 211
「古代ギリシアにおける労働と自然」 131, 211
ウォーカー、チャールズ・R　311
『組立ラインの人間』(ロバート・H・ゲストとの共著) 311
ウッドワード、ビヴァリー　569
ヴュイユマン、ジュール　231, 572, 573
『存在と労働』 231, 573
エウテロス　123
エウマイオス　132
エウリピデス　216
エディントン、アーサー・S　470
エピクロス（エピクロス主義、エピクロス派） 185, 236, 237, 399, 530, 531
エリアーデ、ミルチャ　444
『宗教史概論』(『宗教学概論』) 444
エリス　214
エルヴェシウス、クロード＝アドリアン　574, 575
エルゼ、ジェラルド・F　300
「イデアという用語」 300
エンゲルス、フリードリヒ　157, 188, 218, 221, 246
『家族・私有財産・国家の起源』 218
「猿が人間化するにあたっての労働の役割」 218
『賃労働と資本』(マルクス) への序論 221
エンデマン、ヴィルヘルム　141
『私法における労働の扱い』 141
オイディプス　422
オークショット、マイケル　571
「リヴァイアサン序説」 571
オジアンダー（ニュルンベルクの） 555
オタネス　123
オデュッセウス　213
オニアンズ、リチャード・ブロックストン　138
『ヨーロッパ思想の起源』 138
オブライエン、ジョージ　314, 316
『中世経済学説についての試論』 314

50, 53-57, 66, 67, 89, 119, 121, 124, 136, 139, 143, 152-154, 195, 196, 210, 212, 213, 215, 216, 225, 242, 277, 300, 337, 338, 346, 348-350, 364, 374, 383, 392, 409, 418, 420, 421, 423-426, 428, 434-436, 439, 469, 486, 498, 507, 520, 521, 539, 553, 572
『アテナイ人の国制』 436
『エウデモス倫理学』 44
『家政論』(『経済学』)(偽アリストテレス) 50, 121
『形而上学』 300, 423, 428, 435, 520, 571, 572
『詩学』 420, 426
『自然学』 427
『政治学』 44, 45, 48, 124, 143, 210-213, 215, 225, 242, 418, 434, 435, 553
『魂について』(『心とは何か』、『霊魂論』) 50, 427
『動物の発生について』(『動物発生論』) 143
『ニコマコス倫理学』 44, 120, 134, 423-426, 428, 432, 435, 569
『弁論術』 119
『問題集』(偽アリストテレス) 421
アルキメデス 30, 454, 465, 467, 470-472, 478, 480, 482, 498, 499, 502, 504, 516, 541, 542, 546, 547, 567
アルブヴァクス、モーリス 430
『労働者階級と生活水準』 430
アレヴィ、エリー 573-575
『哲学的急進主義の成立』 574
アロ、ベルナール 576
『聖パウロの労働論』 576
アンダース、ギュンター 306
『時代遅れになった人間』(『時代おくれの人間』) 306
アンブロシウス 134
『聖職者の職務』 134
アンリ、フランソワ 577
『労働と人間』(エティエンヌ・ボルヌとの共著) 577
イェーガー、ヴェルナー 117, 438, 439
『パイデイア』 117, 438
イエス(ナザレの) 42, 108-110, 144, 404-408, 415, 441-443, 445, 465, 540
イブ 26
ヴァイツゼッカー、ヴィクトール・フォン 243, 430
「労働の概念について」 243, 430
ヴァレリー、ポール 429
ヴィーコ、ジャンバッティスタ 395, 516, 567, 570, 571
『われわれの時代の学問の方法について』(『学問の方法』) 567
ウィルソン、エドマンド 232
『フィンランド駅へ』 232
ヴェイユ、シモーヌ 247, 568, 569
「量子論についての省察」 569
『労働の条件』(『労働と人生についての省察』) 247
ウェスタ 117, 118

人名・作品名索引

・本文および原注に登場する人名と作品名を以下に掲げる。実在の人物のほか、神話や伝説に登場する人名・神名なども対象とした。
・原注に登場する文献については、著者のみを対象とし、校訂者や編者などは対象にしなかった。また、書名中に登場する人名、訳注および〔 〕内に登場する人名も対象にしていない。

ア 行

アインシュタイン、アルベルト 473, 500, 568
　『相対性原理』（ヘンドリック・ローレンツおよびヘルマン・ミンコフスキーとの共著） 568
アウグスティヌス、アウレリウス 28, 31, 33, 42, 43, 48, 86, 135, 144, 324, 416, 440, 552, 565, 578, 579
　『神の国』（『神国論』） 42, 43, 48, 135, 416, 579
　『告白』 42
　『自由意志論』（『自由意志』） 565
　『書簡』 440, 578
　『マニ教徒ファウストゥス駁論』 133
アウグストゥス 120
アウゲイアス 171, 172
アガメムノン 341
アキレウス 55, 346, 347
アクィナス、トマス 45, 48, 51, 53, 57, 117, 120, 133, 134, 314, 539, 577, 579
　『詩編注解』 45
　『神学大全』 45, 48, 51, 120, 133, 134, 577, 579
　『対異教徒大全』 577
アシュレー、ウィンストン 242, 243
　『自然的奴隷制の理論』 242
アシュレー、W・J 117, 125, 129, 138, 140, 142, 310, 314, 315
　『イギリス経済史・経済学説入門』 117, 310
アダム 25, 26, 232, 233, 537
アテナ 152
アブラハム 410
アリスタルコス（サモスの） 486, 554, 561
アリストテレス 31-34, 40, 44, 48,

KODANSHA

*本書は、講談社学術文庫のための新訳です。

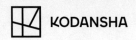

ハンナ・アレント

1906-75年。ドイツに生まれ，アメリカで活躍した哲学者・政治思想家。主な著書に，本書（1958年）のほか，『全体主義の起源』（1951年），『革命について』（1963年）など。

牧野雅彦（まきの　まさひこ）

1955年生まれ。専門は，政治思想史。著書に，『精読 アレント『全体主義の起源』』，『危機の政治学』，『精読 アレント『人間の条件』』（以上，講談社選書メチエ）ほか。

講談社学術文庫

定価はカバーに表示してあります。

人間《にんげん》の条件《じょうけん》

ハンナ・アレント

牧野《まきの》雅彦《まさひこ》 訳

2023年3月7日　第1刷発行
2024年4月15日　第3刷発行

発行者　森田浩章
発行所　株式会社講談社
東京都文京区音羽2-12-21 〒112-8001
電話　編集（03）5395-3512
販売（03）5395-5817
業務（03）5395-3615

装　幀　蟹江征治
印　刷　株式会社新藤慶昌堂
製　本　株式会社若林製本工場

ISBN978-4-06-531427-2

「講談社学術文庫」の刊行に当たって

これは、学術をポケットに入れることをモットーとして生まれた文庫である。学術は少年の心を養い、成年の心を満たす。その学術がポケットにはいる形で、万人のものになることは、生涯教育をうたう現代の理想である。

こうした考え方は、学術を巨大な城のように見る世間の常識に反するかもしれない。また、一部の人たちからは、学術の権威をおとすものと非難されるかもしれない。しかし、それはいずれも学術の新しい在り方を解しないものといわざるをえない。

学術は、まず魔術への挑戦から始まった。やがて、いわゆる常識をつぎつぎに改めていった。学術の権威は、幾百年、幾千年にわたる、苦しい戦いの成果である。こうしてきずきあげられた城が、一見して近づきがたいものにうつるのは、そのためである。しかし、学術の権威を、その形の上だけで判断してはならない。その生成のあとをかえりみれば、その根は常に人々の生活の中にあった。学術が大きな力たりうるのはそのためであって、生活をはなれた学術は、どこにもない。

開かれた社会といわれる現代にとって、これはまったく自明である。生活と学術との間に、もし距離があるとすれば、何をおいてもこれを埋めねばならない。もしこの距離が形の上の迷信からきているとすれば、その迷信をうち破らねばならぬ。

学術文庫は、内外の迷信を打破し、学術のために新しい天地をひらく意図をもって生まれた。文庫という小さい形と、学術という壮大な城とが、完全に両立するためには、なおいくらかの時を必要とするであろう。しかし、学術をポケットにした社会が、人間の生活にとってより豊かな社会であることは、たしかである。そうした社会の実現のために、文庫の世界に新しいジャンルを加えることができれば幸いである。

一九七六年六月　　　　野間省一

西洋の古典

2090
国家と革命
レーニン著／角田安正訳（解説・白井　聡）

世界を震撼させたロシア十月革命の指導者による革命権力マニフェスト。代議制の欺瞞を暴き立て、直接民主主義の徹底を訴えてあらゆる妥協論を弾劾する。原則を忘れたい我々をおびやかす、歴史的挑発の書。

2091
権力と支配
マックス・ウェーバー著／濱嶋　朗訳（解説・橋本　努）

希望はカリスマを生む。だがそれは日常化する――。支配する側よりも、服従する側の動機、正当性のタイプから「支配」の本質に迫るスリリングな論考。官僚制化の必然を感じ取らせる、社会科学の必読入門書。

2098
生命の劇場
J・v・ユクスキュル著／入江重吉・寺井俊正訳

ダーウィニズムと機械論的自然観に覆われていた二〇世紀初頭、人間中心の世界観を退けて、著者が提唱した「環世界」とは何か。その後の動物行動学や哲学、生命論に影響を及ぼした、今も新鮮な生物学の古典。 電P

2100
雇用、利子、お金の一般理論
ジョン・メイナード・ケインズ著／山形浩生訳

なぜ市場は機能しなくなることがあるのか。この問いに正面から挑み、ついにマクロ経済学を誕生させた、この社会科学史上の偉業を正確かつ明快な訳文で。クルーグマンの序文とヒックスの関連重要論文も収録。 電

2161
カント「視霊者の夢」
金森誠也訳（解説・三浦雅士）

霊界は空想家がでっち上げた楽園である――。同時代の神秘思想家スヴェーデンボリの「視霊現象」を徹底検証し、哲学者として人間の「霊魂」に対する見解を示す。『純粋理性批判』へのステップとなった重要著作。 電P

2176
道徳感情論
アダム・スミス著／高　哲男訳

『国富論』に並ぶスミスの必読書が、読みやすい訳文で登場！「共感」をもベースに、個人の心に「義務」「道徳」が確立される、新しい社会と人間のあり方を探り、「調和ある社会の原動力」を解明した必読書！ 電P

西洋の古典

2196

アリス・アンブローズ編／野矢茂樹訳

ウィトゲンシュタインの講義　ケンブリッジ1932─1935年

規則はいかにしてゲームの中に入り込むのか。言語、意味、規則といった主要なテーマを行きつ戻りつ考察。「言語ゲーム」論が熟していく中期から後期に到る、ウィトゲンシュタインの生々しい哲学の現場を読む。

2206

役人の生理学

バルザック著／鹿島　茂訳・解説

「役人は生きるために俸給が必要で、職場を離れる自由もなく、書類作り以外能力なし」。観察眼が冴え渡る抱腹絶倒のスーパー・エッセイ。バルザック他、フロベール、モーパッサンの「役人文学」三篇も収録する。

電P

2242

神曲　地獄篇

ダンテ・アリギエリ著／原　基晶訳

ウェルギリウスに導かれて巡る九層構造の地獄。地獄では生前に悪をなした教皇、聖職者、作者の政敵が、神による過酷な制裁を受けていた。原典に忠実で読みやすい新訳に、最新研究に基づく丁寧な解説を付す。

電P

2243

神曲　煉獄篇

ダンテ・アリギエリ著／原　基晶訳

知の麗人ベアトリーチェと出会い、地上での罪の贖いの場＝煉獄へ。ダンテはここで身を浄め、自らを高めていく。ベアトリーチェに従い、ダンテは天国に昇る。古典の最高峰を端整な新訳、卓越した解説付きで読む。

電P

2244

神曲　天国篇

ダンテ・アリギエリ著／原　基晶訳

天国では、ベアトリーチェに代わる聖ベルナールの案内により、ダンテはついに神を見て、合一を果たし、三位一体の神秘を直観する。そしてついに、三界をめぐる旅は終わる。古典文学の最高峰を熟読玩味する。

電P

2245

お金の改革論

ジョン・メイナード・ケインズ著／山形浩生訳

インフレは貯蓄のマイナスをもたらし、デフレは労働と事業の貧窮を意味する──。経済学の巨人は第一次世界大戦がもたらした「邪悪な現実」といかに格闘したか。『一般理論』と並ぶ代表作を明快な新訳で読む。

電

西洋の古典

2248
生物学の歴史
アイザック・アシモフ著／太田次郎訳

人類は「生命の謎」とどう向き合ってきたか。古代ギリシャ以来、博物学、解剖学、化学、遺伝学、進化論などの間で揺れ動き、二〇世紀にようやく科学として体系を成した生物学の歴史を、ＳＦ作家が平易に語る。

2262
生きがい喪失の悩み
ヴィクトール・Ｅ・フランクル著／中村友太郎訳（解説・諸富祥彦）

どの時代にもそれなりの神経症があり、またそれなりの精神療法を必要としている——。世界的ベストセラー『夜の霧』で知られる精神科医が看破した現代人の病理。底知れない無意味感＝実存的真空の正体とは？

2273
ジャーナリストの生理学
バルザック著／鹿島　茂訳・解説

今も昔もジャーナリズムは嘘と欺瞞だらけ。大文豪が新聞記者と批評家の本性を暴き、徹底的に攻撃する。バルザックは言う。「もしジャーナリズムが存在していないなら、まちがってもこれを発明してはならない」。電Ｐ

2276
ウィトゲンシュタインの講義　数学の基礎篇　ケンブリッジ1939年
コーラ・ダイアモンド編／大谷　弘・古田徹也訳

後期ウィトゲンシュタインの記念碑的著作『哲学探究』に至るまでの思考が展開された伝説の講義の記録。数を数えるとは。矛盾律とは。数学基礎論についての議論が言語、規則、命題等の彼の哲学の核心と響き合う。

2303

ヴェルナー・ゾンバルト著／金森誠也訳

ユダヤ人と経済生活

資本主義を発展させたのはユダヤ教の倫理であって、プロテスタンティズムはむしろ阻害要因でしかない！ヴェーバーのテーゼに真っ向から対立した経済学者の代表作。ユダヤ人はなぜ成功し、迫害されるのか……。電Ｐ

2304
西洋中世奇譚集成　魔術師マーリン
ロベール・ド・ボロン著／横山安由美訳・解説

神から未来の知を、悪魔から過去の知を授かった神童マーリン。やがてその力をもって彼はブリテンの王家三代を動かし、ついにはアーサーを戴冠へと導く。波乱万丈の物語にして中世ロマンの金字塔、本邦初訳！電Ｐ

西洋の古典

2308
ソースティン・ヴェブレン著／高　哲男訳
増補新訂版　有閑階級の理論

産業消費社会における「格差」の構造を、有史以来存在する「有閑階級」をキーワードに抉り出す社会経済学の不朽の名著！　人間精神と社会構造に対するヴェブレンの深い洞察力は、ピケティのデータ力を超える。

電Ｐ

2326
D・P・シュレーバー著／渡辺哲夫訳
ある神経病者の回想録

フロイト、ラカン、カネッティ、ドゥルーズ＆ガタリなど知の巨人たちに衝撃を与え、二〇世紀思想に不可逆の影響を与えた稀代の書物。壮絶な記録を明快な日本語で伝える、第一級の精神科医による渾身の全訳！

電Ｐ

2339
A・G・バウムガルテン著／松尾　大訳
美学

人間にとって「美」とは何か？「美学」という概念を創始し、カントやヘーゲルら後世に決定的な影響を与えた画期の書。西洋文化の厚みと深みを知る上で決して避けては通れない大古典作品の全訳、初の文庫化！

電Ｐ

2367
ジャン＝ジャック・ルソー著／坂倉裕治訳
人間不平等起源論　付「戦争法原理」

身分の違いや貧富の格差といった「人為」で作り出された不平等こそが、人間を惨めで不幸にする。この不平等の起源と根拠を突きとめ、不幸を回避する方法とは？　幻の作品『戦争法原理』の復元版を併録。

電Ｐ

2368
A・アインシュタイン、S・フロイト／浅見昇吾訳（解説・養老孟司／斎藤　環）
ひとはなぜ戦争をするのか

アインシュタインがフロイトに問いかける。「ひとは戦争をなくせるのか？」。宇宙と心、二つの闇に理を見出した二人が、戦争と平和、そして人間の本性について真摯に語り合う。一九三二年、亡命前の往復書簡。

電Ｐ

2369
E・B・ド・コンディヤック著／山口裕之訳
論理学　考える技術の初歩

ロックやニュートンなどの経験論をフランスに輸入・発展させた十八世紀の哲学者が最晩年に記した、若者たちのための最良の教科書。これを読めば、難解な書物も的確に、すばやく読むことができる。本邦初訳。

電Ｐ

西洋の古典

2370・2371

チャールズ・ダーウィン著／長谷川眞理子訳・解説

人間の由来（上）（下）

『種の起源』から十年余、ダーウィンは初めて人間の由来と進化を本格的に扱った。昆虫、魚、両生類、爬虫類、鳥、哺乳類から人間への進化を「性淘汰」で説明。我々はいかにして「下等動物」から生まれたのか。

電P

2374

カルピニ＋ルブルク著／護　雅夫訳

中央アジア・蒙古旅行記

一三世紀中頃、ヨーロッパから「地獄の住人」の地へとユーラシア乾燥帯を苦難と危険を道連れに歩みゆく修道士たち。モンゴル帝国で彼らは何を見、どんな宗教や風俗に触れたのか。東西交流史の一級史料。

電P

2402

ジャック・ラカン著／藤田博史・片山文保訳

テレヴィジオン

精神分析中興の祖ラカンが一九七三年に出演したテレヴィ番組の貴重な記録。高弟J＝A・ミレールが問いかけ、一般視聴者に語られる師の答えは、比類なき明晰さをそなえている。唯一にして最良のラカン入門！

2403

ヴェルナー・ゾンバルト著／金森誠也訳

ブルジョワ　近代経済人の精神史

中世の遠征、海賊、荘園経営。近代の投機、賭博、発明。そして宗教、戦争。歴史上のあらゆる事象から、企業活動の側面は見出される。資本主義は、どこから始まり、どう発展してきたのか？　異端の碩学が解く。

電P

2406

フリードリヒ・ニーチェ著／森　一郎訳

愉しい学問

『ツァラトゥストラはこう言った』と並ぶニーチェの主著。随所で笑いを誘うアフォリズムの連なりから「永遠回帰」の思想が立ち上がり、「神は死んだ」という鮮烈な宣言がなされる。第一人者による待望の新訳。

電P

2407

アントニオ・グラムシ著／上村忠男編訳

革命論集

イタリア共産党創設の立役者アントニオ・グラムシの、本邦初訳を数多く含む待望の論集。国家防衛法違反の容疑で一九二六年に逮捕されるまでに残した文章を精選した。ムッソリーニに挑んだ男の壮絶な姿が甦る。

電P

《講談社学術文庫　既刊より》

西洋の古典

2408
アルキビアデス　クレイトポン
プラトン著／三嶋輝夫訳

ソクラテス哲学の根幹に関わる二篇。野心家アルキビアデスにソクラテスは自己認識と徳の不可欠性を説く（アルキビアデス）。他方、クレイトポンは徳の内実と修得法を教えるようソクラテスに迫る（クレイトポン）。

電P

2409
死に至る病
セーレン・キェルケゴール著／鈴木祐丞訳

「死に至る病とは絶望のことである」。この鮮烈な主張を打ち出した本書は、キェルケゴールの後期著作活動の集大成として燦然と輝く。最新の校訂版全集に基づいてデンマーク語原典から訳出した新時代の決定版。

電P

2410
星界の報告
ガリレオ・ガリレイ著／伊藤和行訳

月の表面、天の川、木星……。ガリレオにしか作れなかった高倍率の望遠鏡に、宇宙は新たな姿を見せた。その衝撃は、伝統的な宇宙観の破壊をもたらすことになる。人類初の詳細な天体観測の記録が待望の新訳！

電P

2418
時間の非実在性
ジョン・E・マクタガート著／永井　均訳・注解と論評

はたして「現在」とは、「私」とは何か。A系列（過去・現在・未来）とB系列（より前とより後）というマクタガートが提起した問題を、永井均が縦横に掘り下げてゆく。時間の哲学の記念碑的古典、ついに邦訳。

電P

2437
比較史の方法
マルク・ブロック著／高橋清德訳

歴史学に革命を起こした「アナール派」の創始者による記念碑的講演。人はなぜ歴史を学ぶのか？　そして、歴史から何を知ることができるのか？　根本的な問いを平易に説いた名著を、全面改訂を経た決定版で読む！

電P

2444
十二世紀のルネサンス
ヨーロッパの目覚め
チャールズ・H・ハスキンズ著／別宮貞徳・朝倉文市訳

ローマ古典の再発見、新しい法学、アラビアの先進知識との遭遇、大学の誕生――イタリア・ルネサンス以前、中世の西欧ではすでに知的復興が行われていた！世界史の常識を覆し、今も指標とされる不朽の名著。

電P

西洋の古典

2456
宗教改革三大文書　付「九五箇条の提題」
マルティン・ルター著／深井智朗訳

記念碑的な文書「九五箇条の提題」とともに、一五二〇年に公刊され、宗教改革を決定づけた『キリスト教界の改善について』、『教会のバビロン捕囚について』、『キリスト者の自由について』を新訳で収録した決定版。 電P

2457
言語起源論
ヨハン・ゴットフリート・ヘルダー著／宮谷尚実訳

神が創り給うたのか？　それとも、人間が発明したのか？——古代より数多の人々を悩ませてきた難問に果敢に挑み、大胆な論を提示して後世に決定的な影響を与えた名著。初の自筆草稿に基づいた決定版新訳！ 電P

2458
書簡詩
ホラーティウス著／高橋宏幸訳

古代ローマを代表する詩人ホラーティウスの主著。オウィディウス、ペトラルカ、ヴォルテールに連なる韻文による書簡の伝統は、ここに始まった。名高い『詩論』を含む古典を清新な日本語で再現した待望の新訳。 電P

2459
リュシス　恋がたき
プラトン著／田中伸司・三嶋輝夫訳

美少年リュシスとその友人を相手にプラトンが「友愛」とは何かを論じる『リュシス』。そして、「知を愛すること」としての「哲学」という主題を扱った『恋がたき』。「愛すること」で貫かれた名対話篇、待望の新訳。 電P

2460
メタサイコロジー論
ジークムント・フロイト著／十川幸司訳

「抑圧」、「無意識」、「夢」など、精神分析の基本概念を刷新するべく企図された幻の書『メタサイコロジー序説』に収録されるはずだった論文のうち、現存する六篇すべてを集成する。第一級の分析家、渾身の新訳！ 電P

2461
国家の神話
エルンスト・カッシーラー著／宮田光雄訳

稀代の碩学カッシーラーが最晩年になってついに手がけた畢生の記念碑的大作。独自の「シンボル（象徴）」理論に基づき、古代ギリシアから中世を経て現代に及ぶ壮大なスケールで描き出される怒濤の思想的ドラマ！ 電P

西洋の古典

2465
七十人訳ギリシア語聖書　モーセ五書
秦　剛平訳

前三世紀頃、七十二人のユダヤ人長老がヘブライ語聖書をギリシア語に訳しはじめた。この通称「七十人訳」こそ、現存する最古の体系的聖書でありイエスの時代の聖書である。西洋文明の基礎文献、待望の文庫化！　電P

2479
ホモ・ルーデンス　文化のもつ遊びの要素についてのある定義づけの試み
ヨハン・ホイジンガ著／里見元一郎訳

「人間の文化は遊びにおいて、遊びとして、成立し、発展した」――。遊びをめぐる人間活動の本質を探究、「遊びの相の下に」人類の歴史を再構築した人類学の不朽の大古典！　オランダ語版全集からの完訳。　電P

2495
エスの本　ある女友達への精神分析の手紙
ゲオルク・グロデック著／岸田　秀・山下公子訳

「人間は、自分の知らないものに動かされている」。フロイト理論に多大な影響を与えた医師グロデックが、心身両域にわたって人間を決定する「エス」について明快に語る。「病」の概念をも変える心身治療論。　電P

2496
ヨハネの黙示録
小河　陽訳（図版構成・石原綱成）

正体不明の預言者ヨハネが見た、神の審判による世界の終わりの幻。最後の裁きは究極の破滅か、永遠の救いか――？　新約聖書の中で異彩を放つ謎多き正典のすべてを、現代語訳と八十点余の図像で解き明かす。　電P

2500
仕事としての学問　仕事としての政治
マックス・ウェーバー著／野口雅弘訳

マックス・ウェーバーが晩年に行った、二つの講演の画期的新訳。『職業としての学問』と『職業としての政治』の邦題をあえて変更し、生計を立てるだけの「職業」ではない学問と政治の大切さを伝える。　電P

2501
社会学的方法の規準
エミール・デュルケーム著／菊谷和宏訳

ウェーバーと並び称される社会学の祖デュルケームは、一八九五年、新しい学問を確立するべく、記念碑的なマニフェストとなった本書を発表する。社会学とは何を扱う学問なのか？――決定版新訳が誕生。　電P

西洋の古典

2502・2503
G・W・F・ヘーゲル著／伊坂青司訳
世界史の哲学講義　ベルリン1822／23年(上)(下)
一八二二年から没年（一八三一年）まで行われた講義のうち初年度を再現。上巻は序論「世界史の概念」から本論第一部「東洋世界」を、下巻は第二部「ギリシア世界」から第四部「ゲルマン世界」をそれぞれ収録。
電P

2504
ルートヴィヒ・ヴィトゲンシュタイン著／丘沢静也・荻原耕平訳
小学生のための正書法辞典
ヴィトゲンシュタインが生前に刊行した著書は、たったの二冊。一冊は『論理哲学論考』、そして教員生活を送っていた一九二六年に書かれた本書である。長らく未訳のままだった幻の書、ついに全訳が完成。
電P

2505
J・L・オースティン著／飯野勝己訳
言語と行為　いかにして言葉でものごとを行うか
言葉は事実を記述するだけではない。言葉を語ることがそのまま行為をすることになる場合がある――「確認的」と「遂行的」の区別を提示し、「言語行為論」の誕生を告げる記念碑的著作、初の文庫版での新訳。
電P

2506
キケロー著／大西英文訳
老年について　友情について
偉大な思想家にして弁論家、そして政治家でもあった古代ローマの巨人キケロー。その最晩年に遺された著作のうち、もっとも人気のある二つの対話篇。生きる知恵を今に伝える珠玉の古典を一冊で読める新訳。
電P

2507
マルティン・ハイデガー著／森　一郎編訳
技術とは何だろうか　三つの講演
第二次大戦後、一九五〇年代に行われたテクノロジーをめぐる講演のうち代表的な三篇「物」、「建てること、住むこと、考えること」、「技術とは何だろうか」を新訳で収録する。技術に翻弄される現代に必須の一冊。
電P

2508
マルキ・ド・サド著／秋吉良人訳
閨房の哲学
数々のスキャンダルによって入獄と脱獄を繰り返し、人生の三分の一以上を監獄で過ごしたサドのエッセンスが本書には盛り込まれている。第一級の研究者がついに手がけた「最初の一冊」に最適の決定版新訳。
電P

西洋の古典

2509

物質と記憶

アンリ・ベルクソン著／杉山直樹訳

フランスを代表する哲学者の主著——その新訳を第一級の研究者が満を持して送り出す。簡にして要を得た訳者解説を収録した文字どおりの「決定版」である本書は、ベルクソンを読む人の新たな出発点となる。

電 P

2519

科学者と世界平和

アルバート・アインシュタイン著／井上 健訳（解説・佐藤優／筒井 泉）

ソビエトの科学者との戦争と平和をめぐる対話「科学者と世界平和」。時空の基本概念から相対性理論の着想、統一場理論への構想まで記した「物理学と実在」。平和と物理学、それぞれに統一理論はあるのか？

電 P

2526

中世都市　社会経済史的試論

アンリ・ピレンヌ著／佐々木克巳訳（解説・大月康弘）

「ヨーロッパの生成」を中心テーマに据え、二十世紀を代表する歴史家となったピレンヌ不朽の名著。地中海を囲む古代ローマ世界はゲルマン侵入とイスラーム勢力によっていかなる変容を遂げたのかを活写する。

電 P

2561

箴言集

ラ・ロシュフコー著／武藤剛史訳（解説・鹿島茂）

十七世紀フランスの激動を生き抜いたモラリストが、人間の本性を見事に言い表した「箴言」の数々。鋭敏な人間洞察と強靭な精神、ユーモアに満ちた短文が、自然に読める新訳で、現代の私たちに突き刺さる！

電 P

2562・2563

国富論（上）（下）

アダム・スミス著／高 哲男訳

スミスの最重要著作の新訳。「見えざる手」による自由放任を推奨するだけの本ではない。分業、貨幣、利子、貿易、軍備、インフラ整備、税金、公債など、経済の根本問題を問う近代経済学のバイブルである。

電 P

2564

ペルシア人の手紙

シャルル＝ルイ・ド・モンテスキュー著／田口卓臣訳

二人のペルシア貴族がヨーロッパを旅してパリに滞在している間、世界各地の知人たちとやり取りした虚構の書簡集。刊行（一七二一年）直後から大反響を巻き起こした異形の書、気鋭の研究者による画期的新訳。

電 P

西洋の古典

2566
全体性と無限
エマニュエル・レヴィナス著／藤岡俊博訳

特異な哲学者の燦然と輝く主著、気鋭の研究者による渾身の新訳。二種を数える既訳を凌駕するべく、原書のあらゆる版を参照し、訳語も再検討しながら臨む。次代に受け継がれるスタンダードがここにある。

電P

2568
イマジネール
想像力の現象学的心理学

ジャン＝ポール・サルトル著／澤田 直・水野浩二訳

「イメージ」と「想像力」をめぐる豊饒なる考察――ブランショ、レヴィナス、ロラン・バルト、ドゥルーズなどの幾多の思想家に刺激を与え続けてきた一九四〇年刊の重要著作を第一級の研究者が渾身の新訳！

2569
ルイ・ボナパルトのブリュメール18日
カール・マルクス著／丘沢静也訳

一八四八年の二月革命から三年後のクーデタまでの展開を報告した名著。ジャーナリストとしてのマルクスの舌鋒鋭くもウィットに富んだ筆致を、実力者が達意の日本語にした、これまでになかった新訳。

電P

2570
レイシズム
R・ベネディクト著／阿部大樹訳

レイシズムは科学を装った迷信である。人種の優劣や純粋な民族など、存在しない――ナチスが台頭しファシズムが世界に吹き荒れた一九四〇年代、『菊と刀』で知られるアメリカの文化人類学者が鳴らした警鐘。

電P

2596
イミタチオ・クリスティ
キリストにならいて

トマス・ア・ケンピス著／呉 茂一・永野藤夫訳

十五世紀の修道士が著した本書は、『聖書』についで多くの読者を獲得したと言われる。読み易く的確な論しに満ちた文章が、悩み多き我々に安らぎを与え深い瞑想へと誘う。温かくまた厳しい言葉の数々。

電P

2677
我と汝
マルティン・ブーバー著／野口啓祐訳（解説・佐藤貴史）

経験と利用に覆われた世界の軛から解放されるには、全身全霊をかけて相対する〈なんじ〉と出会わねばならない。その時、わたしは初めて真の〈われ〉となるのだ――。「対話の思想家」が遺した普遍的名著！

電P